경북 동해안 방언의 성조 연구

■ 이 저서는 2006년 정부(교육인적자원부)의 재원으로 한국학술진흥재단의 지원을 받아 출판되었음(KRF-2006-814-A00065).

경북 동해안 방언의 성조 연구

박 숙 희

도서출판 역락

▌머리말

　우리말 성조에 대한 연구는, 초창기 허웅 선생님의 구조주의적 접근에서부터 오늘날 발달된 실험음성학적인 방법으로 성조를 기술하는 데 이르기까지 그동안 적지 않은 논문이 발표되어 많은 값진 연구 성과를 낳았다.

　지은이가 우리말 성조 연구에 뜻을 두고 관심을 기울여 온 시간도 어림짐작하여 7~8년이 돼간다. 이른바 한 개별언어의 표준으로서의 '한국어'라는 것은 머릿속에 존재하는 규범과 같은 것이고, 모든 토박이 한국어 화자들의 자연발화는 저마다 자신이 나고 자란 곳의 방언형으로 실현된다. 지은이는 그 '실현된' 그러나 서로 조금씩 다른 한국말 소리들에 관심을 두었고, 대학원에 들어가 특히 성조의 음운론적 기능에 몰두하게 되었다.

　성조를 연구해야겠다고 마음먹은 뒤 가장 많은 시간을 할애한 일은, 성조가 있다고 알려진 각 지역의 하위 방언권을 찾아다니며 토박이 화자들의 발화를 직접 듣고 성조의 실현 양상을 있는 그대로 기록하는 일이었다. 그런 다음, 국내외의 여러 성조론을 살펴본 뒤, 구조·생성주의 성조론적 기술 방법이 우리말 방언 성조를 기술하는 데 가장 합리적이고 기술적이라는 판단을 하게 되었다. 그리하여 경북 동해안에 위치한 네 지역 방언을 대상으로 구조·생성주의 성조론적 기술 방법의 타당성을 검증하는 데 목적을 두고 박사학위논문을 기술하였다.

　이 책은 2005년 충남대에 제출한 박사학위논문을 수정하고 보완하여 엮은 것이다. 우리말 방언 성조에 관한 지금까지의 선행 연구들은, 조사 항목과 조사 방법 면에서 다소 체계적이지 못하고 조사한 언어 자료들이 온전하게 제시되지 않아, 그 기술의 타당성을 살피는 데 큰 어려움이 있었다. 그러므로 이 책을 내면서 가장 심혈을 기울인 일은, 성조 연구에 관심을 둔 모든 연구자들이 조사된 성조 자료를 쉽게 효율적으로 열람하고 이용할 수 있도록 자료를 정리하는 것이었다. 이렇게 하는 것이, 성조 연구를 활성화하고 더욱 발전된 성조 이론을 확립할 수 있는 길을 여는 데 조금이나마 기여하는 길이라고 믿기 때문이다.

　학위를 받기까지 몇 년간에 걸쳐 방언 자료를 조사하고 그 조사된 자료를 분석하는 일, 학위논문을 완성하고 이렇게 그 논문을 책으로 엮어 내는 일 모두, 스승이신 김차균 선생님의 가르침이 없었다면 어느 것 하나라도 온전히 해내지 못했을 것이다. 불가에서는 스승과

제자가 일만 겁의 인연으로 맺어지는 것이라 하여 부모와 자식의 인연보다 훨씬 더 곡진한 것으로 여긴다. 선생님은, 학구적인 힘이 모자라고 게으르기까지 한 이 제자에게 늘 칭찬만 하셨다. 그 때문에 부족하고 나태한 자신이 부끄럽고 선생님을 실망시켜 드릴 것이 두려워, 스스로를 채찍하고 격려하는 일을 멈출 수 없었다. 모름지기 '마루에 올라 방에 들어가듯이' 학문을 닦아야 한다는 것을 일념으로 하고 있지만, 살면서 더러 가치관이 몹시 혼란스럽고 과연 무엇이 옳은 것인지 절망 상태에 빠질 때가 있었다. 그 때마다 선생님에게서, 한 사람의 학자로서 한 인간으로서 어떻게 살아야 하는지에 대한 답을 찾을 수 있었다.

지은이는 몹시도 운이 좋아 박사학위논문을 쓰는 과정에서 또 그 논문을 책으로 출판하는 과정에서 모두 한국학술진흥재단의 소중한 지원을 받았다. 그리고 이 연구에 참여해주신 여러 제보자님들께서는 바쁜 일상을 모두 뒤로 하시고 사나흘씩 꼬박 진행되는 자료 조사에 성실히 응해주셨고, 더러 여러 차례 반복되는 같은 질문에도 싫은 기색 없이 늘 친절하고 자세하게 답변해주셨다. 충남대 언어학과의 성철재 교수님께서는 성조 자료의 음향학적 특질을 측정할 수 있는 몇 가지 음성 분석 프로그램을 소개해주시고 기본적인 사용법을 직접 가르쳐 주기도 하셨다. 또한 도서출판 역락의 임직원 여러분들은 이 방대한 방언 자료들을 꼼꼼히 살피면서 책이 출간될 때까지 많은 애를 써 주셨다. 언제나 한결같은 지지로 마음의 안식처가 돼주시는 부모님을 생각하며, 은혜를 입은 이 모든 분들께 진심으로 감사를 드린다.

2008년 3월

박 숙 희

▎제보자 소개

1. 울진군*

조사한 날 : 2004년 1월 17~18일(16시간), 12월 23~25일(21시간)

조사한 장소 : 울진군 근남면 수산리 대영모텔

제보자 : 최소한 2대째 울진에서 살아 옴.

① 전옥남(여) : 1932년생, 울진군 울진읍 읍남1리 558번지

② 이옥출(여) : 1945년생, 울진군 울진읍 읍남1리 562번지

2. 영덕군

조사한 날 : 2003년 2월 19~23일(40시간)

조사한 장소 : 제보자의 집

제보자 : 두 분은 부부이며 최소한 2대째 영덕에서 살아 옴.

① 김준달(남) : 1933년생, 영덕군 강구면 오포1리 352번지

② 권부자(여) : 1943년생, 영덕군 강구면 오포1리 352번지

3. 포항시

조사한 날 : 2001년 2월 24~28일(20시간), 7월 31일~8월 5일(30시간),
8월 12~15일(10시간)

조사한 장소 : 각 제보자의 집

제보자 : 병역 근무 기간을 제외하고 최소한 3대째 현주소지에서 살아 옴.

① 박영모(남) : 1930년생, 경북 포항시 북구 흥해읍 북송리 208-29번지

② 황진철(남) : 1939년생, 경북 포항시 북구 신광면 토성2리 394번지

4. 경주시

조사한 날 : 2003년 1월 14~20일(37시간), 2월 20일(6시간)

조사한 장소 : 제보자의 집

제보자 : 최소한 2대째 경주에서 살아 옴.

① 박귀조(여) : 1938년생, 경북 경주시 서면 아화2리 576번지

② 최해선(여) : 1935년생, 경북 경주시 서면 아화2리 558번지

---

* 울진군의 1차 조사에 함께 한 분: 김차균(충남대 언어학과 교수), 최영미(단국대 박사과정 수료)

차례

부록 – 자료편

■ 표기규약 / 134

1. 서 론

1.1. 성조, 성조 언어

내부에 휴지(休止)를 두지 않는 어절은 일정한 운율(prosody)을 갖는다. 운율은 고저 (pitch), 장단(length 혹은 duration), 강약(stress), 억양(intonation), 연접(juncture) 등과 같은 운율적 자질에 의해 구체적인 형태를 띠는데, 이렇게 형성된 운율형이 단어의 의미 변별에 관여하게 되면 이 운율적 자질들도 음소가 된다. 그런데 이 운율적 자질들은 항상, 선형성을 띠는 분절음소(segmental phoneme) 위에 얹혀 나타나는 특성을 지니므로 초분절음소(suprasegmental phoneme)라고 불리거나, 분절음인 음소와 구별하여 운소(prosodeme)라고 불리기도 한다. 특히 고저를 '성조(tone)'라 하여 이것이 변별적 기능을 하는 언어를 성조 언어라고 하는데, 한국어의 운소 체계를 논할 때 전통적으로 가장 널리 사용되어 온 술어가 '성조'이고 글쓴이도 이를 따르고 있다.[1]

성조 언어란, 음조형 실현 영역 안에서 음절에 얹히는 높낮이의 거리가 상대적이면서 음운론적으로 고정적이고, 어떠한 다른 음성학적인 요인으로도 그 높낮이를 예측할 수 없는 언어를 말한다(김차균 1999 : 17-45). 즉 성조 언어에서 어절의 음조적 특질은 어절 자체의 본질적 속성이므로, 모든 어절은 해당 언어가 허락하는 성조형 중의 한 형태를 띠며 그것은 음조형으로 실현된다. 그리하여 오직 성조만 변별적인 기능을 하고 다른 운율적 요소는 성조에 의해 예측된다.

따라서 중세국어는 고저가 변별적 기능을 갖는 성조 언어였고 현대국어에서 함경도 방언과 영남·영동 방언은 하위 방언에 따라 고저 혹은 장단이 변별적 기능을 갖는 성조 언어이다. 이에 비해, 어두 자음에 따라 음조형이 재편되어 성조형이 상성형과 비상성형의 둘로 남은 전남 광주 방언은, 장단의 관점에서 보면 고저와 강세를 예측할 수 있고 고저의 관점에서 보면 장단과 강세를 예측할 수 있기 때문에 준성조 언어이다. 그

---

[1] 이익섭(1972)은 고저와 장단을 아우르는 개념으로 '초분절음소'를 사용했고, 김영만(1986)은 고저와 장단, 강약을 아우르는 개념으로 '초분절음소'를 사용하면서 이것을 '운율, 운소' 등과 같은 개념으로 다루었다. 한편 신기상(1987)은 '고저장단'으로, 전학석(1993)은 '음조'로 운소 체계를 기술하였다.

리고 다른 음성학적인 요소(어두 자음이 강자음인가 아닌가 혹은 어두가 개음절인가 아닌가 등)에 의해 어절의 높낮이가 예측되는 일부 서울 방언의 토박이 말은 성조 언어가 아니다.

그런데 한국어와 함께 알타이어족에 속하는 다른 언어들이 성조를 갖지 않는다는 사실을 근거로, 중세국어 문헌에 나타나는 방점이 성조를 표기한 것이라는 사실 자체를 의심하는 견해가 있다. 그러나 『소학언해』(1586) 이후 문헌에서 방점 표기가 사라졌지만 그것이 곧 성조 체계의 소멸을 뜻하는 것은 아니며, 현대국어로 올수록 규칙의 절대화로 인해 표면 음조가 단순해지고 분절음이나 음절 구조에 의해 음조형이 예측되는 상태에 이른 것일 뿐이다. 오늘날 경상도와 함경도의 대부분 지역, 강원도의 영동 지역, 심지어 중국의 연변 지역에서 사용되는 한국어에 이르기까지 성조 체계가 남아 있고, 각 성조의 표면 음조가 바뀌었을 뿐 현대국어의 성조 방언과 중세국어의 성조 체계가 정연하게 대응된다는 사실이, 중세국어가 성조 언어임을 입증해준다.[2]

또한 Pike(1948)의 유형론적 분류[3]를 따라, 의미를 분화하는 변별적인 자질인 성조가 대립적이고 상대적이면서 음절에 얹히는 특성을 지니는 중국어를 진정한 성조 언어로 분류하지만, 한국어는 단어 음조 체계를 갖는다고 규정하는 일이 있다. 왜냐하면 한국어에서 성조에 의한 의미 분화는 어휘형태소에 국한되고 제3음절 이하에서 성조의 기능부담량이 현저히 떨어지며, 성조가 얹히는 것도 음절이 아닌 어절이기 때문이다. 때로는 한국어의 성조가 2차 음소(secondary phonemes)에 불과하다는 논의도 있다.

그러나 의미를 분화하며 대립적이고 상대적인 성조가 기저에서 모두 아무 제약 없이 연결될 수 있기 때문에 중국어와 한국어는 둘 다 성조 언어이다. 다만, 중국어는 대개 단음절어이면서 동음이의어가 많아 각 음절의 성조가 분명해야 하는 성격을 갖기 때문에 그만큼 성조의 기능부담량이 크고 성조 연결이 매우 자유로워 그 연결 자체를 모두 성조형으로 처리해야 하는 특성을 지닌다. 이에 비해, 다음절어인 한국어는 성조의 기능부담량이 상대적으로 적어, 성조의 연결 양상이 발음하기 쉽고 기억하기 쉬운 방향으로 변하면서 점차 그 연결 형태에 제약이 생기게 된 차이가 있는 것이다. 더구나 어떤 성조 언어도 성조 연결에 제약이 전혀 없는 경우는 없으므로 이것을 근거로 하여 성조 언어인지 단어 음조 체계인지를 구별하는 것은 의미가 없다. 중요한 것은, 어떤 성조 언어에 어떤 성조 연결 제약이 있는가를 정확히 기술하는 것이다.

---

2) 권재선(1974)은 12세기 초엽에 간행된 고려의 언어자료인 『계림유사』를 연구하여 당시 한국어가 성조 체계를 가졌고 그것은 조선시대나 현대 경상도 방언과 정연한 대응관계를 보인다는 것을 밝혔고, 알타이어족에 속하는 다른 언어들이 성조를 갖지 않기 때문에 한국어가 성조 언어가 아니라고 주장하는 것에 대해 강길운(1988)은, 한국어가 차용에 의해서 알타이적 요소를 가졌을 뿐 알타이어와 동계는 아니라고 주장한 바 있다.

3) Pike(1948)의 성조 언어 유형: (ⅰ) 순수 성조 언어(True Tone Language), (ⅱ) 단어 음조 체계(Word-Pitch System), (ⅲ) 구 음조 체계(Phrase-Pitch System)

1.2. 성조 연구사 개관

20세기 중반에 서구의 음성학과 음운론이 들어오면서 국어학과 언어학을 연구하는 학자들이 한국어의 운소에 관심을 갖기 시작했고, 1940년대 이후 지금까지 많은 학자들이 한국어의 성조를 논해 왔다. 특히 허웅(1955/63)에서 중세국어의 성조와 오늘날 경남 방언의 성조가 정연하게 대응한다는 것을 분명히 밝힌 이후 한국어 성조에 대한 많은 연구가 이루어졌다.

허웅(1954)에서 경남 김해 방언을 대상으로 화자의 언어 인식 차원에서 '저, 중, 고'의 세 성조가 변별적인 기능을 한다는 사실이 처음 제기되었다. 그리고 이를 토대로 허웅(1955/63)은 경상도 방언의 성조를 이용하여 중세국어의 방점에 대한 본질을 밝히는 과정에서 경남 김해 방언과 중세국어의 성조가 '평성, 상성, 거성'의 3성조체계로 정연하게 대응됨을 밝혔다. 그리고 둘 이상의 성조가 결합하여 복합어4)를 이루거나 굴절(혹은 준굴절)할 때 나타나는 성조 변동 양상, 문장의 성조 실현 등을 자세히 제시함으로써, 그 후 한국어 성조 방언을 기술하는 모든 성조론자들에게 하나의 성조 방언을 음운론적으로 기술하기 위해 무엇을 조사하고 무엇을 기술해야 하는지에 대한 근본 지침을 주었다.

허웅(1955/1963)에서 사용된 '성조형'의 개념은 단순한 성조들의 연결체, 즉 /저-고/, /저-고-고/, /고-저/ 등으로 나타나는데, 이 개념은 그 후에 이루어진 문효근(1974)의 영남·영동 방언 기술과 정연찬(1977)의 경남 방언 기술에 그대로 이어졌다. 물리적 음조의 높낮이는 무수히 많지만 변별적 기능을 갖는 것은 둘 혹은 셋이라고 보고, 이 상대적인 음조인 '고조, 중조, 저조' 등을 '성조'라 하여 이것이 둘 이상 연결된 것을 '성조형'으로 규정하는 것이다. 그리고 이익섭(1972)의 강릉 방언, 신기상(1986)의 울주 방언, 윤종남(1986)의 강릉 방언, 김성환(1987)의 경산 방언, 전학석(1993)의 함경도 방언 연구 등이 모두 이러한 방법을 취했다.

최종 자료를 생산하고 분류하는 데 언어 기술의 목표가 있는 구조언어학의 테두리에서 이 방법은 어느 성조체계든 무리 없이 기술할 수 있는 가장 안전한 방법이다. 그리고 표현된 언어 자료를 대상으로 언어의 표면적 현상에 주목함으로써 분류와 통합적 분포에 의존한 언어 기술을 하므로 그 기술은 단순하다. 그러나 정확한 자료를 방대하게 수집하여 분류한 것이 구조언어학의 큰 성과임에도 불구하고 언어 현상을 지배하는 포괄적이고 보편적 원리를 찾고자 하는 시각에서 볼 때 이 방법은 문제가 있다. 음절

---

4) 이 연구에서 사용하는 '복합어'는 단일어에 대립되는 것으로, 합성어('어기'로 이루어진 단어)와 파생어('접사'를 포함하는 단어)를 포함하는 상위 개념으로 사용된다.

수에 의해 성조형을 설정하는 방법으로는 성조 결합을 지배하는 일반적인 원리를 도출할 수 없고, 표면적인 음조형에만 주목하여 변별적으로 대립하는 성조와 그것에 의해 예측되는 음조형을 구별 표기할 수 없기 때문에 한국어 성조 방언에 실현 가능한 보편적인 성조형을 찾는 데까지 이르지 못하는 한계를 지니는 것이다.

이 한계를 극복하기 위해 도입된 것이 생성음운론적 기술 방법이다.[5] 생성음운론은 무한수의 표면 현상을 지배하는 유한수의 문법에 주목하고 이것을 분석 대상으로 삼는 것으로 내재된 언어 능력에 관심을 둔다. 그리하여 성조를 기저 층위와 표면 층위로 분리하여 인식하기 시작하였는데 이러한 관점으로 김완진(1973/77)은 중세국어 문헌자료에 나타나는 대명사와 동사의 불규칙적인 성조 변동 현상을 자세히 다루었고, 김차균(1977)에서부터 본격적으로 현대국어의 성조 방언을 대상으로 한 생성주의적 성조론이 정립되었다.

그리고 '초분절음소'라는 개념으로 경상도 방언의 성조를 다룬 김영만(1986)은 [PROMINENCE]와 [STRESS]까지 변별적인 운소 자질로 설정하여 지나치게 음성학적이라는 비판을 받고 있지만, 어절의 음조적 특징에 의해 음절을 초월한 성조형을 설정함으로써 성조의 방언간 대응 관계와 통시적 대응 관계를 모색하는 데 기여했다. 이러한 생성주의적 성조론은 정원수(1994)의 예천 방언 연구, 이문규(1997)의 대구 방언 연구, 박숙희(2005)의 경북 동해안 방언 연구, 김세진(2006)의 경남 서남부 방언 연구를 통해 그 기술적 타당성이 검증되었다.

한편 기술언어학이 충분히 음운론적이지 못한 문제점을 해결하기 위해 나타난 또 하나의 이론으로 악센트론이 있다. 악센트론은 일본어의 성조 연구에서 시작된 것으로 McCawley(1968)에 의해 생성음운론에 이용되어 국내 성조론에 적용되고 있는 기술 방법이다. 이 이론의 기본 전제는, 한국어 성조 방언이 음절마다 성조형을 갖는 것이 아니라 어절이 성조형을 갖고 그것도 어절 안의 특정 위치에 나타나는 성조만 성조론적인 의미를 갖기 때문에 악센트 분석법으로 성조를 간략하고 합리적으로 기술할 수 있다는 것이다. 그리하여 어절 안의 어느 한 음절 위에 얹히는 악센트에 의해서 어절 전체의 음조형이 결정된다고 보고 '성조형'에 대응되는 개념으로 '악센트형'이라는 술어를 사용하여 Ó과 O로 표기되는 매우 간결하고 예언적인 이론을 정립했다. 이론의 핵심은 어절에서 가장 강하게 들리는 소리인 '악센트소(Ó)'[6] 즉 '고조'가 그 어절의 음조형을 결정하는 징표가 된다고 보는 것이다.

이것은 도쿄 방언이나 함경도 방언과 같이 단 하나의 성조형만 존재하는 2성조체계

---

5) 이 논문에서 '생성주의 성조론'이란 '악센트 분석법'이나 '자립분절음운론적 성조론'과 구별되는 개념으로 한정하여 사용된 것이다.
6) '악센트소'를 '악센트 핵' 혹은 '악센트 징표'라고도 부른다.

를 가진 언어를 기술하는 데 매우 성공적이다. 그런데 어절 안의 가장 두드러진 음절에 악센트가 오고 그 뒤의 모든 음조가 저조로 실현된다는 기본 가설은, 기술에 사용된 대부분의 자료가 음조 표상의 것으로 어절의 성조형과 음조형이 구별되지 않은 상태에서 만들어진 것이다. 그러므로 램지(1978)에서 나타났듯이 한국어 성조 방언 전체를 기술하는 데 여러 가지 한계를 지닌다.

무엇보다 한국어 성조 방언에서 어절의 음조형을 결정하는 것은 측성 즉 '저조'이고 악센트는 예측되는 표면적인 현상에 지나지 않으므로 한국어는 악센트와 징표가 일치하지 않는 언어이다. 특히 어절의 음조형을 결정하는 징표보다 악센트 위치가 한 음절 이동했다는 '악센트 추이'설은 그 자체로 한국어 성조가 악센트소와 징표가 일치하지 않는 언어임을 말하고 있으므로 악센트론의 기본 가설이 재고되어야 함을 보여주는 셈이다. 또한 함경도 방언과 달리 3성조체계를 가진 경남 방언을 기술하기 위해 존재하지 않는 음절에 악센트를 부여하는 pre-accent('O)라는 개념을 설정하는 것은 기술적인 타당성에 문제가 있다. 그리고 중세국어의 상성과 거성에 대응되는 성조로 시작하는 어절은 두드러진 음절이 없으므로 악센트 표시 여부가 불투명한데 이들을 합리적으로 기술하기 위한 방법이 제시되지 않았다.

악센트론은 이후 정국(1980), 조현숙(1985), 김주원(1991)에 이어지면서 중세국어의 상성에 대응되는 성조 즉 제1음절에 장모음을 실현하는 방법에 대한 해석을 추가하고 한국어 성조 방언을 체계적으로 기술할 수 있는 보편적인 악센트형을 도출하여 규칙으로 이를 해석할 수 있는 방법을 정립했다. 그러나 어휘부에 존재하는 것은 악센트이고 그것이 규칙을 통해 성조로 실현된다는 기술 방법은 기저와 표면 표시를 달리하고 있다는 점에서 자연스럽지 못할 뿐만 아니라, 그 부자연스러움을 감수할 만큼 생성주의 성조론에 비해 기술 과정이 간략하지 않다는 점에 문제가 있다.

그런가 하면 분절음운으로부터 성조가 자립하여 존재한다고 보는 자립분절음운론의 방법으로 한국어 성조 방언을 기술한 연구도 꾸준히 있어 왔다. 자립분절음운론의 기본 전제는, 성조가 모음이나 음절에 붙는 부호로 존재하는 것이 아니라 분절음과 별개로 존재하는 자립적인 실체의 연속이며 자음과 모음으로 이루어진 연속체와 동등한 자격으로 별도의 층위를 이룬다는 것이다. 그리하여 자립분절음운론적 성조론은 성조 층열(tier)에 기본 성조형이 존재하고 그것에 분절음 층열이 연결될 때 연결 규칙이 적용되어 각 어절의 표면 성조가 도출된다고 본다. 이러한 방법으로 기술된 대표적인 연구로 이혜숙(1985), 이병건(1986), 정인교(1987), 주상대(1987), 김경란(1988), 이동화(1990)를 들 수 있다.

이처럼 자립분절음운론적 견해는 분절음운으로부터 성조가 자립하여 존재한다고 간주함으로써 성조의 실현 양상을 더 효과적으로 해석할 수 있다는 전제 아래 출발했다.

그런데 특정 기본 성조형으로부터 한 어절의 표면 음조를 올바로 도출하기 위해 필요할 때마다 여러 가지 규칙을 단계적으로 적용할 뿐 성조가 갖는 음운론적 기능에 대한 본질적인 해석을 전혀 하지 않고 있다는 데 한계가 있다. 즉 분절음 층렬에 일어나는 음운변동 혹은 변화가 음운 연쇄에 존재하는 음운 자질들의 상호 작용과 여러 가지 제약에 의한 것으로 해석되듯이, 성조 실현도 각 성조의 본질적인 음조적 특징과 기능, 그리고 성조형의 성격에 따라 그것을 지배하는 근본 원리를 찾을 수 있어야 한다. 특히 한국어 성조 방언을 합리적으로 기술하는 데 매우 중요하고 핵심적인 개념인 '성조형'의 성조론적 기능을 전혀 고려하지 않고 있는 점도 자립분절음운론적 성조론의 기술성을 떨어뜨리는 큰 요인이 된다.

1.3. 연구 방법 및 내용

이 연구는 생성주의 성조론, 특히 김차균(1977)에서 체계화된 후 김차균(1991, 1993, 1998)에서 다듬어지고 확장되었으며, 정원수(1994), 이호영(1996), 이문규(1997), 박숙희(2005), 김세진(2006)을 통해 검증된 구조 · 생성음운론적 성조론7)을 이론적 기반으로 하여 경북 동해안에 위치한 울진, 영덕, 포항, 경주 방언의 성조체계와 성조 현상을 밝히는 데 목적을 둔다. 즉 경북 동해안에 위치한 울진, 영덕, 포항, 경주 방언을 대상으로, 성조 및 성조형의 체계와 그것의 음조적인 특질을 비교 분석하여 기술하고, 각 방언의 체계적인 성조 변동 현상들과 그 현상들에서 도출되는 성조형의 대응 관계를 밝히는 데 중점을 둔다.

음운론의 기술은 '자료 수집, 자료 분석과 정리, 기저형 설정, 규칙 설정, 음운 과정 설명' 등과 같은 순차적인 과정으로 이루어진다. 즉 변별적으로 기능하는 성조소를 찾아 성조 체계를 확립하는 일에서부터 시작하여, 각 성조소가 결합하여 음성 실현되는 과정을 지배하는 규칙을 찾아 그것을 일반화하는 것을 주된 내용으로 한다. 따라서 이 연구의 세부 내용은 다음과 같이 구성된다.

1장은 성조와 성조 언어의 개념을 정립하고 성조 연구사를 개관하는 것으로 시작한다. 그리고 이 연구가 대상으로 삼은 경북 동해안 방언의 지리적 위치와 각 하위 방언의 음운체계를 간략히 소개하고, 연구 내용과 범위, 연구 방법을 밝힌다.

2장에서는 이 연구의 이론적인 근거가 되는 생성주의 성조론의 기술 방법을 자세히 다루게 된다. 먼저 성조소를 확인하는 방법과 높낮이의 음운론적 기준에 대한 문제를

---

7) 이 방법론을 구조 · 생성주의 성조론이라 일컫는 이유는, 구조 혹은 체계 안에서 대립과 분포에 중점을 두어 성조를 기술하되 심층구조를 설정하는 생성주의적 방법을 도입하고 있기 때문이다.

설명하고, 성조의 음성 표상과 음운 표상을 나타내는 성조 표기법 특히 방점법의 원리를 설명한다. 그리고 성조의 음성 실현을 지배하는 원리를 해석하기 위해 음운 과정을 어떻게 층위 구분할 것인지에 대한 문제를 다룬다. 3장에서는 이 지역의 성조체계와 성조 규칙, 음운 규칙을 도출한다. 그리고 이 규칙을 통해 2음절 이상 단일어의 성조형을 재구한 뒤, 네 방언간 어휘의 성조형 대응 양상과 중세국어와 이 지역 방언간 어휘의 성조형 대응 양상을 살핀다.

그리고 4장에서는 보편적인 성조 규칙을 벗어나는 형태음운론적인 성조 변동 현상에 대해 살피고 문법형태소의 기저 성조형을 재구하는 문제에 대해 기술하며, 5장에서는 운율구와 문장의 성조에 나타나는 음조 실현 양상에 대해 기술한다.

'자료편'은 이 연구를 위해 조사된 모든 어휘의 성조형을 체계적으로 제시한다. 제시되는 성조 자료는 어휘형태소와 문법형태소, 굴절형, 운율구와 문장 등으로 크게 나뉜다. 어휘형태소는 먼저 품사별로 나눈 뒤 각 품사의 음절수에 따라 제시한다. 이 부분에 중세국어 문헌에 나타난 명사와 동사의 성조형을 이 지역의 성조형과 비교하는 자료가 실린다. 문법형태소 항목은 조사와 어미, 접사로 나뉘어 제시되는데, 조사와 어미의 성조형을 도출하기 위해 사용된 준굴절 패러다임과 굴절 패러다임이 어간의 성조형별로 나열된다. 다음으로 굴절할 때 성조형에 변동을 일으키는 개음절 평성형 동사들의 전체 굴절 패러다임과, 동사 어간의 말음절 환경에 따른 간략 굴절 패러다임이 체계적으로 제시된다. 마지막으로 자연발화에서 채록된 운율구와 문장의 성조 자료를 방언별로 나타낸다.

이러한 과정을 통해 이 지역의 네 방언이 한국어의 다른 성조 방언과 어떤 상이점을 갖는지 밝히고 나아가 중세국어와 어떤 성조적 대응 관계를 갖는지 기술하게 될 것이다. 그러나 여기에서 한 가지 밝혀둘 것은, 개별 어휘의 성조형과 관련하여 다른 방언권 예컨대 영동 방언이나 경남 방언 등과 비교하거나 경북 방언의 다른 하위 방언들과 비교 기술하는 것은 몇몇 제한된 어휘들에 한하여만 가능하다는 점이다. 이 연구에서 글쓴이가 제시하는 어휘 항목들을 모두 포함하여 체계적으로 각 어휘의 성조형을 제시한 연구를 찾기 어렵기 때문이다.

지금까지 한국어 성조에 대한 적지 않은 연구가 있어왔으나 한 개별 방언에서 성조가 어떠한 체계를 지니고 있으며 어떠한 원리에 의해 실현되는지 총체적으로 연구된 지역은 매우 적다. 한국어 성조의 어제와 오늘에 대해 말하려면 다른 무엇보다 먼저 현재 실현되는 각 성조 방언들에 대한 충실한 자료 수집과 분석들이 이루어져야만 한다. 흔히 우리는 경북 지방의 한 하위 행정 구역을 방언 조사한 자료를 기술하면서도 그것에 '경북 방언 연구' 혹은 '경북 방언의 성조론'이라는 제목으로 일반화하는 경향이 있다. 그리하여 경북 방언에 속하는 몇 개의 하위 방언에 대한 연구를 통해 전체 경북 방언을 알았다고 생각하게 되는데, 이러한 기술 태도는 성조론자들이 특히 경계해야 할 점이다. 한국어 성조에 대해 기술하려면 적어도 군 단위 행정 구역을 대상으로 개별 방언의 성조 자료를 충분히 확보하는 작업들이 하나씩 누적되어야 한다. 그런 다음에 경북 방언의 성조, 혹은 영동 방언의 성조, 나아가 한국어의 성조에 대해 논할 수 있을 것이다.

1.4. 경북 동해안 방언의 음운체계와 그 표기

경북 동해안 방언은 행정구획상 경상북도에 속하면서 동해에 면해 있는 울진군과 영덕군, 포항시, 그리고 경주시에서 각각 실현되는 네 지역어를 포괄하는 개념이다. 이 지역의 지리적 위치는 〈그림 1〉을 통해 확인할 수 있다.

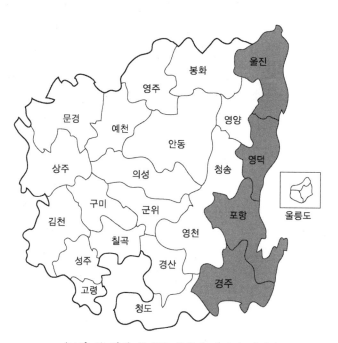

〈그림 1〉 경북 동해안 방언의 지리적 위치8)

---

8) 울진군은 1963년 이래 행정구획상 경북으로 편입되었고, 포항시는 2000년 이래 인접한 영일군을 통합했으며, 경주시는 경주군(옛 지명 월성군)을 통합한 지역이다. 이 연구에서는 조사된 네 방언 즉 '울진, 영덕, 포항, 경주 방언'이 속한 '경북 동해안 지역'을 일컬을 때 편의상 '이 지역'이라는 말로 대체하여 부르기로 한다.

각 지역의 성조 자료는 두세 번의 현지 조사를 통해 이루어졌다. 1차 조사에서 기본 어휘를 조사하고 이를 통해 음조 규칙을 도출하여 특징적인 성조 변동과 음조 실현 양상을 파악한 뒤 2차 조사에서는 성조 변동 양상과 관련된 구체적인 항목들이 추가되었다.

네 방언에서 순수 자음 /ㄱ, ㅋ, ㄲ, ㄷ, ㅌ, ㄸ, ㅂ, ㅍ, ㅃ, ㅅ, ㅈ, ㅊ, ㅉ, ㅇ, ㆆ, ㅎ/과 비음 /ㅁ, ㄴ, ㅇ(<ㆁ)/, 유음 /ㄹ/이 실현되고 울진 방언에서는 /ㅆ/이 더 변별된다. 그리고 네 방언은 반모음 /w, j/를 갖는다.

후음 /ㅇ/은, 훈민정음 창제 시기부터 아무런 음가를 갖지 않아 음운으로 존재하지 않았고 성자(成字)를 위한 도구로 만들어진 것일 뿐이라는 견해가 널리 받아들여져 있다. 그러나 문자는 존재하는 소리를 표기하기 위한 수단으로 만들어지는 것이며, 훈민정음 창제자들은 후음 /ㅇ/의 음가를 구체적이고 자세하게 규정하고 있다.

제자해에서는 /ㅇ/을, 'ㆁ, ㄴ, ㅁ, ㄹ, ㅿ' 등과 함께 불청불탁음이라 하고 'ㄴ, ㅁ'과 함께 가장 날카롭지 않은 소리라고 했다. 그리고 '/ㆁ/과 /ㅇ/은 소리가 '목구멍에서 나오므로' 서로 비슷하여 운서에 혼용된다. /ㅇ/을 순음 아래에 쓰면 순경음(脣輕音)이 되는데 입술을 잠깐 붙였다 떼고 '후성(喉聲)'이 많다'고 말함으로써 /ㅇ/이 후음임을 분명히 하고 있다. 합자해에서도 '초성의 /ㆆ/과 /ㅇ/이 소리가 비슷하여 통용된다'는 언급이 있다. 특히 종성해에서 '/ㅇ/이 '맑고 비어 있다(淡而虛)' 하여 종성에 반드시 쓰이지 않고 중성만으로 성음(成音)이 가능하다'고 말한 부분을 보면, /ㅇ/이 성음(成音)이나 성자(成字)를 위해 고안된 문자인 것이 아니라 오히려 그 특유의 소리값 때문에 굳이 문자로 나타낼 필요가 없다는 뜻으로 이해된다.

현대국어에서 후음 /ㅇ/이 흔히 '영(零)'으로 간주되지만 훈민정음 창제 시기부터 지금까지 /ㅇ/은 심리적 실재로 존재하고 있는 소리라고 본다. 그러므로 이 글은 우리말 자음체계에 유성 후두 마찰음 /ㅇ/[ɦ]의 존재를 인정하는 견해를 갖는데, 현대국어의 표기법 문제로 한글 문자로 표기할 때 /ㅇ/[ɦ]와 /ㅇ/(<ㆁ)[ŋ]이 구별되지 않는 점은 큰 유감이다. 후음의 예사소리 /ㅇ/의 소리값은, [ɦ]보다 훨씬 더 약하고 거의 허자(虛字)에 가까운 것으로 밝혀져 있으나, 국제음성기호로 이를 전사할 때 [ɦ]을 이용하는 것이 그 소리값에 가장 가까운 표기인 듯하다.

한편 15세기에 존재했던 /ㅿ/은 모음 사이에 나타나는 환경이 동기가 되어 그 소리가 완전히 약화되면서 사라진 것으로 간주된다. 그런데 이 지역에서는 15세기의 '긋-, 닛-, 젓-, 줏-' 등에 소급되는 동사들이 어미 '-고, -는다, -으니, -어라'와 결합할 때, '긋-'에 대응되는 동사를 예로 들면, [그꼬, 근는다, 그으이, 그으라]와 같은 굴절형을 만든다. 그러므로 이 동사들의 어간 말자음 /ㅿ/이 사라진 것이 아니라, 뒤따르는 자음을 된소리로 만들고 모음 앞에서는 탈락하는 음가를 지닌 소리로 변했다고 보아야 한다. 이러한 음가를 지닌 것은 후음이므로 유성마찰음인 /△/이 유성마찰음인 /ㅇ/으로 변했다고 보는 것이 가능하다. 그러나 'X△-'에 소급되는 동사들을 'Xㅇ-'으로 표기하게 되면 연구개비음 /ㅇ(<ㆁ)/의 소리값으로 혼동될 것이 분명하므로, 이런 혼동을 없애기 위해 'Xㅇ(<X△)-' 동사들을 모두 'Xㆆ-'으로 표기하고자 한다.

이처럼 어간의 말자음이 뒤따르는 자음을 된소리로 만들고 모음 앞에서 탈락하는 현상은, 'X△-'에 소급되지 않는 동사들에서도 나타난다. 예를 들어 '걷(步)-'에 대응되는 형태가 어미 '-고, -는다, -으니, -어도'와 결합할 때 울진 방언에서는 [걸꼬, 걸른다, 걸으이, 걸어도]로 굴절하여 '걸(掛)-'의 굴절형들과 대립한다. 그리고 '풀이 자라다'의 의미를 갖는 동사가 포항 방언에서는 [조꼬, 존는다, 조으이, 조아도]로 굴절하여 '좋-'의 굴절형들과 대립한다. 이 때 이들의 어간을 각각 '겂(步)-, 좋(育)-' 혹은 '겂(步)-, 좋(育)-'으로 재구할 수 있는데, 후자를 택하기로 한다.

왜냐하면 15세기 문헌에는 관형형 어미 '-읈'과 같은 형태가 있어 뒤따르는 자음을 된소리로 만들면서 모음 앞에서 탈락하는 모습을 보이므로, 겹자음 /ㅀ/을 설정하는 것에 기술의 무리가 없다. 특히 이 지역에서는 15세기에 보이던 어미 '-읈다'가 지금도 활발히 쓰이며, '읈'은 관형형 어미로서뿐만 아니라 선어말어미로 기능하여 '-겠-'에 대응되는 문법범주를 실현한다. 예를 들어 '알+더냐'와 '알+겠+더냐'에 대응되는 형태가 각각 [아:다/알:다]와 [알:따]로 나타나 대립하므로, 후두파열음 /ㆆ/[?]을 자음으로 인정하여 이들을 각각 '아다/알다'와 '앓다'로 규정할 수 있다. /ㆆ/을 자음으로 인정하게 되면, [조꼬, 존는다, 조으이, 조아도]로 굴절하는 어간의 형태를 '종-'이 아닌 '좋-'으로 재구함으로써 형태소 경계에 일어나는 경음화 현상을 일관되게 기술할 수 있고 /ㅇ/과 /ㅇ(<ㆁ)/의 음가 혼동을 피할 수 있는 방법이 된다.

그리고 영덕과 포항, 경주 방언은 /ㅸ/>/ㅂ/ 변화를 겪어 자음 체계에서 /ㅸ/이 사라졌으나 울진 방언은 중세 국어 시기의 'Xㅸ-'에 소급되는 형태인 '곱(麗)-' 등이 '곱꼬, 곱찌, 고우머, 고와서'로 굴절하여, 'ㅸ'의 음가가 [β]>[w] 변화를 겪었음을 추정하게 한다. 그러므로 울진 방언에서 /ㅸ/이 자음 체계에 들지는 않지만 'Xㅸ-'에 소급되는 어휘를 한글 전사할 때 'ㅸ'을 이용하여 표기하기로 한다.

모음체계는 다음과 같다. 네 방언에서 단모음 /ㅣ, ㅐ, ㅡ, ㅓ, ㅏ, ㅜ, ㅗ/가 실현되는데 /ㅐ/는 중부 방언에서 실현되는 /ㅐ/[ɛ]에 비해 혀의 위치가 훨씬 높다. 상당수의 다른 경북 방언들처럼 모음 체계 안에 존재하던 /ㅔ/가 /ㅣ/에 합류되어 사라지고 /ㅐ/의 음역이 본래의 위치보다 훨씬 높은 곳에서 실현되는 것으로 보인다.9) 특히

---

9) 백두현(1992)은 영남 문헌어에 나타난 음운 변화를 연구한 글에서, 18세기의 70년대에 단모음 /ㅔ/[e], /ㅐ/[ɛ]가 존재했음이 확실하다고 밝힌 바 있다. 이에 따르면, 이 두 음운의 음성적 유사성으로 인해 비어두를 시작으로 두 소리의 중화가 일어났고 19세기의 어느 시점에서 이 중화 현상이 매

/ㅡ/와 /ㅓ/가 울진 방언에서 중화되어 [ɨ]로 나타나는 경향이 강하지만 두 소리는 분명히 변별된다. 그리고 /ㅚ/가 이중모음 [wε]로, /ㅟ/는 [wi] 혹은 [ü]로 소리난다.

그런데 본문이나 자료편에서 방언 자료를 제시할 때 표준어형을 함께 제시할 수 없는 경우가 훨씬 많기 때문에 의미의 혼동을 없애기 위해 다음과 같은 경우에 어문규정에 따른 표기 방법을 취하고자 한다. 즉 /ㅅ/과 /ㅆ/이 변별되지 않는 방언에서도 문법형태소 '-었-/-았-, -겠-'에 대응되는 형태소의 말자음은 'ㅆ'으로 표기하고, 형태소 내부에 /ㅔ/를 가진 어휘 중 'ㅔ>ㅣ' 변화를 겪지 않은 어휘는 'ㅔ'로 표기한다. 그리고 /ɨ/는 'ㅡ'와 'ㅓ'로 /E/는 'ㅔ'와 'ㅐ'로 분리하여 나타내기로 한다.

우 활발했을 것으로 보인다. 그리고 영남 방언의 'ㅔ>ㅣ' 현상은 이 중화가 일어나던 어느 시점에서부터 발생했을 것으로 추정된다. 이 연구에서 논의되는 네 방언도 체계적으로 'ㅔ>ㅣ' 변화를 겪었는데, 이 변화를 경험하지 않은 '세수, 수세미' 등의 /ㅔ/는 '개나리, 노래' 등의 /ㅐ/와 변별되지 않고 중화된다.

2. 성조 기술 방법

성조의 높낮이는 초당 진동수와 같은 절대적인 높낮이가 아니라 발화된 전후 음절과의 관계에서 오는 상대적인 높낮이다. 즉 두 음절 중 어느 하나가 다른 것보다 높거나 낮거나 하여 대립함으로써 낱말의 뜻을 구별하는 것이다. 그러므로 변별적으로 기능하는 높낮이를 찾아 그 높낮이의 음성적 특질을 정확히 기술하는 일, 특정한 음성 실현형에 체계적으로 나타나는 변이형을 포착하는 일, 기술 단위가 되는 어절이 개방연접(#)을 갖는지 그렇지 않은지를 구별하는 일, 문장 안에서 특정 어절의 성조형이 약화되거나 강화된 영역을 판단하여 잘못된 성조형을 도출하는 일이 없도록 하는 일 등이 성조 연구의 가장 중요한 바탕이 된다.

2.1. 성조소 확인, 성조체계 수립

성조 기술의 출발은 변별적으로 기능하는 성조소를 찾아 성조체계를 수립하는 것에 있다. 그런데 성조는 상대적인 높낮이에 의한 변별이므로, 1음절어가 #__# 환경에서 단독으로 실현된 경우를 근거로 삼으면 대립하는 성조소를 잘못 분석할 위험이 높다. #__# 환경에서 발화된 1음절어는 대개 음절의 길이가 길어지고 서법에 따라 높낮이의 정도가 많이 달라질 뿐만 아니라, 발화된 어절 간의 상대적인 높낮이를 구별해 내기가 매우 어렵기 때문이다. 그러므로 음운론적으로 대립하는 성조소를 정확하게 분석하기 위해서는 모든 방언에 두루 통용될 만한 일정한 대치틀을 사용하여 치환검증하는 방법이 가장 바람직하다.

지금까지 한국어 성조에 관한 연구에서 논쟁의 핵심에 서 있는 것이 바로 성조체계를 수립하는 과정이다. 쟁점은 크게 두 가지로 나뉘는데 하나는 몇 개의 성조가 대립하는가 하는 것이고 다른 하나는 길이가 운소로 기능하는가 하는 것이다.

먼저 근본적으로 '성조는 고조와 저조가 있을 뿐이다'라고 전제하는 주장에 대해 살펴보자. 이익섭(1972)은 영동 방언의 성조를 언급하면서 '높낮이는 화자의 의식에서 높거나 높지 않거나일 뿐 중조는 없다'고 보았고 정연찬(1977)은 경남 고성과 통영 방언을 기술하면서 경상도 방언에서 대립하는 성조는 '고, 저' 둘밖에 없다고 하였으며 최명옥(1998)도 경남 방언에서 두 개의 성조 '고, 저'만 인정한다. 그리고 만일 '고조'와 '저조' 외에 또 하나의 성조가 존재한다면 그것은 존재하는 두 성조의 '복합조'여야 한다는 것이 2성조체계를 주장하는 성조론자들의 견해이다.

성조란 높낮이를 의미하는 것이니 '높은 소리'가 아니면 '낮은 소리'가 있을 뿐이 아니냐는 인식이 얼핏 그럴듯해 보일 수 있다. 그러나 중국의 표준 북경어는 '평탄하게 높은 소리, 중간 정도의 높이에서 시작하여 높은 소리로 수직 상승하는 소리, 낮은 곳에서 시작하여 높은 곳으로 굴곡 상승하는 소리, 높은 곳에서 낮은 곳으로 수직 하강하는 소리'의 네 성조가 있고 이들은 각각 제1성, 제2성, 제3성, 제4성으로 불린다. 한국어의 성조도 이와 마찬가지이다. 대치틀을 이용하여 음운론적으로 변별되는 상대적인 높낮이를 분석하면 방언에 따라 '높은 소리, 높으며 긴 소리, 낮은 소리'가 대립하기도 하고 '높은 소리, 낮은 소리, 낮으며 긴 소리'가 대립하기도 하며, '높은 소리, 낮은 소리, 낮은 곳에서 높은 곳으로 상승하는 소리'가 대립하기도 한다. 뿐만 아니라 높낮이에 세 단계가 존재하여 '높은 소리, 가운데 소리, 낮은 소리'가 대립하는 방언도 있다.

세 단계의 높이가 대립하는 것은 경남 방언이다. 경남 방언에 '고, 중, 저'와 같은 3단계 3성조체계를 설정하는 견해는 허웅(1955/63)에서 시작되었다. 각 성조의 음성적 특질에 대해 '고조'와 '중조'가 수평조인 데 비해 중세국어의 상성에 대응되는 '저조'는 전반부가 중조보다 낮고 후반부는 고조만큼 높지 않은 소리라고 밝힌 것은 매우 타당하고 정확한 분석이다. 성조에 '고조'와 '저조'만 있다고 주장하는 성조론자들은 허웅(1955/63)이 말한 이 '저조'를 독립된 운소로 인정하지 않고 '저고복합조'로 간주한다.[10] 그러나 경남 방언의 '저조'는 결코 '저조'와 '고조'의 산술적인 복합이 아니라, 1모라 정도의 '저조'가 지속되다가 0.3모라 미만의 길이로 뒤끝이 가볍게 들리는 소리이다.

경남 방언의 '저조'가 갖는 변별적 자질이 길이에 있는 것이 아니라 높이에 있다는 견해는 문효근(1974), 김차균(1977ㄱ), 김영만(1986), 이호영(1996)에 이어진다. 다만, 김영만(1986)은 경남 방언에서 변별되는 세 단계의 높낮이를 '고, 중, 저'가 아닌 '고, 저, 최저'라는 술어를 사용한 점이 다른데 이것은 글쓴이가 주장하는 '고, 저, 더 낮은 저' 체계와 표면상으로 같다고 할 수 있다.

한편 '높은 소리, 높으며 긴 소리, 낮은 소리'가 대립하는 것은 경북 울진, 영덕, 포항 방언과 강원 삼척 방언이고 '높은 소리, 낮은 소리, 낮으며 긴 소리'가 대립하는 것은 경북 성주, 안동, 대구, 경주 방언이다. 이 '고장'조나 '저장'조는 중세국어의 상성에

---

10) 그런데 '저조'와 '고조' 외에 어두에만 나타나는 2모라 길이의 '저고복합조'가 있다고 기술하는 것은 결국 3성조체계를 설정하는 셈이 된다.

대응되는 것으로 '고장'조는 1.5모라 안팎의 길이를 동반하고 '저장'조는 1.5모라에서 1.8모라 정도의 길이를 동반한다. 경북 방언에서 중세국어의 상성에 대응되는 성조를 '저장'조 혹은 '고장'조로 설정하는 견해는 문효근(1974), 김영만(1986), 정원수(1993),[11] 박숙회(2001ㄱ, 2005)에 나타난다.

　그런데 중세국어의 상성에 대응되는 성조를 '저고복합'조로 규정하거나 '상승'조로 규정하는 견해가 있다. 앞서 언급하였듯이 '저고복합'조는 2단계 2성조체계를 설정하는 대부분의 성조론자들이 주장하는 것이다. 그리고 '상승'조를 주장하는 견해는 김봉국(1998)의 삼척 방언, 이문규(1998ㄱ, ㄴ)의 대구 방언과 강릉 방언, 김주원(2003)의 강원 방언과 경북 동해안 방언 연구 등에 나타난다. 경북 방언에서 중세국어의 상성에 대응되는 성조를 '고장' 혹은 '저장'조로 볼 것인지 아니면 '저고복합'조이거나 '상승'조로 볼 것인지에 대해 논하기 위해, 이 개념들을 구별하기 위한 글쓴이의 음운론적 기준을 먼저 밝히고자 한다.

　'상승'조는 『훈민정음』에 명시된 '상성'에 관한 규정 그대로 '처음이 낮고 나중이 높은 소리'이다. 즉 '저조'의 음역에서 출발하여 '고조'의 음역에서 끝나는 것으로 음절핵이 하나이고 길이는 대개 1.5모라에서 1.8모라 정도인 소리이다. 그러므로 '상승'조의 핵심은 높이가 낮은 곳에서 높은 곳으로 이동하는 것에 있고 길이는 높이의 상승 과정에서 생긴 잉여적인 자질이다. 예를 들어 '까마귀'의 첫 두 음절인 '까마'가 두 개의 음절핵을 지닌 2모라의 '저고'인 데 비해 '사마귀'의 첫 음절 '사'는 한 개의 음절핵을 지닌 1.5모라에서 1.8모라 정도의 '저고'일 때, '까마'의 높이 상승폭과 '사'의 높이 상승폭이 거의 같으면 '사마귀'의 첫 음절은 상승조이다.

　지금까지 글쓴이가 조사한 바에 의하면 한국어 성조 방언에서 상승조가 설정될 만한 것은 강원 강릉 방언에 한정된다. 강원 지역에서도 삼척 방언은 그렇지 않고 거의 모든 경북 방언은 글쓴이가 규정하는 '상승'조를 보이지 않는다. 경북 울진, 영덕, 포항 방언과 강원 삼척 방언에서는, 첫 소리부터 끝 소리까지 평탄하게 높되 마지막에 뒤끝이 약간 더 높아진 채 끝맺는 소리로서 1.5모라에서 1.8모라 정도의 길이를 동반한다. 이 때 뒤끝이 올라가는 것은 수의적이며 길이가 짧아질수록 뒤끝이 올라가는 현상이 나타나지 않는다. 그리고 경북 안동, 대구, 경주 방언에서 상성에 대응되는 성조는, 저조에서 시작하여 평탄하게 이어지다가 뒤끝이 약간 높아진 채로 끝맺는 소리인데 1.5모라 안팎의 길이를 동반한다. 그러므로 글쓴이는 이와 같은 성조를 '저장'조 혹은 '고장'조로 규정하여 강릉 방언의 '상승'조와 구별하고자 한다.

　'복합'조는 두 개의 음절핵으로 이루어져 있으면서 첫 음절핵과 둘째 음절핵이 '저고'

---

11) 정원수(1993)는 경북 방언에 '고, 중, 중장'조를 설정하는 견해를 가지므로 이 글의 '저장'조에 대응되는 성조를 '중장'조로 일컬은 점이 다르다.

나 '고저'가 병치된 성조로서 2모라의 길이를 갖는 것이어야 한다. 두 개의 성조소만 인정하는 견해에서는 '저장'조를 '저조'가 병치된 '저저복합'조로, '고장'조는 '고조'가 병치된 '고고복합'조로 처리한다. 그러나 '저장' 혹은 '고장'조는 음성학적으로 두 개의 음절핵이 존재하는 것이 아니라 한 모음의 길이가 현저히 길게 발음되는 것이므로 글쓴이는 이를 '복합'조와 구별한다.

지금까지 밝힌 글쓴이의 음운론적 기준에 따라 방언에 따른 성조체계의 대응관계를 나타내면 다음과 같다.

(1) 방언간 성조체계의 대응[12]

	중세국어	경남 방언	경북$_1$ 방언	경북$_2$ 방언	영동$_1$ 방언	영동$_2$ 방언	함경 방언
평성	저	고	고	고	고	고	저
거성	고	저	저	저	저	저	고
상성	승	더 낮은 저	저:	고:	승	고:	

글쓴이가 (1)을 통해 주장하고자 하는 핵심은, 한국어 성조 방언에서 성조체계에 존재하는 음운론적 표상은 근본적으로 세 개의 성조 '평성, 거성, 상성'이라는 사실이다.[13] '저'나 '고' 혹은 '승, 더 낮은 저, 저:, 고:' 등은 세 성조 '평, 거, 상'의 음성적 실질을 방언에 따라 번역해 놓은 또 하나의 음운 표상인 셈이다. 즉 경북 방언에서 상성을 '고:(고장)' 혹은 '저:(저장)'로 해석하는 것은 음운론적 층위에서 '길이'와 '높이'를 이원적으로 적용하여 성조를 기술한 것이 아니고, 상성의 음성적 실질을 방언에 따라 가장 정확한 방법으로 드러내는 표기인 것이다. 문효근(1974)에서 한반도의 남에서 북으로 갈수록 상성의 길이가 길어지고 실현되는 음역의 폭이 좁아진다고 밝힌 바 있듯이, 세 성조의 방언간 음성적 실질은 공시적으로도 통시적으로도 같지 않다. 음가는 변할 수 있기 때문이다.

경북 방언에서 '고단'조와 '고장'조 혹은 '저단'조와 '저장'조가 대립하지만 성조와 그것의 음성 실현형 층위에서 '저단'과 '저장', '고단'과 '고장', '고단저'와 '고장저', '저단고저'

---

12) 이 표에서 '승'은 '상승'조를 의미하고 '고:'는 '고장'조를 '저:'는 '저장'조를 의미한다. 경북$_1$ 방언에 속하는 하위 방언은 '대구, 안동, 성주, 경주' 방언 등이고 경북$_2$ 방언에 속하는 하위 방언은 '울진, 영덕, 포항' 방언 등이다. 그리고 '영동' 방언은 강원도의 영동 지역을 일컫는 것으로 강릉 방언은 영동$_1$ 방언에 속하고 삼척 방언은 영동$_2$ 방언에 속한다. 함경도 방언의 성조 체계는 램지(1978), 김영만(1986), 전학석(1993), 곽충구(1994), 김차균(1997) 등에 의해 연구된 바를 따른 것이다.
13) 함경 방언은 거성과 상성이 완전히 단일화하여 2성조체계를 보이는 점이 다른데 이 때 단일화한 거성과 상성을 측성(仄聲)이라는 이름으로 부를 수 있다.

와 '저장고저' 등의 대립은 존재하지 않는다.14) 중세국어 시기에 명백히 '상승'조였던 상성이, 경북 방언에서는 높이의 '상승'이라는 핵심 자질 자체를 거의 찾아볼 수 없을 정도로 평탄되게 나타난다. 음운 표상은 그것이 가지는 음성적 실질과 유연성이 클수록 바람직하다고 볼 때 경북 방언의 상성을 '고장' 혹은 '저장'조로 규정하는 것은, 경북 방언과 다른 방언의 상성이 서로 다른 음가를 지니고 있음을 분명히 하면서 토박이 화자의 직관을 반영하는 가장 합리적인 방법이라고 할 수 있다.15)

2.2. 높낮이의 음운론적 기준

정연찬(1977 : 36)은, "방언 성조의 저고형과 저저형과의 구별은 일반 언중에게는 어려워 보인다. 이 같은 2음절 체언의 제2음절의 고저는 변별성이 거의 없는 것으로 생각된다."라고 언급하면서 '마음'과 '모레'를 동일하게 '저저'형으로 규정하였다. 그러나 여러 선행 논의에서 지적되었듯이, '마음'은 '저고'형으로 '모레'는 '고고'형으로 처리되어야 한다. 그리고 그는 한국어 성조가 제3음절 이하에서 결코 대립하지 않는다는 확고한 전제 하에 성조 기술을 하고 있지만, 경남 방언과 강원 강릉 방언에는 '미꾸라지[저고고저], 나무다리[저고고고]'와 같은 보편적인 음조형이 존재한다.

또한 정연찬(1977 : 33-8)은 경상도 방언에 '고고'형은 없다고 단정하고 허웅(1955/63 : 295-8)이 제시한 '고고'형 혹은 '고고중'형이 의심된다고 비판하면서, 이들을 '저저' 혹은 '저저저, 저고저'형으로 인식하여 '무지개, 가늘다' 등을 '저저저'로 규정했다. 이동화(1990)도 안동 방언의 '하래비(=할아버지), 무지개'를 '저저저'조로 보고 '거머리, 사마구' 등을 첫 음절이 2모라인 '저저저저'조로 보았다. 그리고 김성환(1987 : 41)은 "어떤 음절에 고조가 놓이게 되면 그 다음 음절 음조는 반드시 하강하게 되고 고조가 나타날 수 없으며 고조 앞 음절에서도 고조는 존재할 수 없다."라고 단정하여 '눈(雪)부터, 간(鹽)부터, 상투는' 등을 '저저저'로 규정하였다.

---

14) 실제로 길이와 높이가 동시에 변별된다고 주장한 논의가 있다. 이익섭(1972)은 영동 방언을 대상으로 '고장, 고단, 저장, 저단'과 같은 체계를 설정하였고, 신기상(1986)은 울주군을 중심으로 한 동부 경남 방언을 대상으로 '고장, 고단, 저장, 저단'조와 '고저복합, 저고복합'조가 대립한다는 주장을 한 바 있다. 그러나 이익섭(1972)에서 '고장'조에 해당하는 예는 전혀 제시되지 않았을 뿐만 아니라 '저장'조로 규정된 성조는 최명옥(1998)과 김봉국(1998)에 의해 '저고복합'조로 수정되었고 김차균(1997, 1999)에 의해 삼척 방언은 '고장'조로 강릉 방언은 '상승'조로 수정되었다. 신기상(1986)의 성조 인식도 이후 여러 성조론자들에 의해 수정되었다.

15) 경북 방언의 상성을 규정할 때 고려되어야 할 '길이'에 대해, 조현숙(1985)은 '고조(馬)'는 높고 길지 않고, '중조(斗)'는 높지도 낮지도 않고 길지 않으며, '저조(語)'는 낮고 긴 음성적 특질을 지니고 있다고 기술하였고, 김성환(1987)은 길이를 높이의 하위범주에서 논의하여 상성에 대응되는 성조에서만 길이를 고려하는 방법을 택했다.

그러나 '고고'형이 있을 수 없다는 주장은 성조론적으로 아무 근거가 없을 뿐만 아니라, 김차균(1970), 신기상(1986), 김영만(1986), 김주원(1991ㄱ), 이혁화(1994), 정원수(1994ㄱ), 이문규(1998ㄱ), 최명옥(1998) 등에서도 '고고저'형은 한국어의 보편적인 음조형 가운데 하나로 밝혀졌다. 그리고 경남 방언의 '깐채이(=까치), 거무리, 굼비이, 문디이' 등에 대해 정연찬(1977)은 '저고-저-저'로, 신기상(1986)은 '저장-저-저'로, 김영만(1986)은 '장-최저-저'로 규정하고 있으나, 허웅(1955/63), 김차균(1970), 김주원(1991)에서 밝혔듯이 이들은 '첫 음절은 낮고 둘째 이하 음절이 첫 음절보다 높은 소리'이다.

문효근(1974 : 40-42)은 강원 영동 방언에도 경남 방언과 같이 세 단계의 높이가 존재한다고 인식하여 '고, 중, 저'와 같은 성조체계를 설정하였지만 지금까지의 연구를 검토해보면 영동 방언에는 경남 방언의 저조에 상응할 만큼 낮은 음조는 나타나지 않는다. 그리하여 김봉국(1998)은 삼척 방언을 '고, 저, 상승' 체계로, 김차균(1997)은 강릉 방언을 '고, 저, 상승' 체계로 삼척 방언을 '고, 저, 고:(고장)' 체계로 규정하고 있다. 반면 이익섭(1972)은 문효근(1969)의 영동 방언 성조에 관한 자료에 부정확한 예가 있다고 지적하면서, 강릉과 삼척 방언에서 '꼴(貌), 옻(漆)'이 '고조'라는 규정이 잘못되었고 '갈(換)-, 날-, 말(捲)-, 물-' 등은 '고단'조가 아니라 '저장'조라고 주장했다. 그러나 김봉국(1998)과 김차균(1997, 1999)에서 검증되었듯이 이들은 모두 '길지 않은 고조'이므로 문효근(1969)의 인식은 정확한 것이다.

그런가 하면 경북 방언과 경남 방언이 둘 다 세 단계의 높이를 갖는다고 보는 정인교(1987)는 기왕의 선행 연구와 달리, 두 방언의 '저조'와 '고조'가 거의 동일한 높이를 갖는다고 보면서 경북 방언의 '중조' 실현 폭이 경남 방언 '중조'의 거의 반 정도밖에 되지 않기 때문에 학자들이 경북 방언의 '중조'를 전혀 인식하지 못하고 있다는 주장을 했다. 또 경북 방언의 '저조'는 경남 방언의 '저조'에 비해 두 배 긴 소리로서 '앞 낮고 뒤 높은' 특징을 가지는데 그 끝의 높이는 '중조'와 비슷하다고 보았다. 그리하여 '바람, 보리, 나물' 등이 경북 방언에서는 '저중'조이고 경남 방언에서는 '중고'조이며, '사마구, 거무리, 사투리' 등을 '저저저'조라 하여 경북 방언이나 경남 방언에서 '고장'조는 없다고 주장한다. 여기에서 정인교(1987)가 말하는 경북 방언이란 대구를 중심으로 한 그 인근 방언을 가리키는데, 지금까지의 여러 성조 연구들에서 밝혀졌듯이 경북 방언에는 '고장'조가 있고 경남 방언의 '저조'는 경북 방언의 '저조'보다 훨씬 낮은 위치에서 실현되며 '사마구' 등은 경북 방언이나 경남 방언에서 모두 '저저저'조가 아니다.

높낮이에 대한 분석이 이처럼 상반되게 나타나는 문제점을 극복하기 위해 김차균(1977)은 물리적으로 검증 가능한 방법으로 음조를 분석하는 방법을 제시했다. 이것은 가장 낮은 음조를 서양 음악의 C음(도)에 고정시켰을 때 가장 높은 음조는 G음(솔)에 해당한다고 보고 최저 음조를 [1]로, 최고 음조를 [15]로 잡는 15단계의 음조 분석법이다. 이 때 가장 낮은 높이의 소리를 〈도〉에 고정시킬 때 가장 높은 소리의 높이를 〈솔〉에 해당하는 것으로 간주하는 근거는, 김해와 창원 방언의 방대한 성조 자료를 통해 얻어진 숙련된 직관에 있다. 이 기준에 따르면 [1]~[3] 단계 사이에 실현된 소리는 저조로, [4]~[11] 사이는 중조, [12]~[15] 사이의 소리는 고조로 규정된다. 그러나 실제 발화에서는 같은 성조라도 화자와 화맥에 따라 더 높게 발음할 수도 있고 더 낮게 발음할 수도 있으며 동일한 화자가 동일한 성조를 반복하여 발음할 때도 그 소리는 결코 고정된 값을 가지지 않으므로, 저조가 C음에 해당될 때 고조는 G음이라는 기준선 설정이 많은 경우에 혼란을 초래한다. 그뿐만 아니라 실제 발화에서는 화맥에서 특정 어절이 차지하는 정보 가치와 감정의 상태에 따라 15단계의 등급 간 폭이 더 넓어질 수도 있고 좁혀질 수도 있는 것이기 때문에, 이 방법으로는 높낮이에 대한 논쟁을 완전히 해결할 수 없는 문제가 있다.

그리하여 김차균(2000)은 '동적인 운율 이론'이라 이름 붙인 새로운 음조 분석법을 정비하게 되는데 그것은 다음과 같은 과정을 통해 이루어진다. 우선 녹음된 어절의 음조를 음향학적으로 측정하여 각 음조의 주파수를 피아노 건반의 음조가 갖는 주파수 수치로 환산한 다음, 그것을 음악의 조옮김과 같은 방법으로 15등급을 조정하여 그 조정된 등급 수치와 토박이의 심리적인 등급이 어느 정도 일치하는가를 살피는 것이다. 예를 들어 고성 방언에서 '참새새끼'는 동일한 화자의 발화에서 다음과 같은 두 가지 유형의 높이로 측정되었다.

(2) 고성 방언 '참새새끼'의 높낮이

주파수(Hz)	피아노의 음향학적 등급	조정된 음운론적 등급
186.1-179.8-144.1-100.6	37-35-28-15	14-12-5-(-8)
175.8-163.3-129.0-83.3	35-32-24-9	15-12-4-(-11)

'참새새끼'의 주파수를 측정하여 그것을 음운론적 등급으로 조정한 결과 '14-12-5-(-8)'과 같은 결과가 나왔으므로 이 어절의 성조는 '고-고-중-중'으로 규정된다.[16] 여기에서도 가장 마지막으로 내려지는 판단은 15개의 음조 등급의 기준선에 근거한다. [1]~[3] 등급 사이에서 실현된 소리를 저조로, [4]~[11] 사이를 중조로, [12]~[15] 사이의 소리를 고조로 간주하기 때문이다. 화자나 화맥에 따라 측정된 음향향적 수치

---

16) 피아노 건반의 주파수가 15개의 음운론적 등급으로 환산되는 수리적 과정에 대해서는 김차균(2000)을 참고할 수 있다.

가 아무리 유동적으로 나타난다고 하더라도, 실현된 어절의 각 음조가 유지하는 상대적인 높낮이의 음폭이 일정하다고 보기 때문에 이것을 음운론적 기준 등급으로 환산하는 일이 가능하다는 것이다.

이와 같은 김차균(2000)의 노력은 높낮이에 대한 끊이지 않는 논쟁을 불식시키기 위한 의도에서 출발하였고, 한국어 성조를 합리적이고 체계적으로 기술하기 위한 이론적인 틀을 마련하려는 목적에서 이루어진 것이다. 그러므로 주관적인 인식에 논쟁이 생겼을 때, 발화된 한 어절의 높낮이를 음향분석한 뒤 그 수치를 악보의 조옮김법에 따라 음운론적인 등급으로 환산하면 누구든지 그 어절의 음조형을 규정할 수 있을 것으로 기대된다. 그렇다면 높낮이에 대한 논쟁의 한가운데 있다고 할 수 있는 경남 방언의 평성형과 상성형 어절들의 음조형을 조옮김법으로 해결해 보자.

(3) ㄱ. 밀양 방언[17]

음절	나	무	미	꾸	라	지
pitch	145	260	142	216	263	209
길이	252	303	215	130	219	300

음절	사	람	거	머	리	다
pitch	173→209	219	157→175	207	208	120
길이	370	297	165	133	133	255

ㄴ. 고성 방언

음절	말(馬)	하	고	말(語)	하	고
pitch	160	197	118	135	72	118
길이	148	228		255	216	

(3)을 놓고 보면, '중고'조인 '나무'와 '저고'조인 '사람'의 음절간 길이를 비교할 때 상성에 대응되는 '사람'의 첫 음절이 둘째 음절보다 길게 나타나지만, 높이는 오히려 '사람'의 첫 음절이 높다. 이 주파수의 절대적 높이를 조옮김에 의해 음운론적인 등급으로 환원한다고 해도 '사람'을 '저고'조로 분석해낼 수 있으려면 '나무'에 비해 이 어절

---

17) 이것은 김차균(2002ㄷ)에서 동일 화자의 음성 분석 자료를 발췌한 것이다. 이 절에서 '고, 중, 저'에 대한 개념은 김차균님의 것을 그대로 인용한 것이다.

의 첫 음절이 둘째 음절보다 상대적으로 길게 나타났다는 사실이 포착되어야 한다.

특히 '중고고중'조인 '미꾸라지'와 '저중중ᇰ'조인 '거머리다'를 음향학적으로 비교하는 일은 훨씬 주의를 요한다. 이 두 음조는 '첫 음절이 낮고 둘째와 셋째 음절이 동일하게 높으며 끝 음절이 낮은' 소리로 어절의 음조적 특징이 매우 흡사하므로 이들을 음향학적으로 분석하여 음운론적인 등급을 도출하는 방법은 오히려 높낮이에 대한 논쟁을 가중시킬 우려가 더 크다. 그러나 숙련된 관찰자의 청취 능력으로 분석할 때 '거머리다'의 첫 음절이 '미꾸라지'의 첫 음절보다 훨씬 낮은 곳에서 실현될 뿐 아니라 '거머리다'는 셋째 음절에 약한 강세가 놓이므로 뚜렷이 구별된다. 이 사실을 포착하지 못하면 조옮김법만으로 두 어절의 음조형을 올바르게 도출하는 것이 불가능하다.

더욱이 경남의 서남부 지역에 속하는 고성 방언에서는 '저중중'조인 '말(語)하고'가 끝 음절이 중조보다 훨씬 낮게 실현되는 변이음조 '저중ᇰ'으로 나타날 때 '중고중'조인 '말(馬)하고'와 매우 유사한 음조를 보이는데, 이 두 어절의 주파수 측정치를 조옮김에 의해 음운론적인 등급으로 환원하여 두 어절의 음조형이 서로 다름을 도출하는 것은 거의 불가능하다. 두 어절의 음조형을 구별하기 위해서는, '말(語)하고'에서 첫 음절의 길이가 둘째 음절보다 현저히 길게 실현된다는 점을 포착하는 길밖에 없다.

음향학적으로 측정된 음성적 특질은 화자와 화맥, 그리고 발화시에 따라 매우 다르게 나타날 뿐만 아니라 대개 비음이나 마찰음을 가진 음절의 길이가 길고 그것조차 발화자의 심리적 상태에 따라 매우 변화가 심하기 때문에, 음운론적으로 의미 없는 정보를 걸러내고 해당 어절의 성조를 정확히 분석하는 것은 결코 쉬운 일이 아니다.

김차균(2000 이후)이 측정된 성조의 주파수 값을 피아노 건반의 주파수 값에 따라 58등급으로 나눈 뒤 악보의 조옮김과 같은 방식으로 환산하여 음운론적 등급인 15등급으로 나타내 그것의 성조가 어떻게 규정되는지 보이려고 심혈을 기울인 것은, 청취적 수준에서 소리의 높낮이를 제대로 변별하지 못하는 사람들이 상반된 주장을 하며 논쟁을 일삼는 것을 해결하기 위함이다. 그러나 '동적인 운율 이론' 그 자체만으로 누구나 다 주어진 어절의 성조를 정확하게 도출해낼 수 있는 것이 아니며, 올바른 어절의 성조가 도출되기 위해서는 반드시 숙련된 청취 능력을 가진 성조론자의 주의 깊은 해석이 덧붙여져야 한다.

왜냐하면 측정된 음향학적 수치가 어절의 핵심부 높낮이와는 대개 일치하지만 그것을 음운론적 등급으로 제대로 환산하여 나타내기 위해서는 음조의 상승부와 하강부, 청각적인 수준에 존재하는 강세 유무, 변이음 정도, 다른 방언에서 이것이 어떤 성조에 대응되는가 하는 문제 등 여러 음운론적 해석을 반드시 거쳐야 하는 경우가 허다하기 때문이다. 이것은 세 개의 높이가 변별되는 경남 방언에서 더욱 그러하다. 그러므로 발화된 어절의 상대적 높낮이와 그것에 동반될 수 있는 상대적 길이를 정확하게 분별하여 인식하고, 음운론적으로 의미 있는 음성학적 정보 즉 음운론적으로 대립하는 높낮이가 무엇인지를 찾아낼 수 있는 청취 능력을 기르는 것이 성조 기술의 필요충분조건이다.

숙련된 청취 능력에 의해 관찰된 어절의 높낮이는 음향학적인 수치와 일치한다. 예를 들어 포항 방언에서 2음절 어절의 높낮이는 '첫 음절이 낮고 둘째 음절이 높은 것(가지(茄), 감꽃, 시렁, …)'과 '첫 음절이 높고 둘째 음절이 낮은 것(꼬깔, 나라, 목심(=목숨), …)', '첫 음절이 높고 둘째 음절이 낮으면서 첫 음절의 길이가 둘째 음절에 비해 1.5모라 혹은 2모라 정도 긴 것(사람, 얘기, 제기, …)', 그리고 '두 음절의 높이가 같은 것(모욕(=목욕), 소매, 참새, …)'과 같은 네 가지 음성 실현형으로 한정된다.

그리고 이 방언의 토박이 화자가 표현하는 바를 옮기면, '꼬깔'은 음이 아주 높이 들리고 '모욕'은 낮게 들리며, '모욕'은 '얘기'보다 좀 높은데 '얘기'가 '모욕'보다 길다. 그렇다면 각 어절들의 초당 주파수를 분석해 볼 때 음향학적으로 이들의 높낮이가 어떻게 측정되는지 살펴보자.[18]

(4) 포항 방언

음절	가	지	감	꽃	시	렁
Pitch(Hz)	109	148	110	140	129	149
길이(msec)	203	260	243	262	247	267

음절	꼬	깔	나	라	목	심
Pitch(Hz)	187	117	166	113	163	96
길이(msec)	192	240	143	150	188	252

음절	사	람	얘	기	제	기
Pitch(Hz)	140	97	150	103	154	104
길이(msec)	435	245	490	252	368	272

음절	모	욕	소	매	참	새
Pitch(Hz)	115	116	145	131	131	134
길이(msec)	218	237	350	217	337	292

---

18) 이 자료는 포항 방언의 황진철 제보자에게서 얻은 것이고 높낮이 분석에 사용된 프로그램은 스웨덴 KTH사의 wavesurfer(version 8.4.2.4.)이다.

(4)에 제시된 음향학적인 측정치들을 통해 우리가 가장 먼저 인식할 수 있는 것은, 청취적 직관에 의해 동일한 유형으로 인지된 어절들의 절대적인 주파수 수치가 매우 유동적이라는 사실이다. 발성기관과 조음기관의 생리적 구조가 같고 폐에서 나온 기류가 성문을 거쳐 입 밖으로 배출되는 소리의 생성 기제는 같지만, 발화된 음성의 음향학적 특질은 화자에 따라, 화맥에 따라, 발화시마다 매우 다르게 나타난다. 그렇기 때문에 '두 음절의 높이가 동일하게 같은' 것으로 인지되는 '모욕(=목욕), 소매, 참새'를 보면, 각 어절간 주파수가 서로 다르고 한 어절 안에 위치한 두 음절의 주파수 또한 같지 않다.

이 때 '모욕, 소매, 참새' 안에 위치한 두 음절간 주파수의 차이는 음성학적인 차원의 정밀 정보일 뿐 음운론적으로 고려할 필요가 없는 것이므로 음운론적 층위에서 두 음절의 상대적 높낮이는 같다. 또 음절의 첫 소리가 마찰성을 갖고 있거나 음절의 끝 소리가 비음일 때 그 음절이 현저히 길어지므로 '소매'와 '참새'의 첫 음절이 둘째 음절보다 긴 것도 성조론적으로 변별되는 정보가 아니다. 그리고 주어진 질문에 대한 단답형의 형식을 띠면서 #_# 위치에서 발화된 2음절어는 끝 음절의 길이가 첫 음절보다 긴 경우가 나타난다. 이것은 안정적인 높이로 발화를 끝내려는 심리적인 요인에 의한 것이므로 음운론적으로 변별되어야 할 정보가 아니다.

중요한 것은, 측정된 주파수의 절대적 수치로 볼 때 '모욕'보다 '참새'가 높고 또 '소매'는 이것보다 훨씬 더 높은 주파수를 나타내고 있음에도 불구하고 각 어절의 상대적 높낮이는 모두 같다는 사실이다. 그러므로 주어진 두 어절을 음향학적으로 분석한 높낮이의 절대적 값이 어떻든 간에 어절 안의 각 음절이 나타내는 상대적 높낮이의 유형이 같으면 이 두 어절은 동일한 음조형을 지닌 것으로 간주된다. 즉 음운론적 층위에서 변별적으로 기능하는 것은 각 소리의 절대적 음향 측정치가 아니라 음절간 상대적 높낮이이다.

이처럼, 2음절 명사를 대상으로 하여 살펴볼 때 어절의 상대적인 높낮이에 대한 관찰자와 토박이 화자의 청취적 직관이 음향학적으로 측정된 상대적인 높낮이와 일치함을 보았다. 이제 3음절 이상의 어절을 살펴보자.

포항 방언에서 3음절 이상의 어절은 '첫 음절이 높고 둘째 이하 음절은 낮은 것(아지메(=아주머니), 노래소리, …)'과 '첫 음절이 높고 둘째 이하 음절은 낮으면서 첫 음절의 길이가 둘째 이하 음절에 비해 1.5모라 혹은 2모라 정도 긴 것(거머리, 고구마싹, …)', '첫 두 음절의 높이가 동일하게 높고 셋째 이하 음절은 낮은 것(무지개, 구름다리, …)', '낮은 음절이 하나 이상 연속되다가 그 뒤 한 음절이 높고 그 이하 모든 음절은 낮은 것(가시개(=가위), 미꾸라지, …)'과 같이 네 가지 유형으로 음성 실현된다. 토박이 화자의 표현을 옮기면, '아지메'는 '무지개'보다 말이 시작되는 소리가 아주 높고 강하고 '거머리'는 말이 시작되는 소리가 길며, '무지개'는 '가시개'보다 말이 시작될 때 음이 높아 보이고 '구름다리'에 비해 '미꾸라지'는 뒤가 높고 강하다. 그리고 이것을 음향 분석한 결과는 아래와 같이 나타난다.

(5) 포항 방언

음절	아	지	메	노	래	소	리
pitch(Hz)	171	120	102	180	119	121	108
길이(msec)	68	238	217	233	150	208	200

음절	거	머	리	고	구	마	싹
pitch(Hz)	169	133	99	171	130	119	105
길이(msec)	353	157	243	275	157	133	320

음절	무	지	개	구	름	다	리
pitch(Hz)	142	156	97	148	159	117	109
길이(msec)	167	188	175	128	248	137	190

음절	가	시	개	미	꾸	라	지
pitch(Hz)	104	200	141	105	151	173	83
길이(msec)	150	238	167	140	150	167	192

음운론적으로 변별되는 소리의 높낮이 유형은 음향학적인 수치와 꼭 일치하지 않는다. 예를 들어 '첫 음절이 높고 둘째 음절 이하가 낮은' 어절에서 둘째 이하의 음절은 모두 동일한 높이로 낮은 것이 아니라 둘째 음절이 하강부가 되어 점차로 낮아지는 형상을 띤다. 그러므로 '노래소리'를 음향 분석한 수치가 '180-119-121-108'로 나타나더라도 음운론적으로 규정되는 높낮이는 '고조-저조-저조-저조'이다. 마찬가지로, '미꾸라지'의 둘째 음절은 상승부이므로 첫 음절보다 높게 실현되지만 음운론적으로 이것은 '저조-저조-고조-저조'로 분석된다. 그리고 (5)에서도 마찰음이나 비음을 갖고 있는 음절의 길이가 그렇지 않은 음절에 비해 다소 길게 나타나지만, 이것은 음운론적으로 고려돼야 할 정보가 아니다. 결국 3음절 이상의 어절에서도 관찰자와 토박이 화자가 지니고 있는 높낮이에 대한 직관은 음향학적인 측정치의 상대적 높낮이와 일치한다.

성조론의 목표는, 자연언어에서 실현되는 성조의 음성적 실질을 있는 그대로 인식하고 분석하여 그것을 하나의 일관된 음운론적 방법으로 기술하되, 자료와 이론에 모순이 없도록 타당성을 부여하는 데 있다. 음성학적으로, '높은' 혹은 '낮은' 소리를 통계내 높은 소리와 낮은 소리의 주파수 상한선과 하한선을 수치화하고 각 소리가 어느 주파수 영역에 분포하는지 일반화하여 측정된 주파수 수치(또는 측정된 주파수 수치를 음운론적 등급으로 조정한 수치)만 보면 성조론적으로 높은 소리인지 낮은 소리인지 규정할 수 있다고 기술할 수 있다. 그리고 높은 소리의 주파수 영역이 낮은 소리의 주파수 영역에 비해 훨씬 좁다거나 혹은 넓다는 기술이 가능하며, 두 소리의 상한선과 하한선을 단계별로 구분하여 몇 개의 등급으로 나눌 때 몇 등급에서 몇 등급까지는 낮은 소리로 혹은 높은 소리로 규정된다든가 하는 기술도 가능하다. 그리고 이 모든 음성학적 기술은 성조론을 훨씬 더 과학적인 학문이 되도록 뒷받침해 주는 기능을 한다.

음성학적 정보를 어디까지 기술하는 것이 옳은가 하는 문제와 관련된 가장 두드러진 논쟁은 성조의 음성 실현 폭에 대한 것이다. 허웅(1955/63)과 문효근(1974)을 비롯한 대부분의 성조론자들이 각 성조의 음성 실현 폭을 균등한 것으로 말하는 것과 달리, 김차균(1977)은 토박이 화자의 실제 발음을 관찰할 때 '중조'의 폭이 상대적으로 가장 넓게 나타나므로 음성 실현의 폭을 균등하게 설정해서는 안 된다고 주장한다. 이 주장에 대해 김성환(1987 : 6-7)과 같이, 토박이의 음운 의식에 세 가지의 높낮이 '고, 중, 저'가 있으므로 어떠한 성조도 토박이의 의식 속에서는 허웅의 3단 수평체계를 벗어날 수 없다고 비판하는 견해가 있다.

그러나 각 성조의 음역에 등급을 두어 도식화하는 것은 성조의 음성적 실질을 해석하여 나타내는 또 하나의 표상인데, 한국어 성조는 저조의 폭이 몹시 좁고 중조의 폭이 상대적으로 가장 큰 것이 엄연한 사실이다. 그리고 각 성조의 음성 실현 폭이 상대적으로 균등하지 않다는 것을 정확하게 인식하는 것은, 한국어에 나타나는 성조형의 단일화 경향과 변이음조의 다양한 실현 양상을 기술하는 데 매우 중요하다. 그리고 이러한 양상은 음운론적 층위에서 중요하게 기술되어야 할 문제이므로, 성조의 음역을 도식화할 때 이 정보를 반영하는 것이 기술적인 측면에서 비난받을 일은 전혀 아니다.

2.3. 성조 표기법

변별적으로 기능하는 성조소를 확인하고 성조체계를 수립한 후에 본격적으로 성조를 기술하기 위해서는 어떤 형태로든 각 어절의 성조가 표기되어야 한다. Pike(1947)는 덜 자주 나타나는 성조에 표기를 하는 방법을 제안한 바 있는데, 김차균(1992)은 한국어의 체계적인 성조 기술을 위해 다음과 같은 세 가지 성조 표기 원칙을 제시했다. 첫째, 표면적인 대립이 나타나는 자리의 음조를 기본으로 하여 성조 기호를 정할 것, 둘째, 중세국어와 현대국어, 표준어와 방언들을 모두 같거나 동질적인 표상으로 적을 것, 셋째, 한 이론에 의한 표기법이 다른 이론에 의한 표기법으로 쉽게 바꿀 수 있도록 할 것 등이다.

그리고 김주원(1991ㄱ)은 성조 표기법이 다음과 같은 몇 가지 사항을 만족시켜야 한다고 밝혔다. 먼저 각자의 연구 방법에 맞게 이용이 가능하도록 기본 자료로서의 역할을 할 수 있을 것, 직관에 부합할 것, 간결할 것, 그리고 기록 현장에서 짧은 시간에 정확하게 기술할 수 있는 실용성이 있을 것 등이 그것이다.

성조 표기는 두 가지로 나뉘는데 하나는 성조의 음성 실현형인 높낮이를 나타내는 형식이고 다른 하나는 음소 층위에 성조를 표기하는 형식이다.

2.3.1. 성조의 음성 표상

성조 표기를 할 때 반드시 고려해야 할 중요한 점은, 중세국어와 현대국어, 현대국어의 모든 성조 방언간의 대응관계를 효과적으로 드러낼 수 있도록 표기법을 마련해야 한다는 것이다. 중세국어와 현대국어 방언 성조의 대응 관계에 대해서는 허웅(1963), 문효근(1974), 정연찬(1974), 김차균(1985), 김영만(1986)에 의해 충분히 연구되었고, 현대국어의 성조 방언들에 대한 문효근(1974), 김영만(1986), 김차균(1993, 1994, 1997, 2000, 2002) 등의 연구를 통해, 영남과 영동, 호남, 중부 방언들의 성조체계가 상당 부분 밝혀져 있다. 그 결과, 현대국어의 성조 방언과 중세국어가 완전한 동질성을 지니고 있고, 성조 방언들간의 성조체계도 체계적인 동질성을 유지하고 있음이 밝혀졌다. 그러므로 한국어 성조 방언들을 완전히 서로 관계없는 언어인 것처럼 별개로 다룰 것이 아니라, 한국어라는 한 언어의 하위 방언들을 통일적으로 다룰 수 있는 합리적인 성조 기술법을 만들기 위해서 반드시 통일된 표기법이 선행되어야 한다.

구체적인 예를 들어보자. 모든 성조 방언에서 '바람'의 성조는 첫 음절이 낮고 둘째 음절이 높다. 그런데 두 개의 높낮이가 존재하는 경북 방언에서 이것은 '저고'조로 처리되지만 세 개의 높낮이가 존재하는 경남 방언에서는 '바람'보다 더 낮은 성조인 '사람'이 존재한다. 그리하여 경남 방언에서는 '바람'을 '중고'조로, '사람'을 '저중'조로 규정하게 된다. 경남 방언의 '바람'과 경북 방언의 '바람'은 동일한 음역에서 실현되는 높낮이를 갖고 있고, 경남 방언에서는 경북 방언에 없는 낮은 높이의 성조가 하나 더 나타난다. 그러므로 '바람'을 '중-고'조로 하고 '사람'을 '저-중'조로 하든 '바람'을 '저-고'조로 하고 '사람'을 '더 낮은 저-저'조로 하든, 어떤 식으로든 '바람'의 성조를 동일한 것으로 규정하는 것이 통시적 · 공시적인 체계를 갖추어 한국어의 성조를 합리적으로 기술하는 가장 바람직한 방법이다.

중세국어에 두 개의 높이가 변별되는 세 개의 성조 즉 '낮은 소리(평성)'와 '높은 소리(거성)', 그리고 '처음이 낮고 나중이 높은 소리(상성)'가 존재했다. 그리고 현대국어의 대부분 성조 방언에서 '높은 소리'는 중세국어의 평성에 체계적으로 대응되고 '낮은 소리'는 거성에 대응된다. 함경도 육진 방언과 연변 룡정 방언에서 '높은 소리'가 거성에 대응되고 '낮은 소리'가 평성에 대응되는 점은 예외적이다. 그리고 상성에 대응되는 성조의 음가는 방언에 따라 다르다.

중세국어에서 상성의 핵심은 '처음이 낮고 나중이 높은' 소리의 굴곡 양상에 있고 상성의 첫 높이가 거성보다 더 낮은가 아닌가 하는 데 있지 않았을 것으로 보인다. 그런데 한 음절 안에 '저조'에서부터 '고조'에 이르는 넓은 음역을 다 담아내는 것보다, '저조'인 거성보다 더 낮은 곳에서 시작하여 '저조' 정도의 높이에서 끝맺는 것이 소리의 굴곡을 그대로 유지하면서 음성학적으로 훨씬 힘을 덜 들이는 발음 방법이라고 할 수 있다. 그러므로 소리를 상승조로 굴곡시키는 과정에서 상성의 높이가 거성보다 더 낮아진 현상이 부차적으로 나타났고 이에 따라 자연히 길이가 동반된 것으로 보인다.

오늘날 경남 방언에서 중세국어의 상성에 대응되는 소리와 거성에 대응되는 소리를 변별되게 하는 핵심은 소리의 높이이며, 길이나 소리의 굴곡 양상은 부가적인 자질이라는 점도 이와 관련이 있다고 할 수 있다. 반면 경북 방언에서는, '처음이 낮고 나중이 높은' 소리로 굴곡되던 중세국어 상성의 자질 중 낮은 높이만 취하고 길이를 동반하거나 높은 높이만 취하고 길이를 동반하는 양상으로 나뉘어 나타난다. 현대국어에서도 상성에 대응되는 성조의 음성적 특질은 공시적으로 관찰이 가능한 정도로 변화하고 있는데 거의 모든 방언에서 상성이 거성에 합류되는 경향을 보인다.

이처럼 중세국어는 두 개의 높이를 가진 성조 언어였고 현대국어에서 경남 방언을 제외한 모든 성조 방언이 두 개의 높이 '고조'와 '저조'가 대립되는 성조 언어이다.[19] 따라서 모든 성조 방언에서 평성에 대응되는 높은 소리를 '고조'로 하고 거성에 대응되는 낮은 소리를 '저조'로 설정한 뒤, 방언에 따라 매우 다른 음성적 실질을 가진 상성에 대응되는 소리를 이들과 구별하여 특별한 표기 형식을 주는 것이 합리적이라고 생

---

19) 김차균(2002ㄷ)은 경북 대구 방언과 강원 강릉 방언에서도 경남 방언과 같은 저조가 나타나고, 전남 방언에서는 억양의 한 부분으로 저조가 나타난다고 밝힘으로써 한국어 성조 방언 전체에 '저, 중, 고'조의 세 높이가 존재했을 가능성에 대해 언급한 바 있다. 예를 들어 경북 대구·성주·안동 방언에서 '나가다, 나서다, 나오다'의 굴절 패러다임 중에 1음절 평성 동사를 거성으로 변하게 하는 어미들 예컨대 '-ㄴ다, -는데, -더라'와 결합한 굴절형이 '중고고중'조로 나타나는데 이 음조의 변이음조로 경남 방언의 저조만큼 낮은 곳에서 실현되는 '저중중중'조가 확인된다는 것이다. 그런데 글쓴이가 조사한 바에 의하면 경북 울진과 영덕, 포항, 경주 방언에서는 '나가다, 나서다, 나오다'의 굴절형에서 경남 방언과 같은 낮은 높이가 실현되는 경우를 거의 찾아볼 수 없다. 그러므로 한국어 성조 방언 전체를 세 개의 높낮이 체계를 가진 것으로 규정하기에 어려운 점이 있다.

각한다. 그리하여 글쓴이는 한국어 성조를 기본적으로 '고, 저, 더 낮은 저'로 규정하는 방법을 택하기로 한다. 이것은 김영만(1986)에서 제시한 '고, 저, 최저'라는 설정과 근본적인 면에서 다르지 않다. 다만, 평성과 거성을 각각 '고조'와 '저조'로 설정했을 때 상성을 '가장' 낮은 소리로 규정하느냐 아니면 저조보다 '더' 낮은 소리로 규정하느냐 하는 표현상의 차이가 있을 뿐이다.

이와 달리 허웅(1955/63)과 문효근(1974), 김차균(1978)은 '고, 중, 저'로 규정하는 방식을 제시했다. 경남 방언의 토박이 화자에게 상성과 거성의 높이 차이는 거성과 평성의 높이 차이만큼이나 확연히 구별되는 것이기 때문에, 거성과 상성을 '저, 최저(혹은 '더 낮은 저')'로 규정하는 것보다 '중, 저'로 규정하는 것이 훨씬 타당하다고 보기 때문이다. 반면 '고, 저, 최저(혹은 '더 낮은 저')' 표기는 두 개의 높이만 대립하는 경북 방언을 기술하는 데 합리적이지만 세 개의 높이가 대립하는 경남 방언을 기술할 때 만족스럽지 않다. 따라서 두 종류의 표기법을 두고 우열을 가릴 문제는 아니다.

높낮이의 음운론적 특질을 이렇게 규정한 후 음소에서 운소만 떼 내어 성조와 그것의 음성 실현형인 음조를 나타낼 때, 로마자를 이용하여 'H'(High, 고조), 'M'(Mid, 중조), 'L'(Low, 저조), 'R'(Rising, 상승조) 등으로 표기하는 것이 국내외를 막론하고 모든 성조론자들이 공통적으로 사용하고 있는 보편적인 방법이다. 이 외에 해당 성조 표상에 강세 자질을 덧붙여 표기할 때 'H′'와 같이 나타내고 해당 성조 표상에 길이 자질을 덧붙일 때 'Ḧ, M̰' 혹은 'H:, L:' 또는 'H̱, M̱'과 같은 표기 방법을 사용하는 면에서도 대체로 일치한다. 그리하여 3성조체계를 갖는 방언은 각 성조의 음가에 따라 'H, M, L', 'H, L, L·H(저고복합조)', 'H, L, R'로 표기하거나 'H, L, L:', 'H, L, H:' 혹은 'H, M, M̰', 'H, M, Ḧ' 등으로 표기하고, 2성조체계를 갖는 방언은 'H, L'로 표기하고 있다.

글쓴이는 한국어 성조의 기본적인 높낮이를 '고, 저, 더 낮은 저'로 규정하므로 '중조'를 설정하지 않고, 경남 방언의 '저조'와 '더 낮은 저조'의 변별이 길이에 있지 않고 높이에 있다고 보므로 이들을 각각 'L, L:'로 표기하는 방법에 동의하지 않는다. 그리하여 각 성조의 음성 표상을 'H(고조), L(저조), ʟ(더 낮은 저조)'와 같이 표기 하는 방법을 잠정적으로 제안하고자 한다.

여기에서 표기법의 기술적인 합리성에 대한 문제를 생각해 볼 필요가 있다. 성조를 표기할 때, 구조주의적인 방법으로 모든 음절의 성조를 표기하는 것보다 표면적인 대립이 나타나는 자리의 성조만 표시하고 그렇지 않은 위치의 성조는 음절수만 표시하는 것이 훨씬 합리적이다. 그리하여 생성주의 성조론자들은 Chomsky(1968/91)가 제안한 표기 규약을 따라 라틴어 대문자와 소문자, 아라비아 숫자를 이용하는 성조 표기법을 시도했다. 한국어 성조론에서 이러한 표기법은 김차균(1977)에 의해 본격적으로 시작되고 정립되어 김주원(1991), 정원수(1994), 이문규(1997) 등에 이어졌다. 예를 들어, 'H²(H가 두 개 연속됨), H₁(H가 하나 이상 나타남), HHL₀(H가 둘 연속된 후에 L이 0개 이상 나타남)'과 같은 표기가 가능하다.

한편 김영만(1986)에서는 위와 다른 다소 예외적인 표기법을 제시하고 있다. 중세문헌의 방점수인 0점, 1점, 2점을 상징하여 중세국어의 성조는 'Θ(평성), Ⅰ(거성), Ⅱ(상성)'로, 그것에 대응되는 현대국어의 성조는 'O(고), U(저), W(저장)'로 분리하여 표기하는 방법을 사용하는 점이 특이한데 이것은 이숭녕(1964)을 원용한 방법이다.[20] 이숭녕(1964)은 중세국어의 성조를 기술하면서 평성을 O, 거성을 V, 상성을 W로 표기하는 방법을 취했는데, 음소와 성조를 함께 나타낼 때 해당 음절 위에 'v'나 'ω'를 얹어서 병기하고 평성 음절에는 아무런 표기를 주지 않음으로써 잉여성을 덜었다.

2.3.2. 성조의 음운 표상

성조 언어는 성조까지 표기함으로써 완성된다(Pike 1947 : 210)고 할 수 있는데, 그런 점에서 중세국어는 문자 체계가 성조까지 표기한 매우 드문 경우에 속한다. 표기법이 발달하지 않은 초기의 성조 기술에서는 낱말의 성조를 나타낼 음소와 성조를 분리하여 '바람[저고], 하늘[고저], 구름[고고]'과 같이 표기하는 방법이 사용되었다. 이것은 후에 로마문자를 이용하여 [저고]를 [LH], [고저]를 [HL]로 바꾸어 나타내는 방법으로 바뀌었는데, 정원수(1994), 이문규(1997), 김봉국(1998), 임석규(2004)를 비롯한 최근의 성조 기술에서 가장 널리 이용되고 있는 표기법이다.

다음으로 몇 가지 구별 부호를 사용하여 음소와 성조를 함께 표기하는 방법이 있는데, 가장 보편적인 것은 음절에 ' ´ ' 혹은 ' ` '을 병기하는 것이다.[21]

정연찬(1977)은 저조인 음절에 아무런 표시를 주지 않고 고조인 음절 위에 ' ´ '을 표기하고 '저고'조인 음절 위에 '˘'을 표기했다. 그리고 중세국어의 방점은 음절 오른쪽에 '˘'으로 나타내어 방점이 두 개인 상성은 '뉘˘˘', 방점이 하나인 거성은 '쇼ˆ'와 같이 나타내었다. 이러한 방법은 김성환(1987)에 그대로 이어졌다. 그리고 이익섭(1972)과 윤

---

20) 방언간의 동질성을 표기에 반영하려는 노력은 김영만(1986)에서도 제시되었는데, 경남 방언을 'O, U, w', 경북 방언을 'O, U, W', 함경 방언을 'o, O', 서부 여러 방언을 'T(고저가 중화된 성조), W'로 표기하고 있다. 그런데 음소와 분리하여 성조를 표기할 때 가장 크게 고려되어야 할 것이 소리의 표상과 실제 음성 사이의 직관적인 유연성이라고 할 때, 중세문헌에서 사용된 방점의 개수를 형상화하여 성조 표상을 나타내는 김영만(1986)의 방법은, 성조 표상이 의미하는 바가 높이인지 길이인지, 아니면 또 다른 어떤 운소적 자질인지를 전혀 알 수 없는 문제점이 있다. 그리고 한 이론에 의한 표기법이 다른 이론에 의한 표기법으로 쉽게 바꿀 수 있도록 해야 한다는 점에서 볼 때도 이 표기법은 단점이 있다.

21) 정국(1980)은 고조 음절 위에 구별 부호 ' ˙˙ '을 표기했다.

종남(1986)에서는, 음절의 위쪽이 아닌 왼쪽에 ' ' '을 표시하여 고조를 나타내고 음절의 오른쪽에 길이를 나타내는 ' : '을 사용하며 저조는 아무런 표시를 주지 않았다. 예를 들어 1음절 고조는 ''상'으로, 2음절 '저고'조는 '밥'상'으로, 첫 음절에 길이를 동반한 2음절 '고저'조는 ''끄:나' 등과 같이 표기하는 방법이다. 또 김영만(1986)은 음절 위에 ' ' '과 ' ` '을 표기하여 각각 고조와 저조를 나타내고, '저장'조는 음절 위에 ' ⎺ '을 표기하고 '최저'조는 음절 아래 ' _ '을 표기하였는데 이 방법은 김주원(1991)에 이어졌다.

문효근(1974)에서 세 개의 높이가 변별되는 방언은 음절의 오른쪽 위에 아라비아 숫자를 이용하여 '/³/, /²/, /¹/과 같이 나타내어 소리의 높이를 구별하고, 두 개의 높이가 변별되는 방언은 ' ' '과 ' ` '을 이용하여 각각 고조와 저조를 나타냈다. 그리고 성조의 음성 실현형을 정밀하게 나타내기 위해 ' − '와 ' : '를 부가적으로 사용했다. 예를 들어 '개미'의 경남 방언형은 /kɛ²ɛ³mi²/[kɛ²⁻³:mi²]로 표기하고 경북 방언형은 /kɛ̀ɛ̀mì/[kɛˉ⁻:mì]로 나타낸다. 그리고 최명옥(1998)은 로마문자를 위첨자로 하여 각 음절의 오른쪽에 병기함으로써 성조를 나타냈는데 예를 들어 ''/갈(秋)/[갈ᴸ·ʰ], /새(間)/[새ʰ·ᴸ], /까마귀/[까ᴸ마ᴴ귀ᴸ], /말(馬)이/[마ᴴ리ᴸ]와 같이 표기하는 방법이다.

마지막으로 언급할 것은 방점을 이용한 표기법이다. 음절의 왼쪽에 점을 찍어 성조를 나타내는 방점법은, 훈민정음 반포 이후 임란왜란 이전까지 140여 년 동안 거의 모든 정음 문헌들이 사용한 방법이다. 즉 음절의 왼쪽에 점을 하나 찍은 것은 '거성'(·□)을, 둘은 '상성'(:□)을, 점을 찍지 않은 것은 '평성'(□)을 나타내는 것이다. 이 방점법은 김차균(1992)에서 정립되어 한국어 성조 방언 기술에 쓰이고 있는 것으로 글쓴이도 이 방법을 그대로 따르고 있다.

방점법이 기왕의 다른 표기법과 가장 뚜렷이 구별되는 점은, 중세국어와 현대국어, 현대국어의 모든 성조 방언간의 대응관계를 가장 잘 드러낼 수 있으면서도 표기 형식이 매우 간략하고 생산적이라는 것이다. 지금까지의 연구에 의하면, 음운 층위에서 각 방언의 성조를 방점 표상으로 나타낼 때 모든 방언이 가지런히 정리되어 방언적인 차이가 거의 없어지며, 중세국어와도 거의 차이가 없이 대응 관계가 정연하게 일치한다. 예를 들어, 3성조체계든 2성조체계든 각 성조의 음성형이 어떻게 실현되는가에 상관없이 모든 방언에서 '바람, ·물, ·구·름, 노·래, 까마·구, :사·람' 등이 일치하는 방점 표상을 갖는 것이다. 그리고 이렇게 방점 표기된 음운 표상은 중세국어와도 대부분 일치하고 있다. 성조를 적는 방법이 통일되어 있을 때 성조 연구가 일관성 있고 통일된 방법으로 축적될 수 있는데, 이 목적을 달성할 수 있는 가장 합리적인 방법이 방점법이라고 할 수 있다.

2.3.3. 방점법의 표기 원리

　방점을 이용한 표기법은, 대립과 중화 등의 기능·구조적인 방법론을 바탕으로 하여 성조의 음운론적인 행동을 통일성 있게 다루기 위해, 성조를 '평성'과 '측성'의 2분법으로 파악하는 것을 전제로 한다. '측성(仄聲)'이라는 개념은, 최세진의 『사성통해』(四聲通解) 권말에 실린 번역노걸대박통사범례(飜譯老乞大朴通事凡例) 중 국음조(國音條)에서 소리를 '평음'과 '측음'으로 나누어 평음은 평성이 되고 측음은 거성과 상성이 된다고 언급한 데서부터 비롯된다.[22]

　중세국어에서 평성으로 시작되는 어휘형태소가 상성이나 거성으로 시작되는 것보다 수가 많고, 거성으로 시작되는 것이 상성보다 많다. 그러므로 방점법은 덜 자주 나타나는 것에 더 복잡한 표기를 부여한 합리성이 있다. 그리고 문법형태소는 압도적으로 측성이 많은데 이는 현대국어에서도 마찬가지이다. 또한 중세국어와 현대국어의 모든 성조 방언이, 측성 뒤에서는 성조의 대립이 불가능하고 중화된다는 점에서도 같다.

　이러한 음운론적인 행동에 근거하여 김차균(1979 이후)은 평성을 무표(unmarked) 성조로 보고 측성을 유표(marked) 성조로 본다.[23] 따라서 높낮이 면에서 한 낱말의 음성형을 예측하는 일은, 어절 안에 측성이 나타나는지, 측성이 몇 번째 음절에 나타나는지, 측성이 첫 음절에 나타났다면 그것이 상성인지 거성인지에 달려있다. 그러므로 어절 안에 존재하는 악센트 징표와 그것의 위치에 따라 어절의 높낮이가 결정된다고 보는 악센트론적 관점에 따르면, 측성이 징표가 되어야 하고 어절의 강세는 측성 바로 앞 음절에 놓인다.

　좁은 의미의 측성은 상성과 거성이 중화된 성조이고, 넓은 의미의 측성은 상성과 측성 뒤에서 모든 성조가 중화된 '원성조(archi-toneme)'를 가리킨다(김차균 1988). 그런데 거성과 상성은 첫 음절에만 나타나고 측성은 제2음절 이하에서만 나타나므로, 측성과 상성은 상보적인 관계에 있고 측성과 거성도 상보적 관계에 있다. 따라서 측성은 거성과 상성 중 어느 것의 변이음조로도 볼 수 있는데 음성적 특성이 거성과 더 닮았으므로 성조론적 차원에서는 거성이다. 기술언어학적인 관점에서 볼 때 음소나 성조는 변이음의 음성적인 실질과 분포에 따라 결정되는 것이므로, '평성 뒤에 나타나는 측성(상성과 거성)'과 '모든 성조가 중화된 성조' 그리고 '거성'은 뒤따르는 성조를 중화시키는 기능이 같고 음성적인 실질이 같으며 세 성조의 배치가 상보적이므로 같은 방점으로 표기할 수 있다. 즉 방점을 이용하여 음운 층위에 성조를 나타낼 때 '평성(□), 거성(·□), 상

---

22) 凡本國語音有平有仄 平音哀而安 仄音有二焉 有厲而擧如齒字之呼者 有直而高如位字之呼者 哀而安者爲平聲 厲而擧者(爲上聲) 直而高者爲去聲爲入聲

23) 기술언어학에서 중화는 겹상보배치의 개념이다. 자립분절음운론에서는 이러한 동질성이 잡힐 수 없고 각 방언이 전혀 관계없는 독립적인 언어처럼 다루어진다.

성(:□), 측성(·□)'과 같은 네 표기가 가능하다.

그런데 방점을 이용하여 어절의 성조를 표기하는 데는 크게 두 가지 방법이 있다. 하나는 전통적인 방점법으로서 어절 안의 평성과 측성을 모두 표기하는 방법이고 다른 하나는 기술의 잉여성을 제거하고 어절 안에서 오직 변별적 대립을 이루는 성조만 표기하는 방법이다. 김차균(1988)은 전자를 '평측법', 후자를 '측성법'으로 이름지었다. 평측법은 통시적·공시적으로 방언간 대응관계를 시각적으로 잘 나타낼 수 있는 장점이 있으므로 일반적으로 어절의 각 음절에 얹힌 성조를 표기하는 데 쓰인다. 반면 영역 안에서 최초의 방점인 측성만 표시하는 측성법은 현대 음운 이론에서 말하는 이른바 부분명기(underspecification)에 따른 표상과 가장 가까운 것으로, 예측되는 부분을 표기하지 않음으로써 잉여성을 제거하고 성조를 기술할 수 있다는 면에서 장점이 크다. 그러므로 어절의 성조형을 규정할 때는 측성법이 사용된다. 이 글에 제시된 모든 어절의 성조형도 이 측성법의 원리에 의해 표기되었다.

예를 들어 '사다리, 며·느·리, ·고·드·름, :사·마·구' 등은 평측법으로 표기된 것인데 동일한 어휘의 성조를 측성법으로 나타내면 '사다리, 며·느리, ·고드름, :사마구'와 같이 나타내진다. 따라서 성조형 /□^{3}/(혹은 /H^3/)은 평성이 셋 연속되어 나타난 어절을 의미하지만 /·□^{3}/(혹은 /L^3/)은 거성이 셋 연속된 것을 의미하는 것이 아니라 첫 음절이 거성인 3음절어를 뜻하는 것이고, /:□^{3}/(혹은 /Ḧ^{3}/)은 상성이 셋 연속된 것을 의미하는 것이 아니라 첫 음절이 상성인 3음절어를 의미하는 것이다. 그러므로 방점법은, 성조론에 기반을 두면서도 악센트론에서 볼 수 있는 간결성이 내포되어 있어서 모든 성조 언어를 간결하게 기술할 수 있는 강점을 가진다.

2.4. 성조 기술의 단위

초기의 성조론(허웅 1955/63, 문효근 1974, 정연찬 1977, 김완진 1973/77)에서는 자료에 의해 성조를 분석하고 어절의 각 음절에 성조를 부여한 뒤 이 자체를 성조형이라고 규정하는 성조소 중심의 기술 태도를 보였기 때문에, 한국어의 보편적인 성조형을 찾는 일에 이르지 못했다. 그런데 중국어와 같이 성조 연결이 매우 자유로운 언어는 성조의 연결형 자체가 모두 성조형으로 처리되지만, 한국어와 일본어는 다음절어이므로 성조의 기능부담량이 적고 성조 연결의 제약성이 커서 몇 개의 특징적인 성조 유형이 나타난다. 즉 원칙적으로 모든 성조소가 결합할 수 있는 경우의 수는 무한하지만, 각 방언에 존재하는 성조 연결 제약에 따라 실현 가능한 성조 결합형이 한정되어 있고 이 것은 대개 둘 혹은 세 개로 유형화되는 것이다.

이렇게 유형성을 띠는 성조형은 항상 어떤 단위 전체에 얹히므로 이것이 얹히는 영역을 확정하는 음운론적인 방법을 제시하는 것은 성조 연구의 중요한 한 부분이다. 허웅(1955/63) 이후에 한국어의 성조 기술 단위는 어절로 인식되어 왔다. 성조론에서 '어절'이란 형태소나 단어가 아니라 '말토막(rhythm unit; 운율의 가락이 얹히는 기본 리듬 단위로서 끊기의 단위)'[24]에 해당하는 개념이므로, 문맥에 따라서 단어보다 작은 단위에 얹힐 수도 있고 이보다 큰 구나 절, 문장, 또는 그보다 더 큰 단위에 얹힐 수도 있다. 이처럼 성조형이 얹히는 단위는 음성학적 길이에 상관없이 하나의 어절이며 이 단위는 개방연접($^\#$)이 있을 때 그 경계를 넘지 않는다. 그리고 어절은 성조 단위이면서 동시에 그것의 음성 실현형인 음조 조정 단위가 된다.

성조 연결에 일정한 유형(pattern)을 설정하고 이것을 중심으로 성조를 기술하는 태도는 김차균(1970), 김영만(1974)에서 시작되어 김주원(1991), 정원수(1994), 이문규(1997)로 이어졌다.[25] 그리고 김차균(1973)은 성조형을 설정할 때 고려해야 할 몇 가지 원칙을 제시했다. 첫째, 기호화할 것, 둘째, 실제 높낮이와 유연성이 있고 음절수를 간략하게 기록하되 음절수를 초월할 수 있도록 할 것, 셋째, 음절수에 상관없이 같은 성조형에 속하는 어절은 같은 기능을 가질 것, 넷째, 수학적인 간결성을 가져 성조 변동을 간략하게 기술할 수 있을 것, 다섯째, 방언간 차이와 공통성을 동시에 나타내도록 할 것 등이다. 이러한 원칙에 따라 다음과 같은 보편적 성조형이 도출되었고 지난 10여 년 간 한국어의 모든 성조 방언을 체계적으로 비교 기술하는 데 성공하고 있다.

(6) 한국어의 보편적 성조형

3성조 체계인 경남 방언	L_1(상성형), L_1(거성형), H_1L^n(평측형)
3성조 체계인 경북 방언	$\ddot{H}_1$ 혹은 $\underset{\sim}{L}_1$(상성형), L_1(거성형), H_1L^n(평측형)
2성조 체계인 함경 방언	L_0H^n

첫 음절이 상성으로 시작되는 ':돈, :사·람, :사·마·구, :고·구·마·싹' 등은 상성형이고 첫 음절이 거성으로 시작되는 '·불, ·구·름, ·무·지·개, ·구·름·다·리' 등은 거성형이며, 평성 연쇄 뒤에 측성이 0개 이상 나타나는 '꽃, 나무, 사다리, 노·래, 까마·구, 귀뚜라·미, 가·물·치, 고·슴·도·치' 등은 평측형이다.

이 성조형은 변별적으로 기능하는 것으로 어절 경계를 표시하며 어절 안의 두 직접 성분이 합성어인지 아닌지를 판가름하고 문장 안에서 정보 초점이 나타난 위치를 표시하는 기능을 한다(김차균 1975). 성조형의 이름을 상성형, 거성형, 평성형 등으로 이름

---

24) 글쓴이가 성조 기술의 단위가 되는 '어절'의 개념을 '말토막(rhythm unit)'으로 규정하는 것은, 이호영(1996:195)을 따른 것이다.

25) 김영만(1974)은, 기술구조적 성조론에서 반드시 둘 이상의 성조가 연결된 것만을 성조형으로 인식하던 점을 비판하고 1음절도 한 어절 성조형으로 보아야 한다는 점을 지적했다.

붙이는 방법 외에, 각 성조형을 실현하는 대표적인 명사의 이름을 따서 고조를 '꽃류', 저조를 '풀류', 최저조를 '별류'로 규정하거나(김영만 1986), 중세국어 시기에 각 성조를 표기하던 방점의 수를 형상화하여 '0형(특고), Ⅰ형(고), Ⅱ형(저)'으로 이름짓기도 한다 (김주원 1991). 이렇듯 성조론자에 따라 성조형을 이름짓는 방법이 각기 다르다고 하더라도, 각 방식들이 추구하는 궁극적인 목적은 한국어의 모든 성조 방언을 통시적·공시적으로 통일되게 기술하기 위한 것에 있다.

2.5. 성조 기술의 층위

전통적인 성조 기술법에서는 층위의 구분이 없었으나 생성주의 이후에 음운론적 층위와 음성학적 층위를 구분하여 성조를 기층과 표층으로 나누어 인식하는 기술이 시작되었다. 그 기술의 층위가 어떻게 규정되는지 악센트론과 생성음운론, 자립분절음운론의 기술 방법을 차례로 살펴보기로 한다.

2.5.1. 악센트 층위와 성조 층위

한국어는 어절이 일정한 성조형을 갖고 그것도 어절 안의 특정 위치에 나타나는 성조만 의미가 있으므로, 기저에서부터 각 음절의 성조가 부여되는 기술은 잉여적이며 한 어절의 한 음절에만 성조 표지를 주는 것으로 충분하다고 보는 것이 악센트론이다. 한국어 성조에 악센트 분석법을 처음 시도한 램지(1974)를 비롯하여, 정국(1980), 조현숙(1985), 김주원(1991)의 이론을 중심으로 악센트론의 기술 방법을 살펴보자.

램지(1974)에 따르면 함경 방언의 모든 형태소는 세 가지 유형으로 나뉘는데, 첫 음절에 악센트 표시를 가진 것과 끝 음절에 악센트 표시를 가진 것, 그리고 악센트 표시를 갖지 않는 것 등이다. 악센트 표지를 가진 것은 Ó으로 나타내고 표지를 갖지 않는 것은 O으로 나타낸다. 그리고 형태소가 어절을 이루어 표면에 나타나기 전에 '가락배합규칙'이 적용된다. 이 규칙의 내용은 '어절 안에서 첫 음절에 악센트 표시가 없으면 그 음절이 저조가 되고 첫 악센트 표시 뒤에 있는 모든 음절도 저조가 된다'는 것이다. 함경 방언에서 각 악센트형이 표면에 어떤 성조로 실현되는지 램지(1974)의 자료를 일부 발췌하여 살펴보자.

(7) 함경 방언

　　바람+이́ → 바람이́ → [저고고]
　　바람+처́럼 → 바람처́럼 → [저고고저]

바람+부텨 → 바람부텨 → [저고고고]
머리+가 → 머리가 → [저고고]
머리+처럼 → 머리처럼 → [저고고저]
머리+부텨 → 머리부텨 → 머리부터 → [저고저저]
모기+가 → 모기가 → 모기가 → [고저저]
모기+처럼 → 모기처럼 → 모기처럼 → [고저저저]
모기+부텨 → 모기부텨 → 모기부터 → [고저저저]

그리고 함경 방언과 달리 경상 방언에는 두 개의 악센트 표시 Ó과 ′O이 있는데 후자는 'pre-accent'라 불린다. 따라서 경상 방언은 첫 음절에 악센트 표시를 갖는 것과 첫 음절에 'pre-accent'를 갖는 것, 그리고 악센트 표시를 갖지 않는 것으로 나뉜다. 이 'pre-accent'는 어절 맨 앞에 올 때 '어절 안에서 악센트 표시가 맨 앞에 오는 경우에 첫 두 음절이 고조가 되고 다른 음절은 모두 저조가 된다'는 규칙의 적용을 받아 고조로 실현되고, 무악센트 형태소 뒤에 이어질 때는 저조로 실현된다. 경상 방언의 자료를 발췌하여 나타내면 다음과 같다.

(8) 경상 방언
바람+만큼 → 바람만큼 → [저고고저]
바람+′이 → 바람′이 → [저고저]
보리+′밥 → 보리′밥 → [저고저]
똥+′포리 → 똥′포리 → [고저저]
′밥+′이 → ′밥′이 → [고고]
′무지개 → [고고저]
′무지개+′가 → ′무지개′가 → [고고저저]

요약하면 이것은 '기저 악센트—(가락배합 규칙 적용)→음조 할당→음조 실현'과 같은 음운 과정을 상정하는 이론이다. 그런데 이 방법은 중세국어의 상성에 대응되는 형태소를 기술 대상에서 완전히 제외시키고 있다. 그러므로 (ⅰ) 한 언어에 실현 가능한 악센트 유형을 설정하는 일, (ⅱ) 악센트가 성조로 도출되는 음운 과정을 상정하는 일, (ⅲ) 가락배합 규칙의 내용을 규정하는 일 등 어느 것도 한국어 성조 방언을 기술하기 위해 일반화할 수 없는 수준에 있다. 함경 방언과 같이 극도로 단순화된 언어를 기술하는 데 성공했다는 사실이 있을 뿐 아직도 이 이론은 완성되지 않은 상태에 있는 셈이다.

정국(1980)은 대구 방언을 대상으로 하여 세 개의 악센트 'P(양극화 악센트), E(수평화 악센트), U(무악센트)'를 설정하고 악센트 결합을 지배하는 규칙과 각 악센트의 성조 실현을 규정하는 규칙을 제시하였다. 각 악센트형이 성조로 실현되는 과정을 예로 들면 다음과 같다.

(9) 대구 방언

배(梨)/P/+가/U/ → PU → [고저]
배(腹)/E/+가/U/ → EU → [고고]
가지(茄子)/UP/+가/U/ → UPU → [저고저]
배(梨)/P/+조차/PU/ → PPU → UPU → [저고저]
정거장/UEU/ → [저고고]
못:/E/+간다/EU/ → EEU → EUU → [고고저]
밥/E/+집/E/ → EE → EU → [고고]

(9)의 음운 과정은 '기저 악센트—(악센트 결합 규칙 적용) → 표면 악센트—(성조 실현 규칙 적용) → 표면 음조 실현'과 같이 요약된다. 악센트 결합 규칙은 'PP→UP, PE→PU, E{P, E}→EU'와 같은 내용을 담고 있고 성조 실현 규칙은 'P와 E, U는 모두 고조이다. 다만, U는 E가 선행하지 않을 때 저조이다'와 같은 내용을 담고 있다. 그러나 이것 역시 중세국어의 상성에 대응되는 어휘의 성조 현상에 대해 정밀한 고찰이 이루어지지 않았고 제1음절에 장모음을 실현하는 방법에 대한 언급이 없을 뿐만 아니라, 대구 방언의 일부 성조 자료를 대상으로 하여 이루어진 한 가지 시도였을 뿐 아직 확립되지 않은 가설이다.

조현숙(1985)은 경북 봉화 방언을 대상으로 하여 '○˗(어말 악센트), ˗○(어두 악센트), ○(무악센트)'의 세 악센트형을 규정하고 '기저 악센트—(악센트 이동 규칙 적용) → 표면 악센트—(음조 배정 규칙 적용) → 음조 실현'과 같은 음운 과정을 상정한다. 악센트 이동 규칙은 형태론적으로 조건지어지는 것으로 각 규칙마다 그것이 적용되는 층위가 '파생, 복합, 활용, 곡용' 등과 같이 표기되며 이것이 적용되는 단위는 음절이다. 음조 배정 규칙은 '모든 음절은 중조(O)이다. 악센트 표지 직전 음절은 고조(Ó)이다. 어두 악센트 직후 음절은 저장조(Ō)이다'와 같은 내용을 담고 있다.

김주원(1991)은 세 가지 악센트형 '0, Ⅰ, Ⅱ'을 설정하고 '기저 악센트—(음조 배정 규칙 적용) → 음조 실현—(율동 규칙 적용) → 음성 실현'과 같은 음운 과정을 상정한다. 그리고 모든 어절은 악센트 있는 0형과 악센트 없는 Ⅰ형 혹은 Ⅱ형으로 나뉘며, 기술을 위해 가장 먼저 이루어져야 할 일은 어절의 악센트형을 확인하는 일이다. 음조 배정 규칙의 내용은 다음과 같다. 첫째, 0형은 '악센트 있는 음절이 특고조, 특고조의 앞 음절은 저조, 특고조의 뒤 음절은 고조라는 것, 둘째, Ⅰ형은 모든 음절이 고조라는 것, 셋째, Ⅱ형은 방언에 따라 다른데 대구 방언에서는 제1음절이 고장조이고 김해 방언에서는 제1음절이 저조라는 것이다. 그리고 율동 규칙의 내용은 다음과 같다. 먼저, 0형은 특고조 뒤의 제2음절부터 저조로 실현되는데, 특고조 뒤의 음절이 끝 음절이면 저조로 실현된다. 이때 특고조의 앞 음절은 제2음절부터 고조로 실현되는데 이것은 수의적이다. 그리고 Ⅰ형은 제3음절부터 저조로 실현되며, Ⅱ형은 김해 방언에서 제4음절부터 저조로 실현되고 대구 방언에서는 제3음절부터 저조로 실현된다.

지금까지 살펴본 것처럼 악센트론은 '기저 악센트―(악센트 결합 혹은 이동 규칙 적용)→ 표면 악센트―(성조 할당)→ 음조 실현'과 같은 음운 과정을 상정한다. 그런데 이것이 생성주의 성조론이 제시하는 '기저 성조―(성조 규칙 적용)→ 표면 성조―(음조 규칙 적용)→ 표면 음조 실현'과 같은 음운 과정보다 기술적으로 더 합리적이거나 간략하지 않으며, 악센트와 성조는 별개의 운소인데 기저에서 악센트로 존재하던 운소가 표면에서 성조로 실현된다는 기술도 자연스럽지 못하다.

2.5.2. 기저성조와 표면성조 층위

중세국어의 문헌 성조 자료를 대상으로 하여 한국어에 생성주의적 성조론을 처음 시도한 김완진(1973/77)은, 성조를 지니는 것이 형태소라 여기고 형태소가 2음절 이상이면 각 음절마다에 일정한 성조가 얹힌다고 보았다. 내적 성조 단위로 기층 성조 단위인 'h, l, α, (β, λ, y)'과 비성조적 요소 '-, •, ˙, ×, #, (⊧, ‖, //)'를 설정하고 성조실현 차원의 단위로 성조 단위인 'H, L, R'과 부수적 요소 ' ' '을 설정하였다. 성조는 몇 가지 종류로 나뉜다. 'h, l'은 고정적 성조이고 다른 것은 가변적 성조이며, 그 자신은 성조가 영(zero)인 상태에 있으면서 그 앞 음절에 따라 성조가 결정되는 전의(前倚)적 성조가 있고, 후속되는 형태소들이 지닌 특질에 의해 성조가 변하는 후의(後倚)적 성조가 있다. 이 외에 말소자(×)가 있어서 어간의 성조가 'h' 이거나 'l-h'일 때 어간의 거성을 말소시키는 기능을 한다.

기층 성조는 음운 규칙을 통해 표층 성조가 되는데 규칙은 상위권 규칙과 하위권 규칙으로 나뉜다. 상위권 규칙은 한 어절 안의 특정한 요소 때문에 또 다른 특정 요소의 성조를 변화시키는 것으로 '규칙a, b, c, d'로 나타내고 어절 전체의 성조형을 조절하는 하위권 규칙은 '규칙A, B, C, D'로 나타낸다. 이 때 상위권 규칙을 전환 규칙이라고도 하여 이것이 성조 실현을 지배하는 진정한 성조 규칙이고 하위권 규칙은 성조적 균형과 조화를 위한 율동 규칙이라 하였다. 이 율동 규칙은 '끝에서 둘째 음절은 평성이 된다(R1: #HHH#→#HLH#), 어두에 평성을 가져야만 거성 연속의 제2음절이 평성화된다(R2), 어말은 평성화한다(R3: H→L/H_#)'와 같은 내용을 담고 있다. 전환 규칙의 예를 들면 다음과 같다.

(10) 중세국어의 전환 규칙

$$l\alpha h \rightarrow l\ l\ h \rightarrow LLH$$
$$yh \rightarrow hh \rightarrow HH$$

$$l\alpha \cdot h \rightarrow l\ l\ \cdot h \rightarrow LR$$
$$\lambda h \rightarrow hh \rightarrow HH$$

$$l\text{-}h \rightarrow l \cdot h \rightarrow R$$
$$h \rightarrow l/\_\times$$

이 이론은 '기저 성조─(전환 규칙 적용) → 표면 성조─(율동 규칙 적용) → 성조의 음성 실현'과 같은 음운 과정을 상정하는 것인데, 성조 말성자를 비롯한 여러 비성조 단위를 인정하는 점이 매우 복잡하고 '전의적, 후의적' 성조라는 용어도 기술에 꼭 필요한 개념이 아니라는 점에서 문제가 있다. 그러나 이것은 기왕의 다른 어떤 연구보다도 중세국어의 성조 실현 양상을 면밀히 관찰하고 분류하였다는 점에서 매우 높이 평가할 만한 성과를 낳았다. 그리고 기저의 성조 변화와 표면의 성조 변화를 분리 기술하는 계기를 마련했다는 점에서도 연구사적인 의의를 가진다. 생성주의적 관점에서 성조체계를 다루어 성조 연결과 성조형을 구별하고 규칙을 통해 성조 실현 양상을 해석하려는 시도는 김차균(1970)에서부터 시작되었지만, 성조의 층위를 기저와 표층으로 분리하여 현상을 관찰하고 기술하는 태도는 김완진(1973)을 시작으로 하여 김차균(1975)에서 정립된 것이다.

김영만(1974)도 심층구조와 표층구조의 개념을 사용하면서 기술의 층위를 분리하여 인식해야 함을 주장하였다. 그리고 김영만(1997)은 세 개의 운소형 'O, U, W'와 파생운소 'o, u'를 설정하고, 초분절소가 초분절음으로 실현되는 과정을 지배하는 몇 가지 초분절소 규칙을 제시하였다. 경남북 방언과 서부 제방언(평안, 황해, 서울 경기, 강원 서부, 충청, 전라 방언)을 지배하는 규칙의 내용은 'U→u/{O, σ_2}__, O → o/__O, O→U/{U, W}__, W→U/σ_1__'과 같다. 그러나 O와 o, U와 u는 상보적 분포를 보이는 것이므로 음운론적 층위에서 이들을 구별하는 것은 잉여적이다. 초분절소가 규칙을 거쳐 초분절음으로 실현된다는 이 이론은 분명히 성조(음운)와 그것의 음성 실현형인 음조(음성)를 분리하여 인식하고 있는 듯한데 그것에 대해 명시적으로 언급한 바 없기 때문에 정확히 알 수 없다.

성조를 기저 유형과 표면 유형으로 구별하여 인식하는 기술 태도는 자립분절음운론적 성조론에도 그대로 나타난다. 다만, 그것이 '기본 성조형' 혹은 '기저 표시', '표면 성조형' 혹은 '표면 표시'라는 이름으로 달리 불려진 차이가 있을 뿐이다. 자립분절음운론적 성조 기술의 핵심은, 성조 층열에 기본 성조형을 설정하고 이 기본 성조형에 분절음 층열이 주어질 때 연결 규칙을 이용하여 각 어절의 표면 성조형을 도출하는 것에 있다. 다만 기본 성조형을 명시하는 방법은 연구자에 따라 조금씩 다르다.

이혜숙(1985)은 별표(*)를 지닌 모음이 있는 어휘를 '유별표군', 그렇지 않은 어휘를 '무별표군'이라 이름짓고 경남 방언의 성조 층열(tier)에 기본 성조형 LHL를 설정하여 연결 규칙으로 표면 성조형을 해석한다. 연결 규칙의 내용은 (ⅰ) 별표 표시되어 있는 모음 V는 별표 표시된 H와 최초로 연결된다, (ⅱ) 별표 표시된 모음이 없으면 성조와 모라(mora)를 왼쪽부터 오른쪽으로 1 대 1로 연결시킨다, (ⅲ) 모라의 수보다 성조의 수가 적을 때는 마지막 성조에 나머지 모라를 연결시키며 성조의 수가 모라보다 많을 때는 나머지 성조는 연결시키지 않는다, (ⅳ) 연결되지 않은 성조는 표면형에서 음성적으로 실현되지 않는다 등이다.

이 연결 규칙은 범어적 규칙과 개별 언어적 규칙으로 나뉘는데 경남 방언 전체에 적용되는 범어적 규칙인 '1음절 어간 고조 하강 규칙'과 고성 방언에만 적용되는 '2음절 어간 고조 하강 규칙', 김해 방언에만 적용되는 '저조 상승 규칙, 둘째 저조 상승 규칙(이것은 저조 상승 규칙이 중복 적용되는 것과 내용이 같다)' 등을 제시했다. 그 도출 과정을 옮겨와 예시하면 다음과 같다.26)

(11) 경남 방언

발-이 발-이 발-이 → 마음 마음 마음 → 포 리 포 리
LHL LHL LHL → LHL LHL LHL → LHL LHL

경상 방언 전체에서 '발이'는 1음절 어간 고조 하강 규칙에 의해 'LL'로 실현되고 고성 방언의 '마음'은 2음절 어간 고조 하강 규칙에 의해 'LL'로 실현된다. 반면 김해 방언의 '포리'는 저조 상승 규칙에 의해 'HH'로 실현된다.

그런데 이 분석에 이용된 고성 방언 자료는 정연찬(1977)의 것을 검증 없이 그대로 이용하였기 때문에 '한 어절에 H는 하나만 나타난다. 이런 특징이 대구 방언에서도 나타난다'거나 '저조가 셋 이상 연속되는 '저저저'조가 있다'거나 하는 음조 인식의 부정확성을 안고 있다. 그리고 김해 방언은 허웅(1955/63)의 자료를 이용하고 있으나, HL이나 LH가 HM이나 LM과 대립하지 않고 HH 또는 LL이 MM과 대립을 보이지 않는다고 판단하여 허웅(1955/63)이 기술한 LM은 LH로, HM은 HL로 재분석하여 2단 성조체계를 상정하였다. 이러한 기계적인 추리는 경남 방언 성조의 본질 자체를 전혀 이해하지 못하고 있음을 드러내는 것이라 할 수 있다.

따라서 경남 방언의 기본 성조형을 LHL로 설정하고 그것에 의해 각 어절의 성조 실현 양상을 규칙화하는 도출 과정 자체가 재고되어야 한다. 특히 HH가 LL과 대립한다고 인식하여 '발이, 숨고'를 '저저'조로 도출하기 위해 형태음운론적인 고조 하강 규칙(1음절 명사나 동사가 조사나 어미와 결합할 때 둘째 음절의 고조가 저조로 하강한다)을 범어적 규칙이라 규정하고, '포리(=파리)'를 '고고'조로 도출하기 위해 H 앞의 L이 H로 실현된다는 '저조 상승 규칙'을 상정하는 것은 높낮이에 대한 인식이 정확하지 않은 데서 기

---

26) 이 장에서 인용된 (11)과 (15)의 성조 자료는 원문에서 음성전사 기호로 표기된 것을 글쓴이가 편의상 한글로 표기했음을 밝혀둔다.

인한 기술의 부당성이라고 볼 수밖에 없다.

정인교(1987)는 대구 방언을 중심으로 하는 인근 방언과 부산, 김해 방언을 대상으로 하여 경상도 방언에 세 개의 높낮이 '저, 중, 고'를 설정하고 경상도 방언의 기본 성조형을 LMH̊L로 규정한다. 여기에 적형조건27)과 악센트 규칙(언어 특수 규칙), 범어적 성조 연결 규칙을 적용하여 표면 성조형을 도출한다. 악센트 규칙은 '*표 있는 분절음과 *표 있는 성조를 맨 먼저 연결한다'는 것이고, 범어적 성조 연결 규칙은 '악센트 규칙이 적용되고 남은 나머지는 왼쪽에서 오른쪽으로 차례대로 연결된다'는 것이다. 경남 방언은 경북 방언의 표면 성조형을 입력부로 하고 몇 가지 다른 규칙의 적용을 더 받은 후 도출된다. 경남 방언에 적용되는 규칙은 어두 장음 삭제 규칙('##_V' 환경에서 어두 장음이 삭제된다)과 일종의 피치 상승 규칙(경북 방언의 저조와 중조는 '##C₀__(H)X' 환경에서 한 단계 피치 상승을 한다)인데, 이 피치 상승은 어두에 장음절이 있을 때 일어나지 않는 것이다. 정인교(1987)에 언급된 자료를 옮겨와 그 도출 과정을 예시하면 다음과 같다.

(12) 경북 방언

$$\text{maasån(마:산)} \qquad \text{səəm(섬:)} \rightarrow \text{səəm}$$
$$\text{LMH̊L} \qquad\qquad \text{LMH̊L} \qquad \text{LMH̊L}$$

(12)에서 '마산'은 악센트 규칙의 적용을 받았고 '섬'은 범어적 성조 연결 규칙의 적용을 받았다. 이 '섬'이 어두 장음 삭제 규칙을 거친 뒤 적형조건의 적용을 받아 경남 방언에서는 (13)과 같이 나타난다. 그리고 (13)의 '바람'은 경남 방언에 반드시 적용되는 피치 상승 규칙을 보여주고 있다.

(13) 경남 방언

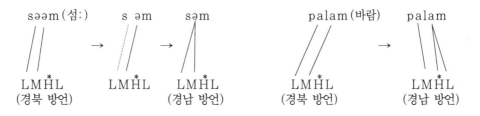

27) Goldsmith(1990:319)의 적형조건(Well-formedness Condition): (i) 모든 모음은 적어도 하나의 성조와 연결된다. (ii) 모든 성조는 적어도 하나의 모음과 연결된다. (iii) 연결선은 교차하지 않는다.

　그런데 이러한 도출 과정은 다음과 같은 몇 가지 잘못된 음조 인식에서 출발하였다. 첫째, 경북과 경남 방언의 세 성조 중 고조와 저조는 동일한 높이로 실현된다는 것, 둘째, '바람'의 음조가 경북 방언에서는 '저중'조이고 경남 방언에서는 '중고'조라는 것, 셋째, '날개, 그림'이 경북 방언에서 '저저'조로 경남 방언에서 '저중'조로 규정됨으로써 경북 방언의 '바람'과 경남 방언의 '날개'가 동일한 음조형으로 규정되는 것, 그리고 '사마구, 거무리'는 '저저저'조이며 경북과 경남 방언에서 '고장'조로 실현되는 음조는 없다는 것 등이 그것이다. 그러므로 기본 성조형을 설정하는 것에서부터 표면 성조형을 도출하기 위해 적용된 규칙의 내용에 이르기까지 기술의 신빙성이 의심받는다.

　한편 이병건(1986)의 이론은, 성조가 하나 이상의 성조 소지 단위(Tone-bearing Unit)를 지배할 수 있다고 보는 종래의 자립분절음운론적 기술에 문제점을 제기하는 것에서 시작되었다. 그리하여 각각의 성조 소지 단위가 모두 그 자체의 성조를 지니며 그 성조가 아직 부여되지 않은 상태일 때 빈칸을 가진다는 가설을 제시했다. 성조 소지 단위는 '핵성조(H)'와 '무핵성조(OH)'로 구별된다. 모든 어휘는 기저에 핵성조를 가지는데 이 핵성조가 그대로 표면에 나타나는 어간을 불변 핵성조 어간이라 하고 어휘상으로 핵성조가 연결되어 있지 않은 것을 무핵 어간이라 하였다. 그리고 기저 표시에서 핵성조를 가진 어휘는 어휘부에 H를 부여하고 나머지 성조 소지 단위는 추상적인 OH를 부여한다. 특히 경남 고성 방언에 존재하는 표면 성조형에 대해 '1음절일 때 H, 2음절일 때 LL일 수 있으나 그 밖은 모두 L_0HL_1이다'라고 규정하였다.

　그리하여 올바른 음조형을 도출하기 위해 성조 층열의 기저 표시는 'H-말소 규칙(약활용의 어간말 H는 직후의 접미사 H 앞에서 OH로 바뀐다), 핵성조 부여 규칙(무핵 어간은 어두에서 두 번째 OH에 H를 부여한다), 양극성 성조 부여 규칙(핵성조 H를 가진 어간에서 H 앞뒤에 존재하는 OH에 양극성 성조 L을 부여한다), 자립 분절음 전파 규칙(기저에서 자립분절음을 부여받지 못하고 빈칸으로 있는 모음에 자립분절음을 전파한다)' 등이 단계적으로 적용되어 표면 표시를 받게 된다. 이 도출 과정을 예시하면 다음과 같다.

(14) 고성 방언

```
어 듭 - 고                          어 듭 - 겠 - 더 - 라
 |  |   |                           |  |   |    |   |
 H OH OH   기저표시                  H OH  H   H  OH
           H-말소규칙                      OH  OH
    L      양극성 성조 부여 규칙          L
      L    자립 분절음 전파 규칙              L  L   L
 H  L  L   표면 표시                  H  L  L   L   L
```

그러나 이 연구 역시 정연찬(1977)의 고성 방언 자료를 검증 없이 그대로 이용하였기 때문에 기술의 대상이 된 자료 자체의 부정확성을 안고 있으므로, 표면 성조형을 유형화는 것에서부터 기저 표시를 통해 표면 표시를 도출해내는 과정과 그 과정에 적용된 규칙들의 내용에 이르기까지 기술적 타당성에 문제가 있다. 그러나 이러한 기술 방법의 원리는 '빈칸 이론'이라는 이름으로 주상대(1987)에 이어져 김해 방언의 1음절 동사 굴절에 나타나는 성조 변동 양상을 분석하는 데 이용되었다.

김경란(1988)은 경남 방언에 세 성조소 '자리잡은 /H/, 당연 /M/, 자리잡은 /L/'을 설정하고 경북 방언에 세 성조소 '자리잡은 /H/, 당연 /L/, 떠돌이 /H:/'를 설정하는 데 /H/와 /L/은 기저에서 결정되는 성조소이고 /M/은 규칙에 의해 할당되는 성조소이다. 그리고 /H/는 음절 위치에 상관없이 배당될 수 있으나 /L/은 항상 첫 음절에서만 변별된다. 그리고 /H/는 자리잡은 /H/와 떠돌이 /H/가 있는데 표면형이 도출될 때 자리잡은 /H/는 주로 왼쪽 방향으로 확산되고 떠돌이 /H/는 주로 오른쪽 방향으로 확산되는 차이가 있다. 방언에 따라 올바른 표면형을 도출해내기 위해서는 많은 규칙들이 순서대로 적용되는데 'H-확산, H-연결, H-끊기, 당연L-삽입' 규칙과 '마지막 음절에 확산된 성조가 배정될 수 없다'는 원칙이 적용된다. 그리하여 자리잡은 /H/를 둘째 음절에 가진 '잠자리'와 떠돌이 /H/를 첫 음절에 가진 '무지개'는 다음과 같은 음운 과정을 거쳐 표면에 실현된다.

(15) 대구 방언28)

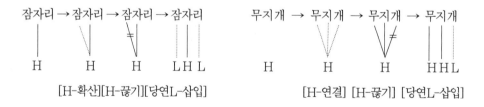

'각 형태소의 기저 성조—(규칙1 → 규칙2 → …) → 표면 성조'와 같은 음운 과정을 상정하는 이 이론은, 모든 성조 방언에 적용될 수 있는 몇 가지 성조 도출 규칙을 제시하는 데 목적을 둔다. 이 목적을 달성하기 위해 '확산, 연결, 끊기, 삭제, 삽입' 등 여러 규칙이 제시되었다. 그러나 이러한 성조 기술의 가장 큰 한계는, 특정 기본 성조형으로부터 올바른 표면 음조를 도출하기 위해 필요할 때마다 여러 가지 규칙을 단계적

---

28) 구현옥(2003)에서 지적되었듯이 왼쪽으로 확산되는 자리잡은 /H/의 확산 영역에 왼쪽 마지막 음절 즉, 어절의 첫 음절은 제외되고 오른쪽으로 확산되는 떠돌이 /H/의 확산 영역에 오른쪽 마지막 음절 즉, 어절의 말음절은 제외되므로 '확산 → 끊기' 과정을 반복 적용하는 것보다 이 사실을 규칙의 조건으로 한정하는 것이 합리적이다.

으로 적용할 뿐 성조가 갖는 음운론적 기능에 대한 본질적인 해석을 전혀 하지 않고 있다는 것이다. 또한 단계적으로 적용되는 여러 규칙들 사이에서 기저 층위와 표면 층위의 거리가 너무 멀고 추상적인 점도 문제가 된다.

그런가하면 이동화(1990)는, 이병건(1986)과 같은 기술 방법이 갖는 고도의 추상성이 이론을 위한 이론이 될 우려가 있음을 비판하였다. 즉 고조든 저조든 각각 기저 성조를 갖는다고 보는 입장을 취하는 것이, 기저 성조 표시에서 무표지로 두었다가 나중에 필요에 따라 어떤 성조 규칙에 의해 자의적으로 성조를 부여하는 방안보다 합리적이라고 주장한다. 그리하여 자립분절음운론의 전형적인 개념인 연결제약과 적형조건을 언급하지 않으면서, 각 성조 소지 단위에 모두 기저 성조를 부여하고 규칙(역행이화, 순행이화, 순행동화, 고조화, 저조화, 단순화 등)을 통해 이들의 표면 성조를 도출하는 방법을 제시했다는 점에서 다른 자립분절음운론적 성조론과 구별된다.[29]

2.5.3. 기저성조와 표면성조 층위, 음조 층위

김완진(1974)에서 언급하였듯이, 상위권 규칙인 전환 규칙이야말로 '진정한' 성조 규칙이고 율동 규칙은 성조가 음성으로 실현될 때 이들의 음조를 조정하는 역할을 하는 것이므로, 이 두 규칙이 적용되는 층위를 분리하여 기술하는 것이 성조론적으로 더 합리적이라 할 수 있다. 이것이 바로 성조 층위와 음조 층위를 분리하는 방법이다.

현대국어의 성조 방언을 성조의 기저 층위와 표면 층위로 분리하여 기술하는 시각은 김차균(1975)에서 비롯된다. 초기에 이 이론은 '성조형'의 개념으로 '기저 표상 → 중간 표상 → 표면 성조'와 같은 층위를 상정하는 것에서부터 시작되었으나 김차균(1977ㄴ)에서 '성조 층위(성조형) → 음조 층위(음조형)'와 같은 간략화된 층위로 조정되었고 김차균(1985)에 이르러 기저 성조 연쇄가 결합할 때 적용되는 성조 결합 규칙과 분리하여 '음조 규칙'이라는 것이 정립되었다. 성조형이란 #_# 위치에 나타나면서 내부에 개방 연접(#)이 없는 1음절 이상의 모든 어절에 나타나는 일정한 운율형을 의미하는 음운론적 층위의 개념이고, 이를 음성학적 층위에서 규정하는 것이 바로 음조형이다. 그리하여 '기저 성조—(성조 규칙 적용) → 표면 성조—(음조 규칙 적용) → 음조 실현'과 같은 음운 과정을 상정한다. 그 도출 과정을 예시하면 다음과 같다.

---

29) 안동 방언의 기저 성조형과 표면 성조형에 모두 두 개의 성조형 무핵성조형(L_1)과 핵성조형(L_0HL_0)이 존재한다고 보면서 '까치, 거머리' 등을 첫 음절에 두 개의 저조가 복합성조로 나타나는 어절로 인식하고 이들의 성조형을 '저저저, 저저저저'조로 규정한 것은, 성조 인식의 문제점을 드러내는 부분이다.

(16) 포항 방언

ㄱ. 나무/HH/＋다리/HH/→ 나무다리/H^4/→ (음조규칙 /H_2L^n/→[L_1HL^n] 적용)
→ 나무다리[LLLH]

ㄴ. ·구·름/LL/＋다리/HH/→ (성조규칙 {□, ·□, :□}→·□/{·□, :□}_ 적용)
→ 구름다리/L^4/→ (음조규칙 /L_2/→[HHL_0] 적용)
→ 구름다리[HHLL]

기저에서 모든 성조는 결합할 수 있다. 그런데 한국어의 성조에 보편적으로 존재하는 성조 결합 제약이 있어 이것이 실현 가능한 성조 결합형 즉, 성조형을 생성한다. 한국어 성조 방언 전체를 통틀어 가장 보편적으로 존재하는 성조 규칙은 '중화 규칙'이다. 이것은 '측성(거성과 상성) 뒤에서 모든 성조는 거성으로 중화된다'는 내용을 담고 있다. 이 중화 규칙 외에 한국어 전체 방언에서 관찰되는 또 다른 성조 규칙으로 형태음운론적으로 적용되는 '평성형화, 거성형화, 성조 축약' 등이 있고, 방언에 따라 특정 환경에서 체계적으로 관찰되는 '순행평성동화'가 있다.

어절의 표면 성조형이 음성 실현될 때 적용되는 음조 규칙은 방언에 따라 약간 차이가 있다. 지금까지 조사된 바에 의하면 경북 안동, 대구, 성주, 경주 방언이 동일한 음조 규칙을 갖는데 그 내용은 다음과 같다. (ⅰ) 고조가 둘 이상 결합하면 끝 음절만 높고 그 앞 음절은 모두 낮게 실현된다(H_2L^n[L_1HL^n]). (ⅱ) 저조가 둘 이상 결합하면 첫 두 음절이 높게 실현되고 제3음절부터 모두 낮게 실현된다(L_2[HHL_0]). (ⅲ) 상성에 대응되는 성조가 첫 음절에 나타나면 첫 두 음절이 높고 나머지는 모두 낮게 실현된다(L_2[$\ddot{H}HL_0$]). 그리고 경북 울진, 영덕, 포항 방언이 동일한 음조 규칙을 갖는데 거성이 연속되거나 평성이 연속될 때 나타나는 음조 실현은 앞에 예시되었던 방언들과 같되 상성에 대응되는 성조의 음조 실현 양상만 달리 나타난다. 즉 상성에 대응되는 성조가 첫 음절에 나타나면 둘째 이하 음절은 모두 낮게 실현된다($\ddot{H}_2$[$\ddot{H}L_1$]).

경남 방언에서도 저조가 연속될 때 경북 방언과 동일한 음조 규칙을 갖는다. 다만, 고조가 둘 이상 결합하면 첫 음절만 낮고 둘째 이하 음절은 모두 높게 실현되고 (H_2L^n[LH_1L^n]), 상성에 대응되는 성조가 첫 음절에 나타나면 밀양, 진주 방언에서는 첫 음절이 저조보다 낮고 둘째 이하 음절이 모두 저조로 실현되되 제3음절 이하는 저조가 현저히 하강되어 실현되거나(L_1[LLL_1]), 첫 음절이 저조보다 낮고 둘째와 셋째 음절이 동일한 높이로 저조이며 넷째 음절은 저조의 영역에 있으나 현저히 낮게 실현된다 (L_1[LLLL_1]).[30]

반면 영동 방언은 거성이 연속될 때 첫 음절이 저조로, 둘째 음절이 고조로, 셋째 이하 음절이 모두 저조로 실현되는 양상(L_2[LHL_0])은 같지만 다른 성조형의 음조 실현

---

30) 경남 방언의 상성형인 'L_1[LLLL_1]'은 김차균(1999)의 'L_1[LMM_M_1]'과 동일한 음조형을 나타낸다.

은 하위 방언에 따라 뚜렷한 차이를 보인다. 상성이 상승조(R)로 실현되는 강릉 방언에서 상성형 어절의 첫 음절은 저조에서 고조로 상승하면서 2모라의 길이로 실현되거나([RL_0]) 저조의 높이를 유지하면서 청취적 수준에서 상승이 인지되는 [$Ľ$L]로 실현되며, 삼척 방언에서 상성형 어절은 [$ḦL_1$]로 나타난다. 그리고 고조가 연속될 때 강릉 방언은 경남 방언과 같이 [LH_1L^n]로 나타나는 데 비해 삼척 방언은 경북 방언과 같이 [L_1HL^n]로 나타난다.

특히 대부분의 방언에서 체계적으로 나타나는 변이음조형이 있어 그것을 정확하게 기술하기 위해서는 세 개의 성조소 외에 해당 변이음조를 기술할 수 있는 몇 개의 음조 표기 부호가 더 필요하게 된다. 예를 들면 경주 방언에서는 상성형([$ḦHL_0$])의 수의적 변이음조 [$ĽHL_0$]가 있음이 기술되어야 한다. [$Ľ$]은 저조의 영역 안에서 처음이 낮고 나중이 높은 상승조로서 비록 저조의 영역 안에서 높이가 이동하지만 [$Ḧ$]와는 확연히 구별되는 음조이므로 별개의 기호를 이용하여 규정할 필요가 있다.

이처럼 성조를 기저와 표면으로 구별하고 성조와 음조 층위를 구별하여 기술하는 것은, 기저 운소와 표면 운소를 '높낮이' 자질로 동일하게 기술할 수 있다는 강점이 있고 분절음운과 마찬가지로 비분절음운인 성조도 음운 층위와 음성 층위를 구별하여 다룸으로써 기술의 체계성과 합리성을 얻을 수 있는 방법이다.

3. 성조체계와 성조형, 음조형

3.1. 성조체계

성조 기술의 출발은 변별적으로 기능하는 성조소를 찾아 성조체계를 수립하는 것에 있다. 그런데 성조는 상대적인 높낮이에 의한 변별이므로, 1음절어가 #_# 환경에서 단독으로 실현된 경우를 근거로 삼으면 대립하는 성조소를 잘못 분석할 위험이 높다. #_# 환경에서 발화된 1음절어는 대개 음절의 길이가 길어지고 서법에 따라 높낮이의 정도가 많이 달라질 뿐만 아니라, 발화된 어절 간의 상대적인 높낮이를 구별해 내기가 매우 어렵기 때문이다. 그러므로 음운론적으로 대립하는 성조소를 정확하게 분석하기 위해서는 모든 방언에 두루 통용될 만한 일정한 대치틀을 사용하여 치환검증하는 방법이 가장 바람직하다.

명사에 사용할 수 있는 가장 적합한 틀은 바로 1음절 조사이다. 지금까지 밝혀진 바에 의하면, 모든 한국어 성조 방언에서 1음절 조사 형태소는 고정된 '저조'를 갖는다. 그러므로 이 중 하나를 '대치틀'로 삼아 명사의 준굴절형에 나타나는 성조 유형을 목록화하는 일에서부터 성조 기술이 시작된다. 목록화가 진행되면서 우리는, 준굴절형의 성조 유형이 무한히 불규칙적으로 나열되는 것이 아니라 준굴절형의 성조 목록에 몇 개의 정형화된 유형이 반복되어 나타남을 알게 된다. 그 목록의 일부를 제시하면 다음과 같다. (17)에 표기된 높낮이는 성조의 음성 실현형 즉 '음조형'이다.

(17)	울진·영덕·포항 방언	경주 방언
간(鹽)이	LL	LL
간(肝)이	ḦL	L̤L̤
금(金)이	HL	HL
금(線)이	LL	LL
기(=귀)가	LL	LL
기(=게)가	ḦL	L̤L̤
눈(目)이	LL	LL

눈(雪)이	ḦL	L̤L
돐(돐)이	LL	LL
돌(石)이	ḦL	L̤L
말(馬)이	HL	HL
말(斗)이	LL	LL
말(言)이	ḦL	L̤L
발(足)이	LL	LL
발(簾)이	ḦL	L̤L
밤(夜)이	LL	LL
밤(栗)이	ḦL	L̤L
배(梨)가	HL	HL
배(船)가	LL	LL
복(伏)이	HL	HL
복(福)이	LL	LL
장(場)이	HL	HL
장(醬)이	ḦL	L̤L

(17)에서 보듯, 이 지역의 각 방언은 세 개의 대립되는 성조를 가진다. 이러한 양상은 연결어미 '-고'를 대치틀로 삼아 1음절 동사의 굴절형을 관찰할 때도 마찬가지로 나타난다. 따라서 울진과 영덕, 포항 방언에서는 '높은 소리, 높으며 긴 소리, 낮은 소리'가 변별되므로 세 성조 /H, Ḧ, L/가 대립하는 3성조체계를 설정하고, 경주 방언에서는 '높은 소리, 낮은 소리, 낮으며 긴 소리'가 변별되므로 세 성조 /H, L, L̤/가 대립하는 3성조체계를 설정한다. 이를 정리하여 표로 나타내면 다음과 같다.

(18) 각 방언의 성조체계

	울진	영덕	포항	경주
평성	고/H/	고/H/	고/H/	고/H/
거성	저/L/	저/L/	저/L/	저/L/
상성	고:/Ḧ/	고:/Ḧ/	고:/Ḧ/	저:/L̤/

합리적인 성조 기술을 위해서는 각 성조의 이름이 필요한데, 중국어의 성조와 같이 '제1성, 제2성'과 같은 이름을 붙일 수도 있고 각 성조의 음조적 특질에 따라 '고성, 저성, 고장성'과 같은 이름을 붙일 수도 있다. 그러나 동일한 낱말이 각 방언에 따라 실현되는 음성적 특질이 다를 수 있으므로 그것에 따라 이름을 붙이는 것은 한국어 전체 성조 방언을 체계적으로 기술하는 데 바람직하지 않고, 중국어와 같이 임의의 번호를

붙이는 방법은 성조의 통시적 기술을 어렵게 만들기 때문에 '고조(H)'를 평성이라 하고 '저조(L)'를 거성이라 하며 '낮으며 긴(L) 혹은 높으며 긴(H)' 성조를 상성이라 부르기로 한다. 왜냐하면 이들 각 성조를 가진 낱말들이 중세국어의 '평성, 거성, 상성'을 가진 낱말들에 체계적으로 정연하게 대응되기 때문이다. 그러므로 음소적 층위에서 각 성조를 표기할 때도 중세국어의 방점법을 이용하여 '□(평성), ·□(거성), :□(상성)'으로 표기함으로써 중세국어와 현대국어, 현대국어의 각 방언간 성조 기술의 체계성을 도모하고자 한다.

　이 성조 체계는 다음과 같은 원인에 의해 변한다(김차균 1977 : 63-69). 첫째, 음운론적 고저와 음성학적 고저가 달라 세 개의 높낮이(임의로 이들의 높이를 '저, 중, 고'라 하면)가 대립하는 경남 방언의 경우 '중조'의 음역에 비해 '저조'의 음역이 훨씬 좁기 때문에 이 두 성조가 합류되기 쉬운 요인을 제공한다. 그리하여 '저중'조가 '중고'조로 실현되는 경향을 보인다. 둘째, 한 성조형이 다른 성조형으로 변함으로써 성조형의 단일화를 추구하는 경우가 있는데, 경북 방언에서 길이를 동반하는 성조형 /H̄HL/이 /HHL/로 변하면서 성조형이 단일화되는 예가 여기에 속한다. 이것은 20대 경북 방언 화자에게서 드물게 관찰되는 바와 같이 상성이 거성에 합류되어 3성조체계가 2성조체계로 단순화되는 경향과 맥을 같이 한다. 셋째, 성조 결합에 제약이 커지면서 성조형이 줄면, 성조 이외의 음성학적 조건(어두 자음이 강자음인가 아닌가 혹은 어두가 개음절인가 아닌가 등)에 의해 성조형이 예측되기에 이르고, 이 때 성조의 기능은 중단된다. 그렇게 되면 부차적 자질인 장단 등이 변별적 기능을 얻게 된다. 오늘날 전남 방언은 성조 연결 제약이 분절음소에 의해 결정되는 방언이고 중부 방언은 장단만 변별되는 언어가 되었다. 이처럼 음소에 의해 음조형이 예측되는 것은, 성조 언어에서 비성조 언어로 변해 가는 과정에서 음조형이 재배치된 결과이다.

3.2. 1음절어의 음조형

　#＿# 위치에서 실현된 1음절 명사의 성조는 절대적 높이가 실현된 것이므로 그것의 음성 실현형 즉 음조형만을 보고 세 성조를 변별하는 것이 쉽지 않다. 그리고 #＿# 환경에서 실현된 1음절어의 성조가 그렇지 않은 환경에서보다 다소 길게 실현되는 것은 지극히 자연스러운 발화 현상이다. 그러나 이 세 성조의 음조형은 한없이 불규칙적으로 나타나는 것이 아니라 일정한 유형을 띠고 있으며, 이 유형성은 각 방언에 따라 일정한 경향을 보인다.

　김차균(1999)은 #＿# 환경에서 실현된 1음절 평성의 길이가 그렇지 않은 경우보다

1.6배에서 1.3배라고 언급하고, 창원과 울진, 60대 대구 방언을 대상으로 1음절어가 #__# 위치에서 실현하는 음조형에 대해 '성조 중복 규칙'을 일반화한 바 있다. 그런데 이 지역에서 1음절 평성과 거성은 성조 중복 규칙을 상정할 만큼 길지 않아 [HH] 혹은 [LL]로 규정하기 어렵다. 그리고 다른 모든 성조 방언들처럼 #__# 환경에서 1음절 평성과 거성은 절대적인 높이만으로 변별하기 어려울 정도로 비슷한 음조를 갖는다. 그러나 #__# 위치에서 실현된 1음절 평성의 음조를 [H]로 규정하여 그것을 대치틀로 삼을 때, 동일한 환경에서 실현되는 1음절 거성의 음조는 [H]와 [L]이 공존함을 관찰할 수 있다.

그리고 비록 절대적인 높이에 차이가 거의 없다고 하더라도, 거성이 매우 안정적이고 지속적으로 동일한 높이를 유지하고 있는 데 비해, 평성은 첫 발화된 높이에서 매우 빠른 속도로 짧게 높이가 아래로 당겨지면서 끝맺는 경향을 보이기 때문에 청취적 수준에서 충분히 변별된다. 거성과 구별되는 평성의 이러한 음조적 특질을 드러내기 위해 구별 기호 'ˉ'를 사용하여 표기할 수 있다. 예를 들어 거성형은 '·때[L]/[H], ·귀[L]/[H], ·쥐[L]/[H], ·말(斗)[L]/[H], ·발(足)[L]/[H]'로 나타내고 평성형은 '금(金)[Hˉ], 말(馬)[Hˉ], 밭[Hˉ], 상(床)[Hˉ], 술(酒)[Hˉ], 점(占)[Hˉ], 종(鐘)[Hˉ], 초(=식초)[Hˉ], 팔(臂)[Hˉ]'과 같이 나타내는 것이다.

특히 거성형 동사가 정보 초점을 받아 고조로 실현되는 '·학·교[HHˉ], ·잔·치[HHˉ]'와 같은 경우에도 이러한 현상이 일관되게 나타난다. 이것은 #__# 환경에서 어절이 고조로 끝나는 다소 불안정한 상태를 꺼리는 심리적인 작용의 결과로 보인다.

울진과 영덕, 포항 방언에서 1음절 상성은 확실히 높게 실현되어 '˸개[Ḧ], ˸기(=게)[Ḧ], ˸새[Ḧ], ˸셋[Ḧ], ˸제(=죄)[Ḧ], ˸혜(=회)[Ḧ]'와 같이 나타난다. 그런데 고조로 실현되는 1음절 평성이 첫 발화된 높이에서 매우 빠른 속도로 짧게 높이가 아래로 당겨지면서 끝맺는 경향을 보이듯이, 길이를 동반한 고조인 상성도 전체 길이의 끝 1/3 정도가 상대적으로 두드러지게 낮아진 채로 음절을 끝맺는 특징을 보이나 그것이 음운론적으로 의미 있는 정보는 아니므로 [Ḧ]으로 규정한다. 경주 방언의 상성은 거성에 비해 뚜렷이 길이를 동반한 소리이다. 1음절어 성조의 음조형을 정리하여 나타내면 다음과 같다.

(19) 1음절어의 음조형

	울 진	영 덕	포 항	경 주
평성형(□)	/H/[Hˉ]	/H/[Hˉ]	/H/[Hˉ]	/H/[Hˉ]
거성형(·□)	/L/[L]/[H]	/L/[L]/[H]	/L/[L]/[H]	/L/[L]/[H]
상성형(˸□)	/Ḧ/[Ḧ]	/Ḧ/[Ḧ]	/Ḧ/[Ḧ]	/L̤/[L̤]/[Ḧ]

중세국어와 이 지역어의 성조형을 비교하면, 형태소가 일치하는 거의 모든 1음절어가 정연하게 성조형 일치를 보인다. 중세국어와 현대국어의 성조형을 비교하기 위해 사용된 1음절 어휘는 체언이 240개이고 용언이 177개인데 그 중에서 성조형이 일치하지 않는 예를 제시하면 다음과 같다.[31]

(20) 중세국어와 현대국어의 성조형 대응

중세국어	울진	영덕	포항	경주
비(舟)[32]	·배	·배	·배	·배
·간(肝)	:간	:간	:간	:간
·굼	구·디·기	:구·데·기	:구·디·기[33]	:구·디·기
·내(嗅)	:냄·새	:내·미	:내[34]	:내·미
·삐(種)	씨/씨·갑	시·갑/시·갑·시	·시/시·까·시	시·앗·이
:길(단위)	·질	·질	·질	·질
혀·다(點火)	·쓰·다	·시·다	·시·다	·시·다
:개·다(晴)	개이·이·다	개·이·다	개·애·다	개·애·다
니·다(茅)[35]	이·이·다	이·이·다	이·이·다	이·이·다
:디·다(落)	지·다	지·다	지·다	지·다
:뵈·다[36]	비·이·다	비·이·다	비·이·다	비·이·다
:뵈·다(示)	비·이·다	비·이·다	비이·이·다	비·이·다
:셰·다(立)	시·우·다	서·우·다	서·우·다	서·우·다

(20)에 예시된 어휘들은 현대국어의 다른 성조 방언에서도 이 지역과 거의 동일한 성조형을 보인다. 특히 '처음이 낮고 나중이 높은' 소리로 실현되던 중세국어의 상성형 동사가 이 지역에서 모두 '첫 음절이 높고 나중 음절이 낮은' 2음절어로 실현되는 점이 흥미롭다. 이 현상은 중세국어의 '낮은' 소리가 현대국어에서 '높은' 소리로, '높은' 소리는 '낮은' 소리로 실현되는 점과 무관하지 않은 것으로 보인다. 그리고 중세국어 시기에 모음 /ㅐ/와 /ㅚ/, /ㅔ/ 등이 오늘날과 같은 단모음이 아닌 것으로 간주되므로 ':개-, :뵈-, :셰-' 등의 실제 음성형은 2음절 '□·□-'로 실현되었을 가능성이 높다.

그리고 (21)은 방언에 따라 중세국어의 성조형과 일치하기도 하고 그렇지 않기도

31) 이 연구에서 현대국어와의 성조 대응 관계를 살펴보기 위해 선정한 중세국어 어휘의 성조형에 대한 정보는 허웅(1955/63)의 부표(附表) 부분에 제시된 것을 근거로 함을 밝혀둔다.
32) 이것은 중세국어 문헌에서 평성형과 거성형이 둘 다 나타난다.
33) ':굼·뻬·이'라고도 한다.
34) ':내·미, :냄·새'와 공존한다.
35) 지붕을 이다
36) 의사에게 상처를 보이다

한 예들이다.

(21) 중세국어와 현대국어의 성조형 대응

중세국어	울진	영덕	포항	경주
독(甕)	·독	도·옥	도·오	독
·셤(斛)	:섬	·섬	·섬	·섬
·홈(筧)	:홈	·홈	·홈37)	·홈
맷돌	·맷·돌	맷돌	·맷·돌	·매/·맷·돌

다음으로 이 지역의 네 방언간 1음절어 성조형의 대응 관계를 살펴보자. 이를 위해 조사된 1음절 명사는 360개이고 동사는 370개이다.

(22) 네 방언간 성조형 대응

표준어	울진	영덕	포항	경주
감(＝옷감)	가·암/가심	가·암/가심	가·암	·깜
강(江)	·강	·강	·강	:강
걸(윷놀이)	:걸	·걸	·걸	·걸
공(球)	공/:뽈	:공	:공	:공
독(甕)	·독	도·옥	도·오	독
모(윷놀이)	·모	모	모	모
씨(種)	씨/씨·갑	시/시·갑	·시/시·까·시	시·앗·이
왜(矮)	왜	:왜	왜	왜
침(針)	침	·침	침	침
테(輪)	티드·리	테	·테	·테
홈	:홈	·홈	·홈	:홈

경주 방언에서 ':강(江)'이 상성이고, 울진 방언에서 '공'이 평성이며 '모'가 거성인 것, 영덕 방언에서 '침'이 거성인 것 등은 다른 경북 방언에서 찾아볼 수 없는 특징적인 점이다. 대치틀에 의해 재구된 1음절 명사의 성조는 다른 명사와 결합하여 복합어를 이룰 때 그것의 기저 성조형이 다시 검증된다. 예를 들어 '감'에 대응되는 성조가 방언에 따라 다르므로 '옷+감'과 같은 복합어를 만들 때도 경주 방언에서는 '·옷·깜'이지만 나머지 다른 방언에서는 '옷가·암, 옷가심' 등으로 나타나는 것이다.

다음으로 1음절 동사의 성조형을 비교해 보자.

---

37) 포항 방언에서 이것은 '논에 고랑을 파놓은 것'을 뜻한다.

(23) 네 방언간 성조형 대응

표준어	울진	영덕	포항	경주
고다(烹)	:꿇·다	꼬·오·다	꼬·오·다	꼬·오·다
긋다	:끙·다	끙·다	끙·다	끙·다
깨다(破)	:깨·다/깨·애·다	깨·다	깨·다	깨·다
땋다	:땋·다	땋·다	땋·다	땋·다
메다(목이)	:미·다	메이·이·다	메키·이·다	메이·이·다
물다(입에)	:물·다/물·다	물·다	물·다	물·다
밉다	:밉·다	밉·다	밉·다	밉·다
배다(孕)	배·애·다	·배·다	·배·다	·배·다
뱉다	뱉·다/:뱉·다	밭·다/:뱉·다	밭·다	밭·다
붓다(浮腫)	:붕·다	붕·다/붕·다	붕·다/붕·다	붕·다
젓다	:젓·다	젓·다	젓·다	젓·다
켜다	케·다/써·다	·시·다	·시·다	·시·다

네 방언간 1음절 동사의 성조형을 비교할 때 가장 두드러지는 현상은, 다른 방언에서 평성형이거나 거성형인 어휘들이 울진 방언에서는 상성으로 나타난다는 점이다. 그런데 이 어휘들은 삼척과 강릉 방언에서도 대부분 상성형으로 나타난다.

3.3. 성조 결합과 음조 실현

모든 개별 언어에는 둘 이상의 음소가 연결될 때 그 음운 연쇄를 지배하는 음운 제약이 있다. 즉 한국어에서 둘 이상의 자음이 연결될 때, 파열음은 비음 앞에서 [+비음성] 자질에 동화되어 비음으로 변하고, 파열음에 뒤따르는 평음은 경음으로 변하며, 파열음이 음절말이나 자음 앞에 놓일 때는 불파되어 대립을 잃고 중화된다. 비분절음인 성조도 이러한 음운 제약에서 결코 예외일 수 없다. 그러므로 성조 기술에서 가장 중요한 부분은, 각 방언에 존재하는 성조 배열 제약을 확인하여 각 성조의 가능한 결합 유형 즉 성조형을 찾고 각 성조형의 음성 실현을 지배하는 규칙을 일반화하는 일이다.

이 작업은 대개, 성조가 확인된 1음절 단일 명사가 둘 이상 결합하여 하나의 단어를 이룬 명사 복합어의 성조를 확인하는 것에서부터 시작된다.

3.3.1. 거성 연쇄

둘 이상의 거성이 연속되면 그 성조가 그대로 표면에 실현된다. 그런데 발화의 화용론적 정보에 따라 거성 명사가 정보 초점을 받으면 #_# 환경에서 [HH]로 실현되기도 한다. 그리고 거성이 셋 이상 연속되면 첫 두 음절이 높게 실현된다. 이러한 현상은 이 지역의 네 방언에서 동일하게 나타나고 (24)에 예시된 예들이 네 방언에서 모두 동일한 음조를 보인다. 다만 지면의 제약으로 인해 영덕 방언의 자료를 표본으로 예시한다.[38]

(24) 영덕 방언

    ·꿀/L/+·떡/L/ → ·꿀·떡/L^2/[LL]/[HH]

    ·낮/L/+·잠/L/ → ·낮·잠/L^2/[LL]/[HH]

    ·눈/L/+·물/L/ → ·눈·물/L^2/[LL]/[HH]

    ·먹/L/+·물/L/ → ·먹·물/L^2/[LL]/[HH]

    ·물/L/+·배(腹)/L/ → ·물·배/L^2/[LL]/[HH]

    ·밤/L/+·질(=길)/L/ → ·밤·찔/L^2/[LL]/[HH]

    ·밥/L/+·맛/L/ → ·밥·맛/L^2/[LL]/[HH]

    ·봄/L/+·비/L/ → ·봄·삐/L^2/[LL]/[HH]

    ·비/L/+·물/L/ → ·빗·물/L^2/[LL]/[HH]

    ·살(=쌀)/L/+·밥/L/ → ·살·밥/L^2/[LL]/[HH]

    ·손/L/+·발/L/ → ·손·발/L^2/[LL]/[HH]

    ·약/L/+·갑(=값)/L/ → ·약·갑/L^2/[LL]/[HH]

    ·초/L/+·불/L/ → ·촛·불/L^2/[LL]/[HH]

    ·코/L/+·물/L/ → ·콧·물/L^2/[LL]/[HH]

    ·비/L/+·물/L/+·통/L/ → ·빗·물·통/L^3/[HHL]

    ·찰/L/+·떡/L/+·갑(=값)/L/ → ·찰·떡·갑/L^3/[HHL]

    ·첫/L/+·날/L/+·밤/L/ → ·첫·날·빰/L^3/[HHL]

(24)는 [LL] 혹은 [HH], [HHL]와 같은 음조는 있지만 [LLL] 음조는 이 지역에서 실현되지 않음을 말해준다.

---

38) 〈자료편〉을 포함하여 이 글에 예시되는 모든 언어 자료들은, 체언의 어간 말자음 'ㄴ, ㅁ, ㅇ, ㄹ' 뒤에서 뒤따르는 자음이 음운론적으로 이유 없는 경음화를 일으킬 때, 그것을 표기에 반영하여 '밤찔(=밤길), 봄삐(=봄비), 첫날빰(=첫날밤)'과 같이 나타내기로 한다.

3.3.2. 거성에 평성이나 상성이 뒤따르는 경우

거성 뒤에 평성이나 상성 명사가 이어지면 거성 연쇄와 동일한 음조가 실현된다. (24)에서와 같이 음조가 [LL]이면 그것의 성조가 /LL/일 것으로 예측되는데, 거성 '·논'과 평성 '밭'이 결합한 합성어의 음조가 [LL]으로 나타나고 거성 '·꿀'과 상성 ':벌' 이 결합한 합성어의 음조도 [LL]로 나타나는 것을 보면, 두 성조가 결합하여 음성 실현되기 전에 어떤 성조 변동이 일어났음을 알게 된다. 결국 '/L/+/H/→LH→/L²/[LL], /L/+/Ḧ/→LḦ→/L²/[LL]'와 같은 음운 과정을 상정하게 되는데, 이것은 이 방언이 'LH'나 'LḦ'와 같은 성조 연쇄를 허용하지 않는다는 것을 의미한다. (25)는 이 지역에서 모두 동일한 음조를 보이는 예들인데 포항 방언의 자료를 표본으로 예시하기로 한다.

(25) 포항 방언

·논/L/+밭/H/ → ·논·밭/L²/[LL]/[HH]
·땅/L/+콩/H/ → ·땅·콩/L²/[LL]/[HH]
·떡/L/+삭(=샀)/H/ → ·떡·삭/L²/[LL]/[HH]
·말/L/+복(伏)/H/ → ·말·복/L²/[LL]/[HH]
·봄/L/+꽃/H/ → ·봄·꽃/L²/[LL]/[HH]
·새(新)/L/+집/H/ → ·새·집/L²/[LL]/[HH]
·수(雄)/L/+꽁(=꿩)/H/ → ·숙·꽁/L²/[LL]/[HH]
·살(=쌀)/L/+집/H/ → ·살·찝/L²/[LL]/[HH]
·숙(=쑥)/L/+밭/H/ → ·숙·밭/L²/[LL]/[HH]
·책/L/+방/H/ → ·책·방/L²/[LL]/[HH]
·팥/L/+밭/H/ → ·팥·밭/L²/[LL]/[HH]
·해/L/+뱁/H/ → ·햇·뱁/L²/[LL]/[HH]
·꿀/L/+벌/Ḧ/ → ·꿀·벌/L²/[LL]/[HH]
·꾀/L/+:병/Ḧ/ → ·꾀·병/L²/[LL]/[HH]
·눈/L/+:병/Ḧ/ → ·눈·병/L²/[LL]/[HH]
·물/L/+:뱀/Ḧ/ → ·물·뱀/L²/[LL]/[HH]
·물/L/+:새/Ḧ/ → ·물·새/L²/[LL]/[HH]
·배/L/+:탈/Ḧ/ → ·배·탈/L²/[LL]/[HH]
·봄/L/+:눈/Ḧ/ → ·봄·눈/L²/[LL]/[HH]
·약/L/+:솜/Ḧ/ → ·약·솜/L²/[LL]/[HH]
·옷/L/+:솔/Ḧ/ → ·옷·솔/L²/[LL]/[HH]

(25)를 통해, 거성 뒤에서 평성과 상성이 대립하지 못하고 거성으로 중화된다는 사실을 알 수 있다. (24)-(25)를 근거로 하여, 2음절 단일어의 음조가 [LL]/[HH]로 나

타나는 '·걱·정, ·구·름, ·기·림(=그림), ·그·물, ·나·이, ·낙·지, ·능·대, ·단·지, ·모·욕(=목욕), ·새·끼(索), ·파·리' 등의 성조형을 /L²/로 재구하며, [HHL]로 나타나는 '·고·드·름, ·귀·티·이(=귀퉁이), ·무·지·개, ·뽈·치·기(=볼거리), ·오·라·베(=오라비), ·이·얘·기(=이야기)' 등의 성조형을 /L³/로 규정할 수 있다.

이제 (25)에서 도출된 '거성 뒤에서 평성과 상성이 대립하지 못하고 거성으로 중화된다'는 사실을 확인하기 위해 첫 음절에 거성을 가지는 3음절 이상의 어절을 살펴보자. (26)의 예들은 이 지역에서 모두 동일한 음조를 보이는데 그 중 영덕 방언을 표본으로 예시한다.

(26) 영덕 방언

> ·가·래+·춤(=침) → ·가·래·춤/L³/[HHL]
> ·낚·시+·줄 → ·낚·시·줄/L³/[HHL]
> ·모·구(=모기)+약 → ·모·구·약/L³/[HHL]
> ·번·개+·불 → ·번·갯·불/L³/[HHL]
> ·돌+·잔·치 → ·돌·잔·치/L³/[HHL]
> ·물+·안·경 → ·물·안·경/L³/[HHL]
> ·살(=쌀)+·장·사 → ·살·장·사/L³/[HHL]
> ·생·일+·잔·치 → ·생·일·잔·치/L⁴/[HHLL]
> ·염·소+·장·사 → ·염·소·장·사/L⁴/[HHLL]
> 거·무(=거미)+집 → 거·무·집/HL²/[HLL]
> 겨·얼(=겨울)+바람 → 겨·얼·바·람/HL³/[HLLL]
> 꼬·깔+모자 → 꼬·깔·모·자/HL³/[HLLL]
> 구·리+반·지 → 구·리·반·지/HL³/[HLLL]
> ·갈·대+밭 → ·갈·대·밭/L³/[HHL]
> ·눈+웃·음 → ·눈·웃·음/L³/[HHL]
> ·코+노·래 → ·콧·노·래/L³/[HHL]
> ·참·새+새·끼 → ·참·새·새·끼/L⁴/[HHLL]
> ·낚·시+바·늘 → ·낚·시·바·늘/L⁴/[HHLL]
> ·구·름+다리 → ·구·름·다·리/L⁴/[HHLL]
> ·석·노(=석류)+나무 → ·석·노·나·무/L⁴/[HHLL]

(26)을 통해 '거성 연쇄는 첫 두 음절만 고조로 실현되고 셋째 음절 이하의 모든 거성은 저조로 실현된다'는 사실을 일반화할 수 있다. 그리고 어절 안에서 거성 뒤에 나타나는 평성이 무조건 거성으로 중화될 뿐만 아니라, 일단 한번 거성으로 중화된 평성에 이어 나타나는 모든 평성도 함께 거성으로 중화된다는 사실도 확인할 수 있다.

그런데 울진 방언에서는 저조이면서 길이를 동반하여 마치 경주 방언의 상성과 같이 실현되는 음조가 있다. 먼저 '끌, 뺨, 체'에 대응되는 이 지역의 방언형 '끌, 빼미, 체'는 모두 거성형인데 이들의 첫 음절이 마치 경주 방언의 상성과 같이 길이를 동반한 저조로 나타난다. 그리고 '두-, ·타-'가 약속형 어미 '-으마'와 결합한 굴절형이 [L̤L]로 나타나고 '서-, 하-'의 약속형은 [L̤L]와 [HL], [L̤L]와 [H̤L]이 각각 임의변이하는 양상으로 나타난다.

이와 같은 현상은 김차균(1999 : 78-82)의 울진 방언과 삼척 방언 자료에서도 보고되었는데, 울진 방언의 어휘형태소 '·끌, ·매-, 케(=켜)-'와 삼척 방언의 '·끌', 그리고 두 방언의 동사 '누-, 두-, 주-'의 일부 굴절형에서 이러한 성조가 나타났다. 즉 두 방언에서 동사 '두-'의 굴절형 '다(=둬), 다도(=둬도), 다서(=둬서), 닸다(=뒀다)'와 '주-'의 굴절형 '자(=줘), 자도(=줘도), 자서(=줘서), 쟜다(=줬다)' 등의 첫 음절이 저조이면서 길이를 동반한 성조로 나타나고 삼척 방언에는 동일한 환경에 있는 '누-'의 굴절형도 그러하다. 그런데 이 굴절형들에 임의변이 형태로 나타나는 음조형 [L̤L]와 [H̤H]은 /고, 저, 고:/가 대립하는 방언에서는 실현되지 않는 음조형인 것이다.

김차균(1999)은 이 특이 성조형을 '음상성'이라 이름짓고 이것의 음운 표상을 ':끌̱(/L̤/[L̤L]), 매-(/L̤/[L̤L]), :다·도(/L̤²/[L̤L]/[H̤H]' 등과 같이 음절에 네모를 둘러싸 나타내는 방법을 제안했다. 음절에 네모를 씌우는 방법이 복잡해 보이고 번거로운 감이 있으나 이러한 성조형을 가진 어휘가 많지 않고 시각적으로 뚜렷이 구별되는 효과가 있으므로, 글쓴이도 이 연구에서 잠정적으로 이 표기를 사용하기로 한다. '양상성'이라 할 수 있는 보통의 상성(:□)보다 빈도가 낮고 분포가 제한되어 있으므로 '음상성'이라 규정한 이 성조는, 어절의 첫 음절에만 나타나고 측성의 특성을 지니며 1.5모라 이상 길이의 수평조이거나 상승조인 음성적 특질을 갖는다. 이 음상성은 성조의 음성적 실질이 변해 가는 과정에 나타나는 하나의 과도기적 성조형으로 간주할 수 있다.

3.3.3. 상성 연쇄

울진과 영덕, 포항 방언에서 상성은 /H̤/로, 경주 방언에서는 /L̤/로 실현되기 때문에 상성이 연쇄를 이루었을 때 실현되는 음성형도 다르게 나타난다. 이 지역에 나타나는 상성 연쇄의 음성 실현 양상을 살펴보자.

(27) 경주 방언   울진·영덕·포항 방언

    :기(=계)/L̤/+:돈/L̤/ → :깃·돈/L̤²/[L̤L]/[H̤H]   :깃·돈/H̤²/[H̤L]

    :기(=계)/L̤/+:장(醬)/L̤/ → :기·장/L̤²/[L̤L]/[H̤H]   :기·장/H̤²/[H̤L]

   :대(大)/L̠/+:기(=게)/L̠/→ :대·기/L̠²/[L̠L̠]/[ḦH]   :대·기/Ḧ²/[ḦL]

   :듥(野)/L̠/+:일(事)/L̠/→ :들·일/L̠²/[L̠L̠]/[ḦH]   :들·일/Ḧ²/[ḦL]

   :디(=뒤)/L̠/+:탈/L̠/→ :디·탈/L̠²/[L̠L̠]/[ḦH]   :디·탈/Ḧ²/[ḦL]

   :새/L̠/+:간(肝)/L̠/→ :새·간/L̠²/[L̠L̠]/[ḦH]   :새·간/Ḧ²/[ḦL]

   :속/L̠/+:병(病)/L̠/→ :속·병/L̠²/[L̠L̠]/[ḦH]   :속·병/Ḧ²/[ḦL]

   :실/L̠/+:뱀/L̠/→ :실·뱀/L̠²/[L̠L̠]/[ḦH]   :실·뱀/Ḧ²/[ḦL]

경주 방언에서 상성은 저조이면서 길이를 동반하기 때문에 저조인 거성이 둘 연속될 때와 마찬가지로 상성이 둘 연속될 때 [L̠L̠] 음조가 나타난다. 그리고 정보초점을 받을 때 [ḦH]이 나타나 [L̠L̠]과 임의 변동한다. 한편 울진과 영덕, 포항 방언에서는 상성이 연속될 때 제2음절의 상성은 거성으로 중화되어 [ḦL]로 나타난다.

3.3.4. 상성에 평성이나 거성이 뒤따르는 경우

상성 뒤에 평성과 거성이 나타날 때 다음과 같은 음조가 실현된다. (28)의 예들은 이 지역에서 모두 동일한 음조를 보이는데 그 중 울진 방언을 표본으로 예시해보자.

(28) 울진 방언
   :빌(=별)/Ḧ/+똥/H/→ :빌·똥/Ḧ²/[ḦL]
   :시(市)/Ḧ/+장(場)/H/→ :시·장/Ḧ²/[ḦL]
   :양(兩)/Ḧ/+쪽/H/→ :양·쪽/Ḧ²/[ḦL]
   :올/Ḧ/+배(梨)/H/→ :올·배/Ḧ²/[ḦL]
   :개/Ḧ/+·꿈/L/→ :개·꿈/Ḧ²/[ḦL]
   :개/Ḧ/+·떡/L/→ :개·떡/Ḧ²/[ḦL]
   :기(=게)/Ḧ/+·눈/L/→ :기·눈/Ḧ²/[ḦL]
   :눈/Ḧ/+·비/L/→ :눈·비/Ḧ²/[ḦL]
   :돌/Ḧ/+·담/L/→ :돌·땀/Ḧ²/[ḦL]
   :돌/Ḧ/+·질/L/→ :돌·찔/Ḧ²/[ḦL]
   :들/Ḧ/+·지(=쥐)/L/→ :들·찌/Ḧ²/[ḦL]
   :실/Ḧ/+·톱/L/→ :실·톱/Ḧ²/[ḦL]
   :일/Ḧ/+·복(福)/L/→ :일·복/Ḧ²/[ḦL]
   :일/Ḧ/+·손(手)/L/→ :일·손/Ḧ²/[ḦL]

영덕과 포항 방언에서 (28)에 예시된 예들의 음조는 울진 방언과 동일하고 경주 방언에서 이들은 (27)과 동일하게 [L̠L̠]로 실현된다. 즉 상성 뒤에서 거성은 저조를 유지하는데 상성 뒤의 평성은 대립을 잃고 저조로 실현된다. 그러므로 (27)과 (28)을 통해 '상성 뒤에서 모든 성조가 중화되어 거성으로 실현된다'는 사실을 알 수 있다. 따라서 울진과 영덕, 포항 방언에서 음성형이 [H̤L]로 나타나는 모든 2음절 명사 단일어의 성조형을 /H̤²/으로 규정할 수 있고 경주 방언에서 [L̤L] 혹은 [H̤H]로 실현되는 모든 어절은 /L̤²/로 규정할 수 있다. 즉 /H̤²/ 혹은 /L̤²/은 첫 음절이 상성이고 둘째 이하 음절이 중화된 거성으로 실현되는 '상성형' 어절을 의미한다. 이 지역에서 ':귀·경(=구경), :까·재, :꽈·리, :도·치/:도·꾸(=도끼), :동·네, :데·지(=돼지), :사·람, :어·른, :옛·날/:잇·날' 등이 여기에 속한다.

그렇다면 어절을 3음절 이상으로 확장하여 상성이 둘째 음절 이하에서 무조건 중화되는지 경주 방언을 표본으로 확인해 보자. (29)의 예들은 이 지역에서 모두 동일한 음조를 보인다.

(29) 경주 방언
:가·짓+:말 → :가·짓·말/L̤³/[H̤HL]
구두+:솔 → 구두·솔/H²L/[LHL]
·물+:난·리 → ·물·난·리/L̤³/[H̤HL]
·물+:안·경 → ·물·안·경/L̤³/[H̤HL]
바·다+:새 → 바·다·새/HL²/[HL²]
바·둑+:돌 → 바·둑·돌/HL²/[HL²]
·불+:구·경 → ·불·구·경/L̤³/[H̤HL]
·숙(=수)+:돼·지 → ·숙·돼·지/L̤³/[H̤HL]

(29)는 상성을 앞서는 것이 평성이든 거성이든 상성이 제2음절 이하에 나타나면 거성으로 중화됨을 보여준다. 경주 방언에서 상성은 길이를 동반하나 저조이므로 저조가 셋 이상 연속되는 거성형과 동일하게 첫 두 음절이 높고 셋째 이하 음절이 낮은 음조를 실현한다. 다만, 첫 음절이 상성이므로 길이를 동반하고 있다는 점이 거성형과 다르다. 이처럼 상성이 제2음절 이하에 위치할 때 무조건 거성으로 중화되는 현상은 이 지역의 나머지 다른 방언에서도 동일하게 나타나는 것인데, 포항 방언을 표본으로 하여 이들의 상성 중화 현상을 예시하면 다음과 같다. (30)의 예들은 이 지역에서 모두 동일한 음조를 나타낸다.

(30) 포항 방언
가을+:채·소 → 가을·채·소/H²L²/[LHLL]
·고·향+:사·람 → ·고·향·사·람/L⁴/[H̤HLL]

:동·네+:사·람→ :동·네·사람/Ḧ⁴/[ḦLLL]
:옛·날+:애·기→ :옛·날·애·기/Ḧ⁴/[ḦLLL]
도둑+:고·내·기(=고양이)→ 도둑·고·내·기/H²L³/[LHLLL]
·햇+:고·구·마→ ·햇·고·구·마/L⁴/[HHLL]
우리나·라+:사·람→ 우리나·라·사·람/H³L³/[LLHLLL]

앞서 언급하였듯이, 이 지역에서 상성이 '고:'조인 방언의 일부 상성형 중에서 상성이 '저:'조인 경주 방언의 상성형과 동일한 '음상성'이 나타난다. 이러한 현상을 관찰할 수 있는 것은 울진 방언과 영덕 방언인데, 특히 울진 방언 제보자 중 전옥남 님의 굴절 패러다임에서 동사가 직접명령형 어미와 결합할 때 동사에 따라 [ḦL]이 실현되는 것과 [L̈L]/[ḦH]가 실현되는 것이 구별된다. 그리하여 '누-, 사-, 서-, 자-'가 직접 명령형으로 실현될 때 ':뉘·라[L̈L](=눠라), :새·라[L̈L], :세·라[L̈L], :재·라[L̈L](=줘라)'와 같은 성조형이 나타난다. 이 외에도 ':세·미[L̈L](=수염), :재치·기[ḦHL], ·싸#:재·라[L#ḦH](=싸 줘라), :뒤·냐[L̈L](=두냐), :재·소[L̈L], :회·도[L̈L](=희어도)' 등에서 산발적으로 음상성을 관찰할 수 있다. 반면 영덕 방언에서는 몇몇 어절에서 산발적으로 이것을 확인할 수 있는데 '·가#:맽·라[L#ḦH], :재·람·오·능·거[ḦHLLL](=사람 오는 것), :회·국·하·고[ḦHLL], :총·무·로[ḦHL](=총무를)' 등이 그러한 예들이다.

영덕 방언에서는 특히 상성형의 변이음조로 [Ḽ]이 나타난다. 이 변이음조 [Ḽ]은 영덕 방언의 제보자 중 권부자 님에게서 매우 드물게 나타나는 것인데 저조의 영역 안에서 처음이 낮고 끝이 높은 소리로 상승하는 음조이다. 영덕 방언의 ':매·미[Ḽ L]'는 첫 음절의 높이가 둘째 음절보다 높지 않으면서 뒤끝이 상승하기 때문에 '매요·이[LHL](=매미)'와 구별되고, 저조의 영역 안에서 확연히 상승 굴곡이 있다는 점에서 경주 방언의 상성형 ':매·미[Ḽ L]'와 구별된다.

3.3.5. 평성 연쇄

평성이 연속되면 다음과 같은 음성형이 나타난다. (31)의 예들은 이 지역에서 모두 동일한 음조를 보이는데 울진 방언을 표본으로 예시하면 다음과 같다.

(31) 울진 방언
꼴(=꽃)/H/+밭/H/ → 꼴밭/H²/[LH]
꼴/H/+집/H/ → 꼴집/H²/[LH]
달(=닭)/H/+똥/H/ → 달똥/H²/[LH]
말/H/+똥/H/ → 말똥/H²/[LH]

술/H/+집/H/ → 술찝/H²/[LH]

집/H/+앞/H/ → 집앞/H²/[LH]

창/H/+문/H/ → 창문/H²/[LH]

콩/H/+꼍/H/ → 콩꼍/H²/[LH]

콩/H/+밭/H/ → 콩밭/H²/[LH]

콩/H/+꼍/H/+밭/H/ → 콩꼍밭/H³/[LLH]

(31)을 통해 음성형이 [LH] 혹은 [LLH]로 실현되는 명사 단일어의 성조를 모두 평성형으로 간주하는 것이 가능하다. 2음절 단일어 '가을, 감자, 고래, 나무, 바람, 보리, 살구, 소금' 등이 전자에 속하고 3음절 단일어 '끄실음(=그을음), 도시락, 부끄럼, 부뚜막, 비앵기(=비행기)' 등이 후자에 속한다.

3.3.6. 평성에 거성이나 상성이 뒤따르는 경우

평성에 거성이나 상성이 이어지면 다음과 같은 음조가 나타난다. (32)의 예들은 이 지역에서 모두 동일한 음조를 보이는데 영덕 방언을 표본으로 예시해보자.

(32) 영덕 방언

국/H/+·밥/L/ → 국·밥/HL/[HL]

꼍(=꽃)/H/+·값/L/ → 꼍·값/HL/[HL]

꼍/H/+·신/L/ → 꼍·신/HL/[HL]

산/H/+·불/L/ → 산·뿔/HL/[HL]

술/H/+·갑(=값)/L/ → 술·깝/HL/[HL]

앞/H/+·이/L/ → 앞·니/HL/[HL]

콩/H/+·알/L/ → 콩·알/HL/[HL]

팔/H/+·심(=힘)/L/ → 팔·심/HL/[HL]

꼍/H/+:기(=게)/Ḧ/ → 꼍·게/HL/[HL]

꼍/H/+:뱀/Ḧ/ → 꼍·뱀/HL/[HL]

똥/H/+:개/Ḧ/ → 똥·깨/HL/[HL]

산/H/+:새/Ḧ/ → 산·새/HL/[HL]

앞/H/+:일/Ḧ/ → 앞·일/HL/[HL]

따라서 음성형이 [HL]으로 실현되는 2음절 명사 단일어의 성조형을 /HL/으로 규정할 수 있는데, '까·시(=가시), 각·시, 거·무(=거미), 거·우/기·우(=거위), 고·개, 나·비, 노·래, 달·알/달·갈(=달걀), 더·덕' 등이 여기에 속한다. 경주 방언의 상성도 이와 동일한 양상으로 중화된다.

이제 3음절 이상의 평성 연쇄를 통해 평성의 음조 실현 양상을 확인해보자. (33)의 예들은 이 지역에서 모두 동일한 음조를 보이는데 경주 방언이 표본으로 예시되었다.

(33) 경주 방언

> 게아(=기와)+집 → 게아집/H³/[LLH]
> 다리+밑 → 다리밑/H³/[LLH]
> 보리+밭 → 보리밭/H³/[LLH]
> 뽕+나무 → 뽕나무/H³/[LLH]
> 산+나물 → 산나물/H³/[LLH]
> 앞+치매(=치마) → 앞치매/H³/[LLH]
> 가을+바람 → 가을바람/H⁴/[LLLH]
> 가을+하·늘 → 가을하·늘/H³L/[LLHL]
> 감자+찌·개 → 감자찌·개/H³L/[LLHL]
> 꼴(=꽃)+봉오·리 → 꼴봉오·리/H³L/[LLHL]
> 나무+다리 → 나무다리/H⁴/[LLLH]
> 살구+나무 → 살구나무/H⁴/[LLLH]
> 자드랑(=겨드랑)+밑 → 자드랑밑/H⁴/[LLLH]

(33)을 통해 평성이 연속될 때 '가장 마지막 음절만 고조로 실현되고 그 앞의 모든 음절이 저조로 실현된다'는 사실을 일반화할 수 있다.

지금까지 관찰된 내용을 정리해 보면 다음과 같다.

(34) 성조 결합 제약과 음조 실현 양상
> ㄱ. /HH/는 [LH]로, /HHH/는 [LLH]로 음성 실현된다.
> ㄴ. /LL/은 [LL] 혹은 [HH]로, /LLL/은 [HHL]으로 음성 실현된다.
> ㄷ. 거성은 언제나 거성으로 실현된다.
> ㄹ. 상성은 둘째 음절 이하에서 거성으로 중화된다.
> ㅁ. 거성과 상성 뒤에서 모든 성조는 대립을 잃고 거성으로 중화된다.
> ㅂ. 울진과 영덕, 포항 방언에서 실현가능한 음조형은 [LL]/[HH], [HHL], [ḦL], [LH], [LLH], [HL] 등이다. 경주 방언에서 실현가능한 음조형은 [LL]/[HH], [HHL], [L̤L]/ [ḦH], [LH], [LLH], [HL] 등이다.

3.4. 성조 규칙과 음조 규칙

이제 이 지역의 각 방언에서 실현가능한 성조형과 음조형을 정리하여 기호화하면 다음과 같다.[39]

(35) 네 방언에서 실현가능한 성조형

　　울진·영덕·포항 방언의 성조형 : $/H_1L^n/$, $/L_1/$, $/\ddot{H}_1/$

　　경주 방언의 성조형 : $/H_1L^n/$, $/L_1/$, $/\underset{.}{L}_1/$

(36) 네 방언에서 실현가능한 음조형

　　울진·영덕·포항 방언의 음조형 : $[L]$, $[L_1HL^n]$, $[HHL_0]$, $[HL_0]$, $[\ddot{H}L_0]$

　　경주 방언의 음조형 : $[L]$, $[L_1HL^n]$, $[HHL_0]$, $[HL_0]$, $[\underset{.}{L}L_0]$, $[\ddot{H}HL_0]$

(35)-(36)을 통해 이 지역의 성조 결합을 지배하는 성조 규칙을 다음과 같이 일반화할 수 있다.

(37) 울진·영덕·포항·경주 방언의 성조 규칙

　　ㄱ. {□, :□} → ·□ / {:□, ·□} ＿＿

　　ㄴ. :□ → ·□ / □ ＿＿

성조 규칙을 나타낼 때 방점 표상을 사용한 것은 한국어 성조 방언 전체에 이와 동일한 성조 규칙이 존재하기 때문에 그 일반성을 포착하기 위함이다. 방언에 따라 각 성조의 음조적 특질이 같지 않지만 지금까지 연구된 모든 성조 방언에서 (37)과 동일한 내용의 성조 중화 규칙이 존재함이 밝혀졌다. 방점 표상으로 성조를 기술하면 이러한 일반성을 포착하는 일이 가능하다.

그리고 각 성조형의 음성 실현형은 방언에 따라 다르게 나타나는데 이를 규칙화하면 다음과 같다.

(38) 울진·영덕·포항 방언의 음조 규칙

　　ㄱ. $/H_2L^n/$ → $[L_1HL^n]$ / #＿＿#

　　ㄴ. $/L_2/$ → $[HHL_0]$ / #＿＿#(단, 정보초점이 아니면 $/L^2/[LL]$)

---

39) 숫자를 이용하여 무한식형인 'C₀(=C가 아주 없거나 무한대로 나타남)'와 상한수를 나타내는 'C¹(=C가 하나 나타남)'을 표기하는 생성음운론의 규약은, 김차균(1978)에서 제안된 이래 많은 성조 방언 연구에서 매우 효과적으로 사용되고 있는 방법이다.

ㄷ. $/\ddot{H}_2/ \rightarrow [\ddot{H}L_1]$ / #___#

(39) 경주 방언의 음조 규칙
ㄱ. $/H_2L^n/ \rightarrow [L_1HL^n]$ / #___#
ㄴ. $/L_2/ \rightarrow [HHL_0]$ / #___#(단, 정보초점이 아니면 $/L^2/[L^2])$
ㄷ. $/\underset{\cdot}{L}_2/ \rightarrow [\ddot{H}HL_0]$ / #___#(단, 정보초점이 아니면 $/\underset{\cdot}{L}^2/[\underset{\cdot}{L}L])$

이와 같은 방법으로 한국어 성조 방언 전체를 지배하는 보편적인 성조 '중화' 규칙과 음조 실현 규칙이 존재한다는 사실을 밝혀냈다는 점이 구조·생성주의 성조론의 가장 큰 성과라고 할 수 있다.

3.5. 네 방언간 성조형 대응

위와 같은 성조 규칙과 음조 규칙을 이용하여 각 방언의 2음절 이상 단일어의 성조형을 재구해 보면, 형태소가 일치하나 성조형이 일치하지 않는 어휘들이 있다. 조사된 2음절 이상의 어휘는 명사가 1950여 개, 동사가 660여 개이다. 먼저 살펴볼 것은 상성형과 상성형이 아닌 성조형이 대응하는 어휘들이다.

(40) 상성형과 비상성형의 대응

표준어	울진	영덕	포항	경주
거리(距離)	:거·래	:거·리	거래	:거·리
계피	계피	:계·피	:계·피	:계·피
곶감	·꽂·감	·꽂·감	·곶·감	:꽂·감
굴뚝	:꿀·뚝	:꿀·떡/꿀떡·대	꿀뚝	꿀뚝
꽁치	·공·치	·공·치	:꽁·치	:꽁·치
내기	·내·기	·내·기	:내·기	:내·기
누나	:누·메	누부	누부/누이	누부
망건	:멩·간	망·건	망·근	망·근
미음	미음	:밈/:몀	:밈/미임	미임
밀랍	미개	:밀	:밀	:밀
빈소(殯所)	·빈·수	:빈·소/:병·막	:변·소/:빈·수	:변·소/:빈·수
뻴기	·뻬·뻬	:뻥·기	·뻴·기	·뻬·뻬
사자	:사·자	사자	사자	사자
살강	:실·강/잠반	선반	살간	살강

새우	새·우	:새·우	:새·우	:새·비
서리	서·리	서·리	서·리	:서·리
소름	:소·름	소·오·름	소·오·름	소·오·름
싸리	싸리·비	사리	사리	:사·래
써레	:써·레	:서·래·기	:서·레	서·어·리
어떤	어·떤/우·뚠	:웨·떤	:어·떤	:어·떤
임금	잉·금	:잉·금	:잉·금	:임·금
장구	장·구	:장·구/장·구	장·구	장·기
장승	장승/:장·승	장승	장승	장·승/장·슥
장인(丈人)	:자·인	·장·인	·장·인	:병·자
처음	·처·음	:첨	:첨	:첨
퇴짜	:티·짜	테·장	:퇴·짱	퇴·짜
한숨	·한·숨	·한·숨	·한·숨	:한·숨/·한·숨
회충	거·시	:껄·깨·이	:꺼·꾸·지	:꺼·꾸·래·이
후추	후추/진피	재피	:후·추	:후·추
곡괭이	:꼭·깨·이	:꼭·게·이	:꼭·게·이	:꼭·깨·이
구더기	구·디·기	:구·데·기	:구·디·기	:구·디·기
돌맹이	:돌·미	돌맹·이	돌미·이	돌미·이
보조개	보지·개	:보·조·개	보조·개	보재·기
송아지	소아·지	소아·지	소아·지	:솨·지
시누이	:시·누	·액시/:시·누	·시·누	·시·누·이
우렁이	:우·렁·이	우렁·이	우렁·이	우렁·이
정수리	:쟁·배·기	짱배·기	짱배·기	짱배·기
이야기	·이·얘·기	:애기/:이바구	·이·얘·기	·이·약/·이·바·구
고르다(選)	골·리·다	:골·리·다	·갈·리·다	:갈·리·다
꺼리다	꺼·리·다	:꺼·리·다	:꺼·리·다	:꺼·리·다
모질다	·모·질·다	:모·질·다	:모·질·다	:모·질·다
비웃다	비웃·다	·비·웃·다	·비·웃·다	·비·윗·다
비키다	비킿·다	·비·키·다	·비·끼·다	·비·끼·다
여쭈다	여쫗·다	·여·쭣·다	:여·쭈·다	·여·쭣·다
엿보다	엿보·다	:엿·보·다	엿보·다	:엿·보·다
지치다	지·치·다	:지·치·다	:지·치·다	:지·치·다
감쪽같다	:감·쪽·같·이	·깜·쪽·같·다	·깜·쪽·같·다	깜쪽·같·다
깨뜨리다	:깨·다	깨·다	깨·다	깨·다

(40)에 예시된 50여 개 어휘는, 이 지역에서 조사된 2음절 이상의 어휘 중 일부 방언에서 상성형인 것이 다른 일부 방언에서 비상성형으로 나타나 성조형이 일치하지 않

는 예들이다. 상성형과 비상성형이 대응하는 어휘들 중 둘 이상의 방언에서 상성형으로 실현되어 이 지역에서 상성형이 지배적인 성조형이라고 할 수 있는 것이 50%이고, 나머지 50%의 어휘는 한 방언에서 상성형일 때 다른 방언에서 거성형이거나 평측형으로 나타난다. 네 방언간 친밀도를 살펴보면, 울진 방언에서 상성형일 때 나머지 방언에서 평성형이거나 평측형인 어휘가 13개이고, 영덕·포항·경주 방언에서 상성형일 때 울진 방언에서 평성형이거나 평측형인 어휘가 14개이다. 따라서 어휘의 성조형 대응 면에서 보면, 영덕과 포항, 경주 방언의 거리가 가깝고 이들과 울진 방언의 거리가 멀다.

다음으로 살펴볼 것은 평성형과 평측형이 대응하는 어휘들인데, 30개 중 19개에서 평성형이 우세하다.

(41) 평성형과 평측형의 대응

표준어	울진	영덕	포항	경주
가닥	가·닥	가대·기	가대·기	가닥
가위	까·새	까시·게	가시·개	가시·개
고리	고·리	고·리/골·기	고·리	골개·이
느낌	느·낌	느·낌	느끼·임	느·낌
멥쌀	밉쌀	멥살	멥·살	멥살
모이	모시	모시	모·이/몹·시	몹·시
방아	바·아	방아	바아	바아
부채	부·채	부·채	부채	부·채
비계	비게	비·지	비·계/비계	비·계
시간	시·간	시간	시간	시간
시렁	실·강	실·강/실·각	실·근	실근
아제(叔)	아제/아제·씨	아·제/아제·비	아·제	아·제/아자·암
우물	웅굴	웅·굴	웅·굴	웅·굴
의사	으사	이·사	이·사	이·사
자갈	자·가·리	자갈	자갈	자갈
접시	접·시	접·시/접시·기	접시·기	접시·기
조끼	쪽·깨	쪽깨	쪽깨	쪽깨
주름	주름	주·룸/쭈구룸	주름/주·름	주·룸
지네	지·네	지·네	지네	지네
천장	친장	천·장	천·장	천·장
가물치(魚)	가물·치	가·무·치	가·무·치	가·무·치
가운데	가운·테	가·운·데	가·운·데	가분·데
그을음	끄시·름	끄시름	끄시름	끄실음

도라지	도라·지	돌개	도래	돌개
도련님	디·림	데·름	대·림/대리·미	대리·미
도시락	도시락	도시락	도시·락	도시락
두레박	뜨레박/탈배·기	뜨르·박	두루·박	따르·박
또아리	따배·이	따·배	따배·이	따배·이
사다리	새다·리	사다리·빠	사다리	사다리
삵쾡이	살·기	실패·이	실개·이	실개·이
복사뼈	복상치·이	복상치	복숭·치	복숭·치
솥뚜껑	소더·배	소두배·이	소두배·이	소두배·이
어금니	어·금·니40)	어금·니	어금·니	어금·니
이슬비	이·슬·비	이·실·비	이실·비	이슬·비
기울다	찌·우·다	기울·다	기울·다	기울·다
꼬이다(사람을)	끼·우·다	꼬·시·다	꼬시·이·다	꼬·시·다
누르다(壓)	눌·리·다	눌·리·다	눌·리·다	눌룽·다
느끼다	—	느·끼·다	느끼·이·다	느·끼·다
메우다	미·꾸·다	메·우·다	메꾸·우·다	미·우·다
모르다	모·리·다	모리·다41)	모리·다	모리·다
무섭다	무슬·다42)	무섭·다	무섭·다	무섭·다
배이다(熟)	배·애·다	배기·이·다	배이·이·다	배·이·다
부럽다	부릅·다/불부·다	부럽·다	부럽·다43)	붋·다/부·럽·다
비비다	비·비·다	비·비·다	비·비·다	비배·애·다
사귀다	살궁·다44)	사구·우·다	사구·우·다	사구·우·다
서리다	시리·이·다	서·리·다	서·리·다	서·리·다
어둡다	어·덥·다	어덥·다	어덥·다	어덥·다
이르다(早)	일쪽·다	일·쩍·다	일·쩍·다	일·쩍·다
일구다	일·궁·다	일궁·다	일구·우·다	이룽·다
흐리다	흐릥·다	흐·리·다	흐·리·다	흐·리·다
번거롭다	번거럽·다	번거럽·다	번·거·롭·다	번거럽·다
쑥스럽다	쑥시·럽·다	숙시럽·다	숙시·럽·다	비꾸럽·다
앙칼지다	—	양·칼·지·다	앙카럽·다	·앙·칼·지·다
애처롭다	아·치·럽·다	아치럽·다	아치럽·다	애처롭·다
오죽하다	오·죽·하·다	오·죽·하·다	오·죽·하·다	오죽하·다

---

40) '어금·니'와 공존
41) '모·리·다'와 공존
42) '무·슬·다'와 공존
43) '부·럽·다'와 공존
44) '살·기·다'와 공존

탐스럽다	탐시·럽·다	탐시럽·다	탐시·럽·다	탐시·럽·다
오그라지다	오그·래·지·다	오그·래·드·다	오글리·이·다	오글래·애·다

(41)에서 보듯 일부 방언에서 평성형일 때 다른 일부 방언에서 평측형으로 실현되는 어휘들의 특징은, 평성이 연속되다가 마지막 음절이 거성으로 나타난다는 점이다. 그리고 네 방언간 친밀도를 살펴보면, 영덕·포항·경주 방언에서 평성형인 것이 울진 방언에서 평측형으로 나타나는 비율이 가장 많아 50%에 이르고 30% 정도의 어휘는 울진 방언에서 평성형일 때 다른 방언에서 평측형이며 나머지 어휘들의 대응 양상은 산발적이다.

마지막으로 거성형과 거성형이 아닌 성조형이 대응되는 예들을 살펴보자.

(42) 거성형과 비거성형의 대응

표준어	울진	영덕	포항	경주
골무	·골·미	골·미	·골·미	·골·미
고명	끼미	·꾸·미	·끼·미/·꾸·미	·뀌·미/·꾸·미
도장	도·장/도장	·도·장	·도·장	·도·장
맷돌	·맷·돌	맷돌	·맷·돌	·맷·돌
모기	·모·개·이	모개·이	모개·이	모개·이
번개	번개	·번·개	·번·개	·번·개
부아	부애	·부·애	부애	부애/도·분
서캐	·시·개·이	세가·리	새가·리	·새·가·리
숫돌	싯·돌/싯도·리	·수·틀	·수·틀	·숫·돌
싸리	싸리·비	사·리	사·리	사·리
쌈지	·쌈·지	삼·지	삼·지	삼·지
언니	·언·니	언·니	언·니	언·니
오이	·물·이	물·이	물·이/물·외	물·외
피리	피·리	피·리	·피·리	·피·리
게으름	·기·그·럼	게으름	게으름	게으름
도깨비	·또·깨·비	또깨·비	또깨·비	·토·째·비
두더지	두·디·기	·띠·지·기	띠지·기	띠지·기
봉우리	·봉·두·리	봉오·리	봉오·리	봉오·리
부싯돌	부싯·돌	·부·쇄	부싯·돌	·부·셋·돌
송아지	소아·지	소아·지	소아·지	·소·아·지
숫처녀	수·처·녀	·수·처·녀	·수·처·녀	·수·처·녀
숫총각	수·총·각	·수·총·각	·수·총·각	·수·총·각
꾸미다	·꾸·미·다	끼·미·다	끼·미·다	뀌·미·다

다듬다	·따·담·다	따듬·다	따·아·듬·다	따담·다
버리다(조동사)	뿌·다	·뿌·다	·뿌·다	·뿌·다
헐겁다	홀굶·다	·홀·껍·다	·헐·겁·다	·헐·껍·다
뉘우치다	니우·치·다	·니·우·치·다	·니·우·치·다	니우·치·다
어지럽다	어지럽·다	·어·지·럽·다	·어·지·럽·다	·어·지·럽·다
어지르다	어질·구·다	·어·지·리·다	·어·지·리·다	·어·지·리·다
조그맣다	·쪼·맨·타	쪼매하·다	·째·맨·타	쪼맨·타
지극하다	·지·극·하·다	지극하·다	·지·극·다	지극하·다

거성형과 비거성형이 대응할 때 60%가 거성형으로 나타나는 것으로 보아 이 지역에서 (42)의 예들은 거성형이 우세하다. 그리고 울진 방언에서 거성형인 것이 다른 세 방언에서 평성형이나 평측형으로 나타나는 것이 10%, 다른 세 방언에서 거성형인 것이 울진 방언에서 평성형이나 평측형으로 나타나는 것이 10%를 조금 넘는 비율로 나타나며 나머지는 산발적인 대응을 보인다.

그러므로 (40)-(42)에 나타난 성조형 대응 관계를 근거로 할 때, 성조론적인 측면에서 영덕·포항·경주 방언간의 관계가 가깝고 이 세 방언과 울진 방언의 관계가 멀다고 할 수 있다.

3.6. 중세국어와 네 방언간 성조형 대응

그렇다면 중세국어와 이 지역의 성조형을 비교했을 때, 방언간 성조형의 대응 관계가 어떤 양상으로 나타나는지 살펴보자. 논의의 중심은, 중세국어와 이 지역 방언간에 성조형이 일치하지 않는 예들을 제시하고 그것의 불일치 양상을 기술하는 데 있다.

먼저 중세국어 문헌에서 첫 음절이 평성으로 표기된 73개의 명사와 150개의 동사를 비교하면, 다음과 같은 예들에서 중세국어의 성조형과 이 지역의 성조형이 다르게 나타난다.

(43) 첫 음절이 평성인 어절의 성조형 대응

중세국어	울진	영덕	포항	경주
가락	가락[45]	가락	가락	가락
귀밑	·귀·밑	·귀·밑	·귀·밑	·귀·밑
그듸/그디	그·대	—	그·대	—

---

45) '가·락'이 공존하지만 '가락'의 세력이 압도적이다.

누의	:누·메	누부	누부	누부
다야(盂)	대·야	대·애	대·애	대·애
바리(鉢)	나무뚜꽈·리	:바·리	:바·리	—
여스/엿(狐)	예깨·이/엿·수	엿·수/야·수	엿·수	엿·수
율믜(薏苢)	·율·무	·율·무	·율·무	·율·무
가락지(環)	까락·지	까락·지	가락·지	가락·지
댓딜·위	·땅·질·루	·때·찔·레	·때·질·레	·땅·질·레
도리채	도리·깨	도리·깨	도리·깨	도리·깨
밠가락	발까·락	발까·락	발까·락	발까·락
숋가락	손까·락	손까·락	손까·락	손까·락
스나희	사나·아	사나·아	사나·아	사나·아
뽕나무	뽕나무	뽕나무	뽕낭·구	뽕나무
그르·메	·기·름·자	그릉·지	그릉·지	그릉·지
감·즈	감자	감자	감자	감자
귀·향(謫)	:기·양	귀·양	귀·양	귀·양
댱·승	장승/:장·승	장승	장승	장·승
도·랏(桔)	도라·지	돌개	도래/돌개	돌개
드·레(=두레박)	뜨레박/탈배·기	뜨르·박	두루·박	따르·박
버·들	버들	버들	버들	버들
비·레(崖)	·비·랑	·베·랑	·베·랑	·베·랑
사·뷔	새·우	:새·우	:새·우	:새·비
서·리(霜)	서·리	서·리	서·리	:서·리
서·에(=성에)	·석·끼	성·에	성·에	성·에/·서·에
수·플	·수·풀	·수·풀	수·풀	·수·풀
아·춤	아첨	아칙	아직	아직
여·름(=열매)	열매	열매	열매	열매
우·믈(=우물)	웅굴	웅·굴	웅·굴	웅·굴
호·미	호매·이	호매·이	·호·미	호매·이
가·온·디	가운·테	가운·데	가운·데	가운·데
고·토·리(莢)	꼬타·리	꼬타·리	꼬타·리	꼬타·리
기·르·마(鞍)	지리·매	질매	질매	질매
굴·며·기	갈매·기	갈매·기	갈매·기	갈매·기
방·핫·고(=방앗간)	방깐	방깐	방깐/바아간	방깐
버·워·리(啞)	버버·리	버버·리	버버·리	버버·리
즌·자·리(蜻)	잠자·리	:철·개·이	:철·개·이	:철·배·이
노르·다(黃)	누·리·다	누·리·다	누·리·다	누·리·다
스로·다(燒)	·사·리·다	·사·리·다	·사·리·다	·사·리·다

프르·다(錄)	푸·리·다	푸·리·다	푸·리·다	푸·리·다
나르·다(移)	나리·다	나리·다	나리·다	나리·다
부리·다(使)	·부·리·다	·부·리·다	·부·리·다	·부·리·다
사리·다(蟠)	·사·리·다	·사·리·다	·사·리·다	·사·리·다
아니·다(非)	아이·다	아이·다	아이·다	아이·다
헤·티·다(披)	:해·치·다	:해·치·다	·해·치·다	·해·치·다
거·느리·다	거느·리·다	거니·리·다	거니·리·다	거니·리·다
기·드·리·다	기다·리·다	기다·리·다	기다·리·다	기다·리·다
기·우·리·다	찌불·시·다	찌불·이·다	기울·이·다	기울·이·다
붓·그·리·다	부끄럽·다	부끄럽·다	부끄럽·다	비꾸럽·다

(43)을 보면, 중세국어와 이 지역의 성조형을 비교할 때 성조형이 일치하지 않는 현상을 일반화하는 것이 불가능할 정도로, 어휘마다 불일치 양상이 매우 산발적이다. 그럼에도 불구하고 몇 가지 지배적인 경향을 언급해보면 다음과 같다.

첫째, 명사의 경우에 중세국어의 '□₂'형인 것이 이 지역에서는 평거형 '□₁·□'으로 나타나고 중세국어의 '□·□'형이 이 지역에서는 '□□'형으로 실현된다. 둘째, 동사의 경우에 중세국어에서 '□·□₁'형인 것이 이 지역에서 '□².□₁'형으로 나타나는 예가 상당수 있다. 그러나 중세국어의 '□·□₁'형과 이 지역의 '□².□₁'형이 모두 '첫 음절이 낮고 둘째 음절이 높은' 음조라는 점에서 동일하다는 것을 지적할 수 있을 뿐, 각 어휘의 성조형 대응 관계를 규칙으로 일반화기는 어렵다.

(44) 성조 축약에 의한 성조형 변화

중세국어	울진	영덕	포항	경주
소옴(綿)	:솜	:솜	:솜	:솜
개야·미(蟻)	:개·미	:개·미	:개·미	:개·미
구렁·이(蟒)	:구·리·이	:구·리	:구·리	구리·이
드·릏(野)	:듥	:듥	:듥	:듥
사르·다(活)	:살·다	:살·다	:살·다	:살·다

'소옴>:솜, 개야·미>:개·미, 구렁·이>:구·리' 등은 '평성＋평성 → 상성'과 같은 성조 축약을 보여 주고 '드·릏>:듥(＝들)'은 '평성＋거성 → 상성'과 같은 성조 축약을 보여 준다. 김차균(1999 : 449)에서는 많은 경상도 방언에서 '평＋평 → 평성' 규칙과 '거성＋거성 → 상성' 규칙이 있는데, 울진과 삼척 방언을 포함하는 동해안 방언에서 특징적으로 '평성＋평성 → 상성' 규칙이 나타난다고 밝힌 바 있다. 그리하여 울진 방언에서 '강안지(＝강아지)[LHL]'와 '가안지(＝강아지)[ḦL]'가 공존할 때 이들의 기저 성조형을 /H²L/

로 규정하고 [ḦL]는 성조 축약에 의해 생겨난 변이음조형으로 해석하고 있다. 이 경우에 방언에 따라 /H²L/[LHL]와 /H²L/[ḦL]가 공존하지 않고 [ḦL]만 나타난다면 성조축약에 의한 음운 변동으로 형태소가 상성형으로 재구조화된 것으로 봐야 할 것이다.

다음으로 둘 이상의 성조 단위가 결합하여 복합어를 이룬 어절의 성조를 살펴보자.

(45) 복합어의 성조형

중세국어	울진	영덕	포항	경주
목:숨	목·숨	목·심	목·심	목·숨
·뿔:벌	·꿀·벌	·꿀·벌	·꿀·벌	·꿀·벌
여:쉰(六十)	예·순	여·슨	예·순	여·숫
갓:갑·다(近)	개깝·다	개작·다	개작·다	개작·다
두:턻·다	뚜껍·다	뚜껍·다	뚜껍·다	뚜껍·다
맛:나·다	만·내·다	만·내·다	만·내·다	만·내·다
술:갑·다(慈)	—	살갑·다	살갑·다	·살·갑·다
앗:갑·다	아깝·다	아깝·다	아깝·다	아깝·다

현대국어에서는 둘 이상의 성조 단위가 결합하여 복합어를 이룰 때 제2음절 이하에서 모든 성조가 거성으로 중화되지만, 중세국어 시기의 문헌 표기에 의하면 복합어 구성의 둘째 성분이 될 때도 상성이 유지되었으므로 '목:숨, ·뿔:벌, 여:쉰'과 같이 나타난다. 이 때 거성형인 '·뿔(=꿀)'이 복합어 구성에서 평성형으로 나타난 점이 흥미롭다. 그리고 '맛나'에 대응되는 형태는 중세국어 시기에 '맛:나, 맛나, 맛·나'가 혼기되어 나타난다.

그런데 이 어절들은 개방연접(#)을 유지하고 있는 운율구로 간주될 확률이 매우 높다. 물리적으로 휴지를 거의 인지할 수 없을 만큼 두 성조 단위가 긴밀하게 결합되었다고 하더라도 언중은 여전히 이를 두 개의 성조 단위로 인식하고 있기 때문에 두 단위의 성조형을 그대로 유지하고 있으므로, 보편적인 성조 결합 규칙을 벗어나는 것으로 보이는 것이다. (45)에 제시된 중세국어의 표기 자료가 보여주듯이 근원적으로 이 어휘들은 두 성조 단위의 결합이지만, 오늘날은 이 지역에서처럼 개방연접도 사라지고 완전히 단일화되어 하나의 운율 단위로 실현되고 있다.

그리고 접미사 '-하-'가 결합된 어휘의 성조형은 다음과 같은 대응 양상을 보인다.

(46) 접미사 '-하-'가 결합된 복합어의 성조형 대응

중세국어	울진	영덕	포항	경주
축축·ᄒᆞ·다(濕)	축축하·다	축축하·다	축축하·다	축축하·다

간슈·ᄒ·다(保)	가·축·하·다	간수하·다	간수하·다	간수하·다
괴외·ᄒ·다(靜)	고요하·다	고요하·다	고요하·다	고요하·다
구븓·ᄒ·다(曲)	꾸부정하·다	꾸불하·다	꾸불하·다	꾸꾸정하·다
ᄌᆞᇰᄌᆞᇰ·ᄒ·다(淨)	깨끗하·다	깨끗·다	깨끗·다	깨끗·다

(46)의 어휘들은 중세국어 시기에 모두 '□□·□'인 것으로 보이지만 접미사 '-ᄒ-'와 결합된 동사 중에 '□□□'형과 '□□·□'형이 혼기되어 나타나는 예가 있다. 즉 '스랑ᄒ·며, 과외ᄒ·고, 가난혼·ᄃᆞᆺ·고' 등과 '스랑·ᄒ·야, 과외·ᄒ·야, 가난·ᄒ야' 등이 공존하는 것이다. 그러나 오늘날 이 지역에서 이 어휘들은 모두 평성형이다.

다음으로 중세국어 문헌에서 첫 음절이 거성인 2음절 이상의 어휘를 살펴보자. 조사된 명사는 70개, 동사는 46개이다.

(47) 첫 음절이 거성인 어절의 성조형 대응

중세국어	울진	영덕	포항	경주
·ᄀᆞ늘	그늘	그릉·지	그늘	그릉·지
·번게	번개	·번·개	·번·개	·번·개
·ᄯᅳ믈	뜨물	뜨물	뜨물	뜨물
·염쇼	앰새·이	얌새·이	남새·이	얌새·이
·우·리(我等)	우리	우리	우리	우리
·트림	·트·럼	트름	·트·름	·트·름
·피·리(篳)	피·리	피리	·피·리	·피·리
·ᄑᆞ리	·파·리	파래·이	·파·리	파래·이
·곳·답·다	꽃답·다	꽃답·다	꽃답·다	꽃답·다
·므·겁·다(重)	무겁·다	무겁·다	무겁·다	무겁·다
·ᄇᆞ·라다(望)	바룷·다	바라·아·다	바라·아·다	바래·애·다
·ᄭᅮ·미·다(飾)	·끼·미·다	끼·미·다	끼·미·다	뀌·미·다
·도·련·ᄒ·다(圓)	도리하·다	돌방하·다	돌방하·다	도롯하·다
·서·늘·ᄒ·다	시운하·다	서늘하·다	서늘하·다	사느리하·다
·어·즈·럽·다	어지렇·다	·어·지·럽·다	·어·지·럽·다	·어·지·럽·다
·어·즈·리·다	어질·구·다	·어·지·리·다	·어·지·리·다	·어·지·리·다
·디파	:대·패	:대·패	:대·패	:대·패
·박하(薄荷)	박하	·박·하	·박·하	·박·하
·부헝	부허·이	부허·이	부헤·이	부히·이
·쇠ᄆᆞᆯ(鐵馬)	·쇠·말	·쇠·말	·쇠·말	:쇠·말
·토란(芋)	토란	토란	토란	토란
·고키·리	코끼·리	코끼·리	코끼·리	·코·끼·리
·므지·게	·무·지·개	·무·지·개	·무·지·개	·무·지·개

·밠바·당	발빠·닥	발빠·닥	발빠·닥	발빠·닥
·올창·이(蚪)	올챙·이	올채·이	올채·이	올채·이
·누르·다(黃)	누·리·다	누·리·다	누·리·다	누·리·다
·블븥·다	·불·붙·다	·불·붙·다	·불·붙·다	·불·붙·다
·외롭·다	·외·롭·다	·외·롭·다	·외·롭·다	·외·롭·다
·프르·다(青)	푸·리·다	푸·리·다	푸·리·다	푸·리·다
·고·키리	코끼·리	코끼·리	코끼·리	코·끼·리
·뎡·바기(頂)	:쟁·배·기	쩽배·기	쩡배·기	쩡배·기
·돗·가비	또깨·비	또깨·비	또깨·비	도깨·비

위에서 보듯 중세국어와 이 지역에서 모두 거성형으로 나타나는 것은 '·무·지·개, ·불·붙-, ·외·롭-'에 국한된다. 그리고 이 지역의 일부 방언에서 거성형으로 나타나는 '·번·개, ·트·름, ·피·리, ·파·리, ·박·하, ·쇠·말, ·코·끼·리, ·쑤·미-, ·어·즈·럽-, ·어·즈·리-' 등이 있지만, 중세국어의 거성형은 이 지역에서 대부분 평성형 혹은 평측형으로 나타난다. 특히 울진 방언에서 상성형으로 나타나는 ':쟁·배·기'는 매우 예외적이다.

그리고 '거성+거성 → 상성' 혹은 '거성+평성 → 상성'과 같은 성조 축약에 의해 성조형이 상성형으로 재구조화된 예들이 있다.

(48) 성조 축약에 의한 성조형 변화

중세국어	울진	영덕	포항	경주
·ᄇᆞ·얌	:뱀/:배·미	:뱀	:뱀	:배·미
·ᄇᆞ얌	:뱀	:뱀	:뱀	:배·미
·처·섬	·처·음	:첨	:첨	:첨
·딸기	:딸	:딸	:딸	:딸
·ᄆᆡ야·미(蟬)	:매·미	:매·미/매요·이	:매·미	:매·미

그리고 중세국어 시기에는 복합어 구성에서 거성 뒤의 상성이 유지됨을 보여주는 다음과 같은 예들이 있는데, 이 지역에서 이 어휘들은 완전히 단일화되어 하나의 운율 단위로 실현되므로 다음과 같은 성조형을 보인다.

(49) 복합어의 성조형

중세국어	울진	영덕	포항	경주
·뿟:돌ㅎ(礪)	싯·돌	·수·틀	·수·틀	·숫·돌
·한:숨	·한·숨	·한·숨	·한·숨	:한·숨
·뼈:디·다(陷)	·꺼·지·다	·꺼·지·다	·꺼·지·다	·꺼·지·다
·처:디·다	·처·지·다	·처·지·다	·처·지·다	·처·지·다

마지막으로 중세국어 시기에 첫 음절에 상성을 가진 어휘들이 이 지역에서 어떤 성조형으로 나타나는지 살펴보자. 조사된 어휘는 명사가 50개, 동사가 43개인데 이들 중 다음과 같은 예들이 성조형에 차이를 보인다.

(50) 첫 음절이 상성인 어절의 성조형 대응

중세국어	울진	영덕	포항	경주
:계피(桂)	계피	:계·피	:계·피	:계·피
:사마·괴	:사·마·구	:사·마·구	사마·구	사마·구
:모·딜·다	·모·질·다	:모·질·다	:모·질·다	:모·질·다
:몯·ᄒ·다	모하·다	:모·하·다	:모·하·다	:몬·하·다
:붕어	·붕·어	·붕·어	·붕·어	·붕·어
:셔볼/셔울	·서·울	·서·울	·서·울	·서·울
:붉·쥐(蝙)	·박·쥐	·박·쥐	·박·쥐	·박·쥐
:비·왙·다(吐)	뱉·다	밭·다/:뱉·다	밭·다/패밭·다	밭·다/패밭·다
:뗠·티·다	—	떨·치·다	떨·치·다	떨·치·다
:디·나가·다	·지·나·가·다	·지·나·가·다	·지·나·가·다	·지·나·가·다
:혜아·리·다	—	·혜·아·리·다	·혜·아·리·다	·혜·아·리·다

상성형에 대응되는 어휘의 성조형 불일치 현상은 매우 산발적이고 불규칙하다. '·붕·어, ·서·울, ·박·쥐, ·지·나·가-, ·혜·아·리-'와 같이 거성형으로 대응되거나 '계피, 사마·구, 떨·치-'와 같이 첫 음절의 상성이 평성으로 나타나기도 하고, '모하-, 패밭-'처럼 어절 전체가 평성형으로 나타나는 예도 있다.

4. 성조 변동

앞 장에서 보았듯이 거성 뒤에서 모든 성조가 대립을 잃고 중화되는 것은 한국어 성조 방언 전체를 지배하는 가장 큰 성조 규칙이다. 그런데 측성형이 뒤따르는 평성 앞에서 평성형으로 변하는 일이 있고, 거성 앞에서 거성이나 상성이 이유 없이 평성화하기도 하며, 거성 앞에서 평성이 이유 없이 거성화하기도 한다. 그리고 두 성조가 축약되어 상성으로 실현되는 경우도 있다. 이처럼 성조 중화 규칙으로 설명되지 않는 성조 변동에 관해 이 장에서 자세히 살펴보기로 한다.

4.1. 평성형화

둘 이상의 성조 단위가 결합하여 하나의 어절을 이룰 때 어절을 구성하는 첫 성분이 평성형으로 변하는 현상은, 복합명사 구성에서 가장 활발히 나타난다.

4.1.1. 복합명사 첫 성분의 평성형화

먼저 거성형 단음절어가 뒤따르는 평성 앞에서 평성형으로 변하는 예를 보자. (51)의 예들은 이 지역에서 모두 동일한 음조를 보이는데 포항 방언을 표본으로 제시한다.

(51) 포항 방언
·강+산 → 강산/H^2/[LH]
·귀+구영(=구멍) → 귓구영/H^3/[LLH]
·기(=귀)+마·개 → 기마·개/H^2L/[LHL]
·길+바·닥 → 길빠·닥/H^2L/[LHL]
·깨+소금 → 깨소금/H^3/[L^2H]
·논+뚝+·질(=길) → 논뚝·질/H^2L/[LHL]
·눈+꺼풀 → 눈꺼풀/H^3/[L^2H]
·땅+떵거·리(=덩어리) → 땅떵거·리/H^3L/[L^2HL]

·떡+가리(=가루) → 떡가리/H³/[L²H]

·떡+국 → 떡국/H²/[LH]

·떡+볶+·이 → 떡볶·이/H²L/[LHL]

·떡+시리(=시루) → 떡시리/H³/[L²H]

·물+도·오(=동이) → 물또·오/H²L/[LHL]

·발+등 → 발뜽/H²/[LH]

·발+모가·지 → 발모가·지/H³L/[L²HL]

·발+바·닥 → 발빠·닥/H²L/[LHL]

·밥+상 → 밥상/H²/[LH]

·발+자죽(=자국) → 발짜죽/H³/[L²H]

·배+사공 → 뱃사공/H³/[L²H]

·비+바·울(=방울) → 빗바·울/H²L/[LHL]

·살(=쌀)+뜨물 → 살뜨물/H³/[L²H]

·세(=혀)+바·늘 → 셋바·늘/H²L/[LHL]

·세(=혀)+바·닥 → 셋바·닥/H²L/[LHL]

·소+꼬·리 → 소꼬·리/H²L/[LHL]

·소+말띠·기(=말뚝) → 소말띠·기/H³L/[L²HL]

·소+뼉다·구(=뼈다귀) → 소뼉다·구/H³L/[L²HL]

·손+등 → 손뜽/H²/[LH]

·손+마디 → 손마디/H³/[L²H]

·손+모가·지 → 손모가·지/H³L/[L²HL]

·손+바·닥 → 손빠·닥/H²L/[LHL]

·솔+밭 → 솔밭/H²/[LH]

·신+주미·이(=주머니) → 신쭈미·이/H³L/[L²HL]

·옷+고·름 → 옷고·름/H²L/[LHL]

·옷+자·락 → 옷자락/H³/[LLH]

·이+수·시-+·개 → 이수시·개/H³L/[L²HL]

·입+주디·이(=주둥이) → 입주디·이/H³L/[L²HL]

·입+마·개 → 입마·개/H²L/[LHL]

·젖+병 → 젖병/H²/[LH]

·쥐+새·끼 → 쥐새·끼/H²L/[LHL]

·지(=쥐)+구영(=구멍) → 지구영/H³/[L²H]

·책+가방 → 책가방/H³/[L²H]

·책+가불(=거풀) → 책가불/H³/[L²H]

·책+꽂·이 → 책꽂·이/H²L/[LHL]

·칼+집 → 칼찝/H²/[LH]

·코+구영(=구멍) → 콧구영/H³/[L²H]

·팥+·고·물 → 팥고·물/H²L/[LHL]

·풀+밭 → 풀밭/H²/[LH]

·풀+이퍼·리 → 풀이퍼·리/H³L/[L²HL]

다음으로 단음절 상성형이 뒤따르는 평성 앞에서 평성형으로 변하는 예를 보자. (52)의 예들도 이 지역에서 모두 동일한 음조를 보이는데 표본으로 예시한 것은 울진 방언이다.

(52) 울진 방언

:감+꿀 → 감꿀/H²/[LH]

:감+나무 → 감나무/H³/[L²H]

:감+씨 → 감씨/H²/[LH]

:개+구영(=구멍) → 개구영/H³/[L²H]

:개+새·끼 → 개새·끼/H²L/[LHL]

:개+집 → 개집/H²/[LH]⁴⁶⁾

:개+털 → 개털/H²/[LH]

:개+터래·기 → 개터래·기/H⁴/[L²HL]

:깐·치+집 → 깐치집/H³/[L²H]

:돈+보따·리 → 돈보따·리/H⁴/[L²HL]

:반+주봉(=바지) → 반주봉/H³/[L²H]

:밤+껍디·기 → 밤껍디·기/H⁴/[L²HL]

:밤+나무 → 밤나무/H³/[L²H]

:밤+송·이 → 밤소·이/H²L/[LHL]

:새+다리 → 새다리/H³/[L²H]

:새+집 → 새집/H²/[LH]

울진 방언에는 이 외에도 ':시+아제·비(叔) → 시아제·비/H³L/[L²HL]'가 나타나고 포항 방언에서는 ':둘+남매 → 둘남매/H³/[L²H], :실+방구·리(=방울) → 실빵구·리/H⁴/[L²HL]' 등이 관찰된다.

그리고 이러한 평성형화 현상은 복합명사 구성의 첫 성분이 2음절 이상일 때도 마찬가지로 확인할 수 있다. (53)에서 이를 살펴보자.

(53) 경주 방언

국·시+집 → 국시집/H³/[L²H]

김·치+찌·개 → 김치찌·개/H³L/[L²HL]

---

46) ':개·집'과 공존한다.

까·시+덤풀→ 까시덤풀/H⁴/[L³H]

노·래+가락→ 노랫가락/H⁴/[L³H]

도시·락+주미·이 → 도시락주미·이/H⁵L/[L⁴HL]

머·리+지·름(=기름) → 머리찌·름/H³L/[L²HL]

바·지+가래·이 → 바지가래·이/H⁴L/[L³HL]

비·빔+국·시 → 비빔국·시/H³L/[L²HL]

사·과+밭→ 사과밭/H³/[L²H]

사·과+나무→ 사과나무/H⁴/[L³H]

아·래+마을→ 아랫마을/H⁴/[L³H]

아·래+집→ 아랫집/H³/[L²H]

지·게+짝·지 → 지게짝·지/H³L/[L²HL]

:건·널+목→ 건덜목/H³/[L²H]

:담·배+꽁·초→ 담배꽁·초/H³L/[L²HL]

:대·추+나무→ 대추나무/H⁴/[L³H]

:데·지+고·기 → 데지고·기/H³L/[L²HL]

:데·지+새·끼 → 데지새·끼/H³L/[L²HL]

:데·지+우·리 → 데지우·리/H³L/[L²HL]

:배·추+이파·리 → 배추이파·리/H⁴L/[L³HL]

:세·수+비·누→ 세수비·누/H³L/[L²HL]

:세·수+대·야→ 세숫대·애/H³L/[L²HL]

:작·은+아부·지 → 작은아부·지(叔父)/H⁴L/[L³HL]

(53)은 이 지역에서 모두 동일한 음조를 보이는 예들이다. 이 외에 영덕 방언의 '고·기+잡·이 → 고기잡·이, 고·기+삐가·지(=뼈다귀) → 고기삐가·지, 김·치+찌짐(=부침개) → 김치찌짐, 바·지+가·암(=옷감) → 바지까·암', 포항 방언의 '나·락+이식(=이삭) → 나락이식, 나·락+벡가·리(=볏가리) → 나락벡가·리, 바·늘+당시·기 → 바늘당시·기(=반짇고리), :지·집+아·아 → 지집아·아' 등과 같은 예를 더 확인할 수 있다.

이처럼 측성형인 복합명사의 첫 성분이 평성형으로 변할 때 성조형 변동의 동기가 된 것은 분명히 뒤따르는 평성이지만, 왜 어떤 것은 중화 규칙을 따르고 어떤 것은 동화되는가를 음운론적으로 설명하기 어렵다. 그러나 이것을 성조형이 평성형으로 단일화해 가는 과정에 나타나는 하나의 과도기적 경향으로 볼 수는 있다. 그렇다면 단일화라는 것이 본질적으로 유추에 의한 것이기 때문에 음소 변화와 달리 일사분란한 양상으로 나타나는 것이 아니므로, 중화 규칙을 따르는 것이 있는가 하면 평성으로 변동하는 예가 있을 수 있다. 이 지역의 방언간 성조형을 대응시켜 보면, 동일한 낱말이 방언에 따라 중화 규칙에 지배를 받기도 하고 첫 성분이 평성형으로 변하기도 하는 차이가 있음이 드러나는데, 아래에서 그것을 확인할 수 있다.

(54) 네 방언에서 모두 첫 성분의 평성형화가 일어나는 예

표준어	울진	영덕	포항	경주
개집	개집47)	개집	개집	개집
논고랑	논·꼴	논꼬랑	논·꼴	논꼬랑
눈두덩	눈띠비·이	눈뜨·불	눈뚜·들	눈두부·리
돈가방	돈가방48)	돈까방	돈까방	돈까방
발가락	발꼬락	발까·락	발까·락	발까·락
발자국	발짜죽49)	발짜죽	발짜죽	발짜죽
손가락	손까락	손까·락	손까·락	손까·락
엿가락	엿가락	엿가·락	엿가·락	엿가·락
옷자락	옷자락	옷자래·기	옷자락	옷자래·기
가시방석	까시방석	까시방석	까시방석	까시방석
돼지비계	데지비게	데지비·게	데지비게	데지비·게

'논고랑'에 대응되는 형태의 성조형이 방언에 따라 다른 이유는, '고랑'에 대응되는 형태의 성조형이 네 방언에서 각기 다르기 때문이다. 울진 방언에서는 '고·올'이고 포항과 경주 방언에서는 ':골'과 '고랑'이 임의변이하며, 영덕 방언에서는 '고랑'이다. '가락'과 '비계'가 결합한 복합어의 성조형이 방언에 따라 다르게 나타나는 것도 이들의 성조형이 방언에 따라 다르기 때문이다. 즉 울진 방언에서 '가락'은 압도적으로 평성형이고 다른 방언에서는 이것이 평거형이며, '비계'는 울진과 포항 방언에서 평성형인 데 비해 영덕과 경주 방언에서 평거형이다.

반면 아래의 예들은 이 지역의 하나 이상의 방언에서 첫 성분의 평성형화가 일어나는 것이다.

(55) 하나 이상의 방언에서 첫 성분 평성형화가 일어나는 예

표준어	울진	영덕	포항	경주
강둑	강뚝	·강·뚝	강뚝	:강·뚝
벌집	벌찝	:버·리·집	:벌·찝	벌찝
큰집50)	·큰·집	큰집	큰집51)	큰집

---

47) ':개·집'과 공존한다.
48) '돈가·방'과 공존한다.
49) '발짜·구'라고도 한다.
50) 큰아버지 댁

가마꾼	가매꾼	:가·마·꾼	:가·마·꾼	가마꾼
개다리	개다리	개다리	:개·다·리	개다리52)
나팔꽃	나·팔·꼳	나·발·꼳	나팔꽃	나발꽃
물지게	물찌·게	물찌·게	물지·게	·무·지·게
밀가루	밀까리	믹까·리	밀까리	밀까리
눈꺼풀	눈꺼풀	눈까·풀	눈꺼풀	눈꺼풀
소도둑	:소·도·둑	소도둑	·소·도·둑	·소·도·독
쌀도둑	·쌀·도·둑	살도둑	살도둑	살도독
안경집	:안·경·집	안경집	안경집	:안·경·집
엿기름	·엿·지·름	엿지·름	엿지·름	엿지·름
입버릇	·입·벌·시	입벌·시	입버·릇	입벌·시
가시나무	까·시·나·무	까시나무	까·시·나·무	까·시·나·무
개미허리	개미허·리	:개·미·허·리	:개·미·허·리	:개·미·허·리
고기반찬	고기반·찬	괴·기·반·찬	괴깃반·찬	괴·기·반·찬
고욤나무	김낭·구	·꼬·양·나·무	꾀양낭·게	꾀양나무
높이뛰기	높·이·뛰·기	높이뛰·기	높이뛰·기	높이뛰·기
누에고치	누에꼬·지	누·에·꼰·치	누·에·꼰·치	니·비·꼰·치
누에나방	누·에#나비·이	누베나·비	누·에·나·방	니·비#나·비
도끼자루	도꿋자루	:도·치·자·리	:도·치·자·리	:도·칫#자리
바늘방석	바늘방석	바·늘·방·석	바늘방식	바늘방식
싸리나무	싸리나무	사·리·나·무	사리나무	사리나무
작은언니	:작·은·언·니	작은언·니	작은언·니	:작·은·아·개
탱자가시	탱·주·까·시	탱주까·시	탱주까·시	탱주까·시
탱자나무	탱·주·나·무	탱주나무	탱주나무	탱자나무
거짓말쟁이	:거·짓·말·재·이	거짓말재·이	거짓말재·이	거짓말재·이
색동저고리	색동저고·리	·색·동#저고·리	·색·동#저고·리	색동저구·리
쇠죽바가지	소·죽·바·가·치	소·죽·바·가·치	소죽바가·치	소죽바가·치
작은오빠	:작·은·오·라·베	:작·은·오·빠	작은·오·빠	:작·은·오·빠

(55)에서 보듯, 울진 방언에서는 매우 특이하게도 거성이 평성 앞에서 상성으로 나타나는 '·소＋도둑 → :소·도·둑과 같은 예가 있다. 또한 '가루'에 대응되는 형태가 이 지역에서 모두 평성형인데 영덕 방언에서 '믹까·리(=밀가루)'가 나타나는가 하면 '·오·빠' 가 거성형임에도 불구하고 포항 방언에서처럼 첫 성분이 평성형으로 변하여 '작은·오·빠'

---

51) '·큰·집'과 공존한다.
52) ':개·다·리'와 공존한다.

가 나타나기도 한다.

그러나 복합동사나 동사의 굴절형에서는 이러한 첫 성분의 평성형화 현상을 찾아보기 어렵다. 예를 들어 '·눈, ·떡, ·물, ·발, ·엿, ·기(=귀), ·이' 등이 복합명사의 첫 성분이 될 때 평성형으로 변하나, 이들이 복합동사의 첫 성분이 될 때는 그러한 현상이 나타나지 않고 중화된다. (56)에 예시된 예들은 복합어로 실현될 때 이 지역에서 모두 동일한 음조를 보이는데 표본으로 예시된 것은 경주 방언이다.

(56) 경주 방언

    ·기+후·비·다→ ·기·후·비·다/L^4/[H^2L^2]

    ·눈+맞·다→ ·눈·맞·다/L^3/[H^2L]

    ·눈+붙·이·다→ ·눈·붙·이·다/L^4/[H^2L^2]

    ·물+맑·다→ ·물·맑·다/L^3/[H^2L]

    ·물+묵·다→ ·물·묵·다/L^3/[H^2L]

    ·발+빠리·다→ ·발·빠·르·다/L^4/[H^2L^2]

    ·엿+묵·다→ ·엿·묵·다/L^3/[H^2L]

    ·이+수·시·다→ ·이·수·시·다/L^4/[H^2L^2]

    ·잠+오·다→ ·잠·오·다/L^3/[H^2L]

    ·잠+설·치·다→ ·잠·설·친·다/L^4/[H^2L^2]

    ·코+후·비·다→ ·코·후·비·다/L^4/[H^2L^2]

여기에서 주목할 것은, 복합어 구성에서 둘째 성분의 첫 음절이 평성이 아닌 경우에도 첫 성분이 평성형으로 변하는 예가 있다는 점이다. 특히 이러한 현상이 중세국어를 포함하여 지금까지 연구된 한국어의 모든 성조 방언에서 공통적으로 관찰된다는 점에서 중요하다.[53] (57)의 예들은 이 지역에서 모두 동일한 음조로 나타나는데 포항 방언을 표본으로 예시한다.

---

53) 김성규(1994)는 문헌 자료에 나타난 중세국어를 대상으로 복합명사에 나타나는 성조 변동 현상을 음운규칙화한 바 있다. 이 때 제시된 규칙은 '복합어 형성 규칙'과 '복합어의 성조 변화 규칙'이다. '복합어의 성조 변화 규칙'은 복합어 구성의 뒤 성분에 나타나는 성조 실현 양상을 해석하기 위한 규칙으로, 규칙의 내용은 '상+상>상○→상거, 상+평거>상○○→상평거, 거+평거거>거○○○→거거평거'와 같다. 이 규칙을 적용 받는 예로 ':눈+·믈→:눖·믈, 목+:숨→목·숨' 등을 들었다. 그리고 '복합어 형성 규칙'은 (51)-(52), (57)의 예들과 같이 임의의 성조 앞에서 복합어 구성의 첫 성분이 평성화하는 예들을 해석하기 위한 것으로, 규칙의 내용은 '상+상→평상, 거+평→평평, 거+상→평상'과 같다. 이 규칙의 적용을 받는 예로 ':뫼+:골→묏:골, ·귀+밑→귀밑, ·입+시·울→입시·울, ·뿔+:벌→뿔:벌' 등을 들었다. 그리고 각 어절이 위와 같이 서로 다른 두 규칙을 적용 받는 것은 어절의 내부구조에 차이가 있기 때문으로 보았다. 즉 어절의 내부구조가 완전한 복합어일 때만 '복합어 형성 규칙'이 적용되고 그렇지 않은 경우에 '복합어의 성조 변화 규칙'이 적용된다는 것이다.

(57) 포항 방언

·꿀+·단·지 → 꿀·딴·지/HL^2/[HL^2]

고·기+·배 → 고깃·배/H^{2}L/[LHL]

:담·배+·대 → 담뱃·대/H^{2}L/[LHL]

:담·배+·통 → 담배·통/H^{2}L/[LHL]

머·리+·띠 → 머리·띠/H^{2}L/[LHL]

뽂·음(=뽂+·음)+·밥 → 뽂음·밥/H^{2}L/[LHL]

비·빔(=비·비+ㅁ)+·밥 → 비빔·빱/H^{2}L/[LHL]

·솔+·잎 → 솔·잎/HL/[HL]

주·름+·살 → 주름·살/H^{2}L/[LHL]

지·우+·개 → 지우·개/H^{2}L/[LHL]

·짚+·신 → 짚신/H^2/[LH]

·칼+·날 → 칼·날/HL/[HL]

·팥+·죽 → 팥·죽/HL/[HL]

·풀+·이 → 풀·이/HL/[HL]

이 외에도 포항 방언의 '눌·운(:눈+·은)+·밥 → 누룬·밥, 앉·은(앉+·은)+·키 → 앉인·키, :외(=참외)+꼭다·리(=꼭지) → 외꼭다·리', 영덕과 포항 방언의 ':전·기+·줄 → 전깃·줄'이 관찰된다.

그러므로 아래 (58)과 같은 복합어의 성조 변동 현상을 분석할 때 '후비·개, 부치·개'의 첫 성분인 동사 '후·비-, 부·치-'가 접미사 '-·개'를 만나 파생어를 형성하는 단계에서 이미 첫 성분이 평성형으로 변했고, 그것이 다시 '·귀, 김·치'와 결합하여 합성어를 이룰 때 다시 한번 첫 성분의 평성형화를 겪어 '귀히비·개, 김치부치·개'를 형성한 것으로 볼 수 있다.

(58) 포항 방언

·귀+후비·개(← 후비+·개 ← 후·비+·개) → 귀히비·개

김·치+부치·개(← 부치+·개 ← 부·치+·개) → 김치부치·개

·이+수시·개(← 수시+·개 ← 수·시+·개) → 이수시·개

4.1.2. 파생동사 어간의 평성형화

거의 모든 피동 접사는 평측형이며 소수의 예를 제외한 대부분의 사동 접사도 평측형이다. 동사 어간이 평측형 피동 접사나 사동 접사와 결합하여 피동사나 사동사를 이룰 때 어간의 평성화가 일어난다. 먼저 사동사의 예를 살펴보자. (59)의 예들은 사동

접사를 형태소별로 발췌하여 표본으로 제시한 것이며 사동사의 전체 목록은 자료편
(306-310쪽)을 참고할 수 있다.

(59) 사동사 어간의 평성형화

표준어	울진	영덕	포항	경주
감기다(閉)	깡기·이·다	깡끼·이·다	깡끼·이·다	깡깨·애·다
굶기다	궁·기·다	궁기·이·다	궁기·이·다	궁개·애·다
깨우다	깨·우·다	깨·우·다	깨·우·다	깨꾸·우·다
남기다	냉궇·다	낭궇·다	낭구·우·다	낭궇·다
놀리다	놀·리·다	놀리·이·다	놀리·이·다	놀리·이·다
달구다(熱)	달궇·다	달구·우·다	달구·우·다	다롷·다
돌리다	돌·리·다	돌·리·다	돌·리·다	돌·리·다
뜯기다	뜯기·이·다	뜯기·이·다	뜯기·이·다	뜯기·이·다
살리다	살·리·다	살·리·다	살·리·다	살·리·다
알리다	알궇·다54)	알리·이·다	알리·이·다	알리·이·다

거성형인 '·들·다(=맛이 들다)'의 사동형은 네 방언에서 모두 '·딜·이·다'로 나타나고, ':벌
다(=틈이 벌다)'의 사동형은 울진 방언에서 '·벌·리·다'로 나타나는 반면 나머지 세 방언
에서 ':벌·리·다'로 나타나 어간의 성조형에 변동이 없다. 그러나 이 지역에서 조사된
100여 개 사동사 중 이 두 예를 제외한 다른 모든 동사는 어간이 평성형으로 변한다.
즉 거성형 '·깜-, ·깨(覺)-, ·뜯' 등이나 상성형 ':굶-, :남-, :놀-, :달(熱)-, :돌-, :살-,
:알-' 등이 사동 접사와 결합할 때 (59)와 같이 평성형으로 나타나는 것이다.

그런데 울진 방언에서는 조사된 사동사의 약 20% 정도에서 '-□·□-'형과 '-·□-'형
이 임의변동함을 볼 수 있다. 예를 들어 '깎이·이-/깎·이-, 넝구(=넘기)-/넝·기-, 닙히·이
(臥)-/눕·히-, 말루·우(乾)-/말·리-, 물리·이(賠)-/물·리-, 보이·이-/보·이-, 빨리·이(授
乳)-/빨·리-'가 매우 생산적으로 임의변동하며 공존한다. 나머지 세 방언에서는 이러한
임의변동 양상을 찾아볼 수 없다. 이 접사들이 평성형 동사 '녹-, 묻(染)-, 물-, 벗-'과
결합할 때 '녹·이-, 묻·히-, 물·리-, 벅·기-'와 같이 나타나고, '깎-, 들(擧)-, 삣(=빗)-,
업-'과 결합할 때 '깎이·이-, 들리·이-, 삑기·이-, 업히·이-'와 같이 나타나므로 이들의
기저 성조형이 각각 거성형과 평측형인 것으로 간주된다.

문제는 동사가 이들 접사와 결합할 때 평측형 접사 앞에서뿐만 아니라 거성형 접사
앞에서도 평성으로 변한다는 사실이다. 이 또한 중세국어를 포함하여 현대국어의 모든

---

54) '알구·우·다'와 공존한다.

성조 방언에서 확인되는 현상이다. 더욱이 평측형을 변이형태로 갖지 않고 고정된 거성형으로 나타나는 '-·우-' 앞에서도 동사 어간이 평성형으로 변한다. 그리고 이러한 양상은 피동 접사와 결합할 때도 마찬가지로 확인된다. 피동사의 전체 목록은 자료편 (302-305쪽)에 자세히 제시되었다.

(60) 피동사 어간의 평성형화

표준어	울진	영덕	포항	경주
까이다	까이·이·다	까이·이·다	까이·이·다	까이·이·다
깔리다	깔리·이·다	깔리·이·다	깔리·이·다	깔리·이·다
꿰이다	꿰·이·다	꿰이·이·다	꿰이·이·다	꿰캐·애·다
널리다	열리·이·다	널리·이·다	널리·이·다	널리·이·다
담기다	당깋·다	당기·이·다	당기·이·다	당기·이·다
떼이다	띠잏·다	띠이·이·다	띠이·이·다	띠캐·애·다
뜨이다	띠·이·다	띠·이·다	띠·이·다	띠·이·다
뽑히다	뽑히·이·다	뽑히·이·다	뽑히·이·다	뽑해·애·다

피동사의 어휘 목록에는 거성형이 나타나지 않고 거성형인 피동 접사는 '-·이-'에 국한되는데, 상성형 동사 ':꿰-'와 거성형 동사 '·뜨-'가 이 접사와 결합할 때 위와 같이 평성형으로 변한다. 그리고 사동사 '깨·우-, 띄·우-, 찌·우-'나 피동사 '꿰·이-, 띠·이-'와 같이 접사가 자음 /ㅇ/으로 시작되는 경우뿐만 아니라 '궁·기(=굶기)-, 넝·기(=넘기)-, 숭·기(=숨기)-, 놀·리-, 돌·리-, 살·리-' 등에서처럼 접사가 /ㄱ/과 /ㄹ/로 시작되는 경우에도 동사 어간의 평성형화가 일어난다.

4.1.3. 동사구의 순행 평성 동화

김차균(2002, 2003)에 의하면 경남(창원, 고성, 밀양) 방언에서는 인접한 명사와 서술어 혹은 인접한 부사와 서술어의 관계가 성조론적으로 매우 긴밀해져 하나의 성조 단위를 이룰 때, 두 성조 단위가 하나의 어절로 단일화되면 매우 활발한 순행 평성 동화가 일어난다. 아래의 자료는 김차균(2002ㄴ : 48-77)에서 발췌한 것이다.

(61) 밀양 방언의 수의적 순행 평성 동화
　　밀까리+·찾·는·다→ 밀까리찾는·다
　　밀까리+·찾·더·라·꼬→ 밀까리찾더라·꼬
　　다리+·빠·진·다→ 다리빠진·다
　　팔+·빠·진·다→ 팔빠진·다

안동＋·갑·니·더 → 안동갑니·더
안동＋·가·는·구·나 → 안동가는구·나
안동＋·갈·랑·강(＝가려는가) → 안동갈랑·강
보리＋·얼·습·디·꺼 → 보리얼습디·꺼
보리＋·얼·었·다 → 보리얼었·다
먼지(＝먼저)＋·간·다 → 먼지간·다
먼지(＝먼저)＋·갈·라·꼬→ 먼지갈라·꼬
앞서＋:나·가·니·라 → 앞서나가니·라

김차균(2002ㄴ)에 따르면 위의 성조 변동 과정은 '밀까리＋·찾·았·다－(순행 평성 동화 규칙) → 밀까리찾았다－(끝음절 거성화 규칙) → 밀까리찾았·다'와 같은데, 창원과 고성 방언에서 이 규칙이 필수적이고 밀양과 성주 방언에서는 수의적이며, 명사에서는 소수의 예에서 산발적으로 나타난다.

그리고 위와 같은 순행 동화와 구별하여 김차균(2003ㄱ : 71)은 고성 방언을 대상으로 '내적 순행 평성 동화'를 지적한 바 있다. 그 예로 '까마·구＋·다→ 까마구·다, 까마·구＋·라·도→ 까마구라·도, 당나·구＋·도→ 당나구·도, 전주＋·에·서→ 전주에·서, 가정＋·교·사→ 가정교·사' 등이 제시되었다. 즉 '밀까리찾는·다'와 '까마구·다'의 음운 과정은 다음과 같이 구별된다. 전자는 평성형 '밀까리'가 측성형 '·찾·는·다'와 결합하여 하나의 운율 단위를 이룰 때 뒤 성분이 앞 성분의 성조형에 동화되어 '밀까리찾는다'가 된 후 끝음절이 거성화되면서 그것의 표면 성조형이 '밀까리찾는·다'로 실현된 것이고, 후자는 평측형 '까마·구'가 측성형 '-·다'와 결합하여 '까마·구·다'를 이룬 뒤 다시 '까마구다'가 되어 끝 음절 거성화 후 '까마구·다'가 된 것이라는 것이다. 이를 통해 고성 방언에 '둘 이상의 평성 연쇄를 뒤따르는 거성은 평성화한다'는 내적 순행 평성 동화 규칙(수의적)을 설정하였다. 이를 '내적'이라고 한 것은 성조 변동이 일어나는 환경이 '존재하는 평측형 내부' 또는 '도출된 평측형 내부'이기 때문이다.

그런데 경북 방언에서는 부사 '안'과 '잘'이 서술어와 결합하여 한 어절을 이루는 경우에 국한하여 위와 같은 체계적인 순행 평성 동화를 관찰할 수 있다. 이에 대해 이문규(2001, 2002)는 대구 방언을 포함한 경북의 남부 방언들이 이 환경에서 평성형화를 겪는다고 밝힌 바 있는데, 이 지역에서는 경주 방언이 이 환경에서 체계적인 평성형화를 보인다. 그러나 영덕 방언은 1음절 평성형 동사의 경우에 한해서 수의적인 순행 평성 동화가 소수 관찰되는 정도이고 울진과 포항 방언은 보편적인 중화 규칙을 따른다. 특히 울진 방언에서는 '안'에 대응되는 형태로 '안'과 ':안'이 공존하는데 후자의 세력이 압도적으로 크다. 그러므로 부사 '안'이 결합하는 경우에 평성 동화가 일어나는 일은 거의 없다. 영덕 방언에 나타나는 순행 평성 동화의 예는 다음과 같다.

(62) 영덕 방언

안+·가·는·구·나→ 안가는·구·나

안+·가·더·라→ 안가더·라

안+·깜·으·께·에 → 안깜으께·에

안+·나#·가·는·구·나 → 안나가는·구·나

안+·나·는·구·나 → 안나는·구·나

안+·나·더·라→ 안나더·라

안+ :낧·다(=나겠다) → 안낧·다

안+ :내·께·에 → 안내께·에

안+·누·는·구·나 → 안누는·구·나

안+·보·는·구·나 → 안보는·구·나

안+·오·는·구·나 → 안오는·구·나

안+·오·더·라 → 아오더·라

안+ :옳·다(=오겠다) → 안옳·다

안+·스·니·더(=씁니다) → 안스니·더

안+신·읋·다(=신겠다) → 안신읋·다

안+·자·는·구·나 → 안자는·구·나

안+·자·더·라 → 안자더·라

안+·주·는·구·나 → 안주는·구·나

잘+·조·바·야(=줘봐야) → 잘조바·야

(62)를 보면 경남 방언에서뿐만 아니라 경북 방언에서도 순행 평성 동화가 일어날 때 끝 음절이 거성화하는 규칙이 적용된다고 해야 할 것이다. 그러나 '–구·나'가 결합된 경우에 끝 두 음절이 모두 저조로 나타나는 점이 특징적이다.

반면 경주 방언에서는 부사 '안'과 결합하는 서술어가 매우 체계적으로 평성 동화를 겪으며 이 때도 끝 음절은 규칙적으로 거성화되어 나타난다. 그런데 '안'이 결합된 일부 굴절 패러다임에서 매우 생산적으로 아래와 같은 특징적인 음소가 실현된다.

(63) 경주 방언

·가 :봤·는·줄 알·았·디·만·은 안가보더라[LHHHL](← 안+·가#·보·더·라[LHHL]).

:니 안나오나[LHHH](← 안+·나#·오·나[LHH])?

다른사·람·은 안다던데[LHHH](← 안+·다·던·데)

마·늘 안까더라[LHHH](← 안+·까·더·라)

마·늘·좀 안까고[LHH](← 안+·까·고) 머하노?

아·이(=아직) 안달었나[LHHH](← 안+·달·었·나)?

아·이 안찾더라[LHHH](← 안+·찾·더·라).
안가더라[LHHH](← 안+·가·더·라)
안가도[LHH](← 안+·가·도) 데·나?
안까도[LHH](← 안+·까·도) 데·나?
안나오시머[LHHHL](← 안+·나#·오·시·머[LHHL]) ·우·야·닝·교?
안달고[LHH](← 안+·달·고) 머하·노?
안뜳고[LHH](← 안+:뜳·고) 머하노?
안사도(買)[LHH](← 안+·사·도) 데·나?
안사고(包)[LHH](← 안+·사·고) 머하노?
안짛더라[LHHH](← 안+:짛·더·라)
온아직·에·는 안나가더라[LHHHH](← 안+·나#·가·더·라[LHHL]).
:인·지 안사시머[LHHH](← 안+·사·시·머) :언·제 살·라·꼬·요?
:자·는 안달겠다[LHHH](← 안+·달·겠·다)

(63)에서와 같은 [LH^n] 음조는 경주 방언의 동사 '모르-'의 굴절형에도 체계적으로 나타난다. 동사 '모르-'는 중세국어를 포함하여 오늘날 대부분의 성조 방언에서 둘 이상의 성조형을 가진 것으로 확인되는데 경주 방언에서는 '모·리·나, 모·린·다, :몰·래·도'와 같은 굴절형이 나타나지만 그것의 기저형은 '모리-'로 간주된다. 그런데 동사 '모리-'가 굴절할 때 대부분 다음과 같은 음조형을 실현한다.

(64) 경주 방언
  :니·가 모리거들라[LHHHH](← 모리+거·들·라) 자꾸 물·어·라.
  모리게[LHH](← 모리+·게) 물·어·라.
  모맀긴데[LHHH](← 모리+았긴·데)
  아·이(＝아직) 모리더라[LHHH](← 모리+더·라).
  :자·는 모리네[LHH](← 모리+·네).

이것은 의문형 어미 '-·나(＝냐)'가 나타난 서술어가 유독 부정 부사 '안'과 결합할 때, 경북 방언에 매우 활발히 나타나는 음조형 [L₁H]과는 전혀 다른 음조적 특질을 갖고 있다. 의문형에 나타나는 [L₁H] 음조는 음운론적으로 기술되는 음조 실현이 아닌 화용론적 억양으로 처리하는 것이 일반적인 견해이다.

그런데 (63)과 (64)에 나타난 [LH^n] 음조는, 강릉 방언과 경남 방언의 평성형에 나타나는 음조형 [LH₁]과 매우 흡사하다. 차이가 있다면 강릉과 경남 방언에서 '평성 연쇄의 끝 음절은 저조화된다'는 음조 조정 과정이 있어 마지막 음절이 저조로 실현된다는 것이다. 경주 방언에서도 '앤가보더라[LHHHL], 앤나오시머[LHHHL]'와 '매

(耕)-'의 굴절형 '앤매시머[LHHL], 앤매끼이[LHHL], 앤매겠다[LHHL]' 등과 같이 끝 음절이 저조로 실현되는 예가 있지만, 그것이 강릉 방언이나 경남 방언에서처럼 체계 적으로 나타나는 현상은 아니기 때문이다. 그리고 지금까지의 성조 연구에서 경주 방 언에 [LHⁿ] 음조형이 보고된 바는 없기 때문에, (63)-(64)의 예들을 성조론적으로 어떻게 해석할 것인가 하는 것은 좀더 고민해야 할 부분이다.

단음절 부사가 아닌 '먼저, ·같·이, 다·시' 등은 서술어와 결합할 때 근본적으로 개방 연접을 유지한다. 예를 들어 평성형 부사 '먼저' 뒤에 평성형 동사 '먹-'이 잇따른다고 하더라도 이들이 결합하여 한 어절을 이루는 경우는 극히 드물고, 개방연접을 갖는 운 율구로 실현되는 것이 지배적인 현상이다. 예를 들어 '먼저＋묵·자(＝먹자)'가 하나의 성 조 단위로 결합하면 '먼저묵·자[LLHL]'가 되어 '자드레·이[LLHL](＝겨드랑)' 등과 동일 한 음조형을 나타내지만, 두 단위 사이에 개방연접이 유지되면 '먼저#묵·자[lh#HL]'가 된다. 이 때 'lh'는 'LH'가 현저히 약화된 것을 가시화하기 위해 사용된 표기이다. 약 화되었다는 말은 '저고'의 높낮이 음폭이 정상적인 평성형으로 실현된 '나무[LH]'의 음 폭에 비해 현저히 좁은 영역에서 실현되었다는 것을 뜻한다. 즉 '먼저#묵·자'에서 정보 초점이 개방연접 이후에 나타난 '묵·자'에 놓였기 때문에 앞 성분인 '먼저'의 음폭이 상 대적으로 현저히 낮아진 것이다. 그러므로 '먼저#묵·자[lh#HL]'는 경남 방언에 나타나 는 평성형 '자드레·이[LHHL]'와도 구별된다.

4.1.4. 어간의 형태음운론적 평성형화

명사와 동사가 개별 어휘형태소에 따라 특정 조사와 어미 앞에서 체계적으로 평성형 화하는 것이 있다. 음운론적으로 이유 없는 명사의 평성형화가 일어나는 영역은 단음 절 거성형 명사가 조사 '-에X'와 결합하는 줄굴절이다. 먼저 이 지역에서 공통적으로 형태음운론적 평성형화를 겪는 거성형 명사를 일부 제시하면 다음과 같다.

(65) 거성 명사의 평성형화

·겁＋·에 → 겁·에

·논＋·에 → 논·에

·눈＋·에 → 눈·에

·몸＋·에 → 몸·에

·밥＋·에 → 밥·에

·손＋·에 → 손·에

·옷＋·에 → 옷·에

·절＋·에 → 절·에

·책＋·에 → 책·에

이러한 현상은 모든 성조 방언에서 체계적으로 정연하게 일어난다는 점에서 중요한데, 이 지역에서는 전체 110여 개 1음절 거성형 명사 중에서 방언에 따라 9개~36개 정도를 제외한 나머지 모든 거성형 명사가 평성형으로 변한다. 이러한 현상이 가장 큰 세력으로 나타나는 것은 영덕 방언으로 9개 정도의 예외를 제외하고 일괄적인 평성형화가 일어난다. 반면 울진 방언에서는 20여 개, 포항과 경주 방언에서는 30여 개가 예외적인 어휘로 남는다. 각 방언에 따른 개별 어휘형태소의 구체적인 변동 자료는 자료편(328-331쪽)을 참고할 수 있다.

중세국어 문헌에서는 '칼, 코, 귀, 길, 낮, 눈, 땅, 절, 몸, 못' 등이 이 환경에서 모두 평성형으로 나타나고 '꿈, 글, 물, 배, 해, 혀' 등은 거성형을 유지한다. 중세국어 시기에 평성형화를 겪던 어휘는 오늘날 이 지역에서도 모두 평성형화한다. 그런데 동일한 환경에서 이 변동을 겪지 않는 어휘들 중 '물'은 이 지역에서도 여전히 거성형을 유지하지만 '글'은 포항과 경주 방언에서만 거성형을 유지하고, 나머지 어휘들 '꿈, 배, 혀' 등은 모두 평성형화한다. 그러므로 거성형 명사의 형태음운론적 평성형화는 점차 그 세력을 확대시키고 있다고 봐야 할 것이다.

그런가하면 1음절 상성형 동사들은 어미 '-어/아X, -으X' 앞에서 체계적인 평성형화를 겪는다. 이 지역에서 조사된 90여 개의 상성형 동사 중 ':곱-, :굵-, :많-, :섧-, :숩-, :얼-, :없-, :작-, :적-, :좋-'을 제외한 모든 폐음절 어휘는 어미 '-어/아X, -으X' 앞에서 평성형으로 변한다. 포항 방언의 ':담-'을 예로 들어 그것의 굴절 양상을 살펴보자. 포항 방언에서 부사형 어미의 기저형은 {-아}이다.[55]

(66) 폐음절 상성형 동사의 평성형화

　:담+·아#가·아(=아서) → 담·아#가·아

　:담+·아·도 → 담·아·도

　:담+·아·야 → 담·아·야

　:담+·아·라 → 담·아·라

　:담+·았·다 → 담·았·다

　:담+·으·라 → 담·으·라

　:담+·으·러 → 담·으·러

　:담+·으·머(=으면) → 담·으·머

---

55) 문법형태소들의 기저형을 규정하고 그것의 기저 성조형을 재구하는 문제에 대해서는 여러 견해가 있다. 특히 이들의 기저 성조형을 정확히 규정하기 위해서는 아직 더 많은 연구가 필요한 것으로 보인다. 그럼에도 불구하고 글쓴이는 적어도 이 연구에서 어미 '-아/어야, -아/어라, -아/어도, -아/어서' 등의 기저형을 {-아/어X}로, '-으면, -으니, -으소, -으라, -으러' 등의 기저형을 {-으X}로 설정하기로 한다. 문법형태소의 기저형과 기저 성조형을 규정하는 문제에 대해서는 4.5.에서 자세히 다루게 될 것이다.

:담+·으·소→ 담·으·소

:담+·으·이(=으니) → 담·으·이

그러나 1음절 상성형 동사가 개음절일 때 어미 '-어/아X' 앞에서 평성형으로 변하지만 '-으X' 앞에서는 어간의 성조 변동이 일어나지 않는다. 조사된 90여 개의 상성형 동사 중에 개음절 어휘는 ':끼/:뀌-(=꿰-), :끼/:뀌-(=뀌-), :내-, :디/:데-(=되-), :때-, :미(=메)-, :비(枕)-, :비-, :새(曙)-, :시(=세)-, :쉬-, :지(=쥐)-' 등 12개뿐인데, 이들은 '-으X' 앞에서 모두 상성형을 유지하기 때문이다.

이러한 평성형화는 접미사 '-·이' 앞에서도 나타난다. 그러므로 아래에 예시된 복합어들의 내부 구조는 다음과 같이 분석될 수 있다.

(67) 울진 방언

·기(=귀)+걸·이(← :걸+·이) → 기걸·이

·때+밀·이(← :밀+·이) → ·때·밀·이

문지+털·이(← :떨+·이) → 문지털·이

:세·방+살·이(← :살+이) → 셋방살·이

·재+떨·이(← :떨+·이) → 재떨·이

젊·은(← :젊+은)+·이 → 젊·은·이

4.2. 거성형화

1음절 상성형 동사가 어미 '-어/아X, -으X' 앞에서 평성형으로 변하는 체계적이고 규칙적인 성조 변동을 보이는 것은, 중세국어를 포함한 모든 성조 방언에서 공통적으로 확인되는 현상이다. 그런데 받침 없는 1음절 평성형 동사는 굴절할 때 매우 불규칙적이고 복잡한 성조 변동 양상을 보이며, 이는 방언에 따라 심한 차이를 드러낸다.

어미 '-거X, -·네, -·나, -니X, -는X, -다·가, -더X, -든X' 등이 개음절 평성형 동사와 결합한 굴절형은 거성형으로 나타나는데, 이 현상은 개별 동사 어휘와 개별 방언에 따라 다소 차이가 있다. 즉 이 어미들과 결합할 때 모두 거성형으로 나타나는 동사가 있는가 하면 이 중 일부 어미들과 결합할 때만 거성형으로 나타나는 동사가 있는데, 그 변동 양상도 방언에 따라 다르게 나타나는 것이다. 특히 울진 방언에서는 위에 제시된 어미들 외에 '-드·로(=도록)'가 추가된다. 포항 방언을 예로 들어 개음절 평성형 동사의 간략 굴절 패러다임을 살펴보자.

(68) 평성형 동사의 거성형화

어미	가-	오-	하-	이-	서-
-거·든	·가·거·든	·오·거·든	·하·거·든	이거·든	서거·든
-·네	·가·네	·오·네	·하·네	이·네	서·네
-·나	·가·나	·오·나	·하·나	이·나	서·나
-닝·교	·가·닝·교	·오·닝·교	·하·닝·교	이닝·교	서닝·교
-는·데	·가·는·데	·오·는·데	·하·는·데	이는·데	서는·데
-ㄴ·다	·간·다	·온·다	·한·다	인·다	선·다
-다·가	·가·다·가	·오·다·가	·하·다·가	이다·가	서다·가
-더·라	·가·더·라	·오·더·라	·하·더·라	이더·라	서더·라
-든·동	·가·든·동	·오·든·동	·하·든·동	이든·동	서든·동
-디·이	·가·디·이	·오·디·이	·하·디·이	이디·이	서디·이

(68)에서 보듯, 동일한 환경에서 '가, 오-, 하-'가 거성형으로 나타나는 반면 '이-, 서-'는 평성형을 유지한다. 이 외에 '자, 나, 누, 두, 주, 보-'가 전자에 속하고 '사, 매(束)-, 깨(破)-'가 후자에 속한다. 그리고 이 지역의 영덕과 포항, 경주 방언은 이 환경에서 거성형으로 변하는 동사 목록이 일치하는데, 다만 울진 방언에서는 다른 방언과 달리 '이-'가 전자에 속하는 차이가 있다. 그런데 울진 방언에서 '이-'는 전자에 속하면서도 유독 어미 '-드·로(=도록)'와 결합할 때만 평성형을 유지하며, 후자에 속하는 '서-'는 유독 어미 '-·니·껴(=ㅂ니까)'와 결합할 때만 거성형으로 나타난다.

4.3. 굴절의 음운 변동과 성조 변동

자음 어미와 달리 어미 '-·아/·어X, -·으X'는 개음절 동사와 결합할 때 분절음 층위에서 음운 변동이 일어나기 때문에, 개별 어휘와 개별 방언에 따라 매우 복잡하고 다양한 성조 변동 양상을 보인다. 포항 방언을 예로 들어 평성형 동사의 굴절 패러다임을 간략히 살펴보자.

(69) 평성형 동사의 성조 변동

어미	가-	오-	하-	이-	서-
-·아도	·가·도	·와·도	:해·도	·여·도	:서·도
-·아야	·가·야	·와·야	:해·야	·여·야	:서·야
-·아·라	:가·라	·와·라[56]	:해·라	·여·라	:서·라

‑·았·다	·잤·다	·왔·다	:했·다	·였·다	:썼·다
‑·으·라	가·라	오·라	하·라	이·라	서·라
‑·으·머	가·머	오·머	하·머	이·머	서·머
‑·으·소	·가·소	·오·소	·하·소	이·소	서·소
‑·으·시·머	·가·시·머	·오·시·머	·하·시·머	이·시·머	서·시·머
‑·읋·다	:갏·다	:옳·다	:핳·다	잃·다	섫·다

어미와 결합할 때 동일한 성조 변동 양상을 보이는 동사를 한 데 묶어 몇 가지 부류로 나눌 수 있다. 즉 제1류에 속하는 것이 '가, 자‑'이고 제2류에 속하는 것은 '나, 오‑, 누‑, 두‑, 주‑', 제3류에 속하는 것은 '하, 보‑', 제4류에 속하는 것은 '사, 이‑, 지‑'이며 제5류에 속하는 것은 '서‑'이다. 이 외에 'X ㅐ‑'나 'X ㅣ‑'형 구조를 갖는 개음절 평성형 동사들은 굴절할 때 성조 변동을 일으키지 않으므로 논외로 한다.

각 부류에 속하는 동사들은 다음과 같은 성조 변동 양상을 보인다. 제1류는 '‑·으·라, ‑·으·머(=으면), ‑·으·이(=으니)' 앞에서만 어간의 평성이 유지되고, 직접명령형 어미 '‑·아/·어·라'와 '‑·읋X(=겠X)'와 결합할 때 형태소 경계에서 '평성+거성→상성' 축약이 일어나 굴절형이 상성형으로 실현되며 나머지 모든 굴절형은 거성형이다. 제2류는 '‑·으·라, ‑·으·머(=으면), ‑·으·이(=으니)' 앞에서만 어간의 평성이 유지되고, '‑·읋X'와 결합할 때 상성형으로 실현되며 나머지 모든 굴절형은 거성형이다. 제3류는 '‑·으·라, ‑·으·머(=으면), ‑·으·이(=으니)' 앞에서만 어간의 평성이 유지되고, '‑·어/·아X'와 '‑·읋X'가 결합할 때 상성형으로 나타나고 나머지 모든 굴절형은 거성형이다. 제4류는 '‑·으·시X, ‑·어/·아X'와 결합할 때만 거성형으로 변하고 나머지 모든 굴절형에서 어간의 평성형을 유지한다. 다만 '이‑'는 '‑·으·시X' 앞에서도 평성을 유지한다. 제5류는 '‑·어/·아X'와 결합할 때만 상성형으로 나타나고 나머지 모든 굴절형에서 어간의 평성형이 유지된다.

영덕과 포항 방언은 각 부류에 속하는 동사 목록들이 완전히 일치한다. 한 가지 차이점은 영덕 방언의 동사 '서‑, 이‑, 지‑'가 어미 '‑·으·시X'가 결합할 때 상성형이 임의 변이형으로 나타난다는 점이다. 또한 영덕 방언의 두 제보자 중 김준달 님에게서 '·이·시·닝·교, ·이·시·니·이·더, ·지·시·닝·교, ·지·시·이·소'와 같이 거성형으로 나타나는 현상이 관찰된다.

반면 경주 방언에서는 '누‑, 두‑, 주‑'가 제3류에 묶이고 울진 방언은 다른 세 방언과 사뭇 다른 양상을 보인다. 즉 제1류에 속하는 것이 '가‑', 제2류에 '나, 사, 오‑, 보‑, 누‑, 두‑, 주‑, 이‑, 지‑', 제3류에 '하‑', 제4류에 속하는 동사는 없고 제5류에

---

56) 직접명령형 어미는 '오느·라'의 세력이 압도적이고 '·와·라'는 젊은 세대에게서만 나타난다.

'서-'가 속한다. 그뿐만 아니라 '이-'는 제2류에 속하면서도 어미 '-으X'와 결합할 때 매우 불규칙한 성조 변동 양상을 보이고, '서-'는 제5류에 속하면서도 '-어/아X, -으X'와 결합할 때 예측할 수 없는 매우 불규칙한 성조 변동을 보인다. 특히 '서-'는 지금까지 조사된 모든 성조 방언에서 매우 불규칙하고 복잡한 성조 변동 양상을 보이는 예이다. 이처럼 동사 굴절 패러다임에 나타나는 성조형을 살펴보면, 울진 방언에서 성조 변동 양상이 가장 단일화되어 있다고 봐야 할 것이다. 대부분의 동사가 제2류에 속하고 단지 몇몇 굴절형에서 성조형에 차이가 나타나기 때문이다.

분절음 층위에서 동일한 음운 연쇄를 가지면서 기저 성조형이 동일한데도 불구하고 (69)에 나타난 성조 변동 양상은 매우 불규칙적이다. '이-, 서-'가 평측형 '-는·데' 등이 뒤따를 때 중화 규칙을 따르지만 '가, 오-, 하-'는 이유 없이 거성형으로 변한다. 그리고 '오-, 이-'는 '-·어/·아'와 만나 음절 축약을 일으키면서 성조가 '평성＋거성 → 거성'으로 변동하는 데 비해 '하-'는 동일하게 음절 축약을 겪지만 '평성＋거성 → 상성' 과 같은 성조 변동을 보인다. 또한 '가'는 '-·아'를 만나 '평성＋거성 → 거성' 과정을 겪지만 '서-'는 '-·어'를 만나 '평성＋거성 → 상성' 과정을 겪는다. 이와 같이 음운론적으로 예측할 수 없는 산발적인 성조 변동 양상은, 중세국어를 포함하여 현대국어의 모든 성조 방언에 나타난다.

한편 개음절 거성형 동사 중 'Xㅐ-, Xㅣ-'형은 어미 '-·어/·아X'와 결합할 때 형태소 경계에서 두 거성이 상성으로 축약된다. 이 지역의 모든 방언에서 '·깨(覺)-, ·매(耕)-, ·빼-, ·새(漏)-, ·째(=찢)-, ·캐-, ·패-'와 '·기-, ·띠(=떼)-, ·비(斬)-, ·피-'가 이런 성조 변동을 보인다. 다만 울진 방언에서는 '·깨(覺)-'와 '·비(斬)-'가 예외적으로 '·깨·도, ·깨·야, ·깨·라', '·비·도, ·비·야, :비·라'와 같이 나타난다. 또 경주 방언에서는 '·수(=쑤)-'의 굴절형에서도 거성 축약이 나타난다. 포항 방언을 예로 들어 거성형 동사의 굴절 양상을 비교해 보면 다음과 같다.

(70) 거성형 동사의 성조 변동

어미	·까-	·추-	·깨(覺)-	·띠(=떼)-	·피-
-·아·도	·까·도	·초·도	:깨·도	:띠·도	:피·도
-·아·야	·까·야	·초·야	:깨·야	:띠·야	:피·야
-·아·라	·까·라	·초·라	:깨·라	:띠·라	:피·라
-·았·다	·깠·다	·촜·다	:깼·다	:띴·다	:핐·다

그러나 어미 '-·으X'와 결합할 때는 모든 개음절 거성형 동사가 모두 '·까-＋-·으·라 →·까·라'와 동일한 굴절 양상을 보인다.

4.4. 인칭대명사의 성조 변동

중세국어 이래로 인칭대명사 '내(=나)'와 '니(=너)'는 조사와 결합할 때 매우 불규칙적인 성조 변동 양상을 보인다. 2인칭 대명사 '니'는 주격 조사 '-가'와 결합할 때 상성으로 실현될 뿐 어간의 평성을 유지한다. 그러나 1인칭 대명사 '내'는 방언에 따라 이보다 훨씬 복잡한 양상을 보인다.

(71) 1인칭 대명사 준굴절의 방언간 성조형 대응

울진	영덕	포항	경주
내·거·치	내가·치	내그·치	내그·치
내·캉	내·캉	내·캉	내·캉
내끄·지	내끄·지	내끄·지	내까·지/:날·까·지
나·도	나·도/:난·도	내·도	나·도/:난·도
내·마	내·만/나·만	내·마	내·마
내마·치	내만·큼	내만·치	내만·침/:날·만·침
내배·끼	내배·께	내밖·으	내밖·으
내보다·아	내카·마	내카·마	내카·마/내보다·가
내부·터	내버·텅	내버·터	내버·턴
내·뿐	내·뿐	내·뿐	내·뿐
나·는	내·는	내·는	나·는
:나·르	:날	:날·로/:날	:날
내	내	내	내
·내·가	·내·가	·내·가	·내·가
내·고	·내·고	·내·고	·내·고
내·나	·내·나	·내·나	·내·나
·내·라·도	·내·라·도	·내·라·도	·내·라·도
·내·야	·내·야	·내·야/·내·사	·내·야/·내·사
내문지·로	내문지·로	내문제·로	내맨트·로
내인·데	내자·테	내인·테	내자·테/나자·테

'내'는 평성형으로 조사와 결합할 때 중화 규칙의 지배를 받는다. 그러나 주격 조사 '-가'와 결합할 때나 서술격 조사 '-이·Y'와 결합할 때 '내+-·가→·내·가', '내+-·이·고→·내·고'와 같이 거성형으로 변하며, 목적격 조사 '-을'과 결합할 때 '나+-을→:날'과 같이 상성형으로 변한다. 그러나 울진 방언에서는 서술격 조사와 결합할 때 어간의 평성을 유지하는 형과 거성으로 변동하는 형이 공존하여 '내·고, 내·나, ·내·라·도, ·내·야와

같이 나타나며, 나머지 다른 방언에서 조사 '-같·이'가 평측형인 데 비해 울진 방언에서는 거성형 '-·같·이'인 점도 특징적이다.

4.5. 문법형태소의 성조

문법형태소의 성조형은 음조 규칙과 성조 규칙에 의해 귀납적으로 재구된다. 먼저 어절의 음조형을 확인한 뒤 음조규칙을 통해 그것의 성조형을 재구하고, 이들을 구성하는 직접 성분을 분석하여 실질 형태소의 성조형을 분리하면 문법형태소의 기저 성조형이 도출되는 것이다. 예를 들어 굴절형 '잡는다'에 결합된 어미 '-는다'의 성조는 다음과 같은 과정을 거쳐 도출된다.

(72) 문법형태소의 성조형 재구
  ㄱ. '잡는다'의 음조형은 [LHL]이다.
  ㄴ. 음조규칙($H_2L^n[L_1HL^n$)을 통해 이 굴절형의 성조형을 재구하면 /HHL/이다.
  ㄷ. 이 굴절형을 성분 분석하면 '잡/H/+는다/HL/이다.
  ㄹ. 대치틀을 이용하여 동사의 '잡-'의 기저 성조가 /H/임을 확인한다.
  ㅁ. 따라서 어미 '-는다'의 기저 성조는 /HL/이다.

그런데 문법형태소의 성조를 정확하게 재구하려면 임의의 굴절형의 음조가 [L^nHL_0] ($n \geq 0$)이고 어미를 제외한 부분이 [H] 또는 [L_1H]일 때만 가능하다. 이 경우에만 어미의 첫 음절의 위치에서 평성과 측성의 대립이 가능하기 때문이다. 그러므로 문법형태소의 성조를 올바르게 도출하기 위해 대치틀로 사용될 동사나 형용사의 성조는 평성형이어야 함에 주의해야 한다.

문법형태소의 성조에 관한 연구는, 각 동사가 굴절할 때 어떤 어미 앞에서 어떻게 성조 변동을 일으키는가 하는 문제를 중심으로 논의가 있어 왔지만, 개별 어미 형태들의 기저 성조형을 규정하여 그 자체를 비교 연구의 대상으로 삼은 연구는 찾아보기 어렵다. 문법형태소가 주목을 받지 못한 것은 그것이 의존 형태소여서 반드시 서술어가 발화된 경우에만 모습을 드러내는 것이고, 음조 규칙을 통해 역추적법으로 문법형태소의 기저 성조형을 정확히 재구하는 것에 한계가 있기 때문일 것이다. 또한 중국어와 달리 다음절어인 한국어는, 어절의 길이가 길어지면서 음절의 수가 많아질수록 어말의 성조적 기능이 떨어진다고 간주되어 어말에 위치하는 문법형태소의 성조적 기능을 소홀히 여겨 온 탓도 있을 것이다.

그러나 한국어 성조 방언에서 문법형태소인 어미는 매우 적극적인 성조론적 기능을 한다. 어미는 고정된 거성형을 갖는 것이 있는가 하면 거성형과 평측형이 임의변동하며 공존하는 것이 있는데, 그 양상이 개별 방언에 따라 매우 다르게 나타난다. 그리고 어떤 어미 형태들은 선행하는 동사의 성조형을 변동시키는데 해당 동사의 음운론적 환경에 따라 변동 양상이 다르며 개별 방언에 따라 변동하는 동사 어휘도 같지 않다. 그러므로 어미의 기저 성조형을 정확히 재구하고 그것의 성조론적 기능을 기술하는 데 좀더 주목해야 할 필요가 있다.

4.5.1. 조사의 성조

한국어에 실현되는 조사 형태는 40여 개이며 단음절 조사 형태는 모두 거성형이고 2음절 이상의 조사 형태는 모두 평측형이다. 지금까지 조사된 바에 의하면 한국어의 모든 성조 방언에서 조사 형태들의 성조형이 일치한다. 그리고 조사 형태는 어떤 음운론적 환경에서도 고정된 성조형과 음조형을 갖는다. 이 지역을 비롯하여 평성이 고조로 실현되는 거의 모든 방언에서 2음절 조사의 성조형은 대개 /HL/로, 3음절 조사의 성조형은 대개 /H²L/로 재구된다. 그리고 이 지역에서는 동일한 의미와 기능을 갖는 조사가 둘 이상의 수의적인 이형태를 갖는 경우가 있지만, 동일한 형태가 둘 이상의 기저 성조형을 갖는 경우는 없다. 조사의 형태소 목록과 성조형은 자료편(315-316쪽)에 자세히 제시되었다.

4.5.2. 어미의 성조

한편 한국어에 실현되는 어미 형태는 70여 개이며 어미의 성조형은 대개 거성형이거나 평측형이다. 그런데 조사와 달리 음절 수로 그것의 성조형을 예측할 수 없다. 어미 형태소 목록과 그것의 성조형에 관한 자세한 내용은 자료편(317-321쪽)에 제시되었다.

어미의 기저 성조형을 재구하는 문제와 관련하여 논란이 되는 것은 '-어/아'와 '-으X' 형태이다. 이 중 부사형 어미의 기저형이 거성형 {-·아/·어}로 규정되어야 할 근거는 음운론적으로도 분명하다. 포항 방언을 대상으로 동사의 굴절 패러다임을 간략히 살펴보자.

(73) '-어/아'가 나타난 굴절 패러다임

잡-	가-	오-	이(載)-	매(束)-	·매(耕)-	·시(書)-	:내-
잡·아도	·가도	·와도	·여도	매·애·도	:매·도	·서·도	내·애·도
잡·아·라	:가·라	·와·라	·여·라	매·애·라	:매·라	·서·라	내·애·라

잡·아·야	·가·야	·와·야	·여·야	매·애·야	:매·야	·서·야	내·애·야
잡·았·다	·갔·다	·왔·다	·였·다	매·앴·다	:맸·다	·섰·다	내·앴·다

'잡-, 매-, :내-'의 굴절형에서 명백히 부사형 어미 형태를 거성형 '-·어/·아'로 도출할 수 있고 '오-, 이-, ·매-, 시-'의 굴절형에서 동사 어간의 말음절과 축약된 어미 형태 '-·어/·아'를 추리할 수 있으며, 그것을 통해 '가'의 굴절형의 기저에 어미 형태 '-·어/·아'를 복원할 수 있다. 그리하여 동사 부류에 따라 이들의 굴절형이 서로 다른 성조 변동을 겪은 것으로 해석할 수 있다.

그러나 '-으X' 형태의 기저형과 그것의 기저 성조형을 규정하는 문제는 간단하지 않다. 먼저 포항 방언을 예로 들어 아래의 굴절 패러다임을 살펴보자.

(74) '-으X'가 나타난 굴절 패러다임

잡-	가-	오-	이(載)-	매(束)-	·시(書)-	:내-
잡·으·라	가·라	오·라	이·라	매·라	·시·라	:내·라
잡·으·머	가·머	오·머	이·머	매·머	·시·머	:내·머
잡·으·소	·가·소	·오·소	이·소	매·소	·시·소	:내·소
잡·으·이	가·이	오·이	이·이	매·이	·시·이	:내·이
잡·다	:갎·다	:옳·다	잃·다	댏·다	:싫·다	:냟·다
잡·으·시·머	·가·시·머	·오·시·머	이·시·머	매·시·머	·시·시·머	:내·시·머

'잡으라'와 '가라'를 각각 '잡+으라'와 '가+라'로 형태소 분석하면서 폐음절 동사 뒤에 결합된 '-으라'의 첫 음절을 순수 음운적 요소인 '매개모음' 혹은 '조음소(調音素)'로 규정하는 견해가 매우 일반적이다. 그러나 어떤 형태로도 매개모음의 개입 없이 동사 어간에 직접 연결되는 '-거든, -게, -겠-, -고, -네, -니, -는, -다, -더-, -도록, -든, -듯이, -자, -지'와 같은 어미가 있기 때문에, 동사가 폐음절일 때 반드시 매개모음이 필요하다고 보기 어렵다. 더욱이 '먹니(종결어미)'와 '먹으니(연결어미)' 그리고 '먹소(의문형), 먹으소(명령형)'와 같이 /으/의 유무에 따라 형태통사적 범주를 달리하는 경우가 있다. 그뿐만 아니라 성조 방언에서는 개음절 평성형 동사의 경우에 '·가·나(의문 종결형)'와 '가·나(선택 연결형)'는 성조형이 다르다. 그러므로 글쓴이는 의문형 종결어미의 기저형을 {-나}로 규정하고, 선택 연결어미의 기저형을 {-으나}로 규정하여 /으/를 음운적 요소가 아닌 형태소의 일부로 보고자 한다.

이제 중요하게 논의되어야 것은 {-으X}의 기저 성조형을 재구하는 문제이다. 울진 방언에서는 모든 '-으X' 어미들이 거성형으로 나타난다. 그러나 나머지 세 방언에서는 동일하게 '-으X'형에 속하지만 개별 어미 형태에 따라 성조형이 다르다. 세 방언에서 모두 거성형으로 나타나는 것이 있는가 하면 어떤 방언에서는 평측형인 것이 다른 방언에서는 거성형인 것이 있고, 개별 방언에서 둘 이상의 성조형으로 임의변동하는 형태가 있다.

평성형 폐음절 동사를 대치틀로 삼아 이들의 기저 성조형을 재구하면 각 방언에서 재구된 어미의 기저 성조형은 다음과 같다. 앞서 밝혔듯이 울진 방언에서는 이들이 모두 거성형이므로 예시하지 않는다.

(75) '-으X'가 나타난 굴절 패러다임의 성조형 대응

어미	영덕	포항	경주
-으나(選)	·으·나	·으·나	·으·나
-으니까	으·이·까·네57)	·으·이·까·네	으·이·까·네58)
-으라	·으·라	·으·라	·으·라
-으러	·으·러	·으·라	·으·러
-으려고	·을·라·꼬	·을·라·꼬	·을·라·꼬
-으려는가	·을·라·는·강	·을·라·는·강	·을·라·는·강
-으렵니다	·을·라·니·더	·을·라·니·더	·을·랍·니·더
-으마	으ㄲ·마	으꾸·마	으꾸·마/·으·꾸·마
-으면	·으·머	·으·머	·으·머
-으면서	·으·며	·으·미·러/·으·며	·으·메
-으세	으·세/·세	·으·세	·으·세
-으시	으·시/·으·시	·으·시	·으·시
-으시오	으·소/·으·소	·으·소	으·소/·으·소
-으십니까	·으·시·닝·교	·으·시·닝·교	·으·시·닝·교
-으십니다	·으·시·니·이·더	·으·시·니·이·더	·으·시·니·이·더
-으십디까	·으·시·딩·교	·으·시·딩·교	·으·시·딩·교
-으십디다	·으·시·디·이·더	·으·시·디·이·더	·으·시·디·이·더
-으십시다	·으·십·시·더	·으·십·시·더	으입·시·더59)
-으십시오	·으·시·이·소	·으·시·이·소	·으·시·이·소
-은60)	·은/·았·는	·은/·았·는	·은/·았·는
-은가	·응·가	·응·강	·응·강

---

57) '·으·이·까·네'와 공존한다.
58) '·으·이·까·네'와 공존한다.
59) '·으·입·시·더'와 공존한다.
60) 조사된 지역에서는 동작동사의 과거시제로 '-은'이 실현될 때 '-었는, -았는'으로 나타나고, 상태동사의 관형형으로 실현될 때만 '-은'이 나타난다. 그러나 울진 방언에서는 상태동사의 관형형으로도 '-는'이 실현된다.

-은가보네	·응·가·베	·응·가·베	·응·가·베
-은가보다	·응·겠·다	·응·갑·다	·응·갑·다
-은데	·은·데	·은·데	·은·데
-은지	·은·동	·은·동	·은·동
-을	읋/·읋	읋/·읋	읋/·읋
-을걸	읋거·로	읋거·로	읋거·로
-을게	으께·에	으끼·이	으끼·이/·으·끼·이
-을까	으·까	·으·까	으·까/·으·까
-을수록	·읋·수·록	·읋·수·록	·읋·수·록
-을건데	읋겐·데	읋겐·데	읋기·인·데61)
-읍시다	으시·더/·으·시·더	·으·시·더	읍시·더/·읍·시·더

'-으X'형 어미가 평측형과 거성형을 넘나드는 현상은 중세국어 문헌 자료에서도 나타나는 것인데, 이 지역에서는 (75)에서 알 수 있듯이 영덕과 경주 방언에서 그러한 경향이 가장 심하다. (75)에 예시된 어미들은 거성형과 상성형 동사 뒤에서 모두 중화 규칙을 따르지만, 평성형 동사 뒤에서 평측형과 거성형이 임의변동하는데 음운론적으로는 전혀 그 변동 환경을 예측할 수 없다.

지금까지 조사된 바에 의하면, 밀양과 고성 방언에서도 '-으X'는 두 성조형이 임의변동하지만 거성형의 세력이 압도적이고 이 중 '-읋X'는 밀양과 창원 방언에서 두 성조형이 대등한 세력으로 임의변동한다. 그러나 삼척과 강릉, 안동, 성주, 대구 방언에서는 울진 방언과 같이 '-으X'가 모두 거성형이다.

그리고 '-으X' 형태와 관련하여 성조론적으로 주목되어야 할 두 번째 문제는, 동일하게 '-으X'형에 속하는 어미라 하더라도 개음절 평성형 동사와 결합할 때 굴절형의 성조형이 같지 않다는 사실이다.

첫째, 어미 '-읋라(=겠냐), -읋다(=겠다), -읋시더(=겠습니다), -읋닝교(=겠습니까)'와 결합할 때 개음절 평성형 동사의 굴절형이 상성형으로 실현된다. 예를 들어 동사 '가'는 ':갏·다, :갏·라, :갏·시·더, :갏·닝·교'와 같이 나타난다. 그러나 동일한 동사들이 어미 '-읋거로(=을걸), -으께에(=을게), -읋겐데(=을건데), -읋수록(=을수록)'과 결합할 때는 '갏거·로, 가께·에, 갏겐·데, 갏·수·록'과 같은 굴절형이 나타난다.

둘째, 평성형 개음절 동사가 다른 '-으X' 어미 앞에서 어간의 평성형을 유지하지만 어미 '-으시X'와 결합할 때 모두 거성형으로 실현된다. 그리고 이러한 현상들은 '-으X'가 고정된 거성형을 갖는 울진 방언에서도 동일하게 나타난다.

---

61) '·을·끼·인·데'와 공존한다.

만일 /으/와 /읋/의 기저 성조를 평성으로 본다면, 굴절 패러다임 안에서 압도적으로 다수를 차지하는 다른 거성형 어미에 유추되었다는 해석이 가능하다. 현재시제 혹은 직설법 표지인 '-느(<ᄂᆞ)-'와 회상의 '-더-', 그리고 중세국어의 확인법 표지에 소급되는 형태라고 할 수 있는 '-거-'를 제외한 모든 어미가 거성형이기 때문이다. 방언에 따라서 이 평성이 그대로 유지되거나 평성과 거성이 임의적 교체형으로 실현되기도 하고 거성으로 변한 차이가 있는 것은, 유추적 변화를 이끄는 힘이 방언에 따라 시차를 달리하며 적용되고 있다고 볼 수 있다. /으/와 /읋/을 평성으로 볼 때 굴절형 ':갎·다, :갎·라, :갎·시·더, :갎·닝·교' 등은 '평성+평성 → 상성'이라는 보편적인 성조 축약 규칙으로 해석이 가능하다. 그러나 '갎거·로, 가께·에, 갎겐·데, 갎·수·록' 등과 '·가·시·머, ·가·소' 등은 여전히 해결하기 어렵다.

반면 /으/와 /읋/을 거성으로 본다면, '잡읋라·아(=잡겠냐), 잡읋래·라(=잡겠더라), 잡읋거·로(=잡을걸)' 등은 중화 규칙을 따르지 않고 순행 평성 동화를 일으켰다는 해석이 가능하다. 그렇게 본다면 ':갎·다, :갎·라, :갎·시·더, :갎·닝·교' 등은 '평성+거성 → 상성'이라는 성조 축약 규칙을 적용할 수 있고, '갎거·로, 가께·에, 갎겐·데, 갎·수·록' 등은 형태소 경계에 일어난 음운 변동으로 인해 성조형이 재편되었다고 할 수 있다. 그러나 동일한 환경에서 '·가·시·머, ·가·소' 등은 왜 '갎거·로' 등과 다른 음운 변동을 겪는지 설명하기 어렵다.

이처럼 '-으X'의 기저 성조형을 재구하는 일은 간단하지 않다. 이 문제를 명확히 해결하기 위해서는 통시적·공시적으로 더 많은 연구가 이루어져야 할 것으로 보인다. 다만 지금까지 조사된 모든 성조 방언을 살펴볼 때 이들이 거성형으로 실현되는 예가 압도적으로 많으므로, 이 연구에서는 잠정적으로 '-으X'의 기저 성조형을 거성형으로 규정하고자 한다.

5. 운율구와 문장의 성조

5.1. 개방연접과 운율구

어절 내부에 휴지를 두지 않는 모든 성조 단위는 성조 중화 규칙에 의해 지배된다. 즉, 성조 변동을 포함한 모든 성조론적 규칙은 '휴지(#)'를 넘지 못한다. 그러므로 둘 이상의 성조 단위가 결합하여 하나의 어절을 이루면 다음과 같이 규칙의 지배를 받는다.

(76) 복합어의 성조 중화

까죽+:장·갑 → 까죽·장·갑/H^2L^2/[LHL^2]

고·기+잡·았·나 → 고·기·잡·았·나/HL^4/[HL^4]

가·지+가·지 → 가·지·가·지/HL^3/[HL^3]

누·에+나방 → 누·에·나·방/HL^3/[HL^3]

:데·지+잡·자 → :데·지·잡·자/$\ddot{H}^4$/[$\ddot{H}L^3$]

·복+주미·이 → ·복·주·미·이/L^4/[HHL^2]

새·끼+손까·락 → 새·끼·손·까·락/HL^4/[HL^4]

·숙+:고·애·이 → ·숙·꼬·내·기/L^4/[HHL^2]

·열+손까·락 → ·열·손·까·락/L^4/[HHL^2]

·외+나무+다리 → ·외·나·무·다·리/L^5/[HHL^3]

:작·은+언·니 → :작·은·언·니/$\ddot{H}^4$/[$\ddot{H}L^3$]

·토·끼+잡·나 → ·토·끼·잡·나/L^4/[HHL^2]

그런데 물리적으로는 하나의 말토막 즉, 하나의 성조 단위인 것처럼 보이지만 말토막 내부에 개방연접(#)을 지니고 있음으로 해서 해당 방언이 허용하지 않는 특이한 음조형이 실현된 것으로 오인되는 경우가 있다. 먼저 아래에 예시된 명사 운율구의 음조형을 보자. (77)은 이 지역의 각 방언에서 실현되는 운율구를 두루 발췌하여 제시한 것이다.

(77) 명사 운율구의 음조 실현

⟨1⟩

가·지[#]가·지[HL[#]HL]

누·비[#]이·불[HL[#]HL]

누·에[#]나비·이[HL[#]LHL]

니·비[#]나·비[HL[#]HL]

·색·동[#]저구·리[HH[#]LHL]

·열[#]손까·락[H[#]LHL]

⟨2⟩

·새[#]·새·댁·이[H[#]HHL]

·시·물[#]한·나[HH[#]HL]

·큰[#]·어·매[H[#]HH]

⟨3⟩

까죽[#]:장·갑[LH[#]ḦL]

꼬추[#]:철·개·이[LH[#]ḦLL]

·내[#]:대·신[H[#]ḦL]

·쑥[#]:고·애·이[H[#]ḦLL]

·시·물[#]:뚜·울[HH[#]ḦL]

·시·물[#]:서·이[HH[#]ḦL]

·열[#]:너·이[H[#]ḦL]

·열[#]:두·리[H[#]ḦL]

·열[#]:서·이[H[#]ḦL]

⟨1⟩에서는 거성 뒤에서 평성이 중화되지 않고 한번 낮아진 음조 뒤에서 여전히 고조와 저조가 반복적으로 실현되는 것처럼 보이며, ⟨2⟩에서는 고조가 셋 이상 연속하여 실현되는 것으로 보이고, ⟨3⟩에서는 둘째 음절 이하에서 상성이 중화되지 않고 실현되는 것으로 보인다. 그리하여 해당 방언에 'HLHL, HLLHL, HHLHL, HHHL, LHḦL, HḦLL' 등과 같은 음성형이 존재한다는 분석을 낳을 수 있다. 그러나 형태론적으로 볼 때 복합어로 간주될 만큼 두 성조 단위의 내부 구조가 몹시 긴밀해져 마치 한 어절이 된 것처럼 보이지만, 성조 언어의 토박이 화자들에게 이것은 여전히 두 성조 단위로 존재한다. 따라서 개방연접을 경계로 하여 각 단위가 본래의 성조형을 유지하기 때문에, 해당 방언의 보편적인 음조형이 아닌 매우 특이한 형태의 음조가 실현되는 것이다.

이처럼 형태론이나 통사론적으로 명백한 두 단위이지만 개방연접을 지닌 채 하나의 말토막으로 발화되는 성조론적 단위를 '운율구'라 부르기로 한다. 이 운율구가 개방연접을 버릴 때 성조론적으로 하나의 어절이 되고, 이 개방연접을 확장하여 휴지를 만들 때 성조론적으로 두 개의 어절이 되는 것이다. 성조론에서 말하는 성조 단위는 형태론이나 통사론에서 규정하는 단위와 반드시 일치하지 않는다. 이미 복합어의 지위를 얻어 사전에 등재된 단어라고 하더라도 화맥에 따라 개방연접이 생기는 경우를 흔히 볼 수 있고, 형태론적으로나 통사론적으로 명백히 두 개의 단위임에도 불구하고 성조론적으로는 하나의 단위로 작용하여 성조 규칙과 음조 규칙의 적용을 받기도 하는 것이다.

아래에 예시된 동사 운율구들에서 이러한 예를 좀더 살펴보자.

(78) 동사 운율구의 음조 실현

⟨1⟩[62]

　　고·기#잡시·더[HL#LHL]

　　노·래#하·까[HL#HL]

　　:데·지#잡시·더[ḦL#LHL]

　　시·계#·찾·어·라[HL#HHL]

　　약·아#·빠·졌·다[HL#HHL]

　　읍·내#나가시·더[HH#LLHL]

　　·장·사#나가·자[HH#LHL]

⟨2⟩

　　·꾀#·부·린·다[H#HHL]

　　·눈#·따·갑·다[H#HHL]

　　·떡#·해나·았·니·더[H#H#HLLL]

　　·맛#·딜·이·머[H#HHL]

　　·멋#·부·린·다[H#HHL]

　　·물#·딜·이·고[H#HHL]

　　·밥#·얻·으·러·왔·다[H#HHLLL]

　　·밥#·줬·나[H#HH]

　　·비#·온·다·하·디[H#HHLL]

　　이사#·가·더·라[LH#HHL]

　　·질#·딜·이·고[H#HHL]

⟨3⟩

　　·나#·만·사·람[H#ḦLL](=나이 많은 사람)

　　보리#:얻·어·라[LH#ḦLL]

　　집#:바·라[H#ḦL]

---

62) '잡시·더'는 '잡읍시다'에 대응되는 울진 방언형이다.

운율구에 나타나는 음조 실현 양상을 해석하면서 김차균(2003)은 '반평성'과 '반거성'
이라는 개념을 정립한 바 있는데 이를 요약하면 다음과 같다.

대구 방언에서 1음절 평성형은 #_# 위치에 나타날 때 세 가지 음조형 [LH]과 [Ḽ],
그리고 [H˞]을 갖고 창원 방언은 [LH]만 갖는다. 대구 방언의 이 세 음조형 중 자연
스러운 발화에서 가장 흔히 나타나는 것은 [LH]과 [ ]이다. 그런데 이 두 방언에서
평성형 '말(馬)'이 운율구의 첫 성분이 될 때 '말#·타·고[L#HH], 말#·탄·다[L#HH]'와 같
이 매우 체계적으로 저조를 실현된다. 이 때 '말'의 저조는, [##_#] 환경에서 정상적인
실현형 [LH]의 앞쪽 반만 실현된 음조이므로 '반평성' 음조로 규정한다.

그리고 대구와 창원 방언에서 1음절 거성형이 #_# 환경에 나타날 때 [Ḽ]과 [Ḧ]이
임의변이형태로 나타나는데, 토박이 화자들의 지각적인 측면만 보면 전자를 [LL]로 후
자를 [HH]로 바꿔 쓸 수 있을 정도의 음조이다. 그런데 1음절 거성형이 운율구의 첫
성분이 될 때 '·살#·뺀·다[H#HH], ·살#·빼·고[H#HH]'와 같이 나타나는 것은, 정상적인
음조형 [Ḧ]의 반쪽만 실현된 것이므로 '반거성' 음조로 규정한다.

이 지역에서도 (77)-(78)에 예시된 바와 같이, 운율구의 첫 성분이 되는 1음절 거
성형은 '·열#손까·락[H#LHL], ·큰#·어·매[H#HH], ·내#:대·신[H#HL], ·쑥#:고·애·이
[H#ḦLL], ·열#:너·이[H#ḦL], ·끼#·부·린·다[H#HHL], ·눈#·따·갑·다[H#HHL]'와 같이
체계적으로 고조를 실현한다. 그런데 제3장에서 밝혔듯이, 이 지역에서는 대구나 창원
방언과 달리 1음절 거성형에 성조 중복 규칙을 상정할 만큼 그것이 두 음절의 길이로
실현된다고 보지 않는다. 따라서 #_# 위치에서 실현된 1음절 평성형의 음조는 [H˞]
로 1음절 거성형의 음조는 [L] 혹은 [H]로 규정하므로, 이 지역의 네 방언에 나타나는
운율구의 음조 실현 양상을 해석하기 위해 반평성이나 반거성의 개념을 사용하지 않는
다.

이러한 운율구를 가장 체계적으로 관찰할 수 있는 영역은, '동사의 부사형+서술어'
가 결합하여 만들어지는 동사구이다. 자료편(411-428쪽)에서 동사 운율구의 음조 실현
양상을 유형별로 사세히 살펴볼 수 있는데 여기에서는 경주 방언을 표본으로 제시한
다.

(79) /굴절형#굴절형/의 음조 실현

·나#가·고	L#HL[L#HL]
·나#가·까	L#HL[L#HL]
·나#가·자	L#HL[L#HL]
·나·가·나	L³[HHL]
·나#·가·네	L#L²[L#HH]

·나·가·도	L³[HHL]
·나#·간·다	L#L²[L#HH]
·나·가·라	L³[HHL]
·나·가·는·데	L⁴[HHLL]
·나#·가·드·라	L#L³[L#HHL]
·나#가·라·꼬	L#HL²[L#HLL]
·나#·갏·다63)	L#L²[L#HH]
·나·가·소	L³[HHL]
·나·가·시·머	L⁴[HHLL]
·나#갑시·더	L#H²L[L#LHL]
·나#가·이·까·네	L#HL³[L#HLLL]
·나#갏거·로	L#H²L[L#LHL]
·나#가께·에	L#H²L[L#LHL]
·나#갏·수·록	L#HL³[L#HLL]
·나·갔·다	L³[HHL]
·나#·갔·닝·교	L#L³[L#HHL]

대부분의 굴절형이 개방연접을 유지하는 데 비해 '·나·가·나, ·나·가·도, ·나·가·라, ·나·가·는·데, ·나·가·소, ·나·가·시·머, ·나·갔·다'는 운율구의 두 성분이 완전히 하나의 어절로 굳어져 단일 성조형을 이루므로 중화 규칙과 음조 규칙의 지배를 받았다. 그러나 (79)에서 운율구로 실현된 굴절형이 모든 발화에서 항상 운율구로만 실현되는 것이 아니며, 단일 어절로 실현된 '·나·가·나' 등이 항상 단일 성조 단위로 존재하는 것도 아니다. 이들이 두 성분 사이에 개방연접을 유지하는가 그렇지 않는가의 유무는 순전히 화맥에 의존한다. 특히 경주 방언에서는 이 개방연접을 없애고 거성형으로 실현되는 빈도가 압도적으로 높다.

그리고 김차균(2002ㄱ:70-1)은 안동 방언과 같이 '나가니·껴'와 '·나#·가·니·껴'가 체계적으로 공존하는 방언에서는 이 동사구들이 부사와 결합할 때도 '앞서나가니·껴'와 '앞서·나·가·니·껴'가 공존한다는 중요한 지적을 한 바 있다. 이 지역에서는 '·나'와 '·가·니·껴'가 만날 때 '나가니·껴'와 같은 성조형을 실현시키는 예가 없으므로 부사와 결합할 때 순행 평성 동화가 일어나는 예도 볼 수 없다.

그런데 거성형 명사 뒤에 평성형 혹은 평측형 어절이 결합하여 하나의 운율구를 이룰 때, 개방연접을 뒤따르는 평성형 혹은 평측형 어절이 거성형으로 변하는 예가 있

---

63) 경주 방언에서는 ':볽, :젊'이 운율구의 둘째 성분이 되어도 상성을 유지하는 데 비해 ':갏'은 거성으로 실현된다.

다. 아래에서 그러한 예를 확인해 보자.

(80) 거성형+평측형 → 거성형#거성형
·물+오린·다→ ·물#·오·린·다[H#HHL]
·물+질레→ ·무#·질·레[H#HH]
·배+고푸·다→ ·배#·고·푸·다[H#HHL]
·배+보다·아→ ·배#·보·다·아[H#HHL]
·배+부리·다→ ·배#·부·리·다[H#HHL]
·벨(=별)+벌거·지→ ·벨#·벌·거·지[H#HHL]
·복+주미·이(=주머니)→ ·복#·주·미·이[H#HHL]
·시+어무·이→ ·시#·어·무·이[H#HHL]
·알+글비·이(=거지)→ ·알#·글·비·이[H#HHL]
·열+손가·락→ ·열#·손·까·락[H#HHL]
·이+드라·마→ ·이#·드·라·마[H#HHL]
·큰+아부·지→ ·큰#·아·부·지[H#HHL]

(80)으로 인해 우리는 얼핏 성조의 중화 혹은 동화 규칙이 개방연접을 넘어 적용되는 것이 아닌가 하는 의심을 할 수 있다. 그러나 이들은 '·물+오린·다→ ·물·오·린·다'와 같이 먼저 두 단위가 한 어절을 이루면서 중화 규칙의 지배를 받아 거성형으로 실현된 후에 다시 화맥에 따라 개방연접을 두어 '·물·오·린·다→ ·물#·오·린·다[H#HHL]'가 수의적으로 나타난다고 볼 수 있다. (80)의 예들이 개방연접을 가진 운율구로 실현되는 경우보다 단일 어절인 거성형으로 실현되는 세력이 훨씬 크게 나타나는 점도 한 근거로 들 수 있다.

5.2. 문장의 성조

5.2.1. 음조형의 강화와 약화

말토막 안에 개방연접이 존재하느냐의 유무는 순전히 화맥에 달려있기 때문에 동일한 내적 구성성분을 가진 말토막이라 하더라도 그것의 음조형은 고정되어 있지 않고 매우 유동적이다. 특히 둘 이상의 어절 혹은 운율구가 나열되어 하나의 완성된 발화 의미를 전달하는 문장에서는, 이 개방연접을 사이에 두고 정보 초점을 받은 어절의 음조형이 절대적으로 현저히 강화되고 초점을 받지 않은 어절의 음조형은 현저히 약화되는 현상이 나타난다. 음조형이 약화된다는 것은, 어절의 전체 음조형은 유지하면서 어절 안의 각 음절에 얹힌 음조의 상대적인 폭이 현저히 줄어드는 것을 의미한다. 문장 안에서 인접한 둘 이상의 어절 사이에 나타나는 성조 결합, 음조형 약화 혹은 강화가 어떤 양상으로 나타나는지 영덕 방언을 예로 들어 살펴보자. 각 방언에서 실현된 운율 구와 문장의 성조 자료는 자료편(429-495쪽)에 자세히 제시되어 있다.

(81) 성조형의 약화와 강화

　ㄱ. :마·누·라·는 ·좀 **낮촤·아·가·지·고·하·는·말**[LHL_7] 아잉·교[mhm]?

　ㄴ. 자네 ·백·시 <u>어·데·갔·노</u>?

　ㄷ. 밭·에 <u>:일·핧·게·있·아·가</u> ·갔·니·이·더.

　ㄹ. 술·이 당게·에[hl] 있이·머[LHL] 있·다[HL] 크·으·고[hll].

　ㅁ. :얼·매[ḦL] :달·라 하·는·데·예[ḧi⁵]?

　ㅂ. 인자·아 :**달·라**[ḦL] ·하·니·이·더[hhll].

　ㅅ. :아·따 연·기·를 마·세#나·았·디·이 ·눈#·따·갑·다[H#HHL].

　ㅇ. <u>·신·삸·도·이</u>(=신발 살 돈이) 어·딨·노?

　ㅈ. 아·아·를 다정시·리 키·우·듯·이#키·우·지[HLLL#hll].

　　밑줄 친 부분은 셋 이상의 어절이 결합하여 하나의 말토막을 이루면서 단일 성조형을 실현시키는 예를 보여주는 것이고, 문장에서 초점을 받아 음조형이 강화된 부분은 굵은 글씨로 표기되었다. '낮촤·아'의 성조형과 '아잉·교'의 성조형은 동일하게 /HHL/이나, '낮촤·아'의 첫 두 음절 사이의 음조 폭은 '아잉·교'의 첫 두 음절 사이의 음조 폭에 비할 때 세 배 가까이 크다. 마찬가지로 '당게·에'와 '있이·머'의 성조형도 둘다 /HHL/이지만 전자에 비해 후자의 음조 폭은 비교도 안 될 만큼 크다. '있·다'와 '크·으·고'의 첫 두 음절 사이의 폭도 그러하며 ':얼·매'와 ':달·라'의 음조 폭도 그러하다.

　　한 어절은 전달의 초점이 되거나 강조 또는 대조될 때 강세를 받는데 김차균(2001:82)은, 문장 안에서 성조형(혹은 음조형)이 결합되는 영역을 '강세를 받는 어절에서 다음 강세를 받는 어절의 직전 어절까지'라고 명시하고, '강세를 받는 어절의 직후 어절에서 다음 강세를 받는 어절의 직전 어절까지'가 약화의 영역이라고 규정한 바 있다. 이 때 주어진 영역 안에서 성조 결합이 일어날 것인가 약화가 일어날 것인가 하는 것은 순전히 화맥에 따라 임의적이다.

5.2.2. 표현적 장음화

문장 단위의 음조 실현 양상을 보면, 섬세한 정서적인 상태나 감정의 강도를 나타내기 위해 그 강도에 비례하여 어절의 어느 한 음절을 길게 발음하는 음성형이 나타나는 경우를 볼 수 있다. 이것은 한국어에 존재하는 보편적인 운율 현상인데, 문장 안에서 초점을 받은 어절의 특정 모음이나 그 음절 자체를 길게 하여 정서적인 효과를 노림으로써 나타나는 현상이다. 그리고 경우에 따라 본래의 음조보다 현저히 낮은 음역에서 실현되기도 하지만 그것이 음운론적으로 유의미한 음조 변동은 아니다. 모음 혹은 음절이 어느 정도 길게 실현되느냐 하는 것은 순전히 정서적인 강도에 비례한다. 김차균 (1999)은 이것을 '표현적인 장음화'라고 일컫고 '(:)' 부호를 사용하여 아래와 같이 표기하는데 글쓴이도 이 방법을 따른다.

(82) 문장에 나타나는 표현적 장음화

    ㄱ. 무·신 ·물·이 시(:)커멓·노?

    ㄴ. 자와·가(＝장화가) 이만(:)침·석 올·라·오·능·거 그거·를 :싱·꼬

    ㄷ. 보·름 :시·고 나·머 마(:)카 밭·매·러·댕·기·니·더.

    ㄹ. 뽀(:)끈 쥐·이·라.

    ㅁ. 저(:)짝·에 하우·스·도 있·고

    ㅂ. ·얼(:)·마·나 :많·다·꼬·요.

그러나 '(:)'이 나타나는 것은 순전히 화용론적인 문제이므로, 음운론적으로는 앞뒤 음조에 전혀 영향을 미치지 않는다. 그러므로 '시(:)커멓노'의 성조형은 /H^{3}L/이며 다만 표현적인 장음화가 일어난 '시(:)'의 음성 실현을 반영하여 그것의 음조형을 [L(:)LHL]과 같이 표기한다.

5.2.3. 의문문의 성조

의문문은 의문사나 의문형 종결어미에 의해 실현되고 부정(不定) 의문문은 부정사(不定詞)에 의해 실현된다. 그런데 경상도 방언에서는 '서술어의 의문형 어미 제약'이라는 중요한 요소가 하나 더 요구된다. 즉 의문사가 나타날 때 의문형 종결어미는 '-노, -고'가 실현되고 부정사가 나타날 때 의문형 종결어미는 '-나, -가'가 실현되는 것이다.

의문사와 부정사는 형태소의 꼴이 동일하고 대응되는 형태의 기저 성조형도 같다. ':얼·매, 어·디, 머/머·어, :언·제, ·우·예(＝어떻게), :누(＝누구), ·와(＝왜), 무·신(＝무슨)' 등이 의문사 혹은 부정사로 기능하는 형태소들이다. 그러나 의문문과 부정 의문문은 문말에 나타난 서술어의 성조형에 뚜렷한 차이를 드러낸다.

의문문은 문말 억양이 하강조로 끝나는데 이것은 경상도 방언의 전형적인 특징이다. 왜냐하면 한국어 문장의 통사적 구조상 서술어가 문말에 나타나는 것이고 이른바 '핵

문'이 아닌 경우에 서술어가 될 수 있는 것은 동사의 굴절형이며, 한국어의 성조 방언 전체에서 평성형 굴절어는 나타나지 않으므로 의문문이든 아니든 모든 문장이 하강조로 끝맺는 것은 당연한 일이다. 그리고 설명 의문문에서 가장 정보초점을 받는 것은 의문사이고 판정 의문문에서 가장 정보초점을 받는 것은 '예/아니오'의 판단을 요구받는 특정 어절이므로, 이렇게 초점화된 어절에 뒤따라 나타난 나머지 어절들은 초점화된 어절에 결합하여 단일 어절을 형성하는 경향이 매우 강하다. 바로 이 점도 의문문이 하강조를 유지하게 하는 큰 요인이 된다. 아래의 예들을 통해 이러한 성조 결합 양상을 살펴보자.

(83) 설명 의문문의 성조

> :얼·매·달·라·하·는·데·예(=얼마를 달라고 하는데요)?
> 느그 ·할·배 어·디·갔·노(=너희 할머니 어디 갔냐)?
> ·신·살·또·이 어·딨·노(=신발을 살 돈이 어디에 있냐)?
> 어·들·나·가·자·말·이·고(=어디를 나가자는 말이냐)?
> 그·런·게 오·데·가 있·노(=그런 게 어디에 있냐)?
> 여·기·를 머·라·하·노(=여기를 뭐라고 하냐)?
> 그게·에 이·름·이 머·어·고(=그게 이름이 뭐냐)?
> :언·제·오·노(=언제 오냐)?
> 머·어 ·우·예·한·단·말·이·고(=뭐 어떻게 한단 말이냐)?
> 밖·에 :누·고(=밖에 누구냐)?
> ·와·우·노(=왜 우냐)?
> ·이·게 무·신·돈·이·고(=이게 무슨 돈이냐)?
> :야·도 거·어·갔·다·왔·나(=얘도 거기에 갔더냐)?
> 오분·에 우리집·에·서·하·나(=요번에 우리집에서 하냐)?

이 때 판정 의문문에서 판정을 요구받을 정보가 서술어에 있고 해당 서술어가 2음절 거성형이라면 의문문이 고조로 끝난다. 울진 방언의 '인제·에 ·강·가[HH](=이제 가는가)?'와 경주 방언의 '느그·는 꽃 :핐·나[ḦH](=너희집에는 꽃 폈냐)?' 등이 그러한 예들이다.

반면 부정 의문문에서 가장 초점화되는 어절은 부정사가 아니라 대답을 요구받는 특정 행위 혹은 상태를 말하는 서술어이다. 그러므로 부정사가 뒤따르는 서술어와 결합하여 단일 어절을 이루는 일은 일어나지 않는다. 따라서 서술어가 2음절 거성형일 때 부정 의문문은 고조로 끝난다. 아래에서 이것을 확인해보자.

(84) 부정 의문문의 성조

　　　배끌·에 :누·가 ·왔·나[HH](=바깥에 누가 왔냐)?

　　　문앞·에 머·어 있·나(=문 앞에 뭐가 있냐)?

　　　·우·예 안 데겠·나(=어떻게 안 되겠냐)?

　　　:언·제 ·한·분 ·오·나[HH](=언제 한 번 오냐)?

　　　:언·제 ·한·분 :옳·라(=언제 한번 오겠냐)?

　　　어·디 ·갔·다[HH](=어디에 갔다냐)?

　　　:얼·매 ·주·다[HH](=얼마를 주다냐)?

　　이문규(2002)는 대구 방언의 의문문을 대상으로 다음과 같은 사실을 규칙으로 일반화하였다. 즉 '의문사에 초점이 놓이는 의문문에서 '의문사+후속 성분'이 이루는 성조어절의 성조형은 /H^nL/[L^{n-1}HL]이 된다'는 것으로, 예를 들어 '어·데+·갔·드·노→어데갔드·노'와 같이 나타난다는 것이다. 그러나 이 지역에서는 그러한 현상을 찾아볼 수 없다. 다만 경주 방언의 '어디가있·노(=어디에 있냐)?, 어데찬·고(=어디에서 온 차(車)냐)?', 포항 방언의 '어디메있·노(=어디에 있냐)?, 무신소·리·고(=무슨 소리냐)?' 등과 같은 예가 관찰된다. 그런데 이 때 의문사에 뒤따르는 어절은 임의의 성조형이 아니고 평측형이므로, 의문사가 뒤따르는 평성에 동화를 일으켜 평성형으로 변한 것으로 보인다.

6. 결 론

이 연구는 경북 동해안에 위치한 울진, 영덕, 포항, 경주 방언을 대상으로 생성음운론적 성조론의 기술적 타당성을 밝히고 그것을 한국어 성조 방언을 기술하는 이론적 틀로서 정립하는 데 목적을 두었다.

최종 자료를 생산하고 분류하는 데에 언어 기술의 목표가 있는 기술언어학의 테두리에서는 표면적인 음조형에만 주목하여 변별적으로 대립하는 성조와 그것에 의해 예측되는 음조형을 구별 표기할 수 없었다. 그리하여 한국어 성조 방언의 언어 현상을 지배하는 포괄적이고 보편적 원리를 도출하는 데 이르지 못하는 음운론적 한계가 있었다.

이러한 문제점을 해결하기 위해 도입된 악센트 분석법은 어휘부에 존재하는 것은 악센트이고 표면에 실현되는 것은 성조이므로 기저 표시와 표면 표시가 일치하지 않는다는 기술상의 문제점을 안고 있었다. 그럼에도 불구하고 악센트소와 징표가 일치하며 성조 체계가 극도로 단순화된 성조 언어를 기술하는 데는 매우 성공적으로 쓰일 수 있는 간략하고 합리적인 기술 방법을 가졌다. 그러나 한국어 성조는 어절의 음조형을 결정하는 것이 무악센트소이고 악센트는 예측되는 표면적 현상이라 할 수 있으므로 악센트 분석법으로 한국어 성조를 기술하는 데에 문제가 있다. 또한 올바른 음조형을 도출하기 위해서는 악센트와 고저의 개념을 함께 사용할 수밖에 없는 특징을 가지므로 악센트 분석법은 기술의 합리성 면에서도 한계가 있다.

그런가 하면 분절음운으로부터 자립하여 성조가 존재한다고 간주함으로써 성조의 실현 양상을 더 효과적으로 해석할 수 있다는 전제 아래 출발한 자립분절음운론이 있다. 그런데 이것은 특정 기본 성조형으로부터 한 어절의 표면 음조를 올바로 도출하기 위해 필요할 때마다 여러 가지 규칙을 단계적으로 적용할 뿐, 각 성조의 본질적인 음운론적 특징과 기능 그리고 성조형의 성격에 따라 성조 변동을 지배하는 근본 원리를 찾는 데까지 이르지 못하고 있다. 특히 한국어 성조 방언을 합리적으로 기술하는 데 매우 중요하고 핵심적인 개념인 '성조형'의 성조론적 기능을 전혀 고려하지 않는 점도 지적돼야 할 문제이다.

악센트 분석법이나 자립분절음운론적 이론이 갖는 기술적 한계를 극복하고 한국어 성조 방언의 언어 현상을 지배하는 포괄적이고 보편적 원리를 도출하기 위해 정립된 것이 구조·생성주의 성조론이다.

구조·생성주의 성조론은, 기술언어학이 충분히 음운론적이지 못한 문제점을 해결하고 각 성조의 본질적인 음조적 특질과 기능, '성조형'의 성조론적 기능에 주목하여 성조 현상을 지배하는 근본 원리를 찾기 위해 정립된 이론이다. 이것은 유표적 자질인 측성과 '성조형'의 성조론적 기능을 핵심 개념으로 하는데 그 기술 방법은 다음과 같이 요약된다.

기저에서 모든 성조는 결합에 제약이 없다. 그런데 각 성조가 결합하여 하나의 어절을 이룰 때 이 결합을 지배하는 보편적 성조 규칙이 존재하여 각 방언에서 실현 가능한 유한수의 성조형을 결정하게 된다. 그리고 이 성조형이 음성 실현될 때 각 방언마다 그것을 제약하는 음조 실현 규칙이 있어 표면 음조형을 결정한다. 즉 성조는 기저 층위와 표면 층위로 분리되어 '기저 성조—(성조 규칙 적용)→표면 성조—(음조 규칙 적용)→음조 실현'과 같은 음운 과정을 상정한다.

이러한 성조 기술 방법론의 가장 큰 성과는 한국어 성조 방언 전체를 지배하는 보편적인 성조 규칙과 성조형, 보편적인 음조 실현 규칙과 음조형이 존재한다는 사실을 밝혀냈다는 점이다. 이 보편적 성조 규칙이란 '중화' 규칙으로서, 거성과 상성 뒤에서 모든 성조가 거성으로 중화된다는 것을 내용으로 한다. 이 규칙에 의해 한국어 성조 방언에서 가장 보편적으로 실현 가능한 성조형은 'L_1, H_1L^n, L_1'이며 'L_1'에 대응되는 성조형이 동해안 방언에서 '$\ddot{H}_1$', 경남 방언에서 'L_1', 영동 방언에서 'R_1'로 나타난다. 함경 방언은 특징적으로 'L_0H^n' 성조형만 나타난다.

그리고 이들 성조형은 표면에서 '$H_2L^n[L_1HL^n]$, $L_2[HHL_0]$, $L_2[\ddot{H}HL_0]$, $\ddot{H}_2[\ddot{H}L_1]$, $L_1[LLL_1]/[LLLL_1]$, $R_1[RL_0]$'로 실현되는데, 경남 방언의 'H_2L^n'은 $[LH_1L^n]$로 영동 방언의 'L_2'은 $[LHL_0]$로 실현되는 점이 다르다.

생성주의 성조론의 핵심 개념은 유표적 자질인 '측성'과 성조 단위인 '성조형'이라고 할 수 있는데, 그것은 다음과 같은 몇 가지 전세를 기반으로 한다. 먼저, 기저에서 모든 성조는 결합에 제약이 없다. 그런데 각 성조가 결합하여 하나의 어절을 이룰 때 이 결합을 지배하는 보편적 성조 규칙이 존재하여 각 방언에서 실현 가능한 유한수의 성조형을 결정하게 된다. 그리고 이 성조형이 음성 실현될 때 각 방언마다 그것을 제약하는 음조 실현 규칙이 있어 표면 음조형을 결정한다는 것이다.

성조 기술의 출발은, 음운론적으로 변별적 기능을 갖는 성조소를 확인하여 성조 체계를 수립하는 것에 있다. 그런데 성조의 높낮이가 본질적으로 상대적인 것이므로, 1음절어의 성조형을 비교하는 것은 대립하는 성조소를 잘못 분석할 위험이 높다. 그러므로 모든 방언에 두루 통용될 만한 일정한 대치틀을 사용하여 치환검증하는 것이 가장 바람직한 방법이다. 일반적으로 사용되는 대치틀은 고정된 성조를 갖는 1음절 조사와 어미들이다.

음소에서 성조만 떼 내어 성조의 음성 표상을 나타낼 때 로마자를 이용하여, 'H(고조), L(저조), L(더 낮은 저조), R(상승조), $\ddot{\text{H}}$(고장조), $\underset{.}{\text{L}}$(저장조)'과 같이 나타낸다. 그리고 음소와 성조를 함께 표기할 때 중세국어 시기에 사용되었던 '방점법'을 이용한다. 즉 중세국어의 거성에 대응되는 성조는 음절의 왼쪽에 점을 하나 찍고(예컨대 /·말/), 상성에 대응되는 성조는 점을 두 개 찍고(예컨대 /:말/), 평성에 대응되는 성조는 점을 찍지 않는 것(예컨대 /말/)과 같이 표기한다.

성조형이 얹히는 단위는 어절이고 성조 기술의 단위도 어절인데, 성조소가 결합한 층위의 어절을 성조형이라 하고 그 성조형이 음성 실현된 것을 음조형이라 하여 구별한다. 그리하여 '기저 성조—(성조 결합 규칙)→표면 성조—(음조 조정 규칙)→음조 실현'과 같은 음운 과정을 상정한다.

경북 동해안 방언은 2단계 3성조체계를 갖는데 울진과 영덕, 포항 방언은 /H, L, $\ddot{\text{H}}$/가 대립하고, 경주 방언은 /H, L, $\underset{.}{\text{L}}$/가 대립한다. 경주 방언에서 실현 가능한 성조형은 '/H_1L^n/(고조가 하나 이상 나타나고 저조가 뒤따르는 형), /L_1/(첫 음절이 저조인 형), /$\underset{.}{L}_1$/(첫 음절이 저장조인 형)'이고 나머지 세 방언에서 실현 가능한 성조형은 '/H_1L^n/, /L_1/, /$\ddot{H}_1$/(첫 음절이 고장조인 형)'이다. 그리고 경주 방언에서 실현 가능한 음조형은 '[L], [L_1HL^n], [HHL_0], [HL_0], [$\underset{.}{L}L_0$], [$\ddot{H}HL_0$]'이고 나머지 세 방언에서 실현가능한 음조형은 '[L], [L_1HL^n], [HHL_0], [HL_0], [$\ddot{H}L_0$]'이다.

네 방언에는 두 개의 성조 규칙이 있다. 하나는 '{□, :□} → ·□/{:□, ·□}__'이고 다른 하나는 ':□ → ·□/□__'이다. 그리고 네 방언은 세 개의 음조 규칙을 갖는데 두 규칙 '/H_2L^n/ → [L_1HL^n]'과 '/L_2/ → [HHL_0](단, 정보초점이 아니면 /L^2/[LL])'은 네 방언에 공통되고, '/$\underset{.}{L}_2$/ → [$\ddot{H}HL_0$](단, 정보초점이 아니면 /$\underset{.}{L}^2$/[$\underset{.}{L}L$])'은 경주 방언에만 적용되며 '/$\ddot{H}_2$/→[$\ddot{H}L_1$]'은 나머지 세 방언에 적용된다.

성조 중화 규칙 외에 성조형 결합에 나타나는 가장 큰 성조 변동은 평성형화이다. 첫째, 복합명사 구조에서 두 번째 성분의 첫 성조가 평성일 때 첫 성분의 성조형이 평성형으로 변한다. 그런데 일부 예에서 두 번째 성분의 첫 성조가 평성이 아닌 경우에도 첫 성분이 평성형으로 변하는 현상이 있다. 둘째, 사동접사와 피동접사 앞에서 모든 동사 어간이 평성형으로 변한다. 셋째, 부정부사 '안'이 동사의 굴절형과 결합하여 동사구를 이룰 때 순행 평성 동화가 일어나는 경우가 있다. 특히 이 동사구의 음조형은 끝 음절이 저조로 실현된다. 이 현상은 영덕과 경주 방언에서 매우 활발하게 일어난다. 넷째, 굴절에 나타나는 형태음운론적 평성형화가 있다. 하나는 거성형 명사가 조사 '-·에X'와 결합할 때 평성형으로 변하는 것이고 다른 하나는 상성형 동사가 어미

'-·어/·아X, -·으X'와 결합할 때 평성형으로 변하는 것이다.

다음으로 1음절인 평성형 개음절 동사의 굴절 패러다임에 전형적으로 나타나는 거성형화 현상이 있다. 평성형 동사는 어미 '-거X, -·네, -·나, -니X, -는X, -다·가, -더X, -든X, -·어/·아X, -·으·시X'와 결합할 때 거성으로 나타난다. 그리고 어미 '-·어/·아X'와 결합할 때 형태소 경계에서 두 성조가 상성으로 축약되는 현상이 나타난다. 동사에 따라 이 어미들 앞에서 모두 성조 변동이 일어나는 것이 있고 이 중 일부 어미들 앞에서만 성조 변동이 일어나는 것이 있는데, 그 양상은 각 방언에 따라 다소 차이가 있다. 한편 1인칭 대명사가 조사와 결합할 때 방언에 따라 매우 불규칙적으로 대명사의 성조가 변하는 현상이 있다.

그리고 개방연접을 사이에 두고 두 개의 운율 단위가 운율구를 이룰 때 물리적으로 고조가 셋 이상 연속되는 음조가 실현되는 경우가 있다. /·꾀#·부·린·다/[H#HHL], /·맛#·들·인·다/[H#HHL] 등이 그러한 예들이다. 또한 문장 안에서 정보초점을 받은 어절의 음조형은 강화되고 그렇지 않은 어절의 음조형은 약화되는데, 음조형이 약화된다는 것은 어절의 전체 음조형을 유지하면서 상대적인 음폭이 현저하게 줄어드는 것을 말한다. 특히 섬세한 정서적인 상태나 감정의 정도를 나타내기 위해 그 강도에 비례하여 어절의 어느 한 음절을 매우 길게 발음하여 '표현적인 장음화'가 나타나는 예가 있다.

경북 동해안 지역의 네 방언간 비교 기술을 통해 다음과 같은 몇 가지 사실을 정리할 수 있다. 성조 체계 면에서 울진과 영덕, 포항 방언이 하나로 묶이는 반면 경주 방언은 이들과 구별된다. 그러나 어휘의 성조형 대응 면에서 보면 영덕과 포항, 경주 방언이 가깝고 이들과 울진 방언의 거리가 멀다. 특히 울진 방언에서 부정 부사 '안'이 상성형으로 실현되는 점이 매우 특이하다. 그리고 동사구에 나타나는 순행평성동화는 울진과 포항 방언에서 거의 나타나지 않는 데, 영덕과 경주 방언에서는 '안+서술어' 환경에 한하여 활발히 나타난다. 성조가 결합할 때 성조 중화 규칙을 벗어나는 평성형화와 거성형화의 구체적인 양상은 다른 지역의 성조 방언들과 거의 동일하다.

▌참고문헌

강길운(1988), 『한국어 계통론』, 형설출판사.

구현옥(2003), 「국어 성조 기술 방법 비교 연구」, 『한글』 260, 한글학회.

권재선(1974), 「계림유사에 나타난 국어 성조의 연구」, 『어문학』 30, 한국어문학회.

김 현(2001), 「활용형의 재분석에 의한 용언 어간 재구조화」, 『국어학』 37. 국어학회.

김경아(1991), 「중세국어 후음에 대한 일고찰-순경음 ㅸ의 변화와 관련하여」, 『국어학의 새로
　　　　　운 인식과 전개』(김완진 선생 회갑 기념 논총), 민음사.

김경아(2000), 『국어의 음운표시와 음운과정』, 국어학총서 38. 국어학회.

김동소(2002), 『중세 한국어 개설』, 대구가톨릭대 출판부.

김봉국(1998), 「삼척지역어의 성조 연구」, 『국어연구』 150, 서울대 국어연구회.

김성규(1994), 『중세국어의 성조 변화에 대한 연구』, 서울대 박사학위논문.

김성수(1995), 「창원 지역어의 목소리 연구」, 『우리말 연구』 55, 우리말연구회.

김성환(1987), 『경북 방언의 성조에 관한 연구-경북 경산지역어를 중심으로-』, 계명대 박사학
　　　　　위논문.

김세진(2006), 『경남 서남부 방언의 성조 연구』, 충남대 박사학위논문.

김영만(1986), 『국어초분절음소의 사적연구』, 고려대 박사학위논문.

김영만(1989), 『형태소 {ᄂ}의 기저 운율(성조)에 대하여』, 이정 정연찬 선생 회갑기념논총.

김영만(1990), 『쌍형 어간과 {ᄋ/으}의 기저 운소』, 한국어학신연구.

김영만(1997), 「국어 초분절음의 공시적 연구」, 『영남어문학』 32. 영남대학교.

김영송(1975), 『우리말 소리의 연구』, 과학사.

김완진(1974), 「음운변화와 음소의 분포」, 『진단학회』 38. 진단학회.(『음운 Ⅱ』, 태학사,
　　　　　1998 재수록)

김완진(1977), 『중세국어 성조의 연구』, 탑출판사.

김주원(1991ㄱ), 「경상도 방언의 성조 기술 방법-표기 방법의 표준화를 위한 시론-」, 『어학연
　　　　　구』 27-3. 서울대 어학연구소.

김주원(1991ㄴ), 「경상도 방언의 고조의 본질과 중세국어 성조와의 대응에 대하여」, 『언어학』
　　　　　13. 한국언어학회.

김주원(1991ㄷ), 『중세국어의 성조 기술에 대한 일고찰-이른바 '무성조 형태소'의 성조를 중심
　　　　　으로-』, 들메 서재극 박사 환갑 기념 논문집.

김주원(1995), 「중세국어 성조와 경상도 방언 성조의 비교 연구-'뭇노푼 소리'에 대한 새로운
　　　　　해석을 중심으로-」, 『언어』 20권 2호, 한국언어학회.

김주원(2000), 「영남 방언 성조의 특성과 그 발달」, 『어문학』 69, 한국어문학회.

김주원(2003), 「강원도 동해안 방언 성조의 특성」, 『민족문화논총』 27, 영남대학교 민족문화연구소.

김주필(2001), 「ㅸ의 [순음성] 관련 현상과 fi로의 약화」, 『국어학』 38, 국어학회.

김차균(1970), 「경남 방언의 성조 연구」, 『한글』 145, 한글학회.

김차균(1973), 「국어 성조론과 서부 경남 방언의 성조」, 『한글』 152, 한글학회.

김차균(1975), 「영남·영동 방언의 성조」, 『한글』 155, 한글학회.

김차균(1977ㄱ), 『경상도 방언의 성조 체계』, 서울대 박사학위논문.

김차균(1977ㄴ), 「어절 성조 언어의 기술 방법」, 『언어학』 2, 한국언어학회.

김차균(1985), 「중세국어와 경상도 방언의 성조 대응 관계 기술의 방법」, 『역사언어학』(김방한 선생 화갑 기념 논문집).

김차균(1988), 「성조이론의 비판적 성찰」, 『애산학보』 6, 애산학회.

김차균(1991), 「방점법과 성조의 대응관계」, 『논문집』 XⅧ-1호, 충남대 인문과학연구소.

김차균(1992), 「방점법과 창원 방언 풀이씨의 성조」, 『언어』 13, 충남대.

김차균(1998), 『음운학 강의』, 태학사.

김차균(1999), 『우리말 방언 성조의 비교 연구』, 도서출판 역락.

김차균·고광모·김주원·정원수(2000), 「영남 방언과 호남 방언의 운율 비교-대화체 월의 운율을 중심으로」, 『어문연구』 34, 어문연구학회.

김차균(2001), 「고성 방언과 성주 방언의 풀이씨 성조의 비교」, 『어문연구』 36, 어문연구학회.

김차균(2002ㄱ), 「창원 방언과 안동 방언의 성조의 비교」, 『우리말글』 25, 우리말글학회.

김차균(2002ㄴ), 「안동 방언과 밀양 방언의 성조의 비교」, 『어문연구』 39, 어문연구학회.

김차균(2002ㄷ), 「밀양 방언과 안동 방언 성조의 비교」, 『배달말』 31, 배달말학회.

김차균(2002ㄹ), 『국어 방언 성조론』, 도서출판 역락.

김차균(2003ㄱ), 「영남 방언 및 영동 방언에서 순행평성동화의 대조적 연구」, 『우리말글』 29, 우리말글학회.

김차균(2003ㄴ), 「우리말 성조 방언에서 반평성과 반거성」, 『한말연구』 13, 한말연구학회.

김형춘(1994), 「진주 방언의 음소 체계 연구」, 『한글』 224, 한글학회.

램지(Ramsey)(1978), 「함경 경상 양방언의 액센트 연구」, 『국어학』 2, 국어학회.

문효근(1969), 「영동방언의 운율적 자질에 관한 연구」, 『인문과학』 22, 연세대.

문효근(1974), 『한국어 성조의 분석적 연구』, 세종출판사.

문효근(1978), 「훈민정음의 'ㅇ'와 'ㆀ'에 관한 몇 가지 문제」, 『한글』 162, 한글학회.

박숙희(2001ㄱ), 「*VV 제약과 굴절의 음운 현상-성조 방언을 대상으로-」, 『한국언어문학』 47, 한국언어문학회.

박숙희(2001ㄴ), 「굴절의 음운 현상과 성조 변동」, 『민족문화논총』 24, 영남대학교 민족문화연구소.

박숙희(2003), 「동사 운율구의 내부구조와 음조 실현」, 『어문학』 80, 한국어문학회.

박숙희(2005), 『경북 동해안 방언의 성조 연구』, 충남대학교 박사학위논문.

박숙희(2006), 「안동·성주·경주 방언의 성조 비교」, 『한글』 272, 한글학회.

신기상(1987), 「동부경남방언 용언어미의 고저장단」, 『국어학』 20, 국어학회.

신기상(1986), 『동부경남방언의 음운 연구』, 성균관대학교 박사학위논문.

신기상(1990), 『매개모음 '-으-'에 대한 몇 문제』, 강신항 교수 회갑기념 국어학논문집, 태학사.

안상철(1991), 『경남 방언의 성조 연구』, 갈음 김석득 교수 회갑기념논문집.

오종갑(2003), 「동해안 어촌 지역어의 음운론적 비교-영덕. 울진. 삼척. 강릉 어촌 지역어를 중심으로-」, 『어문학』 82, 한국어문학회.

우민섭(1986), 「후음 ㅇ의 음가 고찰」, 『국어학신연구』(김민수 박사 화갑 기념 논문집), 탑출판사.

윤종남(1986), 『강릉방언의 초분절음소에 대한 고찰』, 동국대 석사학위논문.

이근열(1997), 『경남방언의 음절 구조와 음운 현상 연구』, 부산대 박사학위논문.

이기문(1972/1990), 「국어 음운사 연구」, 『국어학총서』 3, 국어학회.

이동화(1990), 『경북방언 성조의 자립분절음운론적 연구』, 영남대 박사학위논문.

이동화(1991), 『국어 성조와 음운현상의 관련성에 대해-경북 방언을 중심으로-』, 들메서재극 박사 환갑기념 논문집.

이문규(1997ㄱ), 「대구방언의 성조 중화 현상」, 『문학과 언어』 18, 문학과언어학회.

이문규(1997ㄴ), 「경북 방언 {안+용언}의 성조 현상」, 『한글』 238, 한글학회.

이문규(1998ㄱ), 「대구 방언의 성조 체계」, 『수련어문논집』 24, 수련어문학회.

이문규(1998ㄴ), 「동해안 세 방언의 성조 연구」, 『문학과 언어』 20, 문학과언어학회.

이문규(1998ㄷ), 「성조소 기술 방법론의 비교 연구」, 『언어과학연구』 15, 언어과학회.

이문규(2001), 「경북 방언 의문문의 성조 연구」, 『한글』 252, 한글학회.

이문규(2002), 「대구 방언과 안동 방언의 성조 비교 연구」, 『어문학』 77, 한국어문학회.

이병건(1986), 「자립 자립분절음 음운론」, 『어학연구』 22-3, 서울대 어학연구소.

이병선(1967), 「비모음화 현상고-경상도 방언을 중심으로-」, 『국어국문학』 37·38, 국어국문학회.

이상억(1979), 「음조배정규칙에 관한 두어 문제」, 『국어학』 8, 국어학회.

이숭녕(1964), 「15세기의 활용에서의 성조의 고찰」, 『아세아연구』 7-2, 고려대 아세아문제연구소.

이익섭(1972), 「강릉 방언의 형태음소론적 고찰」, 『진단학보』 33, 진단학회.

이익섭(1972), 「강릉방언의 Suprasegmental Phoneme 체계」, 『동대어문』 2, 동덕여대.

이익섭(1992), 『국어표기법 연구』, 서울대출판부.

이진호(2001), 「국어 비모음화(鼻母音化)와 관련된 이론적 문제」, 『국어학』 37, 국어학회.

이혁화(1994), 「금릉방언의 성조 연구」, 『국어연구』 119, 서울대 국어연구회.

이혜숙(1985), 「경남 방언 성조의 자립분절음운론적 연구」, 『언어』 10, 한국언어학회.

이호영(1996), 『국어 음성학』, 태학사.

전학석(1993), 『함경도방언의 음조에 관한 연구』, 태학사.

정 국(1980), 「성조의 기능론적 분석」, 『어학연구』 15-2, 서울대 어학연구소.

정연찬(1970), 「중세국어 관형사형의 성조에 대하여」, 『한글』 146, 한글학회.

정연찬(1976), 『국어 성조에 관한 연구』, 일조각.

정연찬(1977), 『경상도 방언 성조 연구』, 국어학총서 5, 탑출판사.

정연찬(1987), 「욕자초발성(欲字初發聲)을 다시 생각해 본다」, 『국어학』 16, 국어학회.

정원수(1993), 「경북 방언의 단어형성에 나타나는 성조 변동 연구」, 『어문연구』 24, 어문연구학회.

정원수(1994ㄱ), 「경북 방언의 복합 동사 형성에 나타나는 성조 변동 연구」, 『한글』 224. 한글학회.

정원수(1994ㄴ), 「예천 방언의 곡용 현상에 나타나는 성조 변동 연구」, 『우리말 연구의 샘터』 (연산 도수희 선생 회갑 기념 논문집).

정원수(1995ㄱ), 「경북 방언 파생명사의 성조에 대한 국어사적 고찰」, 『어문연구』 26. 어문연구학회.

정원수(1995ㄴ), 「경북 방언 용언의 성조」, 『어문연구』 27. 어문연구학회.

정원수(1996), 「경북 방언 사동사의 성조 연구」, 『언어』 17. 충남대학교 어학연구소.

정원수(2000), 「경북 예천 방언의 문장 성조 분석」, 『우리말글』 20. 우리말글학회.

정인교(1987), 『경상도방언 성조의 비단선적 음성·음운론에 관한 연구』, 서울대 박사학위논문.

정인호(1995), 「화순지역어의 음운론적 연구」, 『국어연구』 134. 서울대 국어연구회.

정인호(1997), 「ㅂ-불규칙 용언 어간의 변화에 대하여」, 『애산학보』 20. 애산학회(『음운 II』, 태학사, 1998 재수록).

조현숙(1985), 「경북방언의 운율체계연구」, 『국어연구』 66. 서울대 국어연구회.

주상대(1987), 「활용상에서의 성조 변동-김해방언 1음절 동사 어간을 중심으로」, 『수련어문논집』 14. 수련어문학회.

천시권(1965), 「경북방언의 방언구획」, 『어문학』 13. 한국어문학회.

최명옥(1980), 『경북 동해안 방언연구』, 영남대 민족문화연구소.

최명옥(1996), 『국어 음운론과 자료』, 태학사.

최명옥(1998), 「현대국어의 성조소 체계」, 『국어학』 31. 국어학회.

허 웅(1954), 「방점 연구-경상도 방언 성조와의 비교」, 『동방학지』 2(『중세국어연구』, 1963, 정음사에 재수록).

허 웅(1955/1963), 『중세 국어 연구』, 정음사.

허 웅(1985/1991), 『국어음운학』, 샘문화사.

홍윤표(1994), 『근대국어연구(I)』, 태학사.

Chomsky & Halle(1968/91), *The Sound Pattern of English*, MIT Press.

Goldsmith. John A(1990), *Autosegmental & Metrical Phonology*, Blackwell Publishers. Oxford.

Kim. Gyung-Ran(1988), *The Pitch-accent System of the Taegu Dialect of korean with Emphasis on Tone Sandhi at the Phrasal Level*, Doctoral Dissertation. Univ. of Hawaii. Hanshin Publishing Co.

McCawley. James D(1968), *The Phonological Component of a Grammar of Japanese*, The Hague.

Pike. Kenneth L(1948), *Tone Language*. A Technique for Determining the Number and Type of Pitch Contrasts in a Language, with studies in Tonemic Substitution and Fusion, The University of Michigan Press. Ann Arbor.

Ramsey. S. Robert(1989), *Accent and Morphology in Korean Dialects*, 『국어학총서』 9. 국어학회.

부록 ▌자료편

표기 규약

▶ 해당 항목의 각주에서 아무런 설명 없이 제시되는 형태는, 그 항목과 동일한 의미로 사용되는 변이형태를 의미한다.

:구·디·기^{주)}　　　　　　주) :굼·베·이
발뜨어·리^{주)}　　　　　　주) ·발[#]:떠·리

▶ 해당 항목에 '—'표시가 된 것은 적어도 이 제보자들에게서 그 항목에 대응되는 형태가 쓰이지 않음을 의미한다.

	울진	영덕	포항	경주
닫(=닻)	—	닻/·밧·줄	닻	—

▶ 중세국어 문헌에서 둘 이상의 성조형이 혼기된 어휘들은 그 양상에 따라 다음과 같이 아래첨자를 이용하여 구별한다.

X_1	조사와 결합할 때 ·□·□형과 ·□□형이 혼기
$X_{1'}$	·□·□형과 ·□□형이 혼기
X_2	·□:□형과 ·□·□형, ·□ㄴ형이 혼기
$X_{2'}$	·□·□·□형과 ·□·□□형이 혼기
X_3	조사와 결합할 때 ·□·□□형과 ·□□·□형이 혼기
X_4	□:□형과 □□□형이 혼기
X_5	조사와 결합할 때 □·□·□형과 □·□□형이 혼기
X_6	□·□·□형과 □□□형, □·□:□형이 혼기
X_7	□□·□형과 □□□□형이 혼기
X_8	:□·□형과 □□□형이 혼기
X_9	:□:□형과 :□·□형, :□□형이 혼기
X_{10}	임의의 둘 이상의 성조형이 혼기

▶ 동사 표제어가 동음어를 가질 때 자동사는 '(자)'로 타동사는 '(타)'로 표기한다.

1. 어휘형태소의 성조

1.1. 중세국어 명사와 방언간 성조 대응

1.1.1. 1음절

	울진	영덕	포항	경주
갓(妻)	각·시	각·시	각·시	각·시/:색·시
갗(皮)	가죽	까죽	까죽	까죽
겯(腋)	제드랑	자드락	자드랑	자드레·이
곁(傍)	젙	짙/젙	짙	짙
곳(花)	꼳	꼳	꽂	꼳
그(其)	그	그	그	그
긷(柱)	지동	지동	지동	지동
납(猿)	:원·시·이	:원·새·이[1]	:원·수·이	:원·시·이[2]
넋(魂)	넋[넉]	혼	넋[넉]	넋[넉]
녑(脅)	옆구·리	역구·리	역구·리	약구·리
놓(索)[3]	노끈/·끈·기	노·끈	노·끈/노·빠	노·끈[4]
늫(經)	·날·실	—	— [5]	·날·실[6]
눗(面)	낯	낱	낯/낱	낱
닥(楮)	딱나무	딱나무	닥/닥나무	딱/딱나무
달(=닻)[7]	—	닻/·밧·줄	닻	—
뎧(笛)	피·리	피·리	·피·리	·피·리

---

1) :원·수·이, '띠'를 말할 때는 '잔내·비'를 씀
2) 띠를 말할 때는 '잔내·비·띠'
3) 실, 삼, 종이 따위의 섬유로 가늘게 비비거나 꼰 줄
4) 염에 쓰는 '노·끈'은 '·삼'
5) ·베·를 난·다
6) ·베·로(베를) 난·다
7) '닻'은 배를 고정시키기 위해 줄에 매어 물에 던지는 제구. '돛'은 돛대에 달아 바람을 받게 하는 헝겊으로 만든 제구

독(甕)	·독	도·옥	도·오	독
돝(豕)	:데·지	:데·지	:데·지	:데·지
등(背)	등	등	등떠·리	등더·리
닭(鷄)	달	달	달	달
목(喉)	목	목	목	목
뭍(陸)	·육·지	·육·지	·육·지	·육·지
밑(底)	밑	밑	밑	밑
몯(=맏)	만	만	만	만
물(馬)	말	말	말	말
밖(=밖)	밖/배끝	배글	뱎/밖	밖
밭(田)	밭	밭	밭	밭
병(瓶)	빙	비·이	비·이/병	비·이/빙
볕(陽)	빝	뱉	뱉/뺓	뺓
비(碑)	비	비	비	비
빚(債)	빋	빋	빋/빝	빋
팔(臂)	팔	팔	팔	팔
비(舟)	·배	·배	·배	·배
섶(薪)	섶	섶	섶	섶
손(客)	손	손	손	손
솥(鼎)	솥	솥	솥	솥
술(酒)	술	술	술	술
숯(炭)	수꿍/수·꾸	수껑/숱	수꿍	수꿍
신(楓)	—	—	—	—
쒱(雉)	꽁	꽁	꽁	꽁
똥(糞)	똥	똥	똥	똥
숗(=요)	요	요	요	요
앒(前)	앞	앞	앞	앞
옳(今年)	옭/올	옭	옭	옭
옷(漆)	옽	옻	옻	옽
웋(上)	우	우	우	우
좋(粟)	:서·숙	제/조	제	조
집(家)	집	집	집	집
창(窓)	봉창	봉창	봉창	봉창
창(矛)	창	창	창	창
초(醋)	·식·초	초	초	초
콩(大豆)	콩	콩	콩	콩
활(弓)	활	활/할	활	활
흙(土)	흐리/흘	흘/흙[흙]	흘/흙[흙]	흘

·간(肝)	:간	:간	:간	:간
·갇(笠)	·갓	·갓	·갓	·갓
·갏(刀)	·칼	·칼	·칼	·칼
·값	·값	·값	·갑	·갑
·개(浦)[8]	·갯·가	—	:갯·가	—
·겿(語助)	—	—	—	—
·공(鼻)	·코	·코	·코/·쾌	·코/·쾌
·곧(=곳)	·곳	·곳	·곳	·곳
·굔(=구더기)	구·디·기	:구·데·기	:구·디·기[9]	:구·디·기
·굽(蹄)[10]	:디·텍	·굽	·굽	·굽
·귀(耳)	·귀	·귀	·귀/·기	·귀/·기
·글(文)	·글	·글	·글	·글
·금(線)	·금	·띠	·금	·끼
·긑(=끝)	·끝	·끝/·끈티·이	·끝	·끝
·긶(=끈)	·끈	·끈	·끈	·끈
·긿(道)	·질	·짒/·긿	·짒/·긿	·긿
·깃(巢)[11]	—	—	—	—
·꿀(葦)	·갈·때	·갈·때	·갈·때	·갈·때
·낳(齡)	·나·이	·나·이/·나	·나·이/·나	·나·이/·나
·낤(=낙수)	·낙·숫·물	·낙·수	·낙·수	·낙·수
·낟(鎌)	·낫	·낫	·낫	·낫
·날(日)	·날	·날	·날	·날
·낮(晝)	·낮	·낟	·낮	·낮
·내(嗅)	:냄·새	:내·미	:내·미/:내[12]	:내·미
·논(畓)	·논	·논	·논	·논
·놈(者)	·놈	·놈	·놈	·눔
·눈(眼)	·눈	·눈	·눈	·눈
·니(蝨)	·이	·이	·이	·이
·니(齒)	·이	·이	·이	·이
·닢(葉)	이퍼·리	이퍼·리/·잎	이퍼·리/·잎	이퍼·리/·잎
·눓(刀)	·날	·날	·날	·날
·눔(他)	·남	·남	·남	·남

---

8) 강과 내에 조수가 드나드는 곳

9) :굼·베·이

10) 말, 소, 양 등의 발 끝에 있는 두껍고 단단한 발톱. 나막신의 발이나 구두 바닥의 뒤쪽

11) 외양간이나 닭의 둥우리 등에 까는 짚이나 마른 풀. 새 날개에 달린 털

12) :냄·새

·닉(煙)	연·기	내구래·기[13]	내구래·기	내구래·기[14]
·담(墻)	·담	·담	·담	·담
·대(竹)	·대	·대	·대	·대
·뎌(彼)	:저	·저	·저	·저
·뎔(寺)	·절	·절	·절	·절
·되(升)	·디/디박	·되[데]	·되[데]	·되[데]
·딮(=짚)	·짚	·짚	·집	·집
·돌(月)	·달	·달	·달	·달
·말(斗)	·말	·말	·말	·말
·맔(橛)	말뚝	말때·기	말뚝·이	말띠·기
·맛	·맛	·맛	·맛	·맛
·매(=맷돌)	·맷·돌	맷돌	·맷·돌	·맷·돌/·매
·매(鞭)	·매	·매	·매	·매
·먹(墨)	·먹	·먹	·먹	·먹
·뫃(方)	모서·리	·모	·모	모서·리
·몬(釘)	·못	·못	·못	·못
·몸	·몸	·몸	·몸	·몸
·못(池)	·못	·못	·못	·못
·믈(水)	·물	·물	·물	·물
·밇(小麥)	·밀	·밀	·밀	·밀
·미(野)	:들	:듥	:듥	:듥
·박(瓢)	고지	고지/·박	·박/고지·박	꼬두·박
·발(足)	·발	·발	·발	·발
·밤(夜)	·밤	·밤	·밤	·밤
·밥	·밥	·밥	·밥	·밥
·벼(稻)	나·락	나·락	나·락	나·락
·봄	·봄	·봄	·봄	·봄
·뵈(布)	·베	·베	·베	·베
·붇(筆)	·붓	·붓	·붓	·붓
·붚(鼓)	·북	·북	·북	·북
·블(火)	·불	·불	·불	·불
·비(雨)	·비	·비	·비	·비
·빗(梳)	·빗	·빗	·빗	·빗
·빛(光)	·삗	·삗	·삗	·삗
·빛(色)	·삧/·색	·삣·깔/·색·깔	·삗·가·리/·색	·색·깔[15]

---

13) 연·기
14) 연구래·기
15) 삼베의 경우는 '·삗'

·빅(腹)	·배	·배	·배	·배
·빅(舟)	·배	·배	·배	·배
·띡(垢)	·때	·때	·때	·때
·뜲(=뜰)	—	쭉담16)	:뜰/쭉담	쭉담
·뿍(艾)	·쑥	·숙	·숙	·숙
·뜯(=뜻)	·뜻	·뜻	·뜻	·뜻
·뻐(種)	씨/씨·갑	시·갑/시·갑·시	·시/시·까·시	시·앗·이
·뿔(米)	·쌀	·살	·살	·살
·뻬(荏)	·깨	·깨	·깨	·깨
·뿔(=꿀)	·꿀	·꿀	·꿀	·꿀
·쁴(時)	—	—	—	—
·쁼(鑿)17)	·끌	·끌	·끌	·끌
·쁨(=틈)	·틈/틈새·애	·틈/틈새·애	·틈	·틈·서·리18)
·뻬(時)	·때	·때	·때	·때
·살(矢)	화·살	화·살	활·살	활·살
·셔(=서까래)19)	·시·까·래	·세·까·리	·서·까·래	·세·까·리
·섨(轡)20)	골·삐/골빼·이	꼬·비/이까·리	이까·리	이까·리
·셤(斛)	:섬	·섬	·섬	·섬
·손(手)	·손	·손	·손	·손
·솔(松)	·솔	·솔	·솔	·솔
·쇠(鐵)	·쇠[쇄]	·쇠[쇄]	·쇠[쇄]	·쇠[쇄]
·쇼(牛)	·소	·소	·소	·소
·술(匙)	·술	·술	·술	·술
·신(履)	·신	·신	·신	·신
·슗(肌)	·살	·살	·살	·살
·쏠(芻)	·꼴	·꼴/·소·꼴	·꼴	·꼴
·꾀(謀)	·끼	·꾀[꽤]	·꾀[꽤]	·꾀[꽤]
·쑴(夢)	·꿈	·꿈	·꿈	·꿈
·쌓(地)	·땅	·땅	·땅	·땅
·썩(=떡)	·떡	·떡	·떡	·떡
·쯱(帶)	·띠21)	·띠	·띠	·띠

16) 신발벗는 곳
17) 나무에 구멍을 파거나 다듬는 도구
18) 틈서·리
19) 도리에서 처마 끝까지 건너지른 나무
20) 한 끝을 소나 말의 재갈에 잡아매어 몰거나 부릴 때 끄는 줄
21) 울진 방언에서 '·띠'는 상주(喪主)가 허리에 매는 끈만을 가리키고 일반적으로 물건을 묶을 때 쓰는 것은 '·끙·기, 끄내·끼'라고 한다.

쏠(=딸)	·딸	·딸	·딸	·딸
·쏨(汗)	·땀	·땀	·땀	·땀
·쌤(顋)	기때·기	·뽈	·뽈	뽈때·기
·쎠(骨)	·뻬	·뻬	·뻬	·뻬
·쏠(角)	·뿔	·뿔/뿔따·구	·뿔	·뿔
·앓(內)	·안	·안	·안	·안
·앓(卵)	·알	·알	·알	·알
·엻(十)	·열	·열	·열	·열
·엿	·엿	·엿	·엿	·엿
·옷	·옷	·옷	·옷	·옷
·울(=울타리)	울따·리	울따리	·울/울따리	우딸
·움(=움집)22)	무꾸꾸디·이	·우·막/·움	·우·막	·우·막
·입	·입	·입	·입	·입
·잎(戶)	잎·새	잎·새	잎·새	잎·새
·쟗(尺)	·자	·자	·자	·자
·잔	·잔	·잔	·잔	·잔
·잣(城)	성	성	성	성
·재(嶺)	고·개/:재/목·재	고·개	고·개	고·개
·져(=젓가락)	절까·락	·절	·절	·절
·젖(乳)	·젖	·젖	·젖	·젖
·좀(蠹)	·좀	·좀	·좀	·좀
·쥐(鼠)	·쥐	·쥐/·지	·쥐	·쥐[지]
·죽(粥)	·죽	·죽	·죽	·죽
·짐(荷)	·짐	·짐	·짐	·짐
·짗(羽)	·날·개	·날·개	·날·개	·날·개
·줌(寢)	·잠	·짐	·잠	·잠
·채(鞭)	·채	·채/말·채	·채	·채
·체(篩)	:체[ㄴ]	·체	·체	·체
·춤(舞)	·춤	·춤	·춤	·춤
·춤(唾)	·춤	·춤	·춤	·춤
·츰(葛)	·칠·기	·칠·기	·칠	·칠·기
·칙(灰)	·재	·재	·재	·재
·칙(冊)	·책/·착	·책	·책	·책
·크(身長)	·키	·키	·키	·키
·키(箕)	·치·이	·체·이	·치·이	·체·이
·탑(塔)	·탑	·탑	·탑	·탑

---

22) 땅을 판 뒤 그 위에 거적을 덮고 흙을 덮어서 그 안에 채소를 넣어 두는 곳

·텋(基)	·터	·터	·테	·테
·톱	·톱	·톱	·톱	·톱
·특(顎)	·텍	·텍	·텍	·텍
·파(蔥)	·파	·파/·파·구	·파	·패
·플(草)	·풀	·풀	·풀	·풀
·피(稷)	지장·쌀	지장	지장	지장
·피(血)	·피	·피	·피	·피
·퐅(小豆)	·팥	·팥	·팥	·팥
·혀(舌)	·세	·세	·세	·세
·혹(疣)	·혹	·혹	·혹	·혹
·홈(筧)	:홈	:홈	·홈23)	:홈
·힘(力)	·힘	·힘	·힘	·힘
·히(日,年)	·해	·해	·해	·해
:감(柿)	:감	:감	:감	:감
:걸(渠)	거랑	거랑/:걸	거랑/:걸	거랑
:게(蟹)	:기	:기	:게[기:]	:게[기:]
:골(谷)	개·골/개골창	꼴째·기/개골	:골	골짜·기
:골(菅)24)	왕·골	왕·걸	왕·걸	왕·걸
:곰(熊)	:곰	:곰	:곰	:곰
:괴(猫)	:고·얘·이	:괴·내·기	:고·내·기	:고·내·기
:궤(櫃)	:기/:기·짝	:귀/살·귀	:귀·짝	:귀
:길25)	·질	·질	·질	·질
:깁(繒)	:비·단	:비·단	:비·단	:비·단
:ᄀᆞᆺ(邊)	:가/:갓	:갓	:가/:갓	:갓
:낟(穀)	:낟·곡	:낟	:낟	살·낟
:내(川)	거랑	거랑	거랑	거랑
:넿(四)	:네/:니	:네/:니	:네/:니	:네/:니
:녜(昔)	:잇·날	:옛·날	:옛·날	:옛·날
:뉘(世)	:세·상	:세·상	:세·상	:세·상
:담(毯)26)	:담·요	:담·요	·담·요	·담·요
:돈(錢)	:돈	:돈	:돈	:돈
:돓(石)	:돌	:돌	:돌	:돌

---

23) 논에 고랑 파놓은 것
24) 이것의 줄기로 자리를 만듦. 등심초
25) 수심(水深)을 재는 단위
26) 털로 만들어 깔거나 덮도록 만든 요

:되(胡)	:띠·눔	:떼·눔	:뗴·놈	:뗏·눔
:둟(二)	:둘	:둘	:둘	:둘
:뒿(後)	:뒤[디:]	:뒤[디:]	:뒤[디:]	:뒤[디:]
:말(語)	:말	:말	:말	:말
:매(鷹)	:매	:매	:매	:매
:묑(山)	산	산	산	산
:밀(蠟)27)	:밀/:개	:밀	:밀	:밀
:발(簾)	:발	:바·리	:바·리	:발
:밤(栗)	:밤	:밤	:밤	:밤
:벋(朋)	동·무	동·무/벗	:벗	:벗
:벌(蜂)	:버·리	:버·리/:벌	:버·리	:벌
:범(虎)	:범	:범	:범	:범
:별(星)	:빌	:빌/:벨	:빌	:벨
:병(病)	:병/:빙	:병/:빙	:병	:빙/:비·이
:새(鳥)	:새	:새	:새	:새
:솋(三)	:세/:시	:세/:시	:세/:시	:세/:시
:셤(島)	:섬	:섬	:섬	:섬
:솝(裏)	:속	:속	:속	:속
:숨(息)	:숨	:숨	:숨	:숨
:쉰(五十)	:쉰[신:]	:쉰	:쉰/:오·십	:쉰[신:]
:실(絲)	:실	:실	:실	:실
:심(泉)	:샘/:새·미	:샘	:샘	:샘
:엄(牙)	어금·니/어·금·니	어금·니	어금·니	어금·니
:옴(疥)	:옴	:옴	:옴	:옴
:외(瓜)	·물·이	물·이	물·이/물·외	물·외
:일(事)	:일	:일	:일	:일
:잣(海松)	:잣	:잣	:잣	:잣
:죵(僕)	:종	:종	:종	:종
:줄(鑢)	:줄	:줄	:줄	:줄
:즁(僧)	:중	:중	:중	:중
:즛(=짓)	지·실	:짓	:짓	:짓
:치(菜)	:채·소	:채·소	:채·소	:채·소

---

27) 꿀을 짠 찌꺼기

1.1.2. 2음절

	울진	영덕	포항	경주
가락	가·락/가락	가·락	가·락	가·락
가지(茄)	가지	가지	가지	가지
감탕(籐)28)	—	—	—	—
거플(皮)	꺼풀	꺼풀	가불	가부·리
고랑(畎)29)	고랑/고·올	고랑	고랑	고랑
고래(鯨)	고래	고래	고래	고래
고쵸	꼬치	꼬치	꼬추	꼬치
곡도(幻)30)	꼴두각·시	꼭두각·시	꼭두각·시	꼭두각·시
구들	구둘	구둘	구둘	구둘
구무/굵	구영	구영	구영	구영
귀밑	·귀·밑	·귀·밑	·귀·밑	·귀·밑
그듸/그디	그·대	—	그·대	—
그력	기러·기	기러·기	기러·기	기러·기
그릏31)	떠꺼·지	끌띠·기	끌띠·기	둥거·리
ᄀᆞᆯ/ᄀᆞᆯ	가루	가리	가리	가리
ᄀᆞᅀᆞᆶ	가알/가앍/:갈	가읆	가읆	가실/가을
ᄀᆞ옰	고을	고을	고을	고을
나모/낡	낡/나무/낭·구	낡/나무	낡/나무	낡/나무
나좋(夕)	지늑	저늑	저익	저늑
남샹(龜)	거·북/자래	거·북	거·북	거·북
남진(男丁)32)	남정·네	남정·네	남정·네	남정·네
너희	느으	느으	느그	느그
노릇/놀(=노루)	놀개·이	노리	노리/놀개·이	놀개·이
누의(妹)	:누·메	누부	누부	누부
눈섭	눈썹	눈섭	눈섭	눈썹
ᄂᆞᄅᆞ/ᄂᆞᆯ(津)33)	나루	나루	나루	나루
ᄂᆞ몰	나물	나물	나물	나물
ᄂᆞ뭇(囊)	주미·이	주미·이	주미·이	주미·이

---

28) 새 잡는 풀
29) 두두룩한 두 땅의 사이. 두둑의 사이
30) 여러가지 이상 야릇한 탈을 씌운 인형
31) 초목을 베어내고 남은 뿌리와 그 부분, 그루터기
32) 15세 이상의 장정이 된 남자
33) 강이나 내, 바다의 좁은 목에 배가 건너다니는 곳

다락34)	다락	다락	다락	다락
다야(盂)	대·야	대·애	대·애	대·애
도족	도둑	도둑	도둑	도독
되룡(蜴)	돔·배·뱀	돈·둘·배·미	도·마·뱀	도·옴·뱀
두텁	뚜꺼·비	뚜께·비	두꺼·비	뚜끼·비
뒤않(後園)	뒤안/:대·내	뒤안	뒤안	뒤안
디새(瓦)	게아	게와	기와	게아
ᄃ리(橋)	다리	다리	다리	다리
디골	대가·리/댁바·리	대가·리	대가·리	대가·리
록두	녹두	녹디	녹디	녹디
모밀	미물	메물	메물	메물
몬져(=먼저)	먼지	머예	머예	머예
몬지(=먼지)	문지	문지	문지	문지
무릎	무느팍	물·팍	무릎	물·팍
무수(=무)	무꾸	무시/무꾸	무꾸	무시
ᄆ디(=마디)	마두	마디	마디	마디
ᄆ술(里)	마을	마실	마실	마실
ᄆ슴	마음	매앰	마음	매앰
바라(銅鈸)	—	—	—	—
바리(鉢)35)	나무뚜꽈·리	:바·리	:바·리	—
발둥	발뜨·이	발뜨어·리36)	발뜽	발뜽더·리
방어(魴)	방어	바아	방어	방어
보리	보리	보리	보리	보리
보션	버선	버신	버선	버선
부텨(佛)	부체	부체	부체	부체
불무/붊(冶)	붕노	풍기/풍구	풍노	불매
브섭(=부엌)	부엌	부식	부짘	부짘
ᄇ디(筬)37)	바·디	바·디	바·데	바·데
ᄇ룸	바람	바람	바람	바람
샤공	사공	사공	사공	사공
소곰	소금	소금	소금	소금
소옴(綿)	:솜/·소·캐	:솜/·소·캐	:솜/·소·캐	:솜/·소·개
손목	손목	손목	손목	손목

34) 부엌 천장 위에 이층처럼 만들어 물건을 두게 된 곳
35) 중이 쓰는 그릇. 나무로 대접같이 만들어 안팎을 칠한 그릇
36) ·발#:떠·리
37) 베틀에 딸린 기구의 하나

손톱	손텁	손톱/손톱	손톱	손톱
스승(師)	—	—	스승	—
시르/실(=시루)	시리	시리	시리	시리
짜보(犁)	얼룩·소	얼룩·소	얼룩·소	얼룩·소38)
쓰롬(=따름)	—	—	—	—
아ᅀᅳ/앗(弟)	동생	아시	아시/아·우	아시/동생
언덕	언덕	언덕	언덕	언덕
얼골	얼굴	얼굴	얼굴	얼굴
여ᅀᅳ/엿(狐)	예깨·이/옛·수	옛·수/야·수	옛·수	옛·수
올창	올채·이	올채·이	올채·이	올구채·이
율믜(薏苡)	·율·무	·율·무	·율·무	·율·무
이삭	이삭	이삭	이식/이새·기	이식/이시·기
쟈감39)	미물꺼풀40)	메물껍데·기	—	메물땅개·미
쟈르(袋)	자루/잙	자리	자리	자리
젹삼	적삼	적새·미	적새·미	적새·미
쥬련(帨)41)	—	—	—	—
즁싱	짐승	짐승	짐승	짐승
즈르(柄)	자루/잙	자리	자리	자리
콩밭	콩밭	콩밭	콩밭	콩밭
편풍(屛風)	핑푼	평풍	평풍	·펭·풍/펭풍
평상(平床)	·살·펭·상	·살·펭·상	펭상	펭상
호왁(臼)42)	호박·이	호박	호박	호박
ᄒᆞ낳(一)	하나	하나	한·나	한·나
ᄒᆞ르	하루	하리	하리	하리
가·사(袈)	—	장삼	장삼	장삼
가·슴	가·심	가·심	가·심/가·슴	가·심
가·폴(鞘)	칼찝	칼찝	칼찝	칼찝
가·히(狗)	:개	:개	:개	:개
감·즈	감자	감자	감자	감자
갓·블(膠)	—	—	—	—
거·붑(龜)	거·북	거·북	거·북	거·북

---

38) 얼룽배·기·소, 옛말은 '시리디·이'
39) 메밀껍질
40) 미물깍데·기, 미물달개·이
41) 여자들이 옷을 입을 때 겉에 차는 수건
42) 절구 아가리로부터 밑바닥가지의 구멍

거·홈(顎骨)	—	—	—	—
겨·를(暇)	여·개	여·개	여·개	여·개
겨·슬(冬)	저·읽/:동·삼	겨·얼	겨·얼	겨·얼
격·지(, 履)	나막·신	나막·신	나무·신	나박·신
고·마(妾)	:소·가/·첩43)	:소·가/·첩	:소·가/·첩	:소·가/·첩
고·티(＝누에고치)	꼬·치	꼰·치	꼰·치	꼰·치
곳·갈	꼬·깔	꼬·깔	꼬·깔	꼬·깔
구·리(銅)	구·리	꾸·리	구·리	구·리
구·비/구·븨	구·비	구·비	구·비	구·비
구·슬(珠)	구·슬	구·실	구·실	구·실
굴·헝44)	·질	·짒	짒	짒
귀·향(謫)45)	:기·양	귀·양	귀·양	귀·양
그·릇	그·륵	그·륵	그·륵	그·륵
긔·별	기·별	기·빌	기·빌	기·별
기·름(油)	지·름	지·름	기·럼/기·름	지·름
기·슭	—	기슬·기	기슬·기	치거·리
기·울(麩)	밀지·울	미찌·불	밀찌·불	밀찌부래·기
ᄀᆞ·롬(江)	·강	·강	·강	:강
나·랗(國)	나·라	나·라	나·라	나·라
나·올(四日)	나·알	나·알	나·알	나·알
남·편	남·편	남·편	남·편	남·편
너·출(＝넝쿨)46)	덤불/텀불	덤불	덤불	덤풀
녀·름(夏)	여·름	여·름	여·름	여·름
노·릇(＝노릇)	지·실	:짓	노·릇	노·릇
누·륵(＝누룩)	누·룩	누·룩	누·룩	누·룩
누·에	누·에	누·베	누·에	누·베/니·비
니·마	이·마	이·매	이·마	이마빼·기
니·블	이·불	이·불	이·불	이·불
닐·굽	일·곱	일·곱	일·곱	일·곱
닐·흔	일·은	일·흔	일·흔	일·은
니·일	니·일	내·애·리	니·일	내·애·리
다쐐	닷·새	닷·새	닷·새	닷·새
당·쉬(漿)	미음	:몀/:밈	미임	미임

43) ':소·가'는 '·첩'을 점잖게 이르는 말
44) 구렁(壑). 거리(巷)
45) 형벌의 하나. 유배
46) 땅바닥으로 뻗거나 다른 것에 감겨 오르는 식물의 줄기. 넝쿨＝덩굴. 칡넝쿨

댱·승	장승/:장·승	장승	장승	장·승
더·덕(蔘)	더·덕	더·덕	더·덕	더·덕
더·품/거품	거·품	거·품	거·품	거·품
도·랏(桔)	도라·지	돌개	도래/돌개	돌개
두·듥(丘)	—	두·들	두·들	두·들
드·레(=두레박)	뜨레박/탈배·기	뜨르·박	두루·박	따르·박
드·릏(野)	:듥	:듥	:듥	:듥
드·뵈(=뒤웅박)47)	—	—	두부래·기	두부래·기
러·울	너구·리	너구·리	너구·리	너구·리
마·순	마·은	마·흔	마·흔	마·은
머·귀(桐)	오동낭·기	오동나무	오동나무	오동나무
머·리(頭)	머·리	머·리	머·리	머·리
무·덤	무·덤	무·둠	무·둠	무·덤
뮤·쇼(牛馬)	—	—	—	—
뫌·채(馬鞭)	말·채	말·채	말·채	말·채
바·눌	바·늘	바·늘	바·늘	바·늘
바·당	바·닥	바·닥	바·닥	바·닥
바·독	바·둑	바·둑	바·둑	바·닥
바·롤/바닿(=바다)	바·다	바·다	바·다	바·다
바·올	바·올	방구·리	바·울/방구·리	방·울/방구·리
반·찬	반·찬/:간	반·찬	반·찬	반·찬/:찬
버·들	버들	버들	버들	버들
버·슷(栮)	버·섯/버·섵	버·섯	버·섯	버·섯
버·즘	버·짐	버·짐48)	마린버·섯	마린버·섯
버·텅(陛)49)	칭·게	칭·게	칭·게	칭게다리
벌·에	벌거·지	벌거·지	벌거·지	벌거·지
벼·로	비·리	베·루	베·루	베·루
벼·록	비리·기	베레·기	베리·기	베레·기
벼·슬	비·슬	베·실	베·실	베·실
보·롬	보·름	보·름	보·름	보·름
불·휘	뿌리·기	뿔거·지	뿔거·지	뿔거·지
비·늘	비·눌	비·늘	비·늘	비·늘
비·레(벼랑, 崖)	·비·랑	·베·랑	·베·랑	·베·랑

---

47) 쪼개지 않고 꼭지 근처에 구멍을 뚫어 속을 파낸 바가지
48) 보악버·짐
49) 오르내리는 돌 충계

사·븨	새·우	:새·우	:새·우	:새·비
사·슴	사·슴	사·슴	사·슴	사·슴
사·올	사·알	사·을	사·을	사·알
서·리(霜)	서·리	서·리	서·리	:서·리
서·에	·석·끼	성·에	성·에	성·에/·서·에
셜·흔	서·른	서·른	서·른	서·른
수·플	·수·풀	·수·풀	수·풀	·수·풀
술·잔	술·짠	술·잔	술·잔	술·잔
시·울(弦)	활·줄	활·줄	:시·위	활·줄
실·에(架)	실·강	실·광	실·근	실·근
스·싀	새·애/상간	새·애	새·애	사·이
싸·히(男)	사나·아	사나·아	사나·아	사나·아
아·둘	아·들	아·들	아·들	아·들
아·비	애·비	애·비	애·비	애·비
아·춤	아첨	아칙	아직	아직
아·홉	아·홉	아·홉	아·홉	아·홉
아·흔	아·은	아·흔	아·흔	아·은
아·히	아·아	아·아	아·아	아·아
양·즈(姿)	맵·시	맵·시	맵·시/양·지	맵·시
어·느(何)	어·느	어·는	어·느	어·느
어·름(氷)	얼·음	어·럼	어·럼	얼·음
여·든	여·든	여·든	여·든	여·든
여·듧	여·덟	여·덜/여·덟	여·덜/여·덟	여·덜
여·렇	여러	여·러	여·러	여·러
여·름(＝열매)	열매	열매	열매	열매
여·슷	여·섯	여·서	여·섯	여·섯
여·쐐	엿·새	엿·새	엿·새	엿·새
여·흘(瀨)50)	—	—	—	—
오·늘	오·늘	오·늘	오·늘	오·늘
우·룸	울·음	:우·는·소·리	울·움	:우·는·소·리
우·믈	웅굴	웅·굴	웅·굴	웅·굴
이·슬	이·슬	이·실	이·실	이·슬
이·웆	이·웆/이·웊	이·붗	이·붗/이·웆	이·붗
이·아(＝잉아)	이·에	이·에	이·에	이·에
이·틀	이·틀	이·틀	이·틀	이·틀

---

50) 물살이 빠르고 세찬 곳

일·홈	이·름	이·름	이·름	이·름
죠·히(=종이)	조·오	조·이	조·오	조·오
주·검(屍)	:영·장	:영·장	:영·장	:영·장
즘·게(=큰나무)	—	—	—	—
주·속(=자위)	·알/·동·자	·창	·재	·채·이
지·조(=재주)	재·주	재·주	재·주/재·간	재·간
터·리	터리·기	터래·기51)	터리·기	터래·기
하·놇	하·늘	하·늘	하·늘	하·늘
허·믈(=흉)	허·물	허·물/숭	허·물	허·물/숭
호·미	호매·이	호매·이	·호·미	호매·이
화·살	화·살	화·살	활·살	활·살
갈:웜(虎)52)	—53)	—	·불·범	·불·범
곡·뒤(後頭)	:쟁·배·기	쩽배·기	쨍배·기	쨍배·기
목·숨	목·숨	목·심	목·심	목·숨
뿔:벌	·꿀·벌	·꿀·벌	·꿀·벌	·꿀·벌
여:쉰(六十)	예·순	여·슨	예·순	여·슷
·가·지(枝)₁	·가·지	·가·지	·가·지	·가·지
·갈·모54)	·쫄·때	·줏·대	·줏·대	·줏·대
·구·룸₁	·구·름	·구·룸	·구·룸	·구·룸
·그·믈₁	·그·물	·그·물	·그·물	·그·물
·ᄀᆞ·놇₁	그늘	그룽·지	그늘	그룽·지
·ᄀᆞ·믈(旱)₁	·가·뭄	·가·뭄	·가·뭄	·가·뭄
·날·돌(日月)	—	—	—	—
·눖·믈	·눈·물	·눈·물	·눈·물	·눈·물
·단·디(罐)	·단·지	·단·지	·단·지	·단·지
·모·기	·모·개·이	모개·이	·모·구	모개·이
·믌·결(波)	·물·껄/파도	파도	파도	파도
·반·되(螢)₁	개똥벌·기	번더·기	·반·지	반디
·발·측(=발뒤축)	:디·꾸·무·리	:디·치·기	:디·치·기	:디·치·기
·밤·낮	·밤·낮	·밤·낮	·밤·낮	·밤·낮
·번·게₁ʹ	번개	·번·개	·번·개	·번·개
·보·람(標)₁	·포	·포	·표	·포

---

51) 터리·이
52) 범을 표범과 구별하여 일컫는 말
53) '노란 범'을 '·불·범'이라고 함.
54) 수레바퀴 통의 바깥 끝을 덮어 싸는 휘갑쇠, 줏대(輨)

·ㅂ·얌₁	:뱀/:배·미	:뱀	:뱀	:배·미
·샹·투	·상·투	·상·투	·상·토	·상·투
·셕·뉴	·셕·노	·셕·노	·셕·노	·셕·노
·손·발	·손·발	·손·발	·손·발	·손·발
·스·믏₁	·수·물	·수·물	·스·물	·스·물
·ㅅ·매₁	·소·매	·사·매	·사·매	·사·매/사매·기
·쓰·믈	뜨물	뜨물	뜨물	뜨물
·아·기₁	얼라·아	알라·아	알라·아	얼라·아
·어·미₁	·이·미	·에·미/어마·이	·이·미	·에·미
·염·쇼	앰새·이	얌새·이	남새·이	얌새·이
·우·리(我等)₁	우리	우리	우리	우리
·울·에₁	천·동	천·동	천·동	천·동
·일·히(狼)₁	·늑·대	:이·리/·늑·대	·늑·대	·늑·대
·차·반(饌)₁	반·찬/:간	반·찬	반·찬/:찬	반·찬/:찬
·처·섬₁	·처·음	:첨	:첨	:첨
·쵸·롱(籠,燈籠)	·초·롱	·초·롱	·초·롱	·초·롱
·톳·기(=토끼)₁	:도·꾸	·토·끼	토깨·이	토깨·이
·투·구(兜)	·투·구	·투·구	·투·구	·투·구
·트·림	·트·럼	트름	·트·름	·트·름
·피·리(篥)₁	피·리	피·리	피·리	피·리
·프·리₁	·파·리	파래·이	·파·리	파래·이
·할·미(祖母)₁	·함·매	·할·매	·할·매	·할·매
·구기(=국자)	국·지	국·자	국·제	국·자
·디파(=대패)	:대·패	:대·패	:대·패	:대·패
·무뤼(=우박)	:우·박	:우·박	:우·박	·누·리
·반되	개똥벌·기	번더·기	·반·지	반디
·딸기	:딸	:딸55)	:딸	:딸
·부형	부허·이	부허·이	부헤·이	부히·이
·비육(=병아리)	뼤아·리	뼤아·리	뼤애·기	뼤가·리
·ㅂ얌	:뱀	:뱀	:뱀	:배·미
·박하(薄荷)	박하	·박·하	·박·하	·박·하
·서리(間)	새·애/상간	새·애	새·애	사·이
·쇠물(鐵馬)	·쇠·말	·쇠·말	·쇠·말	:쇠·말
·토란(芋)	토란	토란	토란	토란

---

55) 밭에 심은 것은 ':딸·기'

·뿟:돌ㅎ(礪)	싯·돌	·수·틀	·수·틀	·숫·돌
·통:발(捕魚器)	반대	·초·망	·초·막	·초·막
·한·숨	·한·숨	·한·숨	·한·숨	:한·숨
:겨집	:지·집/:기·집	:기·집	:기·집	:기·집
:굼벙(蠐)56)	:굼·베·이	:굼·베·이	:굼·베·이	:굼·비·이57)
:계피(桂)	계피	:계·피	:계·피	:계·피
:님자(主)	:임·자	:임·자/·주·인	:임자	:임·자
:롱담(弄談)	:농·담	:농·담	:농·담	:농·담
:붕어	·붕·어	·붕·어	·붕·어	·붕·어
:셔볼/셔울(京)	·서·울	·서·울	·서·울	·서·울
:가·치8	:까·치/까체·이	:깐·치	:까·치/:까·채·이	:깐·채·이
:갈·기(鬐)8	—	—	—	—
:갈·외(蠏)	떠물/진딘·물	뜨물/진딧·물	뜨물/진딧·물	뜨물/진딧·물
:거·즛8	:거·짓	:거·짓	:거·짓/:가·짓	:가·짓
:겨·집(女)8	:지·집	:기·집	:기·집	:기·집
:귀·밀(馬麥)	:기·리58)	청·곡·밀	청·곡·밀	청·국·밀
:너·싀(鴇)8	—	—	—	—
:노·젹(囷)	:노·젹	:노·젹	:노·죽	:노·죽
:님·금(王)8	:임·금	:임·금	:임·금	:임·금
:님·자ㅎ(主)8	:임·자	:임·자	:임·자	:임·자
:대·초	:대·추	:대·추	:대·추/:대·주	:대·조
:도·쵀/:돗·귀(斧)8	:도·꾸	:도·치	:도·치	:도·치
:말·씀(語)8	:말·씀	:말·슴	:말·슴	:말·슴
:명·자(榠)	—	—	—	—
:모·과	:모·게	:모·게	:모·게	:모·게
:뫼·긑(山頂)	·봉·두·리/·꼬·디	산데베·기59)	산만디·이	산말래·이
:무·당	:무·당	:무·당	:무·당	:무·당
:벼·돌(星月)	—	—	—	—
:보·비(寶)	:보·배	:보·배	:보·배	:보·배
:부·리(嘴)8	주디·이	주디·이	주디·이/조디·이	주디·이
:비·단	:비·단	:비·단	:비·단	:비·단

---

56) 매미의 유충
57) 거름 밭의 벌레를 가리키는 말
58) ':기·리'와 '청·밀, 청·국·밀, 호·밀'은 다르다.
59) 산꼭대·기

:비·ᄌ(椑)	—	—	—	—
:빙·소(殯所)	·빈·수	:빈·소/:병·막	:변·소/:빈·수	:변·소/:빈·수
:붉·쥐(蝙)	·박·쥐	·박·쥐	·박·쥐	·박·쥐
:비·치(菘, 白荣)	:배·추	:뱁·추	:뱁·추	:뱁·추
:사·롬(人)8	:사·람	:사·람	:사·람	:사·람
:샤·옹(夫)8	남·편	남·편	남·편	남·편
:쇼·경(盲人)	:봉·새	:봉·사	:소·경	참·봉
:슈·건	:수·건	:수·건	:수·건	:수·건
:아·모(某)8	:아·무	:아·무	:아·무	:아·무
:안·개8	:안·개	우네	·토·구	·토·구
:약·대(駝)	·낙·타	·낙·타	·낙·타	·낙·타
:우·산	·우·산	·우·비	·우·산	·우·산
:져·비(燕)8	:제·비	:제·비	:제·비/·연·자	:제·비
:죠·리(笊)8	:조·래·이	:조·래	:조·래	:조·래
:한·디(室外)	:한·데/배끝	:한·데	:한·데	:한·데
:힝·뎍(行蹟)	—	—	—	—
:볩:새(鷦)	:배·비·새/:뱁·새	:뱁·새/·촉·새	:뱁·새	:뱁·새
:새:매(鷂)	—	—	—	—
:새·별(明星)	:샛·별	:샛·별	:샛·별	·샛·별
:시·내(溪)	거랑	거랑	거랑	거랑
:조:미(糙米)60)	헐·미	현·미	헐·미	현·미

1.1.3. 3음절

	울진	영덕	포항	경주
가락지(環)	까락·지	까락·지	가락·지	가락·지
계어목(苣)61)	—	—	—	—
골와라(＝소라)	:소·라	소라	소라	소라
댓무수(蘿蔔)62)	—	—	—	—
도리채	도리·깨	도리·깨	도리·깨	도리·깨
밠가락	발까·락	발까·락	발까·락	발까·락
복셩화(＝복숭아)	복숭	봉상	복숭	복성/복숭
숤가락	손까·락	손까·락	손까·락	손까·락

---

60) 벼를 매통에 갈아서 왕겨만 벗기고 속겨는 벗기지 않은 쌀. 매조미 쌀, 현미
61) 꽃상추과에 속하는 것으로 잎과 줄기를 식용
62) '무'의 옛말

| 스나히 | 사나·아 | 사나·아 | 사나·아 | 사나·아 |
쌍나무	뽕나무	뽕나무	뽕낭·구	뽕나무
가마·괴(烏)	까마·구	까마·구	까마·구/:까·마·구	까마·구
갈지·게(黃鷹)63)	—	—	—	—
갓나·희(女兒)	간나64)	가시나·아65)	가시나·아66)	가시나·아
개야·미(蟻)	:개·미	:개·미	:개·미	:개·미
거러·치(下人,隷)	걸버·시	걸배·이	걸비·이	걸배·이
고고·리(=꼭지)	꼭·지	꼭·지	꼭·지	꼭·지
고사·리(蕨)	고사·리	꼬사·리	고사·리	꼬사·리
곡도·숑(茜)67)	—	—	—	—
곳고·리	꾀꼬·리	꾀꼬·리	꾀꼬·리	꾀꼬·리
광조·리	강기·리	광지·리	광지·리	광지·리
구렁·이(蟒)	:구·리·이	:구·리	:구·리	구리·이
그려·기	기러·기	기러·기	기러·기	기러·기
그르·메(=그림자)	·기·름·자	그릉·지	그릉·지	그릉·지
굴거·픠(蟷)68)	—	—	—	—
녑구·레	옆구·리	역구·리	역구·리	약구·리
뇌야·기(菜)69)	—	—	—	—
눈마·올	눈망·울	눈마·울	눈마·울	눈바·울
눈시·올	—	눈초·리	눈초·리	눈초·리
눈ᄌᆞ·ᅀᆞ(睛)	·눈·똥·자	·눈·똥·자	·눈·똥·자	·눈·똥·자
눈두·에(=눈두덩)	눈떠비·이	눈뜨·불	눈뚜·들	눈뚜부·리
다와·기(鴬)70)	—71)	따오·기	따오·기	—
댓딜·위(=때찔레)	·땅·질·루72)	·때·찔·레	·때·질·레73)	·땅·질·레74)
두터·비	두꺼·비	뚜께·비	뚜꺼·비	뚜끼·비
등어·리(=등)	등어·리/등띠·기	등떠·리75)	등떠·리	등더·리

---

63) 한 살된 매
64) 가시나·아, 지·집·아·아
65) 따라·아
66) 따라·아
67) 빨강 염료 풀, 꼭두서니라고도 함.
68) 거미의 일종
69) 꿀풀과의 풀, 한방에서 배앓이에 약용으로 사용함.
70) 무논이나 연못에 사는 희고 부리가 검은 새
71) '따·북·새'라는 것은 들어 봤다고 함.
72) 줄기가 위로 뻗어나는 것은 '질루'이고 땅으로 나는 것은 '·땅·질·루'
73) 보통의 것은 '질레' 혹은 '·무·질·레', 줄기를 타고 자라는 것은 '·땅·질·레/·때·질·레'
74) '질레/질레꽃' 중에서 줄기를 타고 엉겨 자라는 것이 '·땅·질·레' 혹은 '덤불질레'

돌마·기(紐)	단추	단추	단추	단추
막다·히	막대·기	막대·기76)	짝대·기	짝대·기/짝·지
모심·기	모싱·기	모승·기	모승·기	모승·기
뗏구·리	미꾸라·지	미꾸라·지	미꾸라·지	미꾸라·지
미나·리	미나·리	미나·리	미나·리	미나·리
ᄆ야·지	마아·지	말망새·이	말망새·이	말망새·이
바고·니	바구·니	바구·미	바구·미	바구·리
밦바·당	발빠·닥	발빠·닥	발빠·닥	발빠·닥
비두·리(鳩)	비둘·기	삐둘·기	삐둘·기	삐들·기
솎바·당	손빠·닥	손빠·닥	손빠·닥	손빠·닥
아가·외(棠)77)	—	—	—	—
아자·비(叔)	아제/아제·비	아제·비/아·제	아·제/아제·비	아·제78)
어버·ᅀᅵ	어버·이	어버·이	어버·이	어버·이
입시·울	입소보·리	입수·불	입서·불	입서버·리
족접·개(鑷)	쪽찍·개	쪽찍·개	쪽찍·개	쪽찍·개
주머·귀	주먹	주묵	주메·기	주묵
주머·니	주미·이	주미·이	주미·이	주미·이
ᄌ몰·쇠	자물·통	자물·통	자물·통	자물·통
훈가·지(同)	한가·지	한가·지	한가·지	한가·지
가·리·만(蟶)	—	—	—	—
가·모·티5	가물·치	가·무·치	가·무·치	가·무·치
가·온·더5	가운·테	가운·데	가운·데	가운·데
거·믄·고	거·문·고	거·문·고	거·문·고	거·문·고
거·우·루(鏡)5	:밍·경	:밍·긍	:밍·근/:밍·경	:밍·긍
고·토·리(莢)5	꼬타·리	꼬타·리	꼬타·리	꼬타·리
기·르·마(鞍)5	지리·매	질매	질매	질매
굴·며·기5	갈매·기	갈매·기	갈매·기	갈매·기
나·ᄀ·내5	나·그·네	나·그·네	나·그·네	나·그·네
도·틋·랏(藜)579)	—	—	—	—
며·느·리	미·늘	메·늘	메·늘	메·늘
멱·마·기(胡燕)80)	—	—	—	—

75) 등쭐·기
76) 작은 막대기는 '짝·지'
77) 팥배나무
78) 5촌 이상의 친척. '아자·얌'은 공손한 표현
79) 어린잎은 식용하고 줄기는 지팡이를 만듦

방·핫·고	방깐	방깐	방깐/바아간	방깐
버·워·리(啞)5	버버·리	버버·리	버버·리	버버·리
소·과·리(鱖魚)	—	—	—	—
아·즈·미(姨,姑)5	아·지·메	아·지·메	아·지·메	아·지·메
아·흐·래(九日)5	아·호·레	아·호·레	아·호·레	아·호·레
오·히·양81)5	:마구/소마·구	:마·구/마구칸	:마·구/마구간	:마·구
즈·치·욤	재·치·기	재·치·기	재·치·기	재·치·기
존·자·리(蜻)5	잠자·리	:철·개·이	:철·개·이	:철·배·이
여·드래(八日)	여·드·레	여·드·래	여·드·래	여·드·래
웅·덩이(潢)	웅·데·이	웅·디	웅·데·이	웅·디·이
가·시련(芡)82)	—	—	—	—
·고키·리	코끼·리	코끼·리	코끼·리	·코·끼·리
·눈즈·슥	·눈·똥·자/·눈·알	·눈·똥·자	·눈·똥·자	·눈·똥·자
·담쟝·이(薛)	바·우·풀	:도·롯	담재·이/:도·론	:도·롯
·당아·리(介)83)	—	뚜구·리	—	—
·므지·게	·무·지·개	·무·지·개	·무·지·개	·무·지·개
·미야·미(蟬)	:매·미	:매·미/매요·이	:매·미	:매·미
·닶바·당	발빠·닥	발빠·닥	발빠·닥	발빠·닥
·빗시·울(舷)	뱃전/뱃머·리	뱃전	뱃전	뱃머·리
·올창·이(蚪)	올챙·이	올채·이	올채·이	올채·이
·하나·비(祖)	·할·배	·할·배	·할·배	·할·배
·고·키리3	코끼·리	코끼·리	코끼·리	·코·끼·리
·뎡·바기(頂)3	:쟁·배·기	쩽배·기	짱배·기	짱배·기
·돗·가비3	또깨·비	또깨·비	또깨·비	도깨·비
·두·루미(鶴)3	:황·새/두루·미	:황·새	:황·새	:황·새
:굼벙·이(蠐)	:굼·베·이	:굼·베·이	:굼·베·이	:굼·비·이
:기지·게	:지·지·게	:지·디·기	:지·디·기	:지·디·기
:거머·리	:거·무·리	:거·머·리	:거·머·리	:거·머·리
:사마·괴	:사·마·구	:사·마·구	사마·구	사마·구

---

80) 칼새
81) 외양간
82) 연꽃의 일종
83) 게나 소라의 딱지

1.2. 명사

1.2.1. 1음절

	울진	영덕	포항	경주
가(邊)	:가/:갓	:갓	:가/:갓	:갓
간	·간	·간	·간	·간
간(肝)	:간	:간	:간	:간
감(枾)	:감	:감	:감	:감
감(=옷감)	가·암/가심	가·암/가심	가·암	·깜/·옷·깜
값	·값	·값	·갑1)	·갑
갓(笠)	·갓	·갓	·갓	·갓
강(江)	·강	·강	·강	·강
개(狗)	:개	:개	:개	:개
개2)	개	개	개	개
걸3)	:걸	·걸	·걸	·걸
겁	·겁	·겁	·겁	·겁
겉	겉	겉	겉	겉
게	:기	:기	:기	:기
결	·질	·결	·결	·질
겹	·접	·접	·겹	·겹/·접
곁	접	접/잩	잩	잩
계(契)	:기	:기	:기	:기/:기·중
곡(哭)	·곡	·곡	·곡	·곡
골(腦)	·골	·골	·골	·골
곰(熊)	:곰	:곰	:곰	:곰
곱(倍)	:배	:베	꼽4)	:배
곳(處)	·곳	·곳	·곳	·곳
공(球)	공/:뽈	:공	:공	:공
관(冠)	·관	·관	·관	·관
관(棺)	:너·리/·관	·곽/·널	·관/:널	:널
광	허칸	·곡·강	·광	도장/헛간

---

1) '시세(時勢)'에 해당하는 말로 '·금'이 있다.
2) 윷놀이에서 윷짝이 두 개는 엎어지고 두 개는 잦혀진 때의 이름
3) 윷놀이에서 윷짝이 한 개는 엎어지고 세 개는 잦혀진 때의 이름
4) '·배'는 요즈음 말

국	국	국	국	국
굴(屈)	:굴/·땅·꿀	:굴	:굴	:굴
굴5)	:구·리	:굴	:굴	:굴
굿	·굿	·굿	·굿6)	·굿
궤(櫃)7)	:기8)	:귀	:귀·짝	:귀/:귀·짝
귀	·기9)	·귀	·기/·귀10)	·기/·귀11)
귤	·밀·감	:귤/·밀·감	:귤/·밀·감	:귤/·밀·감
글(文)	·글	·글	·글	·글
금(金)	금	금	금	금
금(線)	·금	·띠	·금12)	·끼13)
금(裂)	·깅	·금	·금	·금
기(旗)	기	기	기14)	기
기(氣)	·기	·걸	·걸·삼/·걸15)	·걸
길(道)	·질	·짉/·긹	·짉/·긹	·긹
김(汽)	:짐	:김/:짐	:짐/:김	:짐
김16)	:짐	:김/:짐	:짐/:김	:짐
김17)	:짐/·지·심	:김/:짐18)	:짐/:김19)	:짐20)
깃(羽)21)	—	깃털	—	—
깃22)	·깃	·깃/·짓	·깃/·짓	·깃
깨	·깨	·깨	·깨	·깨
꼴(蒭)	소·풀/소·꼴/·꼴	·꼴/소·꼴	·꼴23)	·꼴24)

---

5) 굴조개
6) 규모가 작은 굿은 '푸닥가·리'
7) 물건을 넣도록 직사각형으로 만든 그릇. '궤짝'은 '궤의 속어
8) :기·짝, :게·짱
9) 귀때·기, 귀때가·리
10) 귀때·기
11) 귀때·기
12) 벽에 마구 그어 놓은 금은 ':황·칠'. '선'은 요즈음 말
13) 벽에 마구 금을 그려 놓은 것은 ':황·칠'. 마당에 금을 그리는 것은 '·시·기·린·다'고 함.
14) '·깃·발'은 요즈음 말
15) '·기'는 요즈음 말
16) 海草
17) 논밭에 난 잡초
18) '피'라고도 한다.
19) '피'라고도 한다.
20) '피'라고도 하는데 특히 보리의 피는 '·독·새'라고 한다.
21) 새의 날개에 달린 털
22) 옷깃

꼴(形)	꼴/꼬라·지	꼴/꼬라·지	꼴/꼬라·지	꼴/꼬라·지
꽃	끝	끝	꽃/끝	끝
꾀	·끼	·꾀[꽤]	·꾀[께]	·꾀[께/꽤]
꿀	·꿀	·꿀	·꿀	·꿀
꿈	·꿈	·꿈	·꿈	·꿈
꿩	꽁	꽁	꽁	꽁
끈	·끈/끄내·끼	·끈/끵가·리	·끈25)	·끈26)
끌	:끍[끄]/·끌	·끌	·끌	·끌
끝	·끝	·끝/끈티·이	·끝	·끝/끈티·이
끼(氣)	·끼	·끼	·끼	·끼
낟(穀)	:낟·곡	:낟	:낟27)	쌀·낟
날(刃)	·날	·날	·날	·날
날(日)	·날	·날	·날	·날
남(他)	·남	·남	·남	·남
낫	·낟	·낫	·낫	·낫
낮	·낫	·낮	·낮	·낮
낯	낮	낱	낯/낱28)	낱
내(川)	거랑	거랑29)	거랑30)	거랑
넋	넋[넉]	혼	넋[넉]	넋[넉]
널(板)	:널	:널	:널	:널
녘	쪽	짝	쪽	쪽
노(櫓)	:노	:놀	:노	:노
논	·논	·논	·논	·논
놈	·놈	·놈	·놈/·눔	·눔
놉	:일·꾼	·놉	·놉	·놉
농(籠)	·농31)	·농	·농	·농
눈(目)	·눈	·눈	·눈	·눈
눈(雪)	:눈	:눈	:눈	:눈

---

23) ·소·꼴, :소·풀
24) ·소·꼴, :소·풀
25) 끵가·리. '·끈'은 요즈음 말
26) 끵가·리, 끄내·끼. '·끈'은 요즈음 말
27) :낟·곡, :낟·알
28) 낯반디·기
29) 작은 것은 '도랑'
30) 도랑보다 큰 것이 '거랑, :걸'이며 '내'라는 말은 안 쓴다.
31) :기·짱. 자기가 박힌 농은 '·객·깨·수'라고 한다.

뉘32)	:미	:미	:미	:미
달	·달	·달	·달	·달
닭	달/달이	달	달	달
담(痰)	:담	:담	:담	:담/:해·서
담(牆)	·담	·담	·담	·담
닻	—	닻/·밧·줄	닻	—
대(竹)	·대	·대	·대33)	·대
덤	:우·수	:운·수	:우·수	:우·수
덫	창·깨/·틀34)	치개/덜	목노	목노35)
도36)	또	또	또	또
독(毒)	·독	·독	·독	·독
독(甕)	도·오	도·옥	도·오37)	독38)
돈	:돈	:돈	:돈	:돈
돌39)	·돌	·돌	·돌	·돌
돌(石)	:돌	:돌/:돍	:돌	:돌
돛	돛	돝	돛	돛
되(升)	·디/디박	·데/데배·기	·데/도배·기	·데/도배·기
뒤	:디	:디	:디	:디
들(野)	:들	:듥	:듥	:듥
등(燈)	등	등	등	등
등(背)	등40)	등/등떠·리41)	등떠·리/등때·기	등더·리/등줄·기
딸	·딸	·딸	·딸	·딸
땀	·땀	·땀	·땀	·땀
땅	·땅	·땅	·땅	·땅
때(垢)	·때	·때	·때	·때
때(時)	·때	·때	·때	·때
떡	·떡	·떡	·떡	·떡
떼	·띠	—	—	—

32) 쌀 속에 섞인 벼 알갱이
33) 굵은 대는 '왕·대', 가는 대는 '시·내·대'
34) 큰 짐승을 잡기 위해 줄을 친 것은 '목노, 홍노'라고 한다.
35) 큰 짐승을 잡기 위해 산에 놓는 것
36) 윷놀이에서 윷짝이 세 개는 엎어지고 한 개는 잦혀진 때의 이름
37) 뚜껑이 없는 것을 '도·오'라 하고 뚜껑이 있는 것을 '·단·지'라 한다.
38) 더 옛말은 '다부래·기'
39) 한 해씩 차서 해마다 돌아오는 그 날
40) 등때·기, 등띠·기, 등어·리
41) 등쭐·기

떼(等)	·떼	·떼	·떼	·떼/·떼·전
똥	똥	똥	똥	똥
뜰	—	쭉담	:뜰42)	쭉담
뜻	·뜻	·뜻	·뜻	·뜻
띠	·띠43)	·띠	·띠	·띠/끄내·끼
말(馬)	말	말	말	말
말(言)	:말	:말	:말	:말
말(斗)	·말	·말	·말	·말
맛	·맛	·맛	·맛	·맛
매(鞭)	·매	·매	·매	·매
매(鷹)	:매/독수·리	:매/독수·리	:매/독수·리	:매/독수·리
먹	·먹	·먹	·먹	·먹
멍	·멍44)	·멍45)	·멍	·멍
멱46)	멕·살	멕·살/·먹	멕·살/·멕	멕·살/멩·살
명(命)	:명	:명	:명	:명
몇	·및/·밑	·멫	·멫	·멫
모	모	모	모47)	모
모(方)	·모	·모	·모	·모
모48)	·모	모	모	모
목	목/모간·지49)	목/모간·지	목50)	목51)
몫	몫/목·시	모간·치	몫52)	모가·치
몸	·몸	·몸	·몸	·몸
못(釘)	·못	·못	·못	·못
못(池)	·못	·못	·못	·못
뫼	산	산	산	산
묘	:묘	:미	:미	:미
무	무꾸	무꾸/무시	무꾸53)	무시

---

42) 뚝댐·이, 쭉담
43) 상주(喪主)가 허리에 매는 것만 '·띠'라고 하고 다른 것은 '·끈·끼, 끄내·끼'라고 한다.
44) 옛말은 '징거·미, 싱거·미'
45) 멍장·구, 심장·구, 싱거·무
46) 목의 앞쪽
47) 어릴 때는 '모', 크면 '나·락'
48) 윷놀이에서 윷짝이 네 개 다 엎어진 때의 이름
49) 목고·개
50) 모가·지, 모간·지
51) 모가·지, 모가·치
52) 모개·치

묵	묵	묵	묵	묵
문	문	문	문	문
물	·물	·물	·물	·물
뭍	·육·지	·육·지	·육·지	·육·지
밀(小麥)	·밀	·밀	·밀	·밀
밑	밑	밑	밑	밑
박(瓢)	고지	고지/박	·박54)	꼬두·박
밖	밖/밲	배긑	백/밖	밖
반(班)	반	반	반	반
반(半)	:반	:반	:반	:반
발(簾)	:발	:바·리	:발/:바·리	:발/문·발
발(足)	·발	·발	·발	·발
밤(夜)	·밤	·밤	·밤	·밤
밤(栗)	:밤	:밤	:밤	:밤
밥	·밥	·밥	·밥	·밥
방(房)	방	방	방	방
밭	밭	밭	밭	밭
배(梨)	배	배	배	배
배(腹)	·배	·배	·배55)	·배
배(船)	·배	·배	·배	·배
뱀	:뱀/:배·미	:구·리/:뱀	:뱀/:배·미	:배·미
벌(罰)	·벌	·벌	·벌	·벌
벌(蜂)	:벌/:버·리	:버·리/:벌	:벌	:벌
범(虎)	:범	:범	:범	:범
법	·법	·법	·법	·법
베(布)	·베	·베	·베	·베
벼	·벼	나·락	나·락	나·락
벼	나·락	나·락	나·락	나·락
벽	빅빡	·벡/·베르빡	·벡/·베름빡	·벡/·베리빡
별(星)	:빌	:벨/:빌	:별/:빌	:벨
볏	비·실	베·실	베·실	베·슬
병(病)	:병/:빙	:빙/:병	:병	:빙/:비·이
병(瓶)	빙/비·이	비·이/병	비·이/병	비·이/빙

53) 길이가 긴 무는 '왜무꾸'
54) 고지·박
55) 배때·기, 배때·지

별	빝	뱉	뱉/뱇	뱇
복(福)	·복	·복	·복	·복
복(伏)	복	복	복	복
본(本)	뽄	뽄	뽄	뽄
볼	·뽀·리/뽈때·기	·뽈/뽈띠·기	·뽈/뽈떼·기	뽈때·기
봄	·봄	·봄	·봄	·봄
북(鼓)	·북	·북	·북	·북
북56)	북	북	북	북
분(粉)	·분	·분	·분	·분
불	·불	·불	·불	·불
붓(筆)	·붓	·붓	·붓	·붓
비(碑)	비·석	비/비·석	비57)	비/·망·두·석58)
비(雨)	·비	·비	·비	·비
비	빗자·리	빗자·리/·비	빗자·리	빗자·리
빗	·빗	·빗	·빗	·빗
빚	빋	빋	빋/빝	빋
빛(色)	·뺏/·색/·색·깔	·뺕·깔/·색·깔	·뺏·까·리59)	·색·깔60)
빛(光)	·뺕	·뺕	·뺏	·뺕
뺨	기때·기	·뺨61)	·뺨62)	뽈때·기
뼈	·뼤	·뼤	·뼤63)	·뼤64)
뽕	뽕	뽕	뽕65)	뽕66)
뿔	·뿔/·뿌다·구	·뿔/·뿔따·구	·뿔	·뿔
삯	·품·삭	샀[삭]	샀[삭]	샀[삭]
산(山)	산	산	산	산
살(肌)	·살	·살	·살67)	·살/·살·찜68)

---

56) 베틀에 딸린 기구의 하나
57) '비·석'은 요즈음 말. 벼슬을 한 사람의 것은 '비·석'이라고 하고 보통 사람의 것은 '산·석'이라고
   일컫는다.
58) 벼슬을 한 사람의 것은 '비·석'
59) '·색'은 요즈음 말
60) 삼베의 색은 '·뺕'
61) 볼태기, 뽈띠기, 뼤마디·기
62) 뼤마디·이
63) 뼤가·지
64) 뼤·곬, 뼤가·치
65) 열매는 '오디·이'
66) 열매는 '오디·이' 혹은 '포두/뽕포두(옛말)'
67) 살따·구

살(歲)	·살	·살	·살	·살
삼(蔘)	삼	삼	삼	삼
삽	·삽69)	수굼·포	수굼·포	수굼·포
상(床)	판	판/상	판	판
상(賞)	·상	·상	·상	·상
상(喪)	초상	상/초상	초상/상	초상
살	사타·리	사타·리/사탈	사타·리	사타·리
새(鳥)	:새	:새	:새	:새
샘(泉)	:샘/:새·미	:샘	:샘	:샘/:쇄·미
샘	시감/:샘	:새	:샘	:새
설	:설	:설	:설	:설
섬(島)	:섬	:섬	:섬	:섬
성(城)	성	성	성	성
성(姓)	:썽	:성	:성	:성
섶	섶	섶	섶	섶
소	·소/·시	·소	·소	·소
속	:속	:속	:속	:속
손(客)	손	손	손	손
손(手)	·손	·손	·손	·손
손(孫)	:손/·자·손	손	:손	·자·손
솔(松)	·소·리/·솔	·솔	·솔	·솔
솔	:솔	:솔	:솔	:솔
솜	:솜/·소·캐	·소·캐/:솜	·소·캐/:솜	·소·개/:솜
솥	솥	솥	솥	솥
쇠(鐵)	·쇠[쇄]	·쇠[쇄]	·쇠[세]	·쇠[쇄]
술(酒)	술	술	술	술
숨	:숨	:숨	:숨	:숨
숯	수·꾸/·숱70)	수껑/·숱	수꿍	수꿍
숲	·숲	·숲	·숲	·숲
쉬71)	:시	:쉬	:쉬[시:]	:쉬[시:]
신(履)	·신	·신	·신	·신
신(神)	신	신	신	신

---

68) 살따·구
69) ·삽·가·래, 수검·포
70) 수껑, 꺼멍덩거·리
71) 파리가 낳은 알

실	:실	:실	:실	:실
싹	싹	삭	삭	삭
쌀	·쌀	·살	·살	·살
쌈	·쌈/:쩨·미[LL]	·삼	·삼	·삼
쌍	쌍	상	상	상
쑥	·쑥	·숙	·숙	·숙
씨(種)	씨/씨·갑	시72)	·시/시·까·시	시·앗·이
악(惡)	·악	·악	·악	·악
안(內)	·안	·안	·안	·안
알	·알	·알	·알	·알
앞	앞	앞	앞	앞
약	·약	·약	·약	·약
양(量)	:양	:양	:양	:양
양(羊)	양	양	양	양
연	연	연	연	연
열(熱)	·열	·열	·열	·열
엿	·엿	·엿	·엿	·엿73)
옆	옆	옆	앞	옆
올(今年)	옰/올	옰	옰	옰
옴(疥)	:옴	:옴	:옴	:옴
옷	·옷	·옷	·옷	·옷
옻	옽	옽	옻	옽
왕(王)	왕	왕	왕	왕
왜(＝일본)	왜	:왜	왜	왜
요	요	요	요/요대·기	요
욕	·욕	·욕	·욕	·욕
용(龍)	용	용	용	용
웬	:웬	:웬	:웬	:웬
위(上)	우74)	우/꼭·대	우/꼭·대	우
위(胃)	·위	·위	·위	·위
윷(놀이)	:윷	:윹	:윷/:윹	:윹
은(銀)	은	윹	은	은
이(鼠)	·이	·이	·이	·이

---

72) 시·갑, 시·갑·시
73) 걸쭉한 것은 ':조·총'
74) 우·우(＝위에)

이(齒)	·이/이빨	·이	·이	·이75)
일(事)	:일	:일	:일	:일
입	·입	·입	·입	·입
잎	이퍼·리/·잎	이퍼·리/·잎	이퍼·리/·잎	이퍼·리/·잎
자(尺)	·자	·자	·자	·자
잔	·잔	·잔	·잔	·잔
잠	·잠	·잠	·잠	·잠
잣(海松)	:잣	:잣	:잣	:잣
장(市場)	장	장	장	장
장(醬)	:장	:장	:장	:장
재(炭)	·재	·재	·재	·재
적(敵)	·적	·적	·적	·적
전(=부침개)	찌지·미	찌짐/:전	찌짐/:전	찌짐
절(寺)	·절	·절	·절	·절
점(占)	점	점	점	점
점(點)	·점	·짬	·잠	·점/·까·무·딱·지
젓(醢)	젓국/·간·수(·물)	·식·해	·젓	·젓/·젖/젓국
정(情)	정	정	정	정
젖	·젖	·전/·젓	·젓	·젓
조(粟)	:서·숙	제/조76)	제/조/:서·숙	조/:서·숙77)
좀(蠹)	·좀	·좀	·좀	·좀
종(奴)	:종	:종	:종	:종
종(鍾)	종	종	종	종
죄	:죄[좨:]	:죄[좨]	:죄[제]	:죄[좨]
죽	·죽	·죽	·죽	·죽
줄	·줄	·줄	·줄	·줄
줄78)	:줄	:줄	:줄	:줄
중(僧)	:중	:중	:중	:중
쥐	·쥐[지]	·쥐[쥐/지]	·쥐[쥐/지]	·쥐[쥐/지]
즙	즙	즙	즈·읍/·즙	·집
지(=장아찌)	:장·찌	:지/:장·찌	:지	:지
짐	·짐	·짐	·짐	·짐

---

75) 어른에게는 '치근'
76) 탈곡하기 전에는 ':서·숙'
77) ':서·숙'이 '조'보다 점잖은 말이므로 ':서·숙'을 주로 쓴다.
78) 쇠붙이를 쓸거나 깎는 연장

집	집	집	집	집
짓	지·실	:짓	:짓	:짓
징	징	징	징	징
짚	·짚	·짚	·집	·집
짝	짝	짝	짝	짝
쪽	짝/쪽	짝	짝	짝
차(茶)	차	차	차	차
차(車)	차	차	차	차
창(矛)	창	창	창	창
창(窓)	봉창	봉창	봉창	봉창
창79)	창	창	창	창
채(鞭)	·채	·채	·채	·채
책	·착/·책	·책/·착	·책	·책
천(＝옷감)	:천	베/:천	:천	베
철(季節)	·철	·철	·철	·철
청(廳)	마래	청	청	청
청(請)	·청	·청/:부·탁	·청	·부·탁
체	:체[L]80)	·체	·체81)	·체
초(＝양초)	·초	·초	·초	·초
촌(村)	:촌	:촌	:촌	:촌
총(銃)	·총	·총	·총	·총
추	추	추	추	추
춤	·춤	·춤	·춤	·춤
칠	칠	칠	칠	칠
칡	·칠·기	·칠·기	·칠·기/칡	·칠·기/칠개·이
침(針)	침	·침	침	침
침(唾)	·춤	·춤/·춤·물	·춤/·춤·뭄	·춤
칸	칸	칸	칸	칸
칼	·칼	·칼	·칼	·칼
코(鼻)	·코	·코	·쾌/·코	·쾌/·코
코82)	·코	·코	·고	·고
콩	콩	콩	콩	콩

79) 신발의 밑바닥 부분
80) '·체[L]'는 구멍이 촘촘한 것. 구멍이 성긴 것은 '얼게·미', 가는 것은 '속시·리', 대나무로 만든 것은 '·대#얼게·미[H#HHL]'
81) 구멍이 큰 것은 '얼기·미'
82) 그물이나 뜨개옷의 몸을 이룬 낱낱의 고

키(箕)	·치·이	·체·이	·치·이	·체·이
키(身長)	·키	·키	·키	·키
탈(假面)	:탈	:탈	·탈	:탈
탈83)	:탈	:탈	:탈	:탈
탑	·탑	·탑	·탑	·탑
태(胎)	태	태	태	태
터(基)	·터	·터	·테/·터	·테
턱	·텍/텍고바·리	·택/택수가·리	·텍84)	·텍
털	털/터리·기85)	털86)	털87)	털/터래·기
테(輪)	티드·리/치두·리	테	·테	·테
톱	·톱	·톱	·톱	·톱
통(桶)	·통	·통	·통	·통
틀(機)	·틀	·틀	·틀	·틀
틈	·틈/틈새·애	·틈	·틈	틈서·리
티	·티	·티	·티	·테
파(蔥)	·파	·파·구/·파	·패88)	·패
팔(腕)	팔	팔/팔띠·기	팔	팔/팔띠·기
팥	·팥	·팥	·팥	·팥
폐(肺)	:폐	:폐	:폐	:폐
폐(弊)	:폐	:폐	:폐	:폐
폭	·폭	·폭	·폭	·폭
표(表示)	·포·테	·포	·포/·포·시	·포
표(票)	·포	·포	·포	·포
풀(草)	·풀	·풀	·풀	·풀
풀	·풀	·풀	·풀	·풀
피(血)	·피	·피	·피	·피
학	:항·새	·학/:황·새	:황·새	:황·새
해(日)	·해	·해	·해	·해
해(害)	:해	:해	:해	:해
혀	·세	·세	·세89)	·세/셋바·닥

---

83) 사고, 병
84) 테가·리, 턱쭈가·리
85) 터레·기
86) 터래·기, 터리·이
87) 터래·기, 터리·기
88) 가는 파는 '잔·파, 가랑·파'라고 한다.
89) 셋바·닥

형(兄)	형/헝/히·이90)	형/시·이	형91)	히·이/히·야
혹	·혹	·혹	·혹	·혹
혼(魂)	혼	혼	혼	혼
홈92)	:홈	·홈	·홈	:홈
확	호박·이	호박	호박	호박
활	활	활/할	활	활
회(膾)	:헤/:휘	:휘	:휘	:회[홰]
흥	승/홍	승	흥/승	승
흙	흘/흐리	흘/흙[흘]	흙[흘]	흘
흠	:흠	:흠/:흥	:흠	:흠
힘	기운/·힘	·힘	·힘/·심	·힘

1.2.2. 2음절

	울진	영덕	포항	경주
가게	:가·게/상·점	:점·빵	:점·빵	:점·빵
가닥	가·닥/오·리	가대·기	가대·기	가닥
가락93)	가락	가·락	가·락	가·락
가락(歌)	가락	가락	가락	가락
가래(痰)	·가·래	·가·래	·가·래	·가·래
가래(農器)	가·래/가래	가래	가래	가래
가래94)	가락/골·비	가·락/골·미	가·락/골·미	가·락/골·미
가루	가루	가리	가리	가리
가마(轎)	:가·매	:가·마	:가·마	:가·마
가마(旋毛)	가·매	가·매	가·매	가림·피
가뭄	·가·물/·가·뭄	·가·뭄	·가·뭄	·가·뭄
가슴	가·심	가·심	가·심95)	가·심
가시	까·시	까·시	까·시	까·시
가시96)	뻬다·기	까·시/뻬가·지	뻬가·지/뻬간·지	뻬가·치

---

90) 부르는 말로 '히·야'
91) 히·이, 시·이, 히·야
92) 빗물을 받는 홈통
93) 가느스름하고 기름하게 토막진 물건의 낱개
94) '떡이나 엿 따위를 둥글고 길게 늘여놓은 토막'을 일컫는데, 이 지역에서 '엿'에는 '가락, 가·락'을
     쓰고 '떡'에는 '골·비, 골·미'를 쓴다.
95) ·복·재·이
96) 생선의 가시

가위	까·새	까시·게	가시·개	가시·개
가을	가알/가앍/:갈	가읅	가읅	가실/가을
가재(魚)	:가·재/:까·재	:까·재	:까·자/:까·자·구	:까·지
가죽	가죽	까죽	까죽	까죽
가지(茄子)	가지	가지	가지	가지
가지(類)	가·지	가·지	가·지	가·지
가지(枝)	·가·지	·가·지	·가·지	·가·지
가짜	:가·짜	:가·짜	:가·짜97)	:가·짜
각시	각·시	각·시	각·시	각·시
간장	지랑·물	지랑·물	지렁/기렁	지렁
갈대	·갈·때	·갈·때	·갈·때98)	·갈·때/·속·새
갈치	·칼·치	·칼·치	·칼·치	·칼·치
갈퀴	:깍·찌	까꾸·리	까꾸·리	까꾸·리
감기	·고·뿔	·고·뿔/:감·기	:감·기/·개·뿔	·고·뿔/·개·뿔
감꽃	감꼳	감꼳	감꽃	감꽃
감씨	감씨	감시	:감·시	:감·시
감자	감재	감자	감자	감자
감주(甘酒)99)	감·주	감·주	감·주100)	감·주101)
감초	감·초	감·초	감·초	감·초
갓집	·끋·집	·끋·집/:갓·집	:갓·집/끈탕집	:갓·집/·끋·집
강가	·강·까	·강·까	·강·깟	:강·까
강둑	강뚝/천방뚝	·강·뚝	강뚝	:강·뚝
강물	·강·물	강물	강물	:강·물
강변	갱빈	갱빈	갱빈	갱빈102)
강산	강산	강산	강산	강산
개꿈	:개·꿈	:개·꿈	:개·꿈	:개·꿈
개떡	:개·떡	:개·떡	:개·떡103)	:개·떡
개똥	:개·똥	:개·똥	:개·똥	:개·똥
개미	:개·미	까·미	:개·미	:개·애·미/:개·미
개상104)	—	:개·상	:개·상	:개·상

---

97) 가짜배·기
98) 물이 있는 곳에서 나는 것은 '진·풀'
99) 감주, 단술, 식혜
100) 감채, 단술
101) 단술, 감채
102) 물이 없는 거랑
103) '보리딩·게'로 만든 떡

개암105)	·배·앙	·배·앙	·배·앙/:뱅	·배·앙
개울106)	개·골/개굴창	개골/개·골	개울	거랑
개집	개집/:개·집	개집	개집	개집
개털	개털/개터·리	개털/개터·리	개터·리107)	개터래·기
거름	걸금	걸금	거름	거름
거리(街)	·질/·질·가	·짉	질가/·짉	길·까/·짉
거리(距離)	:거·래	:거·리	거래/거리	:거·리
거미	거·무	거·무	거·무	거·무
거울	거·울108)	:밍·긍109)	:민·경/:밍·경	:밍·긍
거위	거·우/거·이	기·우	거·우/기·위	거·위
거지	걸버·시110)	걸배·이/거러·지	걸비·이/:거·지	걸배·이111)
거짓	:거·짓	:거·짓	:거·짓	:가·짓
거품	거·품	거·품	거·품	거·품
걱정	·걱·정	·걱·정	·걱·정	·걱·정
건달	건·달	건·달	건·달112)	건·달
걸음	걸·음	걸·음	거·림	걸·음
겁보	·겁·재·이	·겁·재·이	·겁·재·이	·겁·재·이
겉옷	웃·옷	겉·옷	겉·옷	겉·옷
게눈	:기·눈/기눈까·리	:기·눈	·겟·눈	·기·눈
게장	:게·장	:기·짱	:기·장	:기·장
겨를(暇)	여·개	여·개	여·개	여·개
겨울	저·얽/:동·삼	겨·얼	겨·얼	겨·얼
겹옷	·접·옷	·접·옷	·겹·옷	·접·옷
계돈	:겟·돈	:깃·돈	:깃·돈	:깃·돈
계모	다·신·어·미113)	다·신·엄·마114)	:계·모115)	:계·모116)

---

104) 굵은 통나무 네댓 개를 가로 대어 엮고 다리 넷을 박은 깃으로 야외 선반과 같은 것
105) 도토리 비슷하게 생겼고 맛은 밤과 비슷하다.
106) 골짜기에서 흘러내리는 작은 물줄기
107) 개터래·기
108) :밍·경, :명·경
109) :밍·경, ·채·경
110) 동냥바·치
111) 동냥바·치
112) 묵·고 :노·는·놈
113) 다·신·어·마·이
114) 다·신·어·마·이, :계·모
115) 전처가 죽은 뒤 새로온 후처는 ':계·모'이고, 조강지처가 있는데 다시 시집 온 여자는 '다·신·어·미'이다.

계피	계피	:계·피	:계·피	:계·피
고개	고·개	고·개	고·개/목지·이	고·개
고기	고·기/괴·기	괴·기/고·기	고·기/괴·기117)	괴·기118)
고깔	꼬·깔	꼬·깔	꼬·깔	꼬·깔
고둥119)	·논#골배·이	·논#골배·이	·논#골배·이120)	·논#고디·이
고둥121)	골배·이	고둥	고디·이	고디·이/고둥
고랑	고·올/고랑	고랑	고랑/:골	고랑/:골
고래	고래	고래	고래	고래
고름	고·름	고·롬	고·룸	구·룸/고·롬
고름(腫氣)	·고·롬	·고·롬	·고·룸	·고·롬
고리	고·리	고·리/골·기	고·리	골개·이
고명122)	끼미	·꾸·미	·끼·미/·꾸·미	·꿔·미/·꾸·미
고비	고·비	고·비	고·비	고·비
고삐123)	골·삐/골뻬·이	꼬·비/이까·리	이까·리	이까·리
고욤124)	·고·양125)	·꼬·양	·꾀·양	·께·양
고을	고을	고을	고을	고을
고집	·고·집	·고·집	·고·집	·고·집
고추	꼬치	꼬치	꼬치/꼬추	꼬치
고치	꼬·치	꼰·치	꼰·치	꼰·치
고함	가·암/게·엠	개·앰	꽤·애·미/과·암	과·암
곡식	곡·석	곡·석	곡·석	곡·석
골목	:골·목	:골·목	:골·목	:골·목
골무	·골·미	골·미	·골·미	·골·미
골치	·골·치	·골·치	·골·치	·골·치
곰보	·꼼·보	·곰·보	·꼼·보	·곰·보

---

116) 다·슨·어·미
117) 일반적으로 '고·기'라고 하면 반찬으로 만들어진 물고기를 가리키고 살아 있는 물고기는 '생선'이라고 한다.
118) '괴·기'는 생선만을 가리킨다.
119) 논에서 사는 것
120) 논이나 민물에서 나는 고둥은 일반적으로 '골배·이'인데 이것을 '·논#골배·이, ·물#골배·이'라고도 부르고 바다에서 나는 것은 '고디·이'라고 구별한다.
121) 바다에서 사는 것
122) 음식의 겉모양을 꾸미기 위해 음식 위에 뿌리는 것의 통칭
123) 한 끝을 소나 말의 재갈에 잡아매어 몰거나 부릴 때 끄는 줄, '재갈'은 말의 입에 가로 물리는 쇠토막
124) 감나무와 비슷하나 작은 것으로 주로 감나무에 접을 붙이는 데 쓴다.
125) 낌낭·기(＝고욤나무)

곰탕	:곰·탕	:곰·탕	:곰·탕	:곰·탕
곱사	꼽새	꼽새	곱새	곱새
공것	공꺼	공꺼	공꾸	공꺼
공술	공술	공술	공술	공술
공짜	공짜	공짜	공짜126)	공짜
곶감	·꽂·감	·꽂·감	·곶·감	:꽂·감
과실(果實)127)	:가·실	:가·실	:과·실	:과·실
과일128)	:과·일	:과·일	:과·일	:과·일
과자	깨배·이	까·자	꽈·자	과·자
광대	:광·대	:강·대	:광·대	:광·대
괭이	·게·이	·게·이	·괘·이/·목·개·이	·꽤·이
구두	구두	구두	구두	구두
구들	구둘	구둘	구둘	구둘
구름	·구·름	·구·름	·구·름	·구·룸
구리	구·리	꾸·리	구·리	구·리
구멍	구영	구영/구망	구영	구영/구양
구비	구·비	구·비	구·비	구·비
구석	구석	구식	구직	구직
구슬	구·슬	구·실	구·실	구·실
구실	구·실	구·실	구·실	구·실
구월(九月)	·구·월	·구·월	·구·월	·구·월
구유	—	기·이129)	귀·이	귀·이
국물	국·물	국·물	국·물	국·물
국밥	국·밥	국·밥	국·밥	국·밥
국수	국·수/국·시	국·시	국·시	국·자
국자	국·자/국·지130)	국·자	국·재	국·자
군말	:군·소·리	:군·소·리	:군·말	:군·말
군밤	:군·밤	:꾼·밤	:군·밤	:군·밤
군살131)	:군·살	:군·살	:군·살	:군·살
군침132)	:군·침	:군·침	:군·침	:군·춤

---

126) 공짜배·기
127) 과수(果樹)에 생기는 열매
128) 식용으로 하는 과실(果實)
129) 말구유는 '말·통'
130) 국자
131) 궂은 살, 군더더기 살
132) 입 속으로 도는 침

군턱133)	조개·턱	·접·텍	—	·겹·텍
굴뚝	:꿀·뚝	:꿀·떡/꿀떡·대	꿀뚝	꿀뚝
궁합	구·합	구·합/구·압	궁·합	궁·합
귀밀	:기·리	청·곡·밀	청·곡·밀	청·곡·밀
귀밑	·귀·밑	·귀·밑	·귀·밑	·귀·밑
귀신	:기·신	:기·신	:구·신	:귀·신
귀얄134)	·풀·솔	·풀·솔	풀·삐	풀·삐
귀지	:기·채·이	:기·채·이	:귀·채·이	·귀·채·이
귓불135)	·깃·밥	·깃·밥	·귓·밥	·귓·밥
그네	춘추/군디/그네	군디	군디	군데
그늘	그늘	그릉·지	그늘	그릉·지
그릇	그·륵/글·시	그·륵	그·륵	그·륵
그림	·기·림/·그·름	·기·림	·그·림/·기·림	·기·림
그물	·그·물	·그·물	·그·물	·그·물
그믐	·그·뭄	·그·뭄	·그·믐	·그·믐
글피	거·모·레	:저·모·레	:저·모·레	:저·모·레
금년(今年)	금연	금연	금연	금연
기둥	지동	지동	지동/기동	지동
기름	지·름	지·름	지·름	지·름
기미(幾)	기미/낌·새	낌·새	기미/낌·새	기·미
기미(痣)	지·미	끼·미	기·미/김	기·미/김
기슭	—	기슬·기	기슬·기	치거·리
기와	게아	게와	기와	게아
차	기차/·열·차	기차/·열·차	기차	기차
기침	지·침	기·침	지·침	지·침
길눈	—	—	·길·눈	·길·눈
길마136)	지리·매	질매	질매/질·매137)	질매/소질매
길쌈	·질·쌈	·질·삼	·질·삼	·길·삼
김밥	:짐·밥	:짐·빱	:짐·빱	:짐·빱
김치	짐·치/·짠·지	·짠·지	짐·치/김·치	짐·치
깃대	깃·대	깃·대	깃·대	깃·대
깃발	깃·발	깃·발	깃·발/·깃·발	깃·발

---

133) 턱 아래로 축 처진 살
134) 풀칠이나 옻칠 하는 도구
135) 귓바퀴의 아래쪽으로 늘어진 살
136) 소에 짐을 실을 때 얹는 안장
137) 소질·매

깊이	짚·이	깊·이	깊·이	깊·이
까닭	까·탈	:이·유	까·달	까·달/:이·유
까치	:까·치/까체·이	:깐·치	:깐·치/:까·채·이	:깐·채·이
깨알	—	—	·깨·알	·깨·알
꺼풀	꺼풀/꺼푸·리	꺼풀	가불	가부·리
껍질	껍·질138)	껍데·기	껍데·기/껍디·기	껍데·기
꼬리	꼬랑데·기	꼬·리139)	꼬·리140)	꼬·리/꼬랑데·기
꼬치141)	·꼬·지	·꼬·지	·꼬·지/:산·적	·꼬·지
꼭지	꼭·지	꼭·지	꼭·지	꼭·지
꽁지	꽁·지	꼬·리	꽁·지	꽁·지
꽁치	·공·치	·공·치	:꽁·치	:꽁·치
꽃값	꼳·값	꼳·값	꽃·갑	꽃·갑
꽃게	꼳·게	꼳·게	꽃·게	꽃·게
꽃밭	꼳밭	꼳밭	꽃밭	꽃밭
꽃뱀	꼳·뱀	꼳·뱀	꽃·뱀	꽃·뱀
꽃신	꼳·신	꼳·신	꽃·신	꽃·신
꽃잎	꼳·닢	꼳·닢142)	꽃·닢	꽃이파·리
꽃집	꼳집	꼳집/꼳·전	꽃집	꽃집
꽈리	:까·리	:꽈·리	뚜꽈·리	:꽈·리
꾀병	·끼·빙	·깨·병	·꽤·병	·꽤·병
꾀보	·끼·통	·꽤·자·구	·꽤·자·구143)	·꽤·배·기
꿀떡	·꿀·떡	·꿀·떡	·꿀·떡	·꿀·떡
꿀맛	·꿀·맛	·꿀·맛	·꿀·맛	·꿀·맛
꿀벌	·꿀·벌	·꿀·벌	·꿀·벌	·꿀·벌
나라	나·라	나·라	나·라	나·라
나루	나루	나루	나루	나루
나무	나무/낭·구	나무/낡	낡/나무/낭·구	낡/나무
나물	나물	나물	나물	나물
나비	나·비	나·비	나·비	나·비
나이	·나·이	·나·이/·나	·나/·나·이	·나/·나·이
나팔	나·발	나·발	나·발	나·발

138) 껍데·기, 껍디·기
139) 꼬랑데·기
140) 꼬랑·지, 꼬랑대·기
141) 꼬챙이에 꿴 것
142) 꽃이파·리
143) ·꾀·재·이

나흘	나·알/나·을	나·알	나·알	나·알
낙지	·낙·지	·낙·지	·낙·지	·낙·지
낙타	·낙·타	·낙·타	·낙·타	·낙·타
낚시	·낚·시	·낚·시	·낚·시	·낚·시
날감	·풋·감144)	생·감	날·감145)	생·감
날개	·날·개	·날·개	·날·개	·날·개
날것	생거	날꺼	날꺼	날꺼
남편	남·편	이역/남·편	남·편146)	남·편147)
남풍(南風)148)	남풍	가을바람	갈바람/앞새	갈바람
낮잠	·낮·잠	·낮·잠	·낮·잠	·낮·잠
낯짝	낱작	낯재·기	낯재·기149)	낯짝
내기	·내·기	·내·기	:내·기	:내·기
내년	내연	내연/맹연	맹연/내연	맹연
내일	내·앨/내·일	내·애·리	내·애·리	내·애·리
냄비	냄비	냄비	냄비	냄비
냄새	:냄·새/:내·미	:내·미	:내/:내·미150)	:내·미
냇가	거랑·까	거랑·깟	거랑·까	거랑·까
냉국	냉국	:채·물	:채·물	채꾹
냉면	:냉·면	:냉·면	:냉·면	:냉·면
냉이	나새·이	난시·이	남새·이	나새·이
너비	넓·이	너·비	너·비	넓·이
넓이	넓·이	넓·이	넓·이	넓·이
노끈151)	노끈/·끈·기	노·끈	노·끈/노·빠	노·끈
노래	노·래/:창·가	노·래	노·래	노·래
노루	놀개·이	노리	노리/놀개·이	놀개·이
노름152)	노름	노롬	노름	노름
노릇	노·릇	:짓	노·릇	노·릇

---

144) 익기 전 푸른 빛을 띤 감은 '·풋·감', '생·감'은 '홍·시'처럼 물렁하지 않고 딱딱한 상태로 있는 익은 감
145) 안 삭힌 감
146) 자기 남편을 부를 때 '이너·키', 자기 남편을 이를 때 ':장·골·이'
147) 자기 아내를 부를 때 '이녀·키', 남의 남편을 이를 때 '밭·양·반(＝바깥양반)'
148) 갈바람
149) 낮반디·기
150) ':냄새'는 요즈음 말
151) 노. 가늘게 비비거나 꼰 줄
152) 돈이나 재물을 태어 놓고 서로 따먹기를 내기하는 것

노새153)	—	—	놋·새	—
노을	나불·이	뿔·새	뿔·새	뿔·새
노적154)	:노·적	:노·적	:노·죽	:노·죽
녹두	녹두/녹디	녹띠	녹디	녹디
논둑	논뚝	논뚝	논뚝	논뚝
논밭	·논·밭	·논·밭	·논·밭	·논·밭
농담	:농·담	:농·담	:농·담	:농·담
높이	높·이	높·이	높·이	높·이
누나	:누·메155)	누부	누부/누이	누부
누님	누·님	누·임	누·임	누·임
누룩	누·룩	누·룩	누·룩	누·룩
누에	누·에	누·베	누·에	누·베/니·비
눈곱	눈꼽재·기156)	눈꼽157)	눈초자·구158)	눈꼽
눈꽃	:눈·꼴	:눈·꼴	:눈·꽃	:눈·꽃
눈매	·눈·매	·눈·매	·눈·매	·눈·매
눈물	·눈·물	·눈·물	·눈·물	·눈·물
눈병	·눈·뼁/개심·눈	·눈·뼁	·눈·뼁	·눈·뼁
눈비	:눈·비	:눈·비	:눈·비	:눈·비
눈썹	눈썹	눈섭	눈섭	눈썹
눈치	·눈·치	·눈·치	·눈·치	·눈·치
느낌	느·낌	느·낌	느끼·임	느·낌
늑대	·늑·대/·널·때	·늑·대	·늑·대	·늑·대
늦잠	늦·잠	늦·잠	늦·잠	늦·잠
다락	다락	다락	다락	다락
다래	·다·래	·다·래	·다·래	·다·래
다리(脚)	다리	다리	다리	다리
다리(橋)	다리	다리	다리	다리
다음	다·암	다·암	다·암	다·암
단지(瓮)	·단·지	·단·지	·단·지	·단·지
단추	단초	단추	단추	단추

---

153) 수나귀와 암말 사이에 태어난 변종. 말만한 크기이지만 생김새는 나귀를 닮았다.
154) 한데에 쌓아놓은 곡식
155) 이 지역에서는 손 위 여자 형제만 ':누·메, 누이, 누부'라고 하고 손 아래 여자 형제는 모두 '동생'이라고 한다.
156) ·눈#·꼬·비
157) 눈꼬징·이, 눈꼬지바·리
158) 눈꼽

단풍	단풍	단풍	단풍	단풍
달걀	달·갈	다·랄/·랄	달·알/계·랄	달·알/계·랄
달래	달룽개·이	달랑개·이	달래·이159)	달래·이
달력	달·력	달·력	달·력	달·력
닭똥	달똥	달똥	달똥	달똥
닭장	달기장	달찝160)	달짱161)	달짱162)
닭털	달털	달털	달털	달털
담밑	담밑	담밑	담밑	담밑
담배	:담·배	:담·배	:담·배	:담·배
닷새	닷·새	닷·새	닷·새	닷·새
대게	:대·기	:대·기	:대·기	:대·기
대구(大口)	대·구	대·구	대·구	대·구
대님	반때·이	갑띠·이	다·임163)	다·임
대밭	대밭	대밭	대밭	대밭
대야	대·야	대·애	대·애/다라·이164)	대·애165)
대잎	대닢파·구	댓·닢/대·잎	댓·닢	댓·닢
대접(器)	대지·비	대지·비/:대·접	대지·비	대지·비
대추	:대·추	:대·추	:대·추/:대·주	:대·조
대패	:대·패	:대·패	:대·패	:대·패
더덕	더·덕	더·덕	더·덕	더·덕
더위	더·우	더·붐	더·부	더·비
덤불166)	덤부·리/텀불	덤불	덤불	덤풀
덧니	:뻗·니	:덧·니	뻐덩·니	:덧·니
덧문	덧문/·접·문	·접·문	—	·겹·문
덩굴167)	덤불/텀불	덤불	엉쿨	덤풀
도끼	:도·꾸	:도·치	:도·치	:도·치
도둑	도둑	도둑	도둑	도독
도랑	도랑	도랑	도랑	도랑

---

159) '·다·래'보다 작은 것
160) 달구·통, 달·통
161) 달·통, 달찝
162) 달구찝, 달구·통
163) 가불때·이
164) 반티·이. 작은 것은 '옹가·지', 큰 것은 '버지·기'
165) 큰 것은 '다라·이'
166) 어수선하게 엉클어진 수풀
167) 땅 바닥으로 뻗거나 다른 것에 감겨 오르는 식물의 줄기. =넝쿨, 칡넝쿨

도리168)	:상·나·무/대들·보	대들보	도·리	대들보169)
도마	도·매	도·매	도·매	도·매
도망	도망	도망	도망	도망
도움	도·움	도·움	도·움	도·움
도장	도·장/도장	·도·장	·도·장	·도·장
돌감170)	·똘#:감·이	·돌·감	·돌·감	·돌·감
돌길	:돌·찔	:돌·찔	:돌·찔	:돌·질
돌담	:돌·땀	:돌·땀	:돌·땀	:돌·담
돌배	·똘·배	·돌·배	·돌·배	·돌·배
돌산	:돌·산	:돌·산	:돌·산	들깐171)
돌집	·돌·담·찝	:돌·찝	:돌·찝	:돌·집
동굴	·동·굴	·동·굴	·동·굴	·동·굴
동무	동·무	동·무	동·무	동·무
동생	동생	동상	동상	동상/동생
동서	동·세	동·세	동·서	동·서
동이	도·오	도·오	도·오	도·오
동전	동·전	동·전	동·전	동·전
동풍(東風)172)	샛바람	샛바람	샛바람	샛바람
돛대	돛·대	돛·대	돛·대	돛·대
돼지	:데·지	:데·지	:데·지173)	:데·지
된장	:딘·장	:덴·장	:덴·장	:덴·장
두듥(=둔덕)	–	두·들	두·들	두·들
두부	:더·부	:조·포174)	:조·피	:조·피
뒤주175)	두지	디지	두지	두지/살두지
뒤탈	:디·탈	:디·탈	:디·탈	:디·탈
뒷일	:딧·닐	:딧·닐	:딧·닐	:딧·닐
들개	:들·깨	:들·깨	:들·깨	:들·깨
들깨	뜰·깨	뜰·깨	뜰·깨	늘·깨
들꽃	:들·꼴	:들·꼴	:들·꽃	:들·꽃

---

168) 기둥과 기둥 위에 건너 얹어 그 위에 서까래를 놓는 나무

169) 도·리·지·둥(=절과 같은 큰 집에서 통나무로 만든 기둥)

170) 사람이 심지 않고 씨에서 나 그냥 저절로 큰 것, 야생의 것에 '·돌-'을 붙인다.

171) 돌이 많은 산

172) 샛바람

173) 똘똘·이

174) 드부, 두부

175) 곡식을 담는 나무로 만든 궤짝. 쌀뒤주

들일	:들·일	:들·일	:들·일	:들·일
들쥐	:들·찌	:들·쮜	:들·쮜	:들·쮜
등겨176)	등·게177)	등·게	딩·게	등·게
등잔	등·잔	등·잔	등·잔	등·잔
딸기	:딸/:딸·기	:딸/:딸·기	:딸	:딸·기
땀띠	땀·떼	땀·떼·기	땀·떼·기	땀·떼·기
땅벌	·땡·삐	·땡·삐	·땡·삐	:땡·삐
땅콩	·땅·콩	·땅·콩	·땅·콩	·땅·콩
떡국	떡국	떡국	떡국	떡국
떡삯	·떡·갑	·떡·삯	·떡·삯	·떡·삯
똥개	똥·깨	똥·깨	똥·깨	똥·깨
똥배	똥·빼	똥·빼	똥·빼	똥·빼
뚜껑	뚜껑/뚜껑·이	떠꿍/떠깨·이	따깨·이	때깨·이178)
뚱보	뚱뚤·보	뚱·뽀	뚱·뽀	뚱·보
뜨물179)	뜨물	뜨물	뜨물	뜨물
마개	마·개	마·개	마·개	마·개
마늘	마·늘	마·늘	마·늘	마·늘
마당	마당	마당	마당	마당
마디	마두	마디	마디	마디
마루(廳)	마래	청	청	청
마을	마을	마실	마실/마을180)	마실/마을
마음	마음	매앰	마음	매앰
마중	마중	마지·미	마지·미	마지·미
막내	막내·이	막내·이	막내·이	막내·이
만두	만두	만두	만두	만두
맏딸	맏·딸	맏·딸	맏·딸	맏·딸
맏이	마·지	맏·이	맏·이	맏·이
말굽	—	말굽	말구·비181)	말굽
말끝(語尾)	:말·끝	:말·끝	:말·끝	:말·끝
말똥	말똥	말똥	말똥	말똥

176) 벼의 껍질
177) 울진 방언에서 '등·게, 당가리'는 속겨를 의미하고 곡식의 겉껍질인 왕겨를 가리키는 말은 ':세·쩌'이다.
178) 따까·리, 떠꿍
179) 곡식을 씻은 부옇게 된 물
180) :동·네
181) 말의 발바닥에 쇠를 댄 것은 '다·갈'

말뚝	말뚝	말때·기	말뚝·이	말띠·기
말복(末伏)	·말·복	·말·복	·말·복	·말·복
말뼈	말뻐다·구	말·뼈	말·뼈	말·뼈
말속	:말·속	:말·속	:말·속	:말·속
말씀	:말·씀	:말·슴	:말·슴	:말·슴
망건	:멩·간	망·건	망·근	망·근
망치	망·치	망·치	망·치	망·치
매듭	—	매·듭	매·듭182)	매·듭
매미	:매·미	:매·미/매요·이	:매·미	매롱/:매·미
매제(妹弟)	매·제/:지·부	:제·매	매·제	:제·매
매형(妹兄)	매형	자형	매히·이	자영
맨몸	맨·몸	맨·몸	맨·몸	맨·몸
맨발	맨·발	맨발	맨·발	맨·발
맨손	맨·손	맨·손	맨·손	맨·손
맵시	맵·시	맵·시	맵·시/양·지	맵·시
맷돌	·맷·돌	맷돌	·맷·돌	·맷·돌183)
맹인(盲人)	:봉·새	:봉·사	:봉·사184)	참·봉
머루	머루/멀구	멀구	멀구	멀구
머리	머·리	머·리	머·리	머·리
머슴	머슴	머슴	머심	머슴
먹물	·먹·물	·먹·물	·먹·물	·먹·물
먼지	문지	문지	문지	문지
멍석	멍시·기	멍덕	몽디·끼	멍시·기
멍에185)	모·에	모·에	모·에	모·에
멍울186)	—	망구·리	망울·이	몽우·리
메기	:메·기/가래·이	:미·기	:메·기	:미·기
메밀	메물	메물	메물	메물
메밥	미·밥	메·밥/·흰·밥	메·밥	메·밥
메벼	미나·락	메나·락	메나·락	메나·락
메조	미조	메조	메제	메제
메주	메·주/미·주	메·주	메·주/미·주	메·주
멥쌀	밉쌀	멥살	멥·살	멥살

---

182) 장식용 노리개 등을 만드는 행위는 '매듭'
183) 풀을 수는 작은 '·매'는 '풀·매'
184) :소·경, 참·봉
185) 마소의 목에 얹어 수레나 쟁기를 끌게 하는 '∧'자 모양의 가로 나무
186) 작고 둥글게 엉겨 굳은 덩이

며칠	메·칠	메·칠	메·칠	메·칠
멸치	미르·치	메레·치	메레·치	메레·치
명절	밍·절	명·질/멩·질	멩·질	멩·질
명주	명지	멩주	멩주	멩지
명태	밍·태	멩·태	멩·테	멩·테
모과	:모·게	:모·게	:모·게	:모·게
모기	·모·구/·모·개·이	모개·이	·모·구/모개·이	모개·이
모래	모·래187)	모·래188)	몰개·미/모·래	몰·개
모레	·모·레	·모·레	·모·리	·모·레
모시	모시	모시	모시	모시
모양	매양가·리	모·양	모·양	모·양
모이	모시	모시	모·이/몹·시	몹·시
모자(帽)	모·자	모·자	모·자	모·자
모판	모·판	모·판	모·판	모·판
목말	목마·리	—	·혹·말	·혹·말
목물	목·물	등·물	목·물/등·물	목·물
목수	:대·목	:대·목/·목·수	:대·목	:대·목
목숨	목·숨	목·심	목·심	목·숨
목욕	·모·욕	·모·욕	·모·욕	·모·욕
목젖	목·젖	목·젖	목·젖	목·젖
목침	·몽·칭·기	·몽·치·미	·몽·치·미189)	·목·치·미
목화	·목·화	·목·화	·목·화	·목·화
몸매	·몸·매	·몸·매	·몸·매	·몸·매
몸살	몸·살	몸·살	몸·살	몸·살
몸집	·몸·찝	·몸·찝	·몸·찝	·몸·찝
무늬	무·니	무·니	무·니	무니
무당	:무·당	:무·당	:무·당190)	:무·당
무덤	무·덤	무·둠	무·둠	무·덤
무릎	무느팍191)	물·팍192)	장·개·이193)	장·개·이194)

---

187) 몰·래, 몰·개, 몰개·미
188) 몰·개, 몰개·미
189) :태·치·미
190) 남자무당은 '화래·이'
191) 무느꼬배·이
192) 쟁·개·이, 장·개·이
193) 물팍, 무릎
194) 물·팍, 종·지·뻬(=무릎뼈)

무슨	무·슨/무·은	무·슨	무·신195)	무·슨/무·즌
문앞	문앞	문악	문악	문앞
물가	·물·까	·물·까	·물·깟	·물·까
물개	·물·깨	·물·깨	·물·깨	·물·개
물결	·물·껄/파도	파도	·물·결	파도
물독	물또·오	물또·오	물또·오	물또·오
물레	:물·레	:물·레	:물·레	:물·레
물배	·물·배	·물·배	·물·배	·물·배
물뱀	·물·뱀/:실·뱀	·무·독·새	·물·뱀	·무·자·주
물병	물뼁	물뻬·이	물뻬·이	물뻬·이
물살	·물·살	·물·살	·물·살	·물·살
물새	·물·새	·물·새	·물·새	·물·새
물소	·물·소	·물·소	·물·소	·물·소
뭉치	뭉티·기	뭉티·기	뭉티·기	뭉티·기
미끼	메·끼	메·깟	미·기/미·끼	미·끼/·낚·시·밥
미역	미·역	미·역	미·역	미·역
미음	미음	:밈/:몜	:밈/미임	미임
밀랍196)	미개	:밀	:밀	:밀
밀물	—	밈·물	밀·물	민·물
바깥	배끝	배긑/배끝	배깥197)	배끝
바늘	바·눌	바·늘	바·늘	바·늘
바다	바·다	바·다	바·다	바·다
바닥	바·닥	바·닥	바·닥	바·닥
바둑	바·둑	바·둑	바·둑	바·닥
바람	바람	바람	바람	바람
바위	바·우198)	방·구	방·구	방·구
바지	바·지/주우	주봉	바지/주우	중우
바퀴	바·꾸	바·꾸	동태/바·꾸	동태/바·꾸
박씨	고지씨	·박·시	·박·시	·박·시
박잎	고지이퍼·리	·박·닢199)	·박·닢	박·닢
박쥐	·박·찌	·박·쥐	·박·쥐	·박·쥐
박하	·박·하	·박·하	·박·하	·박·하

195) 무·신·소·리/무신소·리, 무·신·노·래/무신노·래
196) 꿀을 짜낸 찌끼를 끓여 만든 기름
197) :한·데
198) 바·이, 방·구
199) 고지이퍼·리

반달	:반·달	:반·달	:반·달	:반·달
반지	까락·지	까락·지	가락·지	가락·지
반찬	반·찬/:간	반·찬	반·찬/:찬[200]	반·찬/:찬[201]
발굽	—	발꿉	발꿉	발꿉
발등	발뜨·이	발뜨어·리[202]	발뜽	발등더·리
발목	발목	발목/발모가·지	발목/발모가·지	발목/발모가·지
발톱	발톱	발톱	발톱	발톱
밤길	·밤·찔	·밤·찔	·밤·찔	·밤·찔
밤낮	·밤·낫	·밤·낫	·밤·낫	·밤·낫
밤눈	·밤·눈	·밤·눈	·밤·눈	·밤·눈
밤맛(栗味)	참·밤·맛	:밤·맛	:밤·맛	:밤·맛
밥맛	·밥·맛	·밥·맛	·밥·맛	·밥·맛
밤밥	:밤·밥	:밤·빱	:밤·빱	:밤·빱
밤일	·밤·일[밤닐]	·밤·일[밤닐]	·밤·일[밤닐]	·밤·일[밤닐]
밥맛	·밥·맛	·밥·맛	·밥·맛	·밥·맛
밥배	·밥·배	·밥·배	·밥·배	·밥·배
밥상	밥상	밥상	밥상	밥상
밥알	·밥·날	밥뜨꺼·리	밥띠꺼·리	밥뜨거·리
밧줄	·밧·줄	·밧·줄	·밧·줄	·밧·줄
방귀	:방·구	:방·구	:빵·구/:방·구	:방·구
방비	방·삐	방뻿자·리	방·삐[203]	방빗자·리
방석	방석	방석	방석	방석
방아	바·아	방아	바아	바아
방안	방안	방안	방안	방안
방울	방·울	방구·리	바·울	방·울[204]
밭둑	밭둑	밭둑	밭둑	밭둑
배꼽	배꼽	배총	배꼼	배꿈
배맛	배·맛	배·맛	배·맛	배·맛
배추	:배·추	:배·추/:배·차	:뱁·추	:뱁·추
배탈	·배·탈	·배·탈	·배·탈	·배·탈
뱁새	:뱁·새/:배·비·새	:뱁·새/:촉·새	:뱁·새	:뱁·새

---

200) :해·무·꿈
201) :해·무·꾸
202) ·발#:떠·리
203) 방뻿자·리
204) 소의 목에 다는 것은 '핑·긍'

뱃속	뱃속	뱃속	뱃속	뱃속
뱃심205)	·뱃·심	·뱃·심	·뱃·심	·뱃·심
뱃전	뱃전/뱃머·리	뱃전	뱃전	뱃머·리
버들	버들	버들	버들	버들
버릇	벌·시206)	벌·시/버·럿·이	버·릇	벌·시
버선	버선/보선	버신	버선	버선
버섯	버·섯/버·섵	버·섯	버·섯	버·섯
버짐	버·짐	버·짐	마린버·섯207)	마린버·섯208)
번개	번개	·번·개	·번·개	·번·개
벌레	벌·레/벌거·지	벌거·지	벌거·지	벌거·지
벌이	버·얼·이	벌·이	버·얼·이	벌·이
벌집	벌찝	:버·리·집	:벌·찝	벌찝
베개	비·개	:비·개	:비·개	:비·개
베틀	비틀	베틀	베틀	베틀
벼락	·베·락	·베·락	·베·락	·베·락
벼랑	·비·랑	·베·랑209)	·베·랑	·베·랑
벼루	비·리	베·루	베·루	베·루
벼룩	비리·기	베레·기	베리·기	베레·기
벼슬(官)	비·슬	베·실	베·실	베·실
벼슬	비·실/다리비·실	베·실	베·실	베·실/베·슬
변덕	:빈·덕	·둔·갑	:벤·덱/·둔·갑	:빈·득
변소	통시	:변·소210)	변·소211)	정낭
별똥	:빌·똥	:빌·똥/:별·똥	:빌·똥	:빌·똥
볍씨	나락씨/뱁씨	나락시	나락·시	시나락·시
볏단	나락·단	나락·단	나락·단	나락·단
병신	:빙·씬212)	:빙·시·이	:빙·신	:빙·신
병풍(屛風)	핑푼	평풍	평풍	·펭·풍/펭풍
보기	보·기	보·기	보·기	보·기
보늬	:속·꺼·풀	버미/버무	보니/:밤#보니	밤보내·기

---

205) 염치없이 욕심만 부리며 버티는 힘
206) 벌째·이, 버·릇
207) 마린버·접
208) 버·엄·버·섯
209) 낭떠러·지
210) 정낭, 통시간
211) 정낭, 통시간
212) :빙·시·이

보람	보람	보람	보람	보람
보름	보·름	보·름	보·름	보·름
보리	보리	보리	보리	보리
복날	복·날	복·날	복·날	복·날
복판213)	·복·판	·복·판/·봉·판	·복·판	·복·판
볶기	·뽂·기	·뽂·기	뽂·기	뽂·기
볼일	:볼·일	:볼·일	:볼·일	:볼·일
봄꽃	·봄·꽃	·봄·꼳	·봄·꽃	·봄·꽃
봄눈	·봄·눈	·봄·눈	·봄·눈	·봄·눈
봄밤	·봄·빰	·봄·밤	·봄·밤	·봄·밤
봄비	·봄·삐	·봄·삐	·봄·삐	·봄·삐
부모	·부·모	·부·모	·부·모	·부·모
부삽214)	·부·저·리	불가·래	·불·삽/불가·래	불가·래/·불·손
부아	부애	·부·애	부애	부애/도·분
부엌	부억	부쉼/부섬	부직/정지	부직/정지
부채	부·채	부·채	부채	부·채
부처	부체	부체	부체	부체
부추	:분·초	정고·지	정구·지	정구·지
북풍(北風)215)	·북·새·풍	샛바람216)	·북·새·바·람	·북·새·바·람
분꽃	·분·꼳	·분·꼳	·분·꽃	·분·꽃
불빛	·불·삗	·불·삗	·불·삧	·불·삗
불씨	·불·씨	·불·시	·불·시	·불·시
붓꽃	—	—	·붓·꽃	·붓·꽃
붓끝	·붓·끝	·붓·끝	·붓·끝	·붓·끝
붕어	·붕·어	·붕·어	·붕·어	·붕·어
비계	비게	비·지	비·계/비계	비·계
비녀	비네	비네	비네	비네
비누	비·누217)	비·누/:사·분	:사·분	:사·분
비늘	비·눌/비·늘	비·늘	비·늘	비·늘
비단	:비·단	:비·단	:비·단	:비·단
비듬	비듬	·지·기·미	비·듬/비·늘218)	·지·금/·지·기·미

---

213) 한가운데
214) 아궁이나 화로의 재를 치거나 불을 담아 옮기는 데 쓰는 제구
215) 뒤바람
216) ·북·새·바·람
217) 비·눌, 비·늘
218) ·지·기·미

비름	비듬나물	비·듬	비·늘	비·름
비옷	·비·옷	갑·바	·비·옷	:우·장
비지	비·지	비·지	비·지	비·지
비탈	빈·달	빈·달	빈·달	빈·달
빈대	빈대	빈대	빈대	빈대
빈소(殯所)	·빈·수	:빈·소/:병·막	:변·소/:빈·수	:변·소/:빈·수
빈손	:빈·손	:빈·손	:빈·손	:빈·손
빗물	·빗·물	·빗·물	·빗·물	·빗·물
빨래	서답	스답/빨래	스답/빨래	스답
빼기	·빼·기	·빼·기	·빼·기	·빼·기
뽑기	·뽁·기	·뽁·기	·뽑·이	·빼·기
뿌리	뿌·리/뿌리·기	뿔거·지	뿔거·지	뿌러·지
삘기	·삐·삐	:삥·기	·삘·기	·삐·삐
사공	사공	사공	사공	사공
사과	사과/능금	사·과/능금	능금/사·과	능금/사·과
사기(砂器)	사그	사구	사구	사기
사람	:사·람	:사·람	:사·람	:사·람
사랑	사랑	사랑	사랑	사랑
사립	삽작	사닯	사랍219)	삽작
사발	사발	사바·리	사바·리	사바·리
사슴	사·슴	사·슴	사·슴	사·슴
사월(四月)	:사·월	:사·월	:사·월	:사·월
사위	사·우	사·위	사·우	사·우
사이	새·애/상간	새·애	새·애	사·이
사자	:사·자	사자	사자	사자
사흘	사·알	사·알	사·알	사·알
산골	산·꼴	산·꼴	산꼴싸·기	꼴짝/산꼴짜·기
산불	산·뿔	산·뿔	산·뿔	산·뿔
산삼	산삼	산삼	산삼	산삼
산새	산·새	산·새	산·새	산·새
살강220)	:실·강/잠반	선반	살간	살강
살구	살구	살구	살구	살구
삼밭	삼밭	삼밭	삼밭221)	삼밭

219) 사래·피, 삽작
220) 부엌의 벽 중턱에 그릇을 얹어놓기 위해 드린 선반
221) 삼베하는 밭은 '삼밭', 인삼을 제배하는 밭은 '인삼밭'

삼복(三伏)	삼복	삼복	삼복	삼복
삼월(三月)	삼·월	삼·월	삼·월	삼·월
삿갓	삿·갓	삿·갓	삿·갓	삿·갓
상추	불·기/상·추	상·초/부리	상·추	상·추
상투	·상·투	·상·투	·상·토	·상·투
새간(鳥肝)	:새·간	:새·간	:새·간	:새·간
새끼	새·끼	새·끼	새·끼	새·끼
새끼(繩)	·새·끼	·새·끼	·새·끼	·새·끼
새벽	새벽	새벽	새북	새북
새알	:새·알	:새·알	:새·알	:새·알
새우	새·우	:새·우	:새·우	:새·비
새집(鳥)	새집	새집	새집	새집
새집(新)	·새·집	·새·집	·새·집	·새·집
새해222)	·새·해	·새·해	·새·해	·새·해
생감	생·감	생·감	생·감223)	생·감
생강	생강	생강	생강	생강
생선	생신	괴·기	괴·기	괴·기
생일	·생·일	·생·일	·생·일	·생·일
생쥐	꼬약·찌	:생·지	:쉥·지224)	·새·앙·지
생짜	생·떼	생·떼	생·떼	생·떼
서랍	·빼·닫·이	·빼·닫·이	·빼·닫·이	·빼·닫·이
서리	서·리	서·리	서·리	:서·리
서캐225)	·시·개·이	세가·리	새가·리226)	·새·가·리
서풍(西風)227)	하·늘·바·람	하·늘·바·람	윗바람	윗바람
석류	·석·노	·석·노	·석·노	·석·노
석쇠	모·테/·적·시	·적·세	·적·쉐	·적·세
선반	선반	선반	선반	선반
선비	선·비	선·비	선·비	선·비
선잠228)	·설·잠	:선·잠	:선·잠	:선·잠

---

222) 이 때의 '새'는 '새로운'이란 의미를 갖는 관형사인데, 뒤따르는 체언과의 결속력이 커지면서
　　독립된 낱말의 자격을 얻었으므로 붙여 쓴다.
223) 덜 익은 감
224) 쥐새·끼
225) 이의 알
226) 새가·지
227) 하늬바람
228) 깊이 들지 못한 잠

섣달	:섣·달	:섣·달	:섣·달	:섣·달
설빔	:설·치·장	:설·치·장	:설·치·장	:설·치·장
설움	:설·움	:설·움/·괄·세	:설·움	:설·움
성냥	다황/·성·양	다황/·성·낭	다황/·성·낭	다황/·성·낭
성묘	·성·모	·생·묘	·생·모	·생·묘
성에	·석·끼	성·에	성·에	성·에/·서·에
성질	:성·질	:성·질	:성·질	:성·질
세배	:세·배	:세·배	:세·배	:세·배
세상	:세·상	:세·상	:세·상	:세·상
세월	·세·월	·세·월	·세·월	·세·월
소견	:소·견	:시·견/:쉬·경	:시·건	:시·건
소금	소금	소금	소굼	소금
소똥	:소·똥	:소·똥	:소·똥	:소·똥
소라	소라	소라	소라	소라
소름	이·서·럼/:소·름	소·오·름	소·오·름	소·오·름
소리	소·리	소·리	소·리	소·리
소매	·소·매	·사·매	·사·매	·사·매/사매·기
소문	:소·문	:소·문	:소·문	:소·문
소입	·소·입	·소·입	·소·입	·소·입
소젖	·소·젖	·소·젖	·소·젖	·소·젖
소코	:소·코	·소·코	·소·코	·소·코
속겨[229]	당가리/등·게	댕가리	당가리	당가·리
속말	:속·말	:속·말	:속·말	:속·말
속병	:속·병	:속·병	:속·병	:속·병
속셈	:속·셈	:속·셈	:속·셈	:속·셈
손금	손·끔	손·끔	손·끔	손·끔
손님	손·님	손·님	손·님	손·님
손등	손떠·이	손떠·리	손뜽	손등더·리
손목	손목	손목	손목[230]	손목[231]
손발	·손·발	·손·발	·손·발	·손·발
손뼘	·손·뼘	·손·뼘	손·뼘	·뼘
손자	손·주/손·자	손·자/손·녀	손·자	손·주/손·지
손톱	손텁	손톱/손툽	손톱	손톱

---

229) 곡식의 겉겨가 벗겨진 뒤에 나온 고운 겨
230) 손목아·지, 손목안·지
231) 손목아·지

솔개232)	소래·기	솔배·이	·솔·개/솔배·이	솔배·이/솔개·이
솔밭	솔밭	솔밭	솔밭233)	솔밭
솔잎(落葉)	갈·비234)	갈·비	갈·비	깔·비
솔잎	솔이퍼·리	솔이퍼·리	솔·잎/솔이퍼·리	솔이파·리
솜씨	·솜·씨	·쏨·시	·솜·씨	·솜·시235)
송곳	:송·곳	:송·굿	:송·굿	:송·곳
송이	송·이	수·이	수·이	수·이
송편	송·편	꼬마·떡/송·편	송·편	송·편
쇠죽	소·죽	소·죽	소·죽/·소·죽	소·죽/소죽
수건	:수·건	:수·건	:수·군	:수·건
수꿩	장꽁/쟁·끼	·수·꽁/장꽁	·숙·꽁/장꽁	·숙·꽁/장꽁
수놈	·숙·넘	·숫·놈	·숫·놈	·숙·놈
수렁236)	쑤구	—	·수·채	:꾸·께
수박	:수·박	:수·박	:수·박	:수·박
수소	·황·소237)	·황·소	·황·소	:황·소/·황·소
수수	수꾸	수꾸	수꾸/수끼	수끼
수염	:시·미	:쉐·미	:쉐·미	:쉐·미
수저	·수·저/·수·제	·수·절	·수·저	·수·저
수채238)	·수·채	·수·채	·수·채	·수·채
수캐	·쑥·개	·숙·개	·숫·개	·숙·깨
수탉	장딸	·수·딸/장딸	장달	장달
수틀	:수·털	각·구	각·구	꼬테
수풀	·수·풀	·수·풀	수·풀	·수·풀
술값	술·깝	술·값	술·깝	술·깝
술배	술·빼	술·빼	술·빼	술·빼
술병	술·삥	술삐·이	술삐·이	술삥239)
술상	술상	술상	술상	술상
술잔	술·짠	술·짠	술·짠	술·짠
술집	술찝	술찝	술찝	술찝

---

232) 매과에 속하는 새. 암갈색이며 가슴에 검은 세로 무늬가 있다.
233) ·큰·솔·밭, :적·은·솔·밭
234) 껌·불, 소껌·불
235) 음식솜씨는 '먹·새'(먹·새·가 :좋·다, 먹·새·잘·한·다)
236) 깊고 무르게 풀린 진흙이나 개흙이 핀 곳
237) 황두·이
238) 집 안에서 쓰는 허드렛물을 버려 흘러 나가게 한 시설
239) 술비·이, 옛날에 쓰던 것은 '술두루·미'

숫돌	싯·돌/싯도·리240)	·수·틀	·수·틀	·숫·돌
숫쥐	·쑥·찌	·숙·지	·숫·쥐	·숙·쥐
숭늉	숭·녕	숭·늉241)	숭·녕	숭·녕
숯불	숯·불	숱·불	숯·불	숯·불
시간	시·간	시간	시간	시간
시계	시·계	시·계	시·계	시·계
시골	:시·골	:촌/:시·골	:시·골	:시·골
시렁242)	실·강	실·강/실·각	실·근243)	실근244)
시루	시리	시리	시리	시리
시숙	:시·숙/아제·반·님	아지반·님245)	아지반·님	아지반·님
시월(十月)	·시·월	·시·월	·시·월	·시·월
시위(弓)	활·줄	활·줄	:시·위	활·줄
시장(市場)	장/:시·장	장/:시·장	장/:시·장	장/:시·장
시집(媤家)	:시·집	:시·집	:시·집	:시·집
식구	·식·구	·식·구	·식·구	·식·구
식초	·식·초	초/·식·초246)	초/·식·초	초/·식·초
식해(食醢)	·식·해	·식·해	·식·해247)	·식·해248)
신랑	신랑	신랑	신랑	신랑
실눈249)	—	재피·눈	재피·눈250)	재피·눈
실뱀	:실·뱀	:실·배·미	:실·뱀	:실·배·미
실톱	:실·톱	:실·톱	:실·톱	:실·톱
심술	심청	심청	심·술/심청	심·술/심청
싸리	싸리·비	사·리	사·리	사·리/:사·래
싸움	싸·움/싸·암	사·암	사·암	사·암251)
쌀값	·쌀·깝	·살·값	·살·깝	·살·깝
쌀궤	쌀두지	살·기	살·끼	살·기

---

240) 싯돌
241) 숭·녕, 숭·겡
242) 물건을 얹기 위해 가로지른 두 개의 장나무
243) 방에 있는 선반
244) 부엌 선반은 '살강'
245) :시·숙, 나이 많은 시숙은 '아지뱀'
246) ·식·초·오
247) ·밥·식·해
248) '·식·해' 혹은 '·밥·식·해'는 젓갈로 요리한 음식의 하나
249) 가늘고 긴 눈, 가늘게 뜬 눈
250) 짜바락·눈
251) 무루마·굼, 무루마·움

쌀밥	:이·밥/·쌀·밥	:이·밥/·살·밥	:이·밥/·살·밥	:이·밥/·살·밥
쌀집	미·전/·쌀미·전	·살·찜	·살·찜	·살·찜
쌈지252)	·쌈·지	삼·지	삼·지	삼·지253)
써레	:써·레	:서·래·기	:서·레	서·어·리
썰물	—	섬·물	·설·물	설·물
쑥밭	·쑥·밭	·숙·밭	·숙·밭	·숙·밭
쓰기	·씨·기	·시·기	·시·기	·시·기
쓸개	·씰·개	·실·개	·실·개	·실·개
씨아254)	:쌔·기	:새·기	:새·기	:쇄·기
아기	얼라·아	알라·아	알라·아	얼라·아
아내	집사·람	집사·람/·안·사·람	집사·람255)	집사·람256)
아들	아·들	아·들	아·들	아·들
아래(下)	아·래	아·래	아·래	아·래
아비	애·비	애·비	애·비	애·비
아빠	·아·빠	·아·빠	·아·빠	·아·빠
아우	동생	동상	동생	동생
아이	아·아	아·아	아·아	아·아
아제(叔)	아제/아제·씨	아·제/아제·비	아·제257)	아·제/아자·암
아침	아첨	아칙	아직	아직
안개	:안·개	우네	·토·구258)	·토·구
안경	:안·경	:안·경	:안·경	:안·경
안방	·안·빵	·안·빵	·안·빵	·안·빵
안장	지리·매	안장	말안장	말안장
안주	안·주	안·주	안·주	안·주
안팎	·안·빡	·안·빡	·안·퐈	·안·퐈
알몸	·알·몸	·알·몸	·알·몸	·알·몸
알밤259)	·알·밤	·알·밤	·알·밤	·알·밤
알살	맨·살	—	·알·살	·알·살
암펑	·암·꽁	·암·꽁	·암·꽁	·암·꽁

---

252) 담배나 부시(부싯돌을 쳐서 불을 나게 하는 쇳조각) 등을 담는 주머니
253) 담배삼·지
254) 목화씨 빼는 기구
255) 자기 아내를 부를 때 ':임·자'
256) 남의 아내는 ':내·자', 자기 아내를 부를 때 ':임·자'
257) 아제·비. '아제'는 아주 먼 친척을 말한다.
258) 짙은 안개를 ':우·레'라고 한다.
259) 익은 밤송이에서 까거나 떨어진 밤톨

암내260)	:암·내	:암·내	인·내	노랑·내
암놈	·암·놈	·암·놈	·암·놈	·암·놈
암소	·암·소	·암·소	·암·소	·암·소
암캐	·암·깨	·암·깨	·암·깨	·암·깨
암탉	·암·딸	·암·딸	·암·딸	·암·딸
앞날	앞·날	앞·날	앞·날	앞·날
앞니	앞·니	앞·니	앞·니	앞·니
앞일	앞·닐	앞·닐	앞·닐	앞·닐
애꾸	−	애꾸	애·꾸261)	눈찌그디·이
약값	·약·값	·약·값	·약·갑	·약·갑
약손	·약·손	·약·손	·약·손	·약·손
약솜	·약·솜	·약·솜	·약·솜	·약·솜
양념	·양·념	·양·념	·양·념	·양·념
양딸	:양·딸	:양·딸	:양·딸	:양·딸
양말	양·발	양·발	양·발	양·발
양산	양·산	양·산	양·산	양·산
양식	양석	양석	양식	양식
양심	양심	양심	양심	양심
양자	:양·재	:양·재	:양·재	:양·재
양쪽	:양·쪽	:양·쪽	:양·쪽	:양·쪽
양푼	양푸·이	양피·이/양재·기	양피·이	양피·이
어깨	애·끼	어·깨	어·깨	어·깨
어느	어·느/우·느	어·는	어·는262)	어·느
어떤	어·떤/우·뚠263)	:웨·떤	:어·떤	:어·떤
어른	:어·른/어·른	:어·른	:어·른	:어·른
어미	·이·미	·에·미/어마·이	·이·미	·에·미
어제	어·제	어·제	어·제	어·제
언니	·언·니/히·이	언·니	·아·개/언·니	·아·개/언·니
언덕	언덕	언덕	언덕	언덕
얼굴	얼굴	얼굴	얼굴	얼굴
얼레264)	자세	자세	자세	자세/연자세
얼음	어·름	어·럼	어·럼	얼·음

260) 겨드랑이에서 나는 악취
261) ·외·눈·백·이
262) 어·는·거/어는거, 어·는·사·람/어는사·람
263) :어·떤, :우·떤, :우·뚠
264) 실을 감는 기구

엄마	·어·매	·어·매/엄·마	엄·마	·어·매/엄·마
엄살	엄·살	엄·살	엄·살	엄·살
여러	여·러	여·럿/여·러	여·러/여·럿	여·러/여·럿
여름	여·름	여·름	여·름	여·름
여물	여물	여물	여물	여물
여우	예깨·이/옛·수	옛·수/야·수	옛·수/:미·구	옛·수/:미·구
여자	·여·자	·여·자	·여·자	·여·자
여치	:예·치/:여·치	:여·치	:앵·추	:앵·치
연기	연·기	연·기265)	내구래·기	내구래·기266)
연꽃	연꼳	연꼳	연꽃	연꽃
열매	열매	열매	열매	열매
열쇠	·셋·대/:열·세267)	·쇗·대/:열·쇄	·쉿·대/:열·쇠	·쉿·대/:열·쇠
열흘	열·을	열·을	열·을	열·을
염소	얌새·이/얌생·이	얌새·이	얌새·이	얌새·이
염치	염·치	염·치	염·치	염·치
엿새	엿·새	엿·새	엿·새	엿·새
영감	:영·감	:영·감	:영·감	:영·감
옆길	옆·질268)	옆·질	옆·질	옆·질
옛날	:잇·날	:옛·날	:옛·날	:옛·날
오금	오·검/오검재·이	오·곰	오·굼	오·굼
오늘	오·늘	오·늘	오·늘	오·늘
오디	포두/뽕포두	뽕·딸	오디·이/뽕	오디·이
오리	·오·리	·오·리	·오·리	·오·리
오빠	·오·빠/·오·라·베	·백·남/·오·빠	·백·남/·오·빠	·백·남/·오·빠
오월(五月)	:오·월	:오·월	:오·월	:오·월
오이	·물·이	물·이	물·이/물·외	물·외
오줌	오줌	오줌	오짐	오짐
옥니269)	옥·니	옥·니	옥·니	옥·니
올감270)	:올·감	:올·감	:올·감	:올·감
올밤	:올·밤	:올·밤	:올·밤	:올·밤
올배	:올·배	:올·배	:올·배	:올·배

---

265) 내구래·기
266) 연구래·기
267) ·세
268) 옆·엣·질
269) 안으로 옥게 난 이
270) 이 때의 '올-'은 보통의 다른 과일보다 '일찍 익은'이라는 의미를 갖는다.

올벼	:오·나·락/:올·베	·올·나·락	:오·나·락	:오·나·락/:오·도
올케	동사·아·댁/·올·케	월깨/형님	·월·깨271)	·월·깨
올해	올·래	올·개	올·개	올·개
옷감	옷가·암/옷가심	옷가심	·옷·감	·옷·감
옷솔	·옷·솔	·옷·솔	·옷·솔	·옷·솔
옷장	·농/:장·농	·농	·농	·농
왕겨272)	:세·쩌	:세·쩨	왕·게273)	왕·게274)
왕벌	말·바·드·레	왕·벌	왕·벌	왕·벌
외가	:위·가	:위·가	:외·가	:외·가
외짝	·외·짝	·외·짝	·외·짝	·외·째·기
왼손	:윈·손	:윈·손	:윈·손	:윈·손
요령(鈴)	요랑	요롱	요롱275)	요롱
우리276)	우리	·막	우·리	우·리
우물	웅굴	웅·굴	웅·굴	웅·굴
우박	:우·박	:우·박	:우·박	·누·리
우산	:우·산	:우·비	:우·산	:우·산
울대	—	—	:울·때	:울·때·뻬
울보	:울·보	:울·보	:울·보	:울·보
울음	울·음	:우·는·소·리	울·음	:우·는·소·리
움집	—	·움·찝	·우·막·집277)	·우·막·집
옷기278)	우지·새	웃찌·이	웃찌·이	웃주·지
웃돈279)	웃·돈	웃·돈	윗·돈	웃·전
웃옷	웃·옷	웃두·리	웃·옷	웃·옷
웃음	웃·임	웃·임	웃·임	웃·임
윗니	웃·니	웃·니	웃·니	웃·니
윗대280)	웃·대	웃·대	웃·대	웃·대
윗목	울묵	운목	울목	윗목
윗집	웃집	웃집	웃집	윗집

---

271) '·월·깨'는 점잖은 말이 아니다. 보통 '동사·아·댁·이'이라고 한다.
272) 벼의 겉겨, 굵은 겨
273) :신·딩·게, :세·제
274) :신·등·게
275) 요롱소·리
276) 가축의 우리
277) :돼·지·우·막
278) 과실 등을 굄질할 때 위를 꾸미는 재료
279) 물건을 맞바꿀 때 값의 차이를 보충내 내는 돈
280) 조상

유리	유리	유리	유리	유리
유월(六月)	·육·월	·육·월	·유·월	·육·월/·유·월
유자(柚子)	:유·자	:유·자	:유·자	:유·자
율무	·율·무	·율·무	·율·무	·율·무
은행(木)	은·앵	은·앵	은·앵	은·앵
음식	:음·석	:음·석	:음·석	:음·석
의논	:으·논	:으·논	:이·논	:으·논
의사	으사	이·사	이·사	이·사
의심	으심	으심	으심	으심
의자	이·자/:걸·상	:걸·상/으·자	이·자	이·자/:걸·상
이끼	청대/물청대	:돌옷281)	이·끼	이·깨
이랑282)	고랑	고랑	고랑/:골283)	고랑/:골
이레	이·레	이레	이·레	이·레
이름	이·름	이·름	이·름	이·름
이마	이·마	이·매284)	이·매285)	이마뻬·기286)
이번	이분	오분	오분	오분
이불	이·불	이·불	이·불	이·불
이사(移徙)	이사	이사	이사	이사
이삭	이삭	이삭	이식/이새·기	이식/이시·기
이슬	이·슬	이·실	이·실	이·슬
이엉287)	영·개	영·기	영·개	영·개
이웃	이·욷/이·웆	이·웇/이·붗	이·붗/이·웇	이·붗
이월(二月)	:이·월	:이·월	:이·월	:이·월
이제	이제·에/인제·에	인제/인지	인자·아	인자·아
이틀	이·틀	이·틀	이·틀	이·틀
인두	·윤·두	·윤·디	·윤·디	·윤·도/·윤·디
인삼	인삼	인삼	인삼	인삼
인심	인심	인심	인심	인심
일가	·일·가	·일·가	·일·가	·일·가
일꾼	:일·꾼	:일·꾼	:일·꾼	:일·꾼

281) :돌청태
282) 한 두둑과 한 고랑을 함께 이르는 말
283) 이 지방에서는 '이랑'과 '고랑'을 같은 것으로 알고 있다.
284) 이매뻬기
285) 이매뻬·기
286) 이뻬·기
287) 지붕이나 담을 이는 데 쓰기 위해 엮은 짚

일복	:일·뽁	:일·뽁	:일·뽁	:일·뽁
일손	:일·손	:일·손	:일·손	:일·손
일월(一月)	정·월	저·월	저·월/·일·월	정·월/·일·월
임금	잉·금	:잉·금	:잉·금	:임·금
임신	:임·신	:임·신	:임·신	:임·신
임자	:임·자	:임·자	:임·자	:임·자
입매	입모·새	·입·매	·입·매	·입·매
입술	입소보·리	입수·불	입서·불	입서버·리
잉아288)	이·에	이·에	이·에	이·에
잉어	·잉·어	·잉·어	·잉·어	·잉·어
자갈	자·가·리289)	자갈	자갈	자갈
자국	자죽	자죽	자죽	자죽
자두	:외·기	자두	자두	애·애·추
자라	자래	자래	자라	자라
자락	자래·기	자래·기/자락	자락	자래·기
자랑	자·랑	자·랑	자·랑	자·랑
자루(柄)	자루/쥶	자리	자리	자리
자리	자·리	자·리290)	자·리	자·리291)
자식	·자·석	·자·석	·자·석	·자·석
작년	·작·연/·지·내·이	·작·연/:거·연	·작·연/:거·연	:거·연
작두	짝·두	짝·두	짝·도	짝·두
잔돈	잔·돈	가·전	잔·전	가·전
잔디	띠딴·지	떼딴·지	떼딴·지	떼딴·지
잔치	·잔·치	·잔·치	·잔·치	·잔·치
장가	:장·가	:장·가	:장·가	:장·가
장갑	:장·갑	:장·갑	:장·갑	:장·갑
장구	장·구	:장·구/장·구	장·구	장·기
장기(將棋)	:장·기	:장·기	:장·기	:장·기
장난	·장·난	·장·난	·장·난	·장·난
장날	장·날	장·날	장·날	장·날
장단	장단	장단	장단	장단
장마	장마	장마	장마	장마

---

288) 베틀의 날실을 끌어올리도록 맨 굵은 줄
289) 자갈보다 큰 것은 '돌·미'
290) 제사 때 펴는 자리는 '초석'
291) 쵀시·기(제사 때 펴는 돗자리)

장모(丈母)	:장·모	:장·모	:장·모	:병·모
장사(商人)	·장·사	·장·새	·장·사	·장·사
장사(壯士)	:장·수	:장·사	:장·사	장군/:장·사
장승	장승/:장·승	장승	:대·장·군/장승	장·승/장·슥
장인(丈人)	:자·인	·장·인	·장·인	:병·자
재롱	재롱	재롱	재롱	재롱
재미	재미	재미	재미	재미
재주	재·주	재·주	재·주	재·주292)
쟁기	쟁·기	홀치·이	홀치·이	홀찌·이
저녁	지늑	저늑	저익/저역	저늑
저번	전분/먼지뿐	전번	전번	전번
저울	정·월	저·울	저·울	정·울
적삼	적삼	적새·미	적새·미	적새·미
전날	앞·날	:앗·날	:앗·날	:앗·날
절구	절구	절구	절구/:도·구293)	절꼬
점심	:정·심	:정·심	:전·심	:전·심/:전·습
접시	접·시	접·시/접시·기	접시·기	접시·기
접칼	쩌·칼	째끼·칼	·책·칼	·책·칼/째깨·칼
젖병	젖빙	젖비·이/젖병	젖비·이/젖병	젖비·이/젖병
젖소	얼룩·소294)	·젖·소	·젖·소	·젖·소
제기(놀이)	:제·기	:제·기	짱굴로295)	:짱·굴·레
제기(祭器)	·모·꾸/:제·기	:제·기	·목·기/:제·기	·목·기
제비(燕)	:제·비	:제·비	:제·비/·연·자	:제·비
제비(籤)	:제·비	심·지	심·지	심·지
제사	:제·사	:제·사	:제·사	:제·사
조각	쪼가·리	쪼가·리	쪼가·리	쪼가·리
조개	쪼갑·지	쪼감·치	쪼각·지	조갑·지
조기(魚)	조·기	조·기	조·기	조·기
조끼	쪽·깨	쪽깨	쪽깨	쪽깨
조리(笊)	:조·래·이	:조·리	:조·래	:조·래
조카	·조·카/·조·캐	·조·카	·조·카	·조·카
졸음	자부·럼	자부럼	자부럼	자불음

---

292) '재·주'는 공부를 잘 하는 것, '재·간'은 여러 방면에 능력이 있는 것
293) 절구·통, 도구·통
294) 껌둥·소, ·젖·소
295) 땅꿀로, :제·기

좁쌀	좁·쌀	좁·쌀296)	젭·살	쩹·살/:서·숙
종이	조·오	조·이	조·오	조·이/조·오
주걱	빡죽	주게/밥주게	주게	주게
주름	주름	주·룸/쭈구룸	주름/주·름	주·룸
주먹	주묵/주먹	주묵	주묵/주메·기	주묵
주인	:쥐·인	:진	:쥔/:쥔·네	:쥔/:쥔·네
줄기	줄·기	쭐·기	쭐·기/쭐거·지	쭐게·이/쭐거·지
중복(中伏)	중복	중복	중복	중복
쥐덫	·쥐·틀	쥐틀/쥐치개	:쥐·틀	·쥐·틀
쥐약	:지·약	:쥐·약	:쥐·약	·쥐·약
지게	지·게	지·게	지·게	지·게
지네	지·네	지·네	지네	지네
지붕	지붉	지붉	지붉	지붉
진짜	진·짜	진·짜	진·짜297)	진·짜
진흙	진흘	진흘	진흘	진흘
짐꾼	·짐·꾼	·짐·꾼	·짐·꾼	·짐·꾼
짐승	짐승	짐승	짐승	짐승
짐작	짐·작	짐·작	짐·작	짐·작
집게	찍·게	찍·게	찍·게	찍·게
집안(家內)	집안	집안	집안	집안
집안(家門)	집·안	집·안	집·안	집·안
집앞	집앞	집앞	집앞	집앞
짚신	짚신/짚시·기	짚신	짚신/짚세·기	짚신
찌개	찌지·개	찌·개	찌·개	찌·개
차례	·차·례	·차·례	·차·례	·차·례
차조	차조/차좁·쌀	차좁·살	차제	차제
찬물	·참·물	·차·물	·차·물	·차·물
찰떡	·찰·떡	·찰·떡	·찰·떡	·찰·떡
찰밥	찰밥	찰밥	·찰·밥	·찰·밥
찰벼	차나·락	차나·락	차나·락	차나·락
참깨	·참·깨	·참·깨	·참·깨	·참·깨
참꽃298)	·창·꽃	·창·꼳	·창·꽃	·참·꽃
참말	·참·말	·참·말	·참·말	·참·말

---

296) 젭·살, 조, :서·숙
297) 진짜배·기
298) 먹을 수 있는 꽃, 진달래를 말함.

참밤	참·밤	—	참·밤	—
참밥	:참	:참	새·애·참	새·애·참/:참
참빗	챔·빗	챔·빗	챔·빗	챔·빚
참외	·참·이	:위	:외[왜:]	:외[왜:]
찹쌀	찹쌀	찹살	찹살	찹살
찻간	차칸	찻간	찻간	찻간
창문	창문	창문	창문	창문
창자	배·창·지	·창·지	·창·지	배·창·지299)
채소	:채·소	:채·소	:채·소	:채·소
책방	·책·방	·책·방	·책·방	·책·방
책상	·책·상	·책·상	·책·상	·책·상
처녀	:처·제	:처·자	:처·자	:처·자
처마300)	처·마	처·마	처·마	처·마
처음	·처·음	:첨	:첨	:첨
천둥	천·동	천·동	천·동	천·동
천장	친장	천·장	천·장	천·장
철새	·철·새	·철·새	·철·새	·철·새
철쭉	·철·뚝	·철·쭉	·철·쭉	·철·쭉
첫날	·첫·날	·첫·날	·첫·날	·첫·날
첫눈	·첫·눈	·첫·눈	·첫·눈	·첫·눈
첫돌	·첫·돌	·첫·돌	·첫·돌	·첫·돌
청태(靑苔)	청대/물청대	청태/물이·끼	물이·끼301)	청이·깨302)
초가	·초·가	·초·가	·초·가	·초·가
초복(初伏)	초복	초복	초복	초복
촌말	:촌·말	:촌·말	:촌·말	:촌·말
촛불	·촛·불	·촛·불	·촛·불	·촛·불
추녀303)	추·에	추·녀	처·마	처·마/·귀·새
추수	추수	가을거드·메	추수	가을걷·이
추위	·추·우	·추·부	·추·비	·추·비
치마	치마/치매	처마	치마	채매/처매
친구	친·구	친·구	친·구	친·구

---

299) 배창대·기, 창다·기
300) 지붕의 도리 밖으로 내민 부분
301) ·물·이·끼, 청태
302) ·물·이·깨
303) 처마 네 귀의 기둥 위에 끝이 번쩍 들린 크고 긴 서까래, 또 그 부분의 처마

친딸	친·딸	친·딸	친·딸	친·딸
친정	친정	친정	친정	친정
칠월(七月)	·칠·월	·칠·월	·칠·월	·칠·월
칼날	칼·날	칼·날	칼·날	칼·날
칼등	칼뜨·이	칼뜽	칼뜽	칼등더·리
칼발	·칼·발	·칼·발	·칼·발	·칼·발
칼손	·칼·손	·칼·손	·칼·손	·칼·손
칼집	칼찜	칼찜	칼찜	칼찜
코치	·코·치	·코·치	·코·치	·코·치
콧물	·콧·물	·콧·물	·콧·물	·콧·물
콩꽃	콩꼴	콩꼴	콩꽃	콩꽃
콩밭	콩밭	콩밭	콩밭	콩밭
콩알	콩·알	콩·알	콩·알	콩·알
콩팥(腎)	콩·팥	콩·팥	콩·팥	콩·팥
큰집304)	·큰·집	큰집	큰집/·큰·집	큰집
큰형(長兄)305)	·큰·형	·큰·형/맏형	맏형/·큰·형	맏·형/·큰·형
타작	:타·작	:타·작/·탈·곡	:타·작	:타·작
탈춤	·탈·춤	·탈·춤	·탈·춤	:탈·춤
탱자	탱·주	탱·주	탱·주	탱·주
털보	털·보	털·보	털·보	털·보
털신	털·신	털·신	털·신	털·신
털옷	털·옷	털·옷	털·옷	털·옷
텃밭	채런밭	·터·밭/채소밭	채전밭	채준밭
토끼	·토·끼/티끼·이	·토·끼	토깨·이	토깨·이
토란	토란	토란	토란	토란
토막	도막/·토막	동가·리	똥가·리/덩거·리	동가·리306)
톱니	·톱·니	톱·니	톱·니·빨	톱·니
퇴짜	:티·짜	:테·장	:퇴·짱	퇴·짜
튀밥	티배·기	티·밥307)	박·상	박·상
트림	·트·럼	·트·름	·트·림	·트·름
티끌	·티	·티·끌/·티	티겁·지	티/티끌
티눈	티·눈	티·눈	티·눈	티·눈

---

304) 큰아버지 댁. 이 지역에서 명사구 '큰 집'의 성조형은 모두 거성형으로 '·큰·집'이다.
305) '키가 큰 형'을 의미하는 명사구 '큰 형'의 성조형은 모두 '·큰·형'이다.
306) '쪼가·리'보다 크고 한 자쯤 남은 조각은 '동가·리', (예)베똥가·리
307) 쌀은 '티·밥', 옥수수는 '박·상'

파리	·파·리	파래·이	·파·리/파래·이	파래·이
파밭	·파·밭	·파·구·밭/파밭	패밭	파밭
판자	빤디·기	빤대·기	빤때·기	빤때·기
팔목	팔목	팔목	팔목	팔목
팔월(八月)	·팔·월	·팔·월	·팔·월	·팔·월
팔힘	팔·심	팔·심	팔·심	팔·힘
팥밭	·팥·밭	·팥·밭	·팥·밭	·팥·밭
팥죽	팥죽	팥죽	팥·죽	팥·죽
팽이	팽·이	·빼·이	팽·대·이	팽·대·이
편지	:편·지/:핀·지	:펜·지	:핀·지	:핀·지
평상(平床)	펭상/·살·펭·상	펭상	펭상	펭상
포기	포·기308)	포·기309)	피·기	피·기
포대310)	포	포	포대·기	포
푼돈	:품·돈	·품·똔	·품·똔	:푼·똔
풀무	붕노	풍기/풍구	풍노	불매311)
풀밭	풀밭	풀밭	풀밭	풀밭
풀숲	풀숲	풀섶	풀숲	풀섶
풀잎	풀·잎312)	풀이퍼·리	풀이퍼·리	풀이퍼·리
풋감	·풋·감	·풋·감	·풋·감	·풋·감
풋내	·풋·내	·풋·내	·풋·내	·풋·내
풋콩	·풋·콩	·풀·콩	·해·콩	·해·콩
피리	피·리	피·리313)	·피·리314)	·피·리315)
핏줄	·핏·줄	·핏·줄	·핏·줄	·핏·줄
핑계	핑·게	핑·게	핑·게	핑·게
하늘	하·늘	하·늘	하·늘	하·늘
하루	하루	하리	하리	하리
하품	하·품	하·품	하·품	하·품
학질	—	·초·악	·초·질	초·질/·초·악
한낮	방낮	방낮	방낮	방낮

---

308) 피·기, 페·기
309) 피·기, 페·기
310) 베로 만든 자루
311) 불매·질
312) ·풀·잎, 풀이파·리
313) 호때·기, 홀때·기
314) 버들잎으로 만든 피리는 ':홀·때·기'
315) 더 옛말은 '·통·수', 버들피리는 ':호·때·기'

한데(室外)	:한·데	:한·데	:한·데	:한·데
한숨	·한·숨	·한·숨	·한·숨	:한·숨/·한·숨
한쪽	한쪽	한쪽	한쪽	한쪽
햅쌀	·햅·쌀	·햅·살	·햅·살	·햅·살
햇볕	·햇·볏/·햇·빛	·햇·뺄	·햇·빛/·햇·뺄	·햇·뺄
햇빛	·햇·빝	·햇·뺕	·햇·뺕	·햇·뺕
햇살	빝·살/·햇·살	뱃·살/·햇·살	·햇·살	·햇·살/뺓·살
허리	허·리	허·리	허·리	허·리/허·리·통
허물(=흉)	허·물	허·물/숭	허·물	허·물/숭
허물316)	허물	허물	허물	허물
허파	·허·파	·허·파	·허·파	·허·파
헛말	헛·말	헛·말	헛·말	헛·말
헛일	헛·일[헌닐]	헛·일[헌닐]	헛·일[헌닐]	헛·일[헌닐]
헝겊	헝겊	짜드래·기	:헝·겁	:헝·겁
헤엄	:헴	:헤·미·질	:히·미	:헤·미/·히·미317)
호두	추·지	추·자	치·자	추·자
호롱	호롱	호롱	호롱	호롱
호미	호·무318)	호매·이319)	호매·이	호매·이
호박	:호·박	:호·박	:호·박	:호·박
혼자	혼·재	혼·차	혼·차	혼·차
홀몸	홀·몸	홀·몸	홀·몸	홀·몸
홍시	홍·시	홍·시	홍·시	홍·시
홍역320)	홍진	홍진/뜨·레	홍진/손321)	홍진
홑옷	홑·옷	홑·옷	홑·옷	홑·옷
화로	:하·래	:화·리	:화·리	:화·리
화살	하·살/·살	화·살	활·살	활·살
황새322)	:항·새	:황·새/:항·새	:황·새	:황·새
횃대	·횃·대	·횃·대/·홰	·달·때/·횃·대	·횃·대
회충	거·시/회충	해충/:껄·깨·이	:꺼·꾸·지323)	:꺼·꾸·래·이

---

316) 뱀이나 매미 등이 벗는 껍질
317) :헤·미·질, 히·미·질
318) 호미·이, 호매·이, 홈매·이
319) 호망개·이
320) 천연두, 마마
321) 손·왔·다
322) 백로와 비슷하고 다리가 길다.
323) :꺼·깨·이

후추	후추/진피	재피	:후·추	:후·추
흉내	흉·내	일·매	흉·내	숭·내/숭
흉년	숭년	숭년	숭년	흉년324)
흉터	:홈·터	흉·터	흉·테/숭·테	흉·테
흙손	흐리·칼	흘·칼	흘·손/흘·칼	흘·칼
흰떡	·핀·떡	·흰·떡/·절·편	·흰·떡	·절·편
힘줄	·심·줄	·힘·쭐	·힘·쭐	·심·쭐

1.2.3. 3음절

	울진	영덕	포항	경주
가랑비325)	갈그랑·비	갈방·비	가랑·비	갈방·비
가랑이	가랭·이	가래·이	가래·이/가·리	가리
가래떡	골·비·떡	골·미·떡	골·미·떡326)	떡골·미/골·미
가래질	가래·질	가래·질	가·래·질	가·래·찔
가래침	·가·래·춤	·가·래·춤	·가·래·춤	·가·래·춤
가르마	가름·배	가리·매	가림·패	가림·피
가마꾼	가매꾼	:가·마·꾼	:가·마·꾼	가마꾼
가마니	가·마·이	가·마·이	가·마·이	가·마·이
가마솥	가매솥	가마솥	가마솥	가마솥327)
가물치(魚)	가물·치	가·무·치	가·무·치	가·무·치
가야금	가야금	가야금	가야금	가야금
가오리	가오·리	가우·리/가부·리	가부·리	가부·리
가운데328)	가운·테	가운·데	가·운·데/중	가분·데/중
가을꽃	가을꽃	가을꼳	가을꽃	가을꽃
가을비	가을·비	가알·비	가알·비	가알·비
가자미(魚)	까재·미	까재·미	까재·미	까삼
가죽신	가죽·신	까죽·신	까죽·신	까죽·신
각살림329)	·깍·살·림	—	—	·깍·살·림
간덩이	간띠·이	간띠·이	간띠·이	:간#띠·이
갈대밭	·갈·때·밭	·갈·때·밭	·갈·때·밭	·갈·때·밭

---

324) 숭년, ·피·롱
325) 가늘게 내리는 비
326) 떡골·미, 떡올·미
327) '가마솥'은 소죽을 쑤는 솥, 요리를 위한 것은 '·큰·솥/서말·찌, 동솥/두말·찌(작은 솥)'
328) 중간, 여럿 중의
329) 부자(父子)나 형제가 따로 차린 살림

갈매기	갈매·기	갈매·기	갈매·기	갈매·기
갈비뼈	갈·비·뻬	갈·비·뻬	갈·비·뻬	갈·비·뻬
감나무	감나무	감나무/감낡	감나무	감나무
감자밭	감재밭	감자밭	감자밭	감자밭
감자솥	감자솥	감자솥	감자솥	감자솥
감자싹	감자싹	감자삭	감자삭	감자삭
값어치	갑어·치	갑어·치	갑어·치	갑어·치
갓스물	—330)	·갓·스·물	·갓·스·물	·갓·스·물
강냉이	강낭	강낭	강내·이	강내·이
강아지	강안·지331)	가아·지	강새·이332)	강새·이
강원도	가윈·도	강원·도	강원·도	강원·도
개구리	깨구·리	깨구·리333)	깨구·리	깨구·래·이
개구멍	개구영	개구망	개구영	개구영
개그림	:개·그·림	:개·그·림	:개·그·림	:개·그·림
개나리	개나·리	개나·리	개나·리	개나·리
개다리	개다리	개다리	:개·다·리	:개·다·리/개다리
개머루	:개·멀·구	:개·멀·구	:개·멀·구334)	:개·멀·구
개미집	:개·미·집	:개·미·집	:개·미·집	:개·미·집
개살구	:개·살·구	:개·살·구	:개·살·구335)	:개·살·구
개새끼	개새·끼	개새·끼	개새·끼	개새·끼
거드름	거드럼	거드름	—	—
거머리	:거·무·리	:거·머·리	:거·머·리	:거·머·리
거문고	거·문·고	거·문·고	거·문·고	거·문·고
거미줄	거·무·줄	거·무·줄	거·무·줄	거·무·줄
거미집	거·무·집	거·무·집	거·무·집	거·무·집
거북이	철랍재·이/거·북	거·북·이	거·북·이	거·북·이
거짓말	:거·짓·뿔	:거·짓·말	:가짓·말	:가짓·말
건널목	건널목	건널목	건널목	건널목
건더기	껀데·기/껀데·이	건데·기/껀데·기	껀디·기	껀디·기
검둥이	껌디·이	깜디·이	껌디·이	껌디·이
검버섯336)	·저·승·버·섯	:검·버·섯	거·엄·버·젓337)	:검·버·섯338)

330) '만 스물'의 뜻으로 '간·당·스·물'이라 한다.
331) 가안·지, 강생·이
332) 가아·지
333) 깨구락·지
334) 풀 사이에 난 머루
335) 맛이 없는 살구

겁쟁이	·겁·재·이	·겁·재·이	·겁·재·이	·겁·재·이
겉모양	겉모·양	겉모·양	겉모·양	겉모·양
겉보리	겉보리	겉보리	겉보리	겉보리
경상도	:정·상·도	:경·상·도	:경·상·도	:경·상·도
게으름	·기·그·럼	게으름	게으름	게으름
겨울비	:동·삼·비	삼동·비	겨·얼·비	겨·얼·비
겨울잠	겨·울·잠	겨·얼·잠	겨·얼·잠	겨·얼·잠
경기도	경기·도	경기·도	경기·도	경기·도
곁두리(참)	:참	새·애·참	새·애·참	새·애·참
고구마	:고·구·마	:고·구·마	:고·구·마	:고·구·마
고깃배	고깃·배	고깃·배	고깃·배	괴깃·배
고깃집339)	고기집	고깃·전	고기·전	괴기·전
고두밥	꼬드·밥	꼬두·밥	꼬두·밥	꼬두·밥
고드름	·고·드·름	·고·드·름	·고·드·름	·고·드·름
고등어	고드·에	고데·에	고데·에	고데·에
고린내	꼬랑·내	꾸렁·내	꼬린·내	꾸렁·내
고무신	고무·신	고무·신	고무·신	고무·신
고사리	고사·리	꼬사·리	고사·리/꼬사·리	꼬사·리
고수레	·꼬·시·네	:고·시·네340)	·고·시·네	·고·시·네
고양이	:고·내·기	:고·네·기341)	:고·내·기342)	:고·내·기
고쟁이343)	고재·이	꼬장주	꼬재·이	꼬장주
고추삯	고추삯	고추삯	고추삯	고추삯
곡괭이	:꼭·깨·이	·꼭·게·이	·꼭·게·이	:꼭·깨·이
골짜기	골짜·기	꼴째·기	꼴째·기	골짜·기
곰팡이	곰패·이344)	곰파·구	곰패·이345)	곰패·이
공염불	헛공	헛·공	공·염·불	·헛·공
광주리	강기·리	광지·리	광지·리	광지·리

---

336) 노인의 피부에 나는 거무스름한 얼룩점
337) 버·엄·버·젓, 검버·슷, :검·버·섯
338) ·저·승·버·섯
339) 해물을 파는 곳
340) 고·시·네
341) :괴·네·기
342) :꼬·내·기, 고얘·이, 살찌·이
343) 여자의 속옷의 하나
344) 꼼패·이
345) 장에 피는 곰팡이는 '·꼬·까·지'

구경꾼	:기·경·꾼	:구·경·꾼	:구·경·꾼	:구·경·꾼
구더기	구·디·기	:구·데·기346)	:구·디·기	:구·디·기
구덩이	구더·이347)	구디·이	구디·이	구디·이
구두굽	구두#·디·텍	구두굽	구두#·디·꿈·치	구두#·디·꿉348)
구두약	구두·약	구두·약	구두·약	구두·약
구둣솔	구두·솔	구두·솔	구두·솔	구두·솔
구렁이	:구·리	:구·리	:구·리	구리·이
구린내	쿨·내	쿠·린·내349)	쿨·내	쿨·내
국숫집	국싯집	국싯집	국싯집	국시집
군것질	씨금·질/군겁·질	군등·질	:군·둥·질350)	:군·둥·질
군소리	:군·소·리	:군·소·리	:군·소·리	:공·충
굳은살	뚝·살	꾸둑·살	꾸둑·살	꾸둑·살
굼벵이	:굼·베·이	:굼·베·이	:굼·베·이	:굼·비·이
굽도리351)	·구·비/방구·비	—	—	—
궁둥이	:궁·대·이352)	:궁·디	:궁·디·이	:궁·디·이
귀걸이	귀걸·이	귀걸·이	귀걸·이	귀걸·이
귀마개	귀마·개	귀마·개	귀마·개	귀마·개
귀이개	·기·자·미	귀히비·개	귀휘·배	귀히비·개353)
귓구멍	귓구영	귓구망	귓구영	귓구양
그림자	·그·름·자354)	그릉·지/·그·림·자	그릉·지	그릉·지
그을음	끄시·름	끄시름	끄시름/꺼끄름	끄실음
그저께	믄·제	:아·레	:아·레	:아·레
기계총355)	—	·백·설·풍	기계창	·백·설·풍
기러기	기러·기	기러·기	기러·기	기러·기
기와집	게아집	게와집	기와집	게와집/게아집
기저귀	지주·구/기저·구	·살·바	기지·기	기주·기356)

---

346) :구·디·기
347) 구디·이, 구데·이, 구리·이
348) 구두굽
349) 쿨·래, 꾸·렁·내
350) 군굿·질
351) 방 안쪽에서 벽의 아랫부분에 해당하는 곳
352) :궁·디·이
353) 귀치·개
354) ·기·름·자
355) 頭腐白癬
356) 깔뚜디·기(옛말)

기지개	:지·지·개	:지·디·기	:지·디·기	:지·디·기357)
기차표	기차·포	기차·포	기차·포	기차·포
길바닥	길빠·닥	길빠·닥	길빠·닥	길빠·닥
김치전	짐치놋358)	김치찌짐	김치·떡	김치·떡
까마귀	까마·구	까마·구	까마·구359)	까마·구
개다리	개다리	개다리	:개·다·리	:개·다·리/개다리
까치집	:까·치·집	깐치집	:까·치·집360)	:깐·채·이·집361)
까투리	까토·리	·암·꽁	까투·리	까투·리
깍두기	깍두·기	깍두·기	깍두·기	깍두·기
깍쟁이	깍쟁·이	깍재·이	깍재·이	깍재·이
감둥이	깜디·이	깜디·이	깜디·이362)	깜디·이
감부기363)	깜베·기	깜베·이	깜비·기	깜베·기
깨소금	깨소금	깨소금	깨소금	깨소금
꼬챙이	꼬재·이	꼬재·이	꼬채·이364)	꼬재·이365)
꼬투리	꼬타·리	꼬타·리	꼬타·리	꼬타·리
꼭대기	·꼬·디	꼭대·기	만디·이366)	말래·이
꽃꽂이	끝꽂·이	끝꽂·이	꽃꽂·이	꽃꽂·이
꽃노래	끝노·래	끝노·래	꽃노·래	꽃노·래
꽃송이	꽃소·이	끝수·이	꽃수·이	꽃수·이
꽹과리	:깽·새	:꽹·매·이	:꽹·짐	:깽·깨·미
꾀꼬리	꾀꼬·리	꾀꼬·리	꾀꼬·리	꾀꼬·리
꾸지람	꾸지·럼/:말	영·금	·머·티·이	꾸지럼
꿀단지	꿀·단·지	꿀·딴·지	꿀·딴·지	꿀·딴·지
나그네	나·그·네/나그·네	나·그·네	나·그·네	나·그·네
나룻배	나룻·배	나룻·배	나룻·배	나룻·배
나막신	나막·신	나막·신	나무·신	나박·신
나머지	나머·지/나무·지	나머·지	나머·지	나머·지

---

357) ·지·지·개
358) 짐치부치·개
359) :까·마·구
360) 까치집
361) 까치집
362) 옛부터 흑인을 가리키는 말로 ·:인·도·지'가 있다.
363) 흑수병에 걸려 검게 되어버린 이삭
364) '꼬채·이'보다 좀 더 굵은 것은 '꼬재·이'
365) 꼬장가·리
366) 꼭두배·기, 꼭두박, 만대·이

나무꾼	나무꾼	나무꾼	나무꾼	나무꾼
나이값	·나·이·깝	·나·깞	·나·이·깝	·나·깝
나팔꽃	나·팔·꼳	나·발·꼳	나팔꽃	나발꽃
낙숫물	·낙·숫·물	·낙·숫·물367)	·낙·숫·물	·낙·숫·물
낚시줄	·낚·싯·줄	·낚·시·줄	·낚·시·줄	·낚·시·줄
낚시질	·낚·시·질	·낚·시·질	·낚·시·질	·낚·시·질
낚시터	·낚·시·터	·낚·시·터	·낚·시·터	·낚·시·터
난쟁이	:난·재·이	:난·재·이	:난·재·이	:난·재·이
날가리368)	나락가·리	나락벳가·리	나락벳가·리	나락벳가·리
날가루369)	생가리	생가리	생가리	생가리
날강도370)	·날·강·도	날강도	날강도	날강도
날고기	생고·기	생고·기	생괴·기371)	생고·기
날짐승	날찜승	날찜승	날찜승	날찜승
냉국수	:냉·국·시	:냉·국·시	:냉·국·시	:냉·국·시
너구리	너구·리	너구·리	너구·리	너구·리
널뛰기	:널·뛰·기	:널·띠·기	:널·뛰·기	:널·뛰·기
널판자	널빤디·기	널빤때·기	널빤때·기	널빤때·기
노름꾼	노름꾼	노름꾼	노름꾼	노름꾼
노름돈	노름·똔	노름·똔	노름·똔	노름·똔
노리개	노리·개	노리·개	노리·개	노리·개
논고랑	논·꼴	논꼬랑	논·꼴	논꼬랑
논둑길	논떡·질	논뚝·질	논뚝·질	논뚝·질
누더기	누디·기	뚜둑·옷	누디·기	두디·기
누룽지	소데·끼/누렁·기	누렁·지	누렁·지	누룽·지
누비옷	누·비·옷	누베·옷	누베·옷	뉘비·옷
눈꺼풀	눈꺼풀	눈까·풀	눈꺼풀	눈꺼풀
눈동자	·눈·똥·자/·눈·알	·눈·똥·자	·눈·똥·자	·눈·똥·자
눈두덩	눈띠비·이	눈뜨·불	눈뚜·들	눈두부·리
눈망울	눈망·울372)	눈마·울	눈마·울	눈바·울
눈시울373)	—	눈초·리	눈시·울	눈초·리

---

367) 처·마·물
368) 낱알이 붙은 채로 있는 곡식을 쌓은 더미
369) 익히지 않은 곡식을 빻은 것
370) 아주 뻔뻔스러운 강도
371) 날꼬·기
372) 눈망울, 눈망굴
373) 속눈썹이 난 곳

눈웃음	·눈·웃·임	·눈·웃·음	·눈·웃·음	·눈·웃·음
눈초리374)	—	눈초·리	눈초·리	눈초·리
눌은밥	누룬·밥/·탄·밥	누룬·밥	누룬·밥	누룬·밥
늙은이	늙·으·이375)	늙·이	늙·이	늙·이
늦더위	늦더·이	늦더·붐	늦더·비	늦더·비
늦바람	늦바람	늦바람	늦바람	늦바람
다듬이	따딤·이	따뎀·이	다딤·이/따딤·이	따뎀·이
다락방	다락방	다락방	다락방	다락방
다람쥐	다람·쥐	다람·쥐	다람·쥐	다람·쥐
다래끼	다래·끼376)	다래·끼377)	다래·끼	다래·끼378)
다리미	대리·비	다래·비	달·비	달·비
다리밑	다리밑	다리밑	다리밑	다리밑
다림질	대리·비·질	다래·비·질	다리·미·질	달·비·질379)
다시마	타시·마	다시·매	다시·마	타시·매
단무지	단무꾸	단무꾸	단무·지	단무·지
달리기	달음띠·기	쪼추바·리	쪼치바·리	쪼치바·리
달무리	·달#테두·리	·달·물	·달·테	·달·문
달팽이	:널·팽·이	달패·이	달패·이	:하·마380)
닭고기	달꼬·기	달꼬·기	달꼬·기	달꼬·기
담배통	담배·통	담배·통	담배·통	담배·통
담뱃대	담뱃·대	담뱃·대	담뱃·대	담뱃·대
담쟁이	바·우·풀/방·구·풀	:도·롯	:도·론/:도·롯	—
당나귀	당나·구/당나·기	당나·구	당나·구	당나·구
대가리	대가·리	대가·리	대가·리	대가·리381)
대나무	대나무382)	대나무	대나무	대나무
대머리	대머·리	대머·리	대머·리	대머·리
대장간	비룽깐	불매칸	편수깐/피수깐	성양깐
덧가지	:열·까·지	—	덧·가·지	젓·가·지

---

374) 쌍꺼풀이 생기는 곳
375) 늘기·이
376) 아래에 난 것은 ':대·지·비'
377) 대지·비
378) 위에 난 것은 '다래·끼', 밑에 난 것은 '대지·비'
379) 다림·질
380) 하마구디·이
381) 대가빠·리
382) ·대·나·무

덧거름383)	웃거름	웃거름	윗거름	웃거름
덧버선	떳버선	덧버신	덧버선384)	덧버선
덩어리	덩어·리	디·이	디·이385)	디·이
도깨비	·또·깨·비	또깨·비	또깨·비386)	·토·째·비
도둑놈	도둑·넘/도둑·눔	도독·놈	도독·눔	도독·눔
도둑질	도둑·질	도독·질	도독·질	도독·질
도라지	도라·지	돌개	도래387)	돌개
도련님388)	디·림	데·름	대·림/대리·미	대리·미
도리깨	도리·깨	도리·깨389)	도리·깨	도리·깨
도마뱀	돔·배·뱀	돈·둘·배·미	도·마·뱀	도·옴·뱀
도시락	도시락	도시락	도시·락	도시락
도토리390)	도토·리/꿀·밤	꿀·밤	꿀·밤	도토·리391)
독수리	독수·리	독수·리	독수·리	독수·리
돈가방	돈가방/돈가·방	돈까방	돈까방	돈까방
돈벌이	:돈[h]#뼈·얼·이	돈뻘·이	:돈[h]#뼈·얼·이	돈뻘·이
돋보기	돋베·기	돋베·기	돋베·기	돋보·기
돌능금	·돌·능·금	·돌·능·금	·돌·능·금	·돌·능·금
돌맹이	:돌·미	돌멩·이392)	돌미·이393)	돌미·이
돌잔치	·돌·잔·치	·돌·잔·치	·돌·잔·치	·돌·잔·치
돌쩌귀394)	:돌·쩌·구	:돌·짜·구	:돌·짜·구395)	:돌·짜·구
돌나물	돌나물	돌나물	돌찌·이	:돌·내·이
돗바늘	돗빠·늘	돗빠·늘396)	돗바·늘	돗바·늘
동냥질	:동·냥	:동·냥·질	:동·냥·질	:동·냥·질
동짓달	동·짓·달	동·짓·달	동·짓·달	동·짓·달

---

383) 웃거름
384) 봐버선
385) 밭의 면적을 헤는 단위는 '도가·리'
386) ·또·깨·비
387) 돌개, 돌찌·이
388) 시동생
389) 도루·깨
390) 떡갈나무의 열매, '도토리나무'는 '상수리나무'의 별칭
391) 속수·리, 꿀·밤
392) 돌밍·이, 돌뻥·이
393) 돌삐·이
394) 문짝을 여닫을 수 있도록 만들어진 쇠붙이
395) ':돌·짜·구'는 ':암·돌·짜·구'를 의미하고 수컷은 '·수·돌·짜·구'라는 말로 구별한다.
396) 돌빠·늘, 독빠·늘

동치미	:동·치·미	:동·치·미	:동·치·미	:동·치·미
두꺼비	뚜꺼·비	뚜께·비	뚜꺼·비	뚜끼·비[397]
두더지	두·디·기	·띠·지·기	띠지·기	띠지·기
두레박	뜨레박/탈배·기	뜨르·박	두루·박[398]	따르·박
두루미	두루·미/:항·새	:황·새	:황·새	:황·새
뒤꿈치	:디·꾸·무·리	:디·꿈·치	:디·꿈·치	:뒤·꿈·치[399]
뒤통수	:디·통·배·기	:디·통·시	:뒤·통·시	:뒤·통·시
뒷마당(後園)	디안	디안	디안	디안/디안깐
들국화	:들·국·화	:들·국·화	:들·국·화	:들·국·화
들기름	뜰끼·름	뜰찌·름	뜰찌·름	들찌·름
들오리	:들·오·리	:들·오·리	:들·오·리	:들·오·리
들타작	:들·타·작	:들·타·작	:들·타·작	:들·타·작
등잔밑	등·잔·밑	등·잔·밑	등·잔·밑	등·잔·밑
등잔불	등·잔·뿔	등·잔·뿔	등·잔·뿔	등·잔·뿔
딸꾹질	깔떠러·기[400]	깔딱·질/깔따·구	깔딱·질	깔딱·질
때수건	·때·수·건	·때·수·건	·때·수·건	·때·수·건
땜장이	땜재·이	때임재·이	때임재·이	:땜#장·이
떡가락	떡골·비	떡골·미	떡골·미	떡골·미
떡가루	떡가리	떡가리	떡가리	떡가리
떡볶이	떡뿌·이	떡뿌·이	떡뽁·이	떡뿌·이
떡시루	떡시리	떡시리	떡시리	떡시리
떼거리	·떼	·떼·서·리	·떼·거·리	·떼
또아리	따배·이	따·배	따배·이	따배·이
뚝배기	뚜까·리	투꾸발·이	투꾸발·이	툭추발·이
뜸부기	뜸배·기	·뜸·달	·뜸·달[401]	·뜸·딸·이
마누라	:마·누·라	:마·누·라	:마·누·라	:마·누·라
마당발	마당·발	마당·발	마당·발	마당·발
마당비	마당빗자·리	마당빗자·리	마당·삐[402]	마당빗자·리
마지막	·끝	·끝	·끝	마지막
막걸리	막걸·리	막걸·리	막걸·리	막걸·리
막대기[403]	막대·기/막대·이	막대·기[404]	짝대·기	짝·지/짝대·기

---

397) 크고 굵은 것은 ‘·엉·머·구·리’
398) 뜨루·박. 바가지가 아닌 통에 끈을 묶은 물을 퍼올리는 것은 ‘달배·기’
399) 발·디·꿈·치
400) :깔·띠·기
401) 닭처럼 생긴 철새
402) 마당삣자·리

맏동서	맏동·세	맏동·서	맏동·서	맏동·서
맏아들	맏아·들	맏아·들	맏아·들	맏아·들
말꼬리(馬尾)	말꼬·리	말꼬·리	말꼬·리	말꼬·리
말꼬리(語尾)	:말·꼬·리	:말·꼬·리	:말·꼬·리	:말·꼬·리
말대꾸	:말·대·꾸	:말·대·꾸	:말·대·꾸	:말·대·꾸
말대답	:말·때·답	:말·대·답	:말·대·답	:말·대·답
말새끼	말새·끼	말새·끼	말새·끼	말새·끼
맛소금	·맛·소·금	·맛·소·금	·맛·소·금	·맛·소·금
망아지	마아·지405)	말망새·이	말망새·이	말망새·이
맞벌이	맞벌·이	맞벌·이	맞벌·이	맞벌·이
맨주먹	맨주먹	맨주먹	맨주먹	맨주묵
머리띠	머리·띠	머리·띠	머리·띠	머리·띠
머리맡	머리맡	머리맡	베맡	베맡
메뚜기	미띠·기	몰때·기	메띠·기	메떼·기
메밀묵	미물묵	메물묵	메물묵	메물묵
메아리	—	메아·리	메아·리	—
메추리	메초·리	메초·리	모추·리	메추·리
멧돼지	산·데·지	멧데·지406)	산돼·지	산돼·지
며느리	미·늘	메·늘	메·늘	메·늘/·자·보407)
멸치젓	메레·치·젓·국	메레·치·식·해	멧·젓	멧·젖
모기약	·모·기·약	·모·구·약	·모·기·약	·모·기·약
모기장	·모·기·장	·모·구·장	·모·기·장	·모·기·장
모깃불	·모·깃·불	·모·깃·불	·모·깃·불	·모·깃·불
모서리	모서·리	모서·리	모서·리408)	모서·리
모심기	모내·기/모싱·기	모숭·기	모숭·기	모숭·기
모퉁이	모퉁·이/모티·이	모티·이	모티·이	모타·아
목걸이	목걸·이	목걸·이	목걸·이	목걸·이
목구멍	목구영	목구망	목구영	목구양
몸보신	·몸·보·신	·몸·보·신	·몸·보·신	·몸·보·신
못자리	모자·리	모자·리	모자·리	모자·리
몽둥이	몽디·이409)	몽디·이	몽디·이	몽디·이

---

403) 가늘고 기름한 나무의 토막
404) 작은 것은 '짝·지'
405) 마새·끼, 말새·끼
406) 산#:데·지
407) 갓 들어 온 남의 며느리에게 '·새·댁·이'
408) ·기·자·비, ·기·잡

묏자리	:묘·짜·리	:모·짜·리	:묘·자·리	:묘·자·리
무김치	무꾸짐·치	무꾸김·치	무꾸김·치	무시짐·치
무더기	무디·기	무데·기	무디·기	무디·기
무지개	·무·지·개	·무·지·개	·무·지·개	·무·지·개
묵은쌀	묵·은·쌀410)	묵·은·살	묵·은·살	묵·은·살
문고리	문꼬·리	문꼴·기	문꼬·리	문꼴개·이
문둥이	:문·디·이411)	:문·디·이	:문·디·이	:문·디·이
문종이	문조·오	문쪼·이	문쪼·오	문쪼·이/딱쪼·이
물고기	·물·꼬·기	·물·꼬·기	·물·꼬·기	·물·꾀·기
물국수	·물·국·시	·물·국·시	·물·국·시	·물·국·시
물김치	·물·짐·치	·무·짐·치	·물·짐·치	·물·짐·치
물난리	·물·난·리	·물·난·리	·물·난·리	·물·난·리
물소리	·물·소·리	·물·소·리	·물·소·리	·물·소·리
물안경	·물·안·경	·물·안·경/·수·경	·물·안·경	·물·안·경
물지게	물찌·게	물찌·게	물지·게	·무·지·게
미나리	미나·리	미나·리	미나·리	미나·리
미닫이	:미·닫·이	:미·닫·이	:미·닫·이	:밀·창·문
미장이	미재·이	미재·이	미재·이	미장
미투리412)	:미·터·리	:미·투·리413)	:미·투·리	:미·신
민들레	민들·레414)	민들레	·젖·때	덩들·개
밀가루	밀까리	믹까·리	밀까리415)	밀까리
밀기울416)	밀지·울	미찌·울	밀찌·불	밀찌부래·기
바가지	바가·찌	바가·치	바가·치417)	바가·치418)
바구니	바구·니	바구·미	바구·미	바구·리/다래·끼
바구미	:바·게·미	:바·게·미/·조·미	:바·그·미	:바·기·미
바느질	바느·질	반·질	바·안·질/반·질	바·안·질
바늘통	바늘#:새·미	바늘삼·지	바늘삼·지	바늘삼

---

409) ·몸·띠·이
410) 묵은·쌀
411) :문·딩·이
412) 삼으로 삼은 신
413) ':미·투·리'와 '삼신'은 세우는 대의 개수가 다르다.
414) 민들레
415) 믹까리
416) 밀을 빻아서 체로 가루를 빼고 남은 찌끼
417) 바가·지, 고지바가·지
418) 꼬두·박·바·가·치

바다새	바·다·새	바·다·새	바·다·새	바·다·새
바닷가	바닷가	바닷·가	바닷·가	바닷·가
바둑돌	바·둑·돌	바·둑·돌	바·둑·돌	바·둑·돌
바지게(지게)	:바·소·구·리	:바·소·고·리	:바·지·게419)	:바·소·구·리
바지천	바지까·암	바지까·암	바·지·천	바·지·천
반딧불420)	개똥벌·기·불	번더·기·불421)	반지·불422)	반딧·불423)
반바지	반바지	반주봉	반주봉	반중우
발가락	발꼬락	발까·락	발까·락	발까·락
발바닥	발빠·닥	발빠·닥	발빠·닥	발빠·닥
발자국	발짜죽424)	발짜죽	발짜죽	발짜죽
밤껍질	밤껍·질	밤껍디·기	밤껍디·기	밤껍디·기
밤나무	밤나무	밤나무	밤나무	밤나무
밤송이	밤소·이	밤수·이	밤수·이	밤수·이
방망이	방맹·이/방매·이	방미·이	방매·이	방매·이
방앗간	방깐/방앗간	방깐	바아깐/방깐	바아깐/방깐
밭고랑	밭·골/밭고랑	밭고랑	밭·골	밭고랑/밭·골
배나무	배나무	배나무	배나무	배나무
백김치	백김·치	백김·치	:동·김·치	백김·치425)
백설기	백·찜	백·찜	백·찜	백·찜
백여우	백옛·수	백옛·수	백옛·수	백옛·수
뱀딸기	:배·미#:딸[h]	:뱀·딸	:뱀·딸	:뱀·딸
뱀장어	뱅구재·이	배무재·이	배무재·이	배미재·이
뱃노래	·뱃·노·래	·뱃·노·래	·뱃·노·래	·뱃·노·래
뱃사공	뱃사공	뱃사공	뱃사공	뱃사공
버선코	버선·코	버신·코	버선·코	버선·코
번갯불	번갯·불	·번·갯·불	·번·갯·불	·번·갯·불
번데기	뻔데·기	뻔데·기	뻔데·기	뻔디·기
벙어리	버버·리/벙어·리	버버·리	버버·리	버버·리
벼이삭	나락이삭	나락이삭	나락이·식	나락이시·기
벼훑이426)	:쩌·깨	호리·깨	호리·깨	호리·깨

---

419) :바·소·구·리
420) 개똥벌레의 꽁무니에서 반짝이는 불빛
421) 개똥벌·기·불
422) 반딧·불, 개똥벌·기·불
423) 개똥벌·개·이·불
424) 발짜·구
425) :동·김·치

벽시계	·벡·시·계	·벡·시·계	·벡·시·계	·벡·시·계
볏가리427)	벳가·리	벳가·리	나락벳가·리	나락벳가리
병마개	빙마·개	병떠꿍	병뚜껑	병때깨·이428)
병아리	삐아·리429)	삐아·리	삐애·기	삐가·리
보따리	보따·리	보따·리	보따·리	보따·리
보름달	보·름·달	보·름·딸	보·름·딸	보·름·달/:온·달
보리밭	보리밭	보리밭	보리밭	보리밭
보리쌀	보리·쌀	보살	보살	보살
보슬비430)	보슬·비431)	보술·비	보슬·비	보슬·비
보자기	보자·기	바뿌·제/보재·기	바뿌·제	바뿌·제
보조개	보지·개	:보·조·개	보조·개	보재·기
복사뼈	복상치·이	복상치	복숭·치	복숭·치
복숭아	복숭/복상432)	봉상	복숭	복숭/복성
볶음밥	뽂음·밥	뽂음·밥	뽂음·밥	뽂음·밥
볼거리	·뽈·치·기	·뽈·치·기	·뽈·치·기	·뽈·치·기
봄바람	·봄·빠·람	·봄·빠·람	·봄·빠·람	·봄·빠·람
봇도랑433)	봇도랑/물도랑	봇둑/봇도랑	봇도랑	봇도랑
봉선화	:봉·숭·아	:봉·숭·아	:봉·숭·아	:봉·숭·아
봉우리	·봉·두·리	봉오·리	봉오·리	봉오·리
부끄럼	·남·새434)	부끄럼	비꾸럼	비꾸럼
부뚜막	부뚜막	뿌뜨막	뿌뚜막	뿌뚜막
부리망435)	소꺼럭·지	머거·리/:머·개	머그·리436)	홍오·리/:호·리
부스럼	:헌·디	:헌·디	:헌·디	:헌·디
부싯돌	부싯·돌	·부·쇄	부싯·돌	·부·셋·돌437)
부엉이	부헝·이	부허·이	부헤·이	부히·이

---

427) 벗단을 차곡차곡 쌓은 더미
428) 병따까·리
429) ·삐·아·리
430) 바람없이 조용히 내리는 가랑비
431) 보·슬·비
432) 복숭·아
433) 논에 물을 대기 위하여 둑을 쌓고 흐르는 냇물을 막아두는 곳을 '보'라 하는데, 여기에 괸 물인 '봇물'을 대거나 빼게 만든 도랑
434) ·남·새·탄·다(＝부끄럼 탄다)
435) 소 주둥이에 씌우는 망
436) 소머·거·리/머·거·리
437) ·불·쇠, ·부·쇠

부엌비	정지·삐	정지빗자·리	정지빗자·리	정지빗자·리
부채질	부·채·질	부·체·질	부채·질	부·채·질
부처님	부쳇·님	부쳇·님	부쳇·님	부쳇·님
북데기438)	뿍데·기	뿍데·기	뿍디·기	뿍디·기
불구경	·불·구·경	·불·구·경	·불·구·경	·불·구·경
불여우	·불·옛·수	·불·옛·수	·불·옛·수	·불·옛·수
불장난	·불·짱·난	·불·짱·난	·불·짱·난	·불·장·난
비단옷	:비·단·옷	:비·단·옷	:비·단·옷	:비·단·옷
비둘기	비둘·기/삐둘·기	삐둘·기	삐둘·기	삐들·기
비린내	빌·내	빌·내	비렁·내/빌·내	빌·내[빌래]
비빔밥	비빔·밥	비빔·빱	비빔·빱	비뱀·빱
비행기	비행기	비앵기	비앵기	비앵기
빗물통	·빗·물·통	·빗·물·통	·빗·물·통	·빗·물·통
빗방울	빗바·울	빗바·울	빗바·울	빗바·울
빗소리	·빗·소·리	·빗·소·리	·빗·소·리	·빗·소·리
빗자루	빗자·리	빗자·리	빗자·리	빚자·리
빗쟁이	빚재·이	빚재·이	빚재·이	빚재·이
뻐꾸기	뿌꾸·지	뿌꿈·새	뿌꿈·새	뿌꿈·새
뻐다귀	뻑따·구	뻑다·구	뻑다·구	뻬가·치
뽕나무	뽕나무	뽕나무	뽕낭·구	뽕나무
사과밭	사과밭	사과밭	사과밭	사과밭
사나이	사나·아	사나·아	사나·아	사나·아
사다리	새다·리	사다리·빠	사다리	사다리
사랑니	막·니	막·니	막·니	:암·니
사랑방	:상·방	사랑방	:상·방	사랑방
사마귀	:사·마·구	:사·마·구	:사·마·구439)	사마·구
사투리	:사·투·리	:사·투·리	:사·투·리	:사·투·리
삭정이440)	부데·까·지	삭다·리441)	안차·리	삭·다·리
산까치	산·까·치	산·까·치	산·까·치	산·까·치
산나물	산나물	산나물/산채	산나물	산나물
산딸기	산·딸	산·딸	산·딸442)	산·딸

---

438) 짚이나 풀 등이 엉클어진 뭉텅이
439) 사마·구
440) 산 나무에 붙은 채 말라 죽은 가지
441) 서서 말라죽은 것을 '삭다·리'라고 하는데 특히 소나무는 '안차·리'라고 한다.
442) 약재로 쓰이는 푸른색 딸기를 '복분자'라고 하므로 들에 있는 '덤불·딸'은 '·보·꾼·데·딸'이라고도
한다.

산바람	산빠람	산빠람	산빠람	산빠람
산중턱	산중터·기	산중테443)	산중어·리	산중테·기
산짐승	산찜승	산찜승	산찜승	산찜승
산토끼	산·토·끼	산·토·끼	산·토·끼	산토깨·이
삵쾡이	살·기	실쾌·이	실개·이	실개·이
삼겹살	삼겹·살	삼겹·살	삼겹·살	삼겹·살
삼사일	사나·알	사나·알	사나·을	사나·을
삼태기444)	산데·미	산데·기	소구·리445)	소구·리
상다리	상따리	상따리	상따리	상다리
상추밭	불·기·밭	부리밭/상·초·밭	상·추·밭	상추밭
새가슴	:새·가·슴	:새·가·슴	:새·가·슴	:새·가·슴
새다리(鳥足)	새다리	새다리	새다리	새다리
새색시	·새·각·시	·새·각·시	·새·각·시	·새·각·시
새소리	:새·소·리	:새·소·리	:새·소·리	:새·소·리
새언니	히·이	히·이446)	·백·남·댁/히·이	·백·남·우·댁447)
생일날	·생·일·날	·생·일·날	·생·일·날	·생·일·날
서까래	·시·까·래	·세·까·리	·세·까·리/세까·리	·세·까·리
선무당	:선·무·당	:선·무·당	:선·무·당	:선·무·당
선생님	선생·님	선새·앰	선상·님	선생·님
선웃음448)	:선·웃·음	:선·웃·음	:선·웃·음	:선·웃·음
선하품449)	:선·하·품	:선·하·품	:선·하·품	:선·하·품
설거지	설거·지	설거·지	설거·지	설거·지
성냥통	다황·통	다황·통450)	다황·통451)	다황·통
소고기	:소·고·기	:소·고·기452)	:소·고·기	:소·고·기
소꼬리	소꼬·리	소꼬·리	소꼬·리	소꼬·리
소나기	소냉·기	소냉·기	소냉·기	소내·기
소나무	소나무	소나무	소나무	소나무

---

443) 산중거·리
444) 흙이나 거름을 담아 나르는 그릇
445) 싸리로 만든 것은 '사리소구·리', 짚으로 만든 것은 '집소구·리'
446) 부를 때는 '히·이', 가리킬 때는 '·올·아·바·이·댁'
447) '·월·깨'는 요즈음 말
448) 거짓 웃음
449) 억지로 하는 하품
450) ·성·양·통
451) 다광·통, ·성·냥·통(요즘말)
452) :세·고·기

소도둑	:소·도·둑	소도둑	·소·도·둑	·소·도·독
소말뚝	소말뚝	소말떼·기	소말떡·이	소말띠·기
소새끼	소새·끼	소새·끼	소새·끼	소새·끼
소쿠리	소고·리	소구·리/소고·리	소구·리	소구·리
속눈썹	:속·눈·썹	:속·눈·섭	:속·눈·섭	:속·눈·섭
손가락	손까락	손까·락	손까·락	손까·락
손거울	·손·밍·경	·손·밍·경	·손·밍·경	·손·밍·경
손마디	손마디	손마디453)	손마디	손마디
손바닥	손빠·닥	손빠·닥	손빠·닥	손빠·닥
손아귀	손아·구	손아·구	손아·구	손아·구
손잡이	손잽·이	손잽·이	·손·잡·이	·손·잽·이
솔가리	갈·비	갈·비	갈·비	갈·비
솔방울	솔빵·울/솔딱·지	솔빵구·리	솔빵구·리	솔빵구·리
송곳니	:송·곳·니	:송·굿·니	:송·곳·니	:송·곳·니
송사리	버들묵·끼	:송·수·리	뻐들미·끼	뻐들·치·기
송아지	소아·지454)	소아·지	소아·지	·소·아·지/:좌·지
솥뚜껑	소더·배	소두배·이	소두배·이	소두배·이
수숫대455)	시끼·때	수꿋·대	수낏·대	수낏·대
수숫잎	수끼이파·리	수꾸·잎	수끼·이·잎	수끼이파·리
수제비	수제·비	수제·비	수지·기	수지·기
수키와	·숙·기·와	·숙·기·와	·숫·기·와	—
수퇘지	·숙#:돼·지	·숙·돼·지	·숫·돼·지	·숙·돼·지
숟가락	·술	·술/숙까·락	·술/순가·락	·술/순가·락
술고래	술고래	술고래	술고래	술고래
술대접	술·때·접	술·때·접	술·때·접	술·때·접
술안주	술안·주	술안·주	술안·주	술안·주
숫처녀	수·처·녀	·수·처·녀	·수·처·녀	·수·처·녀
숫총각	수·총·각	·수·총·각	·수·총·각	·수·총·각
숯장사	수껑·장·사	수껑재·이	수꿍·장·사	수꿍·장·사
시골집	:시·골·찝	:시·골·찝	:시·골·찝	:시·골·찝
시누이	:시·누	·액·시/:시·누	·시·누456)	·시·누·이
시동생	디·림	데·름/:시·동·상	:시·동·생457)	:시·동·생

---

453) 손매두, 손매디
454) 사안·지, ·암·산·지(＝암송아지)
455) 수수깡
456) '·시·누'의 호칭어는 '·액·시'이다.
457) ':시·동·생'의 호칭어로는 '·데리·미, 데·름'을 쓴다.

시래기	씨래·기	시래·기	시래·기	시래·기
시루떡	시리·떡	시리·떡	시리·떡	시리·떡
시루밑	시리밑	시리밑	시리밑	시리밑
시어른	·시·어·른	·시·어·른	·시·어·른	·시·어·른
신바람	신빠람	신빠람	신빠람	신빠람
실고추458)	:실·꼬·치	:실·꼬·치	:실·꼬·치	:실·고·추
실랑이	—	싱·강	싱·강	싱·강
실방울	:실·패	실빵구·리	실패꾸·리459)	실빵구·리
싸라기460)	싸래·기	사래·기	사래·기	사래·기
싸락눈	싸락·눈461)	사래·기·눈	사래·기·눈	사래·기·눈
쌀농사	·쌀·농·사	·살·농·사	·살·농·사	·살·농·사
쌀도둑	·쌀·도·둑	살도둑	살도둑	살도독
쌀뜨물	쌀뜨물	살뜨물	살뜨물	살뜨물
쌀장사	·쌀·장·사	·살·장·사	·살·장·사	·살·장·사
쌈지돈	·쌈·지·돈	삼·지·돈	삼·지·돈	삼·지·돈
쌍가마	쌍가·매	상가·매	상가·매	상가·매
쌍꺼풀	쌍까풀	삼시·불	삼시·불	삼시·불
쌍둥이	쌍두·이	상딩·이	상디·이	상디·이
쓰레기	써레·기	서레·기	스레·기	스레·기/서레·기
씨감자	감자씨	시감자	감자시	감자시
씨나락	나락씨	시나·락462)	나락시	시나락·시
아가리	아구·리	아가·리	아가·리	아가·리
아가미	숨패·기	숨태·기	숨태·기	순태
아궁이	부석·골	부석아구·리	부직	부직
아랫니	아랫·니	아랫·니	아랫·니	아랫·니
아랫목	알묵	아랜목	아랫목	아랫목
아랫집	알찝	아랫집	아랫집	아랫집
아버지	아부·지	아부·지	아부·지	아부·지
아흐레	아·흐·레	아·으·레	아·으·레	아·으·레
안경집	:안·경·집	안경집	안경집	:안·경·집
안주인	·안·찌·인	·안·주·인	·안·쭈·인/·안·쮠	·안·주·인
알갱이463)	알개·이	알매·이	알개·이	알캐·이

---

458) 가늘게 썬 고추
459) 실꾸·리, 실빵구·리
460) 방아 찧고 절미된 쌀
461) 싸래·기·눈
462) 나락종자

알거지	·알·거·지	·알#거러·지464)	·알#·글·비·이	·알#글배·이
알고기	·살·꼬·기	·알·꼬·기	·알·꼬·기	·살·꼬·기
알맹이465)	알맹·이	알매·이	알매·이	알매·이
알부자466)	·알·부·자	·알·부·자	·알·부·자	·알·부·자
암돼지	·암·떼·지	·암·떼·지	·암·뙈·지	·암·뙈·지
앞치마	앞치마	앞처마/앞치매	앞치마	앞치매
양재기	양재·기	양재·기	양재·기	양재·기
어금니	어·금·니/어금·니	어금·니	어금·니	어금·니
어레미467)	얼게·미	얼게·미	얼기·미	얼기·미
어리광	응·디·이	응·정	응·정	응·정
어머니	어무·이468)	어무·이	어무·이	어무·이
어버이	어버·이	어버·이	어버·이	어버·이
언청이	·째·보	·째·보	·째·보	·째·보
얼레빗	얼게·빗/얼·게	얼금·빗	얼게·빗	얼게·빗
얼룩말	얼룩말	얼룩말	얼룩말	얼룩말
엉덩이	:엉·데·이	:엉·디	:엉·디·이	:궁·디·이
에누리	어느·리	어느·리	어느·리	어느·리
여닫이	:여·닫·이	:여·닫·이/맞닫·이	:여·닫·이	맞닫·이·문
여드레	여·드·레	여·드·레	여·드·레	여·드·레
여드름	예·두·룸469)	이·드·름	이·드·름	이·드·름
여물간470)	여물깐	여물칸	여물·귀	여물깐
엿가락	엿가락	엿가·락	엿가·락	엿가·락
엿기름	·엿·지·름	엿지·름	엿지·름	엿지·름
엿장수	·엿·장·새	·엿·재·이	·엿·재·이	·엿·재·이
옆구리	옆꾸·리	역구·리	역구·리	약구·리
오라비	·오·라·베471)	·올·아·바·이	·오·라·배	·오·라·베
오륙일	대애·새	대앳·새	대앳·새	디앳·새
오른손	·오·른·손	·오·른·손	·오·른·손	·오·른·손

---

463) 열매 등의 낱개 혹은 낱알
464) ·알#글배·이
465) 껍질을 벗기고 남은 속
466) 실속이 있는 부자
467) 바닥의 구멍이 굵은 체
468) 김차균(1996)의 조사에서 '·어·머·이, ·어·무·이'가 나타난다.
469) 이·두·룸
470) 여물을 쟁여두는 헛간
471) ·오·라·반·님, 올아·비

오소리472)	오·시·리/오·꼬·리	오·수·리	오·수·리	오·수·리
오이지	오이·지	물·이·지	물·이·지	물·외·지
오징어	익까473)	익까	오징·어474)	이까475)
옥수수	강낭	강낭	강내·이	강내·이
올가을	올까알/올까읇	올까읇	올까읇	올까읇
올챙이	올챙·이	올챙·이	올채·이	올구채·이
웃걸이	웃걸·이	웃걸·이	웃걸·이	웃걸·이
웃고름	웃고·름	웃고·름	웃고·름	웃고·름
옷맵씨	·옷·맵·시	·옷·맵·시	·옷·맵·시	·옷·맵·시
옷자락	웃자락	옷자래·기	웃자락	옷자래·기476)
외갓집	:위·갓·집	:위·갓·집	:외·갓·집	:외·갓·집
외손자	:위·손·자	:위·손·자	:외·손·자	:외·손·자
외아들	·위·동·아·들	·외·동·아·들	·외·동·아·들	·외·동·아·들
외양간477)	:마·구/소마·구	마구칸/:마·구	:마·구478)	:마·구
외톨이	·외·톨·이	·외·똘·이479)	·외·톨·이	외톨배·기
요즈음	오새·애	오새·애	오새·애	요새·애
용마름	용마람	용마람	용마람	용마람
우렁이	:우·렁·이	우렁·이	우렁·이	우렁·이
우물가	웅굴·까	웅·굴·까	웅·굴·깟	웅·굴·까480)
우수리	웃/:우·수	:우·수	:우·수	:우·수
울릉도	·울·릉·도	·울·릉·도	·울·릉·도	·울·릉·도
울타리	울따·리	울따리	·울/울타리	우딸/우따리481)
웃거름	웃걸금	웃거름	웃거름	웃거·름
웃기떡482)	우지새·떡	웃찌·이·떡	웃찌·이·떡	웃주·지·떡
웃어른	웃·어·른	웃·어·른	웃·어·른	윗·어·른
웅덩이	웅·데·이483)	웅·디	웅·디·이	웅·디·이484)

---

472) 족제비과의 짐승
473) ·물·익·까, 마린익까, 생익까. '오징·어'는 요즘말
474) 마른 오징어는 '이까'
475) 생 것과 마른 것을 모두 이르는 말
476) 옷자락
477) 마소를 먹여 기르는 곳
478) :마·구·깐, 마구깐
479) ·외·톨·매·기
480) :쇄·미·까
481) 우탈, 우타리
482) 합이나 접시 등에 떡을 괴고 모양내기 위해 그 위에 얹는 떡
483) 웅·덩·이, 웅·디·이

원두막	인두막	원두막	운두막	운두막
원숭이	:원·시·이485)	:원·새·이486)	:원·수·이487)	:원·시·이
윗도리	웃도·리	웃두·리	웃도·리/저구·리	웃두·리
윗마을	웃마을	웃마을	웃마을	웃마을
윗자리488)	웃자·리	웃자·리	웃자·리	웃자·리
이름값	이·름·깝	이·름·값	이·름·깝	이·름·깝
이슬비	이·슬·비	이·실·비	이실·비	이슬·비
이야기	·이·애·기489)	:얘기/:이바구	·이·애·기490)	·이·약/·이·바·구
이웃집	이·운	이·붖·집	이·붖·집	이·붖·집
이튿날	이·튿·날	이·튿·날	이·튿·날	이·튿·날
입마개	입마·개	입마·개	입마·개	입마·개
입버릇	·입·벌·시	입벌·시	입버·룻	입벌·시
입천장	웃친장	입천·장	입천·장	입천·장
자물쇠	자물·통	자물·통	자물·통	자물·통
자치기	자치·기/:잼·치·기	:첫·다·치·기491)	마때492)	·자·치·기
작대기493)	짝대·기494)	짝·지	짝대·기	짝·지/짝대·기
작은설	:작·은·설	:작·은·설	:적·은·설495)	작은·설496)
작은집497)	:작·은·집	작은집	적은집	적은집
작은형(次兄)498)	:작·은·형	:작·은·형	:적·은·형	:적·은·형
잔소리499)	잔소·리	잔소·리	잔소·리	잔소·리
잠자리(寢所)	잠자·리	잠자·리	잠짜·리	잠짜·리

---

484) 물웅·디·이
485) :원·시·이
486) :원·수·이, '띠'를 말할 때는 '잔내·비'를 씀
487) :원·새·이
488) 윗사람이 앉는 자리
489) :애·기/:야·기
490) 이애·기, :애·기, :이·바·구
491) 자·태·기
492) 마때놀·이
493) 흔히 무엇을 버티는 데 쓰는 것
494) 짝대·이, 짝째·기, 짝댕·기
495) :까·치·설. 초하루는 '·큰·설'
496) 초하루는 '·큰·설'
497) 작은아버지 댁. 명사구 '작은 집'의 성조형은 모두 상성형으로 ':작·은·집, :적·은·집'과 같이 나
    타난다.
498) 명사구 '작은 형'의 성조형도 이와 같다.
499) 이 때의 '잔'은 '작고 가는'의 뜻이 '자질구레한'으로 의미를 확장시켜 '자질구레한 소리'란 의미
    를 갖는다.

잠자리	:차·래·기	:철·개·이	:철·개·이500)	:철·배·이
장단지	:장·따·리	:장·딴·지	:장·딴·지	:장·딴·지
장독대	:장·또·깐	:장·또·깐	:장·또·깐	장꼬방
장딴지501)	:장·딴·지	:장·딴·지	:장·따·리	:장·따·리
재떨이	재떨·이	재떨·이	대떨·이	재떨·이
재채기	재·치·이/재·치·기	재·치·기	재·치·기	재·치·기
저고리	저고·리	저고·리	저구·리	저구·리
전깃줄	:전·깃·줄	전깃·줄	전깃·줄	:전·깃·줄
전라도	전라·도	전라·도	전라·도	전라·도
절구질	—	절구·질	절구·질	절구·질
젊은이	젊·은·네	젊·으·이	젊·으·이	젊·으·이
점쟁이	점재·이	점쟁·이	점재·이	점바·치/점재·이
젓가락	저·분/절까·락502)	·절/절까·락	·절/저까·치503)	·절504)
정강이505)	장·재·기	·촛·대·뻬	·촛·대	·촛·대·뻬
정수리	:쟁·배·기506)	짱배·기	짱배·기	짱배·기
정육점	·싱·육·점	고깃집/·육·수·깐	·육·수·깐507)	육수깐/백·정·집
젖먹이	젖믹·이	젖메·기/젖미·기	젖믹·이	젖믹·이
재작년	·저·작·연	·저·거·연	·저·거·연	·저·거·연
제주도	:제·주·도	:제·주·도	:제·주·도	:제·주·도
조이삭	:서·숙·이·삭508)	조이삭	:서·숙·이·삭	조이시·기509)
조카딸	·질·레	·조·카·딸	·조·카·딸	·질·여
족두리	쪽두·리	쪽두·리	쪽두·리	쪽두·리
족제비	쪽제·비	쪽지·비	쪽지·비	쪽지·비
족집게	쪽찍·개	쪽찍·게	쪽찍·게	쪽찍·게
종달새	종기·새	노고지·리	노고지·리	종·달·새
주근깨	까·무·때	까·무·딱·지	주·근·깨	깜둥사마·구
주둥이	주디·이	주딩·이/조딩·이	주디·이/조디·이	주디·이
주름살	주름·살	주·름·살/주름	주·름·살/주름·살	주룸·살·이
주머니	주미·이	주미·이	주미·이	주미·이

500) '왕·철·개·이, 고추#:철·개·이' 등이 있다.
501) 종아리 뒤쪽의 살이 불룩한 부분
502) 절까락
503) 젓가·락
504) 제·붐, 저까·치
505) 아랫다리의 앞 쪽
506) :장·배·기
507) 백·정·집
508) 조이삭
509) :서·숙#이시·기

주춧돌	·지·칫·돌	·주·춧·돌	·주·춧·돌	·지·춧·돌
쥐구멍	쥐구영	지구명	쥐구영	쥐구영
쥐새끼	지새·끼	쥐새·끼	쥐새·끼	쥐새·끼
지게꾼	지게꾼	지게꾼	지게꾼	지게꾼
지렁이	:지·레·이510)	:껄·깨·이	:꺼·꾸·지	:꺼·꾸·래·이
지름길	지름·찔	지름·낄	지름·낄	지름·찔
지린내	찌렁·내	찔·내	찔·래	찌릉·내
지우개	지우·개	지우·개	지우·개	지우·개511)
지팡이	지패·이	지패·이	지패·이	지패·이
진달래	진달·래	·창·꼴	·창·꽃	·창·꽃
진드기	까부지·기512)	까부든·지513)	까부든·지514)	찐디·기
진딧물	진디·물	진딧·물515)	뜨물	진짓·물516)
집들이	·들·참·예/집들·이	·입·태	집들·이	·입·택
집토끼	집·토·끼	집·토·끼	집·토·끼	집·토·끼
짚방석	·집·방·석	멧방석	집방석	메돌방시·기
짜투리	자투매·기	짜투매·기	짜투매·기	자투매·기
쭉정이	쭉지·기	쭉데·기	쭉디·기	쭉디·기
찌꺼기	찌꺼·기517)	찌꺼레·기	찌끄래·기	찌끄래·기
찔레꽃	찔레꼴	질레꼴	질레/질레꽃	질레/질레꽃
찰떡값	·찰·떡·값	·찰·떡·값	·찰·떡·값	·찰·떡·값
참기름	참지·름	참지·름	참지·름/참기·럼	참지·름
참나리	—	·참·나·리	·참·나·리518)	·참·나·리
찹쌀떡	·찰·떡519)	찹살·떡	·찰·떡	·찰·떡
창호지	참조·이	차·오·지520)	차오·지	차오·지
책가방	책가방	책가방	책가방/책보	책가방/책보
책거풀	책가우·리521)	책가불	책가불	책가불

510) :찔·게·이
511) 개시고·무
512) 동물에 생기는 것은 '진·두'
513) 소의 진드기는 '까부든·지', 닭의 진드기는 '곰·박·사·이'
514) '까부든·지/부든·지'는 소의 털에 기생하는 것이고 '곰·박·사·이'는 닭털에 기생하는 것이다.
515) 뜨물, 뜨무·치
516) 찐디·기, ·뜨·물
517) 찌꺼리·이
518) 집 안에 피는 것
519) 집에서 찹쌀로 만든 떡을 보통 '·찰·떡, 인절·미'라 하고 속에 단팥을 넣어 만든 것으로 주로 가게
에서 파는 것은 '찹쌀모·찌'라고 한다.
520) 조선조·이
521) 책가푸·리

책꽂이	책꽂·이	책꽂·이	책꽂·이	책꽂·이
첫날밤	·첫·날·빰	·첫·날·빰	·첫·날·빰	·첫·날·빰
첫사랑	·첫·사·랑	·첫·사·랑	·첫·사·랑	·첫·사·랑
초가집	·초·가·집	·초·집/·초·가·집	·초·가·찝	·초·가·집
초하루	초하루	초하리	초하리	초하리
추석빔	·팔·월·치·장	·팔·월·치·장	·팔·월·치·장	·팔·월·치·장
충청도	충청·도	충청·도	충청·도	충청·도
친동생	친동생	친동생	친동생	친동생
친아들	친아·들	친아·들	친아·들	친아·들
친언니	친·언·니	친언·니	친언·니	친언·니
친엄마	친엄·마	친엄·마	친엄·마	친엄·마
친오빠	친·오·라·베	친·오·빠	친·오·빠	친·오·빠
칡뿌리	·칠·기·뿌·리	칠뿌·리	칠뿌·리	·칠·기·덤·풀
칼국수	·칼·국·수	·칼·국·시	너린국·시522)	너린국·시523)
코끼리	코끼·리	코끼·리	코끼·리	코끼·리
코딱지	코따디·이	코따까·리	코따까·리	코따까·리
코뚜레524)	소꾼드리·기	코뚜레·기	쾌뚜레·기	코따래·끼525)
콧구멍	코꾸영	코꾸영526)	콧구영	콧구영
콧수염	·콧·숨	·콧·수·염	·콧·수·염	·콧·수·염
콩고물	콩꼬·물	콩꼬·물	콩꼬·물	콩꼬·물
콩국수	콩국·수527)	콩국·시	콩국·시	콩꾹·시
콩기름	콩기·름	콩기·름	콩지·름	콩지·름
콩깍지	콩깍데·기	콩깍대·기	콩깍대·기	콩깍대·기
콩꽃밭	콩꼳밭	콩꼳밭	콩꽂밭	콩꽂밭
콩나물528)	콩질금	콩지럼	콩지럼	콩지름
큰언니	·큰·언·니	·큰·언·니	·큰·언·니	·큰·아·개
큰오빠	·큰·오·라·베	·큰·오·빠	·큰·오·빠	·큰·오·빠
턱수염	·턱#:심	·턱#:쉐·미	·턱#:쉐미	:쉐·미
털갈이	털갤·이	털갈·이	털갈·이	털갈·이
털모자	털모·자	털모·자	털모·자	털모·자

---

522) 면을 삶아서 건져 내지 않고 그 물에서 국수를 만드는 것을 '너린국·시'라고 하는데 '칼국수'가 이러한 방법으로 만들어지므로 '·칼·국·수'를 곧 '너린국·시'라고 한다.
523) 너린국
524) 소의 코청을 꿰뚫어 끼는 고리 모양의 나무
525) 코따래·이
526) 코꾸망, 코꾸멍, 코꾸무
527) 콩가리국·수
528) 반찬을 만들기 전의 상태는 '콩기·름/콩지·름'이라고 한다.

튕기기	—	탱·굴·래·기	탱·굴·래·기	탱굴래·기
파리약	·파·리·약	·파·리·약	·파·리·약	·파·리·약
파리채	·파·리·채	·파·리·채	·파·리·채	·파·리·채
팔꿈치	팔꿈·치	팔꿈·치	팔꿈·치	팔꿈·치
팔다리	팔다리	팔다리	팔다리	팔다리
팥고물	팥고·물	팥고·물	팥고·물	팥고·물
패거리	—	·패·거·리	패거·리	·패·거·리
포대기529)	퍼대·기	두디·기	두디·기	두디·기
품앗이	품앗·이	품앗·이	품앗·이	품앗·이
풋고추	·풋·꼬·치	·풋·꼬·치	·풋·꼬·치	·풋·꼬·치
풋김치	·풋·짐·치	·풋·김·치	·풋·김·치	·풋·짐·치
풋나물	·풋·나·물	·풋·나·물	·풋·나·물	·풋·나·물
피라미	피래·미	피래·미	피래·미	피래·미
하룻날	하릿·날	하릿·날	하릿·날	하릿·날
한가위	·팔·월	·팔·월	·팔·월	·팔·월
한가지	한가·지	한가·지	한가·지	한가·지
한나절530)	한나·절	한나·절	한나·절	한나·절
한복판	·한·복·판	·한·봉·판	·한·복·판	·한·복·판
한사발	한대지·비	한대지·비	한대지·비	한대지·비
할머니	·함·매	·할·매/·함·매	·할·매531)	·할·매532)
해거름533)	·해·거·름	·해·거·름	·해·거·름	해거름·에
해돋이	해돋·이	·해·돋·이	·해·돋·이	·해·돋·이
햇감자	·햇·감·자	·햇·감·자	·햇·감·자	·햇·감·자
햇곡식	·햇·곡·석	·햇·곡·식	·햇·곡·식	·햇·곡
햇나물	·햇·나·물	·햇·나·물	·햇·나·물	·햇·나·물
햇보리	·햇·보·리	·햇·보·리	·햇·보·리	·햅·보·살
허깨비534)	허깨·비/헛거	허깨·비535)	허깨·비	·허·깨·비
허리띠	허리·끈/헐떡·끈	헐·끈	허·끈/헐·끈	헐·끈
허벅지	심녁다리	넙떡·지	허벅·지536)	·허·벅·지537)
헛걸음	헛걸·음	헛걸·음	헛걸·음	헛걸·음

529) 어린 아이의 이불. 어린 아이를 등에 업을 때 둘러매는 것
530) 하루 낮의 반
531) 호칭어로 '·할·매', 지칭어로 '·할·매, 할망·구, ·할·마·씨'가 쓰이는데 '할망·구, ·할·마·씨'는 속된 말
532) '할마·씨, 할마·이'는 낮춤말
533) 해가 서쪽으로 기울어 질 때
534) 마음이 허하여 일어나는 착각상
535) 허제·비, ·허·깨·비
536) 넙덕다·리
537) 신녀부·치

헛고생	헛·고·생	헛·고·생	헛·고·생	헛·고·생
헛기침	헛지·침	헛기·침	헛기·침	헛지·침
헛소문	헛·소·문	헛·소·문	헛·소·문	헛·소·문
혓바늘	싯바·늘	셋바·늘	셋바·늘	셋바·늘
혓바닥	싯바·닥	셋바·닥	셋바·닥	셋바·닥
호랑이	:호·래·이	:호·래·이	:호·래·이	:호·래·이
호롱불	호롱·뿔	호롱·뿔	호롱·뿔	호롱·뿔
홀아비	·홀·애·비538)	호루래·비	·홀·애·비539)	호불애·비
홀어미	홀어마·이	홀어마·이	홀·이·미	홀엄·마540)
홍두깨	홍두·깨	홍디·깨	홍디·깨	홍디·깨
홑바지	홑중우	홑주	홑주	홑주
홑이불	호분이·불	호분이·불	호분이·불	홑이·불
홑치마	홑처마	홑처마	홑치마	홑처메
화롯불	:화·릿·불	:화·릿·불	:화·릿·불	:화·릿·불
회초리	·회·초·리541)	·홰·차·리	·회·초·리	·회·차·리542)
흙덩이	흑띠·이/흘띠·이	흘띠·이	흘떵거·리	흘덩거·리
흰자위(目)	·흰·알/·흰·똥·자	·흰·창	·흰·창	·흰·채·이
흰자위(卵)	·흰·자	·흰·자	·흰·재	·흰·자

1.2.4. 4음절

	울진	영덕	포항	경주
가난뱅이	가난배·이	가난배·이	가난배·이	가난배·이
가시나무	까·시·나·무543)	까시나무	까·시·나·무	까·시·나·무
가시덤불	까시텀불	가시덤불	까시덤불	까시덤풀
가시방석	까시방석	까시방석	까·시·방·석544)	까시방석
가을걷이	가을추시	가을걷·이	가을걷·이	가을걷·이
가을바람	가을빠람	가을바람	가을바람	가을바람
가을채소	가을·채·소	가을·채·소	가을·채·소	가을·채·소
가을하늘	가을하·늘	가을하·늘	가을하·늘	가을하·늘
가장자리	끄트매·기	끈트매·기	끈트매·기	둘·레

---

538) 호불애·비
539) 호불애·비
540) 호불엄·마
541) ·매·초·리
542) 꼬장가·리
543) 전옥남 님은 '까시나무'
544) 까시방식

가죽가방	가죽가방	까죽가방	까죽가방	까죽가방
가죽신발	까죽·신·발	까죽·신·발	까죽·신·발	까죽·신·발
가죽장갑	까죽·장·갑	까죽#:장·갑	까죽#:장·갑	까죽·장·갑
갈가마귀	갈가마·구545)	갈가마·구	갈가마·구	갈가마·구546)
감자껍질	감재꺼풀	감자껍디·기	감자껍디·기	감자껍디·기
감자농사	감자농·사	감자농·사	감자농·사	감자농·사
감자찌개	감자찌·개	감자찌·개	감자찌·개	감자찌·개
갓난아이	간을라·아	간을라·아	간을라·아	간을라·아
강아지풀	버들가안·지	오요가아·지	강새·이·풀	오요가아·지547)
개똥벌레	개똥벌·기	개똥벌·기	깨똥벌·기	개똥벌개·이
개미허리	개미허·리	:개·미·허·리548)	:개·미·허·리	:개·미·허·리
거스름돈	거시·럼·돈	가·전	가·전	가·전
검은자위	껌·은·똥·자	껌·은·창	껌·은·창	껌·은·채·이
겨드랑밑	제당밑	자당밑	자드랑밑	자드랑밑
겨드랑이	제드랑	자드락549)	자드랑550)	자드레·이
겨울바람	겨·얼·바·람	겨·얼·바·람	겨·얼·바·람	겨·얼·바·람
고기반찬	고기반·찬	괴·기·반·찬	괴깃반·찬	괴·기·반·찬
고구마싹	:고·구·마·싹	:고·구·마·삭	:고·구·마·삭	:고·구·마·삭
고깔모자	꼬·깔·모·자	꼬·깔·모·자	꼬·깔·모·자	꼬·깔·모·자
고들빼기	고들빼·기	고들빼·기	고들빼·기	고들빼·기
고래고기	고래고·기	고래고·기	고래고·기	고래고·기
고슴도치	고·슴·도·치	고·심·도·치	고·심·도·치	고·심·도·치
고욤나무	김낭·구551)	·꼬·양·나·무	꾀앙낭·게	꾀앙나무
고향사람	·고·향·사·람	·고·향·사·람	·고·향·사·람	·고·향·사·람
곱슬머리	꼬당머·리	꼬시랑재·이	꼬시매	고시매
공기놀이	:공·구·받·기552)	쪼개받·기	짜개놀·이	짜구놀·이
구레나룻	굴·레·심	구·리#:쉐·미	구·레#:쉐·미	구·리#:쉐·미
구름다리	출렁다·리	·구·름·다·리	·구·름·다·리	·구·름·다·리
구리반지	구·리·반·지	구·리·반·지	구·리·반·지	구·리·가·락·지
귀뚜라미	기뚜라·미	꿔뚜래·미	꿔뚜래·미	꿔뚜라·미

---

545) 까마귀의 떼를 이르는 말
546) 작고 떼지어 다니는 까마귀
547) 오요강새·이
548) :개·미#장디·이
549) 자드래·이
550) 자드레·이, 겨드레·이
551) 꼬양낭·구, :기·미
552) :공·구, 공구·똘

귀머거리	기머거·리	귀머거·리	귀머거·리	기머거·리
귀밑머리	기땅머·리	귀맹머·리	귀밑머·리	귀맹머·리
귀후비개	·기·재·미	귀후비·개	귀후비·개	귀후비·개
그끄저께	거믄·제	:저·아·레	·저·아·레	·저·아·레
그네받침553)	그네받침	군딧·발	군디·발·판	군데·발·판
그루터기	떠꺼·지	끌떼·기554)	끌띠·기	둥거·리
그릇가게	그·륵·집	그륵·전	그륵·가·게	그륵집
김장김치	·짠·지	·짠·지	·짠·지	·짠·지
김치국물	김치국·물	김치꾸·물	김치꾸·물555)	짐치꾸·물
김치단지	김치·딴·지	김치·딴·지	김치·딴·지	짐치·딴·지
김치찌개	김치찌지·개	김치찌·개	김치찌·개	짐치찌·개
까끄라기	꺼끄래·기	까끄래·기556)	까끄래·기	까끄래·기
까치걸음	째·개·발	짜개·발	:까·치·걸·음	째끼·발557)
꼭두각시	—	꼭두각·시	꼭두각·시	꼭두각·시558)
꽃봉오리	꽃봉우·리	끌봉오·리	꽃봉오·리	꽃봉오·리
나무그늘	나무그릉·지559)	나무그늘	나무그늘	나무그릉·지
나무다리	나무다리	나무다리	나무다리	나무다리
나뭇가지	나무·가·지	나무가재·이	나뭇·가·지	나무·가·지
낚시바늘	·낚·시·바·늘	·낚·시·바·늘	·낚·시·바·늘	·낚·시·바·늘
남자아이	머수마·아	머시마·아	머시마·아560)	머시마·아561)
냄비뚜껑	냄비뚜껑	냄비따까·리	냄비따까·리	냄비따깨·이
노랫가락	노랫가락	노랫가락	노랫가락	노랫가락
노랫소리	노·래·소·리	노·래·소·리	노·래·소·리	노·래·소·리
노른자위	노랑·자	노·린·자	노·린·자	노란·자
노름쟁이	노름재·이	노름재·이	노름재·이	노름재·이
녹두나물	녹두나물	녹디나물	녹디나물	녹디나물
높이뛰기	높·이·뛰·기	높이뛰·기	높이뛰·기	높이뛰·기
누비이불	누·비#이·불	누베이·불	누베이·불	누베이·불
누에고치	누에꼬·지	누·에·꼰·치	누·에·꼰·치	니·비·꼰·치

553) 그네줄의 맨 아래에 걸쳐 두 발을 디디게 된 물건
554) 떵거·지, 꼴땅거·지, 밋똥·치, 더벅·지
555) 김치꾹
556) 까끄리·기
557) :깐·치·걸·음
558) '꼴때각·시'는 아주 어린 나이에 시집가는 각시
559) 나무웅·달, ··웅·달#나·암
560) :소·상
561) :종·내·기, :소·상

누에나방	누·에#나비·이	누베나·비	누·에·나·방	니·비#나·비562)
다듬잇돌	따데·미·똘563)	따데미·돌	스답·돌	스답·돌
담배꽁초	담배꽁·초	담배꽁·초	담배꽁·초	담배꽁·초
담배설대564)	담뱃·대	담배설·대	담배설·때	대설·때
담뱃가게	담뱃집	담뱃집	담뱃집	담뱃집
대꼬바리	담배꼬가·리	대꼬바·리	대꼬바·리	대꼬바·리
대추나무	대추나무	대추나무	대추나무	대추나무
더부살이	더부살·이	더부살·이	더부살·이	더부살·이
덧저고리	떳쩌고·리	덥저고·리	덥저구·리	덥저구·리
도끼자루	도꼿자루	:도·치·자·리	:도·치·자·리	:도·칫#자리565)
도토리묵	도토리·묵	꿀·밤·묵	도토·리·묵	도토·리·묵
돈보따리	돈보따·리	돈보따·리	돈보따·리	돈보따·리
돌미나리	·똘·미·나·리566)	돌미나리	돌미나·리567)	돌미나·리568)
동그라미	똥그라·미569)	똥글배·이	똥글배·이	동글배·이
동네사람	:동·네·사·람	:동·네·사·람	:동·네·사·람	:동·네·사·람
돼지고기	데지고·기	데지고·기	데지고·기	데지고·기
돼지꼬리	데지꼬·리	데지꽁·지	데지꼬·리	데지꼬랑데·기
돼지머리	데지머·리	데지머·리	데지머·리	데지머·리
돼지비계	데지비게	데지비·게	데지비계570)	데지비·게
돼지새끼	데지새·끼	데지새·끼	데지새·끼	데지새·끼
돼지우리	돼지막	데지우·리	데지우·리	데지우·리
되새김질	양초·질	—571)	—572)	새금·질573)
두꺼비집	뚜꺼·비·집	뚜끼·비·집	뚜끼·비·집	뚜꺼·비·집
두드러기	두드리·기	두드래·기	두드래·기	두드래·기
두루마기	두르막574)	두루막575)	둘매·기576)	둘막/두루막577)

---

562) 니·베#나부·이
563) 빨레·똘
564) 담배통과 물부리 사이에 맞추는 가는 대
565) 도끼자리
566) 심지 않고 들에 난 것
567) 도랑에 난 것
568) 뿔미나·리
569) 똥그래·미
570) 데지비·게
571) ·양#·친·다(되새김질 한다)
572) ·소 ·양#·친·다[H#HH]
573) ·소 여물새·긴·다
574) 두루마·기
575) 둘막, 후루막

두벌빨래	두불빨래	두불빨래	:삶·는·빨·래	두불빨래578)
등대지기	—579)	등·대·지·기	등대지·기	등대지·기
디딜방아	디·딜·방·아	디·딜·바·아580)	디·딜·바·아	디·딜·바·아
딱따구리	딱따구·리	딱다구·리	딱다구·리	딱다구·리
딱지치기	딱·지·치·기	딱·지·치·기	딱·지·치·기	:때·기·치·기
땅덩어리	땅떵거·리581)	땅떵거·리	땅떵거·리	땅띠·이
땅따먹기	·땅·뼷·기	·땅·치·기	·땅#·따·묵·기	·땅·뼷·기582)
마구잡이	마구잽·이	마구잽·이	마구잽·이	마구잽·이
마루바닥	마래바·닥	마릿바·닥	마릿바·닥	마루바·닥
마지막날	·끝·날/마주막·날	·끝·날	마찻·날	마지막·날
말더듬이	—	—	반버버·리	:말#더듬·이
매한가지	:맹#한가·지	매한가·지	매한가·지	맨(:)한가·지
맨드라미	—	맨드래·미	맨드래·미	맨드래·미
머리카락	멀끄디·이	멀끄데·이	멀끄디·이583)	멀꺼디·이
머릿기름	머릿지·름	머릿기·름	머릿기·름	머릿지·름
머슴살이	머심살·이	머심살·이	머심살·이	머심살·이
먼지떨이	문지털·이	먼지털·개	먼지털·개	문지털·이
멍석말이	멍석말·이	멍석말·이	몽석말·이	멍석말·이
멍텅구리	멍텅구·리	멍텅구·리	멍텅구·리	멍텅구·리
메밀국수	미물국·수584)	메물국·시	메물국·시	메물국·시
메추라기	메추·리	메추·리585)	모추·리	메추·리
모깃소리	·모·구·소·리	·모·구·소·리	·모·구·소·리	모개·이·소·리
무말랭이	무꾸오·가·리	쪼그락·지	오구락·지	오가·리
미꾸라지	미꾸라·지	미꾸라·지	미꾸라·지	미꾸라·지
미숫가루	미·숫·가·루586)	미·숫·가·리	미·숫·가·리	미·숫·가·리
민물고기	민물꼬·기	맨물꼬·기	민·물·꼬·기	민·물·꼬·기
바깥주인	배끝·지·인587)	바깥·주·인	바깥·주·인588)	바끝·주·인

---

576) 둘막
577) 둘매·기
578) 재물을 내는 빨래
579) :도·대(=등대)
580) 폭닥방아(방아를 찧을 때 폭닥폭닥 소리가 나서 폭닥방아라고 한다)
581) 땅떵·이, 땅띠·이
582) ·땅·뻬·미, ·땅·따·묵·기
583) 멀·끼. 머리카락 전체를 가리키는 속어는 ':조·디·기, :조·데·기'
584) 미물국·시
585) 모치래·기, 모치·리
586) 미수까루
587) 배끝·주·인

바늘방석	바늘방석	바·늘·방·석	바늘방식589)	바늘방식
바람둥이	바람재·이	바람디·이	바람재·이	·잡·보
바람소리	바람소·리	바람소·리	바람소·리	바람소·리
반짇고리	토방구·리	당시·개	당시·기	바늘당시·기
발모가지	발모가·지	발모가·지	발모가·지	발모가·지
밤껍데기	밤꺼퍼·리	밤껍디·기	밤껍디·기	밤껍디·기
방아깨비	—	홍굴래	홍글래·비	홍굴래
방앗공이590)	방#·고·이	바안·깨/·꽤	·꽤	바아꼬
배추김치	배추짐·치	배추김·치	배추김·치	배추짐·치
버드나무591)	버드나·무	버들나무592)	버들나무593)	·수·영·버·들594)
벼락치기	·비·락·공·부	·베·락·치·기	·베·락·치·기	·베·락·치·기
복주머니	·복#·주·미·이	·복#·주·미·이	·복#·주·미·이	·복·주·미·이
볶음반찬	—	뿖음반·찬	쪼름반·찬	쪼름반·찬
부스러기	부스레·기595)	뿌시레·기	뿌시레·기	뿌시레·기
부젓가락	·부#·절·까·치	·부·젓·가·락	·부·젓·가·락	·부·제·까·치
부지깽이	불짝대·기	부직깨·이	부지깨·이	부지깨·이
불쏘시개	불살·개	불살·개	불소시·개596)	불살·개
비렁뱅이	기럼배·이	걸배·이	비렁배·이	비렁개·이
비빔국수	비빔국·수	비빔국·시	비빔국·시	비빔국·시
빨래비누	빨래비·누	빨래비·누	빨래비·누	빨래비·누
빨래집게	빨래찍·게	빨래찍·게	빨래찍·게	빨래찍·게
사과나무	사과나무	사과나무	사과나무	사과나무
사금파리	새금파·리	사금패·이	새금뻬·이	새금패·이
사기그릇	사기그·릇	사구그·륵	사구그·륵	사구그·륵
싸리나무	싸리나무	사·리·나·무	사리나무	사리나무
사팔뜨기	먼산베·기	:사·파·리	:사·파·리597)	:사·파·리
산꼭대기	산#·꼬·디	산데베·기598)	산만디·이	산말래·이
산봉우리	산#·봉·두·리	산뽕오·리	산뽕오·리	산뽕오·리

---

588) 바깥·권
589) 바·늘·방·식, :송·곳·방·식
590) 절구 확 속에 든 물건을 내리찧는 몽둥이
591) 개울가나 들에 자라는 버들과의 낙엽 활엽 교목. 봄에 '버들개지'가 날린다.
592) ·수·영·버·들, ·배·앙·나·무
593) 들에 자라는 '·수·영·버·들'과 개울가에 자라는 '땅버·들'이 있다.
594) 개울가에 자라는 것은 '·땅·버·들'
595) 뿌스레·기
596) 불살·개
597) 사팔띠·기
598) 산꼭대·기

살구나무	살구나무	살구나무	살구나무	살구나무
삼복더위	삼복더·우	삼복더·비	삼복더·비	삼복더·비
생선가시	고기뻬다·구	괴기뻬가·지	괴기뻬가·지	괴기뻬가·치
서울내기	—	서울내·기	서울내·기	서울내·기
석류나무	·석·노·나·무	·석·노·나·무	·석·노·나·무	·석·노·나·무
셋방살이	접방살·이	:셋·방·살·이	:셋·방·살·이	접방살·이
세수비누	세수비·누	세수비·누	세수비·누	세수비·누
세숫대야	세수대·야	세수대·야599)	세숫대·애	세숫대·애600)
소금도둑	소금도둑	소금도둑	소금도둑	소금도독
소금쟁이(蟲)	소금·장·사	소금재·이	소금재·이	소금재·이
소꿉장난	선스깨·비	동두깨·비	동두깨·비	동두깨·미
소뼈다귀	소뻬다·구	소뻬다·구	소뻬다·구	소뻬다·구
손모가지	손모가·지	손모가·지	손모가·지	손모가·지
손목시계	손목시·계	손목시·계	손목시·계	손목시·계
손톱깎이	손톱깎·애	손톱깎·이	손톱깎·이	톱찍·개601)
송이버섯	송이버·섯	소이버·섯	소이버·섯	소이버·섯
수돌쩌귀	·숙#:돌·쩌·구	·숙·돌·짜·구	·숫·돌·짜·꾸	·숙·돌·짜·구
수수께끼	수시께·끼	수수게·끼	수수게·끼	수수게·끼
수양버들	602)	·수·양·버·들	·수·양·버·들603)	·수·양·버·들
수코양이	·숙#:고·애·이	·숙·꼬·내·기	·숫·꼬·야·이	·숫·꼬·내·기
숨바꼭질	숨바꼭·질	숨바꼭·질	숨바꼭·지	숨바꼭·질604)
시아버지	·시·아·부·지605)	아뱀/아분님	·시·아·부·지606)	·시·아·부·지
시어머니	·시#·어·무·이607)	어맴/어먼님	·시·어·무·이608)	시어마·시
신랑각시	신랑각·시	신랑각·시	신랑각·시	신랑각·시
신주머니	신쭈미·이	신쭈미·이	신쭈미·이	신쭈미·이
신출내기	신·출·내·기	신·출·내·기	신·출·내·기	신출내기
실오라기	—	실오래·기	실오래·기	실오래·기
심술쟁이	심·술·재·이	심·술·재·이	심·술·재·이	심·술·재·이
쓰레받기	씨레바·지	방시레·기	방시레·기	방시레·기

---

599) :셀·때, 세·이·때, 새실·때
600) ·수·대
601) 손톱깎·애
602) ·수·영#버·드·나·무
603) 버·들·나·무
604) 봉사놀·이, ·숨·을·래·기
605) ·시#아부·지, 아·반·님
606) '·시·아·부·지'의 호칭어는 '아·분·님'이다.
607) ·어·만·님
608) ·시·어·마·시, :시·모, :시·미

아랫마을	알마을	아랫마을	아랫마을	아랫마을
아랫도리	아릿도·리	이릿두·리	아릿두·리	아릿두·리
아주까리609)	피마·지	피마·자610)	피마·지	피마·지
아주머니	아·지·매	아·지·매	아·지·매611)	아·지·메612)
아지랑이	아지래·이	아지랭·이	아지래·이	아지랑·이
아침거미	아침거·무	아침거·무	아침거·무	아침거·무
아침나절	아직나·절	아직나·절	아직나·절	아직나·절
아카시아	아가·시613)	아가·시	아까·시	아까·시
앉은뱅이	앉은배·이	앉인배·이	앉인배·이	앉인배·이
알궁둥이	·알·궁·디	·알·궁·디	·알·궁·디	·알·궁·디·이
암돌쩌귀	·암#:돌·쩌·구	·암·돌·짜·구	·암·돌·짜·구	·암·돌·짜·구
암코양이	·암#:꼬·애·이	·암·꼬·내·기	·암·고·야·이	·암·꼬·내·기
애벌빨래	아·이·빨·래	아시빨래	아시빨래	아시빨래
양반다리	팽·달	팽·대·이	팽·다·리/팽·대·기	팽·대·이/팽·달
어깨동무	어깨동·무	어깨동·무	어깨동·무	어깨동·무
어깻죽지	애·끼·쭉·지	어·깻·죽·지	어깻죽·지	어깻죽·지
어린아이	어·린·아·아614)	얼라·아	알라·아	알라·아
여러가지	여·러·가·지	여러가·지	여러가·지	여러가·지
여름감기	여·름·고·뿔	여·름·고·뿔	여·름·개·뿔	여·름·개·뿔
여자아이	지집아·이615)	따라·아616)	따라·아617)	지집아·이618)
연날리기	연날리·기	연날리·기	연날·리·기	연날리·기
열손가락	·열#·손·가·락	·열#손까·락	열손까락619)	·열#·손·까·락
염소새끼	얌새·이·새·끼	·염·소·새·끼	·염·소·새·끼	얌새·이·새·끼
옛날얘기	:잇·날·얘·기	:옛·날·얘·기	:옛·날·얘·기	:옛·날·얘·기
오늘아침	오·온#아침620)	온아칙	온아직	온아직
오늘저녁	오·온#지늑621)	온저늑	온저늑	온저녁

609) 피마자(蓖麻子)
610) 피마·지, 피마·주
611) '아·지·메'는 '형수'를 비롯한 친척 관계에 있는 여성을 두루 가리키는 말로 쓰인다.
612) 촌수가 먼 친척
613) 아가시·아
614) 어린아·아, 어린애·애
615) 지집애·애
616) 가시나·아
617) 가시나·아
618) 가시나·아
619) ·열#·손·까·락, ·열·손·까·락
620) 온아침
621) 온저녁

오이김치	오이짐·치	오이김·치	오이김·치	물·외·짐·치
오줌싸개	오줌싸·개	오줌사·개	오줌사·개	오짐사·개
외할머니	:위·할·매	:위·할·매	:외·할·매622)	:외·할·매
왼손잡이	왼손배·기	왼짜배·기	왼재·기	왼자배·기
우리나라	우리나·라	우리나·라	우리나·라	우리나·라
울타리밑	우따·리·밑623)	울따리밑	울따리밑	우딸밑
이부자리	이부자·리624)	이·부·자·리	이부자·리	이·부·자·리
이쑤시개	이쑤시·개	이수시·개	이수시·개	이수시·개
입주둥이	입주디·이	입주디·이	입주디·이	입주디·이
작은언니	:작·은·언·니	작은언·니	작은언·니625)	:작·은·아·개
작은오빠	:작·은·오·라·베	:작·은·오·빠	작은·오·빠	:작·은·오·빠
잔치국수	·잔·칫·국·수	·잔·쳇·국·시	·잔·쳇·국·시	·잔·체·국·시
잠꾸러기	·잠#추·이	·잠#·식·티·이	·잠#·식·티·이	·잠·추·이
잡기놀이	오이놀·이626)	뿔잡을래·기	뿔잡을래·기	뿔잡을래·기
장구벌레	소똥벌·레	:갈·구·세·이	장·구·벌·레	소똥벌거·지
장다리무	짱다·리·무·꾸627)	짱다·리·무·꾸	짱다·리·무·꾸	짱다·리·무·시
장돌뱅이	장똘배·이	장똘배·이	장똘배·이	장똘배·이
장미가시	장미까·시	장미까·시	장미까·시	장미까·시
저녁나절	—	저늑나·절	저익나·절628)	저늑나·절
저녁무렵	저녁땁	저늑땁	저늑땁	저늑땁
제비뽑기	심·지·뽁·기	심·지·뽁·기	심·지·뽁·기	심·지·빼·기
주정뱅이	주정배·이	주정배·이	주정배·이	술주정배·이
쥐며느리	지며·누·리	—	지메·누·리	지메·느·리
쥐불놀이	집불노·리629)	·불·놀·이	·불·놀·이630)	·집·불·놀·이
지느러미	·날·개	지느레·미631)	지느러·미	·날·개
지푸라기	지푸래·기	지푸래·기	지푸래·기	지푸래·기
진눈깨비	진갈·비	—	짓눈깨·비	짐세
짚북데기	짚뿍데·기	짚뿍데·기	집북띠·기	집북띠·기
참새새끼	·참·새·새·끼	·참·새·새·끼	·참·새·새·끼	·참·새·새·끼

---

622) :위·할·매
623) 우따리밑
624) 이·부·자·리
625) 작은·아·개
626) 오·이(=술레)
627) 토종무를 가리킨다.
628) 저늑나·절
629) :망·울·놀·이(=망월(望月)놀이)
630) :세·삼·밭·에#·불·놀·이
631) 지너·부

참외꼭지	·참·외·꼭·지	참·외#꼭대·기	참·외#꼭·지	외꼭다·리
책보따리	책보따·리	책보따·리	책보따·리	책보따·리
천원어치	천언어·치	천언어·치	천언어·치	천언에·치
총각김치	:총·각·짐·치	:총·각·김·치	:총·각·김·치	:총·각·김·치
치맛바람	치맷바람	치맷바람	치맛바람	치맛바람
치맛자락	치맷자·랙	치맷자래·기	체매짜래·기	치마짜래·기
친어머니	친어무·이	친어무·이	친어무·이	친어무·이
코고무신	·코·고·무·신	·코·고·무·신	·코·고·무·신	·코·고·무·신
콩꼬투리	콩꼬타·리	콩꼬타·리	콩꼬타·리	콩꼬타·리
큰아버지	·큰·아·부·지	·큰·아·부·지	·큰·아·부·지	·큰·아·부·지
탱자가시	탱·주·까·시	탱주까·시	탱주까·시	탱주까·시
탱자나무	탱·주·나·무	탱주나무	탱주나무	탱자나무
톱니바퀴	—	톱·니·바·꾸	톱·니·바·꾸	톱·니·바·꾸632)
팔랑개비	팔랑개·비	팔랑개·비	팔랑개·비	팔랑개·비
팽이치기	:빼·이·치·기	팽·대·이·치·기	팽·대·이·치·기	팽·대·이·치·기
하루살이	하루살·이	하루살·이633)	하루살·이	하랍살·이
할아버지	·할·배634)	할배	·할·배635)	·할·배
해바라기	해바래·기636)	해바래·기	해바라·기	해바라·기
햇고구마	·햇·고·구·마	·햇·고·구·마	·햇·고·구·마	·햇·고·구·마
허수아비	허제·비	허제·비	허제·비	허제·비637)
호랑나비	—	호랑나·비	호랑나·비	호랑나·비
호미씻이638)	—	—	:서·레·술639)	논매·기·술
홀어머니	홀·어·무·이	홀어무·이	홀어무·이	홀어무·이

1.2.5. 5음절 이상

	울진	영덕	포항	경주
가운데손가락	가운·데·손·꼬·락	·봉·판·손·까·락	·복·판·손·까·락	·복·판·손·까·락
감꽃목걸이	감목걸·이	감꼴목걸·이	감꽃목걸·이	감꽃목걸·이

632) 톱니바·끼
633) 날파랭·이, 날·파·리, 날파리·기
634) ·할·아·부·지
635) 호칭어로 '·할·배', 지칭어로 '·할·배, ·할·애·비, ·할·바·씨'가 쓰이는데 '·할·애·비'는 자신과 비슷
   한 연배에 있는 대상을 지칭할 때 쓰고, '·할·바·씨'는 속된 말
636) 해바라·기
637) ·허·제·비
638) 논매기의 마무리를 끝내고 잠시 쉬며 노는 일
639) :서·레·술·묵·는·다

거짓말쟁이	:거·짓·말·재·이	거짓말재·이	거짓말재·이	거짓말재·이
게으름뱅이	게름뱅·이640)	께름배·이	께름배·이	―
고구마농사	:고·구·마·농·사	:고·구·마·농·사	:고·구·마·농·사	:고·구·마·농·사
고추잠자리	꼬추#:차·래·기	꼬추#:철·개·이	꼬추#:철·개·이	고추#:철·배·이
남의집살이	남·우·집·살·이	남·우·집·살·이	남·우·집·살·이	남·우·집·살·이
도깨비바늘	도둑·놈·까·시	찰삽·때	·찰·밥	도독·놈·까·시
도둑고양이	도둑#:고·애·이	도둑#:고·내·기	도둑#:고·내·기	도독·고·내·기
도시락주머니	도시락가·방	도시락주미·이	도시락주미·이	도시락주미·이
바지가랑이	바지가래·이	바지가래·이	바지가래·이	바지가래·이
배추이파리	배추이퍼·리	배추이퍼·리	배추이퍼·리	배추이퍼·리
보따리장사	보따·리·장·사	보따·리·장·사	보따·리·장·사	보따·리·장·수
보리깜부기	보리깜베·기	보리깜비·기	보리깜비·기	보리깜베·이
빨래방망이	빨래빵미·이	빨래방마·이	빨래방매·이	빨래빵매·이
새끼손가락	새·끼·손·까·락641)	애끼손까·락	새끼손까·락642)	애끼손까·락
색동저고리	색동저고·리	·색·동#저고·리	·색·동#저고·리	색동저구·리
손가락마디	손가·락·마·디	손가·락·마·디	손가·락·마·디	손가·락·마·디
쇠죽바가지	소·죽·바·가·치643)	소·죽·바·가·치	소죽바가·치	소죽바가·치
쓰레기봉투	씨레·기·봉·투	스레·기·봉·투	스레·기·봉·투	스레·기·봉·투
엄지손가락	엄지손가·락	엄지손가·락	엄지손가·락	엄지손까·락
욕심꾸러기	·욕·심·재·이	·욕·심·재·이	·욕·심·재·이	·욕·심·재·이
외나무다리	·위·나·무·다·리	·외·나·무·다·리	·외·나·무·다·리	·외·나·무·다·리
외할아버지	:위·할·배	:위·할·배	:외·할·배644)	:외·할·배
우리나라사람	우리나·라·사·람	우리나·라·사·람	우리나·라·사·람	우리나·라·사·람
우무가사리	우묵까·시	우묵까사·리	우묵까·시	우묵까시래·기
작은아버지	작은아부·지	작은아부·지	작은아부·지	작은아부·지
장난꾸러기	―	―	―	―
지게작대기	지게딱댕·이	지게짝·지	지게짝대·기	지게짝대·기
치마저고리	치매저고·리	처마저고·리	치마저구·리	치마저구·리
친정어머니	친정어무·이	친정어무·이	친정어무·이	친정어무·이
회오리바람	돌개바람	돌개바람	돌개바람645)	:호·드·락·바·람

---

640) 께으름뱅·이
641) 새·끼·손·꼬·락, 새·끼#손까·락, 새끼손까·락, 새끼손꼬·락
642) 애끼손까·락
643) 여물바가·치
644) :위·할·배
645) 회오·리·바·람, :호·드·락·바·람

1.3. 의존명사

	울진	영덕	포항	경주
가마	가·마·이	가·마·이	가·마·이	가·마·이
개	·개/·나	·나/·개	·나/·개	·나/·개
것	거	거	거	거
관(貫)	·간	관	관	관
군데	군·데	군·데	군·데	군·데
권(卷)	곤	곤/건	곤	곤
그루	·나	·개	그·루	·나/·개
근(斤)	근	근	근	근
길	·질	·질	·질	·질
나절	나·잘	나·잘	나·절	나·절
남짓	—	·남·직	·남·짓	·남·직
냥(10돈)	냥	냥	냥	냥
단1)	:단/무꿈	:단	:단	:단
대로	대·로	대·로	대·로	대·로
돈	돈	돈	돈	돈
돌	·돌	·돌	·돌	·돌
두름2)	두룸	두룸	두룸	두룸
듯	·듯/·드·끼	·듯·이	·듯·이	·듯·이
따위	따·우	따·우	따·우	따·우
딴	따·안	따·안	따·안	딴
때문	때민·에	때무·레	때미·레	때무·레
뙈기3)	때·기	도가·리	:떼·기	:떼·기/도가·리
리4)	·리	·리	·리	·리
리(까닭)	·텍	·덱	·텍	·텍/·리
마	·마	·마	·마	·마
마련	매·랑	마·련	마·련	마·련
마리	마·리	마·리	마·리/바·리	바·리
마지기	·마·지·기	마지·기	마지·기	·마·지·기
망정	망·정	망·정	망·정	망·정

---

1) 짚이나 푸성귀 묶음을 세는 단위
2) 물고기나 나물을 두 줄로 길게 묶은 것. 스무 마리가 한 두름
3) 논밭의 한 구획
4) 숫자 밑에서 里(거리), 浬(물길), 釐(할, 푼, 리)의 뜻을 가진다.

명	·이	·키/·이	·키/·이5)	·키
모	·모	모	모	모
모금	모·굼	모굼	모·굼	모·굼
무럽	무·레	무·럽	무·럽	무·럽
발	:발	:발	:발6)	:발7)
발짝	발짜·국	발짝	발짝	발짜죽
방	·방	·방	·방	·방
번	분	분	분	분
벌	·벌	·불	·불	·불
분8)	·분	·키	·키	·키
뻠	·뻠/:뻠·미	·뻠/·뻠	·뻠	·뻠9)
뿐	·뿐	·뿐	·뿐	·뿐
살	·살	·살	·살	·살
섬(斛)	:섬	·섬	·섬	·섬
수	·수	·수	·수	·수
술	·술/·숟가락	·술/·숟가·락	·술	·술/·숟가·락
씨(氏)	·씨	·씨	·씨	·씨
아름	한아·름	아·름	아·름	아·람
양	—	—	—	—
옴큼	오·쿰	오·쿰	오·콤/·줌	오·콤/·줌
원(圓)	·원	원	원	원
일(日)	·일	·일	·일	·일
장	장	장	장	장
적	직	·때	·때	직
점	톰비·이/톰배·기	모타·리	모타·리	모타·리
접10)	접	접	접	접
즈음	쭈·움	쭈·움	쭈·움	쭈·움
짝	째·기	째·기	째·기	째·기
쪽	쪽	쪽	쪽	쪽
참	·참	·참	·참	·참
채	·채	·채	·채	·채

5) ·지, ·비
6) :반·발
7) :발·반(＝반 발)
8) '명'의 존칭어
9) ·큰·뻠, 새끼·뻠
10) 과일이나 채소를 100개씩 세는 단위

척	·척	·척	·척/·체	·척
척(隻)	·척	·대/·채	·척	·척
첩(貼)	·첩	·첩	·첩	·첩
축11)	축	축	축	축
칸	칸	칸	칸/·나/·개	칸/·나/·개
켤레	커·리	커·리	커·리	커·리
타래	타·래	타래	타·래12)	타·래
턱13)	·턱	·탁	·텍	·텍
톨	·알	·톨	·톨	·톨14)
통15)	통	통	통	통/바람
통(桶)	통	·통	·통	·통
평(坪)	평	평	평	평
푼	:품	·푼	·푼	:푼
홉16)	홉	홉	홉	홉

11) 또래
12) 감아놓은 실을 셀 때는 '방구·리'를 사용한다.
13) 까닭. 그만한 정도. 좋은 일이 있을 때 남에게 베푸는 음식 대접
14) '·톨'은 거의 쓰지 않고 '쌀 한 알'을 말할 때도 '한내·끼, 한·개'
15) 무슨 일로 복잡한 둘레
16) 한 되의 10분의 1

1.4. 대명사, 의문사, 부정(不定)사

	울진	영덕	포항	경주
각자	·각·각/지세마·끔	시세마·끔	시제마·꿈	시제마·꿈
걔	가·아	가·아	가·아	가·아
거기	거·어	거·거	거·거	거·게
고것	고거	고거	고거	고거
고기	고·오	고·고	고·고	고·게
그	그	그	그	그
그것	그거	그거	그거	그거
그곳	거·어	거·거	거·거	거·게
그때	글·때	글·때	그때·애1)	그·을·때
그리	글로	·글·로	·글·로	·그·리/·글·로
그쪽	그쪽	그짝	그짝	그쪼·오
나	나	나	나	나
내	내	내	내	내
너	니	니	니	니
너의	니	니	니	니
너희	느으	느으	느그	느그
네(2인칭)	:니	:니	:니	:니
누구	:누/·누2)	:누	:누	:누/·누·구
누구누구	·누·구·누·구	:누·누	:누·누	:누·누3)
당신	당신	당신	당신	당신
댁	댁	댁	댁	댁
모두	마카	마카	마카	마카
무엇	무·어	머/머·어	머/머·어	머/머·어
뭐(疑問)	머·어/머	머/머·어	머/머·어	머/머·어
뭐(不定)	머·어	머·어	머·어	머·어
서로	서로	서리	·서·리	·서·리
아무	:아·무	:아·무	:아·무	:아·무
애	:야	:야	:야	:야
어디(疑問)	어·데/오·데	어디/어·디	어디/어·디	어디/어·디
어디(不定)	오·데/어·데	어·디	어·디	어·디

---

1) 그·을·때, 글·때
2) ·누·구/·누·기
3) ·누·구·누·구

어떻게(疑問)	우·예	·우·예	·우·예	·우·예/·우·째
어떻게(不定)	우·예	·우·예	·우·예	·우·예/·우·째
언제(疑問)	언·제/운·제4)	:언·제	:언·제	:언·제
언제(不定)	언·제	:언·제	:언·제	:언·제
얼마	:얼·마	·얼·마/:얼·마	:얼·마	:얼·마
여기	여·어	여·거/여·어	여·거	여·게
요것	·요·거	·요·거	·요·거	·요·고
요기	요·오	요·고	요·고	요·게
우리	우리	우리	우리	우리
이	·이	·이	·이	·이
이것	·이·거	·이·거	·이·거	·이·거
이곳	여·어	여·거	여·거	이·게
이때	·이·때	·이·때	·이·때	·이·때
이리	일로	·일·로	·일·로	·이·리/·일·로
이쪽	·이·쪽	·이·짝/이짝	이짝	이쪼·오
자기	:지	·자·기	·자·기	·자·기
자기자신	:지#·자·신	지·자·신	지·자·신	:지#·자·신
자네	자네	자네	자네	자네
자신	·자·신	·자·신	·자·신	·자·신
쟤	:자	:자	:자	:자
저(1인칭)	저	지	지	지
저(3인칭)	:지	지/:지	지/:지5)	지/:지6)
저(彼)	:저/:제	·저	·저	·저
저것	·저·거	·저·거	·저·거	·저·거
저곳	저·어	저·거	저·거	저·게
저기	저·어	저·거	저·거	저·게
저리	절로	·절·로	·절·로	·저·리/·절·로
저의	지	지	지	지
저쪽	·저·쪽	저짝	저짝	저쪼·오
저희	즈으	즈으	저들	즈그/즈으
제(1인칭)	:지	:지	:지	:지
조것	·조·고	·조·고	·조·고	·조·고
조기	조·오	조·거	조·고	조·게

---

4) :언·제, :운·제
5) 지·는, :지·가
6) 지·는, :지·가

1.5. 수사

	울진	영덕	포항	경주
하나	하나/한·나	하나	한·나	하나
둘	:둘/:두·리	:두·리/:둘	:두·울	:둘
셋	:셋/:서·이	:서·이	:서·이1)	:서·이
넷	:넷/:너·이	:너·이	:너·이2)	:너·이
다섯	닷·서	다·서	닷·서	닷·서
여섯	엿·서	여·서	엿·서	엿·서
일곱	일·곱	일·고	일·고	일·고
여덟	여·덜	여·덜	여·덜	여·덜
아홉	아·호	아·호/아·고	아·호	아·호
열	·열	·열	·열	·열
스물	·시·물	·수·물	·수·물	·시·물/·수·물
서른	서·른	서·른	서·른	서·른
마흔	마·은/마·흔	마·흔	마·은	마·은
쉰	:신	:오·십/:쉰	:오·십/:쉰	:쉰
예순	예·순	·육·십/여·슨	·육·십/예·순	여·슷
일흔	일·혼	·칠·십/일·은	·칠·십/일·은	일·은
여든	여·든	·팔·십/여·든	·팔·십/여·든	여·든
아흔	아·흔	·구·십/아·흔	·구·십/아·은	아·은
백	·백	·백	·백	·백
천	천	천	천	천
만	:만	:만	:만	:만
억	·억	·억	·억	·억
열	·열	·열	·열	·열
열하나	열한·나	·열#하나	·열·하·나	·열·하·나
열둘	·열·뚤/·열#:뚜·리	·열#:두·리	·열#:뚜·울	·열#:뚜·리
열셋	·열#:서·이	·열#:서·이	·열#:서·이	·열#:서·이
열넷	·열#:너·이	·열#:너·이	·열#:너·이	·열#:너·이
열다섯3)	열땃·서	·열·따·서	·열·땃·서	·열·땃·서

---

1) :서·여

2) :너·여

3) 포항과 경주 방언은, '열다섯'에서 '열아홉'까지의 수사는 운율구 형태인 '·열#닷·서' 등과 한 어절로 결합한 '·열·닷·서' 등이 공존한다.

열여섯	·열·엿·서	·열·여·서	·열·엿·서	·열·엿·서
열일곱	·열·일·고	·열·일·고	·열·일·고	·열·일·고
열여덟	·열·여·덜	·열·여·덜	·열·여·덜	·열·여·덜
열아홉	·열·아·호	·열·아·호	·열·아·호	·열·아·호
스물	·시·물	·수·물	·수·물	·시·물
스물하나	·시·물#한·나	·수·물#하나	·수·물#한·나	·시·물#하나
스물둘	·시·물#:뚜·리	·수·물#:둘	·수·물#:뚜·울	·시·물#:뚤
스물셋	·시·물#:서·이	·수·물#:서·이	·수·물#:서·이	·시·물#:서·이
스물넷	·시·물#:너·이	·수·물#:너·이	·수·물#:너·이	·시·물#:너·이
스물다섯	·시·물#땃·서	·수·물#닷·서	·수·물#닷·서	·시·물#닷·서
스물여섯	·시·물#엿·서	·수·물#엿·서	·수·물#엿·서	·시·물#엿·서
스물일곱	·시·물#일·고	·수·물#일·고	·수·물#일·고	·시·물#일·고
스물여덟	·시·물#여·덜	·수·물#여·덜	·수·물#여·덜	·시·물#여·덜
스물아홉	·시·물#아·호	·수·물#아·호	·수·물#아·호	·시·물#아·호
한개	한·개	한·개	한·나	한·나[4]
두개	:두·개	:두·개	:두·나	:두·나
세개	:세·개	:시·개	:시·나	:시·나
네개	:네·개	:니·개	:니·나	:니·나
다섯개	닷·섯·개	다·섯·개	닷·섯·나	닷·섯·나
여섯개	엿·섯·개	여·섯·개	엿·섯·나	엿·섯·나
일곱개	일·곱·개	일·곱·개	일·곱·나	일·곱·나
여덟개	여·덜·깨	여·덜·개	여·덜·나	여·덜·나
아홉개	아·홉·개	아·홉·개	아·홉·나	아·홉·나
열개	·열·깨	·열·깨	·열·나	·열·나
한말(斗)	한·말	한·말	한·말	한·말
두말	:두·말	:두·말	:두·말	:두·말
세말	:세·말/:서·말	:서·말	:시·말	:서·말
네말	:네·말/:너·말	:너·말	:니·말	:너·말
다섯말	닷·말	닷·말/다·섯·말	다·섯·말	닷·말
여섯말	엿·말	엿·말/여·섯·말	여·섯·말	엿·말
일곱말	일·곱·말	일·곱·말	일·곱·말	일·곱·말
여덟말	여·덜·말	여·덜·말	여·덜·말	여·덜·말
아홉말	아·홉·말	아·홉·말	아·홉·말	아·홉·말

---

4) 단위명사 '·나'와 '·개'는 비슷한 세력으로 공존한다.

열말	·열·말	·열·말	·열·말	·열·말
한자(尺)	한·자	한·자	한·자	한·자
두자	:두·자	:두·자	:두·자	:두·자
세자	:석·자	:석·자	:시·자	:석·자
네자	:넉·자	:넉·자	:니·자	:넉·자
다섯자	대·자/다·섯·자	다·자/다·섯·자	다·섯·자	대·자
여섯자	여·자	여·자/여·섯·자	여·섯·자	여·자
일곱자	일·곱·자	일·곱·자	일·곱·자	일·곱·자
여덟자	여·덜·짜	여·덜·자	여·덜·자	여·덜·자
아홉자	아·홉·자	아·홉·자	아·홉·자	아·홉·자
열자	·열·짜	·열·자	·열·자	·열·자
한명	하나	하내·기	한·키/하내·이	한·키
두명	:둘·이	:둘·이	:두·키/:둘·이	:두·키
세명	:서·이/:세·사·람	:서·이	:시·키/:서·이	:시·키
네명	:너·이/:네·사·람	:너·이	:니·키/:너·이	:니·키
다섯명	다섯·사·람	다·섯·이[5]	닷·서·키/닷·서·지	닷·서·키
여섯명	여·섯·사·람	여·섯·이/여·서·비	엿·서·키/엿·서·지	엿·서·키
일곱명	일·곱·사·람	일·곱·이	일·고·키/일·곱·이	일·고·키
여덜명	여·덜·싸·람	여·덜·이/여·덟·이	여·덜·키/여·덟·이	여·덜·키
아홉명	아·홉·사·람	아·홉·이	아·호·키/아·홉·이	아·호·키
열명	·열·싸·람	·열·이/·열·비	·열·키/·열·비	·열·키
한집	한집	한집	한집	한·집
두집	:두·찝	:두·집	:둣·집	:둣·집
세집	:세·찝	:시·찝/:세·찝	:싯·집	:싯·집
네집	:네·찝	:니·찝/:네·찝	:닛·집	:닛·집
다섯집	다·섯·찝	다·섯·집	닷·섯·집	닷·섯·집
여섯집	여·섯·찝	여·섯·집	엿·섯·집	엿·섯·집
일곱집	일·곱·찝	일·곱·집	일·곱·집	일·곱·집
여덟집	여·덜·찝	여·덜·집	여·덜·찝	여·덜·찝
아홉집	아·홉·찝	아·홉·집	아·홉·집	아·홉·집
열집	·열·찝	·열·집	·열·찝	·열·찝

---

5) 다서비, 다서키

일	·일	·일	·일	·일
이	:이/이6)	:이	:이	:이
삼	삼	삼	삼	·삼
사	:사	:사	:사	:사
오	:오	:오	:오	:오
육	·육	·육	·육	·육
칠	·칠	·칠	·칠	·칠
팔	·팔	·팔	·팔	·팔
구	·구	·구	·구	·구
십	·십	·십	·십	·십

---

6) :이·만·원/이·만·원, :이·천·원, 이·백·만·원, 이·백#:이·십·번(버스)

1.6. 부사

	울진	영덕	포항	경주
가득	까뜩	·꽉	꽉	꽉
가지런히	·똑#·같·이1)	날나리	날나리	쪽바리/똑바로
갑자기	:각·제	:각·제	:각·제2)	:각·제/:각·제·에
갖가지	·깍·깍·이	여·러·가·지	갖가·치	갖가·치
같이	·같·이	·같·이	·같·이	·같·이
거꾸로	까·꿀·로	꺼·꿀·로	꺼·꿀·로/까·꿀·로	꺼꿀로
거의	거·진/건주	거·징	거·진/건주	건주
겨우	·억·길·로	제구	제구	제우
계속	삼통	삼통/사뭇	:계·속	삼통
고스란히	아비·이·째	:다	소롯이	소롯이/·오·이
곧바로	이·양	이·양	이·양	이·양
골고루	골고·리	골고리	골고리	골고리
공연히	·맥·쩨/·멀#기·이	맥째	백제	백제
굉장히	동·또	굉·자·이3)	동·띠·기	동·띠·기
굳이	·기·쿠	기여꾸	기여꾸	기여꾸
그냥	그·양	기·양	그·양	고·양
그래서	그·래·가·지·고	그·래#가·아	그·래·가	그·래#가·아
그러니	그·리·이	그·리·이	그라·이4)	그라·이
그러니까	그·러·이·께5)	그·리·이·까·네	그라·이·까·네6)	그라·이·까·네
그러면	거·머	그라·머	그라·머7)	그·라·머
그런데	글·른·데	그·런·데	그·런·데	그·런·데
그렇게	그·래	그·래	그·칠	그·칠/그칠8)
그렇다면	그·러·머	글·타·머	글·타·머	글·타·머
그리고	그라·고	그라·고	그라·고9)	그라·고
금방	금·방	금·방	금·방	금·방
기어이	·기·쿠	기억키	기여꾸	기여꾸

---

1) ·똑#·빠·리, ·똑(:)#빠리
2) :각·주·에, 급작시·리
3) ·억·수·로, 동·뗴·기
4) 그·러·이
5) 그·러·이·까·네, 그·러·이·꺼·네, 그·케
6) 그·러·이·까·네
7) 그·라·머
8) 그·치·리
9) 그·라·고

꼭10)	·똑	·똑	·똑	·꼭
꼭	뽀끈	뽀끈	뽀끔	뽈끔
나중에	:나·제	:나·중/:냉·제	:나·제/:내·자	:내·제/:냉·제
너무	너무	너무	너무	너무
늘	:늘	:늘	:늘	:늘
다	:다	:다	:다	:다
다시	다부	다부	다·시	다·시
더	더	더	더	더
덜	:덜	:덜	:덜/더리	:덜/드리
도로	·디	다부	다부	다부
도리어	도래	도리	도리	도로/다부
되게	디게	데게	디게	데·에·도11)
또	·또	·또	·또	·또
똑똑히	똑똑·이12)	단디·이	똑똑·이13)	단디·이14)
마주	마·주	마·지	마·지	마·주
마침	마·침	마·침	마·침	마·침
만만히	만무·이/만마·이	만마·이	만마·이	만마·이15)
만약	:만·일	:만·일	:만·일	:만·일
많이	·마·이/마·이	·마·이	·마·이	·마·이
먼저	먼지	머이/먼지	머예	머예
모두	·마·커	마카/마커	마카	마카
모조리	모지·리	모지·리	모지·리	모지·리
못	못/:못	:못	:못	:못
문득	문뜩	문뜩	문뜩16)	문뜩
미리	미리	미·리	미·리	미·리
바로	바리	바리	바리	바리
반드시	·꼭	·꼭	·꼭	·꼭
반듯이	반다시	반다시	밴데기	반디기
방금	금·방	방·금/금·방	방·금	금새·애/금·방
벌써	·벌·서/하·마	하·마	하·마	하·마17)

---

10) 조금도 틀림이 없이
11) 디·이·도
12) 똑똑·히, 단디·이
13) 단디·이, 똑바리
14) 여·무·게
15) :없·안·니·게
16) 문·뜩·문·뜩
17) 벌·서, 벌서·러

빨리	빨·리/퍼뜩	퍼떡18)	퍼뜩	퍼뜩19)
설마	·설·마	·설·마	·설·마	·설·마
설사	·설·사	·설·사	·설·사	·설·사
순식간에	순·식·간·에	:수·식·간·에	:순·식·간·에	:순·식·간·에
<u>스스로</u>	<u>스스·로</u>	<u>스스·로</u>	<u>스스·로</u>	<u>스스·로</u>
실컷	시컷	시컷	실컷	실컷
아까	아깨·애	아까·아	아까·아	아까·아
아마	:아·매	:아매	:아·매	:아·매
아예	함·부·레	함·부·레	함·부·레	함·부·레
아주	아·주	데게	:디·게	데기
아직	아·직/안·즉	아·주	안·죽20)	아·이/안·주
어렵잖게	에·럽#잖·게	에럽잖·게	에럽잖·게	어·럽·자·이
어서	얼렁	어뜩	퍼뜩	어뜩
어지간히	엉·가·이	엉·가·이	엉·가·이	엉·가·이
어차피	어짜·피	이양	어차·피	어차·피
얼른	얼렁	얼럭/얼렁	얼른	어뜩/얼런
연거푸	거드·파	거들·파	거들·파/거·들	거들빼·기
이를테면	—	:가·상	이르테·에	일테·로
오래	오·래	오·래	오·래	오·래
온통	전다·지/전신·에	전다·지	전신·에	전신·에
우선	우선·에	우시·네	오시·네	온시·네
이렇게	·이·래	·이·래	·이·칠/이·칠	·이·칠/이·칠
일부러	일부·러	부·러	일부·라/부·라	일부·러/부·러
일일이	일일·이	일일·이	일일·이	일일·이
일찍	일찍·이	일·찍	일·찍	일·찍
자주	자·주	자·주	자·주	자·주
잘	잘	잘	잘	잘
잘못	잘·못	잘·못	잘못	잘문
잠깐	잠깐	잠깐	잠깐	잠깐
저렇게	·저·래	·저·래	·저·레	·저·레
저절로	지댈·로	절·로	지젤·로	지젤·로
적잖게	엉·가·이	엄침	음침	음침
전부	모지·리	전다·지	전신·에	전신·에
제발	:지·발	:지·발	:지·발	:지·발

---

18) 빨·리, ·사·게
19) 패(:)나·케(=아주빨리)
20) 안·주·고, 아·이

제법	제·법	제·법	제·법	어·북/제·법
제일	:제·리	제에리	:제·리	제에리
조금	쪼꿈21)	·쪼·매/쪼꼼	·쪼·매	·쪼·매/·째·매
좀처럼	:조·매	조매	조매	조매
주로	·주·장	·주·장	·주·장	·주·장
진작	:진·작	:진·작	:진·작/·진·작	·진·작
차라리	·차·라·리	·차·라·리	·차·라·리	·차·라·리
천천히	·천·처·이22)	지나이	천처이23)	지여이
하필	해·필	해·필	하·필	해·필
함부로	함·부·로	함·부·로	함·부·로	함·부·로
항상	·항·시	·항·상	·항·시	·항·시
힘껏	·심·야·까	·심·껏	·심·껏/·힘·껏	·힘·껏

---

21) 쪼꾸매애
22) ·지·앙#·지·앙
23) 지나이

1.7. 중세국어 동사와 방언간 성조 대응

1.7.1. 1음절

	울진	영덕	포항	경주
가·다(去)	가·다	가·다	가·다	가·다
갇·다(收)	가둫·다[1]	가둫·다	가두·우·다	가둫·다
갚·다(報)	갚·다	갚·다	갚·다	갚·다
곧·다(直)	곧·다	곧·다	곧·다	곧·다
곱·다(曲)	굽·다	꼬불하·다	굽·다	굽·다
곶·다(揷)	꼽·다	꼽·다	꼽·다	꼽·다
굳·다(固)	굳·다	꾿·다	꾿·다	꾿·다
굽·다(曲)	굽·다	꼬불하·다	굽·다	굽·다
깃·다(喜)	기뿌·다	기뿌·다	기뿌·다	기뿌·다
깊·다(深)	지푸·다	지푸·다	지푸·다	지푸·다
나·다(出)	나·다	나·다	나·다	나·다
낛·다(釣)	낚·다	낚·다	낚·다	낚·다
낳·다(産)	놓·다	놓·다	놓·다	놓·다
넙·다(廣)	넓·다	너리·다	넓·다	넓·다
녀·다(行)	다니·다	다니·다	다니·다	다니·다
넣·다(入)	옇·다	옇·다	옇·다	옇·다
녹·다(溶)	녹·다	녹·다	녹·다	녹·다
높·다(高)	노푸·다	노푸·다	노푸·다	노푸·다
놓·다(放)	놓·다	놓·다	놓·다	놓·다
눕·다(臥)	눕·다	눕·다	눕·다	눕·다
늙·다(老)	늙·다	늙·다	늙·다	늙·다
늦·다(晚)	늦·다	늦·다	늦·다	늦·다
닉·다(習)	익·다	익·다	익·다	익·다
닑·다(讀)	읽·다	읽·다	읽·다	읽·다
닙·다(被)	입·다	입·다	입·다	입·다
닞·다(忘)	잊·다	잊·아·뿌·다	잊·아·뿌·다	잊·아·아·뿌·다
눌·다(飛)	날·다	날·다	날·다	날·다
닫·다(閉)	닫·다	닫·다	닫·다	닫·다
두·다(置)	뚜·다	두·다	두·다	두·다
듣·다(聽)	듫·다/듣·다	듣·다	듣·다	듣·다

---

1) 가두·우·다

들·다(擧)	들·다	들·다	들·다	들·다
디·다(落)	지·다	지·다	지·다	지·다
막·다(防)	막·다	막·다	막·다	막·다
먹·다(聾)	미·이·다2)	먹·다	묵·다	먹·다
먹·다(食)	묵·다	묵·다	묵·다	묵·다
몯·다(集)	모이·이·다	모이·이·다	모디·이·다	모디·이·다3)
묻·다(埋)	묻·다	묻·다	묻·다	묻·다
묻·다(染)	묻·다	묻·다	묻·다	묻·다
믈·다(咬)	물·다	물·다	물·다	물·다
믿·다(信)	믿·다	믿·다	믿·다	밀·다
몱·다(淸)	맑·다	맑·다	맑·다	맑·다
받·다(受)	받·다	받·다	받·다	받·다
밧/벗·다(脫)	뼛·다	벗·다	벗·다	벗·다
보·다(見)	보·다	보·다	보·다	보·다
븕·다(赤)	붉·다	뿕·다	뿕·다	뿕·다
븥·다(附)	붙·다	붙·다	붙·다	붙·다
븕·다(明)	밝·다	밝·다	밝·다	밝·다
사·다(買)	사·다	사·다	사·다	사·다
석·다(腐)	썩·다	석·다	석·다	석·다
섯·다(雜)	섞·다	섞·다	섞·다	섞·다
셔·다(立)	서·다	서·다	서·다	서·다
솟·다	솟·다	솟·다	솟·다	솟·다
슬·타(悲)	슬푸·다	슬푸·다	슬푸·다	슬푸·다
싹·다(削)	깎·다	깎·다	깎·다	깎·다
썩·다(折)	꺾·다	꺾·다	꺾·다	꺾·다
앉·다(座)	앉·다	앉·다	앉·다	앉·다
앓·다(痛)	앓·다	앎·다	앎·다	앎·다
엱·다(=얹다)	언지·다	얹·다	얹·다	얹·다
오·다(來)	오·다	오·다	오·다	오·다
잃·다(失)	잃·다/잆·다	읽·다	읽·다	읽·다
잇·다(在,有)	있·다	잇·다	잇·다	잇·다
자·다(宿)	자·다	자·다	자·다	자·다
잡·다(捕)	잡·다	잡·다	잡·다	잡·다
젓·다(=젖다)	젖·다	젖·다	젖·다	젖·다

---

2) 어·덥·다
3) 모이·이·다

좁·다(狹)	쫍·다	쫍·다4)	쫍·다	쫍·다
좇·다(從,逐)	쪼·치·다	쫓·다	쫓·다	쫓·다
주·다(與)	주·다	주·다	주·다	주·다
죽·다(死)	죽·다	죽·다	죽·다	죽·다
즐·다(濕)	질·다	질·다	질·다	질·다
지·다(負)	지·다	지·다	지·다	지·다
펴·다(伸)	피·다	피·다	피·다	피·다
하·다(多)	하·다	하·다	하·다	하·다
혀·다(點火)	·쓰·다	·시·다	·시·다	·시·다
흩·다(散)	흐틀·다	흔틀·다	흩·다	흩·다
혀/·혀다(引)	·끄·다	끄·으·다	끄·으·다	·끄·다
·들·다(入)	·들·다	·들·다	·들·다	·들·다
·뷔·다(斬)	·비·다	·비·다	·비·다	·비·다
·삐·다(蒸)	·찌·다	·찌·다	·찌·다	·찌·다
·쓰·다(用)	·쓰·다	·시·다	·시·다	·시·다
·숨·다(隱)	·숨·다	·숨·다	·숨·다	·숨·다
·스·다(冠)	·쓰·다	·시·다	·시·다	·시·다
·시·다(漏)	·새·다	·쇄·다/·새·다	·새·다/·쇄·다	·새·다/·쇄·다
·쑬·다(跪)	·꿀·다	·꿀·다	·꿀·다	·꿀·다
·실·다	·깔·다	·깔·다	·깔·다	·깔·다
·씨·다(覺)	·깨·다	·깨·다	·깨·다	·깨·다
·쏘·다(射)	·쏘·다	·수·다	·수·다	·수·다
·옳·다(是)	·옳·다	·옳·다	·옳·다	·옳·다
·좋·다(淨)	깨끗하·다	깨끗·다/마뜩·다	깨끗·다	마뜩·다/깨끗·다
·칩·다(寒)	·춥·다	·춥·다	·춥·다	·춥·다
·츠·다(冷)	·차·굽·다	·찹·다	·찹·다	·찹·다
·츠·다(滿)	·차·다	·차·다	·차·다	·차·다
·츠·다(蹴)	·차·다	·차·다	·차·다	·차·다
·츠·다(佩)	·차·다	·차·다	·차·다	·차·다
·춤·다(忍)	·참·다	·참·다	·참·다	·참·다
·촛·다(尋)	·찾·다	·찾·다	·찾·다	·찾·다
·크·다(大)	·크·다	·크·다	·크·다	·크·다
·티·다(打)	·치·다	·치·다	·치·다	·치·다
·프·다(開,發)	·피·다	·피·다	·피·다	·피·다
·프·다(堀)	·파·다	·파·다	·파·다	·파·다

---

4) :솔·다

·풀·다(賣)	·팔·다	·팔·다	·팔·다	·팔·다
·히·다(白)	·희·다	·희·다	·희·다	·희·다
:갈·다(耕)	:갈·다	:갈·다	:갈·다	:갈·다
:갊·다(藏)	감출·다	감추·우·다5)	간직·다	감직·다
:개·다(晴)	개이·이·다	개·이·다	개·애·다	개·애·다
:걷·다(步)	:젋·다/:걷·다	:걷·다	:걷·다	:걷·다
:걸·다(掛)	:걸·다	:걸·다	:걸·다	:걸·다
:검·다(黑)	:껌·다	:껌·다	:껌·다	:깜·다
:곱·다(娟)	:곱·다	:곱·다	:곱·다	:곱·다
:굵·다	:굵·다	:굵·다	:굵·다	:굵·다
:굶·다(餓)	:굶·다	:굶ㅁ·다	:굶·다	:굶·다
:길·다(汲)	—	—	—	—
:길·다(長)	:찔·다/:질·다	:질·다	:질·다	:질·다
:욂·다(立)	:갋·다	:갋·다	:갋·다	:갋·다
:남·다(餘)	:남·다	:남·다	:남·다	:남·다
:내·다(出)	:내·다	:내·다	:내·다	:내·다
:넘·다(越)	:넘·다	:넘·다	:넘·다	:넘·다
:놀·다(遊)	:놀·다	:놀·다	:놀·다	:놀·다
:니·다(茅)6)	이·이·다	이·이·다	이·이·다	이·이·다
:닐·다(起,興)	:일·다	:일·다	:일·다	:일·다
:닛·다(續)	이숭·다	이수·우·다7)	이수·우·다	이숭·다
:담·다	:담·다	:담·다	:담·다	:담·다
:딜·다(減)	:덜·다	:덜·다	:덜·다	:덜·다
:덥·다(署)	:덥·다	:덥·다	:덥·다	:덥·다
:돌·다(回)	:돌·다	:돌·다	:돌·다	:돌·다
:돕·다(助)	:돕·다	도·우·다8)	도·우·다	도·우·다
:놓·다(好)	:좋·다	:좋·다	:좋·다	:좋·다
:디·다(落)	지·다	지·다	지·다	지·다
:말·다(止)	:말·다	:말·다	:말·다	:말·다
:멀·다(遠)	:멀·다	:멀·다	:멀·다	:멀·다
:메·다(擔)	:미·다	:미·다	:미·다	:미·다
:몰·다(驅)	:몰·다	:몰·다	:몰·다	:몰·다

---

5) 감출·다
6) 지붕을 이다
7) 이숭·다
8) :거·들·다

:묻·다(問)	:뭏·다/:묻·다	:묻·다	:묻·다	:묻·다
:뮈·다(動)	움직·이·다	움직·이·다	움직·이·다	움직·이·다
:배·다(亡)	베·리·다	베·리·다	망하·다	망하·다
:벌·다(羅)	:벌·리·다	:벌·리·다	:벌·리·다	:벌·리·다
:볘·다(枕)	:비·다	:비·다	:비·다	:비·다
:뵈·다9)	비·이·다	비·이·다	비·이·다	비·이·다
:뵈·다(示)	비·이·다	비·이·다	비이·이·다	비·이·다
:뵈·다(謁)	:뵙·다	:뵙·다	:뵙·다	:뵙·다
:불·다(吹)	:불·다	:불·다	:불·다	:불·다
:뷔·다(空)	:비·다	:비·다	:비·다	:비·다
:빌·다(祈)	:빌·다	:빌·다	:빌·다	:빌·다
:붋·다(踏)	:밟·다	:밟·다	:밟·다	:밟·다
:뻘·다(振)	:떨·다	:떨·다	:떨·다	:떨·다
:뻬·다(貫)	:끼·다	:꿰·다	:꿰·다	:꿰·다
:살·다(居)	:살·다	:살·다	:살·다	:살·다
:삼·다(爲)	:삼·다	:삼·다	:삼·다	:삼·다
:새·다(曙)	:새·다	:새·다	:새·다	:새·다
:세·다(强)	:씨·다	:시·다	:시·다	:시·다
:섏·다(痛)	:섏·다	:섏·다	:섏·다	:섏·다
:셰·다(皤)10)	:시·다	:쉬·다/:시·다	:쉬·다/:시·다	:쉬·다/:시·다
:셰·다(立)	시·우·다	서·우·다	서·우·다	서·우·다
:쉬·다(休)	:쉬·다	:쉬·다/:시·다	:쉬·다/:시·다	:쉬·다/:시·다
:쉴·다(易)	:싧·다	:숩·다	:숩·다	:숩·다
:싣·다(載)	:싫·다	:싫·다	:싣·다	:싫·다
:솖·다(白)	—			
:졄·다(難)11)	—	까끄럽·다	꺼림직하·다	꺼림직하·다
:안·다(抱)	:안·따	:안·따	:안·따	:안·따
:알·다(知)	:알·다	:알·다	:알·다	:알·다
:앗·다(奪)	뺏·다	뺏·다	뺏·다	빼앗·다
:얻·다(得)	:얻·다	:얻·다	:얻·다	:얻·다
:얼·다(凍)	:얼·다	:얼·다	:얼·다	:얼·다
:없·다(無)	:없·다	:없·다	:없·다	:없·다
:열·다(開)	:열·다	:열·다	:열·다	:열·다
:열·다(結實)	:열·다	:열·다	:열·다	:열·다

---

9) 의사에게 상처를 보이다
10) 머리카락이 회게 세다
11) 꺼림칙하다, 어렵다, 껄끄럽다

:엷·다(薄)	:연·타	:연·타	옅·다	:옇·다
:옮·다(移)	:옮·다/오리·다	:옮·다/오리·다	:옮·다/오리·다	:옮·다/오리·다
:울·다(泣)	:울·다	:울·다	:울·다	:울·다
:웃·다(笑)	:웃·다	:윗·다	:윗·다	:윗·다
:일·다(淘)	:일·다	:일·다	:일·다	:일·다
:일·다(成)	:일·다	:일·다	:일·다	:일·다
:절·다(蹇)	:절·다	:절·다	:절·다	:절·다
:젹·다(少)	:적·다	:적·다	:적·다	:적·다
:짓·다(作)	:징·다	:징·다	:짓·다	:짓·다
:헐·다(破)	:헐·다	:헐·다	:헐·다/허무·다	:헐·다
:혜·다(算)	:시·다	·시·알·리·다	·시·알·리·다	·시·알·리·다
:혜·다(量)	－	·세·아·리·다	·헤·아·리·다	·헤·아·리·다

1.7.2. 2음절

	울진	영덕	포항	경주
가르·다(分)	가르·다	가리·다	농·구·다	농·구·다
거르·다(隔)	거리·다	거리·다	거리·다	거리·다
거르·다(漉)	거리·다	거리·다	거리·다	거리·다
고르·다(均)	고룽·다	고루·우·다12)	고루·우·다	고룽·다
골프·다(飢)	고푸·다	고푸·다	고푸·다	고푸·다
구르·다13)	꿀·리·다	꿀·리·다	꿀·리·다	:꿀·리·다
그르·다(解)	·풀·다	·풀·다	·풀·다	·풀·다
그릇·다14)	베·리·다	망·치·다	베·리·다	베·리·다
그르·다15)	그리·다	그리·다	그리·다	그리·다
그스·다(＝긋다)	·기·리·다	끟·다	끟·다	끟·다
그울·다(轉)16)	구불·다	구불·다	구불·다	구불·다
글·갈·타17)	－	－	－	－
기르·다(養)	키·우·다	키·우·다	키·우·다	키·우·다
기르·다(長)	찌룽·다/길궁·다	기루·우·다18)	기루·우·다	기룽·다
깃브·다(喜)	기뿌·다	기뿌·다	기뿌·다	기뿌·다

---

12) 고룽·다
13) 구르·다. 땅을 구르다
14) 그르치다
15) (誤) 그릇·다
16) 몸을 구르다
17) (焦煎) 끓고 닳다, 애태우다
18) 길구·우·다

너르·다(廣)	너르·다	너리·다	너리·다	너리·다
노르·다10(黃)	누·리·다	누·리·다	누·리·다	누·리·다
니르·다19)	—	—	—	—
니르·다(讀)	읽·다/이리·다	읽·다/이리·다	읽·다/이리·다	읽·다/이리·다
니르·다(云)	잉기·다	이리·다	이리·다	이리·다
다르·다(異)	다리·다	다리·다	다리·다	다리·다
다ᄋ·다(盡)	:다되·다	:다되·다	:다되·다	:다되·다
뎌르·다(短)	짜리·다	짜리·다	짜리·다	짜리·다
둘우·다20)	두리·다	두리·다	두리·다	두리·다
드리·다(帳)	디룽·다	드루·우·다	디루·우·다	디리줗·다
디르·다(焚)	지리·다	지리·다	지리·다	지리·다
디르·다21)	찌리·다	찌리·다	지리·다	지리·다
디르·다22)	지리·다	지리·다	지리·다	지리·다
따르·다(酌)	따룽·다	따룽·다	따루·우·다	따룽·다
므르·다(軟)	무리·다	무리·다	무리·다	무리·다
므르·다(退)	물·리·다	물·리·다	물·리·다	물·리·다
ᄆᆞ르·다23)	모리·다24)	모리·다25)	모리·다	모리·다
ᄆᆞ르·다(乾)	마리·다	마리·다	마리·다	마리·다
ᄆᆞᄅᆞ·다(栽)	맑·다/마리·다	맑·다	맑·다	맑·다
바르·다(正)	바리·다	바리·다	바리·다	바리·다
벼로·다(記憶)	비루·다	베루·우·다	베루·우·다	베룽·다
브르·다(唱)	부리·다	부리·다	부리·다	부리·다
브르·다(飽)	부리·다	부리·다	부리·다	부리·다
브르·다(呼)	부리·다	부리·다	부리·다	부리·다
비스·다(扮)	·꾸·미·다	·꾸·미·다	끼·미·다	꿰·미·다
ᄇᆞᄅᆞ·다(塗)	바리·다	바리·다	바리·다	바리·다
찌르·다(刺)	찌리·다	찌리·다	찌리·다	찌리·다
사르·다(活)	:살·다	:살·다	:살·다	:살·다
슬프·다(悲)	슬푸·다	슬푸·다	슬푸·다	슬푸·다
스로·다(燒)	·사·리·다	·사·리·다	·사·리·다	·사·리·다
싼르·다(速)	빠리·다	빠리·다	빠리·다	빠리·다

---

19) (激) 물결을 일으키다
20) (圍) 두르·다
21) 비녀를 지르다
22) 허공을 지르다
23) (不知) 모로·다
24) :몰·리·다, 모·리·다
25) 모·리·다

오르·다(登)	오리·다	오리·다	오리·다	오리·다
일콘·다(稱)	—	—	—	—
조로·다(賴)	쪼리·이·다	조루·우·다	조루·우·다	쪼룽·다
즈르·다(絞)	쪼룽·다	조루·우·다	조루·우·다	쪼룽·다
즈르·다(折)	찌리·다	짜리·다	짜리·다	짜리·다
치/치르·다(代價)	·치·다	·치·다	·치·다	·치·다
프르·다(碧,錄)[10]	푸·리·다	푸·리·다	푸·리·다	푸·리·다
흐르·다(流)	흐리·다	흐·리·다	흐리·다	흐리·다
가·도·다[26]	거둫·다	거둫·다	거두·우·다	거둫·다
가·도·다(囚)	가둫·다	가두·우·다	가두·우·다	가둫·다
가·시·다(變)	떨·어·지·다	떨·어·지·다	떨·어·지·다	떨·어·지·다
가·지·다(持)	가지·다	가·지·다	가·지·다	가·지·다
가·리·다(偏)	가리·다	가리·다	가리·다	가리·다
잣·굴·다(倒)[27]	—	—	—	—
거·두·다(收)	거둫·다	거둫·다	거두·우·다	거둫·다
거·슬·다(逆)	:거·역·하·다	흐·리·다	:거·역·하·다	:거·영·하·다
거·츨·다(荒)	거치·럽·다	꺼·칠·다[28]	꺼끄럽·다	꺼·칠·다
견·주·다(比)	전줗·다	전주·우·다	전주·우·다	맞춯·다
겻·구·다(競)	다퉇·다	—	다루·우·다	—
계·우·다(不勝)	·버·겁·다	·버·겁·다	·버·겁·다	·버·겁·다
고·초·다[29]	빼들시·우·다	꼬다서·우·다	꼬다서·우·다	꼬데서·우·다
고·티·다(改)	곤·치·다	곤·치·다	곤·치·다	곤·치·다
괴·오·다(支)	고·우·다	고·오·다	고·오·다	고·오·다
구·리·다	꾸·리·다	구·리·다	구·리·다	구·리·다
구·르·다(轉)	구불·다	구불·다	구불·다	구불·다
ᄀᆞ·리·다	개룽·다	가룽·다[30]	가루·우·다	가룽·다
나·토·다(現)	나·타#나·다	나·타#나·다	나·타#나·다	나·다#나·다
나·르·다(移)	나리·다	나리·다	나리·다	나리·다
누·르·다(黃)[10]	누·리·다	누·리·다	누·리·다	누·리·다
누·르·다(壓)	눌·리·다	눌·리·다	눌·리·다	눌룽·다
니·르·다[31]	—	—	—	—

---

26) (收) 가·드·다
27) 거꾸로되다
28) 까그럽·다
29) 곧추세우다
30) 가루·우·다
31) (至) 니·를·다

느·리·다(下)	내·리·다	내·리·다	내·리·다32)	내·리·다
다·리·다(熨)	대·리·다	다·리·다	다·아·리·다	다·아·리·다
드·리·다33)	디룧·다	드루·우·다	디루·우·다	디리줗·다
마·시·다(飮)	마·시·다	마·시·다	마·시·다	마·시·다
모·르·다(不知)10	모·리·다	모·리·다	모·리·다	모·리·다
미·치·다(狂)	미·치·다	미·치·다	미·치·다	미·치·다
바·티·다(貢)	바·치·다	바·치·다	바·치·다	바·치·다
밧·고·다(換)	바꿓·다	바꾸·우·다	바꾸·우·다	바꿓·다
버·히·다(斬)	·비·다	·비·다	·비·다	·비·다
버·리·다(捨)	베·리·다	버·리·다	내뻬·리·다	내뻬·리·다
버·리·다(汚)	베·리·다	베·리·다	베·리·다	베·리·다
보·내·다(遣)	보냏·다	보내·애·다	보내·애·다	보내·애·다
뵈·아·다(促)	깐·치·다	깐·치·다	깐·치·다	깐·치·다
뵈·오·다	:뷉·다	:뷉·다	:뷉·다	:뷉·다
부·리·다(使)	·부·리·다	·부·리·다	·부·리·다	·부·리·다
비·리·다	빌·내·나·다	비·리·다	비·리·다	빌·내·나·다
ㅂ·리·다(捨)	베·리·다	버·리·다	내뻬·리·다	내뻬·리·다
비·호·다(學)	배·우·다	배·우·다	배·우·다	배·우·다
사·기·다(刻)	쌔·기·다	새·기·다	새·기·다	새·기·다
사·리·다(蟠)	·사·리·다	·사·리·다	·사·리·다	·사·리·다
삼·가·다(愼)	삼·가·다	삼·가·다	삼·가·하·다	삼·가·하·다
싣·로·다34)	따·리·다	따·리·다	따·리·다	따·리·다
쓰·리·다(灑)	뿌·리·다	뿌·리·다	뿌·리·다	뿌·리·다
싸·호·다(爭)	싸·우·다	사·우·다	사·우·다	사·우·다
아·니·다(非)	아이·다	아이·다/애이·다	아이·다	아이·다
앗·기·다(惜)	애·끼·다	애·끼·다	애·끼·다	애·끼·다
어·리·다35)	얼릉거·리·다	어리·이·다	어리·이·다	삼삼하·다
어·리·다(幼)	어·리·다	어·리·다/에·리·다	어·리·다	에·리·다
여·리·다	여·리·다	여·리·다	여·리·다	여·리·다
오·라·다(久)	오·래·다	오·래·다	오·래·다	오·래·다
이·어·다(搖)	흔들·다	흔들·다	흔들·다	흔들·다
이·르·다(早)	일쪽·다	일·찍·다	일·찍·다	일·찍·다
저·리·다	지·리·다	저리·이·다	재릅·다	재랍·다

---

32) 내리·다, 너리·다
33) 드리우다
34) (隨) 뜬·로·다
35) 모습이 눈에 어리다

주·기·다(殺)	죽·이·다	죽·이·다	죽·이·다	쥑·이·다
츠·리·다(省)	채·리·다	차·리·다	차·리·다	채·리·다
프·르·다(靑)10	푸·리·다	푸·리·다	푸·리·다	푸·리·다
헤·티·다(披)	:해·치·다	:해·치·다	·해·치·다	·해·치·다
흐·리·다(濁)	흐맇·다	흐·리·다	흐·리·다	흐·리·다
감:쏠·다(廻)4	—	—	—	—
갓:갑·다(近)4	개깝·다	개작·다	개작·다/가찹·다	개작·다
것:든·다(摧)4	꺾이·이·다	꺾이·이·다	꺾이·이·다	꺾이·이·다
눗:갑·다(低)4	낮·다	낮·다	낮·다	낮·다
두:팁·다436)	뚜껍·다	뚜껍·다	뚜껍·다	뚜껍·다
들:에·다(喧)4	떠들·다	떠들·다	떠들·다	떠들·다
맛:나·다37)	만·내·다	만·내·다	만·내·다	만·내·다
맛:닐·다(遇)4	만·내·다	만·내·다	만·내·다	만·내·다
맛:보·다38)	만·내·다	만·내·다	만·내·다	만·내·다
봄:뇌·다439)	띠·이#:놀·다	띠·이#:놀·다	띠·이·놀·다	띠·이#:놀·다
붑:괴·다40)	—	—	—	—
뻬:혀·다41)	깨·다	깨·다	깨·다	깨·다
술:갑·다(慈)4	—	살갑·다	살갑·다	·살·갑·다
앗:갑·다(惜)4	아깝·다	아깝·다	아깝·다	아깝·다
·곳·답·다1(芳)	꽃답·다	꽃답·다	꽃답·다	꽃답·다
·그·리·다(思)1	·그·립·다	·그·립·다	·그·립·다	·그·립·다
·그·리·다(畫)1	·기·리·다	·기·리·다	·기·리·다	·기·리·다
·ᄀᆞ·놀·다(細)1	·가·늘·다	·가·늘·다	·가·늘·다	·가·늘·다
·나·니·다(出行)	나댕기·다	나댕기·다	나댕·기·다	나댕·기·다
·눌·캅·다1	날카롭·다	날카랍·다	날카랍·다	날카롭·다
·드·리·다(入,納)	디래놓·다	들룽·다	들루·우·다	들룽·다
·드·리·다(獻)	·디·리·다	·디·리·다	·디·리·다	·디·리·다
·드·믈·다1	·드·물·다	·드·물·다	·드·물·다	·드·물·다
·맛·갑·다1	:알·맞·다	:알·맞·다	:알·맞·다	:알·맞·다

---

36) (厚) 둗:겁·다
37) (遇) □□형과 □·□형이 혼기
38) (遇) □□형과 □·□형이 혼기
39) (踴) 뛰놀다
40) 끓어 뒤섞이다
41) (剖) □□형과 □·□형이 혼기

·멀·텁·다₁42)	—	—	—	—
·므·겁·다(重)₁	무겁·다	무겁·다	무겁·다	무겁·다
·브·리·다(使)₁	·부·리·다	·부·리·다	·부·리·다	·부·리·다
·ᄇᆞ·라·다(望)₁	바룽·다	바라·아·다	바라·아·다	바래·애·다
·ᄶᅥ·디·다(陷)₁	·꺼·지·다	·꺼·지·다	·꺼·지·다	·꺼·지·다
·ᄭᅮ·미·다(飾)₁	·끼·미·다	끼·미·다	끼·미·다	뀌·미·다
·절·ᄒᆞ·다(拜)₁	·절·하·다	·절·하·다	·절·하·다	·절·하·다
·즐·겁·다	·즐·겁·다	재밌·다43)	재밌·다44)	재밌·다
·즐·기·다	·즐·기·다	·즐·기·다	·즐·기·다	·즐·기·다
·ᄌᆞ·라·다(長)₁	·크·다	·크·다	·크·다	·크·다
·누르·다(黃)₁₀	누·리·다	누·리·다	누·리·다	누·리·다
·블·븥·다	·불·붙·다	·불·붙·다	·불·붙·다	·불·붙·다
·외롭·다	·외·롭·다	·외·롭·다	·외·롭·다	·외·롭·다
·티ᄃᆞᆯ·다	—	—	—	—
·프르·다(靑)₁₀	푸·리·다	푸·리·다	푸·리·다	푸·리·다
·깃:깃·다45)	—	—	—	—
·나:가·다₂	·나#가·다	·나#가·다	·나#가·다	·나#가·다
·나·오·다₂	·나#오·다	·나#오·다	·나#오·다	·나#오·다
·빛:나·다(輝)₂	·삧·나·다	·삧·나·다	·삧·나·다	·삧·나·다
·ᄠᅳ·듣·다46)	:ᄠᅳᇂ·다	:띤·다/띤·기·다	:뜯·다	:뜯·다
·ᄲᅧ:디·다(陷)₂	·꺼·지·다	·꺼·지·다	·꺼·지·다	·꺼·지·다
·처:디·다₂	·처·지·다	·처·지·다	·처·지·다	·처·지·다
:걷니·다47)	걸·아·댕·기·다	걸·아#댕기·다	걸·아#댕·기·다	걸·어·댕·기·다
:걸앉·다48)	:걸·쳐#안지·다	:걸·쳐·앉·다	:걸·터·앉·다	:걸·쳐·앉·다
:내듣·다(突)	—	—	—	—
:내왇·다49)	내·애#:밀·다	내·애#:밀·다	내·애#:밀·다	내·애#:밀·다

---

42) 말이나 행동이 거칠다
43) ·즐·겁·다
44) '·즐·겁·다'는 요즈음 말
45) (棲) 깃들이다. ·□□형과 혼기
46) (零) 빗방울이 뜯다, 떨어지다. ·□□형과 혼기
47) 걸어다니다
48) 걸터앉다
49) 내밀다

:내좇·다	쪼·치#:내·다	내·애#쫓·다	내·애#쫓·다	내·애#쫓·다
:넘둗·다50)	—	—	—	—
:넘찌·다	:넘·치·다	:넘·치·다	:넘·치·다	:넘·치·다
:뉘웆·다	니우·치·다	·니·우·치·다	니우·치·다	니우·치·다
:닐위·다(致)	이룧·다	이루·우·다	이루·우·다	이룧·다
:도니·다51)	돌·아#댕기·다	돌·아#댕기·다	돌·아#댕·기·다	돌·어#댕·기·다
:뫼숩·다	:모·시·다	:모·시·다	:모·시·다	:모·시·다
:뷔들·다52)	—	—	—	—
:쩌리·다	꺼·리·다	:꺼·리·다	:꺼·리·다	:꺼·리·다
:연줍·다	여쫗·다	·여·쫗·다	·여·쭈·다	·여·쫗·다
:울월·다(仰)	우러·르·다	우러·르·다	우러·르·다	우러·르·다
:좌시·다(食)	:자·시·다	:자·시·다	:자·시·다	:자·시·다
:거·츨·다$_8$	거치·럽·다	꺼·칠·다	꺼끄럽·다	꺼·칠·다
:게·엽·다$_8$53)	—	—	—	—
:겨·시·다$_8$	:계·시·다	:계·시·다	:계·시·다	:계·시·다
:골·오·다(選)	골·리·다	:골·리·다	:골·리·다	:골·리·다
:내·티·다	—	내·애#·치·다	내·애#·치·다	내·애#·치·다
:노·니·다$_8$	:놀·다	:놀·다	:놀다	:놀·다
:다·ᄒᆞ·다(盡)$_8$	:다#데·다	:다되·다	:다되·다	:다되·다
:더·럽·다	:더·럽·다	:더·럽·다54)	:더·럽·다55)	추·접·다
:모·딜·다$_8$	·모·질·다	:모·질·다	:모·질·다	:모·질·다
:몯·ᄒᆞ·다$_8$	모하·다	:모·하·다	:모·하·다	:몯·하·다
:바·니·다	—	—	—	—
:뷔·틀·다	비이틀·다	:비·틀·다	:비·틀·다	·비·틀·치·다
:비·왙·다(吐)$_8$	뱉·다	밭·다/:뱉·다	밭·다/패밭·다	밭·다/패밭·다
:뻘·티·다	—	떨·치·다	떨·치·다	떨·치·다
:사·니·다56)	살·아#가·다	살·아#가·다	살·아#가·다	살·아#가·다
:우·니·다$_8$57)	:울·다	:울·다	:울·다	:울·다

---

50) 넘어달리다
51) 돌아다니다
52) 비척거리다
53) 큼직하고 너그럽고 꿋꿋하다. 웅건(雄建)하다
54) 추·접·다
55) 추·즙·다
56) 살아가다
57) 계속해서 울다, 울다

:건:너·다9	:건·너·다	:건·니·다	:건·니·다	:건·네·다
:걸:나·다(渡)9	:건·너·다	:건·니·다	:건·니·다	:건·네·다
:내:혀·다9	내·애#·치·다	내·애#·치·다	내·애#·치·다	내·애#·치·다
:좃:습·다58)	—	—	—	—

1.7.3. 3음절

	울진	영덕	포항	경주
게으르·다	기글·타	게거·리·다	께을받·다	께을받·다
깁스위·다59)	—	—	그윽하·다	그윽하·다
ᄀᆞ숨알·다60)	—	—	—	—
브스왜·다61)	—	—	—	—
추리티·다(略)	·추·리·다	·추·리·다	·추·리·다	·추·리·다
거우·니·다(轉)	구불·다	구불·다	구불·다	구불·다
가난·ᄒᆞ·다7	가난하·다	가난하·다	가난하·다	가난하·다
간슈·ᄒᆞ·다(保)7	가·축·하·다	간수하·다	간수하·다	간수하·다
괴외·ᄒᆞ·다(靜)7	고요하·다	고요하·다	고요하·다	고요하·다
구븐·ᄒᆞ·다(曲)7	꾸부정하·다	꾸불하·다	꾸불하·다	꾸꾸정하·다
ᄌᆞᆺᄌᆞᆺ·ᄒᆞ·다(淨)7	깨끗하·다	깨끗·다	깨끗·다	깨끗·다
ᄉᆞ랑·ᄒᆞ·다7	사랑·하·다	사랑·하·다	사랑·하·다	사랑하·다
거·리·치·다62)	껀·지·다	껀·지·다	껀·지·다	껀·지·다
ᄀᆞ·리·씨·다63)	가룷·다	가루·우·다	가룷·다	가룷·다
가·ᅀᆞ·멸·다(富)5	:부·자·다	:부·자·다	부유하·다	:부·자·다
가·비·얍·다5	개굻·다	해깝·다	개갑·다	개갑·다
가·줄·비·다564)	:비·교·하·다	:비·하·다	:비·하·다	:비·하·다
거·느·리·다5	거느·리·다	거니·리·다	거니·리·다	거니·리·다
기·드·리·다565)	기다·리·다	기다·리·다	기다·리·다	기다·리·다
기·우·리·다566)	찌불·시·다	찌불·이·다	기울·이·다	기울·이·다

---

58) 머리를 조아리옵다
59) 깊숙하다, 그윽하다
60) (掌握) □□:□형과 혼기
61) (喪亂) 마음이 어지럽다, 시들다, 생기를 잃다. □□:□형과 혼기
62) (濟) 구제하다, 건지다
63) (遮) 가리다, 덮다. (예)피가 흘러 얼굴을 가리다, 빛을 가리다
64) 비유하다
65) (待) 기·들·우·다
66) (傾) 기울다, 기울이다

붓·그·리·다(慚)5	부끄럽·다	부끄럽·다	부끄럽·다	비꾸럽·다
니·러·나·다6	일·나#서·다	일나·다	일나·다	일나·다
도·라·보·다6	돌·아#보·다	돌·아#보·다	돌·아#보·다	돌·아#보·다
도·라·오·다6	돌·아#오·다	돌·아#오·다	돌·아#오·다	돌·아#오·다
믈·어·디·다(頹)6	무·너·지·다	무·나·지·다	무·나·지·다	뭉개·애·지·다
뼈·러·디·다6	너·얼#찌·다	널·찌·다	널·찌·다	너·어·찌·다
겨·르롭·다67)	—	—	—	—
·고·죽·ᄒ·다2'	·지·극#하·다	·지·극·하·다	·지·극·다	지극하·다
·ᄀ·다·듬·다2'	채·리·다	채·리·다	까다듬·다	가다듬·다
·ᄀ·리·티·다2'	갈칡·다	갈치·이·다	갈치·이·다	갈치·이·다
·뎌·러·ᄒ·다2'	·저·렇·다	·절·타	·절·타/·저·렇·다	·저·렇·다
·도·렫·ᄒ·다2'(圓)	도리하·다	돌방하·다	돌방하·다	도롯하·다
·드·리·혀·다68)	—	—	—	—
·서·늘·ᄒ·다2'	시운하·다	서늘하·다	서늘하·다	사느리하·다
·스·러·디·다2'	·쓰·라·지·다	·스·라·지·다	·스·라·지·다	·스·러·지·다
·아·줄·하·다2'69)	—	—	—	—
·어·즈·럽·다2'	어지럽·다	·어·지·럽·다	·어·지·럽·다	·어·지·럽·다
·어·즈·리·다2'	어질·구·다	·어·지·리·다	·어·지·리·다	·어·지·리·다
·이·러·ᄒ·다2'	·이·렇·다	·일·타	·일·타/·이·렇·다	·이·렇·다
·비골프·다	·배#·고·푸·다	·배#·고·푸·다	·배#고푸·다	·배#고푸·다
·비브르·다	·배#·부·리·다	·배#·부·리·다	·배#부리·다	·배#부리·다
:디·나가·다70)	·지·나·가·다	·지·나·가·다	·지·나·가·다	·지·나·가·다
:감푸·ᄅ·다(黑淸)	—	—	—	—
:구숑·ᄒ·다71)	나무래·애·다	나·무·래·다	머·라·카·다	머·라·크·다
:뵈왓·브·다	바뿌·다	바뿌·다	바뿌·다	바뿌·다
:조심·ᄒ·다	:조·심·하·다	:조·심·하·다	:조·심·하·다	:조·심·하·다
:어엿·브·다72)	:이·뿌·다	:이·뿌·다	:이·뿌·다	:이·뿌·다
:혜아·리·다73)	—	·헤·아·리·다	·헤·아·리·다	·헤·아·리·다

---

67) 한가롭다
68) ·□·□□형과 ·□·□:□형이 혼기
69) 정신이 혼미(昏迷)하다
70) :□·□·□형과 :□·□:□형이 혼기
71) 꾸중하다
72) :□·□□형과 혼기
73) :□·□□형과 혼기

1.8. 동사[1]

1.8.1. 1음절

	울진	영덕	포항	경주
가다	가·다	가·다	가·다	가·다
갈다(換)	갈·다	갈·다	갈·다	갈·다
갈다(耕)	:갈·다	:갈·다	:갈·다	:갈·다
갈다(磨)	·갈·다	·갈·다	·갈·다	·갈·다
갉다	갋·다	갋·다	갋·다	갋·다
갋다(竝)	:갋·다	:갋·다	·갋·다	:갋·다
감다(閉)	·깜·다	·깜·다	·깜·다	·깜·다
감다(洗)	·깜·다	·깜·다	·깜·다	·깜·다
감다(捲)	:감·다	:감·다	:감·다	:감·다
갖다	가지·다	갖·다	갖·다	가·지·다
같다	·같·다	·같·다	·같·다	·같·다
갚다	갚·다	갚·다	갚·다	갚·다
개다(晴)	개이·이·다	개·이·다	개·애·다	개·애·다
개다[2]	개·다	개·다	개·다	개·다
개다[3]	·후·리·다	·후·리·다	·후·리·다	·후·리·다
걷다(步)	:걺·다	:걷·다	:걷·다	:걷·다
걷다(收)	걷·다	거둫·다	거두·우·다	거둫·다
걸다(掛)	:걸·다	:걸·다	:걸다	:걸·다
검다	:껌·다	:껌·다	:껌·다[4]	:깜·다
겹다	·버·겹·다	·버·겹·다	·버·겹·다	·버·겹·다
고다	:꿓·다	꼬·오·다	꼬·오·다	꼬·오·다
곧다	곧·다	곧·다	곧·다	곧·다
곪다	:곪·다	:곪·다	:곪·다	:곪·다
곯다(腐)	·골·다	·골·다	·골·다	고들·다
곯다(飢)	·배·곯·다	·골·다	·골·다	·골·다
곱다	:곱·다	:곱·다	:곱·다	:곱·다
곱다[5]	곱·다	곱·다	곱·다	곱·다

---

1) 이 지역에서 'ᄚ'을 제외한 'ㄹ' 겹자음들은 모두 [ㄹ]로 실현된다.
2) 이불을 개다
3) 가루를 물에 개다
4) 얼굴빛이 '검다'는 뜻으로 쓰일 때는 '껌·다'

괴다(支)6)	고·우·다7)	고·오·다	고·우·다8)	고·오·다
굳다(硬)	굳·다	꾿·다	꾿·다	꾿·다
굵다	:굵·다	:굵·다	:굵·다	:굵·다
굶다	:굶·다	:굼ㅁ·다	:굶·다	:굶·다
굽다(曲)	굽·다	꼬불하·다	굽·다/꿉·다	꿉·다/굽·다
굽다(灼)	:꿍·다/:꿍·다	:꿉·다	:꿉·다	:꿉·다
궂다	구·지·다	구·지·다	구·지·다	궂·다
긁다	긁·다	긁·다	긁·다	긁·다
긋다	:긍·다	끙·다	끙·다	끙·다
기다	·기·다	·기·다	·기·다	·기·다
긷다(汲)	—	—	—9)	—
길다	:찌·다/:질·다	:질·다	:질·다	:질·다
깁다	:짉·다	:집·다	:집·다	:집·다
깊다	지푸·다	지푸·다	지푸·다	지푸·다
까다	·까·다	·까·다	·까·다	·까·다
깎다	깎·다	깎·다	깎·다	깎·다
깔다	·깔·다	·깔·다	·깔·다	·깔·다
깨다(覺)	·깨·다	·깨·다	·깨·다	·깨·다
깨다(破)	:깨·다/깨·애·다	깨·다	깨·다	깨·다
꺾다	꺾·다	꺾·다	꺾·다	꺾·다
꼬다	·꾸·다	·꾸·다	·꾸·다	·꾸·다
꼽다	꼽·다	꼽·다	꼽·다	꼽·다
꽂다	꼽·다	꼽·다	꼽·다	꼽·다
꾀다10)	·끼·다	—	—	—
꾸다(借)	·꼬·다	·꾸·다/·채·애·다	쵀·애·다	쵀·애·다
꾸다(夢)	·꾸·다	·꾸·다	·꾸·다	·꾸·다
꿇다	·꿀·다	·꿀·다	·꿀·다	·꿀·다
꿰다	:끼·다	:뀌·다	:뀌·다	:뀌·다
뀌다	:끼·다	:뀌·다	:뀌·다	:뀌·다
끄다	·끄·다	·끄·다	·끄·다	·끄·다
끓다	끓·다	끓·다	끓·다11)	끓·다

5) 손·발가락이 차서 감각이 없고 잘 움직여지지 아니하다
6) 밑을 받쳐 안정하게 하다
7) 공궁·다, 공구·우·다
8) 고두·우·다, 공구·우·다, 지둘구·우·다
9) ·물·여·다묵·다
10) 음식에 파리가 꾀다

끌다(引)	끟·다	끄직·다12)	끄직·다13)	끄직·다14)
끌다(遲)	끟·다	끄·으·다	끄·으·다	끄·으·다
끓다	끓·다	끓·다	끌·다	끓·다
끼다15)	찌·이·다16)	찌·이·다	찌·이·다	끼·이·다
끼다17)	찌끼·이·다	찡기·이·다	찡기·이·다	찡기·이·다
끼다18)	·찌·다	·찌·다	·찌·다	·찌·다
나다	나·다	나·다	나·다	나·다
낚다	낚·다	낚·다	낚·다	낚·다
날다	날·다	날·다	날·다	날·다
낡다	낡·다	낡·다	낡·다	낡·다
남다	:남·다	:남·다	:남·다	:남·다
낫다(優勢)	:낳·다	:낳·다	:낳·다	:낫·다
낫다(完快)	:낳·다	:낳·다	:낫·다	:낫·다
낫다	낫·다	낫·다	낫·다	낫·다
낳다	놓·다	놓·다	놓·다	놓·다
내다	:내·다	:내·다	:내·다	:내·다
널다	:열·다	:널·다	:널·다	:널·다
넓다	너르·다19)	너리·다	너리·다20)	너리·다
넘다	:넘·다	:넘·다	:넘·다	:넘·다
넣다	옇·다	옇·다	옇·다	옇·다
녹다	녹·다	녹·다	녹·다	녹·다
놀다	:놀·다	:놀·다	:놀·다	:놀·다
높다	높·다/노푸·다	노푸·다	높·다/노푸·다	높·다/노푸·다
놓다	놓·다	놓·다	놓·다	놓·다
누다	누·다	누·다	누·다	누·다
눈다(焦)	:눖·다	:눈·다	:눈·다	:눈·다
눕다	눕·다	눕·다	눕·다	눕·다
늘다21)	·늘·다	·늘·다	·늘·다	·늘·다

11) 끓·읇·다[끈클따], 끓·아·도[끈카도]
12) 끄·으·다
13) 끄·으·다
14) 끄·으·다
15) 때가 끼다
16) 찌이·이·다, :찧·다. ·찧·다
17) 틈에 무엇이 끼다
18) 반지를 끼다
19) 너리·다
20) 폭이 넓은 것은 '넙·다'

늘다(數)	:뿐·다	:뿐·다	·늘·다/:뿔·다	·늘·다
늙다	늙·다	늙·다	늙·다	늙·다
늦다	늦·다	늦·다	늦·다	늦·다
닦다	딲·다	딲·다	딲·다	딲·다
닫다	닫·다	닫·다	닫·다	닫·다
달다(甘)	달·다	달·다	달·다	달·다
달다(懸)	·달·다	·달·다	·달·다	·달·다
달다22)	:달·다	:달·다	:달·다	:달·다
달다(煎)	쪼리·이·다	:뛝·다	:뛝·다	:뛝·다
닮다	:닮·다	:닮·다	:닮·다	:닮·다
닳다	뚫·다	뛝·다	뛝·다	뛝·다
담다	:담·다	:담·다	:담·다	:담·다
닿다	대·애·다	댛이·다	댛이·다	댛이·다
대다(碇泊)	대·애·다	대·애·다	대·애·다	대·애·다
덜다	:덜·다	:덜·다	:덜·다	:덜·다
덥다	:덥·다/:덥·다	:덥·다	:덥·다	:덥·다
덮다	덮·다	덮·다	덮·다	덮·다
돋다	돋·다	돋·다	돋·다	돋·다
돌다	:돌·다	:돌·다	:돌·다	:돌·다
돕다	:돕·다/도·우·다	도·우·다23)	도·우·다24)	도·우·다
되다	데·다	데·다	대·다	대·다
되다25)	:디·다/:거·다	:디·다	:디·다	:데·다
되다(斗)	·디·다	·디·다	·디·다	·디·다
두다	두·다	두·다	두·다	두·다
듣다(聞)	듧·다	듣·다	듣·다	듣·다
듣다26)	:뜳·다	:띤·다/띤·기·다	:뜬·다/띤·기·다	:뜬·다
들다(食)	들·다	들·다	들·다	들·다
들다(擧)	들·다	들·다	들·다	들·다
들다(入)	·들·다	·들·다	·들·다	·들·다
들다27)	·들·다	·들·다	·들·다	·들·다

---

21) '폭, 품, 길이' 등이 늘다
22) 열이 오르다.
23) :거·들·다
24) 금전적으로 도움을 주는 것은 '뚍·다'
25) 죽이나 밥의 물이 적다
26) 빗방울이 듣다
27) 마음에 맞다, 음식의 맛이 알맞게 되다, 물이 들다

딛다	:딛·다	:딛·다	:딛·다	:딛·다
따다	·따·다	·따·다	·따·다	·따·다
땋다28)	:땋·다	땋·다	땋·다/땋·다	땋·다/땋·다
때다29)	:때·다	:때·다	:때·다	때·애·다
떨다	:떨·다	:떨·다	:떨·다	:떨·다
떫다	:떫·다30)	:떫·다	:떫·다	:떫·다
떼다	·띠·다	·띠·다	·띠·다	·띠·다
뚫다	:뚧·다	:뜳·다	:뜳·다	:뜳·다
뛰다	띠·다	띠·다	띠·다	띠·다
뜨다(開)	·뜨·다	·뜨·다	·뜨·다	·뜨·다
뜨다(織)	·뜨·다	·뜨·다	·짜·다	·짜·다/·뜨·다
뜨다(浮)	·뜨·다	·뜨·다	·뜨·다	·뜨·다
뜨다31)	·뜨·다	·뜨·다	·뜨·다	·뜨·다
뜯다	·뜯·다	·뜯·다	·뜯·다	·뜯·다
막다	막·다	막·다	막·다	막·다
많다	:많·다	:많·다	:많·다	:많·다
말다(止)	:말·다	:말·다	:말·다	:말·다
말다(捲)	말·다	말·다	말·다	말·다
말다32)	말·다	말·다	말·다	말·다
맑다	맑·다	맑·다	맑·다	맑·다
맞다33)	맞·다	맞·다/·개·다	맞·다34)	맞·다
맞다35)	맞·다	맞·다	맞·다	맞·다
맞다36)	맞·다	맞·다	맞·다	맞·다
맡다(嗅)	맡·다	맡·다	맡·다	맡·다
맡다(託)	맡·다	맡·다	맡·다	맡·다
매다(束)	매·다	매·다	매·다	매·다
매다37)	·매·다/:매·다	·매·다	·매·다	·매·다
맵다	매·굽·다	맵·다	맵·다	맵·다

---

28) 포항과 경주 방언에서, 자음 어미 앞에서 '땋·다'로 나타나고 '-아X, -으X' 앞에서 '땋·다'로 나타난다.
29) 방에 불을 때다
30) :텁·다
31) 메주가 뜨다
32) 밥을 물에 말다
33) 답이 맞다
34) ·개·다
35) 계산이 맞다
36) 매를 맞다
37) 논밭을 매다

맵다38)	매·굶·다	내구럽·다	내구랍·다	내구랍·다
맺다(結)	맺·다	맺·다	맺·다	맺·다
먹다39)	묵·다	먹·다	묵·다	묵·다
먹다(食)	묵·다	묵·다	묵·다	묵·다
먹다(聾)	미·이·다	묵·다	묵·다	묵·다
멀다(盲)	어·둡·다	:멀·다	:멀·다	:멀·다
멀다(遠)	:멀·다	:멀·다	:멀·다	:멀·다
멎다	멈추·우·다	멈추·우·다	멎·다40)	멈추·우·다
메다(擔)	:미·다	:미·다	:미·다	:미·다
메다41)	:미·다	메이·이·다	메키·이·다	메이·이·다
몰다42)	:몰·다	:몰·다	:몰·다	:몰·다
몰다43)	:몰·다	모루·우·다44)	모룽·다	모룽·다
묶다	묶·다	무꿇·다	묶·다/묶우·우·다	무꿇·다/자매·다
묻다(問)	:뭃·다/:묻다	:묻·다	:묻·다	:묻·다
묻다(埋)	묻·다	묻·다	묻·다	묻·다
묻다(染)	묻·다	묻·다	묻·다	묻·다
물다(咬)	물·다45)	물·다	물·다	물·다
물다(賠)	물·다	물·다	물·다	물·다
물다46)	:물·다/물·다	물·다	물·다	물·다
묽다	훌글·다	묽·다	묽·다	묽·다
민다	민·다	민·다	민·다	민·다
밀다	:밀·다	:밀·다	:밀·다	:밀·다
밉다	:밉·다	밉·다	밉·다	밉·다
박다	박·다	박·다	박·다	박·다
받다(突)	박·다	받·다/박·다	받·다/박·다	박·다
받다(受)	받·다	받·다	받·다	받·다
밝다	밝·다	밝·다	밝·다	밝·다47)

---

38) 연기가 맵다
39) 종이에 풀이 먹다
40) 멈추·우·다
41) 목이 메다
42) 소를 몰다, 차를 몰다(＝운전하다)
43) 도둑으로 몰다, 사람이나 물건을 한쪽으로 모이게 하다, 일을 그때 그때 하지 않고 한꺼번에 하려고 미루다
44) 모룽·다
45) 깨물·다
46) 입에 물다
47) 뽉·다

밟다	:밟·다	:밟·다	:밟·다	:밟·다
배다(孕)	배·애·다	·배·다	·배·다	·배·다
배다48)	배·애·다49)	배기·이·다	배이·이·다	배·이·다
뱉다	뱉·다/:뱉·다	밭·다/:뱉·다	밭·다/패밭·다	밭·다/패밭·다
벌다50)	:벌·어·지·다	:벌·어·지·다	:벌·어·지·다	:벌·어·지·다
벌다51)	버·얼·다	버·얼·다	버·얼·다	버·얼·다52)
벗다	뻣·다	벗·다	벗·다	벗·다
베다(斬)	·비·다	·비·다	·비·다	·비·다
베다(枕)	:비·다/:베·다	:비·다	:비·다	:비·다
보다	보·다	보·다	보·다	보·다
볶다	뽂·다	뽂·다	뽂·다	뽂·다
뵙다	:뵙·다	:뵙·다	:뵙·다	:뵙·다
붇다	:뿔·다	:뿐·다	:뿔·다	:뿐·다
불다	:불·다	:불·다	:불·다	:불·다
붉다	뿕·다	뿕·다	뿕·다	뿕·다
붓다(浮腫)	:붕·다	붕·다/붕·다	붕·다	붕·다
붓다(酌)	붕·다/벙·다	붕·다/붕·다	붕·다/붕·다	붕·다
붙다	붙·다	붙·다	붙·다	붙·다
비다	:비·다	:비·다	:비·다	:비·다
빌다	:빌·다	:빌·다	:빌·다	:빌·다
빗다	뻿·다	뻿·다	뻿·다	뻿·다
빚다	비·지·다	만들·다	비·비·다	만들·다
빨다(洗濯)	·빨·다	·빨·다	·빨·다	·빨·다
빨다(哺乳)	·빨·다	·빨·다	·빨·다	·빨·다
빻다	빵·다/뻣·다	빻·다[빵타]53)	빻·다/뻐숭·다54)	뻐숭·다
빼다(拔)	·빼·다	·빼·다	·빼·다	·빼·다
뺏다	뻿·다	뻿·다	뻿·다	뻬앗·다/뻿들·다
뻗다	뻗·다	뻗·다	뻗·다	뻗·다
뽑다	·뽑·다	·뽑·다	·뽑·다	·뽑·다
뿜다	·뿜·다	·품·다	·품·다	·품·다

---

48) 버릇이 되어 익숙해지다
49) 배기·이·다
50) 틈이 벌다
51) 돈을 벌다
52) 버·얼·이·다
53) 빠직·다
54) 자음 어미와만 결합하는 이형태로 '뻥·다'가 있다.

삐다	제비티·이·다	꼽들·치·다	꼽·치·다	잡·치·다55)
사다	사·다	사·다	사·다	사·다
삭다56)	삭·다	삭·다	삭·다	삭·다
삭다57)	풀리·이·다	풀리·이·다	삭·다	가라앉·다
살다	:살·다	:살·다	:살·다	:살·다
삶다	:쌂·다	:삶·다	:삶·다	:삶·다
삼다(爲)	:삼·다	:삼·다	:삼·다/:삶·다	:삼·다
새다(漏)	·새·다	·쇄·다/·새·다	·새·다/·쇄·다	·새·다/·쇄·다
새다(曙)	:새·다	:새·다	새·우·다	새·우·다
서다	서·다	서·다	서·다	서·다
섞다	썪·다	섞·다	섞·다	섞·다
섦다	:섧·다	:섧다	:섧·다	:섧·다
세다(算)	시아·리·다58)	·시·알·리·다	·시·알·리·다	·시·알·리·다
세다(強)	:씨·다/:쎄·다	:시·다	:시·다	:시·다
세다(曙)	:시·다	:쉬·다/:시·다	:쉬·다	:쉬·다
속다	쏙·다	속·다	속·다	속·다
솎다	솎·다	솎·다	솎·다	솎·다
솟다	솟·다	솟·다	솟·다	솟·다
숨다	·숨·다	·숨·다	·숨·다	·숨·다
쉬다59)	:쉬·다	:쉬·다	:쉬·다	:쉬·다
쉬다(休)	:시·다	:쉬·다/:시·다	:쉬·다/:시·다	:쉬·다/:시·다
쉬다(腐)	:쉬·다	:쉬·다	:쉬·다	:쉬·다
쉽다	:싧·다	:숩·다	:숩·다	:숩·다
슬다	:시#:시·다	:시·실·다	:시·실·다	:시·실·다
시다	시구럽·다	새구럽·다	새구럽·다	새구랍·다
식다	씩·다	식·다	식·다	식·다
신다	:신·다	:신·다	:신·다	:신·다
싣다	:싥·다	:싥·다	:싣·다	:실·다
싫다	·싫·다	·싫·다/·싧·다	·싫·다/·싧·다60)	·싧·다/·싫·다
심다	싱·구·다	숭궁·다61)	숭궁·다62)	숭궁·다63)

---

55) 까물·치·다
56) 감이 삭다
57) 화나 분이 삭다
58) 시아·리·다, 시갈·리·다, 시가르·다, :시·다, :세·다
59) 목이 쉬다
60) '-어X, -으X' 앞에서 '·싧·다'. 자음 어미 앞에서 '·싫·다'
61) 수뭉·다, 심뭉·다

싶다	싶·다	접·다	접·다	접·다
싸다(低廉)	·헗·다	·헗·다	·헗·다	·헗·다
싸다(排便)	·싸·다	·사·다	·사·다	·사·다
싸다64)	·싸·다	·사·다	·사·다	·사·다65)
쌓다	·싸·다66)	동개·애·다67)	·사·다68)	동개·애·다69)
썩다	썩·다	석·다	석·다	석·다
썰다	써·얼·다70)	상글·다71)	상글·다72)	사·아·리·다
쏘다	·쑤·다	수·다	·수·다	·수·다
쏟다	쏟·다	솓·다	솓·다	솓·다
쐬다(능동)	씨·우·다	씨·이·다	씨·이·다	씨·이·다
쑤다	·쑤·다	·수·다	·수·다	·수·다
쓰다(苦)	·씨·굴·다	·십·다	·십·다	·십·다
쓰다(冠)	·쓰·다/·씨·다	·시·다	·시·다	·시·다
쓰다(書)	·쓰·다/·씨·다	·시·다	·시·다	·시·다
쓰다(用)	·쓰·다/·씨·다	·시·다	·시·다	·시·다
쓸다	·씰·다	·실·다	·실·다	·실·다
씹다	:씹·다/씹·다	:십·다	:십·다	:십·다
씻다	씽·다/쒸·다	쉬·다	쉬·다	쉬·다
안다	:안·다	:안·다	:안·다	:안·다
앉다	안지·다/앉·다	앉·다	앉·다	앉·다
않다	않·다	않·다	않·다	않·다
알다	:알·다	:알·다	:알·다	:알·다
앓다	앓·다	앎·다	앎·다	앎·다
약다	약·다	약·다	약·다	약바리·다
얇다	:얇·다	:얇·다	:얇·다	:얇·다
앝다	야푸·다	야푸·다	야푸·다	야푸·다
없다	언지·다	없·다	없·다	없·다

---

62) 숭구·우·다, 수뭉·다, 수무·우·다, 시뭉·다, 시무·우·다
63) 시무·우·다
64) 짐을 싸다
65) 매디·이·다(보따리가 풀어지지 않게 잘 묶어 싸다)
66) 재·애·다, 동개·애·다
67) 재·애·다
68) 나락벳가·리를 ·사·다/사울·리·다/재·애·다, 나락가·마·이를 동개·애·다
69) 재·애·다. (예):눈·이 소복(:)소복 개배·앴·다(＝쌓였다)
70) 싸·알·다, 쌍글·다
71) 사·아·리·다
72) 사·아·리·다

얻다	:얻·다	:얻·다	:얻·다	:얻·다
얼다	:얼·다	:얼·다	:얼·다	:얼·다
얽다	얽·다	얽·다	얽·다	얽·다
업다	업·다	업·다	업·다	업·다
없다	:없·다	:없·다	:없·다	:없·다
엎다	엎·다	엎·다	엎·다	엎·다
엮다	엮·다	엮·다	엮·다	엮·다
열다(자)	:열·다	:열·다	:열·다	:열·다
열다(타)	:열·다	:열·다	:열·다	:열·다
옅다	:연·타	:연·타	옅·다73)	:연·타
오다	오·다	오·다	오·다	오·다
옭다74)	—	—	—	—
옮다	:옮·다/오리·다	:옮·다/오리·다	:옮·다/오리·다	:옮·다/오리·다
옳다	·옳·다	·옳·다	·옳·다	·옳·다
외다75)	이·우·다	오·우·다	오·우·다	깨·끼·다76)
울다	:울·다	:울·다	:울·다	:울·다
웃다	:웃·다	:윗·다	:윗·다	:윗·다
읊다	—	읊·다	읊·다	읽·다/에·우·다
이다(是)	·이·다	이·다	이·다	이·다
이다(茅)	이·이·다	이·이·다	이·이·다	이·이·다
이다(載)	이·다	이·다	이·다	이·다
익다(習)	익·다	익·다	익·다	익·다
익다(熟)	익·다	익·다	익·다	익·다
일다(淘)	:일·다	:일·다	:일·다	:일·다
일다(成)	:일·다	:일·다	:일·다	:일·다
읽다	읽·다/이리·다	읽·다/이리·다	읽·다/이리·다	읽·다/이리·다
잃다	잃·다/잃·다	읽·다	읽·다	읽·다
입다	입·다	입·다	입·다	입·다
잇다	이숳·다77)	이수·우·다78)	이수·우·다79)	이숳·다
있다	있·다	잇·다	잇·다	잇·다

---

73) :연·하·다
74) 친친 잡아매다. 올가미를 씌우다
75) 외우다
76) 에·우·다
77) 이꿇·다, 이꾸·우·다, 이수·우·다
78) 이숳·다
79) 이·우·다

잇다	잇·다	잇·아·뿌·다	잇·아·뿌·다80)	잇·아·뿌·다81)
자다	자·다	자·다	자·다	자·다
작다	:작·다82)	:작·다	:작·다	:작·다
잘다	자·다	잘·다	잘·다	잘·다
잡다	잡·다	잡·다	잡·다	잡·다
잣다	:잣·다/:쟝·다	:젓·다	:잣·다	:잣·다
잦다	잦·다	잦·다	잦·다	잦·다
재다	재·애·다	재·애·다	재·애·다	재·애·다
적다(書)	적·다	적·다	적·다	적·다
적다(少)	:적·다	:적·다	:적·다	:적·다
절다(蹇)	:절·다	:절·다	:절·다	:절·다
절다83)	:절·다	:쨀·다	:쨀·다	:쨀·다
젊다	:젊·다	:젊·다	:젊·다	:젊·다
접다	접·다	접·치·다	접·치·다	접·다
젓다	:젓·다/:젱·다	:젱·다	:젓·다	:젖·다
젖다	:젖·다	젖·다	젖·다	젖·다
졸다	자불·다/:졸·다	자불·다	자불·다	자불·다
졸다84)	:쫄·다	:쫄·다	:쫄·다	:쫄·다
좁다	좁·다	쫍·다/솔·다	:솔·다85)	쫍·다86)
좋다	:좋·다	:좋·다	:좋·다	:좋·다
죄다(타)	쪼룽·다	쪼룽·다	쪼루·우·다87)	조룽·다
주다	주·다	주·다	주·다	주·다
죽다	죽·다	죽·다	죽·다	죽·다
줄다	:줄·다	:줄·다	:줄·다	:쭐·다
줍다	:쫑·다/:쭝·다	:종·다/:중·다	:종·다	:종·다
쥐다	:지·다	:쥐·다/:지·다	:쥐·다/:지·다	:쥐·다/:지·다
지다88)	지·다	지·다	지·다	지·다
지다(負)	지·다	지·다	지·다	지·다
지다(落)	지·다	지·다	지·다	지·다

---

80) 잊아·아·뿌·다
81) 잊아·아·뿌·다
82) :적·다, :쩍·다
83) 땀에 절다
84) 국물이 졸다
85) :소·잡·다, 쫍·다
86) 소매통은 ':솔·다', 공간은 '쫍·다'
87) 조·오·다
88) 그늘이 지다

지다(敗)	지·다	지·다	지·다	지·다
질다	질·다	질·다	질·다	질·다
집다	:찝·다	:찝·다	:찝·다	:집·다
짓다	:징·다	:징·다	:징·다	:징·다
짖다	:짓·다	:징·다	:짓·다	:짓·다
짙다	진하·다	짙·다	짙·다	짙·다
짚다	:짚·다	:짚·다	:짚·다	:짚·다
짜다(鹽)	·짭·다89)	·짭·다	·짭·다	·짭·다
짜다(織)	·짜·다	·짜·다	·짜·다	·짜·다
짧다	짧·다90)	짧·다91)	짧·다92)	짜리·다
쪼다93)	:쫑·다/:쫑·다	:쫏·다	:쫏·다	:쫏·다
쫓다94)	쫏·다95)	쫏·다96)	쫏·다97)	쫏·다98)
찌다(肥)	찌·다	지·다/찌·다	지·다	지·다
찌다(蒸)	·찌·다	·찌·다	·찌·다	·찌·다
찍다	찍·다	찍·다	찍·다	찍·다
찢다	·째·다	·째·다	·째·다	·째·다
찧다	찡·다	찍·다	찍·다	찍·다
차다(冷)99)	·차·급·다100)	·찹·다	·찹·다	·찹·다
차다(滿)	·차·다	·차·다	·차·다	·차·다
차다(佩)	·차·다	·차·다	·차·다	·차·다
차다(蹴)	·차·다	·차·다	·차·다	·차·다
참다	·참·다	·참·다	·참·다	·참·다
찾다	·찾·다	·찾·다	·찾·다	·찾·다
추다	·추·다/·치·다	·추·다	·추·다	·추·다
춥다	·춥·다	·춥·다	·춥·다	·춥·다
치다101)	믹·이·다	믹·이·다	믹이·이·다	믹이·이·다

---

89) ·짜·다, ·짜·급·다, ·짭·다
90) 짜리·다
91) 짜리·다
92) 짜리·다
93) 뾰족한 끝으로 찍다
94) 있는 자리에서 떠나도록 몰다, 급히 뒤를 따르다
95) 쪼·치·다
96) 홀·치·다, 홀·리·다, 쪼·치·다
97) 사나운 개를 가까이 오지 못하도록 쫓을 때는 '홀·리·다'
98) 사나운 개를 가까이 오지 못하도록 쫓을 때는 '후·치·다'
99) 기온이 낮다, 온도가 낮다, 냉정하다
100) ·차·다
101) 가축을 치다(=기르다)

치다(拍)	·치·다	·치·다	·치·다	·치·다
치다102)	·치·다	·치·다	·치·다	·치·다
치다(打)	·치·다	·치·다	·치·다	·치·다
캐다	·캐·다	·캐·다	·캐·다	·캐·다
켜다	케·다/써·다	·시·다	·시·다	·시·다
크다(大)	·크·다	·크·다	·크·다	·크·다
크다(成長)	·크·다	·크·다	·크·다	·크·다
타다(乘)	·타·다	·타·다	·타·다	·타·다
타다(受賞)	·타·다	·타·다	·타·다	·타·다
타다(燒)	·타·다	·타·다	·타·다	·타·다
타다103)	·타·다	·타·다	·타·다	·타·다
타다104)	·타·다	·타·다	·타·다	·타·다
타다105)	·타·다	·타·다	·타·다	·타·다
털다	:털·다	:털·다	:털·다	:털·다
뛰다	티·다	티·다	티·다	티·다
트다	·트·다	·트·다	·트·다	·트·다
틀다	·틀·다	·틀·다	·틀·다	·틀·다
파다	·파·다	·파·다	·파·다	·파·다
팔다	·팔·다	·팔·다	·팔·다	·팔·다
패다(打)	·패·다	·패·다	·패·다	·패·다
펴다	피·다	피·다	피·다106)	피·다
푸다	·퍼·다	·푸·다	·푸·다	·푸·다
풀다	·풀·다	·풀·다	·풀·다	·풀·다
품다	·품·다	·품·다	·품·다	·품·다
피다	·피·다	·피·다	·피·다	·피·다
하다	하·다	하·다	하·다	하·다
핥다	핥·다	핥·다	핥·다	훑·다
헐다	:헐·다	:헐·다	:헐·다	:헐·다
호다	홒·다	호·오·다	호·오·다	호·오·다
훑다	훑·다	훑·다	훑·다	훑·다
휘다	굽·다107)	:휘·다	:휘·다	:휘·다

---

102) 채로 가루를 치다
103) 추위나 더위를 타다, 부끄럼을 타다, 간지럼을 타다, 손을 타다
104) 가르마를 타다
105) 솜을 타다
106) 피술구·우·다(구겨진 옷을 잘 만져서 곱게 피다)
107) ·후·래·지·다

| 흩다 | 흐틀·다 | 흔틀·다 | 흩·다 | 흩·다 |
| 회다 | ·히·다 | ·회·다 | ·회·다 | ·회·다 |

1.8.2. 2음절

	울진	영덕	포항	경주
가깝다	개깝·다/개작·다	개작·다	가찹·다/개작·다	개작·다
가늘다	·가·늘·다	·가·늘·다	·가·늘·다	·가·늘·다
가두다	가둏·다108)	가둏·다	가두·우·다	가둏·다
가렵다	건지럽·다	지그럽·다109)	지그럽·다110)	지그럽·다
가르다(分)	가르·다	가리·다	가리·다	가리·다
가리다(偏)	가·리·다	가·리·다	가·리·다111)	가·리·다112)
가리다(隱)	개룽·다113)	가룽·다114)	가루·우·다	가룽·다
가물다	·가·물·다	·가·물·다	·가·물·다	·가·물·다
가볍다	개굽·다	해깝·다	개갑·다115)	개갑·다116)
가쁘다	가뿌·다	가푸·다	가뿌·다	가뿌·다
가시다(洗)	가새·애·다	가새·애·다	가새·애·다	가새·애·다
가시다(變)	떨·어·지·다	떨·아·지·다	떨·아·지·다	떨·어·지·다
가엾다	:가·엾·다117)	칙은·타	·가·엽·다	·불·상·타
가지다(持)	가지·다/가주·다	가·지·다	가·지·다118)	가·지·다
갈기다(打)	·갈·기·다	·갈·기·다	·갈·기·다	갈·기·다
감추다	감춯·다119)	감추·우·다120)	간직·다121)	감직·다122)
갓나다	금·방·나·다	갓나·다	갓나·다	갓나·다
갓피다	금·방·피·다	갓·피·다	·갓·피·다	·갓·피·다
강하다	강하·다	강하·다	강하·다	강하·다

---

108) 가두·우·다
109) 근지럽·다
110) 근지럽·다
111) 갈·리·다
112) 갈·리·다
113) 가루·우·다
114) 가루·우·다
115) 해깝·다
116) 해깝·다
117) ·불·쌍·타
118) '가·지·다'는 무엇을 '지니고 있다'의 뜻이며, 무엇을 '소유로 하다'의 뜻을 갖는 '하·다'가 있다.
119) 감추·우·다, 숭쿠·우·다
120) 감춯·다
121) 감추·우·다
122) 감·치·다

갖추다	갖훃·다	갖훃·다	갖추·우·다	갖훃·다
거두다	거둫·다[123]	거둫·다	거두·우·다	거둫·다
거들다	:거·들·다	:거·들·다	:거·들·다	:거·들·다
거르다(隔)	거리·다	거리·다	거리·다	거리·다
거르다(漉)	거리·다	거리·다	거리·다	거리·다
거칠다	거치·럽·다	꺼·칠·다[124]	꺼끄럽·다	꺼·칠·다
건너다	:건·니·다	:건·니·다	:건·니·다	:건·네·다
건지다	껀·지·다	껀·지·다	껀·지·다	껀·지·다
걸리다[125]	걸리·이·다	걸리·이·다	걸리·이·다	걸리·이·다
걸맞다	:걸·맞·다	:걸·맞·다	:걸·맞·다	:걸·맞·다
겨누다	전쥫·다	전주·우·다	탱·구·다	맞훃·다
겨루다	다툫·다	—	다루·우·다	—
견디다	전·디·다	전·디·다	전·디·다	전·디·다
견주다	전쥫·다	전주·우·다	전주·우·다	전주·우·다
겹치다	겹·치·다	—	—	—
계시다	:기·시·다	:계·시·다	:계·시·다	:계·시·다
고르다(均, 자)	고리·다	고리·다	고리·다	고리·다
고르다(均, 타)	고룷·다[126]	고루·우·다[127]	고루·우·다	고룷·다
고르다(選)	골·리·다	:골·리·다	·갈·리·다[128]	:갈·리·다[129]
고맙다	:고·맙·다	:고·맙·다	:고·맙·다	:고·맙·다
고치다	곤·치·다	곤·치·다	곤·치·다	곤·치·다
고프다	고푸·다	고푸·다	고푸·다	고푸·다
곪기다	공·기·다	공·기·다	공·기·다	공·기·다
곱하다	꼽하·다	꼽하·다	꼽하·다	꼽하·다
괜찮다	개안·타[130]	개안·타	개안·타	개안·타
괴롭다	·개·럽·다[131]	·개·롭·다	·개·롭·다	·개·롭·다
구기다	꾸기·이·다	꾸기·이·다	꾸개·애·다	꾸게·에·다
구르다[132]	꿀·리·다	꿀·리·다	꿀·리·다	:꿀·리·다

---

123) 거두·우·다
124) 까그럽·다
125) 시간이 걸리다
126) 골구·우·다, 고루·우·다
127) 고룷·다
128) :골·리·다
129) :골·리·다
130) 개·앤#찮·다
131) ·개·롭·다
132) 발을 구르다

구르다133)	구불·다	구불·다	구불·다	구불·다
구리다	구·리·다	구·리·다	구·리·다	구·리·다
권하다	:곤·하·다	:곤·하·다	:곤·하·다	:곤·하·다
귀엽다	:귀·엷·다	:귀·엽·다	:귀·엽·다	:귀·엽·다
귀찮다	·귀·찮·다	·귀·찮·다	·귀·찮·다	·귀·찮·다
귀하다134)	:귀·타	:귀·타	:귀·타	:귀·타
귀하다135)	:귀·하·다	:귀·하·다	귀·하·다	:귀·하·다
그렇다	·그·렇·다	·글·타	·글·타	·그·렇·다
그르다	그리·다	그리·다	그리·다	그리·다
그리다(慕)	·기·리·다	·기·리·다	·기·리·다	·기·리·다
그리다(畵)	·기·리·다136)	·기·리·다	·기·리·다	·기·리·다
그립다	·그·립·다	·그·립·다	·그·립·다	·그·립·다
그을다	·타·다	끄실·다	끄실·다	끄실·다
그치다	끄·치·다	끄·치·다	끄·치·다	끄·치·다
급하다	·급·하·다	·급·하·다	·급·하·다	·급·하·다137)
기대다	:지·대·다	:지·대·애·다	:지·대·애·다	:기·대·애·다
기르다(育)	키·우·다	키·우·다	키·우·다	키·우·다
기르다(長)	찌룽·다/길궁·다	기루·우·다138)	기루·우·다	기룽·다
기쁘다	기뿌·다	기뿌·다	기뿌·다	기뿌·다
기울다	찌·우·다	기울·다	기울·다	기울·다
까맣다	까맣·다	까맣·다	까맣·다/가맣·다	까맣·다
까불다	까불·다	까불·다139)	까불·다	까불·다
까지다	·까·지·다	·까·지·다	·까·지·다	볶·어·지·다
깨닫다	·깨·닫·다	·깨·닫·다	·깨·달·이·다	·깨·치·다
깨물다	깨물·다	깨물·다	깨물·다	깨물·다
꺼리다	꺼·리·다	:꺼·리·다	:꺼·리·다	:꺼·리·다
꺼멓다	꺼멓·다	꺼멓·다	꺼멓·다/거멓·다	꺼멓·다
꺼지다	·꺼·지·다	·꺼·지·다	·꺼·지·다	·꺼·지·다
꼬이다(＝꾀다)140)	끼·우·다	꼬·시·다	꼬시·이·다141)	꼬·시·다

---

133) 공이 구르다
134) ↔천하다
135) ↔흔하다
136) ·그·리·다
137) 바뿌·다
138) 길구·우·다
139) 꼬닥거·리·다
140) 달콤한 말이나 그럴 듯한 짓으로 남을 속이어 제게 이롭게 끌다
141) ·호·리·다

꼬집다	꼬잡·다	째·비·다	째·비·다142)	째·비·다
꽃답다	끝닯·다	끝답·다	꽃답·다	꽃답·다
꾸리다	꾸·리·다	꾸·리·다	꾸·리·다	꾸·리·다
꾸미다	·꾸·미·다143)	끼·미·다	끼·미·다	뀌·미·다
끄르다	·풀·다	·풀·다	·풀·다	·풀·다
끼치다	끼·치·다	끼·치·다	끼·치·다	끼·치·다
나누다	노·니·다	농·구·다	농·구·다144)	농·구·다
나르다	나르·다145)	나리·다	나리·다	나리·다
나쁘다	나뿌·다	나뿌·다	나뿌·다146)	나뿌·다147)
날리다148)	날·리·다	날·리·다	날·리·다	날·리·다
날쌔다149)	—	날·시·다	날·시·다	날·사·다
내리다(下車)	내·리·다	내·리·다	내·리·다150)	내·리·다
내리다151)	내룽·다	내루·우·다152)	너루·우·다153)	너룽·다
넘치다	:넘·치·다	:넘·치·다	:넘·치·다	·넘·치·다
노랗다	노랗·다	노랗·다	노랗·다	노랗·다
노리다	노·리·다	노·리·다	노·리·다	노·리·다
놀라다	:놀·리·다	:놀·래·다	:놀·리·다	:놀·리·다
놀랍다	:놀·랇·다	:놀·랍·다	:놀·랍·다	:놀·랍·다
놓치다	놓·치·다/띄·우·다	띄·우·다	띄·우·다	띄·우·다
누렇다	누렇·다	누렇·다	누렇·다	누렇·다
누르다(黃)	누·리·다	누·리·다	누·리·다	누·리·다
누르다(壓)	눌·리·다	눌·리·다	눌·리·다154)	눌룽·다
누리다	누·리·다	누·리·다	누·리·다	누·리·다
누비다	누·비·다	누·비·다	누·비·다	누·비·다
느끼다	—	느·끼·다	느끼·이·다	느·끼·다

---

142) 꼬집·다. 모기가 무는 것은 '째·비·다'라고만 한다.
143) 치장하·다
144) 농갈·리·다
145) 나리·다
146) :여·젇·다(품질이 나쁘다)
147) :여·젇·다(품질이 나쁘다)
148) 이름(＝명성)을 날리다, 재산을 날리다
149) 동작이 날래고 재빠르다
150) 너·리·다, 내리·다, 너리·다
151) 짐을 내리다, 값을 내리다
152) 너루·우·다
153) 너쿠·우·다
154) 누룽·다

느리다	느·리·다	느·리·다	느·리·다	느·리·다
다니다	댕기·다	댕기·다	댕·기·다	댕·기·다
다듬다	·따·담·다	따듬·다	따·아·듬·다155)	따담·다
다루다	다룽·다	다루·우·다	다루·우·다	다룽·다
다르다	다리·다	다리·다	다리·다	다리·다
다리다	대·리·다	다·리·다	다·아·리·다	다·아·리·다
다물다	다물·다	다물·다	다물·다	다물·다
다지다	다·지·다156)	다·지·다	다·지·다	다·지·다
다치다	다·치·다	다·치·다	다·치·다	다·치·다
다투다	다투·우·다	다투·우·다	다투·우·다	다투·우·다
닥치다	닥·치·다	닥·치·다	닥·치·다	닥·치·다
달갑다	·달·갏·다	·달·갑·다	·달·갑·다	·달·갑·다
달래다	달·리·다	달기·이·다	달기·이·다	달기·이·다
달이다157)	땔·이·다	딸·이·다	닳·이·다	닳·이·다
담그다	당구·다	당구·우·다	당구·우·다	담궇·다
당기다158)	땡·기·다	땡·기·다	땅·그·다	땡·기·다
당기다159)	땡기·이·다	땡기·이·다	땡기·이·다	땡기·이·다
당하다	다하·다	당하·다	당·타/닥·다160)	당·하·다/당·타
더듬다	더·듬·다	더·듬·다	더·듬·다	더·듬·다
더디다	더·디·다	더·디·다	더·디·다	더·디·다
더럽다	:더·럽·다161)	추·줍·다	추·줍·다162)	추·줍·다
더하다	더하·다	더하·다	더하·다	더하·다
던지다	떤·지·다163)	떤·지·다	떤·지·다	떤·지·다
덧나다	떠깨·애·나·다	떠깨·애·나·다	덧·나·다164)	더생·기·다
덧붙다	떠깨·애·붙·다	떠깨·애·붙·다	떠깨·애·붙·다	더깨·애·붙·다
덮치다	덮·치·다	덮·치·다	덮·치·다	덮·치·다
데리다	딜·다	델·다	델·다	델·다
데이다	대·애·다	디·이·다	디·이·다	디·이·다

155) 따·암·다, 따듬·다
156) 다지·이·다
157) 약을 달이다
158) 줄을 당기다
159) 입맛이 당기다
160) 닥는·다
161) 추·겁·다
162) '추·줍·다'는 '깨끗하지 않다'는 의미로 쓰이고 ':더·럽·다'는 말은 욕할 때만 쓰는 말
163) 떤·제·다
164) 병을 잘못 다루어 더 치다

데치다	디·치·다	데·치·다	:데·치·다	:데·치·다
도맡다	도맡·다	도맡·다	도맡·다	도맡·다
도지다	:도·지·다	:도·지·다	:도·지·다	:도·지·다
독하다	·독·하·다	·독·하·다	·독·하·다	·독·하·다
되갚다	달부갚·다	다부갚·다	다부갚·다	다부갚·다
되묻다	달부#:묻·다	다부#:묻·다	다부#:묻·다	다부#:묻·다
되살다	달부#:살·다	다부#:살·다	다부#:살·다	다부#:살·다
두껍다	뚜꾸벙·다	뚜껍·다	뚜껍·다/또깝·다	뚜껍·다
두르다	두리·다	두리·다	두리·다	두리·다
두텁다	뚜꾸벙·다	:많·다	두텁·다	:많·다
둔하다	:둔·하·다	:둔·하·다	:둔·하·다	:둔·하·다
둥글다	도리하·다[165]	돌방하·다	돌방하·다	도롯하·다
뒤늦다[166]	—	가리늦·다	가리늦·다	—
뒤섞다[167]	들섞·다	들섞·다	디섞·다/들섞·다	디섞·다/들섞·다
뒤엎다[168]	들엎·다	들엎·다	들엎·다	들엎·다
뒤지다[169]	디비·다	·추·다[170]	·추·다[171]	디베·에·다
뒤집다[172]	디잡·다	디베·에·다[173]	디베·다[174]	드베·다[175]
드리다(授)	·디·리·다	·디·리·다	·디·리·다	·디·리·다
드물다	·드·물·다	·드·물·다	·드·물·다	·드·물·다
드세다	·거·세·다	·걸·시·다	·걸·시·다	·걸·시·다
들끓다	들끓·다	들끓·다	들끓·다	들끓·다
들뛰다	들띠·다	들띠·다	들띠·다	들뛰·다
들뜨다[176]	속이·이·다	들치·이·다	들치·이·다	들치·이·다
들뜨다[177]	들·뜨·다	·들·뜨·다	·들·뜨·다	·들·뜨·다
들볶다	들뽂·다	들뽂·다	들뽂·다	들볶·다
들쫓다	들쫓·다	들쫓·다	들쫓·다	들쫓·다

---

165) 돌방하·다
166) 때가 지난 뒤에도 퍽 늦다
167) 한 데 모아 섞다
168) 뒤집어 엎다
169) 샅샅이 들추어 찾다
170) 디비·이·다
171) 디비·이·다, 디배·애·다
172) 안과 겉을 뒤바꾸다
173) 디비·이·다
174) 디베·에·다
175) 디비·이·다
176) 이가 들뜨다(잇몸 위로 솟아 오르다)
177) 마음이 들뜨다

디디다	디·디·다	디·디·다	디·디·다	디·디·다
따갑다	·따·갑·다	·따·갑·다	·따·갑·다	·따·갑·다
따르다(從)	딿·다	따·리·다	따·리·다	따·리·다
따르다(酌)	때룽·다	따룽·다	붓·다178)	따룽·다
딱하다	·딱·하·다	·딱·하·다	·딱·하·다	·딱·하·다
때리다	때·리·다	때·리·다	때·리·다	때·리·다
떠들다	떠들·다	떠들·다	떠들·다	떠들·다
떠맡다	떠맡·다	떠맡·다	떠맡·다	떠맡·다
떠밀다	·띠#:밀·다	·떠#:밀·다	·떠·밀·다	·떠·밀·다
떠받다	떠받·다	떠받·다	떠받·다	떠받·다
뜨겁다	·뜨·겁·다	·뜨·겁·다	·뜨·겁·다	·뜨·겁·다
뜸하다	뜸하·다	뜸하·다	뜸하·다	뜸하·다
마렵다	매·렵·다	누럽·다	누럽·다	누럽·다
마르다(裁)	맑·다/마리·다	맑·다	맑·다	맑·다
마르다(乾)	마리·다	마리·다	마리·다	마리·다
마시다	마·시·다179)	마·시·다	마·시·다	마·시·다
마치다	마·치·다	마·치·다	마·치·다	마·치·다
만나다	만·내·다	만·내·다	만·내·다	만·내·다
만들다	만들·다180)	맨들·다	맨들·다	맹글·다
만지다	만·지·다	만·치·다	만·치·다	만·치·다
망하다	망하·다	망하·다	망하·다	망·하·다
메우다	미·꾸·다	메·우·다	메꾸·우·다	미·우·다
모르다	모·리·다181)	모리·다/모·리·다	모리·다182)	모리·다
모시다	:모·시·다	:모·시·다	:모·시·다	:모·시·다
모으다	모둥·다183)	모둥·다/모·우·다	모두·우·다	모둥·다
모이다	모이·이·다	모이·이·다	모디·이·다	모디·이·다
모질다	·모·질·다	:모·질·다	:모·질·다	:모·질·다
무겁다	무굽·다	무겁·다	무겁·다	무겁·다
무디다	:안·드·다	무등거·리·다	무등거·리·다	무등가·리·다
무르다(退)	물·리·다	물·리·다	물·리·다184)	물·리·다

---

178) 술은 잔에 '붓·다'. 넘치는 액체는 다른 그릇에 '따루·우·다'
179) 마·세·다
180) 맨들·다
181) :몰·리·다
182) 모·리·다, :몰·리·다
183) 모두·우·다
184) 무루·우·다

무르다(軟)	무리·다	무리·다	무리·다	무리·다
무섭다	무·숩·다185)	무섭·다	무섭·다	무섭·다
무치다	무·치·다	무·치·다	무·치·다	무·치·다
물리다186)	물리·이·다	물리·이·다	밀리·이·다	물리·이·다
물리다(延期)	물·리·다	물·리·다	물·리·다	물·리·다187)
미루다	미루·우·다	미루·우·다	미룽·다	미루·우·다
미치다(狂)	미·치·다	미·치·다	미·치·다	미·치·다
밀치다	:밀·치·다	:밀·치·다	:밀·치·다	:밀·치·다
바꾸다	바꿍·다	바꾸·우·다	바꾸·우·다	바꿍·다
바라다	바룽·다/바랑·다	바라·아·다	바라·아·다188)	바래·애·다
바래다189)	날리·이·다	날리·이·다	바래·애·다	바래·애·다
바르다(塗)	바르·다190)	바리·다	바리·다	바리·다
바르다(正)	바리·다	바리·다	바리·다	바리·다
바르다191)	·발·리·다	밝·다	밝·다	볽·다/밝·다
바쁘다	바뿌·다	바뿌·다	바뿌·다	바뿌·다
바치다	바·치·다	바·치·다	바·치·다	바·치·다
박이다192)	백이·이·다/·들·다	백이·이·다	백히·이·다	백이·이·다
반갑다	·방·갑·다	·반·갑·다	·반·갑·다	·반·갑·다
받들다	받들·다	받들·다	반들·다	받들·다
받치다	받·치·다	받·치·다	받·치·다	받·치·다
배우다	배·우·다	배·우·다	배·우·다	배·우·다
버리다(捨)	베·리·다193)	버·리·다	내삐·리·다194)	내삐·리·다
버리다(汚)	베·리·다	베·리·다	베·리·다	베·리·다
버리다(조동사)	뿌·다	·뿌·다	·뿌·다	·뿌·다
벌겋다	벌겋·다	벌겋·다	벌겋·다	벌겋·다
벌리다(자)195)	벌렁·다	벌리·이·다	벌리·이·다	벌리·이·다
벗기다	삣·기·다	삣·기·다	삣·기·다	삣·기·다

---

185) 무슙·다
186) 싫증나다
187) 무루·우·다
188) 바리·이·다, 바래·애·다
189) 빛이 바래다
190) 바리·다
191) 생선의 가시를 바르다
192) 무엇이 마음이나 몸에 꼭 배다, 인이 박이다
193) 버·리·다
194) 버·리·다
195) 이것은 '돈벌이가 되다'의 의미를 갖는 자동사이나, 이 지역에서는 '돈을 벌다'의 피동형태로 쓰인다.

베기다	베낑·다	베기·이·다	베기·이·다	베기·이·다
베끼다	삐·끼·다	베·끼·다	삐·끼·다	베·끼·다
벼르다	비루·다	베루·우·다	베루·우·다	베룽·다
변하다	:변·하·다	:변·하·다	:변·하·다	:변·하·다
별나다196)	·벨·나·다	·벨·나·다	·벨·나·다	·벨·나·다
보내다	보낳·다197)	보내·애·다	보내·애·다	보내·애·다
보채다	보치·이·다198)	보채·애·다	보채·애·다	보채·애·다
보태다	보태·애·다	보태·애·다	보태·애·다	보태·애·다
부럽다	부릅·다/불부·다	부럽·다	부럽·다/부·럽·다	붉·다/부·럽·다
부르다(唱)	부리·다	부리·다	부리·다	부리·다
부르다(呼)	부리·다	부리·다	부리·다	부리·다
부르다(飽)	부리·다	부리·다	부리·다	부리·다
부리다(使)	·부·리·다	·부·리·다	·부·리·다	·부·리·다
부수다	뿌숳·다199)	뿌수·우·다	뿌직·다200)	뿌숳·다
부시다	쪼링·다	버시·이·다201)	버새·애·다	바새·애·다
부치다202)	부·치·다	부·치·다	부·치·다	부·치·다
부치다203)	부·치·다	부·치·다	부·치·다	부·치·다
부치다204)	부·치·다	부·치·다	부·치·다205)	부·치·다
부치다206)	부치·다	부치·이·다	부치·이·다	부치·이·다
부풀다	—	:일·다	부·풀·다	부풀·다
분하다	:분·하·다	:분·타/:분·하·다	:분·타/:분·하·다	:분·타
붙들다	뿐들·다	뿐들·다	뿐들·다	뿐들·다
비기다	비·기·다207)	비·기·다	비·기·다	각비·기·다
비꼬다	비꼬·다	:비·실·치·다	비꼬·오·다	비꼬·오·다

---

196) 표준어 어휘 '별나다'는 '됨됨이가 보통 것과 다르다'는 뜻으로 '별난 사람, 별난 음식' 등과 같이
　　 쓰인다. 그런데 이 지역에서는 아이들이 얌전하지 않고 장난이 심한 경우에 '·벨·나·다'를 쓰고,
　　 이른의 성품이 보통과 달리 극성스럽다는 의미도도 '·벨·나·다'를 쓴다.
197) 보내·다, 보내·애·다
198) 보채·다, 보채·애·다
199) 뿌·우·다, 짜·들·다
200) 뿌수·우·다
201) 버싫·다
202) 편지를 부치다
203) 부채를 부치다
204) 부침개를 부치다
205) 포항 방언에서는 '찌짐'이나 ':전' 등의 부침개를 '부·치·다'보다 ':꿉·다'를 더 많이 쓰고 특히 '두
　　 부'를 부칠 때는 ':꿉·다'만 쓴다.
206) 힘에 부치다
207) 쌀꿍·다, 쌀구·우·다, 비기·이·다

비리다	빌·내·나·다	빌·내·나·다	비·리·다	비·리·다
비비다	비·비·다208)	비·비·다	비·비·다	비배·애·다
비싸다	비·싸·다	비·사·다	비·사·다	비·사·다
비웃다	비웃·다	·비·웃·다	·비·웃·다209)	:비·윗·다210)
비좁다	:소·다/:비·잡·다	:비·잡·다	:비·잡·다211)	:비·잡·다
비추다	삐추·우·다	삐추·우·다	비추·우·다	비추·우·다
비치다	삐치·이·다	삐치·이·다	삔치·이·다	삐치·이·다
비키다	비킿·다	:비·키·다	:비·끼·다	:비·끼·다
비틀다	비이틀·다	·비·틀·다	:비·틀·다	·비·틀·치·다
비하다	:비·하·다	:비·하·다	:비·하·다	:비·교·하·다
빗맞다	헛맞·다	헛맞·다	빗맞·다212)	빗맞·다
빠르다	빠르·다213)	빠리·다	빠리·다	빠리·다
빠지다	·빠·지·다	·빠·지·다	·빠·지·다	·빠·지·다
빨갛다	빨갛·다	빨갛·다	빨갛·다	빨갛·다
빼앗다	뺏·다	뺏·다	뺏·다	빼앗·다
뻔하다	뻔하·다	뻔하·다	뻔하·다	뻔하·다
뻗치다	뻗·치·다	뻗·치·다	뻗·치·다	뻗·치·다
뽀얗다	보핳·다	뽀핳·다	뽀얗·다	뽀핳·다
뿌리다	뿌·리·다	뿌·리·다	뿌·리·다214)	뿌·리·다
뿌옇다	부헣·다	뿌옇·다	뿌옇·다	보핳·다
삐뚤다	:삐·틀·다	:삐·틀·다	:삐·틀·다	:삐·틀·다
사귀다	살궇·다/살·기·다	사구·우·다	사구·우·다	사구·우·다
사납다	사·무·럽·다	:사·납·다	:사·납·다215)	:사·납·다
사르다(燒)	·사·리·다	·사·리·다	·사·리·다	·사·리·다
사리다(蟠)	·사·리·다	·사·리·다	·사·리·다	·사·리·다
살피다	살·피·다	살·피·다	살·피·다	살·피·다
삼가다	삼·가#하·다	삼·가·다	삼·가·하·다	삼·가·하·다
삼키다	생·키·다/넝·기·다	생·키·다	생·키·다	생·키·다
새기다	쌔·기·다	새·기·다	새·기·다	새·기·다

---

208) 비·베·다
209) :비·웃·다, :비·윗·다
210) :비·웃·다
211) :소·잡·다
212) 어긋맞·다
213) 빠리·다
214) 파종(播種)하는 것은 '·시·를 홑·다'
215) 사람의 성격이 앙칼지고 사나울 때는 '부·랑·타, 앙·금·맞·다'라고 한다.

새우다	새·우·다	새·우·다	새·우·다	새·우·다
서럽다	:서·럽·다	:서·럽·다	:서·럽·다	:서·럽·다
서리다	시리·이·다	서·리·다	서·리·다	서·리·다
서툴다	:서·툴·다	:서·툴·다	:서·툴·다	:서·툴·다
선하다	:선·하·다	:선·하·다	:선·하·다	:선·하·다
설늙다	–	·설·늙·다	·설·늙·다	·걸·망·타
설삶다	·설·삶·다	·설·삶·다	·설·삶·다	·설·삶·다
설익다	·설·익·다	·설·익·다	·설·익·다	·설·익·다
설잡다	·설·잡·다	·설·짭·다	·설·잡·다	·설·잡·다
섬기다	싱·기·다	싱·기·다	싱·기·다	싱·기·다
성하다	성하·다	성하·다	성하·다	성하·다
수줍다	부꾸룹·다	부끄럽·다	수줍·타·다	·수·집·다
숙이다	숙·이·다	숙·이·다	숙·이·다216)	숙·이·다
순하다	:순·타	:순·타/:순·하·다	:순·타/:순·하·다	:순·타
숱하다	숱하·다	숱하·다	숱하·다	숱하·다
슬프다	슬푸·다	슬푸·다	슬푸·다	슬푸·다
시들다	시드래·애·지·다	시·들·다	시들·다	시들·다
시리다	씨·리·다217)	시럽·다	시럽·다	시럽·다
시키다	시·키·다	시·기·다	시·기·다	시·기·다
심하다	:심·하·다	:심·하·다	:심·하·다	:심·하·다
싱겁다	싱글·다	싱겁·다	싱겁·다	싱겁·다
싸우다	싸·우·다	사·우·다	사·우·다	사·우·다
쑤시다	쑤·시·다	수·시·다	수·시·다	수·시·다
쓰리다	쓰·리·다	스·리·다	시·리·다	시랄리·이·다
씌우다	씨·이·다	시이·이·다	시기·이·다	시키·이·다
아깝다	아끕·다	이깝·다	아깝·다	아깝·다
아끼다	애·끼·다	애·끼·다	애·끼·다	애·끼·다
아니다	아니·다218)	아이·다/애이·다	아이·다/애이·다	아이·다/애이·다
아리다	아리이하·다	아·리·다	아리·이·다	–
아물다	아·물·다	아·물·다	아·물·다	아·물·다
아쉽다	아·숩·다	아·십·다	아·십·다	아·십·다
아프다	아푸·다	아푸·다	아푸·다	아푸·다
악물다	악물·다	악물·다	악물·다	악물·다

216) 수구·리·다
217) 시·럽·다
218) 아이·다

악하다	·악·하·다	·악·하·다	·악·하·다	·악·하·다
앉히다[219]	앉·히·다	앉·히·다	앉·히·다	앉·히·다[220]
알맞다	:알·맞·다	:알·맞·다	:알·맞·다	:알·맞·다
애꿎다	—	:애·꿎·다	:애·꿎·다	:애·꿎·다
야위다	·패·랇·다[221]	얘·비·다	얘·비·다[222]	얘·비·다
약하다	·약·하·다	·약·하·다	·약·하·다	·약·하·다
얄궂다	:얄·궂·다	:얄·궂·다	:얄·궂·다	:얄·궂·다
어둡다	어·덥·다	어덥·다	어덥·다	어덥·다
어떻다	:어·떻·다	:어·떻·다	:어·떻·다	:어·떻·다
어렵다	이·럽·다	어·럽·다	에·럽·다[223]	에·럽·다
어르다	어룷·다	어루·우·다	어루·우·다	어룷·다
어리다(幼)	어·리·다[224]	어·리·다/에·리·다	어·리·다	에·리·다
어리다[225]	얼릉거·리·다	어리·이·다	어리·이·다	삼삼하·다
어질다	·어·질·다	·어·질·다	·어·질·다	·어·질·다
억세다	억·시·다	억·시·다	억·시·다	억·시·다
언짢다	—	언·짢·다	언짢·다	언·짢·다
엄하다	엄하·다	엄하·다	엄하·다	엄하·다
없애다	:없·애·다	없애·애·다	없애·애·다[226]	없애·애·다
엉기다	얼킿·다	엉키·이·다	엉키·이·다	사글리·이·다
여리다	여·리·다	여·리·다	여·리·다	여·리·다
여물다	야·물·다	여·물·다	여·물·다	여·물·다
여기다	이·기·다	이·기·다	이·기·다	이·기·다
여미다	오물·시·다	오무·우·다	오무·우·다	우무·우·다
여쭈다	여쯯·다	·여·쯯·다	:여·쭈·다	·여·쯯·다
역겹다	·역·심·삶·다	애꼽·다	애꼽·다	애꼽·다
엿보다	엿보·다	:엿·보·다	엿보·다/·틈·타·다	:엿·보·다
예쁘다	:이·뿌·다	:이·뿌·다	:이·뿌·다[227]	:이·뿌·다
오래다(久)	오·래·다	오·래·다	오·래·다	오·래·다
오르다	오르·다[228]	오리·다	오리·다	오리·다

---

219) 솥에 쌀을 앉히다
220) 앉해·애·다
221) 얘·비·다
222) 마리·다
223) 어·럽·다
224) 이·리·다
225) 모습이 눈에 어리다
226) :없·애·다
227) :참·아·다, :곱·다

오리다	·오·리·다	·오·리·다	·오·리·다	·오·리·다
올되다229)	:올·차·다	:올·떼·다	:올·떼·다	:올·떼·다230)
외롭다	·외·롭·다	·외·롭·다	·외·롭·다	·외·롭·다
외지다	·외·지·다	·외·지·다	·외·지·다	·외·지·다
외치다	—	·외·다	·외·다	·외·다
용하다	:용·타	:용·타/:용·하·다	:용·타/:용·하·다	:용·타
우기다	씨·우·다	서·우·다	서·우·다	서·우·다
우습다	우·슗·다	위·습·다	위·습·다	위·습·다
이기다	이·기·다	이·기·다	이·기·다	이·기·다
이렇다	·이·렇·다	·일·타	·일·타	·이·렇·다
이롭다	:이·하·다	:좋·다	:좋·다	:이·하·다/:좋·다
이루다	이룽·다	이루·우·다	이루·우·다	이룽·다
이르다(云)	잉기·다	이리·다	이리·다	이리·다
이르다(早)	일쯕·다	일·찍·다	일·찍·다	일·찍·다
이르다(至)	—	—	—	—
일구다	일·궁·다	일궁·다	일구·우·다231)	이룽·다
잇달다	연달·다	잇달·다	연달·다	연달·다
자라다	·크·다	·크·다	·크·다232)	·크·다
자르다	짜리·다	짜리·다	짜리·다	짜리·다
자시다(食)233)	:자·시·다	:자·시·다	:자·시·다	:자·시·다
잠그다	장궁·다/장구·다	장궁·다/채·우·다	장구·우·다	장궁·다234)
잡수다	잡숭·다	잡숭·다	잡숭·다235)	잡숭·다
장하다	:장·하·다	:장·하·다	:장·하·다	:장·하·다
저리다	지·리·다	저리·이·다	재·릅·다	재·릅·다236)
저물다	저·물·다	저·물·다	저·물·다	저·물·다
절이다	죽·이·다	젤·이·다	젤·이·다	젤·이·다
점잖다	:점·잖·다	:점·잖·다	:점·잖·다	:잠·잖·다
접치다	—	접·치·다	접·치·다	잡·치·다237)

---

228) 오리·다
229) 이 때의 '올·다'는 '발육이 빠른'이라는 의미를 갖는다.
230) 솟되·다
231) 벌구·우·다, 띠·지·다
232) 풀이나 머리카락이 자라는 것은 ':좋·다'
233) '먹다'의 경칭
234) 장구·우·다
235) :자·시·다
236) 저래·애·다
237) 까무치·다

정답다	정·이#:좋·다	다정시·럽·다	정있·다	정답·다
젖히다	제·키·다	제·치·다	제·키·다	제·지·다
제치다	지·치·다	제·치·다	제·키·다	제·치·다
조르다(絞)	쪼룽·다	조루·우·다	조루·우·다	쪼룽·다
조르다(賴)	쪼리·이·다	조루·우·다	조루·우·다	쪼룽·다
조이다(=죄다)	쫄링·다	쫄리·이·다	쪼이·이·다	쪼이·이·다
졸리다	자부룹·다	자부럽·다	자부럽·다	자부럽·다
중하다	:중·하·다	:중·하·다	:중·하·다	:중·하·다
즐겁다	·즐·겂·다	·즐·겁·다	·즐·겁·다	·즐·겁·다
즐기다	·즐·기·다	·즐·기·다	·즐·기·다	·즐·기·다
지내다	·지·내·다	·지·내·다	·지·내·다	·지·내·다
지니다	징궇·다	지·니·다	지·니·다	지·니·다
지르다[238]	지리·다	지리·다	지리·다[239]	지리·다
지르다[240]	지리·다	지리·다	지리·다	지리·다
지르다[241]	지리·다	지리·다	지리·다	지리·다
지르다[242]	지리·다	지리·다	지리·다	지리·다
지리다	째·키·다	쩰·기·다	쩰·기·다	쩰·기·다
지지다	찌·지·다	찌·지·다	찌·지·다	찌·지·다
지치다	지·치·다	:지·치·다	:지·치·다	:지·치·다
지키다	지·키·다	지·키·다	지·키·다	지·키·다
진하다	찐하·다	진하·다	진하·다	진하·다
질기다	질·기·다	찔·기·다	찔·기·다	찔·기·다
질리다	질리·이·다	질리·이·다	질리·이·다	질리·이·다
짓궂다	짓꿎·다	질궂·다	질궂·다[243]	:짓·꿎·다
쪼개다	또갈·리·다[244]	쪼개·다	쪼개·다[245]	쪼개·애·다[246]
쪼이다[247]	찌·이·다	쪼·오·다	쪼·오·다	쪼·오·다
찌르다	찌리·다	찌리·다	찌리·다	찌리·다
찡하다	찡하·다	찡하·다	찡하·다[248]	찡하·다

---

238) 소리를 지르다
239) 과·암·을 지대·애·다(=고함을 지르다)
240) 머리에 비녀를 지르다
241) 불을 지르다
242) 허공을 지르다
243) ·지·분·타
244) 따갈·리·다
245) 따개·애·다
246) 따개·애·다
247) 볕이 들어 비치다(자), 볕을 쐬거나 불에 말리다(타)
248) 쩌리하·다

차갑다249)	·차·겁·다250)	·찹·다	·찹·다	·찹·다
차리다251)	차·리·다252)	채·리·다	채·리·다	채·리·다
차리다253)	차·리·다	채·리·다	채·리·다	채·리·다
차지다	·차·지·다	·차·지·다	·차·지·다	·찰·지·다
착하다	·착·하·다	·착·하·다	·착·하·다	·착·하·다
처먹다	처먹·다	처묵·다	처묵·다	처묵·다
처박다	처박·다	처박·다	처박·다	처박·다
처지다	·처·지·다	·처·지·다	·처·지·다	·처·지·다
천하다	:천·하·다	:천·하·다	:천·하·다	:천·하·다
추리다	·추·리·다	·추·리·다	·추·리·다	·추·리·다
축이다	—	·축·이·다	·축·이·다	·축·이·다
치닫다	—	—	—	—
치뜨다	:벌·시·다254)	:벌·시·다255)	·치·뜨·다	·치·뜨·다
치르다	·치·다	·치·다	·치·다	·치·다
치밀다	·치·밀·다	치받히·이·다	·치·키·다	·치·밀·다
치솟다	—	—	·치·키·다	·치·솟·다
치우다	치·우·다	치·우·다	치·우·다	치·우·다
친하다	친하·다	친하·다	친하·다	친하·다
쾡하다	—	—	상크렇·다	상코롬하·다
토하다	·토·하·다	·토·하·다	·토·하·다256)	·토·하·다
퉁기다257)	팅·구·다258)	탱·구·다	탱·구·다	팅궇·다259)
튀기다260)	쪼·치·다	·티·기·다	·티·기·다	쫓·다/후·치·다
튀기다261)	티·기·다	·티·기·다	·티·기·다	티개·애·다
틀리다	틀·리·다	틀리·이·다	틀리·이·다	틀래·애·다
파랗다	파렇·다	파랗·다	파랗·다	파랗·다

---

249) 찬 물건이 살아 닿아 매우 찬 느낌이 나다, 냉정하다.
250) ·차·글·다, ·차·갑·다
251) 밥상을 차리다
252) 채·리·다
253) 정신을 차리다
254) ·치·뜨·다
255) ·치·뜨·다
256) 개·우·다
257) 기회가 어그러지게 하다, 뼈의 관절을 어긋나게 하다
258) 팅·기·다, 팅궇·다, 팅구·우·다
259) 팅구·우·다
260) 힘을 모았다가 갑자기 탁 놓아 내뻗치다, 갑자기 튀어 달아나게 하다
261) 기름에 음식을 튀기다

퍼렇다	퍼렇·다	퍼렇·다	퍼렇·다	퍼렇·다
편하다	핀·타	펜·타/펜하·다	펜·타/펜하·다	펜·타
포개다	동개·애·다262)	포개·애·다	포개·애·다	포개·애·다
푸르다	푸·리·다	푸·리·다	푸·리·다	푸·리·다
하얗다	하옇·다	하얗·다	하얗·다	하얗·다
하찮다	하찮·다	하찮·다	하찮·다	하찮·다
할퀴다	호·비·다	깨릅·다263)	까릅·다/깨릅·다	까래·비·다
해롭다	:해·롭·다	:해·롭·다	:해·롭·다	:해·롭·다
해치다264)	:해·치·다	:해·치·다	·해·치·다	·해·치·다
허물다	·뜯·다/:헐·다	:헐·다	허·무·다/:헐·다	:헐·다
허옇다	허옇·다	허옇·다	허옇·다	허옇·다
헐겁다	홀굽·다	·홀·껍·다	·헐·껍·다	·헐·껍·다
험하다	:험·하·다	:험·하·다	:험·하·다	:험·하·다
헛듣다	헛듣·다	헛듣·다	헛듣·다	헛듣·다
헛보다	헛보·다/헛·보·다	헛보·다	헛보·다	헛보·다
헛살다	헛살·다	헛살·다	헛살·다	헛살·다
헤치다265)	헤·치·다	헤·치·다	헤·치·다	파헤·치·다
헤프다	:히·푸·다	:히·푸·다	:히·푸·다	:히·푸·다
헹구다	헹·구·다	헹·구·다	헹·구·다	헹·구·다
호되다	—	—	호되·다	—
환하다	환하·다	환하·다	환하·다	환하·다
후비다	후·비·다266)	히·부·다/히·비·다	휘·비·다	휘·비·다
훔치다	훔·치·다267)	후·비·다268)	도딕·히·다	도딕·히·다
훤하다	훤하·다	훤하·다	훤하·다	훤하·다
휘감다	—	—	·휘·감·다	—
휘젓다	휘젓·다	휘젓·다	·휘·젓·다	휘젓·다
휩싸다	—	—	—	—
휩쓸다	훕쓸·다	훕슬·다	훕슬·다	습쓸·다
흉하다	—	흉하·다	흉하·다	흉하·다
흐르다	흐르·다269)	흐리·다	흐리·다	흐리·다

262) 들개·애·다, 동기·이·다
263) 해·비·다
264) 해롭게 하다
265) 고난을 이겨나가다, 잡아 젖히다
266) 호·비·다, 히·비·다
267) 훔·체·다
268) 도딕·히·다

흐리다	흐링·다	흐·리·다	흐·리·다	흐·리·다
흔들다	흔들·다	흔들·다	흔들·다	흔들·다
흔하다	흔하·다	흔·타	흔·타	흔·타

1.8.3. 3음절

	울진	영덕	포항	경주
가냘프다	얄프하·다	야시리하·다	얄시리하·다	얄시리하·다
가다듬다	채·리·다	채·리·다	채·리·다	채·리·다
가라앉다	깔앉·다	깔앉·다	깔앉·다	깔앉·다
가로막다	가로막·다	가로막·다	가로막·다	가로막·다
가로채다	—	—	가로채·애·다270)	가로채·애·다
가르치다	갈칳·다271)	갈치·이·다	갈치·이·다	갈치·이·다
가리키다	갈키·이·다	가리키·이·다	가리키·이·다	갈치·이·다
가소롭다	—	:가·소·롭·다	:가·소·롭·다	:가·소·롭·다
가파르다	까프락지·다	가파리·다	가파리·다	깨빠리·다
간지럽다	간지럽·다	간지럽·다	간지럽·다	간지럽·다
간질이다	간지·리·다272)	간질·이·다	간질·이·다	간질애·애·다
간추리다273)	간줂·다	간출·이·다	간출·리·다274)	간출·리·다
감쪽같다	:감·쪽·같·이	·깜·쪽·같·다	·깜·쪽·같·다	깜쪽·같·다
갸름하다	게롬하·다	가룸하·다	가룸하·다	젤숨하·다275)
거느리다	거느·리·다	거니·리·다	거니·리·다	거니·리·다
거스르다276)	잔·전·받·다	가·전·받·다277)	가·전·받·다278)	가·전·받·다279)
거스르다(逆)	:거·역·하·다	흐·리·다	:거·역·하·다	:거·영·하·다
건드리다	건딜·다280)	건디·리·다	건디·리·다	건디·리·다
건방지다	건방지·다	건방시·럽·다	건방시·럽·다	건방시·럽·다

---

269) 흐리·다
270) 중간·치·기·하·다
271) 갈치·이·다
272) 간질·구·다, 간질궇·다, 간지래·애·다
273) 골라서 간략하게 추리다
274) 가지런히 정리를 하다
275) 게룸하·다
276) 큰돈에서 받을 것을 제외하고 남은 것을 잔돈으로 내어 주다
277) 가·전·내·애#주·다
278) 가·전·내·애#주·다
279) 가·전·내·애#주·다
280) 건드·리·다, 건디·리·다

게으르다	기글·타	게거·리·다	:겔·타281)	께을받·다
고단하다	고단하·다	고단하·다	고단하·다	고단하·다
고달프다	고달푸대[hhh]]	고달푸·다	고달푸·다	고달푸·다
고소하다	꼬시·다	꼬시·다	꼬시·다	꼬시·다
곤두서다	·꼰·두#서·다	꼰두서·다	꼰두서·다	꼰두서·다
괘씸하다	:괘·심·타	:괘·심·타	:괘·심·하·다	:괘·심·타
구겨지다	꾸개애·지·다	꾸개·애·지·다	꾸개·애·지·다	꾸개·애·지·다
그르치다	—	망·치·다	망·치·다	망·치·다
기다랗다	찌두마하·다	지단·타	기단타	지단하·다
기다리다	기다·리·다	기다·리·다	기다·리·다	기다·리·다
기름지다	기·름·지·다	:걸·다	기·름·지·다	기름지·다
까다롭다	까다롭·다	까다롭·다	까다롭·다	까다롭·다
깡마르다	빼삭말르·다	바삭예·비·다	바삭예·비·다	베삭마리·다
깨끗하다	깨끗#하·다	깨끗·다/마뜩·다	깨끗·다/마뜩·다	마뜩·다
깨뜨리다	:깨·다	깨·다	깨·다	깨·다
껄끄럽다	—	—	꺼·끄·럽·다	—
끄떡없다	까딱·없·다	끄떡·없·다	까딱·없·다	까딱#:없·다
끔찍하다	끔찍하·다	끔찍하·다	끔찍하·다	끔찍하·다
나무라다	나무래·애·다282)	나·무·래·다	나·무·래·다	나무래·애·다
나부대다283)	나부대·애·다	나부대·애·다	나부대·애·다	나부대·애·다
나타나다	나·타#나·다	나·타#나·다	나·타#나·다	나·타#나·다
날카롭다	날카롭·다	날카랍·다	날카랍·다	날카롭·다
납작하다	납닥하·다	납닥하·다	납닥하·다	납닥하·다
너그럽다	너그럽·다	너그럽·다	너그럽·다	너그럽·다
넉넉하다	넉넉하·다	넉넉하·다	넉넉하·다	넉넉하·다
널다랗다	—	널단타	널딴타	널딴하·다
넘어지다	자·빠·지·다284)	자·빠·지·다	자·빠·지·다285)	자·빠·지·다286)
뉘우치다	니우·치·다287)	·니·우·치·다	·니·우·치·다	니우·치·다
능글맞다	능글받·다	능글받·다	능글맞·다	능글시·럽·다

---

281) 께을받·다, 께글받·다
282) 나물·구·다, 모·올·하·다
283) 이 지역에서 '나부대·애·다'는 말이 아이들에게 쓰일 때는 '가만히 한 자리에 앉아 있지 않고 장난이 심하여 왔다갔다 한다'는 의미로 '분·답·다, ·벨·나·다, ·번·지·럽·다'와 비슷한 말이다.
284) 어·파·지·다
285) 넘·아·지·다
286) 엎·어·지·다, 구부·래·지·다
287) 깨우·치·다

다부지다	다그지·다	다고지·다	다고지·다	다고지·다
다스리다	다시·리·다	다시·리·다	다시·리·다	다시·리·다
답답하다	답답하·다288)	답답하·다	답답·다	답답하·다
덜렁대다	덤벙거·리·다	덤벙대·애·다	덜렁대·애·다	덤벙대·애·다
두드리다	뚜디·리·다	뚜디·리·다	뚜디·리·다	뚜디·리·다
두벌매다	두불·매·다	두불·매·다	두불·매·다	두불밭·매·다
뒤바뀌다	디바끼·이·다	디바끼·이·다	디바끼·이·다	디바꾸키·이·다
드러눕다	드러눟·다	드라져눕·다	드라져눕·다289)	드라눕·다
드리우다290)	디룽·다	드루·우·다	디루·우·다	디리줗·다
들까불다	들까불·다	들까불·다	들까불·다	들까불·다
들먹이다	들먹거·리·다	들먹거·리·다	들먹·이·다	들먹·이·다
들쑤시다	들쑤·시·다	들슈·시·다	들쑤·시·다	들수·시·다
따돌리다	돌리·이·다	따돌·리·다	따돌·리·다291)	따돌·리·다
따뜻하다292)	뜨시·다	뜨시·다	뜨시·다	뜨시·다
따스하다293)	따시·다	따시·다	따시·다	따시·다
떨어지다	너·얼#찌·다	널·찌·다	널·찌·다	널·찌·다
똑똑하다	똑똑하·다	똑똑하·다	똑똑하·다	똑똑하·다
매끄럽다	매끄럽·다	매끄럽·다	매끄럽·다	매끄랍·다
메스껍다	민석거·리·다	미승거·리·다	민스껍·다294)	민스꼽·다295)
모자라다	:모·제·리·다	:모·지·래·다	:모·지·래·다296)	:오·줄·없·다
무너지다	무·너·지·다	무·나·지·다	무·나·지·다	뭉개·애·지·다
문지르다	문대·애·다	문때·애·다	문때·애·다	민때·애·다
뭉개지다	뭉개·애#지·다	뭉개·애·지·다297)	뭉가·아·지·다	뭉개·애·지·다
뭉툭하다	뭉틀하·다	뭉뜽하·다	뭉뚱하·다	뭉뜽하·다
미끄럽다	미끄럽·다298)	미끄럽·다	미끄럽·다	미끄럽·다
미련하다	미·런·시·럽·다	미·런·타	미·런·타	미·런·타

---

288) 이 지역의 네 방언에서 모두 '답답·다'와 공존. 행동이 느린 사람을 지켜볼 때 애가 타거나 속이
　　 답답할 때 특히 '답답·다'를 쓴다.
289) '드러눕다'는 쓰이지 않고 상대방을 책망하는 뜻으로 '드라져눕·다'를 쓴다.
290) 아래로 늘이다
291) '따돌·리·다'의 피동형태로 '따돌림을 당하다'라는 뜻의 '따돌리·이·다, 돌리·이·다'가 있다.
292) 방이나 물 등의 온도가 따뜻할 때
293) 날씨가 따뜻할 때
294) 미식거·리·다, 애꼽·다
295) 애꼽·다
296) 모지래·애·다, :오·줄·없·다
297) 밍·개·지·다
298) 미끄럽·다

미심쩍다	으심시·럽·다	으심시·럽·다	으심시·럽·다	으심시·럽·다
민첩하다	빠리·다	재바리·다	재바리·다	재바리·다
바라보다	바라보·다	바라·아#보·다	바라·아#보·다	바라·아#보·다
발가벗다	홀딱뺏·다	뻘가벗·다	뻘가벗·다	뻘가벗·다
방정맞다	방정맞·다	방정맞·다	방정맞·다	방정맞·다
버무리다	버무·리·다	버무·리·다	버무·리·다	버무·리·다
번거롭다	번거럽·다	번거럽·다	번·거·롭·다299)	번거럽·다
벗겨지다	뺏·거·지·다	뺏·게·지·다	뺏·거·지·다	벗·거·지·다
보드랍다	보두롭·다	보드랍·다	보드랍·다	보드랍·다
부끄럽다	부꾸롭·다300)	부끄럽·다	부끄럽·다301)	비꾸럽·다
부딪치다	받치·이·다	받치·이·다	받치·이·다	받치·이·다
부르트다	터부·래·지·다	부·풀·다	부리·키·다	부리·키·다
부서지다	뿌사·아·지·다	뿌사·아·지·다	뿌사·아·지·다	뿌사·아·지·다
부추기다	추술·구·다	·추·들·이·다	·추·구·리·다	·추·구·리·다
불쌍하다	·불·쌍·타	·불·상·타	·불·상·타	·불·상·타
비슷하다	비슷하·다	비슷하·다	비슷하·다	비슷하·다
빗나가다	빗·나·가·다	빗·나·가·다	빗·나·가·다	빗·나·가·다
뾰족하다	빼쪽하·다	빼족하·다	뻬쪽하·다	뻬쪽하·다
사무치다	사무치·이·다	사무치·이·다	사무치·이·다	사무치·이·다
새까맣다	새까맣·다	새까맣·다	새까맣·다	새까맣·다
새파랗다	새랗·다	새파랗·다	새파랗·다	새파랗·다
샛노랗다	노랗·다	노랗·다	노랗·다	노랗·다
서글프다	서그푸·다	서그푸·다	서그푸·다	서그푸·다
서늘하다	서늘#하다	서늘하·다	서늘하·다	서늘하·다
섣부르다	:섣·부·르·다	:섣·부·르·다	:섣·부·르·다	:섣·부·르·다
설다루다	·설#따루·우·다	·설#따루·우·다	·설#다루·우·다	·설#다루·우·다
섭섭하다	섭섭·다	섭섭·다	섭섭·다	섭섭·다
성가시다	·성·가·시·럽·다	·성·가·시·럽·다	·성·가·시·럽·다	·성·가·시·럽·다
수그리다	수구·리·다	수구·리·다	수구·리·다	수구·리·다
수상쩍다	수상시·럽·다	수상시·럽·다	수상시·럽·다	수상시·럽·다
수월찮다	수·월#찮·다	수·월#찮·다	수·월#찮·다	수·월#찮·다
시끄럽다	시끄롭·다	시끄럽·다	시끄럽·다	시끄럽·다
시달리다	시달리·이·다	시달리·이·다	시달리·이·다	시달리캐·애·다

---

299) 번거럽·다
300) ·남·사·시·럽·다
301) ·남·새·시·럽·다, 비꾸럽·다

시샘하다	:새·하·다	:새·하·다	:샘·내·다	:새·하·다
시원하다	서운·타	서운·타	서운·타	서운·타
신기하다	신기하·다	신기하·다	신기하·다	신기하·다
심난하다	—	:속·시·끄·럽·다	:속·시·끄·럽·다	:속·시·끄·럽·다
심술궂다	심청시·럽·다	심청궂·다	심청궂·다302)	심청궂·다
싸늘하다	싸늘하·다	사늘하·다	사늘하·다	사늘하·다
쌀쌀맞다	쌀쌀맞·다	살살맞·다	살살맞·다	살살맞·다
썰렁하다	썰렁하·다	설렁하·다	설렁하·다	설렁하·다
쑥스럽다	쑥시·럽·다	숙시럽·다	숙시·럽·다	비꾸럽·다
쓰다듬다	·시·담·다	·시·담·다	·시·담·다	·스·다#:듬·다
쓰러지다	·씨·라·지·다	·스·라·지·다	·스·라·지·다	·스·라·지·다
쓸만하다	쓸마하·다	실만하·다	실만하·다	실만하·다
안스럽다	·안·씨·럽·다	·안·시·럽·다	·알·시·럽·다303)	·알·시·럽·다304)
안타깝다	안타깝·다	안타깝·다	안타깝·다	안타깝·다
알뜰하다	·알·뜰#하·다	·알·뜰·하·다	·알·뜰·하·다	·알·뜰·하·다
앙칼지다	—	양·칼·지·다	앙카럽·다	·앙·칼·지·다
애달프다	:애`·다	—	:애·듦·다	:애·듦·다
애벌매다	아시밭·매·다	아시밭·매·다	아시·매·다	아시밭·매·다
애처롭다	아·치·럽·다	아치럽·다	아치럽·다	애처롭·다
야무지다	야무지·다	야무지·다	야무지·다	야무지·다
야비하다	얍삽하·다	야소롭·다	야소롭·다	야소롭·다
어떠하다	:어·떻·다	:어·떻·다	:어·떻·다	:어·떻·다
어리석다	어리숙·다	어리숙·다	어리숙·다	어리숙·다
어림없다	어림·없·다	어림·없·다	어림·없·다	어림·없·다
어설프다	:어·설·푸·다	:어·설·푸·다	:어·설·푸·다	:어·설·푸·다
어우르다	어부르·다	어부르·다	어부르·다	어부르·다
어이없다	어이·없·다	어이·없·다	어이·없·다	어이·없·다
어지럽다	어지럽·다305)	·어·지·럽·다	·어·지·럽·다	·어·지·럽·다
어지르다	어질·구·다306)	·어·지·리·다	·어·지·리·다	·어·지·리·다
얼룩지다	얼룩지·다	얼룩지·다	얼룩지·다	얼룩지·다
엇갈리다	삐·딸·로·나·가·다	엇갈리·이·다	엇갈리·이·다	엇갈리·이·다

---

302) 덩치큰 사람이 심술궂을 때는 '심청궂·다, 심청시·럽·다, 심청·이 ·뚝·뚝 :뜯·는·다'는 표현을 하지
  만 왜소한 사람의 경우에는 '개심바리·다'는 말을 한다.
303) ·애·인·시·럽·다
304) ·안·시·럽·다
305) 어지럽·다, ·어·지·럽·다, ·어·지·럽·다
306) 어지럽·히·다

엇나가다	엇·질·로·나·가·다	엇·나·가·다	엇·나·가·다	어긋나·다
엎드리다	엎디·리·다	엎디·리·다	엎디·리·다	엎디·리·다
에워싸다	둘·라·싸·다	둘·라·사·다	둘·라·사·다	뺑둘·라·사·다
오그리다	오글·시·다	오구·리·다	오구·리·다307)	오구·리·다
오죽하다	오·죽·하·다	오·죽·하·다	오·죽·하·다	오죽하·다
우러르다	우러·르·다	우러·르·다	우러·르·다	우러·르·다
움직이다	움직·이·다	움직·이·다	움직·이·다	움직·이·다
웬만하다	웬만하·다	웬만하·다	웬만하·다	웬만하·다
위태롭다	우태롭·다	우태롭·다	우태롭·다308)	우태롭·다
의젓하다	으젓하·다	으젓하·다	으젓하·다	으젓하·다
이만하다	이만하·다	이만하·다	이만하·다	이만하·다
일으키다	일·쿵·다	일받·다	일받·다309)	일받·다
장마지다	장마지·다	장마지·다	장마지·다	장마지·다
젊디젊다	젊·으·나·젊·다	젊·으·나·젊·다	젊·으·나·젊·다	젊·으·나·젊·다
접질리다	꼽·치·다	꼽·치·다	꼽·치·다	잡·치·다
조그맣다	·쪼·맨·타	쪼매하·다	·째·맨·타310)	쪼맨·타
주무르다	쭈물·구·다311)	주물·구·다	주무·리·다	주무·리·다
주저앉다	줒앉·다	줒앉·다	줒앉·다	주저앉·다
지극하다	·지·극·하·다	지극하·다	·지·극·다	지극하·다
지루하다	지·업·다	지·업·다	지·업·다	지·업·다
짓뭉개다	짓뭉개·애·다	짓뭉개·애·다	짓뭉개·애·다	짓뭉개·애·다
짓이기다	짓이·기·다	짓이·기·다	짓이·기·다	짓이·기·다
징그럽다	징글받·다	징글맞·다	징글맞·다	징글받·다312)
쪼들리다	쪼달래·애·다	쪼달리·이·다	쪼들리·이·다313)	쫄래·애·다
책잡히다	—	장잡히·이·다	장잽히·이·다	장잽히·이·다
커다랗다	크단·타	크단·타	커단하·다314)	커단하·다
탐스럽다	탐시·럽·다	탐시럽·다	탐시·럽·다	탐시·럽·다
토라지다	뻬·이·지·다	뻬·이·지·다	·트·라·지·다315)	·트·러·지·다316)

---

307) 오굴·시·다
308) 우투우투하·다
309) 일받추·우·다
310) ·쪼·맨·타, 째맨하·다, 째맨타[LLH]
311) 쭈무·리·다
312) 숭실받·다
313) 쪼치·이·다
314) 커다꿈하·다
315) 뻬·이·지·다
316) 뻬·이·지·다

피곤하다	피곤하·다	피곤하·다	피곤하·다	피곤하·다
향긋하다	향긋하·다	향긋하·다	향긋하·다	향긋하·다
헛나가다	헛·나·가·다	헛·나·가·다	헛·나·가·다	헛·나·가·다
헛나오다	헛·나·오·다	헛·나·오·다	헛·나·오·다	헛·나·오·다
헛디디다	헛디·디·다	헛디·디·다	헛디·디·다	헛디·디·다
헤아리다	—		·헤·아·리·다	·헤·아·리·다
훌륭하다	훌륭받·다	훌륭받·다	훌륭받·다	훌륭하·다
휘두르다	—	휘두리·다	휘두리·다	휘두리·다
희미하다	희미하·다	희미하·다	희미하·다	희미하·다
희부옇다	희부하·다	희부하·다	희붓하·다	희붐하·다

1.8.4. 4음절 이상

	울진	영덕	포항	경주
가느다랗다	가느다란하·다	가느다란하·다	가느다란하·다	—
가로지르다	—	가리지르·다	가리지르·다	지리·다
가지런하다	—	—	간주룸하·다	간주룸하·다
거들먹거리다	껄먹거·리·다	거들먹거·리·다	거들먹거·리·다	꺼들먹거·리·다
걱정스럽다	·걱·정·시·럽·다	·걱·정·시·럽·다	·걱·정·시·럽·다	·걱·정·이·다
곤두세우다	—	꼰두서·우·다	꼰두서·우·다	꼰두서·우·다
곧추세우다	빠뜰시·우·다	꼬다서·우·다	꼬다서·우·다	꼬대서·우·다
구부러지다	꾸부·래·지·다	꾸부·래·지·다	꾸부·래·지·다	꾸꾸·래·지·다
그럴듯하다	그럴듯하·다	—	그럴듯하·다	그럴듯하·다
기웃거리다	끼웃거·리·다	끼웃거·리·다	끼웃거·리·다	기웃거·리·다
까무러치다	까무끼·리·다[317]	자물치·이·다	자물시·이·다	자물시·이·다
꺼림칙하다	꺼림직하·다	꺼림직하·다	꺼림직하·다	꺼림직하·다
껄떡거리다	껄떡거·리·다	껄떡거·리·다	껄떡거·리·다	껄떡거·리·다
넘어뜨리다	넝가띠·리·다	넝가뜨·리·다	자빼추·우·다[318]	구불추·우·다
두근거리다	두근거·리·다	두근거·리·다	두근거·리·다	두근거·리·다
두드러지다	—	—	뚝붉·아·지·다	—
들두드리다	—	—	들뚜디·리·다	들뚜디·리·다
들여다보다	:디·다·보·다	들바·다#보·다	들바다보·다	들바·다#보·다
떨어뜨리다	너쭈·우·다	너쭈·우·다	널쭈·우·다	널쭈·우·다
밉살스럽다	미까·알·시·럽·다	미까·리·시·럽·다	미깔시·럽·다	미깔시·럽·다

---

317) 자무래·애·지·다
318) 넝가·아·띠·리·다

번지르하다	뻔드그리하·다	뻔드그리하·다	뻔듯하·다	뻔듯하·다
뽀로통하다	삐쭉하·다	빼족하·다	빼쪽하·다	불퉁하·다
부담스럽다	부담시·럽·다	부담시·럽·다	부담시·럽·다	부담시·럽·다
부러뜨리다	뿔띠·이·다319)	뿌룽·다	뿌직·다	꺾·다
부지런하다	부지런·타	부지런·타	부지런·타	부지런·타
사나이답다	사나·아·답·다	사나·아·답·다	사나·아·답·다	사나·아·답·다
사랑스럽다	사랑시·럽·다	사랑시·럽·다	사랑시·럽·다	사랑시·럽·다
새삼스럽다	·새·삼·시·럽·다	—	·새·삼·시·럽·다	·새·삼·시·럽·다
수두룩하다	수두룩하·다	수두룩하·다	수두룩하·다	수두룩하·다
심술부리다	심청#·부·리·다	심청시럽·다	심청지·기·다	심·술·궂·다320)
쑥덕거리다	쑥덕거·리·다	—	숙덕거·리·다	숙덕거·리·다
약삭빠르다	약빠리·다	약빠리·다	약빠리·다	약빠리·다
약아빠지다	약·아#·빠·지·다	약·아#·빠·지·다	약·아#·빠·지·다	약·아#·빠·지·다
오그라지다	오그·래·지·다	오그·래·드·다	오글리·이·다	오글래·애·다
잃어버리다	잃·어·뻐·리·다	읽·아·뿌·리·다	읽·아·뿌·리·다	읽·어·뿛·다
잊어버리다	잊·어·뻐·리·다	잊·아·뿌·리·다	잊·아·뿌·리·다	잊아·아·뿛·다
자랑스럽다	자·랑·시·럽·다	자·랑·시·럽·다	자·랑·시·럽·다	자·랑·시·럽·다
자빠뜨리다	자빠추·우·다	자빠추·우·다	자빠추·우·다	자빨추·우·다
지긋지긋하다	지긋지긋하·다	언선시·럽·다	언선시·럽·다	지긋지긋하·다
쪼그려앉다	쪼잖·다	좆앉·다	좆앉·다	좆앉·다
창피스럽다	챙피시·럽·다	창·피·시·럽·다	남·사·시·럽·다	·남·사·시·럽·다
출렁거리다	출렁거·리·다	출렁거·리·다	출렁거·리·다	출렁거·리·다
후줄근하다	추리하·다	추리하·다	후줄근하·다	후리주근하·다

319) 불때·애·다
320) 여자에게는 '개살궂·다'

1.9. 피동사

	울진	영덕	포항	경주
갇히다	간히·이·다	간히·이·다	간히·이·다	간히·이·다
갈리다(分)	갈리·이·다	갈리·이·다	갈리·이·다	갈래·애·다1)
갈리다(耕,磨)	갈리·이·다	갈리·이·다	갈리·이·다	갈리·이·다
갈리다(換)	갈리·이·다	갈리·이·다	갈리·이·다	갈리키·이·다
감기다(閉)	깡기·이·다	깡기·이·다	깡기·이·다	깡기·이·다
감기다	강기·이·다2)	강기·이·다	강기·이·다	강개·애·다
거슬리다	거슬리·이·다	거슬리·이·다	거슬리·이·다	거슬리·이·다
걷히다	걷히·이·다	걷히·이·다	걷히·이·다	걷히·이·다
걸리다(掛)	걸리·이·다	걸리·이·다	걸리·이·다	걸리·이·다
굽기다	꿉히·이·다	꿉히·이·다	꿉히·이·다	꾹기·이·다
그을리다	끄실리·이·다	끄실리·이·다	끄실리·이·다	꺼질리·이·다
까이다	까이·이·다	까이·이·다	까이·이·다	까이·이·다
깎이다	깎이·이·다3)	깎이·이·다	깎이·이·다	깎애·애·다
깔리다	깔리·이·다	깔리·이·다	깔리·이·다	깔리·이·다
깨이다	깨잃·다	깨이·이·다	깨이·이·다	깨캐·애·다
꺾이다	꺾이·이·다	꺾이·이·다	꺾이·이·다	꺾애·애·다
꼬이다(실이)	꼬이·다	꼬이·이·다	꼬이·이·다	꾸캐·애·다
꼬이다4)	—	꼬잃·다5)	꼬시키·이·다	꼬시캐·애·다
꼬집히다	꼬잡횡·다	째비끼·이·다	째비끼·이·다	째비키·이·다
꼽히다	꼽횡·다	꼽히·이·다	꼽히·이·다	꼽히·이·다
꽂히다	꼽히·다	꼽히·이·다	꼽히·이·다	꼽히·이·다
꿰이다	뀌·이·다	뀌이·이·다	뀌이·이·다	뀌캐·애·다
끊기다	끊깅·다	끊기·이·다	끊기·이·다	끊캐·애·다
끌리다	끄치·이·다	끄직기·이·다	끄직기·이·다	끄직개·애·다
끼이다	찡기·이·다	찡기·이·다	찡기·이·다	찡기·이·다
나뉘다	—	농갈·래#지·다	농갈·래#지·다	농갈·래#지·다
낚이다	낚잃·다	낚이·이·다	낚이·이·다	낚이·이·다
날리다	날리·이·다	날리·이·다	날리·이·다	날래·애·다

---

1) 갈리·이·다
2) 강끼·이·다
3) 깎·이·다
4) 꾐을 당하다
5) 꼬이치마·라(꾐을 당하지 마라)

널리다	열리·이·다	널리·이·다	널리·이·다	널리·이·다
놓이다	놓이·이·다	놓이·이·다	놓이·이·다	놓이·이·다
눌리다	눌·리·다	눌리·이·다	눌리·이·다	눌루캐·애·다
다려지다	달링·다	다·래·지·다	다·아·래·지·다	달리캐·애·다6)
닦이다	딲잉·다	딲이·이·다	딲이·이·다	딲이·이·다
닫히다	닥깅·다	닥기·이·다	닥기·이·다	닥기·이·다
달리다	딸링·다	달리·이·다	달리·이·다	달리·이·다
담기다	당깅·다	당기·이·다	당기·이·다	당기·이·다
덮이다	덮횡·다	덮이·이·다	덮이·이·다	덕깨·애·다7)
뒤집히다	디잡히·이·다	디집히·이·다	디집히·이·다	디베·에·지·다
들리다(聞)	들링·다	득기·이·다	득기·이·다	득기·이·다
들리다(擧)	들리·이·다	들리·이·다	들리·이·다	들래·애·다
뚫이다	뚫이·이·다	뚫이·이·다	뚫이·이·다	땅캐·애·다
떨리다	떨리·이·다	떨리·이·다	떨리·이·다	떨리·이·다
떼이다	띠잉·다	띠이·이·다	띠이·이·다	띠캐·애·다
뚫리다	뚧히·이·다	뚧히·이·다	뚧히·이·다	뚧이·이·다
뜨이다	띠·이·다	띠·이·다	띠·이·다	띠·이·다
뜯기다	뜩깅·다	뜩기·이·다	뜩기·이·다	뜩깨·애·다
막히다	맥힁·다	막히·이·다	막히·이·다	막해·애·다
말리다8)	말리·이·다	말리·이·다	말리·이·다	말리·이·다
매이다(띠를)	매잉·다	매이·이·다	매이·이·다	매캐·애·다
맺히다	맺히·이·다	맺히·이·다	맺히·이·다	맺히·이·다
먹히다	먹히·이·다9)	믹히·이·다	믹히·이·다	먹히·이·다
몰리다	몰리·이·다	몰리·이·다	몰리·이·다	몰리·이·다
묶이다	묶잉·다	묶이·이·다	묶이·이·다	무꾸캐·애·다
묻히다	묻히·이·다	묻히·이·다	묻히·이·다	묻해·애·다
물리다(咬)	물리·이·다	물리·이·다	물리·이·다	물리·이·다
믿기다	믹깅·다	믹기·이·다	믹기·이·다	믹기·이·다
밀리다	밀리·이·다	밀리·이·다	밀리·이·다	밀리·이·다
바뀌다	바끼·이·다	바끼·이·다	바끼·이·다	바꾸키·이·다
박히다	박히·이·다10)	박히·이·다	박히·이·다	백애·애·다
받히다	받히·이·다	받히·이·다	받히·이·다	받히·이·다

---

6) 달리·이·다
7) 덮애·애·다
8) 멍석을 말다
9) 믹흭·다
10) 백히·이·다

밟히다	밟히·이·다	밟히·이·다	밟히·이·다	밟히·이·다
벗기다	벅·기·다11)	벅기·이·다	벡기·이·다	벡기·이·다
베이다	끊기·이·다	비키·이·다	비키·이·다12)	비캐·애·다
보이다	보·이·다13)	비·이·다	비·이·다	비·이·다
볶이다	뽂이·이·다	뽂이·이·다	뽂이·이·다	뽂애·애·다
부딪히다	받히·이·다	받히·이·다	받히·이·다	받히·이·다
불리다(피리)	불링·다	불리·이·다	불리·이·다	불리·이·다
붙들리다	뿥들링·다	뿥들리·이·다	뿥들리·이·다	뿥들리·이·다
비어지다	—	—	—	비우키·이·다
비취다	비치·이·다	삐치·이·다	삐치·이·다	삐치·이·다
빗기다	삑깅·다	삑기·이·다	삑기·이·다	삑기·이·다
빨리다(빨래)	빨링·다	빨리·이·다	빨리·이·다	빨리·이·다
빼앗기다	뺐깅·다	뺐기·이·다	뺐기·이·다	뺐악기·이·다
뽑히다	뽑히·이·다	뽑히·이·다	뽑히·이·다	뽑해·애·다
삶기다	상깅·다	상기·이·다	상기·이·다	상기·이·다
섞이다	썪이·이·다	섞이·이·다	섞이·이·다	섞이·이·다
실리다	씰리·이·다	실리·이·다	실리·이·다	실리·이·다
심기다	싱기·이·다	숭기·이·다	숭기·이·다	숭쿠캐·애·다
쌓이다	쌓이·이·다14)	샇이·이·다	샇이·이·다	—
썰리다	상글리·이·다	상글리·이·다	상글리·이·다	사리캐·애·다
쏘이다(벌에)	쏘이·이·다	수이·이·다	쇠이·이·다	수캐·애·다15)
쏟기다	쏙기·다	속키·이·다	속기·이·다	속기·이·다
쓰이다	쓰이·이·다	시이·이·다	시이·이·다16)	시이·이·다
쓸리다	씰링·다	실리·이·다	실리·이·다	실리·이·다
씹히다	씹힝·다	십히·이·다	십히·이·다	십히·이·다
씻기다	씪깅·다	쉬기·이·다	쉬기·이·다	쉬기·이·다
안기다	앙기·이·다17)	앙기·이·다	앙기·이·다18)	앙기·이·다
얹히다	얹히·이·다	얹히·이·다	얹히·이·다	얹히·이·다
업히다	업히·이·다19)	억기·이·다	억기·이·다	억기·이·다

11) 뺙·기·다, 삑·기·다
12) 끊기·이·다
13) 보잃·다
14) 쌓애·애·다
15) 수이·이·다
16) 시·이·다
17) 앙끼·이·다
18) 앙끼·이·다
19) 업·히·다

엮이다	엮이·이·다	엮이·이·다	엮이·이·다	엮이·이·다
열리다	열맇·다	열리·이·다	열리·이·다	열리·이·다
이어지다(茅)	—	이·이#지·다	이·이·다	이캐·애·다
읽히다	읽히·이·다	읽히·이·다	읽히·이·다	읽히·이·다
잊히다	잊·어·지·다	잊아지다	잊아지다	잊·어·빼·지·다
잘리다	짤리·이·다	짤리·이·다	짤리·이·다	짤리·이·다
잠기다	장긯·다	장기·이·다	장기·이·다	장구캐·애·다
잡히다	잽히·이·다	잡히·이·다	잡히·이·다	잡히·이·다
적히다	적히·이·다	적히·이·다	적히·이·다	적기·이·다
접히다	접힣·다	접히·이·다	접히·이·다	접치·이·다
졸리다	졸리·이·다	졸리·이·다	졸리·이·다	졸리·이·다
쥐이다	지키·이·다	쥐키·이·다	쥐키·이·다	쥐키·이·다
집히다	집힣·다	집히·이·다	집히·이·다	찝히·이·다
짜이다	—	짜이·이·다	짜이·이·다	—
쪼이다	—	쪼이·이·다	쪼이·이·다	쪼·오·다
쫓기다	쪽기·이·다	쪽기·이·다	쪽기·이·다	쪽기·이·다
찍히다	찍힣·다	찍히·이·다	찍히·이·다	찍히·이·다
찔리다	찔리·이·다	찔리·이·다	찔리·이·다	찔리·이·다
차이다(蹴)	차이·이·다	차이·이·다	차이·이·다	차이·이·다
켜이다(燈)	서이·이·다	서이·이·다	서이·이·다	서캐·애·다
털리다	털맇·다	털리·이·다	털리·이·다	털리·이·다
트이다	티이·이·다	티이·이·다	티이·이·다	티·이·다
파이다	파이·이·다	파이·이·다	파이·이·다	파이·이·다
팔리다	팔리·이·다	팔리·이·다	팔리·이·다	팔리·이·다
풀리다	풀리·이·다	풀리·이·다	풀리·이·다	풀리·이·다
할퀴이다	해비끼·이·다	해비끼·이·다	까륵끼·이·다	까르캐·애·다
헐리다	헐리·이·다	헐리·이·다	헐리·이·다	헐리·이·다
헝클리다	헝클리·이·다	흔틀리·이·다	헝클리·이·다	헝클리·이·다
휩쓸리다	—	—	홉슬리·이·다	섭슬리·이·다
흔들리다	흔들리·이·다	흔들리·이·다	흔들리·이·다	흔들래·애·다

1.10. 사동사

	울진	영덕[1]	포항	경주
가리우다[2]	가룽·다	가룽·다	가루·우·다	가룽·다
감기다(閉)	깡기·이·다	깡끼·이·다	깡끼·이·다	깡깨·애·다
감기다(濯)	깡기·이·다	깡끼·이·다	깡끼·이·다	깡깨·애·다
걸리다(步)	걸·리·다	걸키·이·다	걸키·이·다[3]	걸리·이·다
굶리다(飢)	골·리·다	골리·이·다	골리·이·다	곯래·애·다
괴롭히다	·개·롭·히·다[4]	·괴·롭·히·다	·괴·롭·히·다	·괴·롭·히·다
굳히다	굳·히·다	—	—	—
굴리다	굼불·리·다	굴·리·다	굴·리·다	구불·이·다[5]
굽기다	궁·기·다	궁기·이·다	궁기·이·다	궁개·애·다
굽히다(曲)[6]	꾸불·시·다	꾸부·리·다	꾸꾸·리·다	꾸꾸·리·다
그을리다	—	끄실굴·다	끄실구·우·다	꺼질·다
기울이다	기울·이·다	기울·이·다	찌불·시·다	기울·이·다
깎이다	깎이·이·다[7]	깎이·이·다	깎이·이·다	깎애·애·다
깨우다	깨·우·다	깨·우·다	깨·우·다	깨꾸·우·다
꿇리다	꿀끼·이·다	꿀리·이·다	꿀리·이·다	꿀·에·라
꿇이다	낋·이·다	꿇·이·다	낄·리·다	꿇·이·다
끼우다(물건을)	찌궁·다	찌·우·다	낑구·우·다	끼·우·다
끼우다(반지를)	찌·우·다	끼·우·다	찌·우·다	찌·우·다
남기다	냉궁·다	낭궁·다	낭구·우·다	낭궁·다
낮추다	낮춤·다[8]	낮추·우·다	낮추·우·다	낮추·우·다
넓히다	널쿵·다	널구·우·다[9]	늘구·우·다[10]	널푸·우·다[11]
넘기다	넝·기·다[12]	넝궁·다	넝구·우·다	넝궁·다
녹이다	녹·이·다[13]	녹훙·다	녹후·우·다	녹후·우·다

1) 'X웅-'과 'X우·우-'가 공존하는데 전자의 세력이 더 크다.
2) 가리게 하다
3) 걱기·이·다
4) ·개·럽·히·다
5) 굴·리·다
6) 구푸리다
7) 깎·이·다
8) 낮추·우·다
9) 넓·히·다
10) 늘궁·다, 넓·히·다
11) 길을 '널푸·우·다', 소매통을 '늘쿠·우·다'
12) 넝구·다

놀리다	놀·리·다	놀리·이·다	놀리·이·다	놀리·이·다
높이다	높·이·다	높·이·다	높·이·다	높·이·다
누이다	누킹·다	누이·이·다	누이·이·다	누캐·애·다
눌리다(焦)	눌궁·다	눌궁·다	눌구·우·다	누룽·다
눕히다14)	눕·히·다15)	눕히·이·다	눕히·이·다16)	눕해·애·다
늘리다(수를)	·늘·구·다	늘구·우·다	·늘·리·다	—
늘이다(길이를)	니룽·다	늘우·우·다	늘쿠·우·다	늘궁·다17)
늦추다	늦충·다18)	늦추·우·다	늦추·우·다	늦추·우·다
다치게하다	—	—	—	다치캐·애·다
닦이다	딲·으·라·하·다	딲이·이·다	딲이·이·다	딲애·애·다
달구다(熱)	달궁·다	달구·우·다	달구·우·다	다룽·다
더럽히다	베·리·다	베·리·다	베·리·다	베·리·다
덥히다	뜨숭·다19)	떠수·우·다20)	덕구·우·다21)	덕구·우·다22)
돋우다	독궁·다23)	독구·우·다	독구·우·다	독구·우·다
돌리다	돌·리·다	돌·리·다	돌·리·다24)	돌·리·다
들리다(擧)	—	들리·이·다	들리·이·다	—
들이다(入)	디래놓·다	들루·우·다	들루·우·다	들루·우·다
들이다(맛을)	·딜·이·다	·딜·이·다	·딜·이·다	·딜·이·다
뜯기다	뜯기·이·다	뜯기·이·다	뜯기·이·다	뜯기·이·다
띄우다	띠·우·다	띄·우·다	띄·우·다	띄·우·다
말리다(止)	말·리·다25)	말·리·다	말·리·다26)	말·리·다
말리다(乾)	말·리·다27)	말룽·다	말루·우·다	말룽·다
맞추다(셈을)	맞충·다28)	맞추·우·다	맞추·우·다	맞추·우·다

13) 녹훙·다, 녹쿵·다, 녹후·우·다
14) 누이다
15) 닙·히·다, 닙히·이·다, 눅기·이·다
16) 눅기·이·다
17) 늘구·우·다
18) 느충·다, 늦추·우·다
19) 떠수·우·다, 디·꿇·다
20) 떠숭·다
21) 떠수·우·다
22) 뎁·히·다
23) 독구·우·다
24) 둘·리·다
25) 말·기·다
26) 만·니·다
27) 말룽·다, 말루·우·다
28) 답을 '맞추·우·다', 옷을 '마충·다, 마추·우·다'

맞히다(답을)	맞히·이·다	맞후·우·다	맞후·우·다	맞훙·다
맡기다	막·기·다29)	맥·기·다	맥·기·다	맥·기·다
먹이다	믹·이·다	믹이·이·다	믹이·이·다	믹이·이·다
묻히다(染)	묻·히·다	묻·히·다	묻·히·다	묻·히·다
물리다(벌금)	물·리·다30)	물·리·다	물·리·다	물·리·다
물리다(재갈을)	물·리·다	물리·이·다	물리·이·다	물리·이·다
바로다(正)	발궁·다	반들쿠·우·다	반들쿠·우·다	바루·우·다
밝히다	밝·히·다	밝·히·다	밝·히·다	밝·히·다
벌리다(틈을)	·벌·리·다	:벌·리·다	:벌·리·다	:벌·리·다
벗기다	빅·기·다31)	벅기·이·다	벡기·이·다	벡기·이·다
베우다(베개를)	비킹·다	비키·이·다	비키·이·다	비캐·애·다
보이다	보·이·다32)	비·이·다	비·이·다	비·이·다
부풀다	뿔궁·다	부·피·다	부풀구·우·다	부푸·우·다
불리다(재산을)	일·궁·다	부루·우·다33)	뿔꾸·우·다	부룽·다
붙이다	붙·이·다	붙·이·다	붙·이·다	붙·이·다
비우다	비·우·다	비·우·다	비·우·다	비·우·다
빗기다	삑·기·다	삑기·이·다	삑기·이·다	삑기·이·다
빨리다(젖을)	빨·리·다34)	빨리·이·다	빨리·이·다	빨리·이·다
삭이다(분을)	—	—	—	—
삭히다	색·이·다35)	삭후·우·다36)	삭후·우·다	삭훙·다37)
살리다	살·리·다	살·리·다	살·리·다	살·리·다
세우다	시·우·다	서·우·다	서·우·다	서·우·다
속이다	쏙·이·다38)	쇅·이·다	쇅·이·다	속·이·다
숨기다	숭·기·다39)	숭끼·이·다	숭구·우·다40)	숭쿵·다41)
식히다	시쿵·다42)	식후·우·다	식후·우·다	식훙·다

---

29) 맥·기·다
30) 무루·우·다, 물리·이·나
31) **삑**·기·다, 삑·기·다
32) 보이·이·다, 비이·이·다
33) 뿔꾸·우·다
34) 빨리·이·다
35) 싹훙·다, 사쿠·우·다
36) 쇅·이·다
37) 쇅·히·다
38) 쏙훙·다
39) 숭궁·다, 싱·끼·다
40) 숭기·이·다
41) 숭쿠·우·다
42) 식후·우·다, 씩히·이·다

신기다	싱·기·다43)	싱기·이·다	싱기·이·다44)	싱기·이·다
실리다	썰리·이·다	실리·이·다	실리·이·다	실리·이·다
썩이다	썩·히·다45)	석훟·다	석후·우·다	석훟·다46)
쐬다47)	씨이·이·다	씨애·애·다	씨애·애·다	씨애·애·다
셋기다	쒺·기·다	쉬기·이·다	쉬기·이·다	쉬기·이·다
앉히다	앉훟·다	앉후·우·다	앉후·우·다	앉훟·다
알리다	알궇·다48)	알리·이·다	알리·이·다	알리·이·다
얼리다	얼궇·다49)	얼구·우·다	얼구·우·다	얼궇·다
업히다	업히·이·다50)	업히·이·다	업히·이·다	억기·이·다
없애다	없애·애·다	없애·애·다	없애·애·다	없애·애·다
올리다	올·리·다	올·리·다	올·리·다	올·리·다
옮기다	잉·기·다	욍·기·다	욍·기·다	욍·기·다
울리다	울긯·다/울·리·다	울리·이·다	울리·이·다	울래·애·다
웃기다	욱·기·다	욱기·이·다	욱기·이·다	욱개·애·다
이우다(載)	이킿·다	이이·이·다	이키·이·다	이키·이·다
익히다(熟)	익훟·다	익후·우·다	익후·우·다	익훟·다
익히다(習)	익·히·다	익·히·다	익·히·다	익·히·다
읽히다	일·러·라·하·다	읽히·이·다	읽히·이·다	읽히·이·다
입히다	입·히·다51)	입히·이·다52)	입히·이·다53)	입히·이·다
잡히다(담보로)	잽·히·다	잽·히·다	잽·히·다	잽·히·다
재우다	재·우·다	재·우·다	재·우·다	재·애·다
졸이다(국물을)	쫄궇·다	쪼루·우·다	쪼루·우·다	쪼룽·다54)
좁히다	쫍·히·다	쫍·히·다	쫍·히·다	쫍·히·다55)
죽이다	죽·이·다	죽·이·다	죽·이·다	죽·이·다
줄이다	줄궇·다	줄궇·다	줄우·우·다	줄웋·다

---

43) 싱기·이·다, 싱끼·이·다
44) 싱끼·이·다
45) 썩훟·다, 썩후·우·다
46) 속을 '섹·이·다'
47) 바람을 쐬게 하다
48) 알구·우·다
49) 얼구·우·다
50) 업·히·다
51) 입히·이·다
52) 익기·이·다
53) 익기·이·다
54) 졸·이·다
55) 간격을 좁히는 것은 '·짜·다'

쥐이다	지킿·다	쥐이·이·다	쥐키·이·다	쥐키·이·다
지우다	지·우·다	지·우·다	지·우·다	지·우·다
쪼이다56)	쪼이·이·다	쪼얘·애·다	쪼얘·애·다	쪼얘·애·다
찌우다	찌·우·다	찌·우·다	지·우·다	지·우·다
채우다	채·우·다	채·우·다	채·우·다	채·우·다
키우다	키·우·다	키·우·다	키·우·다	키·우·다
태우다	태·우·다	태·우·다	태·우·다	태·우·다
피우다(연기)	피·우·다	피·우·다	피·우·다	피·우·다
홀리다	홀·리·다	홀·리·다	홀·리·다	홀·리·다

---

56) 햇빛을 쬐게 하다

2. 문법형태소의 성조

2.1. 접두사

	울진	영덕	포항	경주
각-	·깍	—	—	·깍
갓-	—	·갓	·갓	·갓
개-1)	:개	:개	:개	:개
공-	공	공	공	공
군-	:군	:군	:군	—
날-	생	날	날	날
덧-	덧	덧	덧	덧
돌-2)	·돌	·돌	·돌	·돌
되-	·디	다부	다부	다부
드-	—	—	—	—
들-3)	들	들	들	들
들-4)	:들	:들	:들	:들
들-5)	들	들	들	들
매-6)	매	매	매	매
맨-	맨	맨	맨	맨
빗-	빗	빗	빗	빗
새-7)	새	새	새	새
선-8)	:선	:선	:선	:선

---

1) 함부로 된
2) 품질이 낮거나 저절로 난 야생물
3) 몹시, 무리하게
4) 야생의
5) 접두사 '참-'과 양립하는 의미. (예)들기름, 들깨
6) 구별이 없는
7) 빛깔이 짙고 매우 산뜻한
8) 익숙하지 못 한, 서투른, 덜 된

설-	·설	·설	·설	·설
숫-9)	·쑥/수	·숙/·수	·숫/·수	·숙/·수
시(媤)-	·시/:시	·시/:시	·시/:시	·시/:시
알-	·알	·알	·알	·알
암-	·암	·암	·암	·암
양(養)-	:양	:양	:양	:양
엇-	엇	엇	엇	엇
올-10)	:올	:올	:올	:올
외(孤)-	·외	·외·동/·외	·외·동/·외	·외·동/·외
웃(上)-	웃	웃	웃	웃
짓-	짓	짓	짓	짓
차/찰-	찰/차	찰/차	찰/차	찰/차
참-	·참	·참	·참	·참
첫-	·첫	·첫	·첫	·첫
치-	치	치	치	치
친(親)-	친	친	친	친
풋-	·풋	·풋	·풋	·풋
한(큰)-	·한	·한	·한	·한
한(바른)-	·한	·한	·한	·한
한(가득한)-	한	한	한	한
햇-	·햇	·햇	·햇	·햇
헛-	헛	헛	헛	헛
홀-	홀	호불/홀	홀	호불/홀
홑-	홑	호분/홑	호분/홑	홑
휘-	휘	휘	휘	휘

9) 다른 것이 섞이지 않은
10) 자라거나 익는 정도가 빠른

2.2. 접미사

	울진	영덕	포항	경주
-간	간	간	간	간
-개	·개	·개	·개	·개
-갱이	매·이	매·이	개·이	개·이
-거리	—	—	—	—
-거리-	거·리	거·리	거·리	거·리
-껏	—	—	—	—
-기	·기	·기	·기	·기
-꾸러기	—	—	—	—
-꾼(君)	·꾼	·꾼	·꾼	·꾼
-내	·내	·내	·내	·내
-내기	내·기	내·기	내·기	내·기
-님	·님	·님	·님	·님
-답-	답	답	답	답
-대-	대·애	대·애	대·애	대·애
-둥이	디·이	디·이	디·이	디·이
-들	·들	·들	·들	·들
-뜨리-	—	—	—	—
-롭-	·롭	·롭	·롭	·롭
-매	·매	·매	·매	·매
-뱅이	배·이	배·이	배·이	배·이
-보	·보	·보	·보	·보
-새	·새	·새	·새	·새
-스럽-	시·럽	시·럽	시·럽	시·럽
-아지	아·지	아·지	아·지	아·지
-어치	어·치	어·치	어·치	어·치
-음	·음	·음	·음	·음
-이	·이	·이	·이	·이
-장이	재·이	재·이	재·이	재·이
-쟁이	재·이	재·이	재·이	재·이
-지-	지	지	지	지
-지기	지·기	지·기	지·기	지·기
-질	·질	·질	·질	·질
-짜(者)	·짜	·짜	·짜	·짜
-치	·치	·치	·치	·치
-하-	하	하	하	하
-히	·히	·히	·히	·히

2.3. 피동·사동 접미사

	울진	영덕	포항	경주
-구-(사)	궇	구·우/궇	구·우/궇[1]	궇/쿻
-기-(사)	기·이/·기	기·이/·기/궇	기·이/·기/구·우	기·이/·기/궇
-기-(피)	기·이	기·이	기·이	기·이/개·애
-리-(사)	리·이/·리	리·이/·리[2]	리·이/·리[3]	리·이/·리[4]
-리-(피)	리·이	리·이	리·이	리·이/래·애
-애-(사)	애·애	애·애	애·애	애·애
-우-(사)	·우	우·우/·우	구·우/·우	꾸·우/우·우/·우
-이-(사)	이·이/·이	이·이/·이[5]	이·이/·이[6]	이·이/·이[7]
-이-(피)	·이/잃/이·이	이·이/·이/키·이	이·이/·이/키·이	이·이/애·애[8]
-추-(사)	춯	추·우/춯	추·우	추·우
-히-(사)	홓/히·이/·히	히·이/·히[9]	히·이/·히/후·우	히·이/해·애/·히/홓
-히-(피)	히/힣/히·이	히·이	히·이	히·이/해·애

1) -꾸·우-
2) -루·우-, -룽-
3) -루·우-
4) -루·우-, -룽-
5) -키·이-
6) -키·이-
7) -애·애-, -키·이-, -캐·애-
8) -·이-, -캐·애-, -키·이-
9) -후·우-, -홓-

2.4. 조사

	울진	영덕	포항	경주
-이	·이	·이	·이1)	·이
-가	·가	·가	·가	·가
-을	·을/·으	·을	·을2)	·을
-를	·를/·르	ㄹ/·를/·로	ㄹ/·를/·로	ㄹ/·를/·로
-의	·의[에]	·에/·으	·에3)	·에/·으
-아	·아	·아	·아/·애·이	·아
-야	·야	·야	·야/·애·이	·야
-에	·에	·에	·에4)	·에
-에서	·에·서	·에·서	·에·서5)	·에·서
-서	·서	·서	·서	·서
-으로(도구)	가주·고	까·아	까·아6)	까·아
-로(도구)	가주·고	까·아	까·아7)	까·아
-으로(향진)	·으·로	·으·로	·으·로	·으·로
-로(향진)	·로	·로	·로	·로
-한테	한·테/저·테	자·테	인·테8)	자·테
-와	하·고	·캉	·캉	·캉
-과	·카	·캉	·캉/·카	·캉
-만	·만/·마	·만/·마	·마/·만	·마/·만
-쯤	쭈·움	쭈·움	쭈·움	쭈·움
-같이	같·이	같·이	그·치9)	그·치
-마다	마·드·로/마·도	마·정	마·정	까·지
-만큼	마·큼10)	만·큼	만·쿰11)	만·침/마·큼/마·치
-보다	보다·가	카·마	카·마12)	카·마13)

---

1) '집'과만 결합하는 '-·이·가'가 있다.
2) -로, -으로. 1인칭대명사 '나'와만 결합하는 '-르'이 있다.
3) '남'과만 결합하는 '-·우/·으', '집'과만 결합하는 '-·이'가 있다.
4) '집'과만 결합하는 '-·이'가 있고, '방, 장, 요강, 도랑, 공장, 마당, 구멍, 손등' 등 음절말이 /ㅇ/으로
   끝나는 일부 평성형 어휘와만 결합하는 '-·아'가 있다.
5) -더라, -서라. '집'과만 결합하는 '-·이·서/·이·서·라/·이·더·라'가 있다.
6) -·으·로·까·아, -·으·로#까·아
7) -로·까·아, -·로#까·아
8) -인·데, -한·테
9) -거·치
10) -만·큼, -만·치, -만·침
11) -만·침, -만·치

-처럼	껕·이	믄지·로	믄제·로14)	맨트·로
-은	·은	·은	·은15)	·은
-는	·는/·느	·는/·느	·느/·는16)	·는
-도	·도	·도	·도	·도
-뿐	·뿐	·뿐	·뿐17)	·뿐
-씩	·씩	·뿐	·석	·석
-까지	끄·지	끄·지	끄·지/끄·지	까·지
-마저	끄·지	끄·지	끄·지	까·지
-밖에	빼·끼/빼·이	뱎·에	밖·으18)	밖·으
-부터	버·텀	버·텅	버·터	버·턴
-(이)나	(·이)·나	(·이)·나	(·이)·나	(·이)·나
-(이)라도	(·이)·라도	(·이)·라도	(·이)·라도19)	(·이)·라도
-(이)야	(·이)·야	(·이)·야	(·이)·야/·사	(·이)·야/·사
-(이)고	(·이)·고	(·이)·고	(·이)·고	(·이)·고
-하고	하·고	·캉	·카/·캉20)	·캉/·카

---

12) -보다·아, -뿌다·아
13) -보다·가
14) -믄지·로
15) -일라, -일라가
16) -르·라, -르·라·가
17) 지정사 '·이·다'와의 결합에서 ':빼'가 실현된다.
18) -뱎·이
19) -·인·따·나
20) '-하고'는 요즈음 말이다.

2.5. 어미[1]

	울진	영덕	포항	경주
-거든	거·드	거·든	글·라[2]	거·등
-거들랑	거·들·라	거·들·라	글·라·가	거·들·랑
-거라(命)	그·라	그·라	거·라/가·라	그·라
-게(命)	·게	·게	·게	·게
-게(連)	그·로	구·로	게·로/구·로/그·로	구·로/그·로
-겠[3]	을/겠	을/·을/겠	을/·을/겠	을/·을/겠
-겠네	겠·네	을·세/겠·네	을·세/·을·세	을·세[4]
-겠니	·을·루·나/겠·나	을·라·아/겠·나	을·라·아[5]	을·라·아[6]
-겠다	·을·다/겠·다	을·다/겠·다	을·다/·을·다	을·다[7]
-겠더라	·을·레·더·라[8]	을레·라[9]	을레·라[10]	을레·라[11]
-겠습니까	·을·니·껴[12]	·을·닝·교[13]	을닝·교[14]	겠닝·교
-겠습니다	·을·니·더[15]	·을·니·이·더[16]	을니·이·더[17]	겠니·이·더[18]

1) 의문형 종결어미 '-·나, -·가, -·까, -다·아(=더냐), -라·아(=겠냐)'는 의문사와 결합할 때 '-·노, -·고, -·꼬, -도·오, -로·오'로 교체된다. 특히 포항과 경주 방언에서는 상태동사와 결합하는 의문형 종결어미 '-·아'가 있는데 이것도 의문사와 결합할 때 '-·오'로 교체된다. 그리고 동사의 음절말 환경에 따라 자동교체되는 '-습니다/ㅂ니다, -습니까/ㅂ니까, -습디다/ㅂ디다, -습디까/ㅂ디까' 등이 이 지역에서는 음절말 환경에 상관없이 단일한 형태로 실현된다. 상태동사와 결합하는 종결어미 '-·아/·어'는 모두 '-·다'로 나타난다.

2) '-글·라, -거·든, '-글·라·가, -거·들·라'가 각각 공존한다.

3) '-겠-'에 대응되는 형태로 '-겠-'과 '-을-'이 공존하는데 고형인 후자의 세력이 더 우세하다. 그러나 점차 신형인 '-겠-'의 세력이 확장되고 있으며 일부 굴절형에서는 이미 '-겠-'이 결합된 굴절형이 지배적이다. 그리고 울진 방언에서 '-을-'은 거성형이지만 나머지 세 방언에서는 거성형과 평성형이 공존하며 임의변동하므로, 평성형 동사가 '-을-'과 결합할 때 두 성조형이 임의변동한다. 그리고 영덕과 포항, 경주 방언에서 /ㅆ/이 나타나지 않으나 어미 '-았-, -겠-'에 대응되는 형태를 표기할 때 의미의 혼동을 우려하여 표준어 표기법을 따라 표기하기로 한다.

4) -·을·세, -겠·네

5) -·을·라·아

6) -·을·라·아, -겠·나

7) -·을·다, -겠·다

8) -겠·더·라

9) -·을·레·더·라, -겠더·라

10) -·을·레·라

11) -·을·레·라, -겠더·라

12) -겠·니·껴

13) -겠능·교

14) -·을·닝·교, -겠닝·교

15) -·을·시·더, -겠·니·더

16) -겠니·이·더. 주어가 1인칭이고 '의지'를 나타낼 때 '-·을·시·더'

17) -겠니·이·더. 주어가 1인칭일 때 '-·을·시·더'

-겠습디까	겠·디·껴	·욿·딩·교19)	욿딩·교20)	겠딩·교
-겠습디다	겠·디·더	·욿·디·이·더21)	욿디·이·더22)	겠디·이·더
-겠지	겠·지	겠·지	겠·지	겠·지
-고	·고	·고	·고	·고
-너라23)	너·라/·이·라	느·라	느·라/나·라	느·라
-네	·네	·네	·네/·애24)	·네25)
-느라고	니·라·꼬	니·이·라·꼬	니·이·라·꼬	니·이·라·꼬
-는	는	는	는	는
-는가26)	능·가/ㅇ·가	능·가	능·강	능·강
-는가보네	능·가·베/ㅇ·가·베	능·가·베	능·가·베	능·갑·네
-는가보다	능·겠·다/ㅇ·겠·다	능·갑·다	능·갑·다	능·갑·다
-는구나	능·구·나	능·구·나	구·나	능구·나/능·구·나
-는다	는·다	는·다	는·다	는·다
-는단다	는·단·다	는·단·다	는·단·다	는·단·다
-는답시고	는·다·꼬	는·다·합(:)·시·고	는·답·시·고	는·다·합(:)·시·고
-는대	는·단·다	는·단·다	는·단·다	는·단·다
-는데	는·데/ㄴ·데	는·데	는·데	는·데
-는지	는·동/ㄴ·동	는·동	는·동	는·동
-니(疑)	·나	·나	·나/·아	·나/·으·나27)
-다	·다	·다	·다	·다
-다가	다·가	다·가	다·가	다·가
-다니	·다·이	·다·이	·다·이	·다·이
-더	더	더	더	더
-더냐	더·나	다·아	다·아	다·아
-더니	디·이	디·이	디·이	디·이

18) 주어가 1인칭이고 '의지'를 나타낼 때는 '-겠심·더'
19) -겠등·교
20) -·욿·딩·교, -겠딩·교
21) -겠디·이·더
22) -·욿·디·이·더, -겠디·이·더
23) 동사 '오-'와만 결합한다.
24) '-·애'는 상태동사와만 결합한다.
25) 상태동사와 결합할 때 '-·으·네'가 나타나기도 한다.
26) 이 지역에서는 '-는'이 연구개음 앞에 나타날 때 자음동화를 일으켜 굳어진 '-능' 형태로 실현된다. 특히 울진 방언에서는, 동사 어간이 모음으로 끝날 때 '-는X'에 대응되는 형태로 '-ㅇX'가 나타난다. 즉 '-는가, -는겠다, -는데, -는지'에 대응되는 형태로 '-ㅇ가/ㄴ가(의문사와 결합할 때는 '-ㅇ고/ㄴ고'), -ㅇ겠다, -ㄴ데, -ㄴ동'이 실현된다.
27) 상태동사와 결합할 때 '-·으·나'가 나타나기도 한다.

-더라	더·라	더·라	드·라	드·라
-더라도	더·라·도	디·이·라·도	디·이·라·도	디·이·라·도
-던데	던·데	든·데	든·데	든·데
-데	데·에	데·에	데·에	데·에
-도록	드·로	두·로	도·록/·들	두·로/·들
-든	든	든	든	든
-든지	든·지	든·지	든·동	든·동
-듯이	듯·이	듯·이	듯·이	듯·이
-습/ㅂ니까	니·껴	닝·교	닝·교	능·교
-습/ㅂ니다	니·더	니·이·더	니·이·더28)	니·이·더
-습/ㅂ디까	디·껴	딩·교	딩·교	딩·교
-습/ㅂ디다	디·더	디·이·더	디·이·더	디·이·더
-아(附)29)	·어30)	·아	·아	·어31)
-아(終)	·어·라	·아·라	·아·라	·어·라
-아다가	·어·다·가	·아·다·가	·아·다·가	·어·다·가
-아도	·어·도	·아·도	·아·도	·어·도
-아라	·어·라	·아·라	·아·라	·어·라
-아서	·어#가주·고	·아#가·아	·아#가·아	·어#가·아
-아야	·어·야	·아·야	·아·야	·어·야
-았	·었	·았	·았	·었
-았겠다	·었·겠·다	·았·잃·다	·았·잃·다	·었·잃·다
-았는가보다	·었·는·겠·다	·았·는·겠·다	·았·능·갑·다	·었·능·갑·다
-았니	·었·나	·았·나	·았·나	·었·나
-았다	·었·다	·았·다	·았·다	·었·다
-았더라	·었·더·라	·았·더·라	·았·드·라	·었·드·라
-았습니까	·었·니·껴	·았·닝·교	·았·닝·교	·었·닝·교
-았습니다	·었·니·더	·았·니·이·더	·았·니·이·더	·었·니·이·더
-았습디까	·었·디·껴	·았·딩·교	·았·딩·교	·었·딩·교
-았습디다	·었·디·더	·았·디·이·더	·았·디·이·더	·었·디·이·더
-았지(疑)	·었·제	·았·제	·았·제	·었·제

---

28) 상태동사와 결합할 때는 '-·으·이·더'
29) 이형태 관계에 있는 '-아, -어, -여' 형태들은 모두 거성형이므로 {아}를 기저 형태로 삼아 이것만 표제항목으로 제시한다. 그러나 각 방언에서는 '-어'와 '-아' 중 더 지배적인 세력을 갖는 형태를 등재한다.
30) 울진 방언에서는 부사형 어미 '-어'가 지배적이다.
31) 동사 어간의 말모음이 양성모음일 때 부사형 어미는 '-어'와 '-아'가 임의 변동하지만 '-어'의 세력이 훨씬 우세하다. 그러므로 경주 방언에서 부사형 어미의 기저형태를 {어}로 설정한다.

-았지(終)	·었·지	·았·지	·았·지	·었·지
-으나(選)	·으·나	·으·나	·으·나	·으·나
-으니까	·으·이·꺼·네	으·이·까·네32)	·으·이·까·네	으·이·까·네33)
-으라	·으·라	·으·라	·으·라	·으·라
-으러	·으·러	·으·러	·으·라	·으·러
-으려고	·을·라·꼬	·을·라·꼬	·을·라·꼬	·을·라·꼬
-으려는가	·을·랑·가	·을·라·능·강34)	·을·라·능·강35)	·을·라·능·강36)
-으렵니다	·을·라·니·더	·을·라·니·더	·을·라·니·더	·을·랍·니·더
-으마	·으·ㄲ·마	으·ㄲ·마	으·꾸·마	으·꾸·마/·으·꾸·마
-으면	·으·머/·으·먼	·으·머	·으·머	·으·머
-으면서	·으·미·서	·으·며	·으·미·러/·으·며	·으·메
-으세	·세	으·세/·세	·으·세	·으·세
-으시	·으·시	으·시/·으·시	·으·시	·으·시
-으시오(命)	·소37)	으·소/·으·소	·으·소	으·소/·으·소
-으십니까	·으·시·니·껴	·으·시·닝·교	·으·시·닝·교	·으·시·닝·교
-으십니다	·으·시·니·더	·으·시·니·이·더	·으·시·니·이·더	·으·시·니·이·더
-으십디까	·으·시·디·껴	·으·시·딩·교	·으·시·딩·교	·으·시·딩·교
-으십디다	·으·시·디·더	·으·시·디·이·더	·으·시·디·이·더	·으·시·디·이·더
-으십시다	시·더	·으·십·시·더	·으·십·시·더	으·입·시·더38)
-으십시오	·으·시·소/·시·소	·으·시·이·소	·으·시·이·소	·으·시·이·소
-은39)	·는/·었·는	·은/·았·는	·은/·았·는	·은/·았·는
-은가	·능·가	·응·가	·응·강	·응·강
-은가보네	·능·가·베	·응·가·베	·응·가·베	·응·가·베
-은가보다	·능·겠·다	·응·겠·다	·응·갑·다	·응·갑·다
-은데	·는·데	·은·데	·은·데	·은·데
-은지	·는·동	·은·동	·은·동	·은·동
-을	·읋	읋/·읋	읋/·읋	읋/·읋

---

32) -·으·이·까·네
33) -·으·이·까·네
34) -·을·랑·가
35) -·을·랑·가
36) -·을·랑·강
37) '-·소(=으시오)'와 '-·시·소(=으십시오)'의 중간 단계에 해당하는 존대 표현으로 '-·이·소'가 있는
   데, 이것은 동사 어간이 모음으로 끝날 때 실현되어 '·가·이·소'와 같이 실현된다.
38) -·으·입·시·더
39) 이 지역에서 동작동사의 과거시제로 '-은'이 실현될 때는 '-었는, -았는'으로 나타나고, 상태동사의
   관형형으로 실현될 때만 '-은'이 나타난다. 그러나 울진 방언에서는 상태동사의 관형형으로도 '-는'
   이 실현된다.

−을걸	·으·꺼·로40)	읋거·로	읋거·로41)	읋거·로
−을게	·으·께	으께·에	으끼·이	으끼·이/·으·끼·이
−을까	·으·까	으·까	·으·까	으·까/·으·까
−을수록	·읋·수·로	·읋·수·록	·읋·수·록	·읋·수·록
−을건데	·읋·건·데	읋겐·데	읋겐·데	읋기·인·데42)
−읍시다	시·더	으시·더/·으·시·더	·읍·시·더43)	읍시·더/·읍·시·더
−자(請)	·자	·자	·자	·자
−지(疑)	·제	·제	·제	·제
−지(終)	·지	·지	·지	·지
−지만	·지·만	·지·만	·지·만	·지·만

---

40) −·으·꺼·얼
41) −읋그·로
42) −·읋·기·인·데
43) −·으·시·더

3. 굴절형의 성조

3.1. 성조형별 명사의 준굴절 패러다임

	울진	영덕	포항	경주
콩같이	콩거·치	콩가·치	콩그·치/콩거·치	콩그·치
콩과	콩·카	콩·캉	콩·캉	콩·캉
콩까지	콩·끄·지	콩끄·지	콩끄·지	콩까·지
콩도	콩·도	콩·도	콩·도	콩·도
콩마다	콩마·드·로	콩마·정	콩마·정	콩마·다
콩마저	콩끄·지	콩끄·지	콩끄·지	콩까·지
콩만	콩·마	콩·마	콩·마	콩·마
콩만큼	콩마·큼	콩만·큼	콩만·쿰/콩만·치	콩만·침
콩밖에	콩배·끼	콩배·께	콩밖·으	콩밖·으
콩보다	콩보다·아	콩가·마	콩보다·아	콩보다·가
콩부터	콩버·텅	콩버·텅	콩버·터	콩버·턴
콩뿐	콩·뿐	콩·뿐	콩·뿐	콩·뿐
콩아	콩·아	콩·아	콩·아	콩·아
콩에	콩·에	콩·에	콩·에	콩·에
콩에서	콩·에·서	콩·에·서	콩·에·서	콩·에·서
콩으로	콩가주·고	콩까·아	콩까·아1)	콩까·아
콩은	콩·은	콩·은	콩·은	콩·은
콩을	콩·을	콩·을	콩·을/콩·으·로	콩·을
콩의	콩·에	콩·에	콩·에	콩·에
콩이	콩·이	콩·이	콩·이	콩·이
콩이고	콩·이·고	콩·이·고	콩·이·고	콩·이·고
콩이나	콩·이·나	콩·이·나	콩·이·나	콩·이·나
콩이라도	콩·이·라·도	콩·이·라·도	콩·이·라·도	콩·이·라·도
콩이야2)	콩·이·야	콩·이·야	콩·이·야3)	콩·이·야

---

1) 콩가·주·고
2) 그것에만 한정되거나 강조되는 뜻을 나타내는 보조사. 포항과 경주 방언에서 '-·이·야/·야'는 '-·이·사

콩쯤	콩쭈·움	콩쭈·움	콩쭈·움	콩쭈·움
콩처럼	콩거·치	콩믄지·로	콩믄제·로4)	콩맨트·로
콩하고	콩하·고	콩·캉	콩·캉	콩·캉
콩한테	콩한·테/콩저·테	콩자·테	콩인·테	콩자·테
논같이	·논·거·치	·논·가·치	·논·그·치	·논·그·치
논과	·논·카	·논·캉	·논·캉	·논·캉
논까지	·논·끄·지	·논·끄·지	·논·끄·지	·논·까·지
논도	·논·도	·논·도	·논·도	·논·도
논마다	·논·마·드·로	·논·마·정	·논·마·정	·논·마·다
논마저	·논·끄·지	·논·끄·지	·논·끄·지	·논·까·지
논만	·논·마	·논·마	·논·마	·논·마
논만큼	·논·만·큼	·논·만·침	·논·만·침	·논·만·침
논밖에	·논·배·끼	·논·배·께	·논·밖·으	·논·밖·으
논보다	·논·보·다·아	·논·카·마	·논·카·마5)	·논·카·마6)
논부터	·논·버·텅	·논·버·텅	·논·버·터	·논·버·턴
논뿐	·논·뿐	·논·뿐	·논·뿐	·논·뿐
논아	·논·아	·논·아	·논·아	·논·아
논에	논·에	논·에	논·에	논·에
논에서	논·에·서	논·에·서	논·에·서	논·에·서
논으로	·논·가·주·고	·논·까·아	·논·까·아	·논·까·아
논은	·논·은	·논·은	·논·은	·논·은
논을	·논·을	·논·으·로	·논·으·로	·논·으·로
논의	·논·에	·논·에	·논·에	·논·에
논이	·논·이	·논·이	·논·이	·논·이
논이고	·논·이·고	·논·이·고	·논·이·고	·논·이·고
논이나	·논·이·나	·논·이·나	·논·이·나	·논·이·나
논이라도	·논·이·라·도	·논·이·라·도	·논·이·라·도	·논·이·라·도
논이야	·논·이·야	·논·이·야	·논·이·야	·논·이·야
논쯤	·논·쭈·움	·논·쭈·움	·논·쭈·움	·논·쭈·움
논처럼	·논·거·치	·논·믄·지·로	·논·믄·지·로	·논·맨·트·로
논하고	·논·하·고	·논·캉	·논·캉	·논·캉
논한테	·논·저·테	·논·자·테	·논·인·테	·논·자·테

/·사'와 임의교체된다.
3) 콩·이·사
4) 콩믄지·로
5) ·논·뿐·다·아
6) ·논·보·다·가

돈같이	:돈·거·치	:돈·가·치	:돈·그·치	:돈·그·치
돈과	:돈·카	:돈·캉	:돈·캉	:돈·캉
돈까지	:돈·끄·지	:돈·끄·지	:돈·끄·지	:돈·까·지
돈도	:돈·도	:돈·도	:돈·도	:돈·도
돈마다	:돈·마·드·로	:돈·마·정	:돈·마·정	:돈·마·다
돈마저	:돈·끄·지	:돈·끄·지	:돈·끄·지	:돈·까·지
돈만	:돈·마	:돈·마	:돈·마	:돈·마
돈만큼	:돈·만·쿰	:돈·만·큼	:돈·만·쿰	:돈·만·침
돈밖에	:돈·빽·끼	:돈·배·께	:돈·밖·으	:돈·밖·으
돈보다	:돈·보·다·아	:돈·카·마	:돈·뽀·다·아	:돈·보·다·가
돈부터	:돈·버·텅	:돈·버·텅	:돈·버·터	:돈·버·턴
돈뿐	:돈·뿐	:돈·뿐	:돈·뿐	:돈·뿐
돈아	:돈·아	:돈·아	:돈·아	:돈·아
돈에	:돈·에	:돈·에	:돈·에	:돈·에
돈에서	:돈·에·서	:돈·에·서	:돈·에·서	:돈·에·서
돈으로	:돈·가·주·고	:돈·까·아	:돈·까·아	:돈·까·아
돈은	:돈·은	:돈·은	:돈·은	:돈·은
돈을	:돈·을	:돈·으·로	:돈·으·로	:돈·으·로
돈의	:돈·에	:돈·에	:돈·에	:돈·에
돈이	:돈·이	:돈·이	:돈·이	:돈·이
돈이고	:돈·이·고	:돈·이·고	:돈·이·고	:돈·이·고
돈이나	:돈·이·나	:돈·이·나	:돈·이·나	:돈·이·나
돈이라도	:돈·이·라·도	:돈·이·라·도	:돈·이·라·도	:돈·이·라·도
돈이야	:돈·이·야	:돈·이·야	:돈·이·야	:돈·이·야
돈쯤	:돈·쭈·움	:돈·쭈·움	:돈·쯤	:돈·쭈·움
돈처럼	:돈·거·치	:돈·믄·지·로	:돈·믄·지·로	:돈·맨·트·로
돈하고	:돈·하·고	:돈·캉	:돈·캉	:돈·캉
돈한테	:돈·한·테	:돈·자·테	:돈·인·테	:돈·자·테
남같이	·남·거·치	·남·가·치	·남·그·치	·남·그·치
남과	·남·카7)	·남·캉	·남·캉	·남·캉
남까지	·남·끄·지	·남·끄·지	·남·끄·지	·남·까·지
남도	·남·도	·남·도	·남·도	·남·도
남마저	·남·끄·지	·남·끄·지	·남·끄·지	·남·까·지
남만	·남·마	·남·마	·남·마	·남·마
남만큼	·남·만·쿰	·남·만·쿰	·남·만·침	·남·만·침

---

7) '남과 같이'의 뜻으로 쓰일 때 '·남·가·거·치'

남밖에	·남·배·끼	·남·배·께	·남·밖·으	·남·밖·으
남보다	남보다·아	·남·카·마	·남·뽀·다·아	·남·보·다·가
남부터	·남·버·텅	·남·버·텅	·남·버·터	·남·버·턴
남뿐	·남·뿐	·남·뿐	·남·뿐	·남·뿐
남은	·남·은	·남·은	·남·은	·남·은
남을	·남·을	·남·을	·남·을	·남·으·로
남의	남·으	남·으	남·으	남·우
남이	·남·이	·남·이	·남·이	·남·이
남이고	·남·이·고	·남·이·고	·남·이·고	·남·이·고
남이나	·남·이·나	·남·이·나	·남·이·나	·남·이·나
남이라도	·남·이·라도	·남·이·라도	·남·이·라도	·남·이·라도
남이야	·남·이·야	·남·이·야	·남·이·야	·남·이·야
남쯤	·남·쭈·움	·남·쭈·움	·남·쭈·움	·남·쭈·움
남처럼	·남·거·치	·남·믄·지·로	·남·믄·지·로	·남·맨·트·로
남하고	·남·하·고	·남·캉	·남·캉	·남·캉
남한테	남·으·저·테8)	·남·자·테	·남·인·테	·남·인·테
나같이	내·거·치	내가·치	내그·치	내그·치
나와	내·카	내·캉	내·캉	내·캉/내·카
나까지	내끄·지	내끄·지	내끄·지	내까·지9)
나도	나·도	나·도/:난·도	내·도	나·도/:난·도
나마저	내끄·지	내끄·지	내끄·지	내까·지
나만	내·마	나·만/내·만	내·마	내·마
나만큼	내마·큼10)	내만·큼	내만·치	내만·침11)
나밖에	내배·끼12)	내배·께	내밖·으	내밖·으
나보다	내보다·아	내카·마	내카·마13)	내카·마14)
나부터	내부·터	내버·텅	내버·터	내버·턴
나뿐	내·뿐	내·뿐	내·뿐	내·뿐
나는	나·는	내·는	내·는	나·는
나를	:나·를15)	:날	:날·로/:날	:날

8) ·남·인·테
9) :날·까·지
10) 내마·치, 내마·침
11) :날·만·침
12) 내빼·끼
13) 내보다·아
14) 내보다·가
15) :나·르, :날

내(나의)	나·의[나에]/내	내	내	내
내가	·내·가	·내·가	·내·가	·내·가
나고	내·고	·내·고	·내·고	·내·고
나나	내·나	·내·나	·내·나	·내·나
나라도	내·라·도	·내·라·도	·내·라·도	·내·라·도
나야	·내·야	·내·야	·내·야	·내·야/·내·사
나쯤	내쭈·움	내쭈·움	내쭈·움	내쭈·움
나처럼	내믄지·로	내믄지·로	내믄제·로	내맨트·로
나하고	내하·고	내·캉	내·캉	내·캉
나한테	내한·테16)	내자·테	내인·테	내자·테/나자·테
너같이	니·거·치	니같·이	니그·치	니그·치
너와	니·카	니·캉	니·캉	니·캉/니·카
너까지	니꺼·지	니끄·지	니끄·지	니까·지
너도	니·도	니·도	니·도	니·도
너마저	니끄·지	니끄·지	니끄·지	니까·지
너만	니·마	니·마	니·마	니·마
너만큼	니마·치	니만·큼	니만·침	니만·침
너밖에	니빼·끼	니배·께	니밖·으	니밖·으
너보다	니보다·아	니카·마	니카·마17)	니카·마18)
너부터	니부·터	니버·텅	니버·터	니버·턴
너뿐	니·뿐	니·뿐	니·뿐	니·뿐
너는	니·는	니·는	니·는	니·는
너를	니·를	니·로	니·로	니·로
네(너의)	니	니	니	니
네가	:니·가	:니·가	:니·가	:니·가
너고	니·고	니·고	니·고	니·고
너나	니·나	니·나	니·나/:니·나	니·나/:니·나
너라도	니·라·도	니·라·도	니·라·도	니·라·도
너야	니·야	니·야	니·사	니·사
너쯤	니쭈·움	니쭈·움	니쭈·움	니쭈·움
너처럼	니믄지·로	니믄지·로	니믄제·로	니맨트·로
너하고	니하·고	니·캉	니·캉	니·캉
너한테	니한·테	니자·테	니인·테	니자·테

---

16) 내인·데
17) 니보다·아
18) 니보다·가

3.2. '−·에X' 앞에서 거성명사의 성조형 실현

	울진	영덕	포항	경주
·값	·값/값	값	·갑	·갑
·갓	·갓/갓	갓	갓	갓
·강	·강	·강	·강	:강
·겁	겁	겁	겁	겁
·결	결	결	결	결
·곡(曲)	곡	곡	·곡	·곡
·골(腦)	·골/골	골	골	골
·곳	곳	곳	·곳	·곳
·관	관	곽	·관	곽
·구(九)	·구	·구	·구	·구
·귀	·기	귀	귀	귀
·글	글	글	·글	·글
·길	질	짉	짉	짉
·꾀	끼	꾀	께	께
·꿀	꿀	꿀	꿀	꿀
·꿈	꿈	꿈	꿈	꿈
·끈	·끈	끈	·끈	끈
·끝	끝	끝	끝	끝
·나(年歲)	·나·이	·나·이	·나/·나·이	·나·이/·나
·날(刃)	날	날	·날	날
·날(日)	날	날	날	날
·남	남	남	남	남
·낫	·낫	낫	·낫	낫
·낮1)	낮	낮	낮	낮
·논	논	논	논	논
·눈(目)	눈	눈	눈	눈
·담(墻)	담	담	담	담
·돌(돓)	돌	돌	돌	돌
·땀	땀	땀	땀	땀
·땅	땅	땅	땅	땅
·때(時)	때	때	때	때

---

1) '·낮+·에'는 '낮에·에'로 실현된다.

·떡	떡	떡	떡	떡
·뜻	뜻	뜻	뜻	뜻
·띠(十二支)	띠	띠	띠	띠
·맛	·맛	맛	맛	맛
·매(鞭)	매	매	매	매
·먹	·먹	먹	·먹	먹
·몸	몸	몸	몸	몸
·못(釘)	못	못	못	못
·못(池)	못	못	못	못
·물	·물	·물	·물	·물
·발	발	발	발	발
·밤	밤	밤	밤	밤
·밥	밥	밥	밥	밥
·배(腹)	배	배	배	배
·배(船)	배	배	배	배
·법	법	법	법	법
·벽	빅	벽	벡	벡
·베	비	베	·베	·베
·복(福)	복	복	복	복
·봄	봄	봄	봄	봄
·북	·북/북	북	북	북
·불	·불	·불	·불	·불
·붓	·붓	붓	붓	붓
·비(雨)	비	비	·비	비
·빗	빗	빗	빗	빗
·빛(色)	빝	빝	·뼞/·뗱	·뗱
·뼈	뻬	뻬	뻬	뻬/뼤·꽒
·뿔	뿔	뿔	뿔	뿔
·살	살	살	살	살
·삽	삽	수검·푸	삽	수굼·푸
·색(色)	색	색	색	·색
·소	·소/소	소	·소	·소
·손(手)	손	손	손	손
·술(=숟가락)	술	술	술	술
·숲	·숲	풀섶	숲	풀섶
·신	신	신	신	신

·쌀	살	살	·살	·살
·쑥	쑥	숙	·숙	·숙
·악(惡)	악	악	악	·악/성
·안(內)	안	안	안	안
·알	알	알	·알	·알
·열(十)	·열	·열	·열	·열
·엿	엿	엿	·엿	·엿
·옷	옷	옷	옷	옷
·이(齒)	이	이	이	이
·입	입	입	입	입
·잎	잎	잎	잎	이파·리
·잔	잔	잔	잔	·잔
·잠	잠	잠	잠	·잠
·재	재	재	·재	·재
·절(=젓가락)	절	절	·절	·절
·절(寺)	절	절	절	절
·젓	젓	·식·해	·젓	·젓
·젖	젖	젖	·젖	·젖
·죽	죽	죽	죽	죽
·줄	줄	줄	줄	·줄
·깃	깃	깃	깃	깃
·짚	짚	집	집	집
·책	책	책	책	책
·철(季節)	철	철	철	·철
·체	체	체	체	체
·초(=양초)	초	초	·초	초
·총(銃)	총	총	총	총
·칼	칼	칼	칼	칼
·코	코	코	코	코
·키	치	·체·이	·치·이	·치·이
·키(身長)	키	키	키	키
·탑	탑	탑	·탑	·탑
·터	터	터	·터	·테
·턱	텍	턱	텍	텍
·톱	톱	톱	톱	톱
·통	통	통	통	통

·틀	틀	틀	틀	틀
·틈	틈	틈	틈	틈
·파(蔥)	·파	·파·구	·파	·파
·팔(八)	·팔	팔	·팔	·팔
·팥	팥	팥	·팥	·팥
·풀	풀	풀	풀	·풀
·피(血)	피	피	·피	·피
·혀	세	세	세	세
·혹	혹	혹	혹	·혹
·힘	심/힘	힘	힘	힘

3.3. 성조형별 동사의 굴절 패러다임[1]

	울진	영덕	포항	경주
받거든	받거·드	받거·등	받글·라	받거·등
받거들랑	받거·들·라	받거·등	받글·라·가	받거·들·랑
받게(命)	받·게	받·게	받·게	받·게
받게(連)	받그·로	받구·로	받게·로	받구·로
받겠네	받겠·네	받응·세/받겠·네	받응·세[2]	받응·세[3]
받겠니	받·응·루·나	받응라·아	받응라·아	받응라·아
받겠다	받·응·다	받응·다	받응·다[4]	받응·다[5]
받겠더라	받겠·더·라	받응래·라[6]	받응래·라[7]	받응래·라[8]
받겠습니까	받·응·니·껴	받·응·닝·교	받응닝·교[9]	받겠닝·교
받겠습니다	받겠·니·더	받·응·니·이·더	받응니·이·더	받겠니·이·더
받겠습디까	받겠·디·껴	받·응·딩·교	받응딩·교[10]	받겠딩·교
받겠습디다	받겠·디·더	받·응·디·이·더	받응디·이·더[11]	받겠디·이·더
받겠지	받겠·지	받겠·지	받겠·지	받겠·지
받고	받·고	받·고	받·고	받·고
받네	받·네	받·네	받·네	받·네
받느라고	받니·라·꼬	받니·이·라·꼬	받니·이·라·꼬	받니·이·라·꼬
받는가	받는·가	받는·가	받는·가	받는·강
받는가보네	받는·가·베	받는·가·베	받는·가·베	받는·가·베
받는가보다	받는·겠·다	받는·겠·다[12]	받는·갑·다	받는·갑·다

---

1) 앞서 밝혔듯이, '-겠-'에 대응되는 형태로 '-겠-'과 '-읋-'이 공존하면서 신형인 '-겠-'의 세력이 점차 확장되고 있다. 그러나 지면상 두 임의변이형을 일일이 다 제시하지 못하고 지배적으로 실현되는 굴절형만 나타내기로 한다. 그리고 울진 방언에서 '-읋-'이 거성형이지만 나머지 세 방언에서는 거성형과 평성형이 공존하며 임의변동하므로, 평성형 동사가 '-읋-'과 결합할 때 두 성조형이 나타난다. 그런데 거성형 '-·읋-'과 평성형 '-읋-'의 교체는 개별 방언과 개별 어휘에 따라 진히 예측될 수 없이 산발적인 양상을 보이므로, 각 굴절형마다 임의변이관계에 있는 교체형들을 모두 보이기로 한다.
2) 받·응·세
3) 받·응·세
4) 받·응·다
5) 받·응·다
6) 받·응·래·드·라
7) 받·응·래·라
8) 받·응·래·라
9) 받·응·닝·교
10) 받·응·딩·교
11) 받·응·디·이·더
12) '받는모·야·이·다' 형태를 선호한다.

받는구나	받는·구·나	받는·구·나13)	받구·나	받는구·나
받는다	받는·다	받는·다	받는·다	받는·다
받는단다	받는·단·다	받는·단·다	받는·단·다	받는·단·다
받는답시고	받는·다·꼬	받는·다·합·시·고	받는·답·시·고	받는·다·합·시·고
받는대	받는·단·다	받는·단·다	받는·단·다	받는·단·다
받는데	받는·데	받는·데	받는·데	받는·데
받는지	받는·동	받는·동	받는·지	받는·동
받니	받·나	받·나	받·나	받·나
받다가	받다·가	받다·가	받다·가	받다·가
받다니	받·다·이	받·다·이	받다·이	받·다·이
받더냐	받더·나	받다·아	받다·아	받다·아
받더니	받디·이	받디·이	받디·이	받디·이
받더라	받더·라	받더·라	받드·라	받드·라
받더라도	받더·라·도	받디·이·라·도	받디·이·라·도	받디·이·라·도
받던데	받던·데	받든·데	받든·데	받든·데
받데	받데·에	받데·에	받데·에	받데·에
받도록	받드·로	받두·로	받도·록	받두·로/받·들
받든지	받든·지	받든·지	받든·지	받든·지
받듯이	받듯·이	받듯·이	받듯·이	받듯·이
받습니까	받니·껴	받닝·교	받닝·교	받닝·교
받습니다	받니·더	받니·이·더	받니·이·더	받니·이·더
받습디까	받디·껴	받딩·교	받딩·교	받딩·교
받습디다	받디·더	받디·이·더	받디·이·더	받디·이·더
받아(終)	받는·다	받는·다	받는·다	받는·다
받아다가	받·어·다·가	받·아·다·가	받·아·다·가	받·어·다·가
받아도	받·어·도	받·아·도	받·아·도	받·어·도
받아라	받·어·라	받·아·라	받·아·라	받·어·라
받아서	받·어·서	받·아#가·아	받·아#가·아	받·어·가·아
받아야	받·어·야	받·아·야	받·아·야	받·어·야
받았겠다	받·었·겠·다	받·았·잃·다	받·았·잃·다	받·었·잃·다
받았는가보다	받·었·는·겠·다	받·았·는·겠·다	받·았·는·갑·다	받·었·는·갑·다
받았니	받·었·나	받·았·나	받·았·나	받·었·나
받았다	받·었·다	받·았·다	받·았·다	받·었·다
받았더라	받·었·더·라	받·았·더·라	받·았·드·라	받·었·드·라
받았습니까	받·었·니·껴	받·았·닝·교	받·았·닝·교	받·었·닝·교

---

13) 받구·나

받았습니다	받·었·니·더	받·았·니·이·더	받·았·니·이·더	받·었·니·이·더
받았습디까	받·었·디·껴	받·았·딩·교	받·았·딩·교	받·었·딩·교
받았습디다	받·었·디·더	받·았·디·이·더	받·았·디·이·더	받·았·디·이·더
받았지(疑)	받·었·제	받·았·제	받·았·제	받·었·제
받았지(述)	받·었·지	받·았·지	받·았·지	받·었·지
받으나(選)	받·으·나	받·으·나	받·으·나	받·으·나
받으니까	받·으·이·꺼·네	받·으·이·까·네14)	받·으·이·까·네	받·으·이·까·네15)
받으라	받·으·라	받·으·라	받·으·라	받·으·라
받으러	받·으·러	받·으·러	받·으·라	받·으·러
받으려고	받·을·라·꼬	받·을·라·꼬	받·을·라·꼬	받·을·라·꼬
받으려는가	받·을·랑·가	받·을·라·능·강	받·을·라·능·강	받·을·라·능·강
받으렵니다	받·을·라·니·더	받·을·라·니·이·더	받·을·라·니·이·더	받·을·랍·니·더
받으마	받·으·ㄲ·마	받·으·ㄲ·마	받·으·ㄲ·마	받으꾸·마16)
받으면	받·으·머	받·으·머	받·으·머	받·으·머
받으면서	받·으·미·서	받·으·며	받·으·미·러	받·으·메
받으세	받·세	받·으·세/받·세	받·으·세	받·으·세
받으시오	받·소	받·으·소17)	받·으·소18)	받·으·소/받·으·소
받으십니까	받·으·시·니·껴	받·으·시·닝·교	받·으·시·닝·교	받·으·시·닝·교
받으십니다	받·으·시·니·더	받·으·시·니·이·더	받·으·시·니·이·더	받·으·시·니·이·더
받으십디까	받·으·시·디·껴	받·으·시·딩·교	받·으·시·딩·교	받·으·시·딩·교
받으십디다	받·으·시·디·더	받·으·시·디·이·더	받·으·시·디·이·더	받·으·시·디·이·더
받으십시다	받시·더	받·으·입·시·더	받·으·입·시·더	받·으·입·시·더19)
받으십시오	받·으·시·소	받·으·시·이·소	받·으·시·이·소	받·으·시·이·소20)
받은	받·었·는	받·았·는/받·은	받·았·는/받·은	받·었·는/받·은
받을걸	받·읋·걸	받읋거·로	받읋거·로	받읋거·로
받을게	받·으·께	받으께·에21)	받으끼·이	받으끼·이22)
받을까	받·으·까	받·으·까	받·으·까	받·으·까/받·으·끼
받을수록	받·읋·수·로	받·읋·수·록	받·읋·수·록	받·읋·수·록
받을건데	받·읋·껀·데	받으껜·데23)	받읋겐·데	받읋기·인·데24)

---

14) 받·으·이·까·네. 김준달 님은 '–으·이Ｘ'형이 우세하고 권부자 님은 '–·으·이Ｘ'형이 우세하다.
15) 받·으·이·까·네
16) 받·으·꾸·마
17) 받·으·소. 김준달 님은 '–으·시Ｘ'형이 우세하고 권부자 님은 '–·으·시Ｘ'형이 우세하다.
18) 받·으·쇼. '받·으·이·소'는 부드러운 말
19) 받·으·입·시·더
20) 받·으·시·소
21) 받으ㄲ·마
22) 받·으·끼·이

받읍시다	받시·더	받으시·더25)	받·으·시·더	받읍시·더26)
받자(請)	받·자	받·자	받·자	받·자
받지(疑)	받·제	받·제	받·제	받·제
받지(終)	받·지	받·지	받·지	받·지
받지만	받·지·만	받·지·만	받·지·만	받·지·만
찾거든	·찾·거·드	·찾·거·등	·찾·글·라	·찾·거·등
찾거들랑	·찾·거·들·라	·찾·거·등	·찾·글·라·가	·찾·거·들·랑
찾게(命)	·찾·게	·찾·게	·찾·게	·찾·게
찾게(連)	·찾·그·로	·찾·구·로	·찾·게·로	·찾·구·로
찾겠네	·찾·겠·네	·찾·읋·세	·찾·읋·세	·찾·읋·세
찾겠니	·찾·읋·루·나	·찾·읋·라·아	·찾·읋·라·아	·찾·읋·라·아
찾겠다	·찾·읋·다	·찾·읋·다	·찾·읋·다	·찾·읋·다
찾겠더라	·찾·겠·더·라	·찾·읋·래·라	·찾·읋·래·라	·찾·읋·래·라
찾겠습니까	·찾·겠·니·껴	·찾·읋·닝·교	·찾·읋·닝·교	·찾·겠·닝·교
찾겠습니다	·찾·겠·니·더	·찾·읋·니·이·더	·찾·읋·니·이·더	·찾·겠·니·이·더
찾겠습디까	·찾·겠·디·껴	·찾·읋·딩·교	·찾·읋·딩·교	·찾·겠·딩·교
찾겠습디다	·찾·겠·디·더	·찾·읋·디·이·더	·찾·읋·디·이·더	·찾·겠·디·이·더
찾겠지	·찾·겠·지	·찾·겠·지	·찾·겠·지	·찾·겠·지
찾고	·찾·고	·찾·고	·찾·고	·찾·고
찾네	·찾·네	·찾·네	·찾·네	·찾·네
찾느라고	·찾·니·라·꼬	·찾·니·이·라·꼬	·찾·니·이·라·꼬	·찾·니·이·라·꼬
찾는	·찾·는	·찾·는	·찾·는	·찾·는
찾는가	·찾·는·가	·찾·는·가	·찾·는·가	·찾·는·강
찾는가보네	·찾·는·가·베	·찾·는·가·베	·찾·는·가·베	·찾·는·가·베
찾는가보다	·찾·는·겠·다	·찾·는·겠·다	·찾·는·갑·다	·찾·는·갑·다
찾는구나	·찾·는·구·나	·찾·는·구·나27)	·찾·구·나	·찾·는·구·나
찾는다	·찾·는·다	·찾·는·다	·찾·는·다	·찾·는·다
찾는단다	·찾·는·단·다	·찾·는·단·다	·찾·는·단·다	·찾·는·단·다
찾는답시고	·찾·는·다·꼬	·찾·는·다·합·시·고	·찾·는·답·시·고	·찾·는·다·합·시·고
찾는대	·찾·는·단·다	·찾·는·단·다	·찾·는·단·다	·찾·는·단·다
찾는데	·찾·는·데	·찾·는·데	·찾·는·데	·찾·는·데

---

23) 김준달 님은 '-읋건·데'를, 권부자 님은 '-으겐·데'를 쓴다.
24) 받·읋·기·인·데
25) 받·으·시·더
26) 받·읍·시·더
27) ·찾·구·나

찾는지	·찾·는·동	·찾·는·동	·찾·는·지	·찾·는·동
찾니	·찾·나	·찾·나	·찾·나	·찾·나
찾다가	·찾·다·가	·찾·다·가	·찾·다·가	·찾·다·가
찾다니	·찾·다·이	·찾·다·이	·찾·다·이	·찾·다·이
찾더냐	·찾·더·나	·찾·다·아	·찾·다·아	·찾·다·아
찾더니	·찾·디·이	·찾·디·이	·찾·디·이	·찾·디·이
찾더라	·찾·더·라	·찾·더·라	·찾·드·라	·찾·드·라
찾더라도	·찾·더·라도	·찾·디·이·라·도	·찾·디·이·라·도	·찾·디·이·라·도
찾던데	·찾·던·데	·찾·든·데	·찾·든·데	·찾·든·데
찾데	·찾·데·에	·찾·데·에	·찾·데·에	·찾·데·에
찾도록	·찾·드·로	·찾·두·로	·찾·도·록	·찾·두·로/·찾·들
찾든지	·찾·든·지	·찾·든·지	·찾·든·지	·찾·든·지
찾듯이	·찾·듯·이	·찾·듯·이	·찾·듯·이	·찾·듯·이
찾습니까	·찾·니·껴	·찾·닝·교	·찾·닝·교	·찾·닝·교
찾습니다	·찾·니·더	·찾·니·이·더	·찾·니·이·더	·찾·니·이·더
찾습디까	·찾·디·껴	·찾·딩·교	·찾·딩·교	·찾·딩·교
찾습디다	·찾·디·더	·찾·디·이·더	·찾·디·이·더	·찾·디·이·더
찾아(終)	·찾·는·다	·찾·는·다	·찾·는·다	·찾·는·다
찾아다가	·찾·어·다·가	·찾·아·다·가	·찾·아·다·가	·찾·어·다·가
찾아도	·찾·어·도	·찾·아·도	·찾·아·도	·찾·어·도
찾아라	·찾·어·라	·찾·아·라	·찾·아·라	·찾·어·라
찾아서	·찾·어·서	·찾·아·가·아	·찾·아#가·아	·찾·어·가·아
찾아야	·찾·어·야	·찾·아·야	·찾·아·야	·찾·어·야
찾았겠다	·찾·었·겠·다	·찾·았·잃·다	·찾·았·잃·다	·찾·었·잃·다
찾았는가보다	·찾·었·는·겠·다	·찾·았·는·겠·다	·찾·았·는·갑·다	·찾·었·는·갑·다
찾았니	·찾·었·나	·찾·았·나	·찾·았·나	·찾·었·나
찾았다	·찾·었·다	·찾·았·다	·찾·았·다	·찾·었·다
찾았더라	·찾·었·더·라	·찾·았·더·라	·찾·았·드·라	·찾·었·드·라
찾았습니까	·찾·었·니·껴	·찾·았·닝·교	·찾·았·닝·교	·찾·었·닝·교
찾았습니다	·찾·었·니·더	·찾·았·니·이·더	·찾·았·니·이·더	·찾·었·니·이·더
찾았습디까	·찾·었·디·껴	·찾·았·딩·교	·찾·았·딩·교	·찾·었·딩·교
찾았습디다	·찾·었·디·더	·찾·았·디·이·더	·찾·았·디·이·더	·찾·았·디·이·더
찾았지(疑)	·찾·었·제	·찾·았·제	·찾·았·제	·찾·었·제
찾았지(述)	·찾·었·지	·찾·았·지	·찾·었·지	·찾·었·지
찾으나(選)	·찾·으·나	·찾·으·나	·찾·으·나	·찾·으·나
찾으니까	·찾·으·이·꺼·네	·찾·으·이·까·네	·찾·으·이·까·네	·찾·으·이·까·네

찾으라	·찾·으·라	·찾·으·라	·찾·으·라	·찾·으·라
찾으러	·찾·으·러	·찾·으·러	·찾·으·라	·찾·으·러
찾으려고	·찾·을·라·꼬	·찾·을·라·꼬	·찾·을·라·꼬	·찾·을·라·꼬
찾으려는가	·찾·을·랑·가	·찾·을·라·능·강	·찾·을·라·능·강	·찾·을·라·능·강
찾으마	·찾·으·ㄲ·마	·찾·으·꾸·마	·찾·으·꾸·마	·찾·으·꾸·마
찾으면	·찾·으·머	·찾·으·머	·찾·으·머	·찾·으·머
찾으면서	·찾·으·미·서	·찾·으·며	·찾·으·미·러	·찾·으·메
찾으세	·찾·세	·찾·으·세/·찾·세	·찾·으·세	·찾·으·세
찾으시니까	·찾·으·시·꺼·네	·찾·으·시·이·까·네	·찾·으·시·이·까·네	·찾·으·시·이·까·네
찾으시오	·찾·소	·찾·으·소	·찾·으·소	·찾·으·소
찾으십니까	·찾·으·시·니·껴	·찾·으·시·닝·교	·찾·으·시·닝·교	·찾·으·시·닝·교
찾으십니다	·찾·으·시·니·더	·찾·으·시·니·이·더	·찾·으·시·니·이·더	·찾·으·시·니·이·더
찾으십디까	·찾·으·시·디·껴	·찾·으·시·딩·교	·찾·으·시·딩·교	·찾·으·시·딩·교
찾으십디다	·찾·으·시·디·더	·찾·으·시·디·이·더	·찾·으·시·디·이·더	·찾·으·시·디·이·더
찾으십시다	·찾·시·더	·찾·으·입·시·더	·찾·으·입·시·더	·찾·으·입·시·더
찾으십시오	·찾·시·소	·찾·으·시·이·소	·찾·으·시·이·소	·찾·으·시·이·소
찾은	·찾·었·는	·찾·았·는/·찾·은	·찾·았·는/·찾·은	·찾·었·는/·찾·은
찾을걸	·찾·으·꺼·로	·찾·을·거·로	·찾·을·거·로	·찾·을·거·로
찾을게	·찾·으·께	·찾·으·께·에	·찾·으·끼·이	·찾·으·끼·이
찾을까	·찾·으·까	·찾·으·까	·찾·으·까	·찾·으·까
찾을수록	·찾·을·수·로	·찾·을·수·록	·찾·을·수·록	·찾·을·수·록
찾을건데	·찾·을·건·데	·찾·으·껜·데	·찾·을·겐·데	·찾·을·기·인·데
찾읍시다	·찾·시·더	·찾·으·시·더	·찾·으·시·더	·찾·읍·시·더
찾자(請)	·찾·자	·찾·자	·찾·자	·찾·자
찾지(疑)	·찾·제	·찾·제	·찾·제	·찾·제
찾지(終)	·찾·지	·찾·지	·찾·지	·찾·지
찾지만	·찾·지·만	·찾·지·만	·찾·지·만	·찾·지·만
적거든	:적·거·드	:적·거·등	:적·글·라	:적·거·등
적거들랑	:적·거·들·라	:적·거·등	:적·글·라·가	:적·거·들·랑
적겠네	:적·겠·네	:적·읋·세	:적·읋·세	:적·읋·세
적겠니	:적·읋·루·나	:적·읋·라·아	:적·읋·라·아	:적·읋·라·아
적겠다	:적·읋·다	:적·읋·다	:적·읋·다	:적·읋·다
적겠더라	:적·겠·더·라	:적·읋·래·라	:적·읋·래·라	:적·읋·래·라
적겠습니까	:적·겠·니·껴	:적·읋·닝·교	:적·읋·닝·교	:적·겠·닝·교
적겠습니다	:적·겠·니·더	:적·읋·니·이·더	:적·읋·니·이·더	:적·겠·니·이·더

적겠습디까	:적·겠·디·껴	:적·읋·딩·교	:적·읋·딩·교	:적·겠·딩·교
적겠습디다	:적·겠·디·더	:적·읋·디·이·더	:적·읋·디·이·더	:적·겠·디·이·더
적겠지	:적·겠·지	:적·겠·지	:적·겠·지	:적·겠·지
적고	:적·고	:적·고	:적·고	:적·고
적네	:적·네	:적·네	:적·네	:적·네/:적·으·네
적은가	:적·는·가	:적·은·가	:적·은·가	:적·은·강
적은가보네	:적·는·가·베	:적·은·가·베	:적·은·가·베	:적·은·가·베
적은가보다	:적·는·겠·다	:적·은·겠·다	:적·은·갑·다	:적·은·갑·다
적구나	:적·구·나	:적·구·나	:적·구·나	:적·구·나
적다	:적·다	:적·다	:적·다	:적·다
적단다	:적·단·다	:적·단·다	:적·단·다	:적·단·다
적답시고	:적·다·꼬	:적·다·합·시·고	:적·답·시·고	:적·다·합·시·고
적대	:적·단·다	:적·단·다	:적·단·다	:적·단·다
적은데	:적·는·데	:적·은·데/:적·는·데	:적·은·데	:적·은·데
적은지	:적·는·동	:적·은·동	:적·은·지	:적·은·동
적니	:적·나	:적·나	:적·나	:적·나/:적·으·나
적다	:적·다	:적·다	:적·다	:적·다
적다니	:적·다·이	:적·다·이	:적·다·이	:적·다·이
적더냐	:적·드·나	:적·다·아	:적·다·아	:적·다·아
적더니	:적·디·이	:적·디·이	:적·디·이	:적·디·이
적더라	:적·드·라	:적·더·라	:적·드·라	:적·드·라
적더라도	:적·드·라·도	:적·디·이·라·도	:적·디·이·라·도	:적·디·이·라·도
적던데	:적·든·데	:적·든·데	:적·든·데	:적·든·데
적데	:적·데·에	:적·데·에	:적·데·에	:적·데·에
적든지	:적·든·지	:적·든·지	:적·든·지	:적·든·지
적듯이	:적·듯·이	:적·듯·이	:적·듯·이	:적·듯·이
적습니까	:적·니·껴	:적·닝·교	:적·닝·교	:적·닝·교
적습니다	:적·니·더	:적·니·이·더	:적·니·이·더	:적·니·이·더
적습디까	:적·디·껴	:적·딩·교	:적·딩·교	:적·딩·교
적습디다	:적·디·더	:적·디·이·더	:적·디·이·더	:적·디·이·더
적어(終)	:적·다	:적·아	:적·아	:적·어/:적·다
적어도	:적·어·도	:적·아·도	:적·아·도	:적·어·도
적어라(感)	:적·어·라	:적·아·라	:적·아·라	:적·어·라
적어서	:적·어·서	:적·아·가·아	:적·아#가·아	:적·어#가·아
적어야	:적·어·야	:적·아·야	:적·아·야	:적·어·야
적었겠다	:적·었·겠·다	:적·았·잃·다	:적·았·잃·다	:적·었·잃·다

적었는가보다	:적·었·는·젰·다	:적·았·는·젰·다	:적·았·는·갑·다	:적·었·는·갑·다
적었니	:적·었·나	:적·았·나	:적·았·나	:적·었·나
적었다	:적·었·다	:적·았·다	:적·았·다	:적·었·다
적었더라	:적·었·더·라	:적·았·더·라	:적·았·드·라	:적·었·드·라
적었습니까	:적·었·니·껴	:적·았·닝·교	:적·았·닝·교	:적·었·닝·교
적었습니다	:적·었·니·더	:적·았·니·이·더	:적·았·니·이·더	:적·었·니·이·더
적었습디까	:적·었·디·껴	:적·았·딩·교	:적·았·딩·교	:적·었·딩·교
적었습디다	:적·었·디·더	:적·았·디·이·더	:적·았·디·이·더	:적·았·디·이·더
적었지(疑)	:적·었·제	:적·았·제	:적·았·제	:적·었·제
적었지(述)	:적·었·지	:적·았·지	:적·었·지	:적·었·지
적으나(選)	:적·으·나	:적·으·나	:적·으·나	:적·으·나
적으니까	:적·으·이·꺼·네	:적·으·이·까·네	:적·으·이·까·네	:적·으·이·까·네
적으려는가	:적·을·랑·가	:적·을·라·능·강	:적·을·라·능·강	:적·을·라·능·강
적으면	:적·으·머	:적·으·머	:적·으·머	:적·으·머
적으면서	:적·으·미·서	:적·으·며	:적·으·미·러	:적·으·메
적으십니까	:적·으·시·니·껴	:적·으·시·닝·교	:적·으·시·닝·교	:적·으·시·닝·교
적으십니다	:적·으·시·니·더	:적·으·시·니·이·더	:적·으·시·니·이·더	:적·으·시·니·이·더
적으십디까	:적·으·시·디·껴	:적·으·시·딩·교	:적·으·시·딩·교	:적·으·시·딩·교
적으십디다	:적·으·시·디·더	:적·으·시·디·이·더	:적·으·시·디·이·더	:적·으·시·디·이·더
적은	:적·는	:적·은	:적·은/:적·았·는	:적·은/:적·었·는
적을걸	:적·읋·걸	:적·읋·게·로	:적·읋·거·로	:적·읋·거·로
적을수록	:적·읋·수·로	:적·읋·수·록	:적·읋·수·록	:적·읋·수·록
적을건데	:적·읋·겐·데	:적·으·껜·데	:적·읋·겐·데	:적·읋·기·인·데
적지(疑)	:적·제	:적·제	:적·제	:적·제
적지(終)	:적·지	:적·지	:적·지	:적·지
적지만	:적·지·만	:적·지·만	:적·지·만	:적·지·만

3.4. 개음절 동사의 굴절 패러다임

	울진	영덕	포항	경주
가거든	·가·거·드	·가·거·등	·가글·라	·가·거·등
가거들랑	·가·거·들·라	·가·거·들·랑	·가글·라·가	·가·거·들·랑
가게(命)	가·게	가·게	가·게	가·게
가게(連)	가그·로	가그·러	가게·로	가구·로
가겠네	가겠·네	:갏·세	:갏·세	:갏·세
가겠니	:갏·루·나	:갏·라·아	:갏·라	:갏·라·아
가겠다	:갏·다	:갏·다	:갏·다	:갏·다
가겠더라	:갏·레·더·라	:갏·레·라	:갏·레·라	:갏·레·라
가겠습니까	:갏·니·껴	:갏·닝·교	:갏·닝·교	가겠닝·교
가겠습니다	:갏·니·더	:갏·니·이·더	:갏·니·이·더	가겠니·이·더
가겠습디까	가겠·디·껴	:갏·딩·교	:갏·딩·교	가겠딩·교
가겠습디다	가겠·디·더	:갏·디·이·더	:갏·디·이·더	가겠디·이·더
가겠지	가겠·지	가겠·지	가겠·지	가겠·지
가고	가·고	가·고	가·고	가·고
가네	·가·네	·가·네	·가·네	·가·네
가느라고	·가·니·라·꼬	·가·니·이·라·꼬	·가·니·이·라·꼬	·가·니·이·라·꼬
가는가	·강·가/·가·능·가	·가·능·가	·가·능·가	·가·능·강
가는가보네	·강·가·베	·가·능·가·베	·가·능·가·베	·가·능·가·베
가는가보다	·강·껬·다	·가·능·겠·다	·가·능·갑·다	·가·능·갑·다
가는구나	·가·능·구·나	·가·능·구·나	·가·구·나	·가·능·구·나
간다	·간·다	·간·다	·간·다	·간·다
간단다	·간·단·다	·간·단·다	·간·단·다	·간·단·다
간답시고	·간·다·꼬	·간·다·합·시·고	·간·답·시·고	·간·다·합·시·고
간대	·간·단·다	·간·단·다	·간·단·다	·간·단·다
가는데	·간·데/·가·는·데	·가·는·데	·가·는·데	·가·는·데
가는지	·간·동/·가·는·동	·가·는·동	·가·는·지	·가·는·동
가니	·가·나	·가·나	·가·나	·가·나
가다가	·가·다·가	·가·다·가	·가·다·가	·가·다·가
가다니	가·다·이	가·다·이	가·다·이	가·다·이
가더냐	·가·더·나	·가·다·아	·가·다·아	·가·다·아
가더니	·가·디·이	·가·디·이	·가·디·이	·가·디·이
가더라	·가·더·라	·가·더·라	·가·드·라	·가·드·라
가더라도	·가·더·라·도	·가·디·이·라·도	·가·디·이·라·도	·가·디·이·라·도
가던데	·가·던·데	·가·든·데	·가·든·데	·가·든·데

가데	·가·데·에	·가·데·에	·가·데·에	·가·데·에
가도록	·가·드·로	가드·로	가도·록	가두·로
가든지	·가·든·지	·가·든·지	·가·든·지	·가·든·지
가듯이	·가·듯·이	·가·듯·이	·가·듯·이	·가·듯·이
갑니까	·가·니·껴	·가·닝·교	·가·닝·교	·가·닝·교
갑니다	·가·니·더	·가·니·이·더	·가·니·이·더	·가·니·이·더
갑디까	·가·디·껴	·가·딩·교	·가·딩·교	·가·딩·교
갑디다	·가·디·더	·가·디·이·더	·가·디·이·더	·가·디·이·더
가(終)	·간·다	·간·다	·간·다	·간·다
가도	·가·도	·가·도	·가·도	·가·도
가라(直命)	·가·그·라/:가·라	:가·라/·가·거·라	:가·라/·가·가·라	·가·거·라
가서	·가#가주·고	가가·아	가가·아	가가·아
가야	·가·야	·가·야	·가·야	가·야
갔겠다	·갔·겠·다	·갔·잃·다	·갔·잃·다	·갔·잃·다
갔는가보다	·갔·능·겠·다	·갔·능·겠·다	·갔·능·갑·다	·갔·능·갑·다
갔니	·갔·나	·갔·나	·갔·나	·갔·나
갔다	·갔·다	·갔·다	·갔·다	·갔·다
갔더라	·갔·더·라	·갔·더·라	·갔·드·라	·갔·드·라
갔습니까	·갔·니·껴	·갔·닝·교	·갔·닝·교	·갔·닝·교
갔습니다	·갔·니·더	·갔·니·이·더	·갔·니·이·더	·갔·니·이·더
갔습디까	·갔·디·껴	·갔·딩·교	·갔·딩·교	·갔·딩·교
갔습디다	·갔·디·더	·갔·디·이·더	·갔·디·이·더	·갔·디·이·더
갔지(疑)	·갔·제	·갔·제	·갔·제	·갔·제
갔지(述)	·갔·지	·갔·지	·갔·지	·갔·지
가나(選)	가·나	가·나	가·나	가·나
가니까	가·이·꺼·네	가·이·까·네	가·이·까·네	가·이·까·네
가라	가·라	가·라	가·라	가·라
가려고	:갈·라·꼬	:갈·라·꼬	:갈·라·꼬	:갈·라·꼬
가려는가	:갈·랑·가	:갈·라·능·강	:갈·라·능·강	:갈·라·능·강
가렵니다	:갈·라·니·더	:갈·라·니·더	:갈·라·니·더	:갈·라·니·더
가마	:가·마/가끄·마	가꾸·마	가꾸·마	가꾸·마
가면	가·머	가·머	가·머	가·머
가면서	가·미·서	가·며	가·미·러	가·메
가세	가·세	가·세	가·세	가·세
가시오(命)	·가·소/·가·이·소	·가·소/·가·이·소	·가·소/·가·이·소	·가·소
가십니까	·가·시·니·껴	·가·시·닝·교	·가·시·닝·교	·가·시·닝·교
가십니다	·가·시·니·더	·가·시·니·이·더	·가·시·니·이·더	·가·시·니·이·더

가십디까	·가·시·디·껴	·가·시·딩·교	·가·시·딩·교	·가·시·딩·교
가십디다	·가·시·디·더	·가·시·디·이·더	·가·시·디·이·더	·가·시·디·이·더
가십시다	가시·더	·가·이·시·더	·가·이·시·더	·가·입·시·더
가십시오	·가·시·소	·가·시·이·소	·가·시·이·소	·가·시·이·소
간	·갔·는	간/·갔·는	간/·갔·는	간/·갔·는
갈걸	갊거·로	갊거·로	갊거·로	갊거·로
갈게	가께·에	가께·에/가끄·마	가끼·이	가끼·이/가께·에
갈까	가·까	가·까	가·까	가·까
갈수록	갊·수·로1)	갊수·록2)	갊·수·록	갊·수·록
갈건데	갊겐·데	갊건·데/가겐·데	갊겐·데	갊기·인·데
갑시다	가시·더	가시·더	가시·더	갑시더
가자(請)	가·자	가·자	가·자	가·자
가지(疑)	가·제	가·제	가·제	가·제
가지(述)	가·지	가·지	가·지	가·지
가지만	가·지·만	가·지·만	가·지·만	가·지·만
사거든	·사·거·드	사거·등	사글·라	사그·등
사거들랑	·사·거·들·라	사거·들·랑	사글·라·가	사그·들·랑
사게(命)	사·게	사·게	사·게	사·게
사게(連)	사그·로	사그·러	사게·로	사구·로
사겠네	사겠·네	삶·세	삶·세	삶·세
사겠니	:삶·루·나	삶라·아	삶라·아	삶라·아
사겠다	:삶·다	삶·다	삶·다	삶·다
사겠더라	:삶·레·더·라	삶레·라	삶레·라	삶레·라
사겠습니까	:삶·니·껴	삶닝·교	삶닝·교	사겠닝·교
사겠습니다	:삶·시·더3)	삶니·이·더	삶니·이·더	사겠니·이·더
사겠습디까	사겠·디·껴	삶딩·교	삶딩·교	사겠딩·교
사겠습디다	사겠·디·더	삶디·이·더	삶디·이·더	사겠디·이·더
사겠지	사겠·지	사겠·지	사겠·지	사겠·지
사고	사·고	사·고	사·고	사·고
사네	·사·네	사·네	사·네	사·네
사느라고	·사·니·라·꼬	사니·이·라·꼬	사니·이·라·꼬	사니·이·라·꼬
사는	·사·는	사는	사는	사는

---

1) 갊수·로
2) 갊·수·로
3) 사꺼·이·더

사는가	·상·가/·사·능·가	사능·가	사능·가	사능·강
사는가보네	·상·가·베	사능·가·베	사능·가·베	사능·가·베
사는가보다	·상·겠·다	사능·겠·다	사능·갑·다	사능·갑·다
사는구나	·사·능·구·나	사능·구·나/사구·나	사구·나	사능구·나
산다	·산·다	산·다	산·다	산·다
산단다	·산·단·다	산·단·다	산·단·다	산·단·다
산답시고	·산·다·꼬	산·다·합·시·고	산·답·시·고	산·다·합·시·고
산대	·산·단·다	산·단·다	산·단·다	산·단·다
사는데	·산·데/·사·는·데	사는·데	사는·데	사는·데
사는지	·산·동/·사·는·동	사는·동	사는·지	사는·동
사니	·사·나	사·나	사·나	사·나
사다가	사다·가	사다·가	사다·가	사다·가
사다니	사·다·이	사·다·이	사·다·이	사·다·이
사더냐	·사·더·나	사다·아	사다·아	사다·아
사더니	·사·디·이	사디·이	사디·이	사디·이
사더라	·사·더·라	사더·라	사드·라	사드·라
사더라도	·사·더·라·도	사디·이·라·도	사디·이·라·도	사디·이·라·도
사던데	·사·던·데	사든·데	사든·데	사든·데
사데	·사·데·에	사데·에	사데·에	사데·에
사도록	·사·드·로	사드·로	사도·록	사두·로
사든지	·사·든·동	사든·지	사든·지	사든·지
사듯이	·사·듯·이	사듯·이	사듯·이	사듯·이
삽니까	·사·니·껴	사닝·교	사닝·교	사닝·교
삽니다	·사·니·더	사니·이·더	사니·이·더	사니·이·더
삽디까	·사·디·껴	사딩·교	사딩·교	사딩·교
삽디다	·사·디·더	사디·이·더	사디·이·더	사디·이·더
사(終)	산·다	산·다	산·다	산·다
사도	·사·도	·사·도	·사·도	·사·도
사라(命)	·사·라	·사·라	·사·라	·사·라
사서	·사[#]가주·고	사가·아	사가·아	사가·아
사야	·사·야	·사·야	·사·야	사·야
샀겠다	·샀·겠·다	·샀·잃·다	·샀·잃·다	·샀·잃·다
샀는가보다	·샀·능·겠·다	·샀·능·겠·다	·샀·능·갑·다	·샀·능·갑·다
샀니	·샀·나	·샀·나	·샀·나	·샀·나
샀다	·샀·다	·샀·다	·샀·다	·샀·다
샀더라	·샀·더·라	·샀·더·라	·샀·드·라	·샀·드·라
샀습니까	·샀·니·껴	·샀·닝·교	·샀·닝·교	·샀·닝·교

샀습니다	·샀·니·더	·샀·니·이·더	·샀·니·이·더	·샀·니·이·더
샀습디까	·샀·디·껴	·샀·딩·교	·샀·딩·교	·샀·딩·교
샀습디다	·샀·디·더	·샀·디·이·더	·샀·디·이·더	·샀·디·이·더
샀지(疑)	·샀·제	·샀·제	·샀·제	·샀·제
샀지(述)	·샀·지	·샀·지	·샀·지	·샀·지
사나(選)	사·나	사·나	·사·나	·사·나
사니까	사·이·꺼·네	사·이·까·네	사·이·까·네	사·이·까·네
사라	사·라	사·라	사·라	사·라
사려고	:살·라·꼬	살·라·꼬	살·라·꼬	살·라·꼬
사려면	:살·라·머	살·라·머	살·라·머	살·라·머
사려는가	:살·랑·가	살·라·능·강	살·라·능·강	살·라·능·강
사렵니다	:살·라·니·더	살·라·니·더	살·라·니·더	살·라·니·더
사면	사·머	사·머	사·머	사·머
사면악센트	사·미·악센트	사·며	사·미·러	사·메
사세	사·세	사·세	사·세	사·세
사시니까	·사·시·꺼·네	·사·시·이·까·네	·사·시·이·까·네	·사·시·이·까·네
사시오(命)	·사·소/:샤·소	사·소	사·소/·사·이·소	사·소
사십니까	·사·시·니·껴	·사·시·닝·교	·사·시·닝·교	·사·시·닝·교
사십니다	·사·시·니·더	·사·시·니·이·더	·사·시·니·이·더	·사·시·니·이·더
사십디까	·사·시·디·껴	·사·시·딩·교	·사·시·딩·교	·사·시·딩·교
사십디다	·사·시·디·더	·사·시·디·이·더	·사·시·디·이·더	·사·시·디·이·더
사십시다	사시·더	·사·이·시·더	사시·더	·사·입·시·더4)
사십시오	·사·시·소	·사·시·이·소	·사·시·이·소	·사·시·이·소
산	·샀·는	산	산/·샀·는	산/·샀·는
살걸	싫거·로	싫거·로	싫거·로	싫거·로
살게	사께·에	사께·에	사끼·이	사끼·이
살까	사·까	사·까	사·까	사·까
살수록	싫·수·로	싫·수·록	싫·수·록	싫·수·록
살건데	싫건·데	싫건·데/사곈·데	싫곈·데	싫기·인·데
삽시다	사시·더	사시·더	사시·더	삽시·더/사시·더
사마	:사·마	사꾸·마	사꾸·마	사꾸·마
사자(請)	사·자	사·자	사·자	사·자
사지(疑)	사·제	사·제	사·제	사·제
사지(述)	사·지	사·지	사·지	사·지
사지만	사·지·만	사·지·만	사·지·만	사·지·만

---

4) 사·입·시·더

타거든	·타·거·드	·타·거·등	·타·글·라	·타·거·등
타거들랑	·타·거·들·라	·타·거·들·랑	·타·글·라·가	·타·거·들·랑
타게(命)	·타·게	·타·게	·타·게	·타·게
타게(連)	·타·그·러	·타·그·로	·타·게·로	·타·구·로
타겠네	·타·겠·네	·탏·세	·탏·세	·탏·세
타겠니	·탏·루·나	·탏·라·아	·탏·라·아	·탏·라·아
타겠다	·탏·다	·탏·다	·탏·다	·탏·다
타겠더라	·타·겠·더·라	·탏·래·라	·탏·래·라	·탏·래·라
타겠습니까	·타·겠·니·껴	·탏·닝·교	·탏·닝·교	·타·겠·닝·교
타겠습니다	·탏·시·더	·탏·니·이·더	·탏·니·이·더	·타·겠·니·이·더
타겠습디까	·타·겠·디·껴	·탏·딩·교	·탏·딩·교	·타·겠·딩·교
타겠습디다	·타·겠·디·더	·탏·디·이·더	·탏·디·이·더	·타·겠·디·이·더
타겠지	·타·겠·지	·타·겠·지	·타·겠·지	·타·겠·지
타고	·타·고	·타·고	·타·고	·타·고
타네	·타·네	·타·네	·타·네	·타·네
타느라고	·타·니·라·꼬	·타·니·이·라·꼬	·타·니·이·라·꼬	·타·니·이·라·꼬
타는가	·탕·가/·타·능·가	·타·능·가	·타·능·가	·타·능·강
타는가보네	·타·능·가·베	·타·능·가·베	·타·능·가·베	·타·능·가·베
타는가보다	·탕·겠·다	·타·능·겠·다	·타·능·갑·다	·타·능·갑·다
타는구나	·타·능·구·나	·타·능·구·나	·타·구·나	·타·능·구·나
탄다	·탄·다	·탄·다	·탄·다	·탄·다
탄단다	·탄·단·다	·탄·단·다	·탄·단·다	·탄·단·다
탄답시고	·탄·다·꼬	·탄·다·합·시·고	·탄·답·시·고	·탄·다·합·시·고
탄대	·탄·단·다	·탄·단·다	·탄·단·다	·탄·단·다
타는데	·탄·데/·타·는·데	·타·는·데	·타·는·데	·타·는·데
타는지	·탄·동/·타·는·동	·타·는·동	·타·는·지	·타·는·동
타니	·타·나	·타·나	·타·나	·타·나
타다가	·타·다·가	·타·다·가	·타·다·가	·타·다·가
타다니	·타·다·이	·타·다·이	·타·다·이	·타·다·이
타더냐	·타·더·나	·타·다·아	·타·다·아	·타·다·아
타더니	·타·디·이	·타·디·이	·타·디·이	·타·디·이
타더라	·타·더·라	·타·더·라	·타·드·라	·타·드·라
타더라도	·타·더·라·도	·타·디·이·라·도	·타·디·이·라·도	·타·디·이·라·도
타던데	·타·던·데	·타·든·데	·타·든·데	·타·든·데
타던지	·타·던·지	·타·든·동	·타·든·동	·타·든·동
타데	·타·데·에	·타·데·에	·타·데·에	·타·데·에
타도록	·타·드·로	·타·드·로	·타·도·록	·타·두·로/타두·로

타든지	·타·든·지	·타·든·지	·타·든·지	·타·든·지
타듯이	·타·듯·이	·타·듯·이	·타·듯·이	·타·듯·이
탑니까	·타·니·껴	·타·닝·교	·타·닝·교	·타·닝·교
탑니다	·타·니·더	·타·니·이·더	·타·니·이·더	·타·니·이·더
탑디까	·타·디·껴	·타·딩·교	·타·딩·교	·타·딩·교
탑디다	·타·디·더	·타·디·이·더	·타·디·이·더	·타·디·이·더
타(終)	·탄·다	·탄·다	·탄·다	·탄·다
타도	·타·도	·타·도	·타·도	·타·도
타라(命)	·타·라	·타·라	·타·라	·타·라
타서	·타#가주·고	타가·아/·타·가	·타#가·아	·타#가·아
타야	·타·야	·타·야	·타·야	·타·야
탔겠다	·탔·겠·다	·탔·잃·다	·탔·잃·다	·탔·잃·다
탔는가보다	·탔·능·겠·다	·탔·능·겠·다	·탔·능·갑·다	·탔·능·갑·다
탔니	·탔·나	·탔·나	·탔·나	·탔·나
탔다	·탔·다	·탔·다	·탔·다	·탔·다
탔더라	·탔·더·라	·탔·더·라	·탔·드·라	·탔·드·라
탔습니까	·탔·니·껴	·탔·닝·교	·탔·닝·교	·탔·닝·교
탔습니다	·탔·니·더	·탔·니·이·더	·탔·니·이·더	·탔·니·이·더
탔습디까	·탔·디·껴	·탔·딩·교	·탔·딩·교	·탔·딩·교
탔습디다	·탔·디·더	·탔·디·이·더	·탔·디·이·더	·탔·디·이·더
탔지(疑)	·탔·제	·탔·제	·탔·제	·탔·제
탔지(述)	·탔·지	·탔·지	·탔·지	·탔·지
타나(選)	·타·나	·타·나	·타·나	·타·나
타니까	·타·이·꺼·네	·타·이·까·네	·타·이·까·네	·타·이·까·네
타라	·타·라	·타·라	·타·라	·타·라
타러	·타·러	·타·러	·타·라	·타·러
타려고	·탈·라·꼬	·탈·라·꼬	·탈·라·꼬	·탈·라·꼬
타려면	·탈·라·머	·탈·라·머	·탈·라·머	·탈·라·머
타려는가	·탈·랑·가	·탈·라·능·강	·탈·라·능·강	·탈·라·능·강
타렵니다	·탈·라·니·더	·탈·라·니·더	·탈·라·니·더	·탈·라·니·더
타마	:타·마	·타·꾸·마	·타·꾸·마	·타·꾸·마
타면	·타·머	·타·머	·타·머	·타·머
타면서	·타·미·서	·타·며	·타·미·러	·타·메
타세	·타·세	·타·세	·타·세	·타·세
타시오(命)	·타·소	·타·소	·타·소	·타·소
타십니까	·타·시·니·껴	·타·시·닝·교	·타·시·닝·교	·타·시·닝·교
타십니다	·타·시·니·더	·타·시·니·이·더	·타·시·니·이·더	·타·시·니·이·더

타십디까	·타·시·디·껴	·타·시·딩·교	·타·시·딩·교	·타·시·딩·교
타십디다	·타·시·디·더	·타·시·디·이·더	·타·시·디·이·더	·타·시·디·이·더
타십시다	·타·시·더	·타·이·시·더	·타·이·시·더	·타·입·시·더
타십시오	·타·시·소	·타·시·이·소	·타·시·이·소	·타·시·이·소
탄	·탔·는	·탄	·탄/·탔·는	·탄/·탔·는
탈걸	·탏·거·로	·탏·거·로	·탏·거·로	·탏·거·로
탈게	·타·께	·타·께·에	·타·끼·이	·타·끼·이
탈까	·타·까	·타·까	·타·까	·타·까
탈수록	·탏·수·로	·탏·수·록	·탏·수·록	·탏·수·록
탈건데	·탏·겐·데	·탏·건·데5)	·탏·겐·데	·탏·기·인·데
탑시다	·타·시·더	·타·시·더	·타·으시·더	·탑시·더
타자(請)	·타·자	·타·자	·타·자	·타·자
타지(疑)	·타·제	·타·제	·타·제	·타·제
타지(述)	·타·지	·타·지	·타·지	·타·지
타지만	·타·지·만	·타·지·만	·타·지·만	·타·지·만
하거든	·하·거·드	·하·거·든	·하·글·라	·하·그·등
하거들랑	·하·거·들·라	·하·거·들·랑	·하·글·라·가	·하·그·들·랑
하게(命)	하·게	하·게	하·게	하·게
하게(連)	하그·러	하그·러	하게·로	하구·로
하겠네	하겠·네	:핧·세	:핧·세	:핧·세
하겠니	:핧·루·나	:핧·라·아	:핧·라	:핧·라
하겠다	:핧·다	:핧·다	:핧·다	:핧·다
하겠더라	하겠·더·라	:핧·래·라	:핧·래·라	:핧·래·라
하겠습니까	하겠·니·껴	:핧·닝·교	:핧·닝·교	하겠닝·교
하겠습니다	:핧·시·더	:핧·니·이·더	:핧·니·이·더	하겠니·이·더
하겠습디까	하겠·디·껴	:핧·딩·교	:핧·딩·교	하겠딩·교
하겠습디다	하겠·디·더	:핧·디·이·더	:핧·디·이·더	하겠디·이·더
하겠지	하겠·지	하겠·지	하겠·지	하겠·지
하고	하·고	하·고	하·고	하·고
하네	·하·네	·하·네	·하·네	·하·네
하느라고	·하·니·라·꼬	·하·니·이·라·꼬	·하·니·이·라·꼬	·하·니·이·라·꼬
하는가	·항·가/·하·능·가	·하·능·가	·하·능·가	·하·능·강
하는가보네	·하·능·가·베	·하·능·가·베	·하·능·가·베	·하·능·가·베
하는가보다	·항·겠·다	·하·능·겠·다	·하·능·갑·다	·하·능·갑·다

---

5) ·타·껜·데

하는구나	·하·능·구·나	·하·능·구·나	·하·구·나	·하·능·구·나
한다	·한·다	·한·다	·한·다	·한·다
한단다	·한·단·다	·한·단·다	·한·단·다	·한·단·다
한답시고	·한·다·꼬	·한·다·합·시·고	·한·답·시·고	·한·다·합·시·고
한대	·한·단·다	·한·단·다	·한·단·다	·한·단·다
하는데	·한·데/·하·는·데	·하·는·데	·하·는·데	·하·는·데
하는지	·한·동/·하·는·동	·하·는·동	·하·는·지	·하·는·동
하니	·하·나	·하·나	·하·나	·하·나
하다가	·하·다·가	·하·다·가	·하·다·가	·하·다·가
하다니	하·다·이	하·다·이	하·다·이	하·다·이
하더냐	·하·더·나	·하·다·아	·하·다·아	·하·다·아
하더니	·하·디·이	·하·디·이	·하·디·이	·하·디·이
하더라	·하·더·라	·하·더·라	·하·드·라	·하·드·라
하더라도	·하·더·라·도	·하·디·이·라·도	·하·디·이·라·도	·하·디·이·라·도
하던데	·하·던·데	·하·든·데	·하·든·데	·하·든·데
하데	·하·데·에	·하·데·에	·하·데·에	·하·데·에
하도록	·하·드·로	하드·로	하도·록	하두·루
하든지	·하·든·지	·하·든·지	·하·든·지	·하·든·지
하듯이	·하·듯·이	·하·듯·이	·하·듯·이	·하·듯·이
합니까	·하·니·껴	·하·닝·교	·하·닝·교	·하·닝·교
합니다	·하·니·더	·하·니·이·더	·하·니·이·더	·하·니·이·더
합디까	·하·디·껴	·하·딩·교	·하·딩·교	·하·딩·교
합디다	·하·디·더	·하·디·이·더	·하·디·이·더	·하·디·이·더
해(終)	·한·다	·한·다	·한·다	·한·다
해도	:해·도	:해·도	:해·도	:해·도
해라(命)	:해·라	:해·라	:해·라	:해·라
해서	·해#가지·고	·해#가·아	:해#가·아	:해#가·아
해야	:해·야	:해·야	·해·야	:해·야
했겠다	:했·겠·다	:했·잃·다	:했·잃·다	:했·잃·다
했는가보다	:했·능·겠·다	:했·능·겠·다	:했·능·갑·다	:했·능·갑·다
했니	:했·나	:했·나	:했·나	:했·나
했다	:했·다	:했·다	:했·다	:했·다
했더라	:했·더·라	:했·더·라	:했·드·라	:했·드·라
했습니까	:했·니·껴	:했·닝·교	:했·닝·교	:했·닝·교
했습니다	:했·니·더	:했·니·이·더	:했·니·이·더	:했·니·이·더
했습디까	:했·디·껴	:했·딩·교	:했·딩·교	:했·딩·교
했습디다	:했·디·더	:했·디·이·더	:했·디·이·더	:했·디·이·더

했지(疑)	:했·제	:했·제	:했·제	:했·제
했지(述)	:했·지	:했·지	:했·지	:했·지
하나(選)	하·나	하·나	·하·나	·하·나
하니까	하·이·꺼·네	하·이·까·네	하·이·까·네	하·이·까·네
하라	하·라	하·라	하·라	하·라
하려고	:할·라·꼬	:할·라·꼬	:할·라·꼬	:할·라·꼬
하려는가	:할·랑·가	:할·라·능·강	:할·라·능·강	:할·라·능·강
하렵니다	:할·라·니·더	:할·라·니·이·더	:할·라·니·이·더	:할·라·니·이·더
하마	:하·마/:[해]·마	하꾸·마	하꾸·마	하꾸·마
하면	하·머	하·머	하·머	하·머
하면서	하·미·서	하·며	하·미·러	하·메
하세	하·세	하·세	하·세	하·세
하시오(命)	·하·소	·하·소	·하·소/·하·이·소	·하·소
하십니까	·하·시·니·껴	·하·시·닝·교	·하·시·닝·교	·하·시·닝·교
하십니다	·하·시·니·더	·하·시·니·이·더	·하·시·니·이·더	·하·시·니·이·더
하십디까	·하·시·디·껴	·하·시·딩·교	·하·시·딩·교	·하·시·딩·교
하십디다	·하·시·디·더	·하·시·디·이·더	·하·시·디·이·더	·하·시·디·이·더
하십시다	하시·더	·하·이·시·더	·하·이·시·더	·하·입·시·더
하십시오	·하·시·소	·하·시·이·소	·하·시·이·소	·하·시·이·소
한	:했·는	한	한/:했·는	한/:했·는
할걸	핧거·로	핧거·로	핧거·로	핧거·로
할게	하께·에	하께·에	하끼·이	하끼·이/하께·에
할까	하·까	하·까	하·까	하·까
할수록	:핧·수·로	핧·수·록	핧·수·록	핧·수·록
할건데	핧겐·데	핧건·데/하겐·데	핧겐·데	핧기·인·데
합시다	하시·더	하시·더	하시·더	합시·더
하자(請)	하·자	하·자	하·자	하·자
하지(疑)	하·제	하·제	하·제	하·제
하지(述)	하·지	하·지	하·지	하·지
하지만	하·지·만	하·지·만	하·지·만	하·지·만
매(束)거든	매거·드	매거·등	매글·라	매·거·등
매거들랑	매거·들·라	매거·들·랑	매글·라·가	매거·들·랑
매게(命)	매·게	매·게	매·게	매·게
매게(連)	매그·로	매그·러	매게·로	매구·로
매겠네	매겠·네	맹·세	맹·세	맹·세
매겠니	맹루·나	맹라·아	맹라·아	맹라·아

매겠다	맿·다	맿·다	맿·다	맿·다
매겠더라	매겠·더·라	맿래·라	맿래·라	맿래·라
매겠습니까	매겠·니·껴	맿닝·교	맿닝·교	매겠닝·교
매겠습니다	매겠·니·더	맿니·이·더	맿니·이·더	매겠니·이·더
매겠습디까	매겠·디·껴	맿딩·교	맿딩·교	매겠딩·교
매겠습디다	매겠·디·더	맿디·이·더	맿디·이·더	매겠디·이·더
매겠지	매겠·지	매겠·지	매겠·지	매겠·지
매고	매·고	매·고	매·고	매·고
매네	매·네	매·네	매·네	매·네
매느라고	매니·라·꼬	매니·이·라·꼬	매니·이·라·꼬	매니·이·라·꼬
매는가	맹·가/매능·가	매능·가	매능·가	매능·강
매는가보네	맹·가·베	매능·가·베	매능·가·베	매능·가·베
매는가보다	맹·겠·다	매능·겠·다	매능·갑·다	매능·갑·다
매는구나	매능·구·나	매능구·나/매구·나	매구·나	매능·구·나
맨다	맨·다	맨·다	맨·다	맨·다
맨단다	맨·단·다	맨·단·다	맨·단·다	맨·단·다
맨답시고	맨·다·꼬	맨·다·합·시·고	맨·답·시·고	맨·다·합·시·고
맨대	맨·단·다	맨·단·다	맨·단·다	맨·단·다
매는데	맨·데/매는·데	매는·데	매는·데	매는·데
매는지	맨·동/매는·동	매는·동	매는·지	매는·동
매니	매·나	매·나	매·나	매·나
매다가	매다·가	매다·가	매다·가	매다·가
매다니	매·다·이	매·다·이	매·다·이	매·다·이
매더냐	매더·나	매다·아	매다·아	매다·아
매더니	매디·이	매디·이	매디·이	매디·이
매더라	매더·라	매더·라	매드·라	매드·라
매더라도	매더·라·도	매디·이·라·도	매디·이·라·도	매디·이·라·도
미던데	매던·데	내든·네	매는·데	매든·데
매던지	매던·지	매든·동	매든·동	매든·동
매데	매데·에	매데·에	매데·에	매데·에
매도록	매드·로	매두·로	매도·록	매두·로/매두·로
매든지	매든·지	매든·지	매든·지	매든·지
매듯이	매듯·이	매듯·이	매듯·이	매듯·이
맵니까	매니·껴	매닝·교	매닝·교	매닝·교
맵니다	매니·더	매니·이·더	매니·이·더	매니·이·더
맵디까	매디·껴	매딩·교	매딩·교	매딩·교
맵디다	매디·더	매디·이·더	매디·이·더	매디·이·더

매(終)	맨·다	맨·다	맨·다	맨·다
매도	매·애·도	매·애·도	매·애·도	매·애·도
매라(命)	매·애·라	매·애·라	매·애·라	매·애·라
매서	매·애[#]가지·고	매·애[#]가·아	매·애[#]가·아	매·애[#]가·아
매야	매·애·야	매·애·야	매·애·야	매·애·야
맸겠다	매·앴·겠·다	매·앴·잃·다	매·앴·잃·다	매·앴·잃·다
맸는가보다	매·앴·능·겠·다	매·앴·능·겠·다	매·앴·능·갑·다	매·앴·능·갑·다
맸니	매·앴·나	매·앴·나	매·앴·나	매·앴·나
맸다	매·앴·다	매·앴·다	매·앴·다	매·앴·다
맸더라	매·앴·더·라	매·앴·더·라	매·앴·드·라	매·앴·드·라
맸습니까	매·앴·니·껴	매·앴·닝·교	매·앴·닝·교	매·앴·닝·교
맸습니다	매·앴·니·더	매·앴·니·이·더	매·앴·니·이·더	매·앴·니·이·더
맸습디까	매·앴·디·껴	매·앴·딩·교	매·앴·딩·교	매·앴·딩·교
맸습디다	매·앴·디·더	매·앴·디·이·더	매·앴·디·이·더	매·앴·디·이·더
맸지(疑)	매·앴·제	매·앴·제	매·앴·제	매·앴·제
맸지(述)	매·앴·지	매·앴·지	매·앴·지	매·앴·지
매나(選)	매·나	매·나	매·나	매·나
매니까	매·이·꺼·네	매·이·까·네	매·이·까·네	매·이·까·네
매라	매·라	매·라	매·라	매·라
매러	매·러	매·러	매·라	매·러
매려고	맬·라·꼬	맬·라·꼬	맬·라·꼬	맬·라·꼬
매려는가	맬·랑·가	맬·라·능·강	맬·라·능·강	맬·라·능·강
매렵니다	맬·라·니·더	맬·라·니·더	맬·라·니·더	맬·라·니·더
매마	매·마	매ㄲ·마	매꾸·마	매꾸·마
매면	매·머	매·머	매·머	매·머
매면서	매·미·서	매·며	매·미·러	매·메
매세	매·세	매·세	매·세	매·세
매시오(命)	매·소	매·소	매·소	매·애·소
매십니까	매·시·니·껴	매·시·닝·교	매·시·닝·교	매·애·시·닝·교
매십니다	매·시·니·더	매·시·니·이·더	매·시·니·이·더	매·애·시·니·이·더
매십디까	매·시·디·껴	매·시·딩·교	매·시·딩·교	매·애·시·딩·교
매십디다	매·시·디·더	매·시·디·이·더	매·시·디·이·더	매·애·시·디·이·더
매십시다	매시·더	매·이·시·더	매·이·시·더	매·입·시·더
매십시오	매·시·소	매·시·이·소	매·시·이·소	매·애·시·이·소
맨	매·앴·는	맨/매·앴·는	맨/매·앴·는	맨/매·앴·는
맬걸	뎗거·로	뎗거·로	뎗거·로	뎗거·로
맬게	매께·에	매께·에	매끼·이	매끼·이

맬까	매·까	매·까	매·까	매·까
맬수록	뎗·수·로	뎗·수·록	뎗·수·록	뎗·수·록
맬건데	매껜·데	뎗건·데/매껜·데	뎗겐·데	뎗기·인·데
맵시다	매시·더	매시·더	매시·더	맵시·더/매시·더
매자(請)	매·자	매·자	매·자	매·자
매지(疑)	매·제	매·제	매·제	매·제
매지(述)	매·지	매·지	매·지	매·지
매지만	매·지·만	매·지·만	매·지·만	·매·지·만
매(耕)거든	·매·거·드	·매·거·등	·매·글·라	·매·거·등
매거들랑	·매·거·들·라	·매·거·들·랑	·매·글·라·가	·매·거·들·랑
매게(命)	·매·게	·매·게	·매·게	·매·게
매게(連)	·매·그·러	·매·그·러	·매·게·로	·매·구·로
매겠네	·매·겠·네	·뎗·세	·뎗·세	·뎗·세
매겠니	·뎗·루·나	·뎗·라·아	·뎗·라·아	·뎗·라·아
매겠다	·뎗·다	·뎗·다	·뎗·다	·뎗·다
매겠더라	·매·겠·더·라	·뎗·래·라	·뎗·래·라	·뎗·래·라
매겠습니까	·매·겠·니·껴	·뎗·닝·교	·뎗·닝·교	·매·겠·닝·교
매겠습니다	·뎗·시·더	·뎗·니·이·더	·뎗·니·이·더	·매·겠·니·이·더
매겠습디까	·매·겠·디·껴	·뎗·딩·교	·뎗·딩·교	·매·겠·딩·교
매겠습디다	·매·겠·디·더	·뎗·디·이·더	·뎗·디·이·더	·매·겠·디·이·더
매겠지	·매·겠·지	·매·겠·지	·매·겠·지	·매·겠·지
매고	·매·고	·매·고	·매·고	·매·고
매네	·매·네	·매·네	·매·네	·매·네
매느라고	·매·니·라·꼬	·매·니·이·라·꼬	·매·니·이·라·꼬	·매·니·이·라·꼬
매는	·매·는	·매·는	·매·는	·매·는
매는가	·맹·가/·매·는·가	·매·능·가	·매·능·가	·매·능·강
매는가보네	·매·능·가·베	·매·능·가·베	·매·능·가·베	·매·능·가·베
매는가보다	·맹·겠·다	·매·능·겠·다	·매·능·갑·다	·매·능·갑·다
매는구나	·매·능·구·나	·매·능·구·나	·매·구·나	·매·능·구·나
맨다	·맨·다	·맨·다	·맨·다	·맨·다
맨단다	·맨·단·다	·맨·단·다	·맨·단·다	·맨·단·다
맨답시고	·맨·다·꼬	·맨·다·합·시·고	·맨·답·시·고	·맨·다·합·시·고
맨대	·맨·단·다	·맨·단·다	·맨·단·다	·맨·단·다
매는데	·맨·데/·매·는·데	·매·는·데	·매·는·데	·매·는·데
매는지	·맨·동/·매·는·동	·매·는·동	·매·는·지	·매·는·동
매니	·매·나	·매·나	·매·나	·매·나

매다가	·매·다·가	·매·다·가	·매·다·가	·매·다·가
매다니	·매·다·이	·매·다·이	·매·다·이	·매·다·이
매더냐	·매·더·나	·매·다·아	·매·다·아	·매·다·아
매더니	·매·디·이	·매·디·이	·매·디·이	·매·디·이
매더라	·매·더·라	·매·더·라	·매·드·라	·매·드·라
매더라도	·매·더·라·도	·매·디·이·라·도	·매·디·이·라·도	·매·디·이·라·도
매던데	·매·던·데	·매·든·데	·매·든·데	·매·든·데
매데	·매·데·에	·매·데·에	·매·데·에	·매·데·에
매도록	·매·드·로	·매·두·로	·매·도·록	·매·두·로
매든지	·매·든·지	·매·든·지	·매·든·지	·매·든·지
매듯이	·매·듯·이	·매·듯·이	·매·듯·이	·매·듯·이
맵니까	·매·니·껴	·매·닝·교	·매·닝·교	·매·닝·교
맵니다	·매·니·더	·매·니·이·더	·매·니·이·더	·매·니·이·더
맵디까	·매·디·껴	·매·딩·교	·매·딩·교	·매·딩·교
맵디다	·매·디·더	·매·디·이·더	·매·디·이·더	·매·디·이·더
매(終)	·맨·다	·맨·다	·맨·다	·맨·다
매도	:매·도	:매·도	:매·도	:매·도
매라(命)	:매·라	:매·라	:매·라	:매·라
매서	:매#가지·고	매가·아/·매·가	:매#가·아	:매#가·아
매야	:매·야	:매·야	:매·야	:매·야
맸겠다	:맸·겠·다	:맸·잃·다	:맸·잃·다	:맸·잃·다
맸는가보다	:맸·능·겠·다	:맸·능·겠·다	:맸·능·갑·다	:맸·능·갑·다
맸니	:맸·나	:맸·나	:맸·나	:맸·나
맸다	:맸·다	:맸·다	:맸·다	:맸·다
맸더라	:맸·더·라	:맸·더·라	:맸·드·라	:맸·드·라
맸습니까	:맸·니·껴	:맸·닝·교	:맸·닝·교	:맸·닝·교
맸습니다	:맸·니·더	:맸·니·이·더	:맸·니·이·더	:맸·니·이·더
맸습디까	:맸·디·껴	:맸·딩·교	:맸·딩·교	:맸·딩·교
맸습디다	:맸·디·더	:맸·디·이·더	:맸·디·이·더	:맸·디·이·더
맸지(疑)	:맸·제	:맸·제	:맸·제	:맸·제
맸지(述)	:맸·지	:맸·지	:맸·지	:맸·지
매나(選)	·매·나	·매·나	·매·나	·매·나
매니까	·매·이·꺼·네	·매·이·까·네	·매·이·까·네	·매·이·까·네
매라	·매·라	·매·라	·매·라	·매·라
매러	·매·러	·매·러	·매·라	·매·러
매려고	·맬·라·꼬	·맬·라·꼬	·맬·라·꼬	·맬·라·꼬
매려는가	·맬·랑·가	·맬·라·능·강	·맬·라·능·강	·맬·라·능·강

매렵니다	·맬·라·니·더	·맬·라·니·더	·맬·라·니·더	·맬·라·니·더
매마	·매·마	매끄·마	매꾸·마	매꾸·마
매면	·매·머	·매·머	·매·머	·매·머
매면서	·매·미·서	·매·며	·매·미·러	·매·메
매세	·매·세	·매·세	·매·세	·매·세
매시오(命)	·매·소	·매·소	·매·소	·매·소
매십니까	·매·시·니·껴	·매·시·닝·교	·매·시·닝·교	·매·시·닝·교
매십니다	·매·시·니·더	·매·시·니·이·더	·매·시·니·이·더	·매·시·니·이·더
매십디까	·매·시·디·껴	·매·시·딩·교	·매·시·딩·교	·매·시·딩·교
매십디다	·매·시·디·더	·매·시·디·이·더	·매·시·디·이·더	·매·시·디·이·더
매십시다	·매·시·더	·매·이·시·더	·매·이·시·더	·매·입·시·더
매십시오	·매·시·소	·매·시·이·소	·매·시·이·소	·매·시·이·소
맨	:맸·는	·맨/·맸·는	·맨/:맸·는	·맨/:맸·는
맬걸	·넳·거·로	·넳·거·로	·넳·거·로	·넳·꺼·로
맬게	·매·께	·매·께·에	·매·끼·이	·매·끼·이
맬까	·매·까	·매·까	·매·까	·매·까
맬수록	·넳·수·록	·넳·수·록	·넳·수·록	·넳·수·록
맬건데	·매·껜·데	·넳·건·데6)	·넳·겐·데	·넳·기·인·데
맵시다	·매·시·더	·매·시·더	·매·시·더	:맵·시·더
매자(請)	·매·자	·매·자	·매·자	·매·자
매지(疑)	·매·제	·매·제	·매·제	·매·제
매지(述)	·매·지	·매·지	·매·지	·매·지
매지만	·매·지·만	·매·지·만	·매·지·만	·매·지·만
서거든	서거·드	서거·든	서글·라	서그·등
서거들랑	서거·들·라	서거·들·랑	서글·라·가	서그들·랑
서게(命)	서·게	서·게	서·게	서·게
서게(連)	서그·로	서그·러	서게·로	서구·로
서겠네	서겠·네	섫·세	섫·세	섫·세
서겠니	:섫·루·나	섫라·아	섫라·아	섫라·아
서겠다	:섫·다	섫·다	섫·다	섫·다
서겠더라	서겠·더·라	섫래·라	섫래·라	섫래·라
서겠습니까	서겠·니·껴	섫닝·교	섫닝·교	서겠닝·교
서겠습니다	서겠·니·더	섫니·이·더	섫니·이·더	서겠니·이·더
서겠습디까	서겠·디·껴	섫딩·교	섫딩·교	서겠딩·교

---

6) ·매·껜·데

서겠습디다	서겠·디·더	섰디·이·더	섰디·이·더	서겠디·이·더
서겠지	서겠·지	서겠·지	서겠·지	서겠·지
서고	서·고	서·고	서·고	서·고
서네	서·네	서·네	서·네	서·네
서느라고	서니·라·꼬	서니·이·라·꼬	서니·이·라·꼬	서니·이·라·꼬
서는가	성·가/서능·가	서능·가	서능·가	서능·강
서는가보네	서능·가·베	서능·가·베	서능·가·베	서능·가·베
서는가보다	성·겠·다	서능·겠·다	서능·갑·다	서능·갑·다
서는구나	·서·능·구·나	서는·구·나	서구·나	서능구·나
선다	선·다	선·다	선·다	선·다
선단다	선·단·다	선·단·다	선·단·다	선·단·다
선답시고	선·다·꼬	선·다·합·시·고	선·답·시·고	선·다·합·시·고
선대	선·단·다	선·단·다	선·단·다	선·단·다
서는데	선·데/서는·데	서는·데	서는·데	서는·데
서는지	선·동/서는·동	서는·동	서는·지	서는·동
서니	서·나/:쩌·나[7]	서·나	서·나	서·나
서다가	서다·가	서다·가	서다·가	서다·가
서다니	서·다·이	서·다·이	서·다·이	서·다·이
서더냐	서더·나	서다·아	서다·아	서다·아
서더니	서디·이	서디·이	서디·이	서디·이
서더라	서더·라	서더·라	서드·라	서드·라
서더라도	서더·라·도	서디·이·라·도	서디·이·라·도	서디·이·라·도
서던데	서던·데	서든·데	서든·데	서든·데
서데	서데·에	서데·에	서데·에	서데·에
서도록	서드·로	서두·로	서도·록	서두·로
서든지	서든·지	서든·지	서든·지	서든·지
서듯이	서듯·이	서듯·이	서듯·이	서듯·이
섭니까	서니·껴/·서·니·껴	서닝·교	서닝·교	서닝·교
섭니다	서니·더/·서·니·더	서니·이·더	서니·이·더	서니·이·더
섭디까	서디·껴	서딩·교	서딩·교	서딩·교
섭디다	서디·더	서디·이·더	서디·이·더	서디·이·더
서(終)	선·다	선·다	선·다	선·다
서도	·서·도	:서·도	:서·도	:서·도
서라(命)	·서·라/:쩌·라	:서·라	:서·라	:서·라
서서	·서#가지·고	:서·가·아	:서#가·아	:서#가·아

---

7) `:쩌·나`, `:쩌·노`, `:쩌·마`는 전옥남 님에게서만 매우 불규칙하게 나타난다.

서야	·서·야	:서·야	:서·야	:서·야
셨겠다	·셨·겠·다	:셨·잃·다	:셨·잃·다	:셨·잃·다
섰는가보다	·셨·능·겠·다	:셨·능·겠·다	:셨·능·갑·다	:셨·능·갑·다
셨니	·셨·나	:셨·나	:셨·나	:셨·나
셨다	·셨·다	:셨·다	:셨·다	:셨·다
셨더라	·셨·더·라	:셨·더·라	:셨·드·라	:셨·드·라
셨습니까	·셨·니·껴	:셨·닝·교	:셨·닝·교	:셨·닝·교
셨습니다	·셨·니·더	:셨·니·이·더	:셨·니·이·더	:셨·니·이·더
셨습디까	·셨·디·껴	:셨·딩·교	:셨·딩·교	:셨·딩·교
셨습디다	·셨·디·더	:셨·디·이·더	:셨·디·이·더	:셨·디·이·더
셨지(疑)	·셨·제	:셨·제	:셨·제	:셨·제
셨지(述)	·셨·지	:셨·지	:셨·지	:셨·지
서나(選)	서·나	서·나	·서·나	·서·나
서니까	서·이·꺼·네	서·이·까·네	서·이·까·네	서·이·까·네
서라	서·라	서·라	서·라	서·라
서려고	:설·라·꼬	설·라·꼬	설·라·꼬	설·라·꼬
서려는가	:설·랑·가	설·라·능·강	설·라·능·강	설·라·능·강
서렵니다	:설·라·니·더	설·라·니·더	설·라·니·더	설·라·니·더
서마	서·마/:[셔]·마	서ㄲ·마	서꾸·마	서꾸·마
서면	서·머	서·머	서·머	서·머
서면서	서·미·서	서·며	서·미·러	서·메
서세	서·세	서·세	서·세	서·세
서시오(命)	서·소	서·소	서·소/·서·이·소	서·소
서십니까	·서·시·니·껴	:서·시·닝·교	·서·시·닝·교	·서·시·닝·교
서십니다	·서·시·니·더	:서·시·니·이·더	·서·시·니·이·더	·서·시·니·이·더
서십디까	·서·시·디·껴	:서·시·딩·교	·서·시·딩·교	·서·시·딩·교
서십디다	·서·시·디·더	:서·시·디·이·더	·서·시·디·이·더	·서·시·디·이·더
서십시다	서시·더/·서·시·더	·서·이·시·더	·서·이·시·더	·서·입·시·더
서십시오	서·시·소	·서·시·이·소	·서·시·이·소	·서·시·이·소
선	:셨·는	선/:셨·는	선/:셨·는	선/:셨·는
설걸	섫거·로	섫거·로	섫거·로	섫거·로
설게	서께·에	서께·에	서끼·이	서끼·이
설까	서·까	서·까	서·까	서·까
설수록	섫·수·로8)	섫·수·록	섫·수·록	섫·수·록
설건데	섫건·데	섫건·데/서껜·데	섫겐·데	섫기·인·데

---

8) 섫수·로

섭시다	서시·더/·서·시·더	서시·더	서시·더	섭시·더
서자(請)	서·자	서·자	서·자	서·자
서지(疑)	서·제	서·제	서·제	서·제
서지(述)	서·지	서·지	서·지	서·지
서지만	서·지·만	서·지·만	서·지·만	서·지·만
펴거든	피거·드	피거·든	피글·라	피거·등
펴거들랑	피거·들·라	피거·들·랑	피글·라·가	피거·들·랑
펴게(命)	피·게	피·게	피·게	피·게
펴게(連)	피그·로	피그·러	피게·로	피구·로
펴겠네	피겠·네	핋·세	핋·세	핋·세
펴겠니	핋루·나	핋라·아	핋라·아	핋라·아
펴겠다	핋·다	핋·다	핋·다	핋·다
펴겠더라	피겠·더·라	핋래·라	핋래·라	핋래·라
펴겠습니까	피겠·니·껴	핋닝·교	핋닝·교	피겠닝·교
펴겠습니다	피겠·니·더	핋니·이·더	핋니·이·더	피겠니·이·더
펴겠습디까	피겠·디·껴	핋딩·교	핋딩·교	피겠딩·교
펴겠습디다	피겠·디·더	핋디·이·더	핋디·이·더	피겠디·이·더
펴겠지	피겠·지	피겠·지	피겠·지	피겠·지
펴고	피·고	피·고	피·고	피·고
펴네	피·네	피·네	피·네	피·네
펴느라고	피니·라·꼬	피니·이·라·꼬	피니·이·라·꼬	피니·이·라·꼬
펴는가	핑·가/피는·가	피능·가	피능·가	피능·강
펴는가보네	피능·가·베	피능·가·베	피능·가·베	피능·가·베
펴는가보다	핑·겠·다	피능·겠·다	피능·갑·다	피능·갑·다
펴는구나	피능·구·나	피능·구·나/피구·나	피구·나	피능·구·나
편다	핀·다	핀·다	핀·다	핀·다
편단다	핀·단·다	핀·단·다	핀·단·다	핀·단·다
편답시고	핀·다·꼬	핀·다·합·시·고	핀·답·시·고	핀·다·합·시·고
편대	핀·단·다	핀·단·다	핀·단·다	핀·단·다
펴는데	피·데/피는·데	피는·데	피는·데	피는·데
펴는지	핀·동/피는·동	피는·동	피는·지	피는·동
펴니	피·나	피·나	피·나	피·나
펴다가	피다·가	피다·가	피다·가	피다·가
펴다니	피·다·이	피·다·이	피·다·이	피·다·이
펴더냐	피더·나	피다·아	피다·아	피다·아
펴더니	피디·이	피디·이	피디·이	피디·이

펴더라	피더·라	피더·라	피드·라	피드·라
펴더라도	피더·라·도	피디·이·라·도	피디·이·라·도	피디·이·라·도
펴던데	피던·데	피든·데	피든·데	피든·데
펴데	피데·에	피데·에	피데·에	피데·에
펴도록	피드·로	피두·로	피도·록	피두·로
펴든지	피든·지	피든·지	피든·지	피든·지
펴듯이	피듯·이	피듯·이	피듯·이	피듯·이
폅니까	피니·껴	피닝·교	피닝·교	피닝·교
폅니다	피니·더	피니·이·더	피니·이·더	피니·이·더
폅디까	피디·껴	피딩·교	피딩·교	피딩·교
폅디다	피디·더	피디·이·더	피디·이·더	피디·이·더
펴(終)	핀·다	핀·다	핀·다	핀·다
펴도	피·이·도	피·이·도	피·이·도	피·이·도
펴라(命)	피·이·라	피·이·라	피·이·라	피·이·라
펴서	피·이#가지·고	피·이#가·아	피·이#가·아	피·이#가·아
펴야	피·이·야	피·이·야	피·이·야	피·이·야
폈겠다	피·있·겠·다	피·있·잃·다	피·있·잃·다	피·있·잃·다
폈는가보다	피·있·능·겠·다	피·있·능·겠·다	피·있·능·갑·다	피·있·능·갑·다
폈니	피·있·나	피·있·나	피·있·나	피·있·나
폈다	피·있·다	피·있·다	피·있·다	피·있·다
폈더라	피·있·더·라	피·있·더·라	피·있·드·라	피·있·드·라
폈습니까	피·있·니·껴	피·있·닝·교	피·있·닝·교	피·있·닝·교
폈습니다	피·있·니·더	피·있·니·이·더	피·있·니·이·더	피·있·니·이·더
폈습디까	피·있·디·껴	피·있·딩·교	피·있·딩·교	피·있·딩·교
폈습디다	피·있·디·더	피·있·디·이·더	피·있·디·이·더	피·있·디·이·더
폈지(疑)	피·있·제	피·있·제	피·있·제	피·있·제
폈지(述)	피·있·지	피·있·지	피·있·지	피·있·지
펴나(選)	피·나	피·나	피·나	피·나
펴니까	피·이·꺼·네	피·이·까·네	피·이·까·네	피·이·까·네
펴라	피·라	피·라	피·라	피·라
펴러	피·러	피·러	피·라	피·러
펴려고	필·라·꼬	필·라·꼬	필·라·꼬	필·라·꼬
펴려는가	필·랑·가	필·라·능·강	필·라·능·강	필·라·능·강
펴렵니다	필·라·니·더	필·라·니·더	필·라·니·더	필·라·니·더
펴마	피·마	피꼬·마	피꾸·마	피꾸·마
펴면	피·머	피·머	피·머	피·머
펴면서	피·미·서	피·며	피·미·러	피·메

펴세	피·세	피·세	피·세	피·세
펴시오(命)	피·소	피·소	피·소	피·이·소
펴십니까	피·시·니·껴	피·시·닝·교	피·시·닝·교	피·이·시·닝·교
펴십니다	피·시·니·더	피·시·니·이·더	피·시·니·이·더	피·이·시·니·이·더
펴십디까	피·시·디·껴	피·시·딩·교	피·시·딩·교	피·이·시·딩·교
펴십디다	피·시·디·더	피·시·디·이·더	피·시·디·이·더	피·이·시·디·이·더
펴십시다	피시·더	피·이·시·더	피·이·시·더	피입시·더
펴십시오	피·시·소	피·시·이·소	피·시·이·소	피·이·시·이·소
편	피·있·는	핀/피·있·는	핀/피·있·는	핀/피·있·는
펼걸	핒거·로	핒거·로	핒거·로	핒거·로
펼게	피께·에	피께·에	펴끼·이	펴끼·이
펼까	피·까	피·까	피·까	피·까
펼수록	핒·수·로	핒·수·록	핒·수·록	핒·수·록
펼건데	핒껜·데	핒건·데/피껜·데	핒껜·데	핒기·인·데
폅시다	피시·더	피시·더	피시·더	핍시·더
펴자(請)	피·자	피·자	피·자	피·자
펴지(疑)	피·제	피·제	피·제	피·제
펴지(述)	피·지	피·지	피·지	피·지
펴지만	피·지·만	피·지·만	피·지·만	피·지·만
보거든	·보·거·드	·보·거·든	보글·라	보거·등/·보·거·등
보거들랑	·보·거·들·라	·보·거·들·랑	보글·라·가	보거·들·랑
보게(命)	보·게	보·게	보·게	보·게
보게(連)	보·게	보그·러	보게·로	보구·로
보겠네	:봏·세	:봏·세	:봏·세	:봏·세
보겠니	:봏·루·나	:봏·라·아	:봏·라	:봏·라·아
보겠다	:봏·다	:봏·다	:봏·다	:봏·다
보겠더라	보겠·더·라	:봏·래·라	:봏·래·라	:봏·래·라
보겠습니까	보겠·니·껴	:봏·닝·교	:봏·닝·교	보겠닝·교
보겠습니다	보겠·니·더	:봏·니·이·더	:봏·니·이·더	보겠니·이·더
보겠습디까	보겠·디·껴	:봏·딩·교	:봏·딩·교	보겠딩·교
보겠습디다	보겠·디·더	:봏·디·이·더	:봏·디·이·더	보겠디·이·더
보겠지	보겠·지	보겠·지	보겠·지	보겠·지
보고	보·고	보·고	보·고	보·고
보네	·보·네	·보·네	·보·네	·보·네
보느라고	·보·니·라·꼬	·보·니·이·라·꼬	·보·니·이·라·꼬	·보·니·이·라·꼬
보는가	·봉·가/·보·는·가	·보·능·가	·보·능·가	·보·능·강

보는가보네	·보·능·가·베	·보·능·가·베	·보·능·가·베	·보·능·가·베
보는가보다	·봉·젰·다	·보·능·젰·다	·보·능·갑·다	·보·능·갑·다
보는구나	·보·능·구·나	·보·능·구·나	·보·구·나	·보·능·구·나
본다	·본·다	·본·다	·본·다	·본·다
본단다	·본·단·다	·본·단·다	·본·단·다	·본·단·다
본답시고	·본·다·꼬	·본·다·합·시·고	·본·답·시·고	·본·다·합·시·고
본대	·본·단·다	·본·단·다	·본·단·다	·본·단·다
보는데	·본·데/·보·는·데	·보·는·데	·보·는·데	·보·는·데
보는지	·본·동/·보·는·동	·보·는·동	·보·는·지	·보·는·동
보니	·보·나	·보·나	·보·나	·보·나
보다가	·보·다·가	·보·다·가	·보·다·가	·보·다·가
보다니	보·다·이	보·다·이	보·다·이	보·다·이
보더냐	·보·더·나	·보·다·아	·보·다·아	·보·다·아
보더니	·보·디·이	·보·디·이	·보·디·이	·보·디·이
보더라	·보·더·라	·보·더·라	·보·드·라	·보·드·라
보더라도	·보·더·라·도	·보·디·이·라·도	·보·디·이·라·도	·보·디·이·라·도
보던데	·보·던·데	·보·든·데	·보·든·데	·보·든·데
보데	·보·데·에	·보·데·에	·보·데·에	·보·데·에
보도록	·보·드·로	보두·로	보도·록	보두·로
보든지	·보·든·지	·보·든·지	·보·든·지	·보·든·지
보듯이	·보·듯·이	·보·듯·이	·보·듯·이	·보·듯·이
봅니까	·보·니·꺼	·보·닝·교	·보·닝·교	·보·닝·교
봅니다	·보·니·더	·보·니·이·더	·보·니·이·더	·보·니·이·더
봅디까	·보·디·꺼	·보·딩·교	·보·딩·교	·보·딩·교
봅디다	·보·디·더	·보·디·이·더	·보·디·이·더	·보·디·이·더
봐(終)	·본·다	·본·다	·본·다	·본·다
봐도	·바·도	:바·도	:바·도	:바·도
봐라(命)	·바·라	:바·라	:바·라	:바·라
봐서	·바#가지·고	·바#가·아	:바#가·아	:바#가·아
봐야	·바·야	:바·야	:바·야	:바·야
봤겠다	·밨·젰·다	:밨·잃·다	:밨·잃·다	:밨·잃·다
봤는가보다	·밨·능·젰·다	:밨·능·젰·다	:밨·능·갑·다	:밨·능·갑·다
봤니	·밨·나	:밨·나	:밨·나	:밨·나
봤다	·밨·다	:밨·다	:밨·다	:밨·다
봤더라	·밨·더·라	:밨·더·라	:밨·드·라	:밨·드·라
봤습니까	·밨·니·꺼	:밨·닝·교	:밨·닝·교	:밨·닝·교
봤습니다	·밨·니·더	:밨·니·이·더	:밨·니·이·더	:밨·니·이·더

봤습디까	·봤·디·껴	:봤·딩·교	:봤·딩·교	:봤·딩·교
봤습디다	·봤·디·더	:봤·디·이·더	:봤·디·이·더	:봤·디·이·더
봤지(疑)	·봤·제	:봤·제	:봤·제	:봤·제
봤지(述)	·봤·지	:봤·지	:봤·지	:봤·지
보나(選)	보·나	보·나	보·나	보·나
보니까	보·이·꺼·네	보·이·까·네	보·이·까·네	보·이·까·네
보라	보·라	보·라	보·라	보·라
보려고	:볼·라·꼬	:볼·라·꼬	:볼·라·꼬	:볼·라·꼬
보려는가	:볼·랑·가	:볼·라·능·강	:볼·라·능·강	:볼·라·능·강
보렵니다	:볼·라·니·더	:볼·라·니·더	:볼·라·니·더	:볼·라·니·더
보마	보·마	보ㄲ·마	보꾸·마	보꾸·마
보면	보·머	보·머	보·머	보·머
보면서	보·미·서	보·며	보·미·러	보·메
보세	보·세	보·세	보·세	보·세
보시오(命)	·보·소	·보·소/·보·이·소	·보·소/·보·이·소	·보·소
보십니까	·보·시·니·껴	·보·시·닝·교	·보·시·닝·교	·보·시·닝·교
보십니다	·보·시·니·더	·보·시·니·이·더	·보·시·니·이·더	·보·시·니·이·더
보십디까	·보·시·디·껴	·보·시·딩·교	·보·시·딩·교	·보·시·딩·교
보십디다	·보·시·디·더	·보·시·디·이·더	·보·시·디·이·더	·보·시·디·이·더
보십시다	보시·더	·보·이·시·더	·보·이·시·더	·보·입·시·더
보십시오	·보·시·소	·보·시·이·소	·보·시·이·소	·보·시·이·소
본	·봤;는	본/·봤;는	본/·봤;는	본/·봤;는
볼걸	볿거·로	볿거·로	볿거·로	볿거·로
볼게	보께·에	보께·에	보끼·이	보끼·이/보께·에
볼까	보·까	보·까	보·까	보·까
볼수록	볿·수·로	볿·수·록	볿·수·록	볿·수·록
볼건데	보껀·데	볿껀·데/보껜·데	볿껜·데	볿기·인·데
봅시다	보시·더	보시·더	보시·더	봅시·더
보자(請)	보·자	보·자	보·자	보·자
보지(疑)	보·제	보·제	보·제	보·제
보지(述)	보·지	보·지	보·지	보·지
보지만	보·지·만	보·지·만	보·지·만	보·지·만
오거든	·오·거·드	·오·거·든	오글·라	오거·등/·오·거·등
오거들랑	·오·거·들·라	·오·거·들·랑	오글·라·가	오거·들·랑
오게(命)	오·게	오·게	오·게	오·게
오게(連)	오그·러	오그·러	오게·로	오구·로

오겠네	오겠·네	:옳·세	:옳·세	:옳·세
오겠니	:올·루·나	:옳·라·아	:옳·라	:옳·라·아
오겠다	:옳·다	:옳·다	:옳·다	:옳·다
오겠더라	오겠·더·라	:옳·래·라	:옳·래·라	:옳·래·라
오겠습니까	오겠·니·껴	:옳·닝·교	:옳·닝·교	오겠닝·교
오겠습니다	:옳·니·더	:옳·니·이·더	:옳·니·이·더	오겠니·이·더
오겠습디까	오겠·디·껴	:옳·딩·교	:옳·딩·교	오겠딩·교
오겠습디다	오겠·디·더	:옳·디·이·더	:옳·디·이·더	오겠디·이·더
오겠지	오겠·지	오겠·지	오겠·지	오겠·지
오고	오·고	오·고	오·고	오·고
오네	·오·네	·오·네	·오·네	·오·네
오느라고	·오·니·라·꼬	·오·니·이·라·꼬	·오·니·이·라·꼬	·오·니·이·라·꼬
오는가	·옹·가/·오·는·가	·오·능·가	·오·능·강	·오·능·강
오는가보네	·오·능·가·베	·오·능·가·베	·오·능·가·베	·오·능·가·베
오는가보다	·옹·겠·다	·오·능·겠·다	·오·능·갑·다	·오·능·갑·다
오는구나	·오·능·구·나	·오·능·구·나	·오·구·나	·오·능·구·나
온다	·온·다	·온·다	·온·다	·온·다
온단다	·온·단·다	·온·단·다	·온·단·다	·온·단·다
온답시고	·온·다·꼬	·온·다·합·시·고	·온·답·시·고	·온·다·합·시·고
온대	·온·단·다	·온·단·다	·온·단·다	·온·단·다
오는데	·온·데/·오·는·데	·오·는·데	·오·는·데	·오·는·데
오는지	·온·동/·오·는·동	·오·는·동	·오·는·지	·오·는·동
오니	·오·나	·오·나	·오·나	·오·나
오다가	·오·다·가	·오·다·가	·오·다·가	·오·다·가
오다니	오·다·이	오·다·이	오·다·이	오·다·이
오더냐	·오·더·나	·오·다·아	·오·다·아	·오·다·아
오더니	·오·디·이	·오·디·이	·오·디·이	·오·디·이
오더라	·오·더·라	·오·더·라	·오·드·라	·오·드·라
오더라도	·오·더·라도	·오·디·이·라도	·오·디·이·라도	·오·디·이·라도
오던데	·오·던·데	·오·든·데	·오·든·데	·오·든·데
오데	·오·데·에	·오·데·에	·오·데·에	·오·데·에
오도록	·오·드·로	오두·로	오도·록	오두·로
오든지	·오·든·지	·오·든·지	·오·든·지	·오·든·지
오듯이	·오·듯·이	·오·듯·이	·오·듯·이	·오·듯·이
옵니까	·오·니·껴	·오·닝·교	·오·닝·교	·오·닝·교
옵니다	·오·니·더	·오·니·이·더	·오·니·이·더	·오·니·이·더
옵디까	·오·디·껴	·오·딩·교	·오·딩·교	·오·딩·교

옵디다	·오·디·더	·오·디·이·더	·오·디·이·더	·오·디·이·더
와(終)	·온·다	·온·다	·온·다	·온·다
와도	·와·도	·와·도	·와·도	·와·도
와라(命)	온·나/오느·라	오느·라	오느·라/온나·라	온느·라
와서	·와#가지·고	·와#가·아	·와#가·아	·와#가·아
와야	·와·야	·와·야	·와·야	·와·야
왔겠다	·왔·겠·다	·왔·잃·다	·왔·잃·다	·왔·잃·다
왔는가보다	·왔·능·겠·다	·왔·능·겠·다	·왔·능·갑·다	·왔·능·갑·다
왔니	·왔·나	·왔·나	·왔·나	·왔·나
왔다	·왔·다	·왔·다	·왔·다	·왔·다
왔더라	·왔·더·라	·왔·더·라	·왔·드·라	·왔·드·라
왔습니까	·왔·니·껴	·왔·닝·교	·왔·닝·교	·왔·닝·교
왔습니다	·왔·니·더	·왔·니·이·더	·왔·니·이·더	·왔·니·이·더
왔습디까	·왔·디·껴	·왔·딩·교	·왔·딩·교	·왔·딩·교
왔습디다	·왔·디·더	·왔·디·이·더	·왔·디·이·더	·왔·디·이·더
왔지(疑)	·왔·제	·왔·제	·왔·제	·왔·제
왔지(述)	·왔·지	·왔·지	·왔·지	·왔·지
오나(選)	오·나	오·나	오·나	오·나
오니까	오·이·꺼·네	오·이·까·네	오·이·까·네	오·이·까·네
오라	오·라	오·라	오·라	오·라
오려고	:올·라·꼬	:올·라·꼬	:올·라·꼬	:올·라·꼬
오려는가	:올·랑·가	:올·라능·강	:올·라·능·강	:올·라·능·강
오렵니다	:올·라·니·더	:올·라·니·더	:올·라·니·더	:올·라·니·더
오마	오·마	오ㄲ·마	오꾸·마	오꾸·마
오면	오·머	오·머	오·머	오·머
오면서	오·미·서	오·며	오·미·러	오·메
오세	오·세	오·세	오·세	오·세
오시오(命)	·오·소	·오·소	·오·소/·오·이·소	·오·소
오십니까	·오·시·니·껴	·오·시·닝·교	·오·시·닝·교	·오·시·닝·교
오십니다	·오·시·니·더	·오·시·니·이·더	·오·시·니·이·더	·오·시·니·이·더
오십디까	·오·시·디·껴	·오·시·딩·교	·오·시·딩·교	·오·시·딩·교
오십디다	·오·시·디·더	·오·시·디·이·더	·오·시·디·이·더	·오·시·디·이·더
오십시다	오시·더	·오·이·시·더	·오·이·시·더	·오·입·시·더
오십시오	·오·시·소	·오·시·이·소	·오·시·이·소	·오·시·이·소
온	·왔·는	온/·왔·는	온/·왔·는	온/·왔·는
올걸	옳거·로	옳거·로	옳거·로	옳거·로
올게	오께·에	오께·에	오끼·이	오끼·이/오께·에

올까	오·까	오·까	오·까	오·까
올수록	옳·수·로	옳·수·록	옳·수·록	옳·수·록
올건데	오껜·데	옳건·데/오껜·데	옳껜·데	옳기·인·데
옵시다	오시·더	오시·더	오시·더	옵시·더
오자(請)	오·자	오·자	오·자	오·자
오지(疑)	오·제	오·제	오·제	오·제
오지(述)	오·지	오·지	오·지	오·지
오지만	오·지·만	오·지·만	오·지·만	오·지·만
누거든	·누·거·드	·누·거·든	누글·라	누거·등
누거들랑	·누·거·들·라	·누·거·들·랑	누글·라·가	누거·들·랑
누게(命)	누·게	누·게	누·게	누·게
누게(連)	·누·그·러	누그·러	누게·로	누구·로
누겠네	:눟·세	:눟·세	:눟·세	:눟·세
누겠니	:눌·루·나	:눟·라·아	:눟·라·아	:눟·라·아
누겠다	:눟·다	:눟·다	:눟·다	:눟·다
누겠더라	누겠·더·라	:눟·래·라	:눟·래·라	:눟·래·라
누겠습니까	누겠·니·껴	:눟·닝·교	:눟·닝·교	누겠닝·교
누겠습니다	:눟·니·더9)	:눟·니·이·더10)	:눟·니·이·더	누겠니·이·더
누겠습디까	누겠·디·껴	:눟·딩·교	:눟·딩·교	누겠딩·교
누겠습디다	누겠·디·더	:눟·디·이·더	:눟·디·이·더	누겠디·이·더
누겠지	누겠·지	누겠·지	누겠·지	누겠·지
누고	누·고	누·고	누·고	누·고
누네	·누네	·누·네	·누·네	·누·네
누느라고	·누·니·라·꼬	·누·니·이·라·꼬	·누·니·이·라·꼬	·누·니·이·라·꼬
누는가	·눙·가/·누·능·가	·누·능·가	·누·능·가	·누·능·강
누는가보네	·누·능·가·베	·누·능·가·베	·누·능·가·베	·누·능·가·베
누는가보다	·눙·겠·다	·누·능·겠·다	·누·능·갑·다	·누·능·갑·다
누는구나	·누·능·구·나	·누·능·구·나	·누·구·나	·누·능·구·나
눈다	·눈·다	·눈·다	·눈·다	·눈·다
눈단다	·눈·단·다	·눈·단·다	·눈·단·다	·눈·단·다
눈답시고	·눈·다·꼬	·눈·다·합·시·고	·눈·답·시·고	·눈·다·합·시·고
눈대	·눈·단·다	·눈·단·다	·눈·단·다	·눈·단·다
누는데	·눈·데/·누·는·데	·누·는·데	·누·는·데	·누·는·데

---

9) :눟·시·더
10) :눟·시·더

누는지	·눈·동/·누·는·동	·누·는·동	·누·는·지	·누·는·동
누니	·누·나	·누·나	·누·나	·누·나
누다가	·누·다·가	·누·다·가	·누·다·가	·누·다·가
누다니	누·다·이	누·다·이	누·다·이	누·다·이
누더냐	·누·더·나	·누·다·아	·누·다·아	·누·다·아
누더니	·누·디·이	·누·디·이	·누·디·이	·누·디·이
누더라	·누·더·라	·누·더·라	·누·드·라	·누·드·라
누더라도	·누·더·라도	·누·디·이·라도	·누·디·이·라도	·누·디·이·라도
누던데	·누·던·데	·누·든·데	·누·든·데	·누·든·데
누데	·누·데·에	·누·데·에	·누·데·에	·누·데·에
누도록	·누·드·로	누드·로	누도·록	누두·로
누든지	·누·든·지	·누·든·지	·누·든·지	·누·든·지
누듯이	·누·듯·이	·누·듯·이	·누·듯·이	·누·듯·이
눕니까	·누·니·껴	·누·닝·교	·누·닝·교	·누·닝·교
눕니다	·누·니·더	·누·니·이·더	·누·니·이·더	·누·니·이·더
눕디까	·누·디·껴	·누·딩·교	·누·딩·교	·누·딩·교
눕디다	·누·디·더	·누·디·이·더	·누·디·이·더	·누·디·이·더
눠(終)	·눈·다	·눈·다	·눈·다	·눈·다
눠도	·나·도	·노·도	·노·도	:노·도
눠라(命)	·나·라/:댜·라	·노·라	·노·라	:노·라
눠서	·나#가지·고	·노#가·아	·노#가·아	:노#가·아
눠야	·나·야	·노·야	·노·야	:노·야
눴겠다	·났·겠·다	·눴·잃·다	·눴·잃·다	:눴·잃·다
눴는가보다	·났·능·겠·다	·눴·능·갑·다	·눴·능·갑·다	:눴·능·갑·다
눴니	·났·나	·눴·나	·눴·나	:눴·나
눴다	·났·다	·눴·다	·눴·다	:눴·다
눴더라	·났·더·라	·눴·더·라	·눴·드·라	:눴·드·라
눴습니까	·났·니·껴	·눴·닝·교	·눴·닝·교	:눴·닝·교
눴습니다	·났·니·더	·눴·니·이·더	·눴·니·이·더	:눴·니·이·더
눴습디까	·났·디·껴	·눴·딩·교	·눴·딩·교	:눴·딩·교
눴습디다	·났·디·더	·눴·디·이·더	·눴·디·이·더	:눴·디·이·더
눴지(疑)	·났·제	·눴·제	·눴·제	:눴·제
눴지(述)	·났·지	·눴·지	·눴·지	:눴·지
누나(選)	누·나	누·나	누·나	누·나
누니까	누·이·꺼·네	누·이·까·네	누·이·까·네	누·이·까·네
누라	누·라	누·라	누·라	누·라
누러	누·러	누·러	누·라	누·러

누려고	:눌·라·꼬	:눌·라·꼬	:눌·라·꼬	:눌·라·꼬
누려는가	:눌·랑·가	:눌·라·능·강	:눌·라·능·강	:눌·라·능·강
누렵니다	:눌·라·니·더	:눌·라·니·더	:눌·라·니·더	:눌·라·니·더
누마	:누·마	누끄·마	누꾸·마	누꾸·마
누면	누·머	누·머	누·머	누·머
누면서	누·미·서	누·며	누·미·러	누·메
누세	누·세	누·세	누·세	누·세
누시오(命)	·누·소	·누·소	·누·소	·누·소
누십니까	·누·시·니·껴	·누·시·닝·교	·누·시·닝·교	·누·시·닝·교
누십니다	·누·시·니·더	·누·시·니·이·더	·누·시·니·이·더	·누·시·니·이·더
누십디까	·누·시·디·껴	·누·시·딩·교	·누·시·딩·교	·누·시·딩·교
누십디다	·누·시·디·더	·누·시·디·이·더	·누·시·디·이·더	·누·시·디·이·더
누십시다	누시·더	·누·이·시·더	·누·이·시·더	·누·입·시·더
누십시오	·누·시·소	·누·시·이·소	·누·시·이·소	·누·시·이·소
눈	·났·는	눈/·높·는	눈/:높·는	눈/:높·는
눌걸	높거·로	높거·로	높거·로	높거·로
눌게	누께·에	누께·에	누끼·이	누끼·이
눌까	누·까	누·까	누·까	누·까
눌수록	높·수·로	높·수·록	높·수·록	높·수·록
눌건데	누껜·데	높건·데/누껜·데	높껜·데	높기·인·데
눕시다	누시·더	누시·더	누시·더	눕시·더
누자(請)	누·자	누·자	누·자	누·자
누지(疑)	누·제	누·제	누·제	누·제
누지(述)	누·지	누·지	누·지	누·지
누지만	누·지·만	누·지·만	누·지·만	누·지·만
두거든	·두·거·드	·두·거·든	두글·라	두거·등
두거들랑	·두·거·들·라	·두·거·들·랑	두글·라·가	두거·들·랑
두게(命)	두·게	두·게	두·게	두·게
두게(連)	두그·로	두그·러	두게·로	두구·로
두겠네	두겠·네	:둟·세	:둟·세	:둟·세
두겠니	:둟·루·나	:둟·라·아	:둟·라·아	:둟·라·아
두겠다	:둟·다	:둟·다	:둟·다	:둟·다
두겠더라	두겠·더·라	:둟·래·라	:둟·래·라	:둟·래·라
두겠습니까	두겠·니·껴	:둟·닝·교	:둟·닝·교	두겠닝·교
두겠습니다	:둟·시·더	:둟·니·이·더	:둟·니·이·더	두겠니·이·더
두겠습디까	두겠·디·껴	:둟·딩·교	:둟·딩·교	두겠딩·교

두겠습디다	두겠·디·더	:둟·디·이·더	:둟·디·이·더	두겠디·이·더
두겠지	두겠·지	두겠·지	두겠·지	두겠·지
두고	두·고	두·고	두·고	두·고
두네	·두·네	·두·네	·두·네	·두·네
두느라고	·두·니·라·꼬	·두·니·이·라·꼬	·두·니·이·라·꼬	·두·니·이·라·꼬
두는가	·둥·가/·두·능·가	·두·능·가	·두·능·가	·두·능·강
두는가보네	·두·능·가·베	·두·능·가·베	·두·능·가·베	·두·능·가·베
두는가보다	·둥·겠·다	·두·능·겠·다	·두·능·갑·다	·두·능·갑·다
두는구나	·두·능·구·나	·두·능·구·나	·두·구·나	·두·능·구·나
둔다	·둔·다	·둔·다	·둔·다	·둔·다
둔단다	·둔·단·다	·둔·단·다	·둔·단·다	·둔·단·다
둔답시고	·둔·다·꼬	·둔·다·합·시·고	·둔·답·시·고	·둔·다·합·시·고
둔대	·둔·단·다	·둔·단·다	·둔·단·다	·둔·단·다
두는데	·둔·데/·두·는·데	·두·는·데	·두·는·데	·두·는·데
두는지	·둔·동/·두·는·동	·두·는·동	·두·는·지	·두·는·동
두니	·두·나/⬚·나	·두·나	·두·나	·두·나
두다가	·두·다·가	·두·다·가	·두·다·가	·두·다·가
두다니	두·다·이	두·다·이	두·다·이	두·다·이
두더냐	·두·더·나	·두·다·아	·두·다·아	·두·다·아
두더니	·두·디·이	·두·디·이	·두·디·이	·두·디·이
두더라	·두·더·라	·두·더·라	·두드·라	·두드·라
두더라도	·두·더·라·도	·두·디·이·라·도	·두·디·이·라·도	·두·디·이·라·도
두던데	·두·던·데	·두·든·데	·두·든·데	·두·든·데
두데	·두·데·에	·두·데·에	·두·데·에	·두·데·에
두도록	·두·드·로	두드·로	두도·록	두두·로
두든지	·두·든·지	·두·든·지	·두·든·지	·두·든·지
두듯이	·두·듯·이	·두·듯·이	·두·듯·이	·두·듯·이
둡니까	·두·니·껴	·두·닝·교	·두·닝·교	·두·닝·교
둡니다	·두·니·더	·두·니·이·더	·두·니·이·더	·두·니·이·더
둡디까	·두·디·껴	·두·딩·교	·두·딩·교	·두·딩·교
둡디다	·두·디·더	·두·디·이·더	·두·디·이·더	·두·디·이·더
뒤(終)	·둔·다	·둔·다	·둔·다	·둔·다
뒤도	·다·도	·도·도	·도·도	:도·도
뒤라(命)	·다·라	·도·라	·도·라	:도·라
뒤서	·다#가지·고	·도#가·아	·도#가·아	:도#가·아
뒤야	·다·야	·도·야	·도·야	:도·야
됬겠다	·닸·겠·다	·돘·잃·다	·돘·잃·다	:돘·잃·다

됐는가보다	·닸·능·겠·다	·돴·능·겠·다	·돴·능·갑·다	:돴·능·갑·다
됐니	·닸·나	·돴·나	·돴·나	:돴·나
됐다	·닸·다	·돴·다	·돴·다	:돴·다
됐더라	·닸·더·라	·돴·더·라	·돴·드·라	:돴·드·라
됐습니까	·닸·니·껴	·돴·닝·교	·돴·닝·교	:돴·닝·교
됐습니다	·닸·니·더	·돴·니·이·더	·돴·니·이·더	:돴·니·이·더
됐습디까	·닸·디·껴	·돴·딩·교	·돴·딩·교	:돴·딩·교
됐습디다	·닸·디·더	·돴·디·이·더	·돴·디·이·더	:돴·디·이·더
됐지(疑)	·닸·제	·돴·제	·돴·제	:돴·제
됐지(述)	·닸·지	·돴·지	·돴·지	:돴·지
두나(選)	두·나	두·나	두·나	두·나
두니까	두·이·꺼·네	두·이·까·네	두·이·까·네	두·이·까·네
두라	두·라	두·라	두·라	두·라
두러	두·러	두·러	두·라	두·러
두려고	:둘·라·꼬	:둘·라·꼬	:둘·라·꼬	:둘·라·꼬
두려는가	:둘·랑·가	:둘·라·능·강	:둘·라·능·강	:둘·라·능·강
두렵니다	:둘·라·니·더	:둘·라·니·더	:둘·라·니·더	:둘·라·니·더
두마	🈂·마	두ㄲ·마	두꾸·마	두꾸·마
두면	두·머	두·머	두·머	두·머
두면서	두·미·서	두·며	두·미·러	두·메
두세	두·세	두·세	두·세	두·세
두시오(命)	·두·소	·두·소	·두·소	·두·소
두십니까	·두·시·니·껴	·두·시·닝·교	·두·시·닝·교	·두·시·닝·교
두십니다	·두·시·니·더	·두·시·니·이·더	·두·시·니·이·더	·두·시·니·이·더
두십디까	·두·시·디·껴	·두·시·딩·교	·두·시·딩·교	·두·시·딩·교
두십디다	·두·시·디·더	·두·시·디·이·더	·두·시·디·이·더	·두·시·디·이·더
두십시다	두시·더	·두·이·시·더	·두·이·시·더	·두·입·시·더
두십시오	·두·시·소	·두·시·이·소	·두·시·이·소	·두·시·이·소
둔	·닸·는	둔/·돴·는	둔/:놌·는	둔/:놌·는
둘걸	둟거·로	둟거·로	둟거·로	둟거·로
둘게	두께·에	두께·에	두끼·이	두끼·이
둘까	두·까	두·까	두·까	두·까
둘수록	둟·수·로	둟·수·록	둟·수·록	둟·수·록
둘건데	두껜·데	둟건·데/두껜·데	둟겐·데	둟기·인·데
둡시다	두시·더	두시·더	두시·더	둡시·더
두자(請)	두·자	두·자	두·자	두·자
두지(疑)	두·제	두·제	두·제	두·제

두지(述)	두·지	두·지	두·지	두·지
두지만	두·지·만	두·지·만	두·지·만	두·지·만
주거든	·주·거·드	주거·든	주글·라	주거·등
주거들랑	·주·거·들·라	주거·들·랑	주글·라·가	·주·거·들·랑
주게(命)	주·게	주·게	주·게	주·게
주게(連)	주그·로	주그·러	주게·로	주구·로
주겠네	주겠·네	:줋·세	:줋·세	:줋·세
주겠니	:줋·루·나	:줋·라·아	:줋·라·아	:줋·라·아
주겠다	:줋·다	:줋·다	:줋·다	:줋·다
주겠더라	주겠·더·라	:줋·래·라	:줋·래·라	:줋·래·라
주겠습니까	:줋·니·껴	:줋·닝·교	:줋·닝·교	주겠닝·교
주겠습니다	:줋·시·더	:줋·니·이·더	:줋·니·이·더	주겠니·이·더
주겠습디까	주겠·디·껴	:줋·딩·교	:줋·딩·교	주겠딩·교
주겠습디다	주겠·디·더	:줋·디·이·더	:줋·디·이·더	주겠디·이·더
주겠지	주겠·지	주겠·지	주겠·지	주겠·지
주고	주·고	주·고	주·고	주·고
주네	·주·네	·주·네	·주·네	·주·네
주느라고	·주·니·라·꼬	·주·니·이·라·꼬	·주·니·이·라·꼬	·주·니·이·라·꼬
주는가	·중·가/·주·능·가	·주·능·가	·주·능·가	·주·능·강
주는가보네	·주·능·가·베	·주·능·가·베	·주·능·가·베	·주·능·가·베
주는가보다	·중·겠·다	·주·능·겠·다	·주·능·갑·다	·주·능·갑·다
주는구나	·주·능·구·나	·주·능·구·나	·주·구·나	·주·능·구·나
준다	·준·다	·준·다	·준·다	·준·다
준단다	·준·단·다	·준·단·다	·준·단·다	·준·단·다
준답시고	·준·다·꼬	·준·답·시·고	·준·답·시·고	·준·다·합·시·고
준대	·준·단·다	·준·단·다	·준·단·다	·준·단·다
주는데	·준·데/·주·는·데	·주·는·데	·주·는·데	·주·는·데
주는지	·준·동/·주·는·동	·주·는·동	·주·는·지	·주·는·동
주니	·주·나	·주·나	·주·나	·주·나
주다가	·주·다·가	·주·다·가	·주·다·가	·주·다·가
주다니	주·다·이	주·다·이	주·다·이	주·다·이
주더냐	·주·더·나	·주·다·아	·주·다·아	·주·다·아
주더니	·주·디·이	·주·디·이	·주·디·이	·주·디·이
주더라	·주·더·라	·주·더·라	·주·드·라	·주·드·라
주더라도	·주·더·라·도	·주·디·이·라·도	·주·디·이·라·도	·주·디·이·라·도
주던데	·주·던·데	·주·든·데	·주·든·데	·주·든·데

주데	·주·데·에	·주·데·에	·주·데·에	·주·데·에
주도록	·주·드·로	주드·로	·주·도·록	·주·두·루
주든지	·주·든·지	·주·든·지	·주·든·지	·주·든·지
주듯이	·주·듯·이	·주·듯·이	·주·듯·이	·주·듯·이
줍니까	·주·니·껴	·주·닝·교	·주·닝·교	·주·닝·교
줍니다	·주·니·더	·주·니·이·더	·주·니·이·더	·주·니·이·더
줍디까	·주·디·껴	·주·딩·교	·주·딩·교	·주·딩·교
줍디다	·주·디·더	·주·디·이·더	·주·디·이·더	·주·디·이·더
줘(終)	·준·다	·준·다	·준·다	·준·다
줘도	·자·도	·조·도	·조·도	:조·도
줘라(命)	:좌·라	·조·라	·조·라	:조·라
줘서	·자#가지·고	조가·아	·조#가·아	:조#가·아
줘야	·자·야	·조·야	·조·야	:조·야
줬겠다	·잤·겠·다	·좄·잃·다	·좄·잃·다	:좄·잃·다
줬는가보다	·잤·능·겠·다	·좄·능·겠·다	·좄·능·갑·다	:좄·능·갑·다
줬니	·잤·나	·좄·나	·좄·나	:좄·나
줬다	·잤·다	·좄·다	·좄·다	:좄·다
줬더라	·잤·더·라	·좄·더·라	·좄·드·라	:좄·드·라
줬습니까	·잤·니·껴	·좄·닝·교	·좄·닝·교	:좄·닝·교
줬습니다	·잤·니·더	·좄·니·이·더	·좄·니·이·더	:좄·니·이·더
줬습디까	·잤·디·껴	·좄·딩·교	·좄·딩·교	:좄·딩·교
줬습디다	·잤·디·더	·좄·디·이·더	·좄·디·이·더	:좄·디·이·더
줬지(疑)	·잤·제	·좄·제	·좄·제	:좄·제
줬지(述)	·잤·지	·좄·지	·좄·지	:좄·지
주나(選)	주·나	주·나	주·나	주·나
주니까	주·이·까	주·이·까·네	주·이·까·네	주·이·까·네
주라	주·라	주·라	주·라	주·라
주러	주·러	주·러	주·라	주·러
주려고	:줄·라·꼬	:줄·라·꼬	:줄·라·꼬	:줄·라·꼬
주려는가	:줄·랑·가	:줄·라·능·강	:줄·라·능·강	:줄·라·능·강
주렵니다	:줄·라·니·더	:줄·라·니·더	:줄·라·니·더	:줄·라·니·더
주마	:주·마	주끄·마	주꾸·마	주꾸·마
주면	주·머	주·머	주·머	주·머
주면서	주·미·서	주·며	주·미·러	주·메
주세	주·세	주·세	주·세	주·세
주시오(命)	·주·소	·주·소	·주·소	·주·소
주십니까	·주·시·니·껴	·주·시·닝·교	·주·시·닝·교	·주·시·닝·교

주십니다	·주·시·니·더	·주·시·니·이·더	·주·시·니·이·더	·주·시·니·이·더
주십디까	·주·시·디·껴	·주·시·딩·교	·주·시·딩·교	·주·시·딩·교
주십디다	·주·시·디·더	·주·시·디·이·더	·주·시·디·이·더	·주·시·디·이·더
주십시다	주시·더	·주·이·시·더	·주·이·시·더	주입·시·더
주십시오	·주·시·소	·주·시·이·소	·주·시·이·소	·주·시·이·소
준	·잤·는	준/·줐·는	준/:줐·는	준/:줐·는
줄걸	줇거·로	줇거·로	줇거·로	줇거·로
줄게	주께·에	주께·에	주끼·이	주끼·이
줄까	주·까	주·까	주·까	주·까
줄수록	줇·수·로	줇·수·록	줇·수·록	줇·수·록
줄건데	줇건·데	줇건·데/주껜·데	줇겐·데	줇기·인·데
줍시다	주시·더	주시·더	주시·더	줍시·더
주자(請)	주·자	주·자	주·자	주·자
주지(疑)	주·제	주·제	주·제	주·제
주지(述)	주·지	주·지	주·지	주·지
주지만	주·지·만	주·지·만	주·지·만	주·지·만
쑤거든	·쑤·거·드	·수·거·든	·수·글·라	·수·거·등
쑤거들랑	·쑤·거·들·라	·수·거·들·랑	·수·글·라·가	·수·거·들·랑
쑤게(命)	·쑤·게	·수·게	·수·게	·수·게
쑤게(連)	·쑤·그·러	·수·그·러	·수·게·로	·수·구·로
쑤겠네	·쑤·겠·네	·숲·세	·숲·세	·숲·세
쑤겠니	·쑯·루·나	·숲·라·아	·숲·라·아	·숲·라·아
쑤겠다	·쑯·다	·숲·다	·숲·다	·숲·다
쑤겠더라	·쑤·겠·더·라	·숲·래·라	·숲·래·라	·숲·래·라
쑤겠습니까	·쑤·겠·니·껴	·숲·닝·교	·숲·닝·교	·수·겠·닝·교
쑤겠습니다	·쑤·겠·니·더	·숲·니·이·더	·숲·니·이·더	·수·겠·니·이·더
쑤겠습디까	·쑤·겠·디·껴	·숲·딩·교	·숲·딩·교	·수·겠·딩·교
쑤겠습디다	·쑤·겠·디·더	·숲·디·이·더	·숲·디·이·더	·수·겠·디·이·더
쑤겠지	·쑤·겠·지	·수·겠·지	·수·겠·지	·수·겠·지
쑤고	·쑤·고	·수·고	·수·고	·수·고
쑤네	·쑤·네	·수·네	·수·네	·수·네
쑤느라고	·쑤·니·라·꼬	·수·니·이·라·꼬	·수·니·이·라·꼬	·수·니·이·라·꼬
쑤는가	·쑹·가/·쑤·능·가	·수·능·가	·수·능·가	·수·능·강
쑤는가보네	·쑤·능·가·베	·수·능·가·베	·수·능·가·베	·수·능·가·베
쑤는가보다	·쑹·겠·다	·수·능·겠·다	·수·능·갑·다	·수·능·갑·다
쑤는구나	·쑤·능·구·나	·수·능·구·나	·수·구·나	·수·능·구·나

쑨다	·쑨·다	·순·다	·순·다	·순·다
쑨단다	·쑨·단·다	·순·단·다	·순·단·다	·순·단·다
쑨답시고	·쑨·다·꼬	·순·다·합·시·고	·순·답·시·고	·순·다·합·시·고
쑨대	·쑨·단·다	·순·단·다	·순·단·다	·순·단·다
쑤는데	·쑨·데/·쑤·는·데	·수·는·데	·수·는·데	·수·는·데
쑤는지	·쑨·동/·쑤·는·동	·수·는·동	·수·는·지	·수·는·동
쑤니	·쑤·나	·수·나	·수·나	·수·나
쑤다가	·쑤·다·가	·수·다·가	수다·가	수다·가
쑤다니	·쑤·다·이	·수·다·이	·수·다·이	·수·다·이
쑤더냐	·쑤·더·나	·수·다·아	·수·다·아	·수·다·아
쑤더니	·쑤·디·이	·수·디·이	·수·디·이	·수·디·이
쑤더라	·쑤·더·라	·수·더·라	·수·드·라	·수·드·라
쑤더라도	·쑤·더·라·도	·수·디·이·라·도	·수·디·이·라·도	·수·디·이·라·도
쑤던데	·쑤·던·데	·수·든·데	·수·든·데	·수·든·데
쑤데	·쑤·데·에	·수·데·에	·수·데·에	·수·데·에
쑤도록	·쑤·드·로	·수·드·로	·수·도·록	·수·두·로
쑤든지	·쑤·든·지	·수·든·지	·수·든·지	·수·든·지
쑤듯이	·쑤·듯·이	·수·듯·이	·수·듯·이	·수·듯·이
쑵니까	·쑤·니·껴	·수·닝·교	·수·닝·교	·수·닝·교
쑵니다	·쑤·니·더	·수·니·이·더	·수·니·이·더	·수·니·이·더
쑵디까	·쑤·디·껴	·수·딩·교	·수·딩·교	·수·딩·교
쑵디다	·쑤·디·더	·수·디·이·더	·수·디·이·더	·수·디·이·더
쒀(終)	·쑨·다	·순·다	·순·다	·순·다
쒀도	·써·도	·소·도	·소·도	:소·도
쒀라(命)	·써·라	·소·라	·소·라	:소·라
쒀서	·써#가지·고	·소#가·아	·소#가·아	:소#가·아
쒀야	·써·야	·소·야	·소·야	:소·야
쒔겠다	·썼·겠·다	·솠·잃·다	·솠·잃·다	:솠·잃·다
쒔는가보다	·썼·능·겠·다	·솠·능·겠·다	·솠·능·갑·다	:솠·능·갑·다
쒔니	·썼·나	·솠·나	·솠·나	:솠·나
쒔다	·썼·다	·솠·다	·솠·다	:솠·다
쒔더라	·썼·더·라	·솠·더·라	·솠·드·라	:솠·드·라
쒔던가보다	·썼·등·겠·다	·솠·던·겠·다	·솠·능·갑·다	:솠·등·갑·다
쒔습니까	·썼·니·껴	·솠·닝·교	·솠·닝·교	:솠·닝·교
쒔습니다	·썼·니·더	·솠·니·이·더	·솠·니·이·더	:솠·니·이·더
쒔습디까	·썼·디·껴	·솠·딩·교	·솠·딩·교	:솠·딩·교
쒔습디다	·썼·디·더	·솠·디·이·더	·솠·디·이·더	:솠·디·이·더

쒔지(疑)	·썼·제	·슜·제	·슜·제	:슜·제
쒔지(述)	·썼·지	·슜·지	·슜·지	:슜·지
쑤나(選)	·쑤·나	·수·나	·수·나	·수·나
쑤니까	·쑤·이·꺼·네	·수·이·까·네	·수·이·까·네	·수·이·까·네
쑤라	·쑤·라	·수·라	·수·라	·수·라
쑤러	·쑤·러	·수·러	·수·라	·수·러
쑤려고	·쑬·라·꼬	·술·라·꼬	·술·라·꼬	·술·라·꼬
쑤려는가	·쑬·랑·가	·술·라·능·강	·술·라·능·강	·술·라·능·강
쑤렵니다	·쑬·라·니·더	·술·라·니·더	·술·라·니·더	·술·라·니·더
쑤마	·쑤·마	·수·끄·마	·수·꾸·마	·수·꾸·마
쑤면	·쑤·머	·수·머	·수·머	·수·머
쑤면서	·쑤·미·서	·수·며	·수·미·러	·수·메
쑤세	·쑤·세	·수·세	·수·세	·수·세
쑤시오(命)	·쑤·소	·수·소	·수·소	·수·소
쑤십니까	·쑤·시·니·껴	·수·시·닝·교	·수·시·닝·교	·수·시·닝·교
쑤십니다	·쑤·시·니·더	·수·시·니·이·더	·수·시·니·이·더	·수·시·니·이·더
쑤십디까	·쑤·시·디·껴	·수·시·딩·교	·수·시·딩·교	·수·시·딩·교
쑤십디다	·쑤·시·디·더	·수·시·디·이·더	·수·시·디·이·더	·수·시·디·이·더
쑤십시다	·쑤·시·더	·수·이·시·더	·수·이·시·더	·수·입시·더
쑤십시오	·쑤·시·소	·수·시·이·소	·수·시·이·소	·수·이·시·이·소
쑨	·썼·는	·순/·슜·는	·순:/·슜·는	·순/:슜·는
쑬걸	·쑳·거·로	·슭·거·로	·슭·거·로	·슭·거·로
쑬게	·쑤·께·에	·수·께·에	·쑤·끼·이	·쑤·끼·이
쑬까	·쑤·까	·수·까	·수·까	·수·까
쑬수록	·쑳·수·로	·슭·수·록	·슭·수·록	·슭·수·록
쑬건데	·쑳·건·데	·슭·건·데11)	·슭·겐·데	·슭·기·인·데
쑵시다	·쑤·시·더	·수·시·더	·수·시·더	·숩·시·더
쑤자(請)	·쑤·자	·수·자	·수·자	·수·자
쑤지(疑)	·쑤·제	·수·제	·수·제	·수·제
쑤지(述)	·쑤·지	·수·지	·수·지	·수·지
쑤지만	·쑤·지·만	·수·지·만	·수·지·만	·수·지·만
쉬거든	:시·거·드	:시·거·든	:시·글·라	:시·거·등
쉬거들랑	:시·거·들·라	:시·거·들·랑	:시·글·라·가	:시·거·들·랑
쉬게(命)	:시·게	:시·게	:시·게	:시·게

---

11) ·수·껜·데

쉬게(連)	:시·그·러	:시·그·러	:시게·로	:시구·로
쉬겠네	:시·껬·네	:싫·세	:싫·세	:싫·세
쉬겠니	:싫·루·나	:싫·라·아	:싫·라·아	:싫·라·아
쉬겠다	:싫·다	:싫·다	:싫·다	:싫·다
쉬겠더라	:시·껬·더·라	:싫·래·라	:싫·래·라	:싫·래·라
쉬겠습니까	:시·껬·니·껴	:싫·닝·교	:싫·닝·교	:시·껬·닝·교
쉬겠습니다	:싫·시·더	:싫·니·이·더	:싫·니·이·더	:시·껬·니·이·더
쉬겠습디까	:시·껬·디·껴	:싫·딩·교	:싫·딩·교	:시·껬·딩·교
쉬겠습디다	:시·껬·디·더	:싫·디·이·더	:싫·디·이·더	:시·껬·디·이·더
쉬겠지	:시·껬·지	:시·껬·지	:시·껬·지	:시·껬·지
쉬고	:시·고	:시·고	:시·고	:시·고
쉬네	:시·네	:시·네	:시·네	:시·네
쉬느라고	:시·니·라·꼬	:시·니·이·라·꼬	:시·니·이·라·꼬	:시·니·이·라·꼬
쉬는가	:시·능·가	:시·능·가	:시·능·가	:시·능·강
쉬는가보네	:시·능·가·베	:시·능·가·베	:시·능·가·베	:시·능·가·베
쉬는가보다	:시·능·겠·다	:시·능·겠·다	:시·능·갑·다	:시·능·갑·다
쉬는구나	:시·능·구·나	:시·능·구·나	:시·구·나	:시·능·구·나
쉰다	:신·다	:신·다	:신·다	:신·다
쉰단다	:신·단·다	:신·단·다	:신·단·다	:신·단·다
쉰답시고	:신·다·꼬	:신·다·합·시·고	:신·답·시·고	:신·다·합·시·고
쉰대	:신·단·다	:신·단·다	:신·단·다	:신·단·다
쉬는데	:시·는·데	:시·는·데	:시·는·데	:시·는·데
쉬는지	:시·는·동	:시·는·동	:시·는·지	:시·는·동
쉬니	:시·나	:시·나	:시·나	:시·나
쉬다가	:시·다·가	:시·다·가	:시·다·가	:시·다·가
쉬다니	:시·다·이	:시·다·이	:시·다·이	:시·다·이
쉬더냐	:시·더·나	:시·다·아	:시·다·아	:시·다·아
쉬더니	:시·디·이	:시·디·이	:시·디·이	:시·디·이
쉬더라	:시·더·라	:시·더·라	:시·드·라	:시·드·라
쉬더라도	:시·더·라·도	:시·디·이·라·도	:시·디·이·라·도	:시·디·이·라·도
쉬던데	:시·던·데	:시·든·데	:시·든·데	:시·든·데
쉬데	:시·데·에	:시·데·에	:시·데·에	:시·데·에
쉬도록	:시·드·로	:시·드·로	:시·도·록	:시·두·로
쉬든지	:시·든·지	:시·든·지	:시·든·지	:시·든·지
쉬듯이	:시·듯·이	:시·듯·이	:시·듯·이	:시·듯·이
쉽니까	:시·니·껴	:시·닝·교	:시·닝·교	:시·닝·교
쉽니다	:시·니·더	:시·니·이·더	:시·니·이·더	:시·니·이·더

쉽디까	:시·디·껴	:시·딩·교	:시·딩·교	:시·딩·교
쉽디다	:시·디·더	:시·디·이·더	:시·디·이·더	:시·디·이·더
쉬어(終)	:신·다	:신·다	:신·다	:신·다
쉬어도	시·이·도	시·이·도	시·이·도	시·이·도
쉬어라(命)	시·이·라	시·이·라	시·이·라	시·이·라
쉬어서	시·이#가지·고	시·이#가·아	시·이#가·아	시·이#가·아
쉬어야	시·이·야	시·이·야	시·이·야	시·이·야
쉬었겠다	시·있·겠·다	시·있·잃·다	시·있·잃·다	시·있·잃·다
쉬었는가보다	시·있·능·겠·다	시·있·능·겠·다	시·있·능·갑·다	시·있·능·갑·다
쉬었니	시·있·나	시·있·나	시·있·나	시·있·나
쉬었다	시·있·다	시·있·다	시·있·다	시·있·다
쉬었더라	시·있·더·라	시·있·더·라	시·있·드·라	시·있·드·라
쉬었습니까	시·있·니·껴	시·있·닝·교	시·있·닝·교	시·있·닝·교
쉬었습니다	시·있·니·더	시·있·니·이·더	시·있·니·이·더	시·있·니·이·더
쉬었습디까	시·있·디·껴	시·있·딩·교	시·있·딩·교	시·있·딩·교
쉬었습디다	시·있·디·더	시·있·디·이·더	시·있·디·이·더	시·있·디·이·더
쉬었지(疑)	시·있·제	시·있·제	시·있·제	시·있·제
쉬었지(述)	시·있·지	시·있·지	시·있·지	시·있·지
쉬나(選)	:시·나	:시·나	:시·나	:시·나
쉬니까	:시·이·꺼·네	:시·이·까·네	:시·이·까·네	:시·이·까·네
쉬라	:시·라	:시·라	:시·라	:시·라
쉬러	:시·러	:시·러	:시·라	:시·러
쉬려고	:실·라·꼬	:실·라·꼬	:실·라·꼬	:실·라·꼬
쉬려는가	:실·랑·가	:실·라능·강	:실·라능·강	:실·라능·강
쉬렵니다	:실·라니·더	:실·라니·더	:실·라니·더	:실·라니·더
쉬마	:시·마	:시·끄·마	:시·꾸·마	:시·꾸·마
쉬면	:시·머	:시·머	:시·머	:시·머
쉬면서	:시·미·서	:시·며	:시·미·러	:시·메
쉬세	:시·세	:시·세	:시·세	:시·세
쉬시오(命)	:시·소	:시·소	:시·소	:시·이·소
쉬십니까	:시·시·니·껴	:시·시·닝·교	:시·시·닝·교	:시·이·시·닝·교
쉬십니다	:시·시·니·더	:시·시·니·이·더	:시·시·니·이·더	:시·이·시·니·이·더
쉬십디까	:시·시·디·껴	:시·시·딩·교	:시·시·딩·교	:시·이·시·딩·교
쉬십디다	:시·시·디·더	:시·시·디·이·더	:시·시·디·이·더	:시·이·시·디·이·더
쉬십시다	:시·시·더	:시·이·시·더	:시·이·시·더	:시·입·시·더
쉬십시오	:시·시·소	:시·시·이·소	:시·시·이·소	:시·시·이·소
쉰	시·있·는	:신/시·있·는	:신/시·있·는	:신/시·있·는

쉴걸	:싫·거·로	:싫·거·로	:싫·거·로	:싫·거·로
쉴게	:시·께·에	:시·께·에	:시·끼·이	:시·끼·이
쉴까	:시·까	:시·까	:시·까	:시·까
쉴수록	:싫·수·로	:싫·수·록	:싫·수·록	:싫·수·록
쉴건데	:시·껜·데	:싫·건·데12)	:싫·겐·데	:싫·기·인·데
쉽시다	:시·시·더	:시·시·더	:시·시·더	:십·시·더
쉬자(請)	:시·자	:시·자	:시·자	:시·자
쉬지(疑)	:시·제	:시·제	:시·제	:시·제
쉬지(述)	:시·지	:시·지	:시·지	:시·지
쉬지만	:시·지·만	:시·지·만	:시·지·만	:시·지·만
이거든	·이·거·드	이거·든	이글·라	이거·등
이거들랑	·이·거·들·라	이거·들·랑	이글·라·가	이거·들·랑
이게(命)	이·게	이·게	이·게	이·게
이게(連)	이그·러	이그·러	이게·로	이구·로
이겠네	·이·겠·네	잃·세	잃·세	잃·세
이겠니	:잃·루·나13)	잃라·아	잃라·아	잃라·아
이겠다	잃·다/·이·겠·다	잃·다	잃·다	잃·다
이겠더라	이겠·더·라	잃레·라	잃레·라	잃레·라
이겠습니까	이겠·니·껴	잃닝·교	잃닝·교	이겠닝·교
이겠습니다	잃·시·더	잃니·이·더	잃니·이·더	이겠니·이·더
이겠습디까	이겠·디·껴	잃딩·교	잃딩·교	이겠딩·교
이겠습디다	이겠·디·더	잃디·이·더	잃디·이·더	이겠디·이·더
이겠지	이겠·지	이겠·지	이겠·지	이겠·지
이고	이·고	이·고	이·고	이·고
이네	·이·네	이·네	이·네	·이·네
이느라고	·이·니·라·꼬	이니·이·라·꼬	이니·이·라·꼬	이니·이·라·꼬
이는가	·잉·가	이능·가	이능·가	이능·강
이는가보네	·이·능·가·베	이능·가·베	이능·가·베	이능·가·베
이는가보다	·잉·겠·다	이능·겠·다	이능·갑·다	이능·갑·다
이는구나	·이·능·구·나	이능·구·나	이구·나	이능구·나
인다	·인·다	인·다	인·다	인·다
인단다	·인·단·다	인·단·다	인·단·다	인·단·다
인답시고	·인·다·꼬	인·다합·시·고	인·답시·고	인·다합·시·고
인대	·인·단·다	인·단·다	인·단·다	인·단·다

---

12) :시·껜·데
13) 이겠·나, ·이·겠·나

이는데	·인·데	이는·데	이는·데	이는·데
이는지	·인·동	이는·동	이는·지	이는·동
이니	·이·나	이·나	이·나	이·나
이다가	·이·다·가	이다·가	이다·가	이다·가
이다니	이·다·이	이·다·이	이다·이	이·다·이
이더냐	·이·더·나	이다·아	이다·아	이다·아
이더니	·이·디·이	이디·이	이디·이	이디·이
이더라	·이·더·라	이더·라	이드·라	이드·라
이더라도	·이·더·라·도	이디·이·라·도	이디·이·라·도	이디·이·라·도
이던데	·이·던·데	이든·데	이든·데	이든·데
이데	·이·데·에	이데·에	이데·에	이데·에
이도록	·이·드·로	이드·로	이도·록	이두·로/이·들
이든지	·이·든·지	이든·지	이든·지	이든·지
이듯이	·이·듯·이	이듯·이	이듯·이	이듯·이
입니까	·이·니·껴	이닝·교	이닝·교	이닝·교
입니다	·이·니·더	이니·이·더	이니·이·더	이니·이·더
입디까	·이·디·껴	이딩·교	이딩·교	이딩·교
입디다	·이·디·더	이디·이·더	이디·이·더	이디·이·더
여(終)	·인·다	·인·다	·인·다	·인·다
여도	·여·도	·여·도	·여·도	·여·도
여라(命)	·여·라/·이·라	·여·라	·여·라	·여·라
여서	·여#가지·고	·여#가·아	·여#가·아	·여#가·아
여야	·여·야	·여·야	·여·야	·여·야
였겠다	·였·겠·다	·였·잃·다	·였·잃·다	·였·잃·다
였는가보다	·였·능·겠·다	·였·능·겠·다	·였·능·갑·다	·였·능·갑·다
였니	·였·나	·였·나	·였·나	·였·나
였다	·였·다	·였·다	·였·다	·였·다
였더라	·였·더·라	·였·더·라	·였·드·라	·였·드·라
였습니까	·였·니·껴	·였·닝·교	·였·닝·교	·였·닝·교
였습니다	·였·니·더	·였·니·이·더	·였·니·이·더	·였·니·이·더
였습디까	·였·디·껴	·였·딩·교	·였·딩·교	·였·딩·교
였습디다	·였·디·더	·였·디·이·더	·였·디·이·더	·였·디·이·더
였지(疑)	·였·제	·였·제	·였·제	·였·제
였지(述)	·였·지	·였·지	·였·지	·였·지
이나(選)	이·나	이·나	이·나	이·나
이라	이·라	이·라	이·라	이·라
이러	이·러	이·러	이·라	이·러

이려고	일·라·꼬	일·라·꼬	일·라·꼬	일·라·꼬
이려는가	일·랑·가	일·라·능·강	일·라·능·강	일·라·능·강
이렵니다	일·라·니·더	일·라·니·더	일·라·니·더	일·라·니·더
이마	:이·마	이끄·마	이꾸·마	이꾸·마
이면	이·머	이·머	이·머	이·머
이면서	이·미·서	이·며	이·미·러	이·며
이세	이·세	이·세	이·세	이·세
이시오(命)	·이·소	이·소	이·소	이·소
이십니까	·이·시·니·껴	:이·시·닝·교	이·시·닝·교	이·시·닝·교
이십니다	·이·시·니·더	:이·시·니·이·더	이·시·니·이·더	이·시·니·이·더
이십디까	·이·시·디·껴	:이·시·딩·교	이·시·딩·교	이·시·딩·교
이십디다	·이·시·디·더	:이·시·디·이·더	이·시·디·이·더	이·시·디·이·더
이십시다	이시·더	:이·이·시·더	이·이·시·더	이·입·시·더
이십시오	·이·시·소	:이·시·이·소	이·시·이·소	이·시·이·소
인	·였·는	인/·였·는	인/·였·는	인/·였·는
일걸	이꺼·로	잃거·로	잃거·로	잃거·로
일게	이께·에	이께·에	이끼·이	이끼·이
일까	이·까	이·까	이·까	이·까
일수록	잃·수·로	잃·수·록	잃·수·록	잃·수·록
일건데	잃겐·데	잃건·데/이겐·데	잃겐·데	잃기·인·데
입시다	이시·더	이시·더	이시·더	입시·더
이자(請)	이·자	이·자	이·자	이·자
이지(疑)	이·제	이·제	이·제	이·제
이지(述)	이·지	이·지	이·지	이·지
이지만	이·지·만	이·지·만	이·지·만	이·지·만
지거든	·지·거·드	지거·든	지글·라	지거·등
지거들랑	·지·거·들·라	지거·들·랑	지글·라·가	지거·들·랑
지게(命)	지·게	지·게	지·게	지·게
지게(連)	지그·러	지그·러	지게·로	지구·로
지겠네	지겠·네	짫·세	짫·세	짫·세
지겠니	:짫·루·나	짫라·아	짫라·아	짫라·아
지겠다	:짫·다	짫·다	짫·다	짫·다
지겠더라	지겠·더·라	짫레·라	짫레·라	짫레·라
지겠습니까	지겠·니·껴	짫닝·교	짫닝·교	지겠닝·교
지겠습니다	:짫·시·더14)	짫니·이·더	짫니·이·더	지겠니·이·더
지겠습디까	지겠·디·껴	짫딩·교	짫딩·교	지겠딩·교

지겠습디다	지겠·디·더	짊다·이·더	짊다·이·더	지겠디·이·더
지겠지	지겠·지	지겠·지	지겠·지	지겠·지
지고	지·고	지·고	지·고	지·고
지네	·지·네	지·네	지·네	·지·네
지느라고	·지·니·라·꼬	지니·이·라·꼬	지니·이·라·꼬	지니·이·라·꼬
지는가	·징·가	지능·가	지능·가	지능·강
지는가보네	·지·능·가·베	지능·가·베	지능·가·베	지능·가·베
지는가보다	·징·겠·다	지능·겠·다	지능·갑·다	지능·갑·다
지는구나	·지·능·구·나	지능·구·나	지구·나	지능구·나
진다	·진·다	진·다	진·다	진·다
진단다	·진·단·다	진·단·다	진·단·다	진·단·다
진답시고	·진·다·꼬	진·다·합·시·고	진·답·시·고	진·다·합·시·고
진대	·진·단·다	진·단·다	진·단·다	진·단·다
지는데	·지·는·데	지는·데	지는·데	지는·데
지는지	·지·는·동	지는·동	지는·지	지는·동
지니	·지·나	지·나	지·나	지·나
지다가	·지·다·가	지다·가	지다·가	지다·가
지다니	지·다·이	지·다·이	지다·이	지·다·이
지더냐	·지·더·나	지다·아	지다·아	지다·아
지더니	·지·디·이	지디·이	지디·이	지디·이
지더라	·지·더·라	지더·라	지드·라	지드·라
지더라도	·지·더·라·도	지디·이·라·도	지디·이·라·도	지디·이·라·도
지던데	·지·던·데	지든·데	지든·데	지든·데
지데	·지·데·에	지데·에	지데·에	지데·에
지도록	·지·드·로	지드·로	지도·록	지두·로/지·들
지든지	·지·든·지	지든·지	지든·지	지든·지
지듯이	·지·듯·이	지듯·이	지듯·이	지듯·이
집니까	·지·니·껴	지닝·교	지닝·교	지닝·교
집니다	·지·니·더	지니·이·더	지니·이·더	지니·이·더
집디까	·지·디·껴	지딩·교	지딩·교	지딩·교
집디다	·지·디·더	지디·이·더	지디·이·더	지디·이·더
져(終)	·진·다	·진·다	·진·다	·진·다
져도	·져·도	·져·도	·져·도	·져·도
져라(命)	:져·라/:젼·라	·져·라	·져·라	·져·라
져서	·져#가지·고	·져#가·아	·져#가·아	·져#가·아

---

14) :짊·니·더

져야	·져·야	·져·야	·져·야	·져·야
졌겠다	·졌·겠·다	·졌·잃·다	·졌·잃·다	·졌·잃·다
졌는가보다	·졌·능·겠·다	·졌·능·겠·다	·졌·능·갑·다	·졌·능·갑·다
졌니	·졌·나	·졌·나	·졌·나	·졌·나
졌다	·졌·다	·졌·다	·졌·다	·졌·다
졌더라	·졌·더·라	·졌·더·라	·졌·드·라	·졌·드·라
졌습니까	·졌·니·껴	·졌·닝·교	·졌·닝·교	·졌·닝·교
졌습니다	·졌·니·더	·졌·니·이·더	·졌·니·이·더	·졌·니·이·더
졌습디까	·졌·디·껴	·졌·딩·교	·졌·딩·교	·졌·딩·교
졌습디다	·졌·디·더	·졌·디·이·더	·졌·디·이·더	·졌·디·이·더
졌지(疑)	·졌·제	·졌·제	·졌·제	·졌·제
졌지(述)	·졌·지	·졌·지	·졌·지	·졌·지
지나(選)	지·나	지·나	지·나	지·나
지니까	지·이·꺼·네	지·이·까·네	지·이·까·네	지·이·까·네
지라	지·라	지·라	지·라	지·라
지러	지·러	지·러	지·라	지·러
지려고	:질·라·꼬	질·라·꼬	질·라·꼬	질·라·꼬
지려는가	:질·랑·가	질·라·능·강	질·라·능·강	질·라·능·강
지렵니다	:질·라·니·더	질·라·니·더	질·라·니·더	질·라·니·더
지마	:지·마	지끄·마	지꾸·마	지꾸·마
지면	지·머	지·머	지·머	지·머
지면서	지·미·서	지·며	지·미·러	지·며
지세	지·세	지·세	지·세	지·세
지시오(命)	·지·소	지·소	지·소	지·소
지십니까	·지·시·니·껴	지·시·닝·교	지·시·닝·교	지·시·닝·교
지십니다	·지·시·니·더	지·시·니·이·더	지·시·니·이·더	지·시·니·이·더
지십디까	·지·시·디·껴	지·시·딩·교	지·시·딩·교	지·시·딩·교
지십디다	·지·시·디·더	지·시·디·이·더	지·시·디·이·더	지·시·디·이·더
지십시다	지시·더	지·이·시·더	지·이·시·더	지·입·시·더
지십시오	·지·시·소	지·시·이·소	지·시·이·소	지·시·이·소
질걸	짏거·로	짏거·로	짏거·로	짏거·로
질게	지께·에	지께·에	지끼·이	지끼·이
질까	지·까	지·까	지·까	지·까
질수록	짏·수·로	짏·수·록	짏·수·록	짏·수·록
질건데	짏건·데	짏건·데/지껜·데	짏겐·데	짏기·인·데
집시다	지시·더	지시·더	지시·더	집시·더
지자(請)	지·자	지·자	지·자	지·자

지지(疑)	지·제	지·제	지·제	지·제
지지(述)	지·지	지·지	지·지	지·지
지지만	지·지·만	지·지·만	지·지·만	지·지·만
피거든	·피·거·드	·피·거·든	·피·글·라	·피·거·등
피거들랑	·피·거·들·라	·피·거·들·랑	·피·글·라·가	·피·거·들·랑
피게(命)	·피·게	·피·게	·피·게	·피·게
피게(連)	·피·그·러	·피·그·러	·피·게·로	·피·구·로
피겠네	·피·겠·네	·핑·세	·핑·세	·핑·세
피겠니	·핑·루·나	·핑·라·아	·핑·라·아	·핑·라·아
피겠다	·핑·다	·핑·다	·핑·다	·핑·다
피겠더라	·피·겠·더·라	·핑·래·라	·핑·래·라	·핑·래·라
피겠습니까	·핑·니·껴	·핑·닝·교	·핑·닝·교	·피·겠·닝·교
피겠습니다	·피·겠·니·더	·핑·니·이·더	·핑·니·이·더	·피·겠·니·피·더
피겠습디까	·피·겠·디·껴	·핑·딩·교	·핑·딩·교	·피·겠·딩·교
피겠습디다	·피·겠·디·더	·핑·디·이·더	·핑·디·이·더	·피·겠·디·이·더
피겠지	·피·겠·지	·피·겠·지	·피·겠·지	·피·겠·지
피고	·피·고	·피·고	·피·고	·피·고
피네	·피·네	·피·네	·피·네	·피·네
피느라고	·피·니·라·꼬	·피·니·이·라·꼬	·피·니·이·라·꼬	·피·니·이·라·꼬
피는가	·핑·가/·피·는·가	·피·능·가	·피·능·가	·피·능·강
피는가보네	·피·능·가·베	·피·능·가·베	·피·능·가·베	·피·능·가·베
피는가보다	·핑·겠·다	·피·는·겠·다	·피·능·갑·다	·피·능·갑·다
피는구나	·피·능·구·나	·피·는·구·나	·피·구·나	·피·는·구·나
핀다	·핀·다	·핀·다	·핀·다	·핀·다
핀단다	·핀·단·다	·핀·단·다	·핀·단·다	·핀·단·다
핀답시고	·핀·다·꼬	·핀·다·합·시·고	·핀·답·시·고	·핀·다·합·시·고
핀대	·핀·단·다	·핀·단·다	·핀·단·다	·핀·단·다
피는데	·핀·데	·피·는·데	·피·는·데	·피·는·데
피는지	·핀·동	·피·는·동	·피·는·피	·피·는·동
피니	·피·나	·피·나	·피·나	·피·나
피다가	·피·다·가	·피·다·가	·피·다·가	·피·다·가
피다니	·피·다·이	·피·다·이	·피·다·이	·피·다·이
피더냐	·피·더·나	·피·다·아	·피·다·아	·피·다·아
피더니	·피·디·이	·피·디·이	·피·디·이	·피·디·이
피더라	·피·더·라	·피·더·라	·피·드·라	·피·드·라
피더라도	·피·더·라·도	·피·디·이·라·도	·피·디·이·라·도	·피·디·이·라·도

피던데	·피·던·데	·피·든·데	·피·든·데	·피·든·데
피데	·피·데·에	·피·데·에	·피·데·에	·피·데·에
피도록	·피·드·로	·피·드·로	·피·도·록	·피·두·로/피·들
피든지	·피·든·지	·피·든·지	·피·든·지	·피·든·지
피듯이	·피·듯·이	·피·듯·이	·피·듯·이	·피·듯·이
핍니까	·피·니·껴	·피·닝·교	·피·닝·교	·피·닝·교
핍니다	·피·니·더	·피·니·이·더	·피·니·이·더	·피·니·이·더
핍디까	·피·디·껴	·피·딩·교	·피·딩·교	·피·딩·교
핍디다	·피·디·더	·피·디·이·더	·피·디·이·더	·피·디·이·더
펴(終)	·핀·다	·핀·다	·핀·다	·핀·다
펴도	·피·도	·피·도	·피·도	·피·도
펴라(命)	·피·라	·피·라	·피·라	·피·라
펴서	·피#가지·고	·피#가·아	·피#가·아	·피#가·아
펴야	·피·야	·피·야	·피·야	·피·야
폈겠다	·폈·겠·다	·폈·잃·다	·폈·잃·다	·폈·잃·다
폈는가보다	·폈·능·겠·다	·폈·능·겠·다	·폈·능·갑·다	·폈·능·갑·다
폈니	·폈·나	·폈·나	·폈·나	·폈·나
폈다	·폈·다	·폈·다	·폈·다	·폈·다
폈더라	·폈·더·라	·폈·더·라	·폈·드·라	·폈·드·라
폈습니까	·폈·니·껴	·폈·닝·교	·폈·닝·교	·폈·닝·교
폈습니다	·폈·니·더	·폈·니·이·더	·폈·니·이·더	·폈·니·이·더
폈습디까	·폈·디·껴	·폈·딩·교	·폈·딩·교	·폈·딩·교
폈습디다	·폈·디·더	·폈·디·이·더	·폈·디·이·더	·폈·디·이·더
폈지(疑)	·폈·제	·폈·제	·폈·제	·폈·제
폈지(述)	·폈·지	·폈·지	·폈·지	·폈·지
피나(選)	·피·나	·피·나	·피·나	·피·나
피니까	·피·이·까·네	·피·이·까·네	·피·이·까·네	·피·이·까·네
피라	·피·라	·피·라	·피·라	·피·라
피려고	·필·라·꼬	·필·라·꼬	·필·라·꼬	·필·라·꼬
피려는가	·필·랑·가	·필·라·능·강	·필·라·능·강	·필·라·능·강
피마	·피·마	·피·끄·마	·피·꾸·마	·피·꾸·마
피면	·피·머	피·머	피·머	피·머
피면서	·피·미·서	피·며	피·미·러	피·며
피세	·피·세	피·세	피·세	피·세
피시오(命)	·피·소	·피·소	·피·소	·피·소
피십니까	·피·시·니·껴	·피·시·닝·교	·피·시·닝·교	·피·시·닝·교
피십니다	·피·시·니·더	·피·시·니·이·더	·피·시·니·이·더	·피·시·니·이·더

피십디까	·피·시·디·껴	·피·시·딩·교	·피·시·딩·교	·피·시·딩·교
피십디다	·피·시·디·더	·피·시·디·이·더	·피·시·디·이·더	·피·시·디·이·더
피십시다	·피·시·더	·피·이·시·더	·피·이·시·더	·피·입·시·더
피십시오	·피·시·소	·피·시·이·소	·피·시·이·소	·피·시·이·소
핀	·핀/·핐·는	·핀/·핐·는	·핀/·핐·는	·핀/·핐·는
필걸	·핈·거·로	·핈·거·로	·핈·거·로	·핈·거·로
필게	·피·께·에	·피·께·에	·피·끼·이	·피·끼·이
필까	·피·까	·피·까	·피·까	·피·까
필수록	·핈·수·로	·핈·수·록	·핈·수·록	·핈·수·록
필건데	·피·껜·데	·핈·건·데15)	·핈·겐·데	·핈·기·인·데
핍시다	·피·시·더	·피·시·더	·피·시·더	·핍·시·더
피자(請)	·피·자	·피·자	·피·자	·피·자
피지(疑)	·피·제	·피·제	·피·제	·피·제
피지(述)	·피·지	·피·지	·피·지	·피·지
피지만	·피·지·만	·피·지·만	·피·지·만	·피·지·만

---

15) ·피·껜·데

3.5. 말음환경별 동사의 간략 굴절 패러다임

3.5.1. 받침 있는 동사

	울진	영덕	포항	경주
막다	막·고	막·고	막·고	막·고
	막·나	막·나	막·나	막·나
	막는·다	막는·다	막는·다	막는·다
	막더·라	막더·라	막드·라	막드·라
	막능·겠·다	막능·갑·다	막능·갑·다	막능·갑·다
	막·어·도	막·아·도	막·아·도	막·어·도
	막·어·라	막·아·라	막·아·라	막·어·라
	막·으·소	막으·소	막·으·소	막·으·소
	막·으·시·더	막으시·더	막·으·시·더	막·읍·시·더
	막·읋·건·데	막·읋·건·데	막읋겐·데	막읋기·인·데[1]
	막니·껴	막닝·교	막닝·교	막닝·교
작다	:작·고	:작·고	:작·고	:작·고
	:작·나	:작·나	:작·나	:작·나/:작·으·나
	:작·다	:작·다	:작·다	:작·다
	:작·더·라	:작·더·라	:작·드·라	:작·드·라
	:작·능·겠·다	:작·응·갑·다	:작·응·갑·다	:작·응·갑·다
	:작·어·도	:작·아·도	:작·아·도	:작·어·도
	:작·어·라	:작·아·라	:작·아·라	:작·어·라
	:작·으·시·머	:작·으·시·머	:작·으·시·머	:작·으·시·머
	:작·읋·건·데	:작·읋·건·데	:작·읋·겐·데	:작·읋·기·인·데
	:작·니·껴	:작·닝·교	:작·닝·교	:작·닝·교
씻다	씽·고[2]	쉬·고	쉬·고	쉬·고
	씽·나	쉬·나	쉬·나	쉬·나
	씽는·다	쉬는·다	쉬는·다	쉬는·다
	씽더·라	쉬더·라	쉬드·라	쉬드·라
	씽능·겠·다	쉬능·갑·다	쉬능·갑·다	쉬능·갑·다
	씨·이·도	쉬·아·도	쉬·아·도	쉬·어·도

---

1) 막·읋·기·인·데
2) 울진 방언에서 '씽-'과 '쒸-'이 공존한다.

	씨·이·라	쉼·아·라	쉼·아·라	쉼·어·라
	씨·이·소	쉼으·소	쉼·으·소	쉼으·소
	썽시·더	쉼으시·더	쉼·으·시·더	쉼·웁·시·더
	썽·잃·건·데	쉼·읋·건·데	쉼읋겐·데	쉼읋기·인·데3)
	썽니·껴	쉼닝·교	쉼닝·교	쉼닝·교

신다	:신·고	:신·고	:신·고	:신·고
	:신·나	:신·나	:신·나	:신·나
	:신·는·다	:신·는·다	:신·는·다	:신·는·다
	:신·더·라	:신·더·라	:신·드·라	:신·드·라
	:신·능·겠·다	:신·능·갑·다	:신·능·갑·다	:신·능·갑·다
	신·어·도	신·아·도	신·아·도	신·어·도
	신·어·라	신·아·라	신·아·라	신·어·라
	신·으·소	신으·소	신·으·소	신·으·소
	:신·시·더	신·으·시·더	신·으·시·더	신·웁·시·더
	신·으·껀·데	신·읋·건·데	신·읋·겐·데	신·읋·기·인·데
	:신·니·껴	:신·닝·교	:신·닝·교	:신·닝·교

앉다4)	앉·고	앉·고	앉·고	앉·고
	앉·나	앉·나	앉·나	앉·나
	앉는·다	앉는·다	앉는·다	앉는·다
	앉더·라	앉더·라	앉드·라	앉드·라
	앉능·겠·다	앉능·갑·다	앉능·갑·다	앉능·갑·다
	앉·어·도	앉·아·도	앉·아·도	앉·어·도
	앉·어·라5)	앉·아·라	앉·아·라	앉그·라/앉·아·라
	앉이·소	앉이·소	앉으·소	앉이·소
	앉이시·더6)	앉이시·더	앉·으·시·더	앉웁시·더
	앉잃·겐·데	앉잃건·데	앉읋겐·데	앉읋기·인·데7)
	앉니·껴	앉닝·교	앉닝·교	앉닝·교

끓다	끓·고	끓·고	끓·고	끓·고
	끓·나	끓·나	끓·나	끓·나

---

3) 쉼·읋·기·인·데
4) 네 방언에서 '앉-'에 결합하는 어미 '-으X'의 임의변이형으로 '-이X'가 있다.
5) ·앉·어·라, 앉거·라
6) 앉이·시·더(이옥출 님)
7) 앉·읋·기·인·데

끓는·다	끓는·다	끓는·다	끓는·다
끓더·라	끓더·라	끓드·라	끓드·라
끓능·겠·다	끓능·갑·다	끓능·갑·다	끓능·갑·다
끓·어·도	끓·아·도	끓·아·도	끓·어·도8)
끓·어·라	끓·아·라	끓·아·라	끓·어·라
끓·으·소	끓으·소	끓·으·소	끓·으·소
끓시·더	끓으시·더	끓·으·시·더	끓·읍·시·더
끓·으·껜·데	끓으겐·데	끓읋겐·데	끓읋기·인·데9)
끓니·껴	끓닝·교	끓닝·교	끓닝·교

많다	:많·고	:많·고	:많·고	:많·고
	:많·나	:많·나	:많·나	:많·나/:많·으·나
	:많·다	:많·다	:많·다	:많·다
	:많·더·라	:많·더·라	:많·드·라	:많·드·라
	:많·능·겠·다	:많·응·갑·다	:많·응·갑·다	:많·응·갑·다
	:많·어·도	:많·아·도	:많·아·도	:많·애·도
	:많·어·라	:많·아·라	:많·아·라	:많·애·라
	:많·으·시·머	:많·으·시·머	:많·으·시·머	:많·으·시·머
	:많·으·껜·데	:많·읋·건·데	:많·읋겐·데	:많·읋·기·인·데
	:많·니·껴	:많·잉·교	:많·잉·교	:많·잉·교

뜯다	·뜯·고	·뜯·고	·뜯·고	·뜯·고
	·뜯·나	·뜯·나	·뜯·나	·뜯·나
	·뜯·는·다	·뜯·는·다	·뜯·는·다	·뜯·는·다
	·뜯·더·라	·뜯·더·라	·뜯·드·라	·뜯·드·라
	·뜯·능·겠·다	·뜯·능·갑·다	·뜯·능·갑·다	·뜯·능·갑·다
	·뜯·어·도	·뜯·아·도	·뜯·아·도	·뜯·어·도
	·뜯·어·라	·뜯·아·라	·뜯·아·라	·뜯·어·라
	·뜯·으·소	·뜯·으·소	·뜯·으·소	·뜯·으·소
	·뜯·시·더	·뜯·으·시·더	·뜯·으·시·더	·뜯·읍·시·더
	·뜯·으·껜·데	·뜯·으·껀·데	·뜯·읋겐·데	·뜯·읋·기·인·데
	·뜯·니·껴	·뜯·닝·교	·뜯·닝·교	·뜯·닝·교

---

8) '나뭇가지를 끓다'로 쓰일 때는 모음 어미와 결합할 때 '끈·커·도, 끈·커·라, 끈·큽·시·더, 끈·클·끼·인·데' 등으로 나타난다.

9) 끓·읋·기·인·데

묻다	묻·고	묻·고	묻·고	묻·고
(葬)	묻·나	묻·나	묻·나	묻·나
	묻는·다	묻는·다	묻는·다	묻는·다
	묻더·라	묻더·라	묻드·라	묻드·라
	묻능·겠·다	묻능·갑·다	묻능·갑·다	묻능·갑·다
	묻·어·도	묻·아·도	묻·아·도	묻·어·도
	묻·어·라	묻·아·라	묻·아·라	묻·어·라
	묻·으·소	묻으·소	묻·으·소	묻·으·소
	묻시·더	묻·으·시·더	묻·으·시·더	묻읍시·더10)
	묻·으·껜·데	묻·으·껀·데	묻읋겐·데	묻읋기·인·데11)
	묻니·껴	묻닝·교	묻닝·교	묻닝·교

묻다	:묻·고	:묻·고	:묻·고	:묻·고
(問)	:묻·나	:묻·나	:묻·나	:묻·나
	:물·른·다	:묻·는·다	:묻·는·다	:묻·는·다
	:묻·더·라	:묻·더·라	:묻·드·라	:묻·드·라
	:물·능·겠·다	:묻·능·갑·다	:묻·능·갑·다	:묻·능·갑·다
	물·어·도	물·아·도	물·아·도	물·어·도
	물·어·라	물·아·라	물·아·라	물·어·라
	물·으·소	물으·소	물·으·소	물·으·소
	:묻·시·더	물으·시·더	물·으·시·더	물·읍·시·더
	물·읋·겐·데	물·으·껀·데	물·읋·겐·데	물·읋기·인·데
	:물·니·껴	:묻·닝·교	:묻·닝·교	:묻·닝·교

얻다	:얻·고	:얻·고	:얻·고	:얻·고
	:얻·나	:얻·나	:얻·나	:얻·나
	:얻·는·다	:얻·는·다	:얻·는·다	:얻·는·다
	:얻·더·라	:얻·더·라	:얻·드·라	:얻·드·라
	:얻·능·겠·다	:얻·능·갑·다	:얻·능·갑·다	:얻·능·갑·다
	:얻·어·도	:얻·아·도	:얻·아·도	:얻·어·도
	:얻·어·라	:얻·아·라	:얻·아·라	:얻·어·라
	:얻·으·소	:얻·으·소	:얻·으·소	:얻·으·소12)
	:얻·시·더	:얻·으·시·더	:얻·으·시·더	:얻·읍·시·더13)

10) 묻·으·시·더
11) 묻·읋·기·인·데
12) ·얻·으·소

	:얻·으··껀·데	:얻·읋·건·데	:얻·읋··겐·데	:얻·읋··기·인·데14)
	:얻·니·껴	:얻·닝·교	:얻·닝·교	:얻·닝·교15)

널다	:열·고	:널·고	:너·고	:너·고
	:여·나	:너·나	:너·나	:너·나
	:연·다	:넌·다	:넌·다	:넌·다
	:여·더·라	:너·더·라	:너·드·라	:너·드·라
	:여·능·겠·다	:너·능·갑·다	:너·능·갑·다	:너·능·갑·다
	열·어·도	널·아·도	널·아·도	:널·어·도
	열·어·라	널·아·라	널·아·라	:널·어·라
	:여·시·머	:너·소	:너·소	:너·소
	:여·시·더	:너·시·더	:너·시·더	:넙·시·더
	:엃·겐·데	:넓·건·데	:넓·겐·데	:넓·기·인·데
	:여·니·껴	:너·닝·교	:너·닝·교	:너·닝·교

달다 (甘)	달·고	다·고	다·고	다·고
	다·나	다·나	다·나	다·나
	달·다	달·다	달·다	달·다
	다·더·라	다·더·라	다·드·라	다·드·라
	당겠·다	당·갑·다	당·갑·다	당·갑·다
	달·어·도	달·아·도	달·아·도	달·어·도
	달·어·라/다·다	달·아·라	달·아·라	달·어·라
	다·시·머	다·시·머	다·시·머	다·시·머
	닳겐·데	닳건·데	닳겐·데	닳기·인·데
	다니·껴	당·교	당·교	당·교

달다 (懸)	·달·고	·다·고	·다·고	·다·고
	·다·나	·다·나	·다·나	·다·나
	·단·다	·단·다	·단·다	·단·다
	·다·더·라	·다·더·라	·다·드·라	·다·드·라
	·다·능·겠·다	·다·능·갑·다	·다·능·갑·다	·다·능·갑·다
	·달·어·도	·달·아·도	·달·아·도	·달·어·도
	·달·어·라	·달·아·라	·달·아·라	·달·어·라

---

13) ·얻·읍·시·더
14) ·얻·읋·기·인·데
15) ·얻·닝·교

	·다·소	·다·소	·다·소	·다·소
	·다·시·더	·다·시·더	·다·시·더	·답·시·더
	·닳·겐·데	·닳·건·데	·닳·겐·데	·닳·기·인·데
	·다·니·껴	·다·닝·교	·다·닝·교	·다·닝·교
읽다	읽·고	읽·고	읽·고	읽·고
	읽·나	읽·나	읽·나	읽·나
	읽는·다	읽는·다	읽는·다	읽는·다
	읽더·라	읽더·라	읽드·라	읽드·라
	읽능·겠·다	읽능·갑·다	읽능·갑·다	읽능·갑·다
	읽·어·도	읽·아·도	일·라·도	일·러·도
	읽·어·라	읽·아·라	일·라·라	일·러·라
	읽·으·소	읽으·소	이리·소	이리·소
	읽시·더	읽으시·더	이리시·더	이립시·더
	읽·읋·겐·데	읽읋건·데	이맀겐·데	이맀기·인·데
	이리니·껴	읽닝·교	이리닝·교	이리닝·교
	§이리·고	§이리·고	§이리·고	§이리·고
	이리·나	이리·나	이리·나	이리·나
	이린·다	이린·다	이린·다	이린·다
	이리더·라	이리더·라	이리드·라	이리드·라
	이리능·겠·다	이리는·갑·다	이리는·갑·다	이리는·갑·다
	일·러·도	일·라·도	일·라·도	일·러·도
	일·러·라	일·라·라	일·라·라	일·러·라
	이리·소	이리·소	이리·소	이리·소
	이리시·더	이리시·더	이리시·더	이립시·더
	이맀겐·데	이맀건·데	이맀겐·데	이맀기·인·데
	이리니·껴	이리닝·교	이리닝·교	이리닝·교
삶다	:삶·고	:삶·고16)	:삶·고	:삶·고
	:삶·나	:삶·나	:삶·나	:삶·나
	:삶·는·다	:삶·는·다	:삶·는·다	:삶·는·다
	:삶·더·라	:삶·더·라	:삶·드·라	:삶·드·라
	:삶·능·겠·다	:삶·능·갑·다	:삶·능·갑·다	:삶·능·갑·다
	삶·어·도	삶·아·도	삶·아·도	삶·어·도
	삶·어·라	삶·아·라	삶·아·라	삶·어·라

16) 김준달 님은 'X䎦·다'를, 권부자 님은 'X㣃·다'를 쓴다.

삶·으·소	삶·으·소	삶·으·소	삶·으·소
:삶·시·더	삶·으·시·더	삶·으·시·더	삶·읍·시·더
삶·읋·겐·데	삶·읋·건·데	삶·읋·겐·데	삶·읋·기·인·데
:삶·니·껴	:삶·닝·교	:삶·닝·교	:삶·닝·교

뚫다

:뚧·고	:뚧·고	:뚧·고	:뚧·고
:뚧·나	:뚧·나	:뚧·나	:뚧·나
:뚧·는·다	:뚧·는·다	:뚧·는·다	:뚧·는·다
:뚧·더·라	:뚧·더·라	:뚧·드·라	:뚧·드·라
:뚧·능·겠·다	:뚧·능·갑·다	:뚧·능·갑·다	:뚧·능·갑·다
뚧·어·도	뚧·아·도	뚧·아·도	뚧·어·도
뚧·어·라	뚧·아·라	뚧·아·라	뚧·어·라
뚧·으·소	뚧·으·소	뚧·으·소	뚧·으·소
:뚧·시·더	뚧·으·시·더	뚧·으·시·더	뚧·읍·시·더
뚧·읋·겐·데	뚧·읋·건·데	뚧·읋·겐·데	뚧·읋·기·인·데
:뚧·니·껴	:뚧·닝·교	:뚧·닝·교	:뚧·닝·교

싫다17)

·싫·고	·싫·고	·싫·고	·싫·고
·싫·나	·싫·나	·싫·나	·싫·나/·싫·으·나
·싫·다	·싫·다	·싫·다	·싫·다
·싫·더·라	·싫·더·라	·싫·드·라	·싫·드·라
·싫·능·겠·다	·싫·응·갑·다	·싫·응·갑·다	·싫·응·갑·다
·싫·어·도	·싫·아·도	·싫·아·도	·싫·어·도
·싫·어·라	·싫·아·라	·싫·아·라	·싫·어·라
·싫·으·시·머	·싫·으·시·머	·싫·으·시·머	·싫·으·시·머
·싫·읋·겐·데	·싫·읋·건·데	·싫·읋·겐·데	·싫·읋·기·인·데
·싫·니·껴	·싫·응·교	·싫·응·교	·싫·응·교

핥다

핥·고	핥·고	핥·고	핥·고
핥·나	핥·나	핥·나	핥·나
핥는·다	핥는·다	핥는·다	핥는·다
핥더·라	핥더·라	핥드·라	핥드·라
핥능·겠·다	핥능·갑·다	핥능·갑·다	핥능·갑·다
핥·어·도	핥·아·도	핥·아·도	핥·어·도
핥·어·라	핥·아·라	핥·아·라	핥·어·라

17) 영덕과 포항, 경주 방언에서는 어미 '-어, -으X' 앞에서 '·싫-'이 임의교체된다.

훑·으·소	훑·으·소	훑·으·소	훑으·소
훑·으·시·더	훑·으·시·더	훑·으·시·더	훑·읍·시·더
훑·읋·겐·데	훑·읋·건·데	훑·읋·겐·데	훑·읋·기·인·데
훑니·껴	훑닝·교	훑닝·교	훑닝·교

감다	·깜·고	·깜·고	·깜·고	·깜·고
(洗)	·깜·나	·깜·나	·깜·나	·깜·나
(閉)	·깜·는·다	·깜·는·다	·깜·는·다	·깜·는·다
	·깜·더·라	·깜·더·라	·깜·더·라	·깜·드·라
	·깜·능·겠·다	·깜·능·갑·다	·깜·능·갑·다	·깜·능·갑·다
	·깜·어·도	·깜·아·도	·깜·아·도	·깜·어·도
	·깜·어·라	·깜·아·라	·깜·아·라	·깜·어·라
	·깜·으·소	·깜·으·소	·깜·으·소	·깜·으·소
	·깜·시·더	·깜·으·시·더	·깜·으·시·더	·깜·읍·시·더
	·깜·읋·겐·데	·깜·읋·건·데	·깜·읋·겐·데	·깜·읋·기·인·데
	·깜·니·껴	·깜·닝·교	·깜·닝·교	·깜·닝·교

감다	:감·고	:감·고	:감·고	:감·고
(捲)	:감·나	:감·나	:감·나	:감·나
	:감·는·다	:감·는·다	:감·는·다	:감·는·다
	:감·더·라	:감·더·라	:감·드·라	:감·드·라
	:감·능·겠·다	:감·능·갑·다	:감·능·갑·다	:감·능·갑·다
	감·어·도	감·아·도	감·아·도	감·어·도
	감·어·라	감·아·라	감·아·라	감·어·라
	감·으·소	감·으·소	감·으·소	감·으·소
	:감·시·더	감·으·시·더	감·으·시·더	감·읍·시·더
	감·읋·겐·데	감·읋·건·데	감·읋·겐·데	감·읋·기·인·데
	:감·니·껴	:감·능·교	:감·능·교	:감·닝·교

맵다	매굴·고	맵·고	맵·고	맵·고
	매굴·나	맵·나	맵·나	맵·나/맵·으·나
	매굴·다	맵·다	맵·다	맵·다
	매굴더·라	맵더·라	맵드·라	맵드·라
	매굴능·겠·다	맵은·갑·다	맵은갑·다	맵은·갑·다
	매구·아·도	맵·아·도	맵·아·도	맵·어·도
	매구·아·라	맵·아·라	맵·아·라	맵·어·라
	매구·우·시·머	맵·으·시·머	맵으·시·머	맵·으·시·머

	매구·읋·겐·데	맵읋건·데	맵읋겐·데	맵읋기·인·데18)
	매굴니·껴	맵닝·교	맵닝·교	맵닝·교
눕다	눕·고	눕·고	눕·고	눕·고
	눕·나	눕·나	눕·나	눕·나
	눕는·다	눕는·다	눕는·다	눕는·다
	눕더·라	눕더·라	눕드·라	눕드·라
	눕능·겠·다	눕는·갑·다	눕는·갑·다	눕는·갑·다
	노·오·도	눕·아·도	눕·아·도	눕·어·도
	노·오·라/누·우·라	눕·아·라	눕·아·라	눕그·라/눕·어·라
	누·우·소	눕으·소	눕·으·소	눕우·소
	눕시·더	눕으시·더	눕·으·시·더	눕웁시·더
	누·읋·겐·데	눕읋건·데	눕·읋·겐·데	눕으끼·인·데
	눕니·껴	눕닝·교	눕닝·교	눕닝·교
쓰다 (苦)	·씨·굴·고	·십·고	·십·고	·십·고
	·씨·굴·나	·십·나	·십·나	·십·나
	·씨·굴·다	·십·다	·십·다	·십·다
	·씨·굴·더·라	·십·더·라	·십·드·라	·십·드·라
	·씨·굴·능·겠·다	·십·은·갑·다	·십·은·갑·다	·십·은·갑·다
	·씨·구·아·도	·십·아·도	·십·아·도	·십·어·도
	·씨·구·아·라	·십·아·라	·십·아·라	·십·어·라
	·씨·구·우·시·머	·십·으·시·머	·십·으·시·머	·십·으·시·머
	·씨·구·읋·겐·데	·십·읋·건·데	·십·읋·겐·데	·십·읋·기·인·데
	·씨·굴·니·껴	·십·응·교	·십·응·교	·십·응·교
씹다 (嚼)	:씹·고	:십·고	:십·고	:십·고
	:씹·나	:십·나	:십·나	:십·나
	:씹·는·다	:십·는·다	:십·는·다	:십·는·다
	:씹·더·라	:십·더·라	:십·드·라	:십·드·라
	:씹·능·겠·다	:십·능·갑·다	:십·능·갑·다	:십·능·갑·다
	씹·어·도	십·아·도	십·아·도	십·어·도
	씹·어·라	십·아·라	십·아·라	십·어·라
	씹·으·소	십·으·소	십·으·소	십·으·소
	:씹·시·더	십·으·시·더	십·으·시·더	십·웁·시·더

---

18) 맵·읋·기·인·데

씹·읋·겐·데	십·읋·건·데	십·읋·겐·데	십·읋·기·인·데
:십·니·껴	:십·닝·교	:십·닝·교	:십·닝·교

없다	:없·고	:없·고	:없·고	:없·고
	:없·나	:없·나	:없·나	:없·나
	:없·다	:없·다	:없·다	:없·다
	:없·더·라	:없·더·라	:없·드·라	:없·드·라
	:없·능·겠·다	:없·능·갑·다	:없·능·갑·다	:없·능·갑·다
	:없·어·도	:없·아·도	:없·아·도	:없·어·도
	:없·어·라	:없·아·라	:없·아·라	:없·어·라
	:없·으·시·머	:없·으·시·머	:없·으·시·머	:없·으·시·머
	:없·읋·겐·데	:없·읋·건·데	:없·잃·겐·데	:없·읋·기·인·데
	:없·니·껴	:없·닝·교	:없·닝·교	:없·닝·교

낫다 (完快)	:낭·고	:낭·고	:낫·고	:낫·고
	낭·잃·루·나	:낭·나	:낫·네	:낫·나
	:낭·는·다	:낭·는·다	:낫·는·다	:낫·는·다
	:낭·더·라	:낭·더·라	:낫·드·라	:낫·드·라
	:낭·능·겠·다	:낭·능·갑·다	:낫·능·갑·다	:낫·능·갑·다
	낭·아·도	낭·아·도	낫·아·도	낫·아·도
	낭·아·라	낭·아·라	낫·아·라	낫·아·라
	낭·아·소	낭·아·소	낫·으·소	낫·으·소
	:낭·시·더	낭·아·시·더	낫·으·시·더	낫·읍·시·더
	낭·잃·겐·데	낭·잃·건·데	낫·읋·겐·데	낫·읋·기·인·데
	:낭·니·껴	:낭·닝·교	:낫·닝·교	:낫·닝·교

낫다 (優勢)	:낭·고	:낭·고	:낭·고	:낫·고
	:낭·나	:낭·나	:낭·나	:낫·나
	:낭·다	:낭·다	:낭·다	:낫·다
	:낭·더·라	:낭·더·라	:낭·드·라	:낫·드·라
	:낭·능·겠·다	낭·앙·갑·다	낭·앙·갑·다	:낫·능·갑·다
	낭·아·도	낭·아·도	낭·아·도	낫·아·도
	낭·잃·겐·데	낭·잃·건·데	낭·잃·겐·데	낫·읋·기·인·데
	:낭·니·껴	낭·앙·교	낭·앙·교	:낫·닝·교

젓다	:젓·고	:젓·고	:젓·고	:젖·고
	:젓·나	:젓·나	:젓·나	:젖·나

	:젓·는·다	:젓·는·다	:젓·는·다	:젖·는·다
	:젓·더·라	:젓·더·라	:젓·드·라	:젖·드·라
	:젓·능·겠·다	:젓·능·갑·다	:젓·능·갑·다	:젖·능·갑·다
	젓·어·도	젓·아·도	젓·아·도	젖·어·도
	젓·어·라	젓·아·라	젓·아·라	젖·어·라
	젓·으·소	젓·으·소	젓·으·소	젖·으·소
	:젓·시·더	젓·으·시·더	젓·으·시·더	젖·읍·시·더
	젓·읋·겐·데	젓·읋·건·데	젓·읋·겐·데	젖·읋·기·인·데
	:젓·니·껴	:젓·닝·교	:젓·닝·교	:젖·닝·교
웃다	:웃·고	:윗·고	:윗·고	:윗·고
	:웃·나	:윗·나	:윗·나	:윗·나
	:웃·는·다	:윗·는·다	:윗·는·다	:윗·는·다
	:웃·더·라	:윗·더·라	:윗·드·라	:윗·드·라
	:웃·능·겠·다	:윗·능·갑·다	:윗·능·갑·다	:윗·능·갑·다
	웃·어·도	윗·아·도	윗·아·도	윗·어·도
	웃·어·라	윗·아·라	윗·아·라	윗·어·라
	웃·으·소	윗·으·소	윗·이·소	윗·이·소
	:웃·시·더	윗·으·시·더	윗·이·시·더	윗·입·시·더
	웃·읋·겐·데	윗·읋·건·데	윗·잃·겐·데	윗·잃·기·인·데
	:웃·니·껴	:윗·닝·교	:윗·닝·교	:윗·닝·교
빗다	삣·고	삣·고	삣·고	삣·고
	삣·나	삣·나	삣·나	삣·나
	삣는·다	삣는·다	삣는·다	삣는·다
	삣더·라	삣더·라	삣드·라	삣드·라
	삣능·겠·다	삣능·갑·다	삣능·갑·다	삣능·갑·다
	삣·어·도	삣·아·도	삣·아·도	삣·어·도
	삣·어·라	삣·아·라	삣·아·라	삣·어·라
	삣·으·소/삣으·소	삣으·소	삣·으·소	삣으·소
	삣시·더	삣으·시·더	삣·으·시·더	삣입시·더
	삣·읋·겐·데	삣읋·건·데	삣·읋·겐·데	삣잃기·인·데
	삣니·껴	삣닝·교	삣닝·교	삣닝·교
있다	있·고	잇·고	잇·고	잇·고
	있·나	잇·나	잇·나	잇·나
	있는·다	잇는·다	잇는·다	잇는·다

있더·라	잇더·라	잇드·라	잇드·라
있능·겠·다	잇는·갑·다	잇는·갑·다	잇는·갑·다
있·어·도	잇·아·도	잇·아·도	잇·어·도
있·어·라	잇·아·라	잇·아·라	잇·어·라
있이·소	잇이·소	잇·이·소	잇이·소
있시·더	잇이시·더	잇이시·더	잇입시·더
있잃겐·데	잇잃건·데	잇잃겐·데	잇잃기·인·데
있니·껴	잇닝·교	잇닝·교	잇닝·교

줍다

:쫍·고	:좁·고	:좁·고	:좁·고
:쫍·나	:좁·나	:좁·나	:좁·나
:쫍·는·다	:좁·는·다	:좁·는·다	:좁·는·다
:쫍·더·라	:좁·더·라	:좁·더·라	:좁·드·라
:쫍·능·겠·다	:좁·능·갑·다	:좁·능·갑·다	:좁·능·갑·다
쫍·오·도	좁·와·도	좁·오·도	좁·오·도
쫍·오·라	좁·와·라	좁·오·라	좁·오·라
쫍·오·소/쫍·우·소	좁·오·소	좁·오·소	좁·오·소
:쫍·시·더	좁·오·시·더	좁·오·시·더	좁·옵·시·더
쫍·옳·겐·데	좁·옳·건·데	좁·옳·겐·데	좁·옳·기·인·데
:쫍·니·껴	:좁·닝·교	:좁·닝·교	:좁·닝·교

붓다
(酌)

붕·고	붕·고	붕·고	붕·고
붕·나	붕·나	붕·나	붕·나
붕는·다	붕는·다	붕는·다	붕는·다
붕더·라	붕더·라	붕드·라	붕드·라
붕능·겠·다	붕능·갑·다	붕는·갑·다	붕는·갑·다
벙·어·도	벙·어·도	벙·어·도	벙·어·도
벙·어·라	벙·어·라	벙·어·라	벙·어·라
붕·우·소	붕·우·소	붕·우·소	붕·우·소
붕시·더	붕·우·시·더	붕·우·시·더	붕·옵·시·더
붕·옳·겐·데	붕·옳·건·데	붕·옳·겐·데	붕·옳·기·인·데
붕니·껴	붕닝·교	붕닝·교	붕닝·교

붓다
(浮腫)

:붕·고	붕·고	붕·고	:붕·고
:붕·나	붕·나	붕·나	:붕·나
:붕·는·다	붕는·다	붕는·다	:붕·는·다
:붕·더·라	붕더·라	붕더·라	:붕·드·라

:붕·능·겠·다	붕능·갑·다	붕능·갑·다	:붕·능·갑·다
벙·어·도	벙·어·도	벙·어·도	벙·어·도
붕·우·시·머	붕·우·시·머	붕·우·시·머	붕·우·시·머
붕·옳·겐·데	붕·옳·건·데	붕·옳·겐·데	붕·옳·기·인·데
:붕·니·껴	붕닝·교	붕닝·교	:붕·닝·교

짓다	:징·고	:징·고	:징·고	:징·고
	:징·나	:징·나	:징·나	:징·나
	:징·는·다	:징·는·다	:징·는·다	:징·는·다
	:징·더·라	:징·더·라	:징·드·라	:징·드·라
	:징·능·겠·다	:징·능·갑·다	:징·능·갑·다	:징·능·갑·다
	정·어·도	정·어·도	징·아·도	징·이·도
	정·어·라	정·어·라	징·아·라	징·이·라
	:징·소	징·이·소	징·으·소	징·이·소
	:징·시·더	징·이·시·더	징·으·시·더	징·입·시·더
	징·잃·겐·데	징·잃·건·데	징·읋·겐·데	징·잃·기·인·데
	:징·니·껴	:징·닝·교	:징·닝·교	:징·닝·교

맞다	맞·고	맞·고	맞·고	맞·고
(매를)	맞·나	맞·나	맞·나	맞·나
	맞는·다	맞는·다	맞·는·다	맞·는·다
	맞더·라	맞더·라	맞드·라	맞드·라
	맞능·겠·다	맞능·갑·다	맞능·갑·다	맞능·갑·다
	맞·어·도	맞·아·도	맞·아·도	맞·어·도
	맞·어·라	맞·아·라	맞·아·라	맞·어·라
	맞·으·소	맞·으·소	맞·으·소	맞으·소
	맞시·더	맞·으·시·더	맞·으·시·더	맞읍시·더
	맞·읋·겐·데	맞·읋·건·데	맞읋겐·데	맞읋기·인·데[19]
	맞니·껴	맞닝·교	맞닝·교	맞닝·교

찾다	·찾·고	·찾·고	·찾·고	·찾·고
	·찾·나	·찾·나	·찾·나	·찾·나
	·찾·는·다	·찾·는·다	·찾·는·다	·찾·는·다
	·찾·더·라	·찾·더·라	·찾·드·라	·찾·드·라
	·찾·능·겠·다	·찾·능·갑·다	·찾·능·갑·다	·찾·능·갑·다

---

19) 맞·읋·기·인·데

	·찾·어·도	·찾·아·도	·찾·아·도	·찾·어·도
	·찾·어·라	·찾·아·라	·찾·아·라	·찾·어·라
	·찾·으·소	·찾·으·소	·찾·으·소	·찾·이·소
	·찾·시·더	·찾·으·시·더	·찾·으·시·더	·찾·입·시·더
	·찾·읋·겐·데	·찾·읋·건·데	·찾·읋·겐·데	·찾·잃·기·인·데
	·찾·니·껴	·찾·닝·교	·찾·닝·교	·찾·닝·교
같다	·같·고	·같·고	·같·고	·같·고
	·같·나	·같·나	·같·나	·같·나/·같·으·나
	·같·다	·같·다	·같·다	·같·다
	·같·더·라	·같·더·라	·같·드·라	·같·드·라
	·같·능·겠·다	·같·응·갑·다	·같·응·갑·다	·같·응·갑·다
	·같·어·도	·같·아·도	·같·아·도	·같·애·도
	·같·으·시·머	·같·으·시·머	·같·으·시·머	·같·으·시·머
	·같·읋·겐·데	·같·읋·건·데	·같·읋·겐·데	·같·읋·기·인·데
	·같·니·껴	·같·응·교	·같·응·교	·같·응·교
맡다	맡·고	맡·고	맡·고	맡·고
	맡·나	맡·나	맡·나	맡·나
	맡는·다	맡는·다	맡는·다	맡는·다
	맡더·라	맡더·라	맡드·라	맡드·라
	맡능·겠·다	맡능·갑·다	맡능·갑·다	맡능·갑·다
	맡·어·도	맡·아·도	맡·아·도	맡·어·도
	맡·어·라	맡·아·라	맡·아·라	맡·어·라
	맡·으·소	맡으·소	맡·으·소	맡으·소
	맡시·더	맡으시·더	맡·으·시·더	맡읍·시·더
	맡·읋·겐·데	맡읋건·데	맡·읋·겐·데	맡읋기·인·데[20]
	맡니·껴	맡닝·교	맡닝·교	맡닝·교
갚다	갚·고	갚·고	갚·고	갚·고
	갚·나	갚·나	갚·나	갚·나
	갚는·다	갚는·다	갚는·다	갚는·다
	갚더·라	갚더·라	갚드·라	갚드·라
	갚능·겠·다	갚능·갑·다	갚능·갑·다	갚능·갑·다
	갚·어·도	갚·아·도	갚·아·도	갚·어·도

---

20) 맡·읋·기·인·데

	갚·어·라	갚·아·라	갚·아·라	갚·어·라
	갚·으·소	갚으·소	갚·으·소	갚·으·소
	갚시·더	갚으시·더	갚·으·시·더	갚읍·시·더
	갚·읋·겐·데	갚읋건·데	갚·읋·겐·데	갚읋기·인·데
	갚니·껴	갚닝·교	갚닝·교	갚닝·교
짚다	:짚·고	:짚·고	:짚·고	:짚·고
	:짚·나	:짚·나	:짚·나	:짚·나
	:짚·는·다	:짚·는·다	:짚·는·다	:짚·는·다
	:짚·더·라	:짚·더·라	:짚·드·라	:짚·드·라
	:짚·능·겠·다	:짚·능·갑·다	:짚·능·갑·다	:짚·능·갑·다
	짚·어·도	짚·아·도	짚·아·도	짚·어·도
	짚·어·라	짚·아·라	짚·아·라	짚·어·라
	짚·으·소	짚·으·소	짚·으·소	짚·으·소
	짚·으·시·더	짚·으·시·더	짚·으·시·더	짚·읍·시·더
	짚·읋·겐·데	짚·읋·건·데	짚·읋·겐·데	짚·읋·기·인·데
	:짚·닝·교	:짚·닝·교	:짚·닝·교	:짚·닝·교
좋다	:좋·고	:좋·고	:좋·고	:좋·고
	:좋·나	:좋·나	:좋·나	:좋·나/:좋·으·나
	:좋·다	:좋·다	:좋·다	:좋·다
	:좋·더·라	:좋·더·라	:좋·드·라	:좋·드·라
	:좋·능·겠·다	:좋·응·갑·다	:좋·응·갑·다	:좋·응·갑·다
	:좋·어·도	:좋·아·도	:좋·아·도	:좋·어·도
	:좋·어·라	:좋·아·라	:좋·아·라	:좋·어·라
	:좋·으·시·머	:좋·으·시·머	:좋·으·시·머	:좋·으·시·머
	-좋·읋·겐·데	:좋·읋·건·데	:좋·읋·겐·데	:좋·읋·기·인·데
	:좋·니·껴	:좋·응·교	:좋·응·교	:좋·응·교

3.5.2. 받침 없는 동사

	울진	영덕	포항	경주
가다	가고	가고	가고	가고
	·가·나	·가·나	·가·나	·가·나
	·간·다	·간·다	·간·다	·간·다
	·가·더·라	·가·더·라	·가·드·라	·가·드·라
	·강·겠·다	·가능·갑·다	·가능·갑·다	·가·능·갑·다

·가·도	·가·도	·가·도	·가·도
·가·그·라/:가·라	·가·거·라/:가·라	:가·라	·가·거·라
·가·소	·가·소	·가·소	·가·소
가시·더	가시·더	가시·더	:갑·시·더
갏겐·데	갏건·데	갏겐·데	갏기·인·데
·가·니·껴	·가·닝·교	·가·닝·교	·가·닝·교

까다			
·까·고	·까·고	·까·고	·까·고
·까·나	·까·나	·까·나	·까·나
·깐·다	·깐·다	·깐·다	·깐·다
·까·더·라	·까·더·라	·까·드·라	·까·드·라
·깡·겠·다	·까·능·갑·다	·까·능·갑·다	·까·능·갑·다
·까·도	·까·도	·까·도	·까·도
·까·라	·까·라	·까·라	·까·라
·까·소	·까·소	·까·소	·까·소
·까·시·더	·까·시·더	·까·시·더	:깝·시·더
·깛·겐·데	·깛·건·데	·깛·겐·데	·깛·기·인·데
·까·니·껴	·까·닝·교	·까·닝·교	·까·닝·교

나다			
나·고	나·고	나·고	나·고
·나·나	·나·나	·나·나	·나·나
·난·다	·난·다	·난·다	·난·다
·나·더·라	·나·더·라	·나·드·라	·나·드·라
·낭·겠·다	·나·능·갑·다	·나·능·갑·다	·나·능·갑·다
·나·도	·나·도	·나·도	·나·도
·나·라	·나·라	·나·라	·나·라
·나·소	·나·소	·나·소	·나·소
나시·더	나시·더	나시·더	:납·시·더
낳겐·데	낳건·데	낳겐·데	낳기·인·데
·나·니·껴	·나·닝·교	·나·닝·교	·나·닝·교

사다			
사·고	사·고	사·고	사·고
·사·나	사·나	사·나	사·나
·산·다	산·다	산·다	산·다
·사·더·라	사더·라	사드·라	사드·라
·상·겠다	사능·갑·다	사능·갑·다	사능갑·다
·사·도	·사·도	·사·도	·사·도

·사·라/:샤·라	·사·라	·사·라	·사·라
·사·소/:샤·소	사·소	사·소	사·소
사시·더	사시·더	사시·더	삽시·더
싫겐·데	싫건·데	싫겐·데	싫기·인·데
·사·니·껴	사닝·교	사닝·교	사닝·교

싸다 (包)			
·싸·고	·사·고	·사·고	·사·고
·싸·나	·사·나	·사·나	·사·나
·싼·다	·산·다	·산·다	·산·다
·싸·더·라	·사·더·라	·사·드·라	·사·드·라
·쌍·겠·다	·사·능·갑·다	·사·능·갑·다	·사·능·갑·다
·싸·도	·사·도	·사·도	·사·도
·싸·라	·사·라	·사·라	·사·라
·싸·소	·사·소	·사·소	·사·소
·싸·시·더	·사·시·더	·사·시·더	삽·시·더
·싫·겐·데	·싫·건·데	·싫·겐·데	·싫·기·인·데
·싸·니·껴	·사·닝·교	·사·닝·교	·사·닝·교

자다			
자·고	자·고	자·고	자·고
·자·나	·자·나	·자·나	·자·나
·잔·다	·잔·다	·잔·다	·잔·다
·자·드·라	·자·더·라	·자·드·라	·자·드·라
·장·겠·다	·자·능·갑·다	·자·능·갑·다	·자·능·갑·다
·자·도	·자·도	·자·도	·자·도
·자·그·라/:자·라	·자·거·라/:자·라	:자·라	·자·거·라
·자·소	·자·소	·자·소	·자·소
자시·더	자시·더	자시·더	:잡·시·디
잟겐·데	잟건·데	잟겐·데	잟기·인·데
·자·니·껴	·자·닝·교	·자·닝·교	·자·닝·교

하다			
하·고	하·고	하·고	하·고
·하·나	·하·나	·하·나	·하·나
·한·다	·한·다	·한·다	·한·다
·하·더·라	·하·더·라	·하·드·라	·하·드·라
·항·겠·다	·하·능·갑·다	·하·능·갑·다	·하·능·갑·다
:해·도	:해·도	:해·도	:해·도/·해·도
:해·라	:해·라	:해·라	:해·라/·해·라

	·하·소	·하·소	·하·소	·하·소
	하시·더	하시·더	하시·더	:합·시·더
	핧겐·데	핧건·데	핧겐·데	핧기·인·데
	·하·니·껴	·하·닝·교	·하·닝·교	·하·닝·교
깨다 (破)	:깨·고	깨·고	깨·고	깨·고
	:깨·나	깨·나	깨·나	깨·나
	:깬·다	깬·다	깬·다	깬·다
	:깨·더·라	깨더·라	깨드·라	깨드·라
	:깨·는·겠·다	깨능갑·다	깨능·갑·다	깨능갑·다
	깨·애·도	깨·애·도	깨·애·도	깨·애·도
	깨·애·라	깨·애·라	깨·애·라	깨·애·라
	:깨·소	깨·소	깨·소	깨·소
	:깨·시·더	깨시·더	깨시·더	깹시·더
	:깷겐·데	깷건·데	깷겐·데	깷기·인·데
	:깨·니·껴	깨닝·교	깨닝·교	깨닝·교
깨다 (覺)	·깨·고	·깨·고	·깨·고	·깨·고
	·깨·나	·깨·나	·깨·나	·깨·나
	·깬·다	·깬·다	·깬·다	·깬·다
	·깨·더·라	·깨·더·라	·깨·드·라	·깨·드·라
	·깽·겠·다	·깨·능·갑·다	·깨·능·갑·다	·깨·능·갑·다
	:깨·도	:깨·도	:깨·도	:깨·도
	:깨·라	:깨·라	:깨·라	:깨·라
	·깨·소	·깨·소	·깨·소	·깨·소
	·깨·시·더	·깨·시·더	·깨·시·더	·깹·시·더
	:깷겐·데	:깷·건·데	:깷·겐·데	:깷·기·인·데
	·깨·니·껴	·깨·닝·교	·깨·닝·교	·깨·닝·교
내다	:내·고	:내·고	:내·고	:내·고
	:내·나	:내·나	:내·나	:내·나
	:낸·다	:낸·다	:낸·다	:낸·다
	:내·더·라	:내·더·라	:내·드·라	:내·드·라
	:내·능·겠·다	:내·능·갑·다	:내·능·갑·다	:내·능·갑·다
	내·애·도	내·애·도	내·애·도	내·애·도
	내·애·라	내·애·라	내·애·라	내·애·라
	:내·소	:내·소	:내·소	:내·소

	:내·시·더	:내·시·더	:내·시·더	:냅·시·더
	:냁·겐·데	:냁·건·데	:냁·겐·데	:냁·기·인·데
	:내·니·껴	:내·닝·교	:내·닝·교	:내·닝·교

매다 (束)	매·고	매·고	매·고	매·고
	매·나	매·나	매·나	매·나
	맨·다	맨·다	맨·다	맨·다
	매더·라	매더·라	매드·라	매드·라
	맹·겠·다	매능갑·다	매능·갑·다	매능갑·다
	매·애·도	매·애·도	매·애·도	매·애·도
	매·애·라	매·애·라	매·애·라	매·애·라
	매·소	매·소	매·소	매·소
	매시·더	매시·더	매시·더	맵시·더
	냁겐·데	냁건·데	냁겐·데	냁기·인·데
	매니·껴	매닝·교	매닝·교	매닝·교

매다 (耕)	·매·고	·매·고	·매·고	·매·고
	·매·나	·매·나	·매·나	·매·나
	·맨·다	·맨·다	·맨·다	·맨·다
	·매·더·라	·매·더·라	·매·드·라	·매·드·라
	·맹·겠·다	·매·능·갑·다	·매·능·갑·다	·매·능·갑·다
	:매·도	:매·도	:매·도	:매·도
	:매·라	:매·라	:매·라	:매·라
	·매·소	·매·소	·매·소	·매·소
	·매·시·더	·매·시·더	·매·시·더	:맵·시·더
	·냁·겐·데	·냁·건·데	·냁·겐·데	·냁·기·인·데
	·매·니·껴	·매·닝·교	·매·닝·교	·매·닝·교

서다	서·고	서·고	서·고	서·고
	서·나	서·나	서·나	서·나
	선·다	선·다	선·다	선·다
	서더·라	서더·라	서드·라	서드·라
	성·겠·다	서능·갑·다	서능·갑·다	서능갑·다
	·서·도	:서·도	:서·도	:서·도
	:셔·라	:서·라	:서·라	:서·라21)

---

21) 서거·라, :섰·거·라(=서 있거라)

	서·소	서·소	서·소	서·소
	서시·더/·서·시·더	서시·더	서시·더	섭시·더
	섧겐·데	섧건·데	섧겐·데	섧기·인·데
	서니·껴/·서·니·껴	서닝·교	서닝·교	서닝·교
보다	보·고	보·고	보·고	보·고
	·보·나	·보·나	·보·나	·보·나
	·본·다	·본·다	·본·다	·본·다
	·보·더·라	·보·더·라	·보·드·라	·보·드·라
	·봉·겠·다	·보·능·갑·다	·보·능·갑·다	·보·능·갑·다
	·바·도	:바·도	:바·도	:바·도
	·바·라	:바·라	:바·라	:바·라
	·보·소	·보·소	·보·소	·보·소
	보시·더	보시·더	보시·더	:봅·시·더
	봃겐·데	봃건·데	봃겐·데	봃기·인·데
	·보·니·껴	·보·닝·교	·보·닝·교	·보·닝·교
오다	오·고	오·고	오·고	오·고
	·오·나	·오·나	·오·나	·오·나
	·온·다	·온·다	·온·다	·온·다
	·오·더·라	·오·더·라	·오·드·라	·오·드·라
	·옹·겠·다	·오·능·갑·다	·오·능·갑·다	·오·능·갑·다
	·와·도	·와·도	·와·도	·와·도
	오느·라/온·나	오느·라[22]	오느·라	온느·라
	·오·소	·오·소	·오·소	·오·소
	오시·더	오시·더	오시·더	:옵·시·더
	옳겐·데	옳건·데	옳겐·데	옳기·인·데
	·오·니·껴	·오·닝·교	·오·닝·교	·오·닝·교
누다	누·고	누·고	누·고	누·고
	·누·나	·누·나	·누·나	·누·나
	·눈·다	·눈·다	·눈·다	·눈·다
	·누·더·라	·누·더·라	·누·드·라	·누·드·라
	·눙·겠·다	·누·능·갑·다	·누·능·갑·다	·누·능·갑·다
	·나·도	·노·도	·노·도	:나·도

---

22) ·와·라, :와·라

·나·라/:□·라	·노·라	·노·라	:나·라
·누·소	·누·소	·누·소	·누·소
누시·더	누시·더	누시·더	:눕·시·더
눓겐·데	눓건·데	눓겐·데	눓기·인·데
·누·니·껴	·누·닝·교	·누·닝·교	·누·닝·교

두다	두·고	두·고	두·고	두·고
(置)	·두·나/□·나	·두·나	·두·나	·두·나
	·둔·다	·둔·다	·둔·다	·둔·다
	·두·더·라	·두·더·라	·두·드·라	·두·드·라
	·둥·겠·다	·두·능·갑·다	·두·능·갑·다	·두·능·갑·다
	·다·도	·도·도	·도·도	:다·도
	·다·라	·도·라	·도·라	:다·라
	·두·소	·두·소	·두·소	·두·소
	두시·더	두시·더	두시·더	:둡·시·더
	둟겐·데	둟건·데	둟겐·데	둟기·인·데
	·두·니·껴	·두·닝·교	·두·닝·교	·두·닝·교

쑤다	·쑤·고	·수·고	·수·고	·수·고
	·쑤·나	·수·나	·수·나	·수·나
	·쑨·다	·순·다	·순·다	·순·다
	·쑤·더·라	·수·더·라	·수·드·라	·수·드·라
	·쑹·겠·다	·수·능·갑·다	·수·능·갑·다	·수·능·갑·다
	·써·도	·소·도	·소·도	:소·도
	·써·라	·소·라	·소·라	:소·라
	·쑤·소	·수·소	·수·소	·수·소
	·쑤·시·더	·수·시·더	·수·시·더	:숩·시·더
	·쑲·겐·데	·숲·건·데	·숲·겐·데	:숲·기·인·데
	·쑤·니·껴	·수·닝·교	·수·닝·교	·수·닝·교

주다	주·고	주·고	주·고	주·고
	·주·나	·주·나	·주·나	·주·나
	·준·다	·준·다	·준·다	·준·다
	·주·더·라	·주·더·라	·주·드·라	·주·드·라
	·중·겠·다	·주·능·갑·다	·주·능·갑·다	·주·능·갑·다
	·자·도	·조·도	·조·도	:조·도
	:□·라	·조·라	·조·라	:조·라

·주·소	·주·소	·주·소	·주·소
주시·더	주시·더	주시·더	:줍·시·더
줋겐·데	줋건·데	줋겐·데	줋기·인·데
·주·니·껴	·주·닝·교	·주·닝·교	·주·닝·교

뜨다	·뜨·고	·뜨·고	·뜨·고	·뜨·고
	·뜨·나	·뜨·나	·뜨·나	·뜨·나
	·뜬·다	·뜬·다	·뜬·다	·뜬·다
	·뜨·더·라	·뜨·더·라	·뜨·드·라	·뜨·드·라
	·뜽·겠·다	·뜨·능·갑·다	·뜨·능·갑·다	·뜨·능·갑·다
	·떠·도	·떠·도	·떠·도	·떠·도
	·떠·라	·떠·라	·떠·라	·떠·라
	·뜨·소	·뜨·소	·뜨·소	·뜨·소
	·뜨·시·더	·뜨·시·더	·뜨·시·더	·뜹·시·더
	·뜳·겐·데	·뜳·건·데	·뜳·겐·데	·뜳·기·인·데
	·뜨·니·껴	·뜨·닝·교	·뜨·닝·교	·뜨·닝·교

크다 (大)	·크·고	·크·고	·크·고	·크·고
	·크·나	·크·나	·크·나	·크·나
	·크·다	·크·다	·크·다	·크·다
	·크·더·라	·크·더·라	·크·드·라	·크·드·라
	·큼·겠·다	·큼·갑·다	·큼·갑·다	·큼·갑·다
	·커·도	·커·도	·커·도	·커·도
	·크·시·머	·크·시·머	·크·시·머	·크·시·머
	·큻·겐·데	·큻·건·데	·큻·겐·데	·큻·기·인·데
	·크·니·껴	·큰·교	·큰·교	·큰·교

희다	·희·고	·희·고	·희·고	·희·고
	·희·나	·희·나	·희·나	·희·나
	·희·다	·희·다	·희·다	·희·다
	·희·더·라	·희·더·라	·희·드·라	·희·드·라
	·횡·겠·다	·횡·갑·다	·횡·갑·다	·횡·갑·다
	:희·도	·희·도	·희·도	·희·애·애·도
	·희·머	·희·머	·희·머	·희·머
	·흻·겐·데	·흻·건·데	·흻·겐·데	·흻·기·인·데
	·희·니·겨	·흰·교	·흰·교	·흰·교

뛰다	뛰·고	뛰·고	뛰·고	뛰·고
	뛰·나	뛰·나	뛰·나	뛰·나
	뛴·다	뛴·다	뛴·다	뛴·다
	뛰더·라	뛰더·라	뛰드·라	뛰드·나
	뗑·겠·다	뛰능·갑·다	뛰능·갑·다	뛰능갑·나
	뛰·이·도	뛰·이·도	뛰·이·도	뛰·이·도
	뛰·이·라	뛰·이·라	뛰·이·라	뛰·이·라
	뛰·소	뛰·소	뛰·소	뛰·소
	뛰시·더	뛰시·더	뛰시·더	뜁시·더
	뛿겐·데	뛿건·데	뛿겐·데	뛿기·인·데
	뛰니·껴	뛰닝·교	뛰닝·교	뛰닝·교
떼다	·띠·고	·띠·고	·띠·고	·띠·고
	·띠·나	·띠·나	·띠·나	·띠·나
	·띤·다	·띤·다	·띤·다	·띤·다
	·띠·더·라	·띠·더·라	·띠·드·라	·띠·드·라
	·뗑·겠·다	·띠·능·갑·다	·띠·능·갑·다	·띠·능·갑·다
	:띠·도	:띠·도	:띠·도	:띠·도
	:띠·라	:띠·라	:띠·라	:띠·라
	·띠·소	·띠·소	·띠·소	·띠·소
	·띠·시·더	·띠·시·더	·띠·시·더	·뗍·시·더
	·뛿·겐·데	·뛿·건·데	·뛿·겐·데	·뛿·기·인·데
	·띠·니·껴	·띠·닝·교	·띠·닝·교	·띠·닝·교
베다	·비·고	·비·고	·비·고	·비·고
(斬)	·비·나	·비·나	·비·나	·비·나
	·빈·다	·빈·다	·빈·다	·빈·다
	·비·더·라	·비·더·라	·비·드·라	·비·드·라
	·빙·겠·다	·비·능·갑·다	·비·능·갑·다	·비·능·갑·다
	·비·도	:비·도	:비·도	:비·도
	:비·라	:비·라	:비·라	:비·라
	·비·소	·비·소	·비·소	·비·소
	·비·시·더	·비·시·더	·비·시·더	·빕·시·더
	·빓·겐·데	·빓·건·데	·빓·겐·데	·빓·기·인·데
	·비·니·껴	·비·닝·교	·비·닝·교	·비·닝·교
베다	:비·고	:비·고	:비·고	:비·고
(枕)	:비·나	:비·나	:비·나	:비·나

3. 굴절형의 성조 **407**

	:빈·다	:빈·다	:빈·다	:빈·다
	:비·더·라	:비·더·라	:비·드·라	:비·드·라
	:비·는·젰·다	:비·능·갑·다	:비·능·갑·다	:비·능·갑·다
	비·이·도	비·이·도	비·이·도	비·이·도
	비·이·라	비·이·라	비·이·라	비·이·라
	:비·소	:비·소	:비·소	:비·소
	:비·시·더	:비·시·더	:비·시·더	:빕·시·더
	:빏·겐·데	:빏·건·데	:빏·겐·데	:빏·기·인·데
	:비·니·껴	:비·닝·교	:비·닝·교	:비·닝·교
쓰다	·쓰·고	·시·고	·시·고	·시·고
	·쓰·나	·시·나	·시·나	·시·나
	·쓴·다	·신·다	·신·다	·신·다
	·쓰·더·라	·시·더·라	·시·드·라	·시·드·라
	·씅·겠·다	·시·능·갑·다	·시·능·갑·다	·시·능·갑·다
	·써·도	·서·도	·서·도	·서·도
	·써·라	·서·라	·서·라	·서·라
	·쓰·소	·시·소	·시·소	·시·소
	·쓰·시·더	·시·시·더	·시·시·더	·십·시·더
	·씳·겐·데	·싫·건·데	·싫·겐·데	·싫·기·인·데
	·쓰·니·껴	·시·닝·교	·시·닝·교	·시·닝·교
쉬다 (休)	:시·고	:시·고	:시·고	:시·고
	:시·네	:시·네	:시·네	:시·네
	:신·다	:신·다	:신·다	:신·다
	:시·더·라	:시·더·라	:시·드·라	:시·드·라
	:시·는·젰·다	:시·능·갑·다	:시·능·갑·다	:시·능·갑·다
	시·이·도	시·이·도	시·이·도	시·이·도
	시·이·라	시·이·라	시·이·라	시·이·라
	:시·소	:시·소	:시·소	:시·소
	:시·시·더	:시·시·더	:시·시·더	:십·시·더
	:싫·겐·데	:싫·건·데	:싫·겐·데	:싫·기·인·데
	:시·니·껴	:시·닝·교	:시·닝·교	:시·닝·교
이다 (載)	이·고	이·고	이·고	이·고
	·이·나	이·나	이·나	이·나
	인·다	인·다	인·다	인·다

·이·더·라	이더·라	이드·라	이드·라
·잉·겠·다	이능·갑·다	이능·갑·다	이능갑·다
·여·도	·여·도	·여·도	·여·도
·여·라/·이·라	·여·라	·여·라	·여·라
이·소	이·소	이·소	이·소
이시·더	이시·더	이시·더	입시·더
잃·겐·데	잃건·데	잃겐·데	잃기·인·데
이니껴	이닝·교	이닝·교	이닝·교

이다 (是)	·이·고	·이·고	·이·고	·이·고
	·이·가	·이·가	·이·가	·이·가
	·이·다	·이·다	·이·다	·이·다
	·이·더·라	·이·더·라	·이·드·라	·이·드·라
	·잉·겠·다	·잉·갑·다	·잉·갑·다	·잉·갑·다
	·이·라·도	·이·라·도	·이·라·도	·이·라·도
	·이·시·더	·이·시·더	·이·시·더	·이·시·더
	·잃·겐·데	·잃·건·데	·잃·겐·데	·잃·기·인·데
	·이·니·껴	·잉·교	·잉·교	·잉·교

지다 (敗)	지·고	지·고	지·고	지·고
	·지·나	지·나	지·나	지·나
	·진·다	진·다	진·다	진·다
	·지·더·라	지더·라	지드·라	지드·라
	·징·겠·다	지능·갑·다	지능·갑·다	지능갑·다
	·져·도	·져·도	·져·도	·져·도
	:져·라/·져·라	·져·라	·져·라	·져·라
	·지·소	지·소	지·소	지·소
	지시·더	지시·더	지시·더	집시·더
	짏겐·데	짏건·데	짏겐·데	짏기·인·데
	·지·니·껴	지닝·교	지닝·교	지닝·교

쥐다	:지·고	:지·고	:지·고	:지·고
	:지·나	:지·나	:지·나	:지·나
	:진·다	:진·다	:진·다	:진·다
	:지·더·라	:지·더·라	:지·드·라	:지·드·라
	:지·는·겠·다	:지·능·갑·다	:지·능·갑·다	:지·능·갑·다
	지·이·도	지·이·도	지·이·도	지·이·도

지·이·라	지·이·라	지·이·라	지·이·라
:지·소	:지·소	:지·소	:지·소
:지·시·더	:지·시·더	:지·시·더	:집·시·더
:짏·겐·데	:짏·건·데	:짏·겐·데	:짏·기·인·데
:지·니·겨	:지·닝·교	:지·닝·교	:지·닝·교

치다	·치·고	·치·고	·치·고	·치·고
(打)	·치·나	·치·나	·치·나	·치·나
	·친·다	·친·다	·친·다	·친·다
	·치·더·라	·치·더·라	·치·드·라	·치·드·라
	·칭·겠·다	·치·능·갑·다	·치·능·갑·다	·치·능·갑·다
	·쳐·도	·쳐·도	·쳐·도	·쳐·도
	·쳐·라	·쳐·라	·쳐·라	·쳐·라
	·치·소	·치·소	·치·소	·치·소
	·치·시·더	·치·시·더	·치·시·더	·칩·시·더
	·칧·겐·데	·칧·건·데	·칧·겐·데	·칧·기·인·데
	·치·니·껴	·치·닝·교	·치·닝·교	·치·닝·교

모르다	모·리·고	모·르·고[23]	모·리·고	−
	모·리·나	모·르·나	모·리·나	모·리·나
	모·린·다	모·린·다	모·린다	−
	모·리·더·라	모·리·더·라	모·리·드라	−
	모·링·겠·다	모·리·는·갑·다	모·리·는·갑·다	−
	:몰·래·도/:몰·라·도	:몰·라·도	:몰·래·도	:몰·래·도
	모·리·시·머	모·리·시·머	모·리·시·머	−
	모·릻·겐·데	모·릻·겐·데	모·릻·긴·데	−
	모·리·니·껴	모·리·닝·교	모·리·닝·교	−
	§:몰·리·고	§모리·고	§모리·고	§모리고
	:몰·리·나	모리·나	모리·나	모리나
	:몰·린·다	모린·다	모린다	모린다
	:몰·리·더·라	모리더·라	모리드라	모리드라[LHHH]
	:몰·링·겠·다	모리는·갑·다	모리는갑다	모리는갑다[LHHHH]
	:몰·라·도	:몰·라·도	:몰·래·도	:몰·래·도
	:몰·리·시·머	모리시머	모리시머	모리시머[LHHH]
	:몰·릻·겐·데	모릻겐·데	모릻겐데	모릻기·인·데
	:몰·리·니·껴	모리닝·교	모리닝교	모리닝교[LHHH]

---

23) 김준달 님은 '모리·다'를, 권부자 님은 '모·리·다'를 쓴다.

4. 운율구의 성조

4.1. '동사+동사' 운율구의 굴절형

	울진	영덕	포항	경주
나가다	·나#가·고	·나#가·고	·나#가·고	·나#가·고
	·나#가·까	·나#가·까	·나#가·까	·나#가·까
	·나#가·자	·나#가·자	·나#가·자	·나#가·자
	·나#·가·나	·나#·가·나	·나#·가·나	·나·가·나
	·나#·가·네	·나#·가·네	·나#·가·네	·나#·가·네
	·나#·가·도	·나#·가·도	·나#·가·도	·나·가·도
	·나#·간·다	·나#·간·다	·나#·간·다	·나#·간·다
	·나#·가·그·라	·나#·가·거·라	·나#·가·거·라	·나·가·라1)
	·나#·간·데	·나#·가·는·데	·나#·가·는·데	·나·가·는·데
	·나#·가·더·라	·나#·가·더·라	·나#·가·드·라	·나#·가·드·라
	·나#가·라·꼬	·나#가·라·꼬	·나#가·라·꼬	·나#가·라·꼬
	·나#갏·다	·나#갏·다	·나#갏·다	·나#갏·다
	·나#·가·소	·나#·가·소	·나#·가·소	·나·가·소
	·나#·가·시·머	·나·가·시·머	·나#·가·시·머	·나·가·시·머
	·나#가시·더	·나#가시·더	·나#가시·더	·나#갑시·더2)
	·나#가·이	·나#가·이·까·네	·나#가·이·까·네	·나#가·이·까·네
	·나#갏거·로	·나#갏거·로	·나#갏거·로	·나#갏거·로
	·나#가께·에	·나#가께·에	·나#가끼·이	·나#가께·에
	·나#갏·수·록	·나#갏·수·록	·나#갏·수·록	·나#갏·수·록
	·나#·갔·다	·나#·갔·다	·나#·갔·다	·나·갔·다
	·나#·갔·니·껴	·나#·갔·닝·교	·나#·갔·닝·교	·나#·갔·닝·교

---

1) ·나#·가·거·라
2) ·나·갑·시·더

들어가다	·드#가·고	·드#가·고	·드#가·고	·드#가·고
	·드#가·까	·드#가·까	·드#가·까	·드#가·까
	·드#가·자	·드#가·자	·드#가·자	·드#가·자
	·드#·가·나	·드#·가·나	·드#·가·나	·드·가·나
	·드#·가·네	·드#·가·네	·드#·가·네	·드·가·네
	·드#·가·도	·드#·가·도	·드#·가·도	·드#·가·도
	·드#·간·다	·드#·간·다	·드#·간·다	·드#·간·다
	·드#·가·그·라	·드#·가·라	·드#·가·라	·드·가·라3)
	·드#·간·데	·드#·가·는·데	·드#·가·는·데	·드·가·는·데
	·드#·가·더·라	·드#·가·더·라	·드#·가·드·라	·드#·가·드·라
	·드#가·라·꼬	·드#가·라·꼬	·드#가·라·꼬	·드#가·라·꼬
	·드#·갏·다	·드#·갏·다	·드#·갏·다	·드#·갏·다
	·드#·가·소	·드#·가·소	·드#·가·소	·드·가·소
	·드#·가·시·머	·드·가·시·머	·드#·가·시·머	·드·가·시·머
	·드#가시·더	·드#가시·더	·드#가시·더	·드#갑시·더4)
	·드#가·이	·드#가·이·까·네	·드#가·이·까·네	·드#가·이·까·네
	·드#갏거·로	·드#갏거·로	·드#갏거·로	·드#갏거·로
	·드#가께·에	·드#가께·에	·드#가끼·이	·드#가께·에
	·드#갏·수·록	·드#갏·수·록	·드#갏·수·록	·드#갏·수·록
	·드#·갔·다	·드#·갔·다	·드#·갔·다	·드·갔·다
	·드#·갔·니·껴	·드#·갔·닝·교	·드#·갔·닝·교	·드#·갔·닝·교
떼가다	·띠#가·고5)	:띠#가·고	:띠#가·고	:띠#가·고
	·띠#가·까	:띠#가·까	:띠#가·까	:띠#가·까
	·띠#가·자	:띠#가·자	:띠#가·자	:띠#가·자
	·띠#·가·나	:띠#·가·나	:띠#·가·나	:띠#·가·나
	·띠#·가·네	:띠#·가·네	:띠#·가·네	:띠#·가·네
	·띠#·가·도	:띠#·가·도	:띠#·가·도	:띠#·가·도
	·띠#·간·다	:띠#·간·다	:띠#·간·다	:띠#·간·다
	·띠#·가·그·라	:띠#·가·라	:띠#·가·라	:띠#·가·라
	·띠#·간·데	:띠#·가·는·데	:띠#·가·는·데	:띠#·가·는·데
	·띠#·가·더·라	:띠#·가·더·라	:띠#·가·더·라	:띠#·가·더·라

---

3) ·드#·가·라, ·드#가거·라

4) ·드·갑·시·더

5) '떼'에 정보초점이 놓일 때 이 운율구는 두 개의 운율 단위로 실현되며 이 때 '띠'는 상성형으로 실현되어 ':띠#가·라·꼬'와 같이 나타난다.

	·띠#가·라·꼬	:띠#가·라·꼬	:띠#가·라·꼬	:띠#가·라·꼬
	·띠#·갋·다	:띠#·갋·다	:띠·갋·다	:띠#·갋·다
	·띠#·가·소	:띠#·가·소	:띠#·가·소	:띠#·가·소
	·띠#·가·시·머	:띠#·가·시·머	:띠#·가·시·머	:띠#·가·시·머
	·띠#가시·더	:띠#가시·더	:띠#가시·더	:띠:갑·시·더
	·띠#가·이	:띠#가·이·까·네	:띠#가·이·까·네	:띠#가·이·까·네
	·띠#갋거·로	:띠#갋거·로	:띠#갋거·로	:띠#갋거·로
	·띠#가께·에	:띠#가께·에	:띠#가끼·이	:띠#가께·에
	·띠#갋·수·록	:띠#갋·수·록	:띠#갋·수·록	:띠#갋·수·록
	·띠#·갔·다	:띠#·갔·다	:띠#·갔·다	:띠#·갔·다
	·띠#·갔·니·껴	:띠#·갔·닝·교	:띠#·갔·닝·교	:띠#·갔·닝·교
오가다	오·고·가·고	오가·고	오가·고	오가·고
	오가·까	오가·까	오가·까	오가·까
	오가·자	오가·자	오가·자	오가·자
	오·가·나	오·가·나	오·가·나	오·가·나
	오·가·네	오·가·네	오·가·네	오·가·네
	오·가·도	오·가·도	오·가·도	오·가·도
	오·간·다	오·간·다	오·간·다	오·간·다
	오#·가·그·라	오#:가·라	오#·가·그·라	오#·가·그·라
	오·가·는·데	오·가·는·데	오·가·는·데	오·가·는·데
	오·가·더·라	오·가·더·라	오·가·더·라	오·가·더·라
	오가·라·꼬	오가·라·꼬	오가·라·꼬	오가·라·꼬
	오가겠·다	오·갋·다	오·갋·다	오·갋·다
	오·가·소	오·가·소	오·가·소	오·가·소
	오·가·시·머	오·가·시·머	오·가·시·머	오·가·시·머
	오가시·더	오가시·더	오가시·더	오갑시·더
	오가·이·까·네	오가·이·까·네	오가·이·까·네	오가·이·까·네
	오갋거·로	오갋거·로	오갋거·로	오갋거·로
	오가께·에	오가께·에	오가끼·이	오가께·에
	오갋·수·록	오갋·수·록	오갋·수·록	오갋·수·록
	오·갔·다	오·갔·다	오·갔·다	오·갔·다
	오·갔·닝·교	오·갔·닝·교	오·갔·닝·교	오·갔·닝·교
일어나다	이·일#나·고	·일#나·고	·일#나·고	·일#나·고
	이·일#나·까	·일#나·까	·일#나·까	·일#나·까
	이·일#나·자	·일#나·자	·일#나·자	·일#나·자

이·일#·나·나	·일#·나·나	·일#·나·나	·일#·나·나
이·일#·나·네	·일#·나·네	·일#·나·네	·일#·나·네
이·일#·나·도	·일#·나·도	·일#·나·도	·일#·나·도
이·일#·난·다	·일#·난·다	·일#·난·다	·일#·난·다
이·일#·나·그·라	·일·나·라	·일#·나·라	·일#·나·라
이·일#·난·데	·일#·나·는·데	·일#·나·는·데	·일#·나·는·데
이·일#·나·더·라	·일#·나·더·라	·일#·나·드·라	·일#·나·드·라
이·일#나·라·꼬	·일#나·라·꼬	·일#나·라·꼬	·일#나·라·꼬
이·일#낳·다	·일#·낳·다	·일#·낳·다	·일#·낳·다
이·일#·나·소	·일#·나·소	·일#·나·소	·일#·나·소
이·일#·나·시·머	·일#·나·시·머	·일#·나·시·머	·일#·나·시·머
이·일#나시·더	·일#나시·더	·일#나시·더	·일:납·시·더
이·일#나·이	·일#나·이·까·네	·일#나·이·까·네	·일#나·이·까·네
이·일#낳거·로	·일#낳거·로	·일#낳거·로	·일#낳거·로
이·일#나께·에	·일#나께·에	·일#나끼·이	·일#나께·에
이·일#낳·수·록	·일#낳·수·록	·일#낳·수·록	·일#낳·수·록
이·일#·났·다	·일#·났·다	·일#·났·다	·일#·났·다
이·일#·났·니·껴	·일#·났·닝·교	·일#·났·닝·교	·일#·났·닝·교

나서다			
·나#서·고	·나#서·고	·나#서·고	·나#서·고
·나#서·까	·나#서·까	·나#서·까	·나#서·까
·나#서·자	·나#서·자	·나#서·자	·나#서·자
·나#서·나	·나#서·나	·나#서·나	·나#서·나
·나#서·네	·나#서·네	·나#서·네	·나#서·네
·나·서·도	·나·서·도	·나#·서·도	·나:서·도
·나#선·다	·나#선·다	·나#선·다	·나#선·다
·나:[서]·라	·나#·서·라	·나#·서·라	·나:·서·라
·나#선·데	·나#서는·데	·나#서는·데	·나#서는·데
·나#서더·라	·나#서더·라	·나#서더·라	·나#서더·라
·나#서·라·꼬	·나#서·라·꼬	·나#서·라·꼬	·나#서·라·꼬
·나#섫·다	·나#섫·다	·나#섫·다	·나#섫·다
·나#서·소	·나#서·소	·나#서·소	·나#서·소
·나·서·시·머	·나·서·시·머	·나#·서·시·머	·나#·서·시·머
·나#서시·더	·나#서시·더	·나#서시·더	·나#섭시·더
·나#서·이	·나#서·이·까·네	·나#서·이·까·네	·나#서·이·까·네
·나#섫거·로	·나#섫거·로	·나#섫거·로	·나#섫거·로
·나#서께·에	·나#서께·에	·나#서끼·이	·나#서께·에

	·나#섰·수·록	·나#섰·수·록	·나#섰·수·록	·나#섰·수·록
	·나#·섰·다	·나#·섰·다	·나#·섰·다	·나#·섰·다
	·나#·섰·니·껴	·나#·섰·닝·교	·나#·섰·닝·교	·나#·섰·닝·교
들어앉다	·들#앉·고	·들#앉·고	·들#앉·고	·들#앉·고
	·들#안지·까	·들#앉으·까	·들#앉으·까	·들#앉으·까
	·들#앉·자	·들#앉·자	·들#앉·자	·들#앉·자
	·들#앉·나	·들#앉·나	·들#앉·나	·들#앉·나
	·들#앉·네	·들#앉·네	·들#앉·네	·들#앉·네
	·들#앉·어·도	·들#앉·아·도	·들#앉·아·도	·들#앉·아·도
	·들#앉는·다	·들#앉는·다	·들#앉는·다	·들#앉는·다
	·들#앉거·라	·들#앉·아·라	·들#앉·아·라	·들#앉·아·라
	·들#앉는·데	·들#앉는·데	·들#앉는·데	·들#앉는·데
	·들#앉더·라	·들#앉더·라	·들#앉더·라	·들#앉더·라
	·들#앉·으·라·꼬	·들#앉으·라·꼬	·들#앉·으·라·꼬	·들#앉·으·라·꼬
	·들#앉·읋·다	·들#앉읋·다	·들#앉읋·다	·들#앉읋·다
	·들#안지·소	·들#앉으·소	·들#앉으·소	·들#앉으·소
	·들#앉·으·시·머	·들#앉으·시·머	·들#앉으·시·머	·들#앉으·시·머
	·들#안지시·더	·들#앉이시·더	·들#앉이시·더	·들#앉읍시·더
	·들#앉·으·이	·들#앉이·이·까·네	·들#앉이·이·까·네	·들#앉이·이·까·네
	·들#앉잃·거·로	·들#앉읋거·로	·들#앉읋거·로	·들#앉읋거·로
	·들#안지께·에	·들#앉으께·에	·들#앉으끼·이	·들#앉으께·에
	·들#앉잃·수·록	·들#앉읋·수·록	·들#앉읋·수·록	·들#앉읋·수·록
	·들#앉·었·다	·들#앉·았·다	·들#앉·았·다	·들#앉·았·다
	·들#앉·었·니·껴	·들#앉·았·닝·교	·들#앉·았·닝·교	·들#앉·았·닝·교
가보다	·가#보·고	·가#보·고	·가#보·고	·가#보·고
	·가#보·까	·가#보·까	·가#보·까	·가#보·까
	·가#보·자	·가#보·자	·가#보·자	·가#보·자
	·가#·보·나	·가#·보·나	·가#·보·나	·가#·보·나
	·가#·보·네	·가#·보·네	·가#·보·네	·가#·보·네
	·가#·바·도	·가#·바·도	·가#·바·도	·가#·바·도
	·가#·본·다	·가#·본·다	·가#·본·다	·가#·본·다
	·가#·바·라	·가#바·라	·가#·바·라	·가#·바·라/·가#:바·라
	·가#·본·데	·가#·보·는·데	·가#·보·는·데	·가#·보·는·데
	·가#·보·더·라	·가#·보·더·라	·가#·보·더·라	·가#·보·더·라
	·가#보·라·꼬	·가#보·라·꼬	·가#보·라·꼬	·가#보·라·꼬

·가#:봃·다	·가#:봃·다	·가#:봃·다	·가#:봃·다
·가#·보·소	·가#·보·소	·가#·보·소	·가#·보·소6)
·가#·보·시·머	·가#·보·시·머	·가#·보·시·머	·가#·보·시·머
·가#보시·더	·가#보시·더	·가#보시·더	·가#:봅시·더7)
·가#보·이	·가#보·이·까·네	·가#보·이·까·네	·가#보·이·까·네
·가#봃거·로	·가#봃그·로	·가#봃거·로	·가#봃거·로
·가#보께·에	·가#보께·에	·가#보끼·이	·가#보께·에
·가#봃·수·록	·가#봃·수·록	·가#봃·수·록	·가#봃·수·록
·가#·봤·다	·가#·봤·다	·가#·봤·다	·가#·봤·다
·가#·봤·니·껴	·가#·봤·닝·교	·가#·봤·닝·교	·가#·봤·닝·교

해보다	·해#보·고	·해#보·고	·해#보·고	·해#보·고
	·해#보·까	·해#보·까	·해#보·까	·해#보·까
	·해#보·자	·해#보·자	·해#보·자	·해#보·자
	·해#·보·나	·해#·보·나	·해#·보·나	·해#·보·나
	·해#·보·네	·해#·보·네	·해#·보·네	·해#·보·네
	·해#·바·도	:해#·바·도	·해#·바·도	·해·바·도
	·해#·본·다	·해#·본·다	·해#·본·다	·해#·본·다
	·해#·바·라	:해#·바·라	·해#·보·라	:해#:바·라
	·해#·본·데	·해#·보·는·데	·해#·보·는·데	·해#·보·는·데
	·해#·보·더·라	·해#·보·더·라	·해#·보·더·라	·해#·보·더·라
	·해#보·라·꼬	·해#보·라·꼬	·해#보·라·꼬	·해#보·라·꼬
	·해#·봃·다	·해#·봃·다	·해#·봃·다	·해#:봃·다
	·해#·보·소	:해#·보·소	·해#·보·소	·해#·보·소
	·해#·보·시·머	·해#·보·시·머	·해#보·시·머	·해#·보·시·머
	·해#보시·더	·해#보시·더	·해#보시·더	·해#:봅시·더
	·해#보·이	·해#보·이·까·네	·해#보·이·까·네	·해#보·이·까·네
	·해#봃거·로	·해#봃거·로	·해#봃거·로	·해#봃거·로
	·해#보께·에	·해#보께·에	·해#보끼·이	·해#보께·에
	·해#봃·수·록	·해#봃·수·록	·해#봃·수·록	·해#봃·수·록
	·해#·봤·다	·해#·봤·다	·해#·봤·다	·해#·봤·다
	·해#·봤·니·껴	·해#·봤·닝·교	·해#·봤·닝·교	·해#·봤·닝·교

나가보다	·나·가#보·고	·나·가#보·고	·나·가#보·고	·나·가#보·고
	·나·가#보·까	·나·가#보·까	·나·가#보·까	·나·가#보·까

---

6) ·가#·보·소·오
7) ·가#봅시·더

·나·가#보·자	·나·가#보·자	·나·가#보·자	·나·가#보·자
·나·가#·보·나	·나·가#·보·나	·나·가#·보·나	·나·가#·보·나
·나·가#·보·네	·나·가#·보·네	·나·가#·보·네	·나·가#·보·네
·나·가#·바·도	·나·가#·바·도	·나·가#·바·도	·나·가#·바·도
·나·가#·본·다	·나·가#·본·다	·나·가#·본·다	·나·가#·본·다
·나·가#·바·라	·나·가·바·라	·나·가#·바·라	·나·가#:바·라
·나·가#·본·데	·나·가#·보·는·데	·나·가#·보·는·데	·나·가#·보·는·데
·나·가#·보·더·라	·나·가#·보·더·라	·나·가#·보·더·라	·나·가#·보·더·라
·나·가#보·라·꼬	·나·가#보·라·꼬	·나·가#보·라·꼬	·나·가#보·라·꼬
·나·가#·봃·다	·나·가#·봃·다	·나·가#·봃·다	·나·가#:봃·다
·나·가#·보·소	·나·가보·소	·나·가#·보·소	·나·가#·보·소
·나·가#·보·시·머	·나·가#·보·시·머	·나·가#·보·시·머	·나·가#·보·시·머
·나·가#보시·더	·나·가#보시·더	·나·가#보시·더	·나·가#:봅·시·더
·나·가#보·이	·나·가#보·이·까·네	·나·가#보·이·까·네	·나·가#보·이·까·네
·나·가#봃거·로	·나·가#봃그·로	·나·가#봃그·로	·나·가#봃거·로
·나·가#보께·에	·나·가#보께·에	·나·가#보께·이	·나·가#보께·에
·나·가#봃·수·록	·나·가#봃·수·록	·나·가#봃·수·록	·나·가#봃·수·록
·나·가#·밨·다	·나·가#·밨·다	·나·가#·밨·다	·나·가#·밨·다
·나·가#·밨·니·껴	·나·가#·밨·닝·교	·나·가#·밨·닝·교	·나·가#·밨·닝·교

나오다	·나#오·고	·나#오·고	·나#오·고	·나#오·고
	·나#오·까	·나#오·까	·나#오·까	·나#오·까
	·나#오·자	·나#오·자	·나#오·자	·나#오·자
	·나#·오·나	·나#·오·나	·나#·오·나	·나·오·나
	·나#·오·네	·나#·오·네	·나#·오·네	·나·오·네
	·나#·와·도	·나#·와·도	·나#·와·도	·나·와·도
	·나#·온·다	·나#·온·다	·나#·온·다	·나·온·다
	·나#오느·라	·나#오느·라8)	·나#오느·라	·나#온느·라
	·나#·온·데	·나#·오·는·데	·나#·오·는·데	·나·오·는·데
	·나#·오·더·라	·나#·오·드·라	·나#·오·드·라	·나·오·더·라
	·나#오·라·꼬	·나#오·라·꼬	·나#오·라·꼬	·나#오·라·꼬
	·나#오겠·다	·나#·옳·다	·나#·옳·다	·나#·옳·다
	·나#·오·소	·나#·오·소	·나#·오·소	·나·오·소
	·나#·오·시·머	·나·오·시·머	·나#·오·시·머	·나·오·시·머
	·나#오시·더	·나#오시·더	·나#오시·더	·나#:옵·시·더9)

---

8) ·나#온·나
9) ·나#옵시·더

	·나#오·이	·나#오·이·까·네	·나#오·이·까·네	·나#오·이·까·네
	·냐#옳거·로	·냐#옳그·로	·냐#옳그·로	·냐#옳거·로
	·나#오께·에	·나#오께·에	·냐#오끼·이	·냐#오께·에
	·냐#옳·수#·록	·나#옳·수·록	·냐#옳·수·록	·냐#옳·수·록
	·나#·왔·다	·나#·왔·다	·나#·왔·다	·나#·왔·다
	·나#·왔·니·껴	·나#·왔·닝·교	·나#·왔·닝·교	·나#·왔·닝·교
내오다	내·애#오·고	내·애#오·고	내·애#오·고	내·애#오·고
	내·애#오·까	내·애#오·까	내·애#오·까	내·애#오·까
	내·애#오·자	내·애#오·자	내·애#오·자	내·애#오·자
	내·애#·오·나	내·애#·오·나	내·애#·오·나	내·애#·오·나
	내·애#·오·네	내·애#·오·네	내·애#·오·네	내·애#·오·네
	내·애#·와·도	내·애#·와·도	내·애#·와·도	내·애#·와·도
	내·애#·온·다	내·애#·온·다	내·애#·온·다	내·애#·온·다
	내·애#·오느·라	내·애#오느·라	내·애#오느·라	내·애#온느·라
	내·애#·온·데	내·애#·오·는·데	내·애#·오·는·데	내·애#·오·는·데
	내·애#·오·더·라	내·애#·오·더·라	내·애#·오·드·라	내·애#·오·더·라
	내·애#오·라·꼬	내·애#오·라·꼬	내·애#오·라·꼬	내·애#오·라·꼬
	내·애#오겠·다	내·애#·옳·다	내·애#·옳·다	내·애#·옳·다
	내·애#·오·소	내·애#·오·소	내·애#·오·소	내·애#·오·소
	내·애#·오·시·머	내·애#·오·시·머	내·애#·오·시·머	내·애#·오·시·머
	내·애#오시·더	내·애#오시·더	내·애#오시·더	내·애#:옵·시·더
	내·애#오·이	내·애#오·이·까·네	내·애#오·이·까·네	내·애#오·이·까·네
	내·애#옳거·로	내·애#옳그·로	내·애#옳그·로	내·애#옳거·로
	내·애#오께·에	내·애#오께·에	내·애#오끼·이	내·애#오께·에
	내·애#옳·수·록	내·애#옳·수·록	내·애#옳·수·록	내·애#옳·수·록
	내·애#·왔·다	내·애#·왔·다	내·애#·왔·다	내·애#·왔·다
	내·애#·왔·니·껴	내·애#·왔·닝·교	내·애#·왔·닝·교	내·애#·왔·닝·교
들어오다	·들#오·고	·들#오·고	·들#오·고	·들#오·고
	·들#오·까	·들#오·까	·들#오·까	·들#오·까
	·들#오·자	·들#오·자	·들#오·자	·들#오·자
	·들#·오·나	·들#·오·나	·들#·오·나	·들#·오·나
	·들#·오·네	·들#·오·네	·들#·오·네	·들·오·네
	·들#·와·도	·들·와·도	·들#·와·도	·들·와·도
	·들#·온·다	·들#·온·다	·들#·온·다	·들·온·다
	·들#·온·나	·들#온느·라10)	·들#오느·라	·들#온느·라

·들#·온·데	·들#·오·는·데	·들#·오·는·데	·들·오·는·데
·들#·오·더·라	·들#·오·더·라	·들#·오·드·라	·들·오·더·라
·들#오·라·꼬	·들#오·라·꼬	·들#오·라·꼬	·들#오·라·꼬
·들#오겠·다	·들#·옳·다	·들#·옳·다	·들#·옳·다
·들·오·소	·들#·오·소	·들#·오·소	·들·오·소
·들#·오·시·머	·들·오·시·머	·들#·오·시·머	·들·오·시·머
·들#오시·더	·들#오시·더	·들#오시·더	·들#·옵·시·더
·들#오·이	·들#·오·이·까·네	·들#오·이·까·네	·들#오·이·까·네
·들#옳거·로	·들#옳그·로	·들#옳그·로	·들#옳거·로
·들#오·께	·들#오께·에	·들#오끼·이	·들#오께·에
·들#옳·수·록	·들#옳·수·록	·들#옳·수·록	·들#옳·수·록
·들#·왔·다	·들#·왔·다	·들#·왔·다	·들#·왔·다
·들#·왔·니·껴	·들#·왔·닝·교	·들#·왔·닝·교	·들#·왔·닝·교

떠오다

·떠#·오·고	·떠#·오·고	·떠#·오·고	·떠#·오·고
·떠#·오·까	·떠#·오·까	·떠#·오·까	·떠#·오·까
·떠#·오·자	·떠#·오·자	·떠#·오·자	·떠#·오·자
·떠#·오·나	·떠#·오·나	·떠#·오·나	·떠#·오·나
·떠#·오·네	·떠#·오·네	·떠#·오·네	·떠·오·네
·떠#·와·도	·떠·와·도	·떠#·와·도	·떠·와·도
·떠#·온·다	·떠#·온·다	·떠#·온·다	·떠·온·다
·떠#·온느·라	·떠#·온느·라	·떠#·오느·라	·떠#·온느·라
·떠#·온·데	·떠#·오·는·데	·떠#·오·는·데	·떠·오·는·데
·떠#·오·더·라	·떠#·오·더·라	·떠#·오·드·라	·떠·오·더·라
·떠#오·라·꼬	·떠#오·라·꼬	·떠#오·라·꼬	·떠#오·라·꼬
·떠#오겠·다	·떠#·옳·다	·떠#·옳·다	·떠#·옳·다
·떠#·오·소	·떠#·오·소	·떠#·오·소	·떠·오·소
·떠#·오·시·머	·떠·오·시·머	·떠#·오·시·머	·떠·오·시·머
·떠#오시·더	·떠#오시·더	·떠#오시·더	·떠#·옵·시·더
·떠#오·이	·떠#오·이·까·네	·떠#오·이·까·네	·떠#오·이·까·네
·떠#옳거·로	·떠#옳그·로	·떠#옳그·로	·떠#옳거·로
·떠#오·께	·떠#오께·에	·떠#오끼·이	·떠#오께·에
·떠#옳·수·록	·떠#옳·수·록	·떠#옳·수·록	·떠#옳·수·록
·떠#·왔·다	·떠#·왔·다	·떠#·왔·다	·떠#·왔·다
·떠#·왔·니·껴	·떠#·왔·닝·교	·떠#·왔·닝·교	·떠#·왔·닝·교

10) ·들#온·나

봐주다	·바#주·고	·바#주·고	·바#주·고	·바#주·고
	·바#주·까	·바#주·까	·바#주·까	·바#주·까
	·바#주·자	·바#주·자	·바#주·자	·바#주·자
	·바#·주·나	·바#·주·나	·바#·주·나	·바#·주·나
	·바#·주·네	·바#·주·네	·바#·주·네	·바#·주·네
	·바#·자·도	·바#·조·도	·바#·조·도	·바#·조·도
	·바#·준·다	·바#·준·다	·바#·준·다	·바#·준·다
	·바#:저·라	:바#·조·라	·바#·조·라	:바#:조·라
	·바#·준·데	·바#·주·는·데	·바#·주·는·데	·바#·주·는·데
	·바#·주·더·라	·바#·주·더·라	·바#·주·더·라	·바#·주·더·라
	·바#주·라·꼬	·바#주·라·꼬	·바#주·라·꼬	·바#주·라·꼬
	·바#:줋·다	·바#·줋·다	·바#·줋·다	·바#:줋·다
	·바#·주·소	:바#·주·소	·바#·주·소	·바#·주·소
	·바#·주·시·머	·바#·주·시·머	·바#·주·시·머	·바#·주·시·머
	·바#주시·더	·바#주시·더	·바#주시·더	:바#줍시·더
	·바#주·이	·바#주·이·까·네	·바#주·이·까·네	·바#주·이·까·네
	·바#줋거·로	·바#줋그·로	·바#줋거·로	·바#줋거·로
	·바#주·께	·바#주께·에	·바#주끼·이	·바#주께·에
	·바#줋·수·록	·바#줋·수·록	·바#줋·수·록	·바#줋·수·록
	·바#·잤·다	·바#·줬·다	·바#·줬·다	·바#·줬·다
	·바#·잤·니·껴	·바#·줬·닝·교	·바#·줬·닝·교	·바#·줬·닝·교
해주다	·해#주·고	·해#주·고	·해#주·고	·해#주·고
	·해#주·까	·해#주·까	·해#주·까	·해#주·까
	·해#주·자	·해#주·자	·해#주·자	·해#주·자
	·해#·주·나	·해#·주·나	·해#·주·나	·해#·주·나
	·해#·주·네	·해#·주·네	·해#·주·네	·해#·주·네
	·해#·자·도	·해#·조·도	·해#·조·도	·해#:조·도
	·해#·준·다	·해#·준·다	·해#·준·다	·해#·준·다
	·해#·자·라	:해#·조·라	·해#·조·라	·해#·조·라
	·해#·준·데	·해#·주·는·데	·해#·주·는·데	·해#·주·는·데
	·해#·주·더·라	·해#·주·더·라	·해#·주·더·라	·해#·주·더·라
	·해#주·라·꼬	·해#주·라·꼬	·해#주·라·꼬	·해#주·라·꼬
	·해#주겠·다	·해#·줋·다	·해#·줋·다	·해#:줋·다
	·해#·주·소	:해#·주·소	·해#·주·소	·해#·주·소
	·해#주시머	·해#·주·시·머	·해#·주·시·머	·해#·주·시·머
	·해#주시·더	·해#주시·더	·해#주시·더	·해#줍시·더

·해#주·이	·해#주·이·까·네	·해#주·이·까·네	·해#주·이·까·네
·해#줆거·로	·해#줆그·로	·해#줆거·로	·해#줆거·로
·해#주께·에	·해#주께·에	·해#주끼·이	·해#주께·에
·해#줆·수·록	·해#줆·수·록	·해#줆·수·록	·해#줆·수·록
·해#·잤·다	·해#·줬·다	·해#·줬·다	·해#·줬·다
·해#·잤·니·껴	·해#·줬·닝·교	·해#·줬·닝·교	·해#·줬·닝·교

4.2. '부사＋동사' 운율구의 굴절형[1]

	울진	영덕	포항	경주
먹·다	안묵·고	안묵·고	앤먹·고	앤묵·고
	안묵·나/안묵·노	안묵·나/안묵나	앤먹·나	앤묵·나
	안묵능·구·나	안묵능·구·나[2]	앤먹능·구·나	앤묵능·구·나
	안묵·어·도	안묵·어·도	앤먹·아·도	앤무·우·도
	안묵·으·시·머	안묵·으·시·머	앤먹·으·시·머	앤무·우·시·머
	안묵·으·께	안묵·으·께[3]	앤먹·으·끼·이	앤무우끼·이
	안묵·읋·다	안묵읋·다	앤먹·읋·다	앤묵겠·다
	안묵는·데	안묵는·데	앤묵는·데	앤묵는·데
	안묵더·라	안묵더·라	앤묵더·라	앤묵더·라
·깜·다	안·깜·고	안·깜·고	앤·깜·고	앤깜고[lhh][4]
	안·깜·나	안·깜·나	앤·깜·나	앤깜나[lhh]
	안·깜·능·구·나	안·깜(·능)·구·나	앤·깜·는·구·나	앤깜는구나[lhhhh]
	안깜어·도	안·깜·아·도	앤·깜·아·도	앤깜어도[lhhh]
	안·깜·으·시·머	안·깜·으·시·머	앤·깜·으·시·머	앤깜으시머[lhhhh]
	안·깜·으·께	안·깜·으·께·에	앤·깜·으·끼·이	앤깜으끼이[lhhhh]
	안·깜·읋·다	안·깜·읋·다	앤·깜·읋·다	앤깜겠다[lhhh]
	안·깜·는·데	안·깜·는·데	앤·깜·는·데	앤깜는데[lhhh]
	안·깜·더·라	안·깜·더·라	앤·깜·더·라	앤깜더라[lhhh]
:신·다	안·신·고	안·신·고	앤·신·고	앤#:신·고[1#hh]
	안·신·나	안·신·나	앤·신·나	앤신나[lhh]
	안·신·능·구·나	안·신·능·구·나	앤·신·는·구·나	앤신는구나[lhhhh]
	안신·어·도	안신·어·도	앤신·아·도	앤신·어·도
	안신·으·시·머	안신·으·시·머	앤신·으·시·머	앤신·으·시·머
	안신·으·께	안신·으·께·에	앤신·으·끼·이	앤신·으·끼·이
	안신·읋·다	안신·읋·다[5]	앤신·읋·다	앤#:신·겠·다
	안신·는·데	안신·는·데	앤·신·는·데	앤#:신·는·데
	안·신·더·라	안·신·더·라	앤·신·더·라	앤#:신·더·라

---

1) 포항과 경주 방언에서는 '앤'과 '안'이 공존하나 전자의 세력이 압도적이다.
2) 안묵구·나
3) 안묵으께·에
4) 4.2.항목의 음조형은 지면의 제약으로 인해 소문자로 표기되었다.
5) 안신읋·다

가·다	안·가·고/안가·고	안가·고	앤가·고	앤가·고
	안·가·나	안·가·나/안가나	앤·가·나	앤가내[lhh]
	안·가·능·구·나	안·가·능·구·나6)	앤·가·는·구·나	앤가는구나[lhhhh]
	안·가·도/:안·가·도	안·가·도	앤·가·도	앤가도[lhh]
	안·가·시·머	안·가·시·머	앤·가·시·머	앤가시·머
	안가께	안가께·에	앤가끼·이	앤가끼·이
	안·갏·다	안·갏·다	앤·갏·다	앤가겠·다
	안·간·데	안·가·는·데	앤·가·는·데	앤가는데[lhhh]
	안·가·더·라	안·가·더·라7)	앤·가·더·라	앤가더·라/앤가더라
자·다	안자·고	안자·고	앤자·고	앤자·고
	안·자·나/안자노	안·자·나/안자나	앤·자·나	앤자내[lhh]
	안·자·능·구·나	안·자·능·구·나8)	앤·자·는·구·나	앤자는구나[lhhhh]
	안·자·도/:안·자·도	안·자·도	앤·자·도	앤자도[lhh]
	안·자·시·머	안·자·시·머	앤·자·시·머	앤자시·머
	안자께·에	안자께·에	앤자끼·이	앤자끼·이
	안·잟·다	안·잟·다	앤·잟·다	앤자겠·다
	안·잔·데	안·자·는·데	앤·자·는·데	앤자는·데
	안·자·더·라	안·자·더·라9)	앤·자·더·라	앤자더·라
나·다	안나·고	안나·고	앤나·고	앤나·고
	안·나·나/안나나	안·나·나/안나나	앤·나·나	앤나내[lhh]
	안·나·능·구·나	안·나·능·구·나10)	앤·나·는·구·나	앤나는구나[lhhhh]
	안·나·도	안·나·도	앤·나·도	앤나도[lhh]
	안·나·시·머	안·나·시·머	앤·나·시·머	앤나시·머
	안나께·에	안나께·에	앤나끼·이	앤나끼·이
	안·낳·다	안·낳·다11)	앤·낳·다	앤나겠·다
	안·난·데	안·나·는·데	앤·나·는·데	앤나는·데
	안·나·더·라	안·나·더·라	앤·나·더·라	앤나더·라
오·다	안오·고	안오·고	애오·고	애오·고

6) 안가능·구·나
7) 안가더·라
8) 안자능·구·나
9) 안자더·라
10) 안나능·구·나
11) 안낳·다

	안·오·나	안·오·나/안오나	애·오·나	애오나[lhh]
	안·오·능·구·나	안오능·구·나	애·오·는·구·나	애오는구나[lhhhh]
	안·와·도/:안·와·도	안·와·도	애·와·도	애와도[lhh]
	안·오·시·머	안오시·머	애·오·시·머	애오시·머
	안오께·에	안오께·에	애오끼·이	애오끼·이
	안·옳·다	안·옳·다/안옳·다	애·옳·다	애오겠·다
	안·온·데	안오는·데	애·오·는·데	애오는·데
	안·오·더·라	아오더·라	애·오·더·라	애오더·라

누·다	안누·고	안누·고	앤누·고	앤누·고
	안·누·나/:안·나·나	안·누·나	앤·누·나	앤누나[lhh]
	안·누·능·구·나	안·누·능·구·나12)	앤·누·는·구·나	앤누는구나[lhhhh]
	:안·나·도	안·노·도	앤·노·도	앤노도[lhh]
	안·누·시·머	안·누·시·머	앤·누·시·머	앤누시·머
	안누께·에	안누께·에	앤누끼·이	앤누끼·이
	안·눓·다	안눓·다	앤눓·다	앤누겠·다
	안·눈·데	안·누·는·데	앤·누·는·데	앤누는·데
	안·누·더·라	안·누·더·라	앤·누·더·라	앤누더·라

주·다	안주·고	안주·고	앤주·고	앤주·고
	:안·주·나	안·주·나	앤·주·나	앤주나[lhh]
	안·주·능·구·나	안주능·구·나	앤·주·는·구·나	앤주는구나[lhhhh]
	:안·자·도	안·조·도	앤·조·도	앤조도[lhh]
	안·주·시·머	안·주·시·머	앤·주·시·머	앤주시·머
	안주께	안주께·에	앤주끼·이	앤주끼·이
	안·줂·다	안·줂·다13)	앤·줂·다	앤주겠·다
	안·준·데	안주는·데	앤·주·는·데	앤주는·데
	안·주·더·라	안주더·라	앤·주·더·라	앤주더·라

사·다	안사·고	안사·고	앤사·고	앤사·고
	안사·나	안사·나	앤사·나	앤사·나
	안사·능·구·나	안사능·구·나	앤사는·구·나	앤사는구·나
	안·사·도/:안·사·도	안·사·도	앤·사·도	앤사도[lhh]
	안·사·시·머	안·사·시·머	앤·사·시·머	앤사시·머

---

12) 안누능·구·나
13) 안줂·다

	안사께·에	안사께·에	앤사끼·이	앤사끼·이
	안·삻·다	안삻·다	앤삻·다	앤사겠·다
	안·산·데	안사는·데	앤사는·데	앤사는·데
	안·사·더·라	안사더·라	앤사더·라	앤사더·라
하·다	안하·고/안·하·고	안하·고	애하·고	애하·고
	안·하·나	안·하·나/안하나	애·하·나	애하나[lhh]
	안·하·능·구·나	안하능·구·나	애·하·는·구·나	애하는구나[lhhhh]
	안·해·도/안#:해·도	안·해·도	애·해·도	애해도[lhh]
	안·하·시·머	안·하·시·머	애·하·시·머	애하시머[lhhh]
	안하께	안하께·에	애하끼·이	애하께·에
	안·핧·다	안·핧·다14)	애·핧·다	애하겠·다
	안·한·데	안·하·는·데	애·하·는·데	애하는·데
	안·하·더·라	안·하·더·라	애·하·더·라	애하더·라
서·다	안서·고	안서·고	앤서·고	앤서·고
	안서·나	안서·나	앤서·나	앤서·나
	안서능·구·나	안서능·구·나	앤서는·구·나	앤서는구·나
	:안·서·도	안·서·도	앤·서·도	앤서도[lhh]
	안·서·시·머	안·서·시·머	앤서·시·머	앤서·시·머
	안서께·에	안서께·에	앤서끼·이	앤서끼·이
	안섫·다	안섫·다	앤섫·다	앤서겠·다
	안선·데	안서는·데	앤서는·데	앤서는·데
	안서더·라	안서더·라	앤서더·라	앤서더·라
매·다 (束)	안매·고	안매·고	앤매·고	앤매·고
	안매·나	안·매·나/안매·나	앤매·나	앤매·나
	안매능·구·나	안매능·구·나	앤매는·구·나	앤매는구·나
	안매·애·도	안매·애·도	앤매·애·도	앤매·애·도
	안매·시·머	안매·시·머	앤매·시·머	앤매·시·머
	안매께·에	안매께·에	앤매끼·이	앤매끼·이
	안뢇·다	안뢇·다	앤뢇·다	앤매겠·다
	안맨·데	안매는·데	앤매는·데	앤매는·데
	안매더·라	안매더·라	앤매더·라	앤매더·라

14) 안핧·다

·까·다	안·까·고	안·까·고	앤·까·고	앤까고
	:안·까·나	안·까·나/안까나	앤·까·나	앤까나[lhh]
	안·까·능·구·나	안·까·능·구·나	앤·까·는·구·나	앤까는구나[lhhhh]
	:안·까·도	안·까·도	앤·까·도	앤까도[lhh]
	안·까·시·머	안까시머	앤·까·시·머	앤까시머[lhhh]
	안·까·께	안·까·께·에	앤·까·끼·이	앤까끼이[lhhl]
	안·깒·다	안·깒·다	앤·깒·다	앤까겠다[lhhl]
	안·깐·데	안·까·는·데	앤·까·는·데	앤까는데[lhhh]
	안·까·더·라	안·까·더·라	앤·까·더·라	앤까더라[lhhh]
·매·다 (耕)	안·매·고	안·매·고	앤·매·고	앤매고[lhh]
	:안·매·나	안·매·나	앤·매·나	앤매나[lhh]
	안·매·능·구·나	안·매·능·구·나	앤·매·는·구·나	앤매는구나[lhhhh]
	:안·매·도	안·매·도	앤·매·도	앤#:매·도[1#ḧh]
	안·매·시·머	안·매·시·머	앤·매·시·머	앤매시머[lhhl]
	안·매·께	안·매·께·에	앤·매·끼·이	앤매끼이[lhhl]
	안·뎛·다	안·뎛·다15)	앤·뎛·다	앤매겠다[lhhl]
	안·맨·데	안·매·는·데	앤·매·는·데	안매는데[lhhh]
	안·매·더·라	안·매·더·라	앤·매·더·라	안매더라[lhhh]
:내·다	안·내·고	안·내·고	앤·내·고	앤#:내·고[1#ḧh]
	안·내·나	안·내·나	앤·내·나	앤#:내·나[1#ḧh]
	안·내·능·구·나	안·내·능·구·나	앤·내·는·구·나	앤내는구나[lhhhh]
	안내·애·도	안내·애·도	앤내·애·도	앤내·애·도
	안·내·시·머	안·내·시·머	앤·내·시·머	앤#:내·시·머[1#ḧhl]
	안·내·께	안·내·께16)	앤·내·끼·이	앤#:내·끼·이[1#ḧhl]
	안·냈·다	안·냈·다	앤·냈·다	앤#:내·겠·다[1#ḧhl]
	안·낸·데	안·내·는·데	앤·내·는·데	앤내는데[lhhh]
	안·내·더·라	안·내·더·라	앤·내·더·라	앤내더라[lhhh]

---

15) 안·매·따
16) 안내께·에

4.3. '명사+동사' 운율구의 굴절형

울진	영덕	포항	경주
바아찌·짜1)	바아찍·자	바아찍·자	바아찍·자
바아찐·나	바아찍·나	바아찍·나	바아찍·나
바아찐는·다	바아찍는·다	바아찍는·다	바아찍는·다
바아찌떠·라	바아찍더·라	바아찍더·라	바아찍더·라
바아쩌·어·라	바아쩌·어·라	바아찍·아·라	바아찍·어·라
바아찌·소	바아찍·으·소	바아찍·으·소	바아찍·으·소
바아찌씨·더	바아찍·으·시·더	바아찍·으·시·더	바아찍·읍·시·더
바아찌·이·께	바아찍·으·께·에	바아찍·으·끼·이	바아찍·으·께·에
이사#가·자	이사#가·자	이사#가·자	이사#가·자
이사#·가·나	이사#·가·나	이사#·가·나	이사#·가·나
이사#·간·다	이사#·간·다	이사#·간·다	이사#·간·다
이사#·가·더·라	이사#·가·더·라	이사#·가·더·라	이사#·가·더·라
이사#:가·라	이사#·가·라	이사#·가·라	이사#·가·라
이사#·가·소	이사#·가·소	이사#·가·소	이사#·가·소
이사#가시·더	이사#가시·더	이사#가시·더	이사#갑시·더
이사#가께·에	이사#가께·에	이사#가께·에	이사#가께·에
공부#하·자	공부#하·자	공부#하·자	공부#하·자
공부#·하·나	공부#·하·나	공부#·하·나	공부#·하·나
공부#·한·다	공부#·한·다	공부#·한·다	공부#·한·다
공부#·하·더·라	공부#·하·더·라	공부#·하·더·라	공부#·하·더·라
공부#:해·라	공부#:해·라	공부#:해·라	공부#·해·라
공부#·하·소	공부#·하·소	공부#·하·소	공부#·하·소
공부#하시·더	공부#하시·더	공부#하시·더	공부#합시·더
공부#하께·에	공부#하께·에	공부#하께·에	공부#하께·에
이사나가·자	이사나가·자	이사나가·자	이사나가·자
이사#·나·가·나	이사#·나·가·나	이사#·나·가·나	이사#·나·가·나
이사#·나·간·다	이사#·나·간·다	이사#·나·간·다	이사#·나·간·다
이사#·나·가·더·라	이사#·나#·가·더·라	이사#·나·가·더·라	이사#·나·가·더·라

---

1) 방아 찍자

이사#·나·가·라	이사#·나·가·라	이사#·나·가·라	이사#·나가·라
이사#·나·가·소	이사#·나·가·소	이사#·나·가·소	이사#·나가·소
이사나가시·더	이사나가시·더	이사나가시·더	이사나갑시·더
이사#나가께·에	이사#나가께·에	이사나가께·에	이사나가께·에
노리#·찾·자	노리#·찾·자	노리#·찾·자	노리#·찾·자
노리#·찾·나	노리#·찾·나	노리#·찾·나	노리#·찾·나
노리#·찾·네	노리#·찾·네	노리#·찾·네	노리#·찾·네
노리#·찾·는·다	노리#·찾·는·다	노리#·찾·는·다	노리#·찾·는·다
노리#·찾·더·라	노리#·찾·더·라	노리#·찾·더·라	노리#·찾·더·라
노리#·찾·아·라	노리#·찾·아·라	노리#·찾·아·라	노리#·찾·아·라
노리#·찾·았·닝·교	노리#·찾·았·닝·교	노리#·찾·았·닝·교	노리#·찾·았·닝·교
노리#·찾·으·까	노리#·찾·으·까	노리#·찾·으·까	노리#·찾·으·까
노리#·찾·소	노리#·찾·으·소	노리#·찾·으·소	노리#·찾·으·소
노리#·찾·시·더	노리#·찾·으·시·더	노리#·찾·으·시·더	노리#·찾·읍·시·더
노리#·찾·으·꺼·네	노리#·찾·으·이·까네	노리#·찾·으·이·까네	노리#·찾·으·이·까네
노리#·찾·으·꺼·이	노리#·찾·으·께·에	노리#·찾·으·끼·이	노리#·찾·으·께·에
보리#:얻·자	보리#:얻·자	보리#:얻·자	보리#:얻·자
보리#:얻·나	보리#:얻·나	보리#:얻·나	보리#:얻·나
보리#:얻·네	보리#:얻·네	보리#:얻·네	보리#:얻·네
보리#:얻·는·다	보리#:얻·는·다	보리#:얻·는·다	보리#:얻·는·다
보리#:얻·더·라	보리#:얻·더·라	보리#:얻·더·라	보리#:얻·더·라
보리#:얻·어·라	보리#:얻·아·라	보리#:얻·아·라	보리#:얻·어·라
보리#:얻·었·니·껴	보리#:얻·았·닝·교	보리#:얻·았·닝·교	보리#:얻·었·닝·교
보리#:얻·으·까	보리#:얻·으·까	보리#:얻·으·까	보리#:얻·으·까
보리#:얻·소	보리#:얻·으·소	보리#:얻·으·소	보리#:얻·으·소
보리#:얻·시·더	보리#:얻·으·시·더	보리#:얻·으·시·더	보리#:얻·읍·시·더
보리#:얻·으·꺼·네	보리#:얻·으·이·까네	보리#:얻·으·이·까네	보리#:얻·으·이·까네
보리#:얻·으·께	보리#:얻·으·께·에	보리#:얻·으·끼·이	보리#:얻·으·께·에

4.4. 어절과 운율구 성조 보충 자료[1]

4.4.1. 울진 방언

가께·포	X표
가·고·싶·다	가고 싶다
가심쪼가·리	옷감 조각
가제·에·라	가져라
가조·오#오나·라	가지고 오너라
간물(=·짠·물)	바닷물
간을래·기	갓난아기
간지라·아·라	간지러워라
갏거#·껕·을·때	갈 것 같을 때
갚·어#:바·라	갚아 봐라
건·지#:마·라	(빨래를) 걷지 마라
계피나무	계피나무
고기메·끼	고기 미끼
고지바가·치	박 바가지
공부·한·동	공부하는지
구여·이·났·다	구멍이 났다
귀·아·하·머	귀여워하면
그게·가	그것이
그다·아	거기에다가
그·래·잖·나	그러잖아
·그·래·지·머	그러지 뭐
그·모·레/·저·모·레	그글피
그·칤·글·타	그칠 것 같다
·기#미·인·사·람	귀 먹은 사람
·꼬·꼬#:제·배	혼례식
·꼰·두#·섰·다	곧추섰다
끍·찌#:마·라	긁지 마라
:나·로·좀	나를 좀
·나·만	나이 많은
나서겠·더·라	나서겠더라

---

1) 각 항목의 왼쪽 열은 방언형이고 오른쪽 열은 그것의 표준어역이다.

나·아#·다·라   봐 둬라

나·아#·땄·다   봐 뒀다

나·지#마·는   (냄새가) 나지만은

너린국·시   칼국수

노·래·도·있·잖·아   노래도 있잖아

:노·적·까·리   마당에 만든 쌀 보관소

·논#꼴배·이   논 고둥

논뚝깎·으·러·간·다   논둑에 난 풀을 깎으러 간다

·논·보·리   논보리(논에 심는 보리)

:누·노?   누구냐?

·눈#:굵·다   눈이 크다

늙으·이   늙은이

니나도·리·한·다   서로 말을 놓는다

다·신#·시·에·미·가   의붓시어미가

다·아#:내·나?   당해 내냐?

단풍낭·구   단풍나무

달모시   닭 모이

닭비·슬   닭 벼슬

담비주·마·이   담배주머니

대마두   대나무 마디

:더·부·비·지/더부비·지 두부 비지

데로·오·갔·는   데리고 간

:데·지#잡시·더   돼지 잡읍시다

도시락가·방   도시락 가방

동박기·름   동백기름

딇루·나?   되겠나?

둘놔·아·라   드러누워라

들으·옳·루·나?   듣겠나?

·디#·주·더·라   도로 주더라

·땅·이·가   땅이

·떡·걷·타   떡 같다

·똑#·같·는·데[H#HHL] 똑같은데

:많·찮·소?   많잖아요?

맞는·게·세   맞는 것이네

맨주먹   맨주먹

먼지먹·어·라   먼저 먹어라

멀었후·운·다   결혼 첫날 남편이 아내의 머리를 얹힌다

메레·치·간·수	멸치젓
:못·갚·세	못 가겠네
무가·아·라	무거워라
묵기·매·사·갔·지	먹기에 사갔지
문지·난·다	먼지 난다
·물#꼴배·이[L#LHL]/·물#·꼴·배·이[H#HHL]	바다 고둥
미·이·무·리·믄	(과일이) 너무 많이 익으면
민·물#꼴배·이	민물 고둥
밑·이·가	밑이
바닷가·에	바닷가에
바·안·찍·고	방아 찧고
:반·고·일	반공일(半空日)/토요일
받·아·씨·기	받아쓰기
받·읋#·걷·타	받을 것 같다
밭보리	밭보리(밭에 심는 보리)
·배·골·찌	배 곯지
·배·앙·낭·기	고욤나무
배추밭	배추밭
보·고·싶·다/보고싶·다	보고 싶다
보잖니·껴?	보지 않습니까?
봄에·에	봄에
부꾸라·아·라	부끄러워라
부산아제	부산 아제(叔)
불·버·라	부러워라
비네·찐·다	비녀를 지른다
·비#:웃·는·거	비웃는 것
빋갚는·다	빚 갚는다
:빵·구·났·다	구멍 났다
:빵·덕·어·미·겉·다	뺑덕어미2) 같다
빽·거·졌·다	벗겨졌다
뽕낭·게	뽕나무에
뿌시럭귿·노?	부시럭거리냐?
·사·는·것·같·다	(물건을) 사는 것 같다
사다여·어·라	사다 넣어라
상거	사는 것

---

2) 얼굴이 예쁘게 동글납작한 여자를 가리키는 말로 쓰인다.

·새·끼[#]:언·시·더	새끼(索) 얻읍시다
새둥·기	새 둥지
·새[#]·새·댁·이[H[#]HHL]	새 새댁
:소·뿔	소뿔
:소·양[#]:없·는	소용없는
스드래·애·진·다/시·들·어·진·다	시들어진다
시·계·찾·더·라	시계 찾더라
:시·불·매·다	(김을) 세벌매다
시싯·대/시싯대·야	세숫대야
시어마·이	시어머니
:신[#]:둘	쉰 둘(52)
:신[#]다·섯	쉰 다섯(55)
심청·부·리·지[#]마·라	심술부리지 마라
·싸[#][자]·라·애[L[#]HHL]	싸 줘라
쌀까·마	쌀 가마
쌀남박	쌀을 씻는 바가지
쌀·딴·지	쌀 단지
·썷·일	쓸 일
·씳·만[#]하더·라	쓸 만하더라
아랫데·에	아랫마을 쪽에
아따·아	이따/이따가
아비·이·째·로	하나도 안 남기고 몽땅(副詞)
아시동·세	손아래 동서
아이·오	아니오/아뇨
안·꾸·봤·는·데	(꿈을) 안 꿔 봤는데
·암·찌·와	암키와
어딴·가?	어떤가?
업해·애·잤·어	업혀 잤어
영세민	영세민(零細民)
오·고·싶·다	오고 싶다
오다·아	어디다
·오·든·날	오던 날
오·라·한·다/오·라·칸·다	오라 한다/오라고 한다
오랜마·이·세	오랜만이네
오·십[#]:너·이·등·가?	오십 넷이던가?
·옷·맵·시	옷맵시
옹·구·집	옹기전

우·습#잖능·가?	우습잖은가?
우·예·노?	어떡하냐?
우·이·가	위(上)가
·읍·내#나가시·더	읍내 나갑시다
이나·에·도	이 나이에도
·이·딴·데	외딴 데
:이·미·도 모·르·고	의미도 모르고
이·백·만·원	이백만 원
이·상·하·게	이상하게
이·서·방	이 서방
이캐#도·가	(머리에) 이여 다오
일로온·나	이리 오너라
일찌기·이/일찌·기	일찍
일·찍#나가·자	일찍 나가자
일카·아 가지·고	(땅을) 일궈 가지고
있잖능·가?	있잖은가?
·자#나·아·서	자 놓아서
잖땔·라	(잠을) 잘 때는
·잠·장·거	잠자는 것
·잠·추·이	잠꾸러기
·잤·잖·나?	줬잖아?
:저·쪽	저 쪽
:적·읋·젔·는·데	적을 것 같은데
절구바·아·찌·꼬	절구방아 찧고
:조·심#:해·라	조심해라
:좋·도#않더·라	좋지도 않더라
주·검·에·옷	죽음의 옷(壽衣)
주꺼·이·더	줄 것입니다
주깨·지 :마·소	말하지 말아요
주끼·는·거	말하는 것
주끼·이·까·네	말하니까
죽·음·에·복	죽음의 복(편하게 잘 죽는 복)
지늑나불	저녁 노을
·질·닦·으·라	길 닦으러
짊·어#지·고 싶·다	짊어지고 싶다
지낋나름·이·다	말할 나름이다
짤두마(:)하·다	짤막하다

·찌·끼#매·랑·이·다	끼기 마련이다
찌·아#·주·소	끼워 줘요
참조·오	창호지(문을 바를 때 쓰는 문종이)
·책·이·가?	책이냐?
처막밑	처마 밑
처·에·끝	추녀 끝
칡덤불	칡덩굴
·토·끼#·찾·아·라	토끼 찾아라
·툭·뿔·났·다	혹 났다
팔씨름	팔씨름
품팔·이	품팔이
하숙집	하숙집
할·로·는	하루는
할아부·지	할아버지
핸드폰	핸드폰
:했·장·가?	했잖은가?
헝겊쪼가·리	헝겊 조각
:훗·분	다음 번
흔해·애#·빠·졌·다	흔해 빠졌다
흘끄·래·졌·다	흐트러졌다
흘묻·힌·다·꼬	흙 묻힌다고

4.4.2. 영덕 방언

·갓·재·이	갓 장수
·강·구#:시·장	강구 시장
갖촤·아·야	갖춰야
겨놔·아·가	겨누어서
겐찮이·이·더	괜찮습니다
계약금#내·애·라	계약금 내라
계약금#어딨·노?	계약금 어딨냐?
고마주깨·애·소	그만 말해요
고봉한·말	고봉으로 한 말(斗)
:곤·충	곤충(昆蟲)
곯·때	고럴 때
:군·음·식	군것질
그게·가·여	그것이

그꼭·대·에   그 위(上)에

김일서·이   김일성이

꼬·알   꾕알(아주 작은 것을 가리키는 말)

·나·개[HH]#:내·닝·교?   나가 냅니까(나갈 수 있습니까)?

·나#:만·사·람[H#HLL]   나이가 많은 사람

나무#때·애·가   나무 때서

나무동가·리   나무 토막

나무#짝대·기   나무 작대기

나·아#나·았·다   놔 놓았다

나두·고·왔·다   놔두고 왔다

·내·가·여   내가

·내[h]#:대·신   나 대신

:내·미·난·다   냄새 난다

너무일·찍   너무 일찍

노·네·조·라   나눠 줘라

늦나·락   늦벼

늦데·네   늦되네

닫내·린·다/·밧·줄·내·린·다   닻 내린다

:대·기   대게

대두한·말   대두(大豆) 한 말(斗)

덧깨·났·는·거   덧난 것

도둑#·놈·이·라·하·니·더   도둑놈이라 합니다

도·리·지·붕   도리 지붕

도오가·지   두어 가지

두(:)말#안하·고·줍·니·더   두(:)말 안 하고 줍니다

드어·레   등어리에

드부비·지   두부 비지

:들·새   들새

등·뿔   등불

떠오느·라   떠 오너라

·떡·해#가·자[HH#HL]   떡 해가자

·떡·해[HH]#나·았·니·더   떡 해 놓았습니다

뚜둑바·지   누더기 바지

·물·낄·래#먹고예?   물 끓여 먹고요?

·독·립·된·다·꼬   독립된다고

:디·로·오·게   (나는 먼저 갈 테니) 뒤에 오게

:띠#가시·더   떼 갑시다

마·소	큰 소
마음떠보·자	마음 떠보자
·마(:)·이#·왔·대[L(:)L#HH]	많(:)이 왔다
막·니	사랑니
맞달·이·문	두 문짝을 여닫도록 만든 문3)
맹물·에	민물에
머리댕·기	머리 댕기
머·어 :어·또·오?	뭐 어떠냐?
먼저#·까·고	먼저 까고
먼저#·찾·읋·다	먼저 찾겠다
메주·내	메주 냄새
·멫·키·가	몇 명이
모숭구·운·다	모 심는다
:몬·듣·고·요	못 듣고요
몽두·리	굵은 꼬챙이
무꾸시래·기	(무) 시래기
문골·기	문고리
문성공베·실	문선공 벼슬
물양·찰	물 긷는 양철동이
:미·터	묘 터
:바#놓·고·도	봐 놓고도
바두·가	봐 다오
받·읋·래·드·라	받겠더라
방낮에·에	한낮에
·배·를·요?	배(船)를요?
버·었·다	부었다(浮腫)
볏·짚	볏짚
베틀보·고	베틀 보고
빈내·애·왔·다	빚 내왔다
빈#:많·다	빚 많다
보·살	보리쌀
부·랑·타	성격이 사납다
빨래#찍·게	빨래 집게
·뺄·셈	뺄셈
뽂음	볶음

---

3) 문짝 하나로 여닫는 문은 '·외·달·이·문'이라고 한다.

·사·라·지·머	사라지면
사랑·채	사랑채
사·왔·단·말·인·데	싸웠다는 말인데
산·다·래	산달래(나물)
산삔·달	산비탈
·새·사·람	새 사람(며느리를 가리키는 말)
성공#:했·다·꼬·보·는·데	성공했다고 보는데
세끈티·이	혀끝
:세·시·쭘	세 시쯤
·손·아·알	손아래
손·왔·다	손님 왔다
·손#우·위[H#HL]	손위
솥·요?	솥요?
·수·꼬·리	숫 문고리
·수·치·구·양	수채 구멍
숙밭	쑥밭
술안묵·고	술 안 먹고
·술·질	숟가락질
·숩·니·더	(죽을) 쑵니다
:시·분·째	세 번째
:실·꼬·치	실고추
·십[H]#:오·키·로	15kg
아·번·님	아버님
아·으·렛·날	아흐렛날(9일)
아잇·아·뿌·구·로	안 잊어버리게
·악·산	험하고 가파른 산
안간·다·하·디	안 간다 하더니
안글·팅·교?	안 그렇습디까?
안덴·다	안 된다
안·했·다	안 했다
·암·꼬·리	암 문고리
여·럿·이	여럿 이(사람)
여러시	여럿 이(사람)
연달·아	연달아
열매·를·요?	열매를요?
·열#·하·내[H#HH]	열 하나
·오·셨·다·는·데	오셨다는데

오이#김·치   오이김치

:온·낱   온(全, 전부의, 모두의) 것

온사·람   온 사람

·외·로   하나 따로

·요·고#·뿌·이·다   요것뿐이다

우네#찌·인·다   안개 낀다

우레·가   우리(2인칭대명사)가

우리이껜·데·요   우리 일 건데요(우리가 머리에 일 건데요)

·움(:)·무·이   기대보다 크거나 많을 때 쓰는 감탄사

이까·때   오징어가 나는 철

·이·러·이·까·네   이러니까

이·렛·날   이렛날(7일)

·일·나·라   일어나라

:왹·국·하·고[HHLL]   외국(外國)하고

으은·요   아니오

:이·북·비·영·기   이북(北韓) 비행기

잇·아·뿌·랬·더·라   잊어버렸더라

자갈밭   자갈밭

자드락#간지럽·다   겨드랑 간지럽다

자화   장화

재떨·애   재떨이에

·전·니   앞니

점시말·참   점심 참(＝새참, 곁두리)

·조·때   조4) 때

조선조·이·라·하·지·요   조선종이라 하지요

조·아·라   주워라

주깨·애·는·거   말하는 것

지게재·이   지게 장수

·지·바·아·서·는   지방에서는

집#:바·라   집 봐라(지켜라)

집#:임·자 있·나?   집 주인 있나?

:째#가주·고   찢어 가지고

쪼개·똘   조약돌

참꿀·밤   참나무의 열매

참살·개   삽살개

---

4) 지시대명사 '저'의 작은 말 '조'

·칠·순	칠순(70세)
·큰·어·메/·큰#·어·메[H#HH]	큰어미(伯母)
큽니·더	–라고 말합니다
·타·래	타래(실의 한 묶음)
탱·구·다	튕기다
틈새·애	틈 사이에
·팔·아·뿛·라·들·다·가	팔아버릴까 하다가
퐅밭	퐅밭
퍼덕·눈	금방 녹는 눈(雪)
하내·기/·한·키	한 명
:한·복	한복(韓服)
헛·심·부·름	헛심부름

4.4.3. 포항 방언

·가#:낧·내·라	가 내겠더라
·가#:낧·라?	가 내겠냐?
가·고#:말·고	가고말고
가·나#:마·나	가나마나
가다·았·다	가두었다(囚)
가리늦·다	뒤늦다
가마있가·라·보·자	가만있어라 보자
가을·한·다	추수한다
·간·다#·카·니·이·더	간다고 합니다
·간·다#·카·닝·교?	간다고 합니까?('-고 하다'에 초점이 놓임)
·간·다·카·닝·교?	간다고 합니까?('가다'에 초점이 놓임)
·간·수:해·라	간수해라
:갏·라#·카·등·교?	가려고 합디까?
·값·이 올·랐·다	값이 올랐다
같이살·았·다	같이 살았다
거·어·가·고·접·아·가	거기 가고 싶어서
거품·돌	(바닷가에서 볼 수 있는) 가벼운 돌
경궁띤·다	허공에 경중경중 띈다
·결·혼#생·활	결혼 생활
게·엔#찬찮·아?	괜찮잖아?
:겔·가#·빠·잤·다	게을러빠졌다(몹시 게으르다)
곡맞차·아·라	곡(曲調)에 맞추어라

공부다시·기·고	공부 다 시키고
·관·끈	관대(冠帶)의 끈
·국·회#:의·원·이·다	국회의원이다
그단새·애	그 사이에
그·케·말·이·다	그러게 말이다
·금·대·로	시세대로
구영·파·는·거	구멍 파는 것
:기#·나·와#가·아	기어 나와서
기잃·이	귀찮이
기올·라·가·가·주·고	기어 올라가서
김찌·있·다	기미 끼었다
까·달#:없·이	까닭없이
까막#:까·치	까치5)
꼽장례	곱(倍)으로 돌려주기로 하고 곡식을 빌리는 것
꽃글·타	꽃같다
끄타·아	끝에
나락벳가·리	볏가리
나·아#·도·라	놔둬라
나·타#·났·다	나타났다
:낟·곡	낟곡
:낟·알	낟알
·날·받·아·가	날 받아서(잔칫날을 정해서)
날·아#:내·나?	날아 내냐(날 수 있겠냐)?
·남·안·생·각·코	남 생각하지 않고
너리다·아?	넓더냐?
:놀·라#:갈·라·꼬	놀러 가려고
:놀·불·맨·다	마지막으로 김을 맨다
:니·구·직	네 구석
다부돌·아·왔·드·라·카·데	되돌아왔더라고 하데
달옴·밥	닭죽
달잡·아·라	닭 잡아라
·달·테·미·았·다	달무리졌다
담붙·았·다	담(痰) 붙었다
더·서·야·데·고	더 써야 되고
:덜·하·아?	덜하냐?

---

5) 원래는 '까마귀와 까치'를 함께 일컫는 말이나 이 지역에서는 '까치'를 부르는 말로만 쓰인다.

도오시데·에	두어 명 돼
·돌·떡	돌 떡
동·지#:선·달	동지섣달
:두·가·마·이·가#한·섬	두 가마니가 한 섬
드직·게#보·래	뒤적여 봐라
·들·가·는·동	들어가는지
:들·게·간·다	들에 간다
들바다보·머	들여다 보면
땅버·들	땅버들
·똥#꿔·있·제?	방귀 뀌었지?
·뜸·뿍·눈/끄직·눈	위 눈꺼풀이 아래로 쳐진 눈
·뜻·대·로	뜻대로
마판있·다	아주 흔하다
:만·클·라	많거든
명지짜·리	명주 자리
:몬·때#빠·잤·다	못돼빠졌다(성격이 아주 못됐다)
·목·감·는·다	미역 감는다(헤엄치고 논다)
목·쯧·널·쨌·다	목젖 떨어졌다.
무·세·라	무서워라
무·골#:호·인	무골호인(無骨好人)
묵·고·저·분·거	먹고 싶은 것
묵·기·실·바·가	먹기 싫어서
:문·둥·지·랄	문둥 지랄
문지·방	문틀 전체
·물·목	결혼 전 주고받는 예물
문천	문틀의 아랫부분
미친개·이	미친 것
밑거름	밑거름
밥안묵는·단·다	밥 안 먹는단다
방얼아가·아	방 얻어서
·백·남·댁	오빠의 아내
:범·거·치	범같이
벨(:)가·이	발(:)같게
·보·다#시·피	보다시피
·불·서#빼·애·라	불 켜 버려라
·불·채	아궁이나 화로의 불을 뒤적일 때 쓰는 도구
비네지르는	비녀 지르는

비서·운·다	비(碑) 세운다
사과·금	사과 값
삼남매	삼남매(三男妹)
서당꾼	천자문 배우는 아이
삻게시·더	살 것입니다
상·났·다	초상이 났다
새집있·다	새집이 있다
새쪽(:)해·가·지·고	뾰로통(:)해가지고
·생·가·릏·수·록	생각할수록
서거·라	서라
:속·이·나#시원·체	속이나 시원하지
수·악·한·소·리	흉악한 소리
시끄럽·다·마	시끄럽다 마!
시라꾹낄·래·가	시래기국 끓여서
:시·작·아#가·아	시작해서
·식·전	아침 전
·신·방·똘	신발을 벗어두는 돌
신·아#사·앓·다	신어 대겠다
아랜닙서·블	아랫입술
아올·릻·때·도·있·고	안 올릴 때도 있고
아침퍼들루·우·고	아침밥을 퍼 들이고
:알·다·시·피	알다시피
암치도않·다/아무치도않·다	아무렇지도 않다
앞서·와·댕·겠·다	앞세워 다녔다
야차하·면	아차 하면
약·아#·빠·지·다	약아빠지다(몹시 약다)
양·지·곱·다	양자(樣子) 곱다
애알·아·주·그·등	안 알아주거든
애애·끼·머	안 아끼면
앤데엤·데	안 됐데
어능그르	어느 것을
어·디·메·사·람·인·동	어디 사람인지
어떤직·에	어떤 적에
여·거·카·마	여기보다
:여·전·에·가	좋지 않아서
·열·두#군지레·기	열두 식구
영감재·이	영감쟁이

오·라·칸·다·꼬 :올·라?	오라고 한다고 오겠냐?
오마·아#:쿤·다	(옷자락을) 여며 쿤다
오·을·날·꺼·정	오늘날까지
·올·케·라	(뒤집힌 옷을) 겉면이 나오도록 바르게 해라
외·닫·이·문	한 문짝만 여닫도록 만든 문
요·랑·대·로	요령대로
·욕#:밨·는·데	애썼는데
·와#·저·로·오?	왜 저러냐?
·왔·두·고#·갔·두·고	왔다가 갔다가
:우·맹·연	2년 뒤
울·아#사·아·가	울어대서
윗바람	윗바람
:이·백#구십원짜·리	이백 구십 원짜리
·이#왜·에	이 위(上)에
인정시·럽·다	인정스럽다
입천·장	입천장
자·그·람·없·다	나무래도 뻔뻔하다
자근하·머	웬만하면
잘#:산·다	잘 산다
·잠·애·온·다	잠 안 온다
·잠#:없·다	잠 없다
장구·포·치·기	놀이의 일종
장두·칼	소지하고 다니는 작은 칼
저웨·에	저 위(上)에
점시말내(:)그러	오전 내(:)도록
정신#:이·상·자	정신이상자
·제#:삼·자	제 3자
조잖·아·가	쪼그려 앉아서
중신애·비	중매쟁이
질멧·가·지	길맛가지
집벳가리	짚볏가리(타작 후 쌓아 놓은 볏단)
쪼매(:)끔할저·억·에	조그만(:)할 적에(나이가 어릴 때)
쪽개·애·나·오·다·시·피	쫓겨 나오다시피
차·오·니·데·이!	차(車) 옵니다!
차지정·밥	찰기장밥
천·날#:만·날	천날만날(千日萬日. '매일'을 의미함)
초하룻·달	초하루 달

·콤#·피·이·타[H#HHL]	컴퓨터
콩나물대가·리	콩나물 대가리
·큰·솔·밭	큰 솔밭
키·아#:줄·라#캐가·아	키워 달라고 해서
·킬#낧·뿐·했·다	큰일 날 뻔했다
·통#째·애·로	통째로
·풀·독/·푸·독	풀을 만진 뒤 독이 오르는 것
하·잖·다	하기 싫다
한베까·리	잔뜩
허·바#·판·다	후벼 판다
헛·산·인·생	헛산 인생
헛접	딴 짓
활까·아·수·고	활 가지고 쏘고
휴게소·오·갔·다	휴게소에 갔다
홀까·아·산·다	흙에서 산다(농사일을 하며 살아간다)
흘묻·았·다	흙 묻었다

4.4.4. 경주 방언

:갈·라#귯·나?	가려고 하냐?
같이#:갑·시·더	같이 갑시다
개·안#터·라	괜찮더라
건주데·엤·다	거의 됐다
께을바·저#·빠·잤·다	게을러빠졌다(몹시 게으르다)
괴기비·늘	물고기 비늘
괴·기#비·늘	물고기 비늘
구·실·목·걸·이	구슬 목걸이
구영막히·이·겠·나	구멍 막히겠다
국껀디·기	국 건더기
귀밝·이·술	정월 대보름에 먹는 술
그단사·나	그 사이에
그·럴·수·가	그럴수가
그륵재·이	그릇 장수
그집메·늘	그 집 며느리
글·레	그러네
금방가께·에	금방 같게
·기·가#막히·이·더·라	기가 막히더라

기다·래·래(:)·이!	기다려라(:)!
기명·물	설거지하고 난 물
길·까·에	길가에
·길#넓·다	길 넓다
깨·애·뽑·시·더	깨 버립시다
꼴때각·시	아주 어린 나이에 시집가는 색시
·끝·분·에·꺼	마지막 순서에 있는 것
나가지마·래·이!	나가지 마라!
·남·인·데·는	남에게는
낭랑ㄲ타·아	아주 맨 끝에
내뻬·러·라	내 버려라
내#·역·시·도	나 역시도
:내·이·라·닝·교?	계속 이럽니까?
널딴(:)타	널찍(:)하다
넝읽·었·다	넋 잃었다
:노·죽·백·가·리	볏가리
녹디·죽	녹두죽
·논·또·잘·매·고	논도 잘 매고
놋양피·이	놋양푼
누·고#나오느·라	누고 나오너라
니먼저띠·고	너 먼저 뛰고
니먼저볽끼·인·데	너 먼저 볼 건데
니먼저·자·나?	너 먼저 자냐?
니캉나·캉	너하고 나하고
:다#:밨·다	다 봤다
달어나·아·라	달아 놓아라
·달·보·러·가·자	달 보러 가자
더눕·었·거·라	더 누워 있어라
쌀이:덜·퍼·졌·네	(밥의) 쌀이 덜 퍼졌네
들앉거·라	들어앉아라
디리자·아·낳·다	드리워 놓았다
·땅·버·들	땅버들
·때·맞·차	때 맞춰
·똑#·같·다	똑같다
똑앤·같·다	똑같지 않다
·띠·매·고	띠 매고
마실댕·긴·다	마을 다닌다(이웃에 놀러 다닌다)

만·냈·읎·때/만·냈#·읎·때[HL#HH]	만났을 때
말랴·아#죽·잃·누·만·은	말려 죽이겠구먼은
머라컸는·동	뭐라고 하는지
머·라·캤·꼬	뭐라고 하고(꾸중을 하고)
머묵·었·노?	뭐 먹었냐?
먼저#·가·시·이·소	먼저 가십시오
먼저#:납·시·더	먼저 납시다
먼저삶기·인·데	먼저 살 건데
·멫·살·이·고?	몇 살이냐?
목앎·어·가	목 앓아서
·목·장·갑	실로 짠 장갑
:몰·래	몰라
무뗀·말	품위없는 말
·물·올·랐·드·라	물 올랐더라
박자맞차·아·라	박자 맞춰라
배추찌짐	배추전
베똥가·리	한 자쯤 남은 베 조각
·복·주·미·이	복주머니
빈대베·레·기	빈대벼룩
사·알·애·가	썰어서
산·다·래	산달래(나물)
새북바람	새벽바람
서인군·자	성인군자
·석·우·지·름	석유기름
·손#비캐·겠·다	손 베이겠다
·손#·비·키·잃·라	손 베일라
·손·알·사·람·이·머	손아래 사람이면
·수·풀#:속·에	수풀 속에
:숨#소·리	숨소리
시계불·알	시계추
시·기·는·거·는	시키는 것은
신난기·사	신난 것이야
실근우·에	시렁 위에
아시밭·뜯·는·다	밭을 애벌맨다
아직저·이·다	아침식사 전이다
아침잡사·았·닝·교?	아침 잡수셨습니까?
안가무나[LHHH]?	안 가무냐(가물지 않느냐)?

안가보시·머 안 가보시면
안강개·이 안경쟁이(안경을 쓴 사람)
안쉬·을·란·다 안 씻으련다
안앉·았·나? 앉아 있지 못하겠냐?
안하누·만·은 안 하는구먼은
·애·기·꼬·치 어린 고추
앤글·나? 안 그러냐?
어둡능·교? 어둡습니까?
:어·른#인·테·는 어른에게는
:어·른·카·는 어른하고는
어무·이·까·지 어머니까지
:얻·어#무·우·믄 얻어 먹으면
:얻·어·묵·지#마·라 얻어 먹지 마라
·여·짜·아#:바·라 여쭈어 봐라
·열·손·가·락 열 손가락
오나직·에 오늘 아침에
·와·앤#·띠·노[HH#HH]? 왜 안 떼냐?
·요·고#·뿌·이·다 요것뿐이다
우데·에 위쪽 지방에
우딸밑·에 울타리 밑에
우리먼저쉬·읍·시·더 우리 먼저 씻읍시다.
·우·야·닝·교? 어쩝니까?
:윗·는·상 (얼굴 인상이) 웃는 상
이누·무#:손·아! 이 놈의 손아!(아이들을 나무라는 말)
·이#·드·라·매[H#HHL] 이 드라마
:이·시·닝·교? (머리에) 이십니까?
이쪼·오·부·터 이쪽부터
·이·카·지 이렇게 말하지
인정시럽·다 인정스럽다
일나거·라 일어 나거라
·일·한·다·꼬 일한다고
잊·아·뿌·랬·더·라 잊어 버렸더라
자·고#:갑·시·더 자고 갑시다
잘못데·엤·다 잘못되었다
잘안마리·나? 잘 안 마르냐?
잘안비·이·니·더 잘 안 보입니다
잘안비·인·다 잘 안 보인다

·잠#추·이	잠꾸러기
장선·단·다	장(市) 선단다
장·섰·다	장(市) 섰다
재미난#:동·네	재미난 동네
재미·없·더·라	재미없더라
·저·늑·으·로	저녁에
:적·어·놓·이	(양이) 적어 놓으니
전시말내(:)·도·록	오전 내(:)내
·절·대·앤·눌·라·칸·다	절대 안 누려고 한다
점하·러·간·다	점 하러 간다
점·한·다	점 한다
정신·없·구·만·은	정신 없구먼은
조용#:해·라	조용해라
·좀·쳤·다	(옷에) 좀이 슬었다
주구·리#입·어·라	저고리 입어라
쥑·이·삔·다	죽여 버린다
즈그이·모·집·에	저회 이모집에
지꺼니·이·더	제 것입니다
지난체·로·한·다	저 난 척을 한다(몹시 잘난 척한다)
지먼저	저 먼저
짐치구디·이	김치 구덩이
집나래·끼	낱 이삭
·철·따·라	철 따라
초여·었·나?	식초 넣었나?
침맞는·다	침(針) 맞는다
콩수무·울·때	콩 심을 때
큰물·에	큰물에(홍수에)
토란국	토란국
티끌모·아	티끌 모아
판모서·리	상(床)의 모서리
팥죽·숧·줄	팥죽을 쑬 줄
할만하·다	할 만하다
한·배·탔·다	배에 사람이 많이 탔다
헝겁쪼가·리	헝겁 조각
·힘·이#시·인·다	다른 사람이 하는 일에 마음이 쓰인다

5. 문장의 성조

5.1. 설명 의문문

(01) 밖에 누가 왔느냐?
(01)[울진] 뱎·에 ·누·가 왔·노?
(01)[영덕] 배끝·에 :누·가 왔·노?
(01)[포항] 밖·에 :누·가 왔·노?
(01)[경주] ·누·고, 밖·에 :눙·교?

(02) 언제 집에 오느냐?
(02)[울진] 집·에 :언·제·오·노?
(02)[영덕] :니 집·에 :언·제·오·노?
(02)[포항] :언·제·집·에·오·노?
(02)[경주] 집·에 :언·제·옳·래?

(03) 어디 가느냐?
(03)[울진] 어·도·가·노?
(03)[영덕] 어·디·가·노?
(03)[포항] 어·디·가·노?
(03)[경주] :니 어데가노[LHHH]?

(04) 너는 무엇을 먹을 것이냐?
(04)[울진] 니·는 머·어·묵·읋·라·노?
(04)[영덕] 니·는 머·어·먹·읋·래/머묵·읋·래?
(04)[포항] 니·는 머어묵·읋·래?
(04)[경주] 니·는 머무·옳·래?

(05) 그 일은 어떻게 됐느냐?
(05)[울진] 그·일 우·예·데·엤·노?

(05)[영덕] 그 :일·이 ·으·예·데·엤·노?
(05)[포항] 그거·는 머·어 ·어·예·데·엤·노?
(05)[경주] ·어·째·데·엤·노?

(06) 이것이 무슨 소리냐?
(06)[울진] ·이·게 머·언·소·리·노?
(06)[영덕] :니 그 머·언·소·리·고?
(06)[포항] ·이·게 무신소·리·고?
(06)[경주] 이게·에 무슨소·리·고?

(07) 몇 명이냐?
(07)[울진] ·미·치·노?
(07)[영덕] ·메·치·고?
(07)[포항] ·멫·키·고?
(07)[경주] ·멫·메·이·고?

(08) 어떤 여자가 왔더냐?
(08)[울진] 어·떤·여·자·가 왔·드·노?
(08)[영덕] :웨·떤·여·자·가 왔·드·노?
(08)[포항] :웨·떤·여·자·가 왔·도?
(08)[경주] :어·떤·여·자·가 왔·드·노?

(09) 얼마 주더냐?
(09)[울진] 얼·마·주·드·노?
(09)[영덕] :얼·매·주·드·노?
(09)[포항] :얼·마·주·도?
(09)[경주] ·얼·마·주·드·노?

5.2. 부정(不定) 의문문

(10) 밖에 누군가가 왔느냐?
(10)[울진] 밖·에 :누·가 ·왔·내[HH]?
(10)[영덕] 배겉·에 :누·가 ·왔·내[HH]?
(10)[포항] 배같·에 :누·가 ·왔·내[HH]?
(10)[경주] 밖·에 ·누·가 ·왔·내[HH]?

(11) 언젠 한번 오느냐?
(11)[울진] :언·제 한분 ·오·내[HH]?
(11)[영덕] :언·제 ·오·내[HH]?
(11)[포항] :언·제 한분 ·오·내[HH]?
(11)[경주] :언·제·한·분 ·옳·래[HH]?

(12) 어딘가 가느냐?
(12)[울진] 오·두 ·가·내[HH]?
(12)[영덕] 어·디 ·가·내[HH]?
(12)[포항] 어·디 ·가·내[HH]?
(12)[경주] :니 오·을 어·데 ·가·내[HH]?

(13) 너도 무엇인가 먹을 것이냐?
(13)[울진] 니·도 머·어 묵·을·래?
(13)[영덕] 니·도 머·어 묵·을·래?
(13)[포항] 니·도 머·어 ·쪼·매 묵·을·래?
(13)[경주] 니·도 머·어 묵·을·래?

(14) 그 일은 어떻게 잘 됐냐?
(14)[울진] 그·일·은 우·예 잘데·엤·나?
(14)[영덕] ·어·예 잘데·엤·나?
(14)[포항] 그거·는 ·어·예 잘#데·엤·나?
(14)[경주] ·어·예 ·쫌 잘데·나?

(15) 밖에 무엇인가 소리가 나느냐?
(15)[울진] 바끝·에 머·언 소·리·나·노?
(15)[영덕] 배겉·에 머·어 소·리·나·네?
(15)[포항] 삽지글밖·에 무·신 소·리·가·나·네?

(15)[경주] 밖·에 무·슨 소·리 안나나?

(16) 몇 명쯤 되느냐?
(16)[울진] :사·람 ·미·치 데·나?
(16)[영덕] ·메·치 되·나?
(16)[포항] 머시마·아·들 ·몇·멩 데·나?
(16)[경주] ·몇·멩 데·나?

(17) 어떤 여자가 하나 서 있지?
(17)[울진] ·어·떤 ·여·자·가 하·나 서있·제?
(17)[영덕] :웨·떤 ·여·자·가·하·나 :서[#]있·제?
(17)[포항] :웨·떤 ·여·자·가 하내·이 서있·제?
(17)[경주] :어·떤 ·여·자·가·하·나 서있·제?

(18) 얼마쯤 주더냐?
(18)[울진] 용·돈 얼·매 ·주·더·나?
(18)[영덕] :용·돈 :얼·매 ·주·드·나?
(18)[포항] :엄·매 ·주·다[HH]?
(18)[경주] :얼·마 ·주·드·나?

5.3. 문장 성조의 방언간 대응

(19) 가려운 데 바르는 약 좀 가지고 오너라.
(19)[울진] 게·룬·데 바리는 ·약·좀 갖·다[#]:도·가.
(19)[영덕] 지그러·븐·데·바·리·는 ·약·좀 가·아 온·나.
(19)[포항] 근지럽·은·데·바·리·는 ·약·좀 가·아[#]온나·라.
(19)[경주] 지그러·븐·데·바·맀 ·약·좀 가·아 온느·라.

(20) 국솥에 무 좀 삐쳐 넣어라.
(20)[울진] :야·야, 국솥·에 무꾸·좀 삐·제 옇·어·라.
(20)[영덕] 국솥·에 무시 ·좀 삐·제 옇·어·라.
(20)[포항] 국솥·에 무꾸 ·쪼·매 삐·제·가 옇·어·라.
(20)[경주] 국솥·에 무시[#]사·알·애·가 옇·어·라.

(21) 그 놈의 집구석이 뭐가 잘 되겠나?
(21)[울진] 그·놈 집구석·이 그·런·게 머·가 잘데겠·노?
(21)[영덕] 그·놈·집·구·석·이 머가잘데겠·노?
(21)[포항] 그·년·으[#]집구석·이 머(:)가[#]잘데겠·노?
(21)[경주] 그·놈 집구석·이 머가[#]잘데겠·노?

(22) 그 사람은 여간해서 화를 낼 줄 모른다.
(22)[울진] 그사람·은 ·골[#]:냄·줄 모·린·다.
(22)[영덕] 그사람·은 어지가이 머·세·가·지·고·는 도·분 안·낸·다.
(22)[포항] 그·사·람·은 천·제 도·분·을 :냄·줄 모·린·다.
(22)[경주] 그사·람·은 어지가(:)이 머·세·도 도·분·내·는·사·람 아이·다.

(23) 그 할머니가 어디로 어디로 안 다니는 데가 없다.
(23)[울진] 그·할·매·느 부지런·애·가주·고 오·두·로 안댕긴·데 :없·다.
(23)[영덕] ·할·매·가 안댕·기·는·데·가 :없·다·카·이.
(23)[포항] 그·래·도 그[#]·함·매·가 어·디·로 어·디·로 앤댕·기·는·데·가 :없·다.
(23)[경주] ·함·매·가 어·드·로 어·드·로 안댕·기·는·데·가 ·없·다.

(24) 나이가 어려서 시집을 가니 무엇을 아냐?
(24)[울진] ·나·이 어·래·가 :시·집·을 가·이 머·어 :아·는·게 있·나?
(24)[영덕] ·나[#]어·래·가 :시·집·을 가·이 머·어 :아·는·게 있·아·야·제?
(24)[포항] ·나·이 어·래·가 :시·집·을 가·이 머·어 :아·나?

(24)[경주] ·나·이·어·래·가 :시·집·가·가주·고 머얼#·아 노[lh#HH]?

(25) 남 말할 때 뭐 듣고 엉뚱한 소리하느냐?
(25)[울진] ·남 :말·할·때 머·어·르·듣·고·이·라·노?
(25)[영덕] ·남 :말·할·때 어·디 ·갔·다 왔·나?
(25)[포항] ·남 :말·할·때 머듣·고 ·꽃·감#·접·말·하·노?
(25)[경주] 남·우 :얘·기·할·때 머듣·고 ·꽃·감#·접·말·하·노?

(26) 돈은 봉투에다 따로따로 넣어줘라.
(26)[울진] :돈·은 봉투·에 ·따·로·따·로 여·어#·자·라.
(26)[영덕] :돈·을 봉투·에 ·따·로·따·로 여·어·라.
(26)[포항] :돈·은 봉투·에·다·가 따따·치 여·어·가·조·라.
(26)[경주] 봉투·에 ·따·로·따·로 여·어·가·조·라.

(27) 뒤안에 떨어진 살구나 주워 오지 왜?
(27)[울진] 살구너·얼·찐·거 ·조#오·지·그·랬·나?
(27)[영덕] 디안·에 살구#너·얼·찐·거 조·오 오·지·와?
(27)[포항] 디안·에 얼·가·진 살구·나 거·어 ·쪼·매 조·오·가 오·지·와?
(27)[경주] 거·어 디안·에·있·는 살구·나쫌 조·오·가 오·지?

(28) 모기가 물어서 가려워서 못 자겠다.
(28)[울진] ·모·기 깨무·고 개·라·서 :몬·잟·다, 킬·라·좀 뿌·래·라.
(28)[영덕] 모개·이·가 물·아·사 :솔·바 :몬·잟·다.
(28)[포항] 모개·이·가 물·아·가 지그러·바 :몬·잟·다.
(28)[경주] ·모·기·째·배·사 ·몬·잟·다.

(29) 배추이퍼리 살짝 데쳐서 쌈 싸먹자.
(29)[울진] :배·추#이버·리 살짝 디·체#가주·고 ·쌤·좀 싸먹·자.
(29)[영덕] 배추이퍼·리 데·체·가 ·삼·사#묵·자.
(29)[포항] :배·추·이·퍼·리 살짝 데·체·가 ·삼·사#묵·자.
(29)[경주] 뱁추이퍼·리 새(:)파랗·게 살짝 :데·체·가 ·삼·사#묵·자.

(30) 불 꺼버려라, 모기 온다.
(30)[울진] ·불#·꺼·라 ·모·기·달·개·든·다.
(30)[영덕] ·불·꺼#빼·애·라 모개·이·든·다.
(30)[포항] ·불·꺼#빼·애·라 모개·이·온·다.
(30)[경주] ·불#·꺼·라 ·모·기·달·라·든·다.

(31) 불 많이 땐다고 잔소리를 잔소리를 했다.

(31)[울진] 낭·구 :히·피·땐·다·고 잔소·리#잔소·리·하·더·라.

(31)[영덕] ·불#·마·이·땐·다·꼬 잔소·리·잔·소·리·를 하·고.

(31)[포항] 느그#·함·매·가 불 ·마·이 :땐·다·고 잔소리·를 잔소리·를·하·고.

(31)[경주] ·불#·마·이·땐·다·고 잔소·리·를·잔·소·리·를 ·하·신·다.

(32) 어느 집이 어느 집인지 알 수가 없다.

(32)[울진] 어·느·집·이 어·느·집·인·동 :알·수·가 있·나, 잘몯·다.

(32)[영덕] 어·느·집·이 어·느·집·인·동 다·시 모·린·다.

(32)[포항] 어느집·이 어·느·집·인·동 :알·수·가있·아·야·제.

(32)[경주] 어느집·이 어느집·인·동 모리겠·다.

(33) 요새 윗목 찾는 놈이 어디 있냐?

(33)[울진] 오새·애·는 알목#울목 어·딨·노, :다·똑·같·지.

(33)[영덕] 오새·애 웃목#알목·찾·는·놈·이 어·딨·노?

(33)[포항] 오새·애 웃목·찾·는·놈·이 어딨·노?

(33)[경주] 오새·애 웃목·아·랫·목 찾·는#사·람·이 어디가있·노?

(34) 입은 삐뚤어져도 말은 바로 해라.

(34)[울진] ·입·으·느 삐뚤애·져·도 :말·으·느 똑바로주깨·애·라.

(34)[영덕] ·입·은 :비·트·래·져·도 :말·은 바리·해·라.

(34)[포항] ·입·은 :삐·뚤·어·져·도 :말·은 바로#·해·라.

(34)[경주] ·입·은 :삐·틀·어·져·도 :말·은 바리#·해·라.

(35) 자기 먹고 싶을 때 먹고 자고 싶을 때 자고 상팔자 아니냐?

(35)[울진] :자·느 먹·고·싶·읋·때 먹·고 자·고·싶·읋·때 자·고 ·팔·째·도 :좋·다.

(35)[영덕] 묵고접·은·대·로 묵·고 자고접·은·대·로 자·이 :상·팔·짜 아이·가?

(35)[포항] :지 묵구접·읋·때 묵·고 자고접·읋·때 자·고 :상·팔·짜#아이·가?

(35)[경주] :지 자고접·은·대·로·자·고 묵고접·은·대·로 묵·고 그·팔·짜 :상·팔·자 아이·가?

(36) 죽으면 죽고 살면 살고 그렇지, 안 그래?

(36)[울진] 죽·으·믄·죽·고 :사·믄 :사·고 머, 내맘대·로 :앓·다

(36)[영덕] 죽·으·믄·죽·고 :사·믄 :사·고 글·치.

(36)[포항] 죽·으·믄 죽·고 :사·믄 :사·고 글·치, 안글·라?

(36)[경주] 죽·우·믄·죽·고 :살·믄·사·고 그·렇·치·머.

(37) 청개구리 삼신이 들렸나?

(37)[울진] ·하·는 :짓·이·가 청깨구·리#·삼·시·이·가?
(37)[영덕] 청깨구·리 ·삼·시·이 들래·앴·나?
(37)[포항] 청깨구·리 ·삼·시·이 들래·앴·나?
(37)[경주] 니·는 청깨구·리 :삼·신 들래·앴·나?

(38) 하루종일 해도 다 못한다.
(38)[울진] 하루조·일·해·도 :다 :모·한·다.
(38)[영덕] 하루점·들 그거·마·해·도 :다 :몬·한·다.
(38)[포항] 하루점·들·해·도 머따·한·다.
(38)[경주] :일·이 너무 :많·애·가 하리점(:)·드·로·해·도 :몬·한·다.

(39) 할아버지, 아이들이 옛날 얘기 해 달라고 합니다.
(39)[울진] :야·들·이·가 ·할·배#보·고 :잇·날 :얘·기 ·해#:돌·라·하·니·더.
(39)[영덕] ·할·배·요, 아·아·들·이 :옛·날 :얘·기·해·돌·라·니·더.
(39)[포항] ·할·배·요, 아·아·들·이 :옛·날 :얘·기 ·해#:돌·라·니·더.
(39)[경주] ·할·배·요, :야·들·이 ·옛·날 :얘·기 ·해#:돌·라·카·니·더.

(40) 호랑이가 얼마나 컸으면 집채만하다고 했을까?
(40)[울진] :호·래·이·가 :음·마·나 ·크·머 집·채#마하·다 :핬·루·노?
(40)[영덕] :호·래·이·가 :얼·매·나·컸·이·머 집·채·마하·다 :캤·겠·노?
(40)[포항] :호·래·이·가 :얼·매·나 ·컸·이·머 집·채 마·안#하·다 :캤·잃·로?
(40)[경주] :호·래·이·가 ·얼·마·나 ·크·길·래 집·채·무·데·기 만하·노?

5.4. 문장 성조 보충 자료[1]

5.4.1. 울진 방언

가·라·하·느·라·고 ·강·가?
　　　　가라 한다고 가는가?
·가·마 고안·에·다 옇·지.
　　　　가만히 고 안에다 넣지.
:가·이 버·었·다.
　　　　간이 부었다.
각·에·다 여·어·갖·고 바끝·에·다 내·애[#]놓·고
　　　　관에다 넣어서 밖에다 내 놓고
갏때·에·는 ·가·야·데.
　　　　갈 때는 가야 돼.
:감·을 색·인·다.
　　　　감을 삭힌다.
·같·이 가·세.
　　　　같이 가세.
건디·지 :마·고 간자·아 나·아·라.
　　　　건들지 말고 간추려 놓아라.
·결·혼 하·기 전·에 얼라·아·를 가제·에[#]가주·고
　　　　결혼하기 전에 아기를 가져서
:계·모·는 ·포·로 :낸·다·하·꺼·네.
　　　　계모는 표를 낸다니까.
고·개·도 못들·고
　　　　고개도 못 들고
고·기 한·나 안사다묵·고
　　　　고기 하나 안 사다 먹고
그것·도 나·라 ·장·새·지·만·은
　　　　그것도 나라 장사지만은
그게·가 :문·제·라.
　　　　그것이 문제야.
그·런·게 오·데·가 있·노?
　　　　그런 게 어디에 있냐?

---

1) 각 문장 자료의 첫 줄은 방언형이고 둘째 줄은 그것의 표준어역이다.

그집·떡·이 맛있더·라. 그다·아시·키·자.

　　　　그 집의 떡이 맛있더라, 거기다 시키자.

그짜·아·서 :돈·주·고 ·사·야·데.

　　　　그 쪽에서 돈 주고 사야 돼.

그·케 도래잡·았·지.

　　　　그러게 도로 잡았지.

글·때·는·머 죽·으·라·머 죽는시·양·하·는·데

　　　　그 때는 뭐, 죽으라면 죽는 시늉 하는데

기꾸마·이 막헤·엤·나?

　　　　귓구멍이 막혔냐?

까·스·불 :케#놓·고 디돌·아·와·서 ·껐·다.

　　　　가스 불 켜 놓고 되돌아와서 껐다.

·꽉·찬 거·로

　　　　꽉 찬 것을

:나·를 :몰·리·니·껴?

　　　　나를 모릅니까?

:난·도 나가·까?

　　　　나도 나갈까?

·날#받·아 가가주·고

　　　　(결혼식) 날 받아 가서

낯·이 ·햇·뼅·에 ·탔·다.

　　　　얼굴이 햇볕에 탔다.

·내·가 :아·무·거·시·더 ·캐·가 그·래 알·었·지.

　　　　"내가 아무갭니다."라고 말해서 그래 알았지.

내시·대 :사·머 ·끝#·났·다·는·거·요.

　　　　내 시대 살면 끝났다는 거야.

네·말 들·라?

　　　　네 말 듣냐?

농·촌·도 집·이·서 잘#안해.

　　　　농촌도 집에서 (장례를) 잘 안 해.

:다·같·은 ·자·식·인·데 자연·지 미·아·하·고

　　　　다 같은 자식인데 자연스레 미워하고

다리·가 버·었·다.

　　　　다리가 부었다.

도·시·에·는 :다 그·래·지.

　　　　도시에는 다 그러지.

:동·네 :소·무·이·났·어.

　　　동네에 소문이 났어.

동·무 살가·아·라.

　　　친구 사귀어라.

따·았·는·머·리·를 올·래#가주·고 비네짜안·다 말·이·야.

　　　땋은 머리를 올려서 비녀를 지른다 말이야.

·땅·도 :없·다·한·데.

　　　땅도 없다고 말한데.

마다·아 열·어·라.

　　　마당에 널어라.

막 :우·드·라·네.

　　　막 울더라네.

머스마·아·를 ·항·두·이·라·하·지.

　　　머슴애를 항둥이라고 하지.

먼지 :가·마.

　　　먼저 가마.

묵는 :모·가 쎄·앳·지, :다 묵·지.

　　　(후손에게 보살핌을 받지 않고) 묵는 묘가 흔하지, 다 묵지.

묵·어·도 그게 더#:났·다 ·이·런·사·람·도 있·어.

　　　(묘가) 묵어도 그게 더 났다(고 말하는) 이런 사람도 있어.

:묘·로 골짝골짝·이 ·서#나·았·는·데

　　　묘를 골짝골짝에 써 났는데

·물·까·아·사·람·들·하·고 혼·세 안할·라·하·고

　　　바닷가 사람들하고 혼사를 안 하려고 하고

미(:)출하·고 :좋·으·머 훌륭받·다

　　　(풍채가) 미(:)끈하고 좋으면 훌륭하다(고 한다)

·미·치·오·노?

　　　몇 명이 오냐?

밀래·애 나가·고 ·이·랬·지·머.

　　　밀려 나가고 이랬지 뭐.

·및·분 ·쏬·노?

　　　몇 번 쐈냐?

바·아 :누·가 있·나?

　　　방에 누가 있냐?

발꼬락·을 꼽·칬·다.

　　　발가락을 접질렀다.

·밤·으·로 ·겁·나.

　　　밤에 겁나.

:보·통 백·실·기·라·하·고 콩옇·고·항·거·는 마·구·실·기 ·팥#옇·고·항·거·는 시끼·떡

　　　보통 백설기라 하고 콩 넣고 한 것은 마구설기, 팥 넣고 한 것은 시끼떡

·법·이 있능·가? ·법·이 :없·어.

　　　법이 있는가? 법이 없어.

부·주 :돈·이·마 ·팔·천 :얼·매·며

　　　부조 돈이 마, 팔 천 얼마며

불꾸디·이·에 드가·머 그보·머 ·누·가 :좋·읋·텍·이 있·나?

　　　(시신이) 불구덩이에 들어가면 그거 보면 누가 좋을 턱이 있냐?

·비·옷·겉·은·거 ·해#나·았·다·가 입·히·고

　　　베옷 같은 것, 해 놨다가 입히고

·빈·수·를 삼연·꺼·지 방·에 채·래·놓·고 때때·로 밥상드·고 ·이·랬·는·데

　　　빈소를 삼 년까지 방에 차려 놓고 때때로 밥상 들이고 이랬는데

빠·찌 :마·고

　　　빻지 말고

삐다·끼·도 오·래·데·머 :다 삭·았·뿌·고 :없·어.

　　　뼈다귀도 오래 되면 다 삭아 버리고 없어.

:삐·탈·로·갔·다.

　　　(자식이 부모의 말을 듣지 않고) 빗나갔다.

사라·이·사 받·아#·봤·지·만·도

　　　사랑이야 받아 봤지만도

:사·람·으·느 죽·우·므·는 흐리·밥·이 데·라·하·는·긴·데

　　　사람은 죽으면은 흙밥이 되라 하는 건데

사·이 우·거·져#가·주·고 :못·찾·어.

　　　산이 우거져서 못 찾아.

살·군·거·도 아이·지.

　　　사귄 것도 아니지.

삼연사·이·머 삼연·을 :다 ·가·야 뼷는·다·카·이.

　　　삼년상이면 삼 년이 다 가야 (상복을) 벗는다니까.

삽지껄·에·다·가 청·사#·초·뿔 케놓·고 :포·식·하·게

　　　대문 밖에다가 청사초롱불 켜 놓고 표시하게

·샐·로 미·누·리 :장·개 보내·코

　　　새로 며느리(를 맞도록) 장가 보내고

서답써·어·러 ·갔·다.

　　　빨래하러 갔다.

서로·가 엇갈래·애·가
　　　서로가 엇갈려서
세·월·을 ·바#가주·고·는 깨끗하기·는 ·깨·끗·해[HHH].
　　　세월을 봐서는 (죽은 자를 화장하는 것이) 깨끗하기는 깨끗해.
세·월·이 그·래 맨드·이 세·월·때·로 따·라 :사·고
　　　세월이 그렇게 만드니 세월대로 따라 살고
·소·이 매·짜·다.
　　　손이 맵짜다(＝요리 솜씨가 좋다).
:속·에 ·들·어·가 강거·는
　　　속에 들어 간 것은
:손·거·는 챔·빗
　　　가는 것은 참빗
:숩·는·대·로 주께·엔·다.
　　　쉬운 대로 말한다.
·시 ·쌌·다.
　　　파리가 알을 낳았다.
·쌀·을 빠·껴#가주·고 찹쌀옇·고·하·는·거
　　　쌀을 빻아서 찹쌀 넣고 하는 것
아·들·네·가 여·럿·이·머
　　　아들네가 여럿이면
아·들·을 잘#나·아#나·았·으·머
　　　아들을 잘 낳아 놓았으면
아무것도 안옇·고·하·는·거·는 ·핀·떡
　　　아무 것도 안 넣고 하는 것은 핀떡
:아·무·꺼·시 각·시·다.
　　　(저 여자가) 아무개 각시다.
아·아·들·이 ·커·이 :다 나가·고 :없·다.
　　　아이들이 크니 다 나가고 없다.
아·인·밤·에 홍두·깨
　　　아닌 밤에 홍두깨
안깜어·도 되·나?
　　　(머리를) 안 감아도 되냐?
:안·사·도 된·다.
　　　안 사도 된다.
안쏙이·머 :장·개·르 못보내커·든.
　　　안 속이면 장가를 못 보내거든.

:안·찾·읋·수·가 있는·가?

　　안 찾을 수가 있는가?

알웃집·에 살·어·도 모리·고·산·다.

　　아래윗집에 살아도 모르고 산다.

·애·기·로 ·날·래 배는·거·는 배·애·가·가고

　　아기를 빨리 배는 것은 배서 (시집을) 가고

언·가 :좋·는·겠·다.

　　어지간히 좋은가보다.

얼라·아·도 ·하·나 안나·앉·이 삼연·도 안데·네.

　　아기도 하나 안 낳았으니 삼 년도 안 되네.

여·어·도·지·금 :교·믿·는·사·람·들 ·지·사#하나또 안·지·내·거·등.

　　여기도 지금 기독교 믿는 사람들 제사를 하나도 안 지내거든.

여·어·도 :오·대·만 ·지·내#먹·으·믄 :제·사 :안·지·낸·다·하·그·덩.

　　여기도 오대만 지내먹으면 제사를 안 지낸다 하거든.

·여·자·도 ·부·모 :모·시·는 권·리·가 있·고

　　여자도 부모를 모시는 권리가 있고

연·락·을 안·하·고 :난·리·를 ·쳤·었·어.

　　연락을 안 하고 난리를 쳤었어.

:옛·날 :어·른·들·은 :하·장·하·머 두불죽·음·이·라 :했·는·데

　　옛날 어른들은 화장하면 두 번 죽는 것이라 했는데

:옛·날·에 :담·지 :염·지 ·합·지·를 오새·애·는 고만·에 사알사·모에 ·싹 :다·지·냈·뿌·래.

　　옛날의 담지, 염지, 합지를 요새는 그만 사흘 사모에 싹 다 지내버려.

:오·대·봉·사·하·믄 안한다·하·는·데 ·그·래·도·아·직 그 벌·시·는 있잖·소.

　　오대 봉사하면 안 한다 하는데 그래도 아직 그 버릇은 있잖아요.

오·디·가 ·타·노?

　　어디에서 타냐?

우리·도 길거·래 ·보·소, :다 밟해·애·가 있·고

　　우리도 길거리에 보소, (묘가) 다 밟혀서 있고

요새·애·는 안글·크·든.

　　요새는 안 그렇거든.

요새·애·는 ·여·자·도 :다 ·주·꿔·이 있·고 권·리·가 있·고 재·사·이 있으·이·꺼·네

　　요새는 여자도 다 주권이 있고 권리가 있고 재산이 있으니까

우·눈·거·는 ·칠·촌·에 :양·재·비·듯·한·다·꼬

　　어느 것은 칠촌에게 양자 빌듯 한다고

우·예 ·갔·노?

　　어떻게 갔나?

·위·치·가 어·데·이·꺼·네 어·데·로 오·라·하·고
　　　위치가 어디니까 어디로 오라 하고
:음·석·을 집·에·서 :다 :했·다·네.
　　　음식을 집에서 다 했다네.
·이·래·도·주·끼·고 ·저·래·도#주끼·이
　　　이렇게도 말하고 저렇게도 말하니
·이·런·거·를 :다 들·고 ·한·데·도
　　　이런 것을 다 들고 하는데도
이·름 :석·자·를 불·러, 부리·고
　　　이름 석 자를 불러, 부르고
인제·에 ·강·가?
　　　이제 가는가?
인제·는 ·객·제·에 흐트·러·져 :사·므·는
　　　이제는 객지에 흩어져 살면은
:잇·날·에 :처·녀·로 친저·어·서 멀었후·운·다 :했·어.
　　　옛날에 처녀를 친정에서 머리었힌다 했어.
:잇·날·에·는 ·칠·촌·꺼·지 :양·재·로 ·마·이 시·았·지.
　　　옛날에는 칠촌까지 양자를 많이 세웠지.
·자·석·도 :없·고
　　　자식도 없고
·자·석·을 못놓·으·머·는 그미·느·리 내·애#쪼·치·고 ·이·랬·어.
　　　자식을 못 낳으면은 그 며느리를 내쫓고 이랬어.
·자·식 잘#:사·머·는 ·찾·아#옳겐·데 :못·사·이·꺼·네
　　　자식이 잘 살면은 찾아올 건데 못 사니까
잘 :했·잖·은·가?
　　　잘 했잖은가?
잠깐 만·내·시·더.
　　　잠깐 만납시다.
·잠·이 안오·지.
　　　잠이 안 오지.
전·에·가·치 ·손·으·로 싱구·고 ·이·러·믄 모하·지.
　　　예전같이 (모를) 손으로 심고 이러면 못 하지.
:좋·기·매 :했·지.
　　　좋기에 했지.
주긴·거·또 잘·못·이·지.
　　　말한 것도 잘못이지.

·죽·비·이·가 ·큰 :항·구·지.

      죽변이 큰 항구지.

죽·어·도 들·고·가·서 거·어·가 ·지·내·는 :사·람·도·있·고

      죽어도 (병원에) 데리고 가서 거기서 지내는 사람도 있고

죽·우·믄 고마·이·라·며 :제·사·도[#]:없·고

      죽으면 그만이라며 제사도 없고

지게짝댕·기 게·에[#]나·아·라.

      지게작대기 괴어 놓아라.

·지·금·은 ·딸·마·놓·고·도 안놓·올·라 그·는·사·람 쌔·앴·고

      지금은 딸만 낳고도 안 낳으려고 하는 사람 많고

지동새·이·는 델·꼬[#]가·고 지아들·은 나·아[#]두·고·갔·다.

      제 동생은 데리고 가고 제 아들은 놔두고 갔다.

집·은 부산아제·를 주·라·꼬

      집은 부산 아제를 주라고

집·이·서 ·골·물 안썩·지.

      집에서 골치 안 아프지.

쫄래·애·사 ·사[#]·자·야·넗·다.

      졸려서 사 줘야겠다.

:처·제·쪽·에·서 얼라·아·를 나·아[#]가주·고 가·이·꺼·네

      처제 쪽에서 아기를 낳아서 가니까

:촌·에·도 그·랜·데·머.

      시골에도 그런데 뭐.

·칼·이 :안·든·다.

      칼이 안 든다.

콩까루[#]옇·었·는·거·도 콩국·수·라·하·고

      콩가루 넣은 것도 콩국수라 하고

테꼬바·리 게·엔·다.

      턱 괸다.

:하·장·하·머 핀키·는[#]핀·치.

      (죽은 사람을) 화장하면 편하기는 편하지.

한바·아 :안·잔·다.

      한 방에 안 잔다.

한·잔 버·어·라.

      한 잔 따라라.

한짜·아·로 ·요·래 나·아[#]·돘·다·가

      한 쪽에 요렇게 놔 뒀다가

·함·마·이·가 :상·세·났·는·데 손·님·이·가 얼·마·나 :많·애·가·주·고
　　　할머니가 (돌아가셔서) 초상났는데 손님이 얼마나 많아서
함마·이·하·고 할바·이·하·고 :둘·이·살·아
　　　할머니하고 할아버지하고 둘이 살아.
그·함·매·너 목소리·가 하·매 ·따·다.
　　　그 할머니는 목소리가 벌써 달라.
핸드포·이 있으·이·까·네 :물·꼬
　　　핸드폰이 있으니까 묻고
형·제·가 :많·으·며 :작·은·큰·집, 가운·데·큰·집, ·큰#·큰·집·이·라·하·고
　　　형제가 많으면 작은 큰집, 가운데 큰집, 큰 큰집이라 하고

5.4.2. 영덕 방언

·갓 안·에·는 망·건·시·고
　　　갓 안에는 망건 쓰고
·갓·을 ·시·기#전·에
　　　갓을 쓰기 전에
·강·구·사·람·들 돈[h]# :많·니·이·더.
　　　강구 사람들 돈 많습니다.
·같·이 이시·더.
　　　같이 (머리에) 입시다.
거·어 :섰·거·라.
　　　거기에 서 있어라.
걸배·이 ·밥#·얻·으·러·왔·대[H#HHLLL].
　　　거지가 밥 얻으러 왔다.
고마자·고 일나시·더.
　　　그만 자고 일어납시다.
·곳·곳·마·다 :다 틀레·에·요.
　　　곳곳마다 다 달라요.
그거 끓·아#가·아·도 :부·고
　　　그거 끓어 가지고도 불고
그거 :해#·하·나? 졸레·에·가·글·치·머.
　　　그거 하고 싶어서 하냐? 졸려서 그렇지 뭐.
그거·는 머·언·뜻·인·고 하·머
　　　그것은 무슨 뜻인고 하면
그거·는 상시럽·은·말·이·지, ·남·이 듣·기·좀 :거·북·하·지.
　　　그것은 상스러운 말이지, 남이 듣기에 좀 거북하지.

그게 그·리 :좋·답·니·더.

    그게 그렇게 좋답니다.

그·런·말·은 ·잘[#]안스니·더.

    그런 말은 잘 안 씁니다.

그런[#]거·어·는 가·려·야·지·요.

    그런 것은 가려야지요.

그런게·에 :없·으·이

    그런 게 없으니

김치독·을 가지·골·라·가 ·짠·지[#]·단·지[HH[#]HH]

    김칫독을 가지고서 짠지단지(라고 한다)

김·치·를·가·지·고 여·거 ·짠·지·라 하잖·응·교?

    김치를 가지고 여기는 짠지라고 하잖습니까?

·꼭 ·찼·다.

    꼭 찼다.

꺼·꿀·로 :섰·네.

    거꾸로 섰네.

·꽅·에 ·물·좀·조·라.

    꽃에 물 좀 줘라.

꽅·전·에 가·머

    꽃가게에 가면

·꿀[#]:떼·지 ·밥[#]·좠·나[H[#]HH]?

    꿀돼지 밥 줬냐?

끈·아·지·기 마·려·이·라.

    끊어지기 마련이야.

나가·머 ·나[#]·간·다·크·고[L[#]HHLL] 들오·머 ·들[#]·왔·다·크·고[H[#]HHLL]

    나가면 나간다고 하고 들어오면 들어왔다고 하고

나·는 위·습·다·꼬 :윗·꼬

    나는 우습다고 웃고

나댕기·지 :마·라.

    나다니지 마라.

나[#]오그러[H[#]HHL] 비·케·라.

    나오게 비켜라.

나오·라·하·머 ·나·올·라?

    나오라 하면 나오겠냐?

·날·이·가·여 ·아(:)·따 :각·제 동·때·기·춥·네.

    날씨가, 아이고! 갑자기 엄청나게 춥네.

·남 ·하·는·대·로 따·라·야·되·지.

　　　남 하는 대로 따라야 되지.

낱·에 머·어 붙·았·다.

　　　얼굴에 뭐 붙었다.

·내·가·여 ·딴·사·람·의 형·을 존칭할·때·는 자네 ·백·시·라·큿·고

　　　내가 다른 사람의 형을 존칭할 때는 자네 '백씨'라고 하고

·내 아버지·에 동생·에 ·부·인·을·갖·다·가 작은#·어·매

　　　내 아버지의 동생의 부인을 가지고 '작은어머니'

:내 ·찾·이·러 오·고

　　　계속 찾으러 오고

내·말 전해주·라·하·든·지

　　　내 말을 전해주라 하든지

내·말·끝·에 ·니·가 ·왜 나서·노?

　　　내 말 끝에 네가 왜 나서냐?

내·캉 같이가·자.

　　　나하고 같이 가자.

:노·지 :마·고 얼릉오느·라.

　　　놀지 말고 얼른 오너라.

:놀·러 ·왔·다.

　　　놀러 왔다.

:누·가 머·라#:해·도 :다 맷돌·입·니·더.

　　　누가 뭐라 해도 다 맷돌입니다.

:누·보·고 와가·아 :달·라·하·노 싶·아·가

　　　누구보고 와서 달라고 하냐 싶어서

:누·이 녹·아·가 주·고 녹·은 그 ·물·이·가·여 바·다 드가·머 미·역·이 녹·았·뿐·다·하·이·까·네.

　　　눈이 녹아서 녹은 그 물이 바다에 들어가면 미역이 녹아버린다니까.

눈떠·불 버·었·데·이.

　　　눈두덩이 부었다.

느그 ·할·배 어·디·갔·노?

　　　너희 할머니 어디 갔냐?

늦·으·머 안덴·다.

　　　늦으면 안 된다.

:다 :폈·네.

　　　(꽃이) 다 폈네.

다리 아있읍디·껴?

　　　다리가 있지 않습니까?

다리·로 ·이·래 피·아 놓·고·하·이·소.

      다리를 이렇게 펴 놓고 하세요.

다리·이·해·바·라, ·택·이·나 있·나·나?

      다른 사람이 해봐라, 턱이나 있냐(=어림도 없다)?

닷·데·는 소두·를 :말·하·는·기·고

      닷 되는 소두(小豆)를 말하는 것이고

당시·일·라 ·나#·가 쇼[H#HH].

      당신일랑 나가요.

대·애·놓·고 주껬는·다.

      대놓고 말한다.

도랑#띠·이·가 :건·넨·다.

      도랑을 뛰어서 건넌다.

독·이·라·하·머·는 ·큰·거·를 :말·하·는·기·고 ·단·지·라·하·머 :적·은·거·를·갖·다 ·단·지·라·하·고

      '독'이라 하면 큰 것을 말하는 것이고, '단지'라 하면 작은 것을 가지고 단지라 하고

돌·래·뿌·고 나·이

      (남을) 따돌려버리고 나니

동개·애·가·지·고 개·로 :가·라.

      (윷말을) 포개서 개로 가라.

·들(:)·락 ·들(:)·락·그·고 :우·는 짐스·이2) 있·어·요, :일 :다·하·고 거다·아 ·들·이·라·꼬.

      '들( )락들( )락'거리고 우는 짐승이 있어요, 일 다 하고 거둬 들이라고.

등쭐·기·좀 ·만·제#두·개[HH#HL].

      등줄기 좀 만져 다오.

·따·묵·고 술·을 당궁데·에·예.

      따 먹고 술을 담그데요.

·딸#치·우·고 ·이·래·머 구·합·본·다.

      딸을 시집보내고 이러면 궁합 본다.

·또·속·일·라·는·동 조보시·더.

      또 속이려는지 쥐 봅시다.

뚜께·비 아잉·교?

      두꺼비 아닙니까?

·띠·로 :말·핧·때·는 잔네·비·띠·라 컀·고 :보·통 물·읋·직·에·는 :원·수·이·크·고 그·러·지.

      띠를 말할 때는 '잔나비'띠라고 하고, 보통 물을 적에는 '원숭이'라고 하고 그러지.

띠·이·가 :건·네·는·거 도라·이·라·하·지.

      뛰어서 건너는 거 '도랑'이라 하지.

---

2) '짐스·이'에서 제2음절의 말음 /ㅇ/이 탈락하는 대신 제2, 제3음절은 비음절화(鼻音節化)하여 실현
   된다.

:마·누·라·는 ·좀 낮촤·아·가·지·고 ·하·는·말 아잉·교?
  '마누라'는 좀 낮춰서 하는 말 아닙니까?

만날묵·고 :놀·고
  만날 먹고 놀고

만문·케 여·기·고·사·나
  만만하게 여길 뿐 아니라

:말·로 ·우·예[HH] 그따·우·로·하·노?
  말을 어떻게 그 따위로 하냐?

:말·새·가 :다 틀래·에·예.
  말씨가 다 달라요.

머·어 :쥐·든·지 해가지·고 남·아 있읋걸·으·머 흙묻·았·다
  뭐를 쥐든지 해서 (손에 흙이) 남아 있을 것 같으면 '흙묻었다'

먹지[#]:말·고 모둫·자, :디·로 무·우·시·더.
  먹지 말고 모으자, 나중에 먹읍시다.

맷돌·에 콩[#]·갈·었·나?
  맷돌에 콩 갈았냐?

·무[#]·질·레[H[#]HH] ·땅[#]질레·는[L[#]LHL] :말·은 여·네[3] 비슷한 :말·인·데
  '무질레, 땅질레'는 말은 마찬가지로 비슷한 말인데

문앜·에 머·어 안있·나?
  문 앞에 뭐 있잖냐?

·물·가·사·람·들·은 :눈·이 ·마·이 오·머 ·시·래 컸니·이·더.
  바닷가 사람들은 눈이 많이 오면 싫어합니다.

·물·밑·에·도 어·능·거 안·나·는게 :없·고
  바다 속에도 어느 것 안 나는 게 없고

미꾸라·지 다리·고 :송·수·리 다리·지.
  미꾸라지가 다르고 송사리가 다르지.

바닷·가·로 ·물·가·라·하·는·데 여·어 :말·하고 틀리·입·니·더.
  바닷가를 '물가'라 하는데 여기 말하고 (바닷가의 말이) 다릅니다.

·박·하 :내·미·가 들·어[#]·쳐[H].
  박하 냄새가 진동을 해.

밖·에 ·나·가[#]·바·래[HH[#]HH].
  밖에 나가 봐라.

밭똥가·리 있는·거
  밭 토막 있는 것

---

3) '여·네'에 정확하게 대응되는 표준 어휘는 찾기 어려운데, '다르지 않고, 마찬가지로, 여전히' 등과 의미가 비슷하지만, 이 모든 것을 합한 것과 같은 의미를 갖는다. 의문문에서 '여·네 안·잤·나?'라고 말할 때는 '아직'과 같은 의미를 갖는다.

밭·에 :일·핥·게·있·아·가 ·가#:매:라·애[L#HHL].

　　　　밭에 일할 게 있어서 가 봐라.

밭좀 :매#·주·소.

　　　　밭 좀 매 줘요.

버들·잎·을 껍데·기 뻿·게·가·지·고 :부·는·거·는 그거·느 호때·기

　　　　버들잎을 껍데기를 벗겨서 부는 것은, 그것은 '호때기'

벌거·지·도 ·벨#·벌·거·지·개[H#HHLL] :다·있·어·예.

　　　　벌레도 별 벌레가 다 있어요.

·법#:없·어·도 :산·다·하·이·요.

　　　　법이 없어도 산다니까요.

보기·는 ·바·도 그·런·말·은 ·잘 ·몬·뜰·았·니·더.

　　　　보기는 봐도 그런 말은 잘 못 들었습니다.

보·름 :시·고 나·머 마(:)카 밭·매·러·댕·기·니·더.

　　　　정월 대보름 쇠고 나면 모두 밭 매러 다닙니다.

보리갈·아·가 ·비#:내·고

　　　　보리를 갈아서 베 내고

보리·를 잘안#·가·니·이·더.

　　　　보리를 잘 갈지 않습니다.

보리·를 안·가·이·까·네 마카 콩시뭉·고 그라·지.

　　　　보리를 안 가니까 모두 콩 심고 그러지.

:보·통 ·결·혼#:해 가주·고·는 :아·무·집 ·새·댁·이·라·하·고

　　　　보통 결혼해서는 '아무개집 새댁이'라 하고

·봄·데·머 낭·게 ·물#·오·린·다[H#HHL].

　　　　봄 되면 나무에 물 오른다.

·부·친·도 :계·시·닝·교?

　　　　부친(父親)도 계십니까?

·불·끄·고 자·머

　　　　불 끄고 자면

뽀(:)끈 쥐·이·라.

　　　　(물건을 떨어뜨리지 않도록) 꼭(:) 쥐어라.

삼·백#:오·십·만·원 :달·라 ·하·니·이·더.

　　　　삼백 오십만 원 달라고 합니다.

·새·집 져·어#가·아 :살·고

　　　　새집을 지어서 살고

손·녜·가 :놀·러·마 안오·머

　　　　손녀가 놀러만 안 오면

솥·에 ·밥·안·쳤·나?
　　　솥에 밥을 안쳤냐?
·수·무·마·리 한드름·이·거·든·요.
　　　스무 마리가 한 두름이거든요.
술안·주·좀 ·주·소.
　　　술안주 좀 줘요.
술·이 당게·에 있이·머
　　　술이 담겨 있으면
:쉬 시·있·다.
　　　(파리가) 쉬 슬었다.
·스·물#:두·살 ·드·듬·해·로
　　　스물 두 살에 들자마자
·신 마·아·노?
　　　신발 (사서) 뭐하냐?
·신·삻·도·이 어·딨·노?
　　　신발 살 돈이 어디 있냐?
·신#한커·리 사노·오·머
　　　신발 한 켤레 사 놓으면
아·아·들 ·손·알·인·테
　　　아이들 손아래에게
:아·따 연·기·를 마·세#나·았·디·이 ·눈#·따·갑·대[H#HHL].
　　　아이고, 연기를 마셔 놨더니 눈이 따갑다.
:아·무·꺼·시 엄·마 긋·기·도 하·고
　　　'아무개 엄마' 그러기도 하고
아저·시·하·고 내하·고 ·째·머
　　　아저씨(화자의 남편을 가리킴)하고 나하고 (오징어를) 찢으면
아제·가 :서·가 있으·므·는
　　　아제가 서 있으면은
아제·가 :서·시·닝·교?
　　　아제가 서십니까?
안그·래·도 집·이 :먼·데 가고#:올·라·하·머·느
　　　안 그래도 집이 먼데, 가고 오려고 하면은
안·까·고 머하노[LHH]?
　　　안 까고 뭐 하냐?
:야·야 문열·어#·바·라 배겉·에 :누·가 ·왔·다.
　　　애야, 문 열어 봐라, 바깥에 누가 왔다.

양·발 지다(:)안·은 양·발
　　　양말, 기(:)다란 양말
애·애 때무·레
　　　아이 때문에
:애·기 :할·라·는·도 안·할·라·는·도 그거·느 :몰·래·도
　　　얘기 하려는지 안 하려는지 그것은 몰라도
어·들 나가·자·말·이·고?
　　　어디를 나가자는 말이냐?
어떤사·람 보리·찝·가·지·고·도 :부·고
　　　어떤 사람은 보릿짚을 가지고도 (피리를) 불고
·어·예 그·클 :좋·던·지.
　　　어떻게 그렇게 좋던지.
:얼·마 안가라·았·다.
　　　얼마 안 남았다.
·얼·마·나 :몬·사·머
　　　얼마나 못 살면
:얼·매 :달·라·하·는·데·예?
　　　얼마 달라고 하는데요?
여·기·를 머·라·하·노?
　　　여기를 뭐라고 하냐?
여·거·는 밭·이 벨로 :없·니·더.
　　　여기는 밭이 별로 없습니다.
여·거·는 ·주·장 :곱·다·하·지.
　　　여기는 주로 ‘곱다’고 하지.
여·거·사·람·들 까투·리·소·리 잘안·하·니·더.
　　　여기 사람들은 ‘까투리’라는 말을 잘 안 합니다.
여·네 ·살·찝·이·라·하·니·더.
　　　(여기도) 마찬가지로 ‘쌀집’이라고 합니다.
여·러·날 ·오·는·거
　　　여러 날 오는 것
여·어 나·았·다.
　　　넣어 놓았다.
여·어 :뒷·집·이 담부차#사·업·하·는·데
　　　여기 뒷집에 덤프트럭 사업을 하는데
·열·집·이·가 돌래돌래있·다.
　　　열 집이 서로 가까이 모여 위치해 있다.

:영·순·엄·마 알·아#묵·고 ·갔·뿌·랬·다.

    영순이 엄마는 (상황을) 알아먹고 가버렸다.

:옛·날·거·치 모안숭구·코·예 기계·로 :다 ·하·니·이·더.

    옛날같이 모를 심지 않고요, 기계로 다 합니다.

:옛·날·에 :어·른·들·은 ·마·이 ·짰·답·니·더.

    옛날의 어른들은 (베를) 많이 짰답니다.

:옛·날·에·는 계·랄·크·고 인지·는 달·알·크·고

    옛날에는 '계란'이라고 하고, 지금은 '달걀'이라고 하고

오새·애·는 '얼굴쉬·었·나?' ·이·래·제, :옛·날·에·는 '낱쉬았·나?'

    요새는 '얼굴 씻었냐' 이러지, 옛날에는 '낯 씻었냐?

오새·애·는 ':세·수 :했·나' ·이·렀·걸·으·며

    요새는 '세수 했냐?' 이렇게 말할 것 같으면

오새·애·는 ·자·기#눈초·리 아이·고

    요새는 자기의 눈초리가 아니고[4]

·옷·한·불 ·샀·나?

    옷 한 벌 샀냐?

왜 :서·시·닝·교?

    왜 서십니까?

·외·로 ·하·나 있능·거

    따로 하나 있는 것

우리 :어·른 :살·때·부·텀

    우리 시어른 살 때부터

우리 ·언·니·빨·데·는·데

    우리 언니뻘 되는데

우리·느 |사|람·오·능·거[HHLLL] :좋·아·하·지.

    우리는 사람 오는 거 좋아하지.

·육·촌 형·님·이 ·물·가·아 :계·시·는·데

    육촌 형님이 바닷가에 계시는데

·이·래·가 :사·드·라·꼬·예.

    이래서 살더라고요.

·이·래·는 :말·로 가주·고

    이러는 말(語)을 가지고

이·름 부리·민·서

    이름을 부르면서

이·름·이 그게·에 머·언·동·몰·다.

---

4) 요즘은 사람들이 쌍꺼풀 수술을 많이 하므로 '자기의 눈초리'가 아니라는 뜻이다.

　　　　이름이 그게 뭔지 모르겠다.
:이·북·으·로 다부 ·갔·뿌·렸·다.
　　　　이북으로 도로 가버렸다.
:이·연 되는·데
　　　　2년 되는데
인제·에·는 ·세·월·이 :좋·응·께·네
　　　　이제는 세월이 좋으니까
·인·지·나·가·도 데니·이·더.
　　　　지금 나가도 됩니다.
일·쩍 ·나·오[HH]#니·이·라·꼬 :못·했·다.
　　　　일찍 나오느라고 못 했다.
임마아·야 ·눈·좀 ·떠#·바·라[H#HH].
　　　　임마, 눈 좀 떠 봐라.
있는집·이·라 나·았·다·그·런·지 ·참 ·어·지·다·꼬
　　　　(재물이) 있는 집이라 놓으니 그런지, (사람이) 참 어질다고
있는집·이·있·지 ·대[H] :없·니·더.
　　　　있는 집이나 있지, 다 없습니다(=다 있는 것이 아닙니다).
자·그·럼·안·탄·다.
　　　　부끄럼을 안 탄다.
자네 ·백·시 어·데·갔·노?
　　　　자네 백씨 어디 갔냐?
자래·에 :담·는·다.
　　　　자루에 담는다.
자·리·가 :좋·다#·카·더·라.
　　　　자리가 좋다고 하더라.
자와·가 이만(:)침·석 올·라·오·는·거 그거·를 :신·고
　　　　장화가 이만(:)큼씩 올라오는 것, 그것을 신고
·자·이 뻐개·앤·다.
　　　　어지간히 우쭐댄다.
잡수·우·소, 잡수·꼬·하·이·소, 잡수·꼬.
　　　　잡수세요, 잡숫고 하세요, 잡숫고.
장·날·으·느 :시·장 나가고
　　　　장날은 시장에 나가고
저·테 크·으·고 옆·에 크·으·고 안그·르·머 자·테 크·으·고
　　　　'저테(=곁에)'라고 하고 '옆에'라고 하고, 안 그러면 '자테(=곁에)'라고 하고
·전 :세·계·적·으·로
　　　　전 세계적으로

정미·소 가가지·고 정·미·를 ·한 :후·에·는 좁·살·이·고

   정미소에 가서 정미를 한 후에는 '좁쌀'이고

·정(:) 하·기·싫·으·머 하지마·라.

   꼭 하기 싫으면 하지 마라.

:종·무·로 맡·았·는·데

   (모임에) 총무를 맡았는데

:지·디·기·하·머 ·키#·큰·다.

   기지개를 하면 키가 큰다.

질레#까·시·라 해가지·골·라·가

   찔레 가시라고 해서는

쪼매(:)·마해·도 된·다.

   쪼(:)끔만 해도 된다.

·찾·다·가 :못·찾·읋겉·으·머 어·딨·노·꼬 물·으·머

   찾다가 못 찾을 것 같으면 어딨냐고 물으면

처마가·암 받·아 온·나.

   치마 감을 받아 오너라.

천·날 :만·날 묵·고 놀·아·도 남·우 빚#:없·이[h#H̄L̄] :사·머

   매일 먹고 놀아도 남의 빚 없이 살면

·첫·돌 다·아#·왔·대[HH].

   (아기의) 첫 돌이 다가 왔다.

·축#나·먼 ·축#·난·다·꼬 :돈 ·깠·뿌·고

   축 나면 축난다5)고 돈을 감해 버리고

·탈·곡·을 하·기 전·에 꼬투·리·를 가지·골·라·가·여 :서·숙·이·라·하·지.

   탈곡을 하기 전의 꼬투리를 가지고 '서숙'이라고 하지.

통털·아#가지·고·는 ·절·이·라·하·고

   통틀어서는 '젓가락'이라 하고

팔아픈겉·으·머 팔아푸·다

   팔이 아픈 것 같으면 '팔 아프다'

·표·준·말·으·느 :이·뿌·다·하·든·지 :곱·다·하·든·지

   표준말은 '예쁘다' 하든지 '곱다' 하든지

푸대·에 ·살 담·아·라.

   포대에 쌀 담아라.

하·마 :다·폈·네.

   벌써 (꽃이) 다 폈네.

한두룸 :두·도·롬

---

5) '축(縮)나다'는 '일정한 수효에서 부족이 생기다'는 뜻이다.

　　　　한 두름 두 두름
한쪼가·리 띠주·자.
　　　　한 조각 떼 주자.
허제·비·인·데 홀래·앴·다.
　　　　허깨비에게 홀렸다.
호박·죽 소보·자.
　　　　호박죽 쒀 보자.
흩·데6), ·데·로#데·에·가·아 ·파·이·까·네
　　　　흩 되, 되로 돼서 파니까
화·양·도 받·고
　　　　환영도 받고

5.4.3. 포항 방언

가·아·가 :얼·매·나 즉아부·지·를 ·생·각·는·줄 :아·나?
　　　　개가 얼마나 자기 아버지를 생각하는 줄 아냐?
가저·을 이롸·아·야·지.
　　　　가정을 이뤄야지.
거·거 머·어·들·오·까·바?
　　　　거기에 뭐가 들어올까봐?
겡찰서·어·서 와보·이 :아나?
　　　　경찰서에서 와 보니 아냐?
고고농·가·가·주·고 양식하·고
　　　　고것을 나눠서 양식을 하고
과(:)·암·을 ·백·락·같·이·치·드·라.
　　　　고함을 벼락같이 치더라.
:굵·은·거·마 ·갈·래#:내·고 치·아·라.
　　　　굵은 것만 가려내고 치워라.
·그·거 인두·가, 애다·아!
　　　　그거 이리 줘, 이리 줘!
그게 머·어 그·칠·위·습·오?
　　　　그게 뭐 그렇게 우습나?
그·래·가 :자·이·나 ·일·등 :핥·다.
　　　　그래서 어지간히 일등 하겠다(일등 할 가능성이 거의 없다).
·그·물·로 ·후·런·다.

_____

6) '흩·데' 혹은 '흩데베·기'

그물로 후린다.

그·을·때·는 모·도 :덜·곯·고 더·곯·고 그차·이·다.

그 때는 모두 (배를) 덜 곯고 더 곯고 그 차이다.

근지럽·운·데·바·리·는 ·약·좀 가·아·온·나.

가려운 데 바르는 약 좀 가져 오너라.

·글·시·가 ·와#·그·래 자·오?

글씨가 왜 그렇게 작냐?

깐알라·아·들 아푸·머 ·애·인·시·럽·아 :몬·본·다.

갓난아기들 아프면 가엾고 안타까워 못 본다.

나간사·람·들·은 :다 잘데·엤·다.

(다른 지방으로) 나간 사람들은 다 잘 됐다.

나락가마·이·밑·에 ·나·왔·능·가?

나락 가마니 밑에서 나왔는가?

나무 끙·카·라.

나무 끊어라.

나무·는 끙·코 ·풀·은 ·빈·다.

나무는 끊고 풀은 벤다.

나부대·애·사7) 앤데·에.

나부대서 안 돼.

·나·이 :얼·마 앤대는·갑·데.

나이가 얼마 안 되는가보데.

:나·제 가가·아 아푸·이 실푸·이·카·지 :말·고 함·부·레 ·약 다잡·아 묵·아·라.

나중에 가서 아프니 어쩌니 하지 말고 아예 약을 다잡아 먹어라.

나·캉 ·같·이 농·가#앤주·고 한테·에·주·데.

나하고 같이 나눠 주지 않고 (한 봉투에 담아) 하나로 주데.

·날#따세·에·놓·이 담밑·에 따라·아·들 빵개·이·사·네.

날씨가 따스해 놓으니 담 밑에서 여자 아이들이 소꿉장난 하네.

·남#:아·까·바 쉬(:)쉬하·고 감직·았·어.

남이 알까봐 쉬(:)쉬하고 감췄어.

내가시나·아·나 남·우#가시나·아·나 마카 :애·듧·다.

내 딸이나 남의 딸이나 모두 애닯다.

내이·름·이·가·여 :호·적·에·캉 다리·다.

내 이름이 호적하고 다르다.

내주마·아 있·는·거 주·지.

---

7) 이 지역에서 '나부대·애·다'는 말이 아이들에게 쓰일 때는 '가만히 한 자리에 앉아 있지 않고 장난이
   심하여 왔다갔다 한다'는 의미로 '분·답·다, ·벨·나·다, ·번·지·럽·다'와 비슷한 말이다.

　　　　내 주머니에 있는 거 주지.

:노·두·고 오·이 ·할·배·는 :계·모·우·라·가·뿌·고 :없·고

　　　　놀다가 오니 할아버지는 계 모임 하러 가 버리고 없고

논·에 피·뽑·는·다.

　　　　논에 김맨다.

:누·가 ·사#·주·더·라.

　　　　누가 사 주더라.

·눈·물·이 :날·라·글·네.

　　　　눈물이 나려고 하네.

느금·마 :어·또, :이·뿌·아?

　　　　(엄마가 아이에게) 네 엄마 어때, 예뻐?

그전·에·는 :니·가·잘·했·든 ·내·가·잘·했·든 :다 잊·아·뿌·고

　　　　그 전에는 네가 잘했든 내가 잘했든 다 잊어 버리고

:니·살·묵·은 따라·아·가 ·어·예 그·칠 똑똑·노?

　　　　네 살 먹은 여자 아이가 어떻게 그렇게 똑똑하냐?

니·이·리·가 자·인·가?

　　　　내일이 장날인가?

니·이·리 ·동#:사·무·소·로 바리온니·래(:)·이!

　　　　내일 동사무소로 바로 오너라!

다라이·에 비·누 ·풀·아#가·아 볼굼(:)볼굼 치대·애·라.

　　　　대야에 비누 풀어서 볼끈볼끈 치대라.

:다 쏟·아·뺐·데·이!

　　　　다 쏟아 버렸다!

더때·랬#·빼·앴·이·머·싶·우·다.

　　　　더 때려 버렸으면 싶다.

더묵는·놈·도 있·고 :덜·묵·는·놈·도 있·지.

　　　　더 먹는 놈도 있고 덜 먹는 놈도 있지.

도·부·이 나가·아 안가·아 왔·다.

　　　　화가 나서 안 가져 왔다.

:돌·라·카·지 :마·소, 인자#:없·니·데·이!

　　　　달라고 하지 말아요, 이제 없습니다!

:동·네·서 마뜩·은·사·람 ·택·해#가·지·고 ·날 받·아#가·지·고

　　　　동네에서 깨끗한 사람을 택해서 (고사를 지낼) 날을 받아서

:동·장·질·따 핧만하·다.

　　　　동장질도 할 만하다.

마·아 바·아·가 눕·았·지·를 마·아·라 왔·노?

　　　　마, 방에 가 누웠지, 뭐 하러 왔냐?

·마·이 매부·이·라.

　　　많이 매우니라.

만날 오·우·다·가 애잇·아#빼·앴·는·데

　　　만날 외우다가 안 잊어 버렸는데

맞·아·도 ·싸·다, ·백·분 맞·아·도·싸·다.

　　　맞아도 싸다, 백 번 맞아도 싸다.

·맥·제 :지 하·기#:싫·아·놓·이 안·그·라·나?

　　　괜히 저 하기 싫어 놓으니 안 그러냐?

머·리·가 ·좀 어덥·아·그·런·동

　　　머리가 좀 둔해서 그런지

머 ·어·예·야 공부·를 ·좀 :핧·로?

　　　뭐 어떻게 해야 공부를 좀 하겠냐?

머예난·게 :죄 아이·가?

　　　먼저 난 게 죄 아니냐?

무릎 ·꿀·고 앉지마·라.

　　　무릎을 꿇고 앉지 마라.

문·을 마(:)카 열·아 ·놓·이 앤들오·고 ·어·야·노?

　　　문을 모두 열어 놓으니 안 들어오고 어떡하냐?

·물 체·엔·제·가 :오·연·째·나·제·요?

　　　(홍수가 나서 마을에) 물이 찬 지가 5년 째 나지요?

미임#앤녀·마·가머 죽는·다.

　　　미음이 안 넘어가면 죽는다.

:바·구·미 :인·다.

　　　(쌀에) 바구미 인다.

바라·꼬 있·다

　　　기다리고 있다/잘 지켜보고 있다

바·아·시·계 바가·아 앤뒗·데·이.

　　　방의 시계를 봐서 안 되겠다.

받·지 싶으·이·더.

　　　받지 싶습니다.

·밥·함 묵·아#:봤·다.

　　　밥 한 번 먹어 봤다.

밭한펴·이 ·논 ·열·평·갑·이·다.

　　　밭 한 평이 논 열 평 값이다.

배끝·에 내·애#비·래·라.

　　　바깥에 내 버려라.

뱉·이 또깝·다.

별이 두껍다.

·벨·로 :없·기·는 :없·았·다.

별로 없기는 없었다.

부·체 놓·고

부쳐 놓고

·불 아무·운·다.8)

불을 아물린다.

·불·꺼#빼·애·라 모개·이·온·다.

불을 꺼 버려라, 모기 온다.

·블·꺼#뿌·우·고 눕가·라.

불을 꺼 버리고 누워라.

뻬가·지 발른·다.

(생선) 가시를 바른다.

:사·람·마 ·빠(:) 치바다보·고 있지.

사람만 빤히 쳐다보고 있지.

:사·램·이 ·밤·길·카·는·거·는 :조·심·하고 술·은 앤묵·아·야·데.

사람이 밤길이라고 하는 것은 조심하고 술은 안 먹어야 돼.

사·위 살·마·라.

사위 삼아라.

산·에 :새·보·라 :가·라.

산에 새 보러 가라.

삼·촌 :말·하·는·거 단디·이 듣·고 ·가·드·매·로 :전·화#:해·라.

삼촌 말하는 것을 잘 듣고 가자마자 전화해라.

삽지·껄·에 살구·가 ·똑 주먹띠·이·겉·은게 벌(:)겋·게 익·았·드·라.

대문 밖에 살구가 꼭 주먹덩이 같은 것이 벌(:)겋게 익었더라.

:성·질·이 웨들레(:)하·다.

성질이 왁자(:)하다.

·소·는 땅·그·지·럴, 지·게·는 한·짐 ·졌·지·를.

소는 당기지, 지게는 한 짐 졌지.

술·을 구불·들·묵·는·다.

술을 (바닥에) 구르도록 먹는다.

:시·집·은 앤가고 마·아 ·이·래 :사·나?

시집은 안 가고, 그만 이렇게 사냐?

시(:)처럼·고#있다·가 ·와 인자·아 안덴·다·카·노?

---

8) '아무·우·다'는 표준어 '아물리다'에 대응되는 것으로 '아·물·다'의 사동형인데, 이 문맥에서는 '벌어진 일을 잘 되도록 어우르거나 잘 맞추다'는 뜻으로 쓰였다.

시치름하게9) 있다가 왜 이제 안 된다고 하냐?

·신·발·찾·으·러 다부 ·또·안#·갔·나, 가·이 있데·에.

신발 찾으러 도로 또 가지 않았냐, 가니 (신발이) 있데.

·신·이 ·요·칠 꼰두랍·아·가 ·어·예 :신·노?

신발굽이 요렇게 높고 뾰족해서 어떻게 신냐?

·실·개·도 앤생·겠·나?

쓸개도 안 생겼냐?

·쌀·한#·바·가·치·하·머 점·들·묵·아·도 :남·그·덩.

쌀 한 바가지 하면 저물도록(=종일) 먹어도 남거든.

아래웃·집·이 :사·미·러 ·서·리 :지·민·했·다.

아래윗집에 살면서 서로 외면했다.

아·아 어마·이 얼라·아 덜·고 절·에 ·갔·다·애[HHL]?

애 엄마가 아기를 데리고 절에 갔더냐?

아·아·를 다정시·리 키·우·듯·이#키·우·지.

애를 다정스럽게 키우듯이 키우지.

아·아·를 빼가뺏개·애 나·았·노?

애를 발가벗겨 놨냐?

아·아·들·이 베맡·에·서 떠드·이 이·앙 안#·깨·나[L#LL]?

애들이 머리맡에서 떠드니 금방 깨지 않냐?

안·에 들라·아·라.

안에 들여라.

알·아#들·으·란 니·게#가·아

알아들으란 뜻으로 여겨서

알케·에 :줄·라·니·더.

가르쳐 달랍니다.

암만 ·사·개·가·도 :개·인·데 :몬·당·는·다.

아무리 빨리 가도 개에게 못 당한다.

앤들오·고 ·뻐(:) :섰·데.

안 들어오고 뻔히 섰데.

:야·떠·러 물·아#:바·라.

얘더러 물어 봐라.

:야 왼짝베·기·세.

얘 왼손잡이네.

어·느·거·는 말·뻬·라·고

어느 것은 말뼈라고(=말뼈처럼 강하다고)

---

9) '시치럽·다'는 '시치름하다'에 가까운 뜻인데 '별 이견 없이 태연하게 있다'는 뜻으로 쓰인다.

어뜩 :장·개 보내·애·야 ·밥·해#묵·제.

　　　　빨리 장가보내야 밥 해 먹지.

얼굴·이 깜포리(:)한게·에 ·키·도 쪼맨(:)티·이·더.

　　　　얼굴이 까무잡잡(:)한 게 키도 쪼끄만(:)합디다.

엄·마·꿈·을 ·또·꿨·데·이!

　　　　엄마꿈을 또 꿨다!

:여·전·일·이·라#놓·이 물·아 봃·수·가 있·나?

　　　　나쁜 일이라 놓으니 물어 볼 수가 있나?

:열·때 데·엤·는·데

　　　　열 때 됐는데

에럽·아·가 제(:)구 일라섰·다.

　　　　어지러워서 겨(:)우 일어서겠다.

:옛·날 :애·기 ·해#:줄·라·니·이·더.

　　　　옛날 얘기 해 달랍디다.

:옛·날 :옛·적 :간·날 :갓·적

　　　　옛날 옛적 간날 갓적

오새#새·얬·지·머, 더하·지·머 오새·애·는.

　　　　요새 흔하지 뭐, 더 하지 뭐, 요새는.

오새·애·는 그이·름 앤·시·제?

　　　　요새는 그 이름 안 쓰지?

:오·여·름·에 그거·를 맑·이·고 앉·았·시·이 덥·아#죽·읋·래·라.

　　　　한 여름에 그것을 달이고 앉았으니 더워 죽겠더라.

·온 :동·원·을 일받·아·가

　　　　모든 동네사람을 동원해서

옥·니·재·이 부·랑·타.

　　　　옥니 난 사람은 사납고 앙칼지다.

올·게·사 ·모·구 :없·다.

　　　　올해는 모기가 없다.

:올·라, 바래·애·지 마·라.

　　　　오겠냐, 바라지 마라.

올·라·갏·때·카·마 더·버·겁·아.

　　　　올라갈 때보다 더 힘들어.

·옷·감·을 말·가·야

　　　　옷감을 말아야

:용·돈·해 마·아·닝·교?

　　　　용돈 해서 뭐 합니까?

·와·이·라·노, 손안치·우·나?

　　왜 이러냐, 손 안 치우냐?

위눌리·이·고 :알·바·치·인·다.

　　위에서 눌리고 아래에서 받히인다(위아래의 눈치를 다 본다).

·이·거 머·어 시끄럽·오?

　　이거 뭐가 시끄럽냐?

·이·래 있이·머 :사·램·이 ·마·이 ·기·럽·지.

　　이렇게 있으면 사람이 많이 그립지.

·이·래·가 :갈·라·카·이 쭈글시럽·애.10)

　　(차림을) 이렇게 해서 가려고 하니 옹색하여 부끄럽네.

이·름 :순·하·머 아·아 :명·지·다·꼬

　　이름이 순하면 아이의 명이 길다고

·이 :비·게·는 ·땀#채·앤·다.

　　이 베개는 땀이 찬다.

이사·아 ·지·나?

　　(끊어진 끈이) 이어지냐?

이·웃·에 :놀·라 :몬·간·다, :놀·라·가 어디메있·노?

　　이웃에 놀러를 못 간다, 놀러가 어딨냐?

이쪽푼·에 세멘해노·온·데

　　이쪽 편에 시멘트 해 놓은 데

인자·아 자죽 ·띤·다

　　(아기가) 이제 걸음을 떼기 시작한다.

:일 ·새·가#·빠·지·들·하·고

　　일을 혀가 빠지도록 하고

:일·은 :많·애·도 개·앤#찮거·든[HL#LHL].

　　일은 많아도 괜찮거든.

·입·은 :뻬·뚤·아·저·도 :말·은·바·로·해·라.

　　입은 비뚤어져도 말은 바로 해라.

자근하·머 ·한·분 가뽍거아이·가?

　　어지간하면 한 번 가볼 거 아니냐?

자·꾸 갖다·아#바·체·라·와?

　　자꾸 갖다 바쳐라 왜?

자·꾸 주깨·앤·다.

　　자꾸 말한다/얘기한다.

---

10) '쭈글시럽·다'는 말은 행색이나 처지가 옹색하여 '자신이 없고 부끄러워 쭈뼛쭈뼛해지는 모양'을 뜻한다.

:작·아·가 바까·았·는·데 여·네 ·또 :작·은·게·라.

　　　　작아서 바꿨는데 아직 또 작은 거라.

·저·라·다·가 안 깨·나?

　　　　저러다가 안 깨냐?

:점·빠·이 자·테 아이·가?

　　　　가게가 곁에 (있는 거) 아니냐?

·좋·은·자·리 이실·말·사 하·지.

　　　　좋은 자리 있으면야 하지.

주께·애 :바·라.

　　　　말해 봐라.

죽가·라·카·능·거 한가·지#애이·가?

　　　　죽으라고 하는 것 한가지 아니냐?

죽·으·믄·죽·고 :사·믄 :사·고 글·치.

　　　　죽으면 죽고 살면 살고 그렇지.

지동생·꺼 빼드·라·가·아 패(ː)나케 달·라·가·는·게·라.

　　　　제 동생 것을 뺏어서 잽(ː)싸게 달아나는 거라.

·직·장 생·활 핧·수 있잖·아.

　　　　직장 생활을 할 수 있잖아.

짐승있는·걸 :안·다·카·데.

　　　　짐승이 있는 것을 안다고 하네.

집·일·라·가 탕(ː)탕 비·아·놓고 어·데·갔·는·동.

　　　　집은 텅(ː)텅 비워 놓고 어디에 갔는지.

쪼매(ː) ·짭·은·성·해·도 개않·애.

　　　　쪼(ː)끔 짠 듯해도 괜찮네.

찍·개·로·까 찝·아·나·아·라.

　　　　집게로 집어 봐라.

차·포 :없·으·믄 걸·아·가·지·꼬 그·지·랄·한·다.

　　　　"차표 없으면 걸어가지"하고 그 지랄을 한다.

차비앤주·고·타·는·거 편했·다.

　　　　차비를 안 주고 타는 것이 아주 많았다.

:첨·에·는 입서·불 :다 히·이·진·다.

　　　　처음에는 입술이 다 헤어진다.

:촌·사·람·들·은 코뜽머·리·가 :시·그·덩.

　　　　시골 사람들은 고집이 세거든.

:촌·에·뽄·두·로 차·가 :여·사 많·나?

　　　　시골을 봐도 차가 여간 많나?

·칼·이 무등거·리·라·가 잘안설리·인·다.

　　칼이 무뎌서 잘 안 썰린다.

:커·피·한·잔 ·타#·주·대[H#HH]?

　　커피 한 잔 타 주더냐?

·키·가 커다(:)꿈한기·이 :다·컸·더·래·이!

　　키가 커다(:)란 게 다 컸더라!

:타·작 ·해#가·아 마다·아 :태·산·같·이 재·애·놓·고.

　　타작을 해서 마당에 태산같이 쌓아 놓고.

·텍·찌·끄·래·기 남구·우·는·버·릇 하지마·라.

　　턱 찌꺼기(=먹던 음식을) 남기는 버릇 하지마라.

파래·이·가 ·모·구·가?

　　파리냐 모기냐?

파래·이·도 ·눈#·있·는·게·라, ·저·거 드·이 달·라·간·다.

　　파리도 눈이 있는가봐, 저것을(파리채를) 드니 달아난다.

하·마 그집지·인·제·가 :오·연·째·나·제·요?

　　벌써 그 집 지은 지가 5년째 나지요?

한머·리·는 가·라·카·고 한머·리·는 가지마·라·카·고 ·이·판·국·이·라.

　　한 무리는 가라고 하고 한 무리는 가지마라고 하고 이 판국이다.

한분·석 만·내#·보·나?

　　한 번씩 만나 보냐?

한참·에 :시·찝 :니·찝·씩 돌·아·댕·기·는#게·라.

　　한꺼번에 세 집, 네 집씩 돌아다니는 거라.

·할·배·떠·러 ·캐·앴·다.

　　할아버지더러 말했다.

·해#·뜨·매·애·로 안 :널·고?

　　해 뜨자마자 안 널고?

·허·페·가 히(:)떡 딛·게·진·다.

　　허파가 홀(:)떡 뒤집어진다.

호박·떡 묵·아#보·이 :어·떻·도·오, 맛있다·아?

　　호박떡 먹어보니 어떻더냐, 맛있더냐?

흔·케 ·시·지#마·라.

　　흔하게 쓰지 마라(=낭비하지 마라).

·힘·이 시·이·가

　　힘이 세서

5.4.4. 경주 방언

가락·지 ·쩌·라.
　　　반지 껴라.
가·아 ·학·교 ·가·다?
　　　걔, 학교에 가더냐?
가·아·는 그·런·것·도 안배·았·나?
　　　걔는 그런 것도 안 배웠냐?
가·자·크·머 :자·도 갏기·인·데
　　　가자고 하면 쟤도 갈 건데
:갈·라 크·나?
　　　가려고 하겠냐?
같이 :갏·세.
　　　같이 가겠네.
:개·가 ·줄 :띠#가·아 달·라·갔·다.
　　　개가 줄 떼서 달아났다.
거라·아 머·어 쉬·으·러·가·머
　　　도랑에 뭐를 씻으러 가면
거·어 가가·아·도 만·냈·다.
　　　거기에 가서도 만났다.
거·어 가·머 ·함 물·어#:바·라.
　　　거기에 가면 한번 물어 봐라.
거·어 :서·도 비·이·나?
　　　거기에 서도 보이냐?
·경·찰·에 알리·이·는·거·보·다 저어꺼·지 :해·결#:해·뿌·리·는·게 나·안·데
　　　경찰에 알리는 것보다 자기들끼리 해결해 버리는 게 나은데
·경·찰·차·가 ·와·저·래 ·왔·다·가 ·가·노?
　　　경찰차가 왜 저렇게 왔다가 가냐?
:골·목·이 먼지구다·아 :놀·다·가 울·어·가 얼굴땊·아 노·오·머
　　　골목에 먼지구덩이에서 놀다가 울어서 얼굴을 닦아 놓으면
과·암·을 지대·애·고
　　　고함을 지르고
그거 살·래?
　　　그거 살래?
그기·이 ·장·나·이·라.
　　　그것이 장난이다.
그·런·소·리·는 애·한·다.

　　　　그런 소리는 안 한다.

그·말·또 하·지.

　　　　그말도 하지.

그사·람 끼·이·다.

　　　　그 사람의 것이다.

·그·이 칠칠·케 잘하·지.

　　　　그 사람이 (일을) 칠칠하게 잘 하지.

그집·도 갈·라 묵기·인 잘갈·라 묵·어.

　　　　그 집도 나눠 먹기는 잘 나눠 먹어.

김치·통 가·저 온느·래·이!

　　　　김치통 가져 오너라!

깜짝 :놀·래·가 "어데찬·고?" 카·이·까·네

　　　　깜짝 놀라서 "어디 차냐?"고 하니까

·깨·도 ·마·이 :했·던·가·베.

　　　　깨도 많이 했던가봐.

꼳·이 하·마 :핐·네.

　　　　꽃이 벌써 폈네.

꼳·피·거·든 한소·이 주꾸·마.

　　　　꽃이 피거든 한 송이 주마.

·꾀·빼·뿌·머 엎·어·진·다.

　　　　꾀를 빼 버리면 엎어진다(=꾀만 잘 부리는 사람이다).

·나#·가·는[H#HH] 김·에 사온느·라.

　　　　나가는 김에 사오너라.

·나·가·도 :일·또 :없·는·갑·더·라.

　　　　나가도 일도 없는가보더라.

니·는 ·땅·거 :해·라.

　　　　너는 다른 거 해라.

·나·만#사·람 이실·때·는 :빈·손·으·로 가지말·고 머·어 사들·고 ·가·거·래·이!

　　　　나이 많은 사람 있을 때는 빈손으로 가지 말고, 뭐 사들고 가거라!

·나·온·대·로 주깨·이·까·네

　　　　(입에서) 나오는 대로 말하니까

:난·도·좀 :얻·어#도·가.

　　　　나도 좀 얻어다오.

·날·이 저·무·기 전·에

　　　　날이 저물기 전에

:날#·하·내[Ḧ#HH] 두·가

　　　　나에게 하나 다오.

·내·가 막읇기·인·데

　　　　내가 막을 건데

·내·가 몸·빼·하·나 ·해·주·고 이불껍디·기·하·나 ·줬·대[HH].

　　　　내가 몸빼(바지) 하나 해주고 이불껍데기 하나 줬다.

·내·가 보·이 그게·에 애이·네.

　　　　내가 보니 그게 아니네.

내갈따·아·나 바라·꼬 있거·라.

　　　　내가 갈 때까지 기다리고 있어라.

·내 ·곧#·가·꾸·매(:)·이!

　　　　내 곧 가마!.

·내·사 :잘·란·다.

　　　　나는 자런다.

내살강밑·이 따그락거·래·야 남·우 살강·도 따그락거·린·다·꼬

　　　　내 살강 밑이 달그락거려야 남의 살강도 달그락거린다고

:내·자 :알·고·보·이·까·네 안동떡·이·라.

　　　　나중에 알고 보니까 안동댁이라.

·:냄·새 ·마·이·나·나?

　　　　냄새 많이 나냐?

너무 하얘·애·도 보·기 ·싫·다.

　　　　너무 하얘도 보기 싫다.

:노·는·것·도 ·엉·망#진·차·이·지.

　　　　노는 것도 엉망진창이지.

노·래 하·라·크·머 ·빼·고 안하·고

　　　　노래 하라고 하면 빼고 안 하고

농·사 접·었·다.

　　　　농사 접었다.

:누·카 ·왔·노?

　　　　누구하고 (같이) 왔냐?

느그 자·꾸 사·울·래?

　　　　너희들 자꾸 싸울래?

느그·는 꽃#:펐·나?

　　　　너희는 꽃 폈냐?

늙·은 ·할·마·시·들 배·았·는·게 있·나 본게·에 있·나?

　　　　늙은 할머니들 배운 게 있나, 본 게 있나?

:니·가 모리거들래[LHHHH] 자꾸 물·어·라.

　　　　네가 모르거든 자꾸 물어라.

:니·가 :캐·라.

　　　네가 캐라.

:니 거·어 가·까·바 ·큰#·걱·저·이·다.

　　　네가 거기 갈까봐 큰 걱정이다.

니·는 ·나·가 이실·래?

　　　너는 나가 있을래?

니·는 :얻·었·나?

　　　너는 얻었냐?

니먼저 ·가·거·라.

　　　너 먼저 가거라.

니먼저쉼·어·도 덴·다.

　　　너 먼저 씻어도 된다.

니·이 여·어 ·자·거·라.

　　　너 여기서 자라.

니조·치·러 ·나·와·가 설·치·지 마·라.

　　　너조차 나와서 설치지 마라.

다리아·파 :갏·능·교?

　　　다리가 아파서 가겠습니까?

다·시·는 거·어 안가겠·다.

　　　다시는 거기 안 가겠다.

·달·문 에·았·다.

　　　달무리가 졌다.

·담 ·치·지#마·라·꼬

　　　담을 치지마라고

당시·이 ·나·가 ·보·소.

　　　당신이 나가 봐요.

:돈·쫌 도·오.

　　　돈 좀 줘.

:돈 채·애 ·주·다?

　　　돈을 빌려 주더냐?

동새·이 형자·테 이·길·라·카·믄 데·나, :니·가 ·저·라.

　　　동생이 형에게 이기려고 하면 되나, 네가 져라.

:디 답답·으·머 요·오 ·누·이·소.

　　　되게 답답하면 요기에 뉘요.

:디·에·옳사·람 나·아 두고 우리 먼저가·자.

　　　뒤에 올 사람은 놔두고 우리 먼저 가자.

·따·르·빡·이·라·도 ·빠·잤·이·믄 껀·제·라.

　　두레박이라도 빠졌으면 건져라.

:말·에 따·라 ·틀·리·이·지.

　　말에 따라 다르지.

맞·다, 나·는 ·딴·거#:몰·라·도 ·깨·는 :내·기 ·싫·다.

　　맞다, 나는 다른 것은 몰라도 깨는 내기(＝팔기) 싫다.

머·레·에 ·옃·네.

　　머리에 였네.

머·어·가 머·언·지

　　뭐가 뭔지

머·어 내께앤주·고 ·나·오·나?

　　뭐, 내 거 안 주고 나오냐?

먼저#·사·도[LH#HH] 데·고

　　먼저 사도 되고

·몬#·하·기·나 :말·기·나 :해·야·데.

　　못 하거나 말거나 해야 돼.

몸·에·도 :좋·단·니·이·더.

　　몸에도 좋답니다.

무겁·다, ·좀 이케·에 도·오.

　　무겁다, 좀 이워 다오.

무겁·운·데 ·어·예·이·고 ·오·시·닝·교[HHLL]?

　　무거운데 어떻게 이고 오십니까?

바·아 ·드·가·시·이·소.

　　방에 들어가세요.

·배·가 디(:)기 고푸·고 머·어·로 묵고싶우·머

　　배가 되(:)게 고프고 뭐를 먹고 싶으면

:병·고·이·차·가 받·었·다·컸·더·라.

　　병곤이의 차가 받았다고 하더라.

·비#애·왔·이·머 :난·리 ·났·잃·기·다.

　　비가 안 왔으면 난리가 났을 거다.

뿥잡·아·라 빨래좀다·아·리·구·로.

　　붙잡아라, 빨래 좀 다리게.

사놓·고 신·어 보·고 앤뎋·때·는

　　사놓고 신어 보고 안 될 때는

:사·람 자·테 이싫·때·는

　　사람이 곁에 있을 때는

사·우·가 같이 :갏·때·는
> 사위가 같이 갈 때는

·성·격·이 명·랑·하·고 ·이·런 사·람·으·느 ·나·이 먹·어·도 신명스·리 잘#:놀·고
> 성격이 명랑하고 이런 사람은 나이를 먹어도 신명스럽게 잘 놀고

술·이·사 ·여·자·들 먹·나?
> 술이야 여자들이 먹냐?

술안묵·우·믄 수집·은 마음·이 ·들·어·가 앤데·에.
> 술을 안 먹으면 수줍은 마음이 들어서 안 돼.

술·은 :니·가 ·사·야·덴·데·이!
> 술은 네가 사야 된다!

·아(:)·따 :웬·일·이·고?
> 아이구, 웬일이냐?

:아·매·도 안가봃대[LHHH].
> 아무래도 안 가보겠다.

아무도 모·린·다.
> 아무도 모른다.

아·아·들·인·데 물·읋·때·는
> 아이들에게 물을 때는

아·이 앤띠고[LHH]
> 아직 안 떼고

온아직·에·도 안갈·라·묵·고 오바·앗·나11)?
> 오늘 아침에도 안 나눠 먹었냐?

·와#·이·래 나·아 나·앗·노?
> 왜 이렇게 낳아 놨냐?

아침·에 자·고·일·라·이 버·었·더·라.
> 아침에 자고 일어나니 부었더라.

앉·었·지 :마고 ·춤·좀 :초·라.
> 앉아 있지 말고 춤 좀 춰라.

앤사·고 들·고 봃·때·는
> 안 사고 들고 볼 때는

:야·는 늦게·에 :올·랑·가?
> 얘는 늦게 오려는가?

·약·내·는 게 ·엔#찮·다.
> 약 냄새는 괜찮다.

---

11) '오부·우·다'는 말은 남의·것은 잘 얻어 먹으면서 자기 차례가 됐을 때는 전혀 베풀지 않는다는 뜻
  이다.

·약#재·이 ·갔·능·교?
　　　　약 장수 갔습니까?
어·능·게 어·능·건·지 헷갈래·애·가
　　　　어느 것이 어느 것인지 헷갈려서
:어·른·이·하·능·거 말·깊·수·가 있·나?
　　　　어른이 하는 것을 말릴 수가 있냐?
어무·이·가 일·라·꼬·요?
　　　　어머니가 이려고요?
어무·이 안가시·머 ·누·가·가·닝·교?
　　　　어머니가 안 가시면 누가 갑니까?
엄·마, ·배·고·푸·다 ·밥#도·고.
　　　　엄마, 배고프다 밥 줘.
·오·능·거·를 :몬·빴·지.
　　　　오는 것을 못 봤지.
오·늘 :갏·세·에.
　　　　오늘 가겠네.
오분·에·보·내·머 아·들 :장·개 :다·보·내·애·나?
　　　　요번에 보내면 아들 장가 다 보내냐?
오새·애·도 거·어 ·나·가·나?
　　　　요새도 거기 나가냐?
오지마·라·카·는·데 마아러#가닝교[LHH#HHH], 가지마·소.
　　　　오지 마라고 하는데 뭐 하러 갑니까, 가지 말아요.
온갖·거 :다·나·온·다.
　　　　온갖 것이 다 나온다.
올·게·는 장테·에 이발관·에 :색·시 그집·이 :총·무·라·카·네.
　　　　올해는 장터에 (있는) 이발관의 색시, 그 집이 총무라고 하네.
·요·고·는 ·쫌 마디·기·쿨·다
　　　　요 아이는 (키가) 좀 천천히 조금씩 크겠다.
·요·고·마 삽시·더.
　　　　요것만 삽시다.
요·오 서·와#두·가.
　　　　요기에 세워 다오.
요쪼·오 안지시·더.
　　　　요쪽에 앉읍시다.
요쪽·에 ·서·입·시·더.
　　　　요쪽에 서십시다.

우리·는 술·또 안묵·고 아무껏도안묵·으·이
　　　우리는 술도 안 먹고 아무 것도 안 먹으니

우와·기 어디갔·노, ·이·거·가?
　　　윗도리가 어디 갔냐, 이것이냐?

울어무·이 ·욕·심·이 :많·애·가 :제·사 ·몬·갈·라·묵·는·다.
　　　우리 어머니는 욕심이 많아서 제사를 못 갈라 먹는다.

울#·할·매·가 안 지겠·나?
　　　우리 할머니가 지지 않겠냐?

울#·할·매·가 지·지 싶우·다.
　　　우리 할머니가 지지 싶다.

음성·이·라·도 ·한·번 들·어 :바·야·데·지.
　　　음성이라도 한 번 들어 봐야 되지.

·이·거·캉 ·이·거·캉 다리·네.
　　　이것하고 이것하고 다르네.

:인·지 집앤·짓·고 :언·제 지·일·닝·교?
　　　지금 집을 안 짓고 언제 짓겠습니까?

인자·아·는 다·시 안나오겠·다.
　　　이제는 다시 안 나오겠다.

인지·는 그·런·말 ·마·이 안스고
　　　이제는 그런 말 많이 안 쓰고

일라선짐·에 가·아 오느·라.
　　　일어선 김에 가지고 오너라.

일라서·라·카·머 섫능·교, 어·데?
　　　일어서라고 하면 서겠습니까, 어디?

:자 내·애·리 :갈·랑·가?
　　　쟤, 내일 가려는가?

자·꾸 :좋·는·다.
　　　(풀이) 자꾸 자란다.

:자·도 ·간·단·다.
　　　쟤도 간단다.

:작·거·든 바까·아·라.
　　　작거든 바꿔라.

잘#·갔·다·가[L#HHL] ·왔·다.
　　　잘 갔다가 왔다.

·잠·또 앤자·고
　　　잠도 안 자고

·잠·좀 깨까·아·라.

　　　잠 좀 깨워라.

:저·게 홍·해·말·이 '안·나·가·나, 안·가·보·나' 크·지.

　　　저기 홍해말이 '안나가나, 안가보나'고 하지.

·저·사·람·자·테 ·좀 물·으·시·더.

　　　저 사람에게 좀 물읍시다.

·저·신·싱·꼬 ·가·시·이·소.

　　　저 신발을 신고 가세요.

저·어·가 처연시·리 앉거·라.

　　　저기에 가 처연하게12) 앉아라.

:저 우·에·도 ·좀 ·매·야·데·는·데

　　　저 위에도 (밭을) 좀 매야 되는데

:제·과·이 짜·드·라 ·마·이 있·나?

　　　제관이 뭐 그렇게 많이 있냐?

:제·사 :모·시·고 가·머

　　　제사를 모시고 가면

:조·도 :몬·살·긴·다.

　　　줘도 못 살린다.

·좀 젊·은·사·람·들·은 점·드·로 :논·다.

　　　좀 젊은 사람들은 저물도록(=종일) 논다.

·주·거·들·라 암마또하지말·고 받·어·라.

　　　주거든 아무 말도 하지 말고 받아라.

죽·도·로 ·와#·바·야 아·들·오·는·거·바·꾸 더있·나?

　　　죽도록 와 봐야 아들 오는 것밖에 더 있냐?

·죽·좀 홀온(:)하·이 ·소·라.

　　　죽을 좀 묽게 쒀라.

·죽·좀 :숧·나?

　　　죽을 좀 쒔냐?

·지·금 나섫·세.

　　　지금 나서겠네.

·지·내·갔·뿐 :디·에·는

　　　지나가버린 뒤에는

지재미·로 :좋·다·고 놀·아 나제·키·지.

　　　저 혼자 좋다고 놀아 나대지.

·질 ·가·다·가 :사·람 ·지·내#가·머

---

12) 이 지역에서 '처연하다'는 말은 '조용하고 점잖게'라는 뜻이다.

길을 가다가 사람이 지나가면
·밥 ·째·매(:)·매[HHH] 비베·에·라.
　　밥을 쪼(:)끔만 비벼라.
차·가 삭(:)삭 ·들#·와·야·지 캐싸·아·민·서
　　"차가 싹(:)싹 들어와야지"라고 말해 대면서
차·가 ·와 여·어 :서·능·고 여·겠·디
　　차가 왜 여기 서는가 하고 여겼더니
착(:) 잡·치·고 눕·었·다.
　　착 (몸을) 접치고 누웠다13).
·추·분·데 ·일·로 ·오·시·이·소.
　　추운데 이리로 오세요.
·칠·십·이 데·에·도 ·원·래 신 있·고 한·잔 묵·우·믄 술·기·분·에 ·기·분 :내·가·아
　　칠십이 돼도 원래 신명이 있고, 한 잔 먹으면 술 기운에 기분을 내서
·칼 :쥐·고 있다·가 ·손·꽁·큻·다.
　　칼 쥐고 있다가 손을 베겠다.
캐보기·는 ·캐#:바·라.
　　말해보기는 해 봐라.
테레비#·보·거·등 앉·어·가 :바·라.
　　텔레비전을 보거든 앉아서 봐라.
테레비 보거·들·라 나·아 :도·라.
　　텔레비전을 보거든 눠둬라.
한·달·마 :계·실·라 :캤·다.
　　한 달만 계시려고 했다.
·한·분 ·하·는·수·도 있·고
　　한 번 하는 수도 있고
할·때·마·다 머갈·라·묵·노?
　　할 때마다 뭐 나눠 먹냐?
·할·매·가·자·꾸 :놀·러 ·오·시·이 가·라·캃·수·도 :없·고
　　할머니가 자꾸 놀러 오시니 가라고 할 수도 없고
헐·끈 퍼뜩 매·애·라.
　　허리끈 빨리 매라.
혼·차 잘서능구·나.
　　혼자 잘 서는구나.
홀문·치·지 마·고 :곱·게 입·어·라.
　　흙 묻히지 말고 곱게 입어라.

---

13) '접치고 눕다'는 말은 몸을 옆으로 하여 다리를 포개고 누운 것을 말한다.

5.5. 자연발화

5.5.1. 울진 방언14)

[이] 집·에·서 공부갈캐·애·개·미 :다(:) 키·아·가 ·남#·잤·는·데, :[낟]·우[HH] ·잤·는·데 그사·람·들 ·이·가 저·게 잘해#·자·야·지. :다·키·아ʼ가주·고 즈으집·에 살·래 보내·애#나·았·는·데 :설·움·주 ·머·는 아이꿉·지. 가마나·았#뚜까·바 가마안나·았·뚜·지.

(집에서 공부 가르쳐가며 다 키워서 남을 줬는데, 남을 줬는데 그 사람들이 저기 잘해줘야지. 다 키워서 자기네 집에 살러 보내 놨는데 설움 주면은 아니꼽지. 가만 놔둘까봐? 가만 안 놔 두지.)

[전] ·너·무 ·저·래·도, 오새·애 ·따·라·아·들·이 너무 :가·이 ·커.

(너무 저래도, 요새 여자애들이 너무 간이 커.)

[이] 테레비·에 보·믄 자꾸 그런 ·저·게 드라·마·도 그·렁·게 나오·고, ·여·자·가 남·자·로 기따·기 털(:)썩털썩 때·리·고, ·아·이 그·카·머 :난·리·쳐. 남·자 기따·아·때·린·다·꼬. 맞·음 :짓·을 ·하·머 ·또 맞·어·야·지.

(텔레비전에 보면 자꾸 그런 저기 드라마도 그런 게 나오고, 여자가 남자를 귀때기를 털썩털 썩 때리고. 아니 그러면 (우리 남편이) 난리를 쳐. 남자 귀때기 때린다고. 맞을 짓을 하면 또 맞아야지.)

[전] :빙·신·겉·은·기 지집애·애·한·테 맞·고#:[산]·나?

(병신 같은 게 계집애한테 맞고 사나?)

[이] :옛·날·에·는 ·여·자·가 ·마·이 배·았·능·가? 요새·애·는 ·여·자·도 :마·이 배·우·기 때문·에 안 꿀링·고 :산·다·꼬.

(옛날에는 여자가 많이 배웠는가? 요새는 여자도 많이 배우기 때문에 안 꿀리고 산다고.)

[전] 우리·느 얼굴 :못·밨·지. 중신애·비 중매#해가주·고 :말 띠가주·고, :잇·날·에·는 :시·집·가·서 ·첫·날·밤·에 안자·고 신랑·이 각·시·집 와가주·고 머·리 언차·아#놓·고, 그·래 ·인·제, ·첫·날·밤 친정·에·서 치라·아·지. 신랑 보지·도#못하·고·시·십·갔·지. :시·집 가가주·고 각·시·가 신부·질 ·하·고 ·섰·지. ·섰·시·머, 신라·이 둘막입·고 이바·지#나·아·라 댕기·지, 댕기·믄 동·세·들·가 시 아제·비·를 놀·게. 그·래·믄 저게 신랑·인·겠·다 ·이·레·지.

(우리는 (신랑) 얼굴 못 봤지. 중신아비가 중매해서, 말 떼서. 옛날에는 시집가서 첫날밤에 안 자고, 신랑이 각시집에 와서 머리 얹어 놓고, 그래 이제, 첫날밤을 친정에서 치렀지. 신랑을 보지도 못 하고 시집갔지. 시집가서 각시가 신부질하고 섰지. 섰으면 신랑이 두루막 입고 이 바지 놓으러 다니지. 다니면 동서들이 시아제비를 놀려. 그러면 '저게 신랑인가보다' 이러지.)

[이] 그·래·가 :옛·날·에·는 :바·보·인·데·도 ·갔·다·요.

(그래서 옛날에는 바보에게도 (시집을) 갔어요.)

_____

14) [이]는 이옥출 님을, [전]은 전옥남 님을 가리킨다.

[전] 절룩발·이·인·데·가·도 :몰·랬·지.

(절름발이에게 (시집을) 가도 몰랐지.)

[이] 우리 ·오·빠·넨·데, :옛·날·에 :선·본·때·도, :선·보·러 ·간·때·도 낮에·에 안보·고 밤에·에 ·그·래 보·이·꺼·네. ·참 :에·쁘·더·라·요. 그·래·가·지·고 :장·개·를 가·이·꺼·네 들·고 오·이·꺼·네 한짝 ·텍·이·가 :사·파·리·더·라·꼬. 각·시·로 마음·에 :안·드·이·꺼·네, ·독·가·촌15)·에 무·슢·다·꼬 지·는 맨날 ·안·꾸·식·에·자·고 각·시·는.

(우리 오빠네 얘긴데, 옛날에 선 봤던 때도, 선을 보러 갔던 때도, 낮에 안 보고 밤에 그래 보니까, 참 예쁘더래요. 그래서 장가를 가니까, (신부를) 데리고 오니까, 한쪽 턱이 사파리더라고. 각시가 마음에 안 드니까 독가촌에 무섭다고 자기는 만날 안 구석에 자고, 각시는 (문가 쪽으로 재웠어).)

5.5.2. 영덕 방언16)

[권] 그 :대·게 그거 ·축·제·핧·겉·으·머 ·강·구 여·어 :도·이 :다 끓·는·다 하·이·꺼·네·예. 장태 :건·너 ·거·물·들·이, ·조 때 데·머 ·판·자·이·라·꼬 가보·머 고·기 ·게·락·이·시·더. 고·기 ·한·창 ·마·이 나·머 ·식·전·으·로·도 가보·머 :구·경#시·러·바·예. ·배·가 들와가·아 고·기 부·라·아 나·았·을·때 보·마 ·게·락·이·시·더. 거·어·서 사·머 고·기 ·학·실·히 ·핧·다 아잉·교? 고·기·로 사·머, :시·장·에 가·머 ·멫(:)#손배·기·로 넘·아·가·는·데, 뱃머·리 가·아 와가·아, ·뱃·사·람·들·이 잡·아 와가·아, 거·어 ·또 중매재·이·들·이 고·기·로 ·자·기·네·들 :얼·매·식 맡·아·가·지·고, 경매#부·체 가지·고, 그·라·머 ·또 상인·들·이 사·머, ·사#가지·고 ·또 ·딴·사·람·인·테 ·또·냉·기·머 그사·람·들·이 ·또·냉·기·고, ·한 :니·손·배·기·서 잘넘·아·가·머 다·섯·손·배·기·꺼·지, 그·러·이 고·기·가 그·컬 비·사·고, ·그·러·이·꺼·네 고기·장·사·들·이 :얼·마·나 낭가·아·묵·닝·교? 그 :도·이 :다 어·디·가·닝·교? ·멫 :배(:)·로 낭가·아 묵니·이·더.

(그 대게 그거 축제할 것 같으면 강구 여기 돈이 다 끓는다 하니까요. 장터 건너 거물들이, 조 때 되면 판장이라고 가보면 고기가 엄청나게 많습니다. 고기가 한창 많이 나면 식전으로도 가보면 구경스러워요. 배가 들어와서 고기를 부려 놓았을 때 보면 엄청나게 많습니다. 거기서 사면 고기가 확실히 싸다 아닙니까? 고기를 사면, 시장에 가면 몇 사람의 손을 거쳐 넘어가는데, 뱃머리에 가져와서, 뱃사람들이 잡아와서, 거기 또 중매쟁이들이 고기를 자기네들 얼마씩 맡아서 경매 부처서, 그러면 또 상인들이 사면, 사서 또 딴 사람에게 또 넘기면, 그 사람들이 또 넘기고. 한 네 손에서 잘 넘어가면 다섯 손까지. 그러니 고기가 그렇게 비싸고, 그러니까 고기 장수들이 얼마나 남겨먹습니까? 그 돈이 다 어디 갑니까? 몇 배로 남겨 먹습니다.)

[권] 나·는 :해·꺼·리·를 까잠·을 ·요·래 잔거·를 :오·천·원·어·치 사나·았·디 :얼·매 안데·는·데 그사·람·은 :이·만 :오·천·원·주·고 ·판·자·아·가·샀·는·데, ·이·런 상·자·에, ·사·람 ·열·비·도 더먹

---

15) 마을에서 다른 집들과 유난히 떨어진 곳에 있는 집을 가리키는 말
16) [권]은 권부자 님을 가리킨다.

·어·요. 한상·자 사오·머 여·거 :회 해가·아 ·파·는 사·람·들 하레·에 :사·십·만·원 :오·십·만·원,
·사·십·만·원·석 그·래·벌·어·예.

(나는 횟거리를 가자미를 요렇게 작은 것을 오천 원어치 사났더니, (양이) 얼마 안 되는데,
그 사람은 이만 오천 원 주고 판장에 가 샀는데, 이런 상자에 사람 열 명도 더 먹어요. 한 상
자 사 오면, 여기 회 해서 파는 사람들 하루에 사십만 원, 오십만 원, 사십만 원씩 그렇게 벌
어요.)

[조사자] 그만·큼 바쁘겠·지·요·뭐.

  (그만큼 바쁘겠지요 뭐.)

[권] 바쁘기·도 바쁘·지·만 ·여·자 벌·이·가 암만 :몬 버·언·다 :해·도 하레·에 :사·십·만·원·이·머.
·비·라·도 ·마·이 옳직·에·는 ·이·런 상·자·로 ·푸·니·이·더. 자·아·가·머 :만·원·어·치·사·도 잘
·조·바·야 ·열 서너마리 ·주·니·이·더, 그·러·이 그 한상·자 그·으·머 ·얼(:)·마·나 :많·다·꼬
·요. ·시·장·에·가·머 잘조바·야 ·열 :시·마·리.

(바쁘기도 바쁘지만 여자의 벌이가 아무리 못 번다고 해도 하루에 사십만 원이면, (더구나)
비라도 많이 올 적에는 이런 상자로 (바다에서 고기를 잡는 것이 아니라) 풉니다. 장에 가면
만원 어치 사도 잘 줘봐야 열 서너 마리 줍니다. 그러니 그 한 상자라고 하면 얼마나 많다고
요. 시장에 가면 잘 줘봐야 열 세 마리.)

[권] ·논·이·마·카 ·길·이 ·드#·가·뿌·고·요. :도·로·가 ·나·뿌·고, ·논·을·가·지·고 :고·속·도·로·로 해
가·아 이 :동·네 ·마·이 떠들·아·도 ·국·가·아·서 ·하·는 ·일·잉·께 :몬·말·리·고, 이 :고·속·도
·로 넘·으·머 ·노·인·데 :고·속·도·로 마(:)·카 ·논·을 :짤·라·가·지·고, ·논·이 벨로 :없어요 여
·거·는·요. 그·러·고 저(:)·짝·에 하우·스·도, 이 :동·네·는 밭·도·없·고 우·예·다·가 ·머 ·멫·집
#있·지.

(논이 전부 길이 들어가 버리고요, 도로가 나 버리고. 논을 가지고 고속도로를 만들어서, 이
동네에서 (반대하려고) 많이 떠들어도 국가에서 하는 일이니까 못 말리고. 이 고속도로를 넘
으면 논인데, 고속도로가 전부 논을 잘라서, 논이 별로 없어요, 여기는요. 그리고 저 쪽에 비
닐하우스도, 이 동네에는 밭도 없고, 어쩌다가 뭐 몇 집에 (밭이) 있지.)

5.5.3. 포항 방언[17]

[황] 요새·애·는 까·앙·통·도 앤 :많·나? ·요·런·거·와 낄·래 묵는·거. :옛·날·에·는 그게·에 :없·아
·가·주·고 ·어·예#·어·예·가 ·하·나 구해가·주·고, 도·라·아 거·어 뼈들미·끼·로 잡·아·가 그거·로
요마꿈한거·로 거·어 여·어·가 들·에 거·어 솥걸·아 놓고 ·불#:때·머 푹(:)삼기·인·다·꼬. 푹
(:)삼기·이·머 눈까·리·가 허(:)옇·제? 그거·로 소금·이 있·나? :서·이·서 껀·제 내·애·가 한
마·리·석 한마·리·석 묵거·등. :매·일 그래 묵는·거·는 아인·데, 들·에 가·머 자(:)꾸 머·어
·가 묵고싶으·이. 오새·애 ·가·마(:) 생각크·이, 그·을때 우리·가 ·배·가 ·엄(:)·청#시·리 고팠

---

17) [황]은 황진철 님을, [박]은 박영모 님을 가리킨다.

·는·기·라, :속·이 비·이·가. 흥·여·이 ·들·아#가·아 ·죽·을 계(:)속 ·한 삼·연·을 묵·아#노·이, ·밥
·을 잊·아·뿌·랬·거·등. 그·래 경·제·적·으·로 :타·격·을 받·아#노·이 그·을·때·부·터 마·음·이 여·물
·아·지·고. 그·으·때 그·렇·게 살·아#놓·이 ·시·야·가 쫍·아·지·는·게·라, :사·람·이. 더·욱·이 남
·자·는. 그·래#놓·이 다·른. 인·자·아, 머·리·에 ·생·각#키·이·는·기 머·가 생·각·키·이·느·냐 하·면
·은, ·내·가 :이·세·를 낳·아#가·주·고 ·이·런 ·고·생·을 앤·시·개·야 데·겠·다(:)·는·거. ·고·생
·이·라·기 보·다·가, ·배#고·픈·정, ·밥·을 시(:)컷 먹·애·애#:밨·이·며 싶·은·거. 그·래·서 ·내·가
·이·렇·게 :일·로 ·마·이 :했·는 모·얘·이·라. 그·거·느 아(:)무·도 하·늘·이·나 ·알·고 ·따·이·나
:알·지 모·린·다.

(요새는 깡통도 많지 않냐? 요런 것, 왜, 끓여 먹는 거. 옛날에는 그게 없어서 어떻게 어떻게
하나 구해서, 도랑에 거기 버들치를 잡아서, 그것을 요만한 거, 거기(깡통에) 넣어서, 들에 거
기 솥을 걸어 놓고 불을 때면 푹 삼긴다고. 푹 삼기면 눈깔이 허옇지? 그것을 소금이 있나?
셋이서 건져 내서 한 마리씩 한 마리씩 먹거든. 매일 그렇게 먹는 것은 아닌데, 들에 가면 자
꾸 뭐가 먹고 싶으니. 요새 가만히 생각하니 그 때 우리가 배가 엄청나게 고팠던 거라, 속이
비어서. 흉년이 들어서 죽을 계속 한 삼 년을 먹어 놓으니, 밥을 잊어버렸거든. 그래서 경제적
으로 타격을 받아놓으니, 그 때부터 마음이 여물어지고, 그 때 그렇게 살아놓으니 시야가 좁
아지는 거야, 사람이, 더욱이 남자는. 그래놓으니 다른, 이제 머리에 생각되는 게 뭐가 생각되
느냐 하면은, 내가 2세를 낳아서 이런 고생을 안 시켜야 되겠다는 것. 고생이라기보다 배고픈
정, 밥을 실컷 먹여 봤으면 싶은 것. 그래서 내가 이렇게 일을 많이 한 모양이야. 그것은 아무
도, 하늘이나 알고 땅이나 알지, (아무도) 모른다.

[황] 여·덜·식·구 그·래 엄·마·하·고 형·수·하·고 보·태·애·머 ·열#식·군·데 흉·여·이 ·저#가·주·고 모·한
피·기 :못·꼽·았·지·를. 묵·고 :살·라·며·는 농·사 ·마·이 :짓·는·집·이 가#가·아 장·예 내·애·가
·주·고, 한·가·마·이 갖·다·아 묵·으·머 가·읔#:타·작·해·가·주·고·는 :두·가·마·이·주·거·등. 그·으
·까·주·고 ·식·구·는 :많·제, 하·로 ·살 한·데·석 가·주·고 하·루·를 살·았·이·이, 한·끼·에 :서·흡·가
·주·고 한·끼·를 묵·아·야 데·이·까·네, 한·끼·에 :서·흡·가·주·고 ·열#식·구·가 농·가 묵·으·머
·죽·도 ·소·도 껀·디·기·도 :없·다, 멀(:)건·게·에. 그·거·도 어·디 하·리#이·틀·묵·나? 삼·연·을 묵
·았·시·이.

(여덟 식구, 그래, 엄마하고 형수하고 보태면 열 식구인데, 흉년이 져서 모 한포기 못 꼽았지.
먹고 살려면은 농사를 많이 짓는 집에 가서, 곡식을 빌려와서, 한 가마니를 갖다 먹으면 가을
타작해서 두 가마니를 주거든. 그러니까 식구는 많지, 하루 쌀 한 되씩 가지고 하루를 살았으
니. 한 끼에 서 홉 가지고 한 끼를 먹어야 되니까. 한 끼에 서 홉 가지고 열 식구가 나눠 먹
으면, 죽도 쒀도 건더기도 없다, 멀건 게. 그것도 어디 하루이틀 먹나? 삼 년을 먹었으니.)

[박] 오·늘 :수·박 어·디·가·샀·노·카·머, 시·계·빠·아·가·샀·더·라, 시·계·빠·아. 시·계 :돈 버·어·는·사·람·이
즈·그 :점·빵·앞·에 :과·일 채·래#나·았·더·라·꼬. 시·계 ·손 ·좀 보·고, 그·집·이 시·계·샀·거·덩.
"그·거·도 ·나·가·닝·교?"카·이, "싱·싱·아 일·부·라 나·아#나·아 :밨·니·더"·캐. ·요 ·로·타·리 :디
·에 물·아#보·이 고또·래 :만·원·카·는·게·라. 그·래 거·어·가·도 물·으·이 :만·원·케. "시·계 ·날
·짜·가·와 하루늦오·오?" 카·이·까·네. "보·시·더"·카·디·만·은 ·날·짜·를 고·체#·주·데. ":수·박·은

:얼·매 받닝·교?"·카·이, ":만·워·이·시·더", "저웨·에 ·구#·천·원·카·디 여·어·는 더비·상·교?"·카
·이, "어디메 ·구#·천·원·카·딩·교, ·할·배·요?". 덮·아#놓·고 만원짜·리, 우·긴 바람·에 ·팔·천·원
주끼·이 ·줄·라·캤·다. ·장·사·들 한디·이·에 천원·만 낭·가·아·도 어·디·고? ·하·리 ·열·디·이·머
:만·워·이·다.

(오늘 수박을 어디 가서 샀냐면, 시계방에 가 샀더라, 시계방에. 시계(로) 돈 버는 사람이 자
기 가게 앞에 과일을 차려 놨더라고. 시계 손 좀 보고, 그 집에서 시계 샀거든. (내가) "그것
도(그 과일도) 나갑니까?"라고 하니까, (주인이) "싱싱해서 일부러 봐 봐 봤습니다."라고 해.
요 로터리 뒤에 물어보니 고 또래 만 원이라고 하는 거야. 그래서 거기 가도 물으니 만 원이
라고 해. (내가) "시계 날짜가 왜 하루 늦어?"라고 하니까, (주인이) "봅시다."라고 하더니만,
날짜를 고쳐 주데. (내가) "수박은 얼마 받습니까?"라고 하니, (주인이) "만원입니다." (내가)
"저 위에 구천 원이라고 하더니, 여기는 더 비쌉니까?"라고 하니, (주인이) "어디에 구천 원이
라고 합니까, 할배요?" 덮어놓고 만 원짜리 우긴 바람에 (내가) 팔천 원 줄 테니 달라고 했다.
장사들 한 덩이에 천원 만 남겨도 어디냐? 하루 열 덩이면 만 원이다.)

5.5.4. 경주 방언[18)]

[박] 그기 무·우·보·이 겐찮더·라.
　　(그게 먹어보니 괜찮더라.)
[최] 어데 :수·퍼·에 ·왔·는 지·름·이·가?
　　(어디, 슈퍼에서 온 기름이야?)
[박] ·선·물·받·았·든·동 ·우·옜·든·동, 그거까·주·고 여태묵는·다.
　　(선물 받았는지 어쨌는지, 그거 가지고 여태 먹는다.)
[최] 그·래·머 ·쪼·매·꿈[HHH] 묵·우·믄·머 ·마·이 ·드·나·머. 나·는·마 혼·차·묵·으·이·머 참기·름
　　묵·을·일·도 ·벨·로 :없·더·라.
　　(그래 뭐, 조금씩 먹으면 뭐, 많이 드나 뭐. 나는 마, 혼자 먹으니 뭐, 참기름 먹을 일도 별로
　　없더라.)
[박] 나·는 참기·름·은 어·데 앤였는·데 :없·거·든. :다 여·어·가 먹는·데. 한비·이·가·주·고 묵·으·이
　　·까·네 :한·도 :없·더·라.
　　(나는 참기름은 어디 안 넣는 데 없거든. 다 넣어서 먹네, 한 병 가지고 먹으니까 한도 없
　　더라.)
[최] 나·는 혼·차·묵·으·이 나물 ·벨·로 앤무·치·고 :덴·장 찌·지·고 ·자·꾸·머 그·런·거 :해#·가 묵·으
　　·이, 나물 ·벨·로 안묵·으·이 ·벨·로 앤묵는·다.
　　(나는 혼자 먹으니, 나물 별로 안 무치고, 된장 지지고, 자꾸 뭐, 그런 거 해서 먹으니, 나물
　　별로 안 먹으니, (참기름을) 별로 안 먹는다.)
[박] 미·역·국·같·은·데 ·그래·도 ·좀 여·어·머

---

18) [박]은 박귀조 님을, [최]는 최해선 님을 가리킨다.

(미역국 같은 데 그래도 좀 넣으면)

[최] 미·역·국·도 생진·에 앤낄애묵·고, 시래·기 그·놈 찌·제·가 묵·고, ·우·예·다·가 나물 문·치·머 ·쪼·매 여·어·가 묵·고, 닭고·기·나 낄·이#가·아 :디·기 그거하·머 한빠·울 여·어·가 묵·고
(미역국도 생전에 안 끓어 먹고, 시래기 그 놈 지져서 먹고, 어쩌다가 나물 무치면, 쪼금 넣어서 먹고, 닭고기나 끓여서 되게 그거하면, 한 방울 넣어서 먹고)

[박] 그래·내·가 :시#비·이[H#HL] ·짜#가·아[H#HL], ·딸#·한·병 주·고 메·늘·한·병 주·고 한 비·이 남·았·는·거 까·아 ·팔·월·에 ·내·묵·고
(그래 내가 (참기름을) 세 병 짜서 딸 한 병 주고, 며느리 한 병 주고, 한 병 남은 거 가지고 팔월에 내내 먹고)

[최] 그·럼, 집·에 ·깨#가·아 ·짜·나, ·남 ·사#가·아[H#HL]?
(그럼 집의 깨 가지고 짜나? 아니면 남에게 사서?)

[박] 먼저·어·는 집·에 ·깨#가·아·짰·다. 인자·아 올 :설·에·는 ·사#가·아·짰·다.
(지난 번에는 집의 깨 가지고 짰다. 이제 올 설에는 사서 짰다.)

[최] 오새·애·는 머·어 수·입·깨·도 ·진·작 ·오·는·거·는 ·뜬·내 앤나·고 :좋·다·카·데.
(요새는 뭐, 수입 깨도 진작 오는 것은 뜬 냄새 안 나고 좋다고 하데.)

[박] 개안·타·카·데. 오분·에·는 ·경·주 우리언·니·네·집·에 거·어·한·분 ·짜·줄·라고 내 마음묵·고 있·다.
(괜찮다고 하데. 요번에는 경주 우리 언니네 집에 거기 한 번 짜주려고, 내가 마음 먹고 있다.)

[최] ·깨 ·사#가·애[H#HL]?
(깨 사서?)

[박] 거·어 지데·에19) ·사#가·애[H#HL]
(거기 그곳에서 사서)

[최] 아! 그집·이 ·깨 지름빵·하·나?
(아! 그 집이 깨 기름방 하나?)

[박] 그래. 그·라고 ·내·가 가을·에 김장하고 오·이 참기·름·을 떡(:) 한비·이 갖다·아 나·았·어, ·누·가. ·짜#가·애[H#HL]. 소주비·인·가싶·어 ·이·래 보·이 참기·름·이·라.
(그래. 그리고 내가 가을에 김장하고 오니, 참기름을 떡하니 한 병 갖다 놨어, 누가 짜서. 소주병인가 싶어 이렇게 보니 참기름이야.)

[최] 참기·름 ·짰·는·거 :냄·새·가 여·어·서 보·머·마 저(:) :한·데·꺼·지 꼬신·네 ·마·이·난·데·이. ·같·은 ·깨·라도 수·입·깨 종자가·아 ·짰·는·깨·는 :덜 꼬·시·고, 집·에 ·토·종·깨, :옛·날 ·토·종·깨 그으까·아·짰·는·거·는 기·름·이 더 구시·고
(참기름 짠 거 냄새가 여기서 보면 저 바깥까지 고소한 냄새가 많이 난다. 같은 깨라도 수입 깨 종자 가지고 짠 것은 덜 고소하고, 집의 토종 깨, 옛날 토종 깨, 그거 가지고 짠 것은 기름이 더 구수하고)

---

19) '지데·에'라는 말은 '산지(産地)에서' 혹은 '물건을 취득한 바로 그곳에서'라는 의미로 쓰인다. 예를 들어 횟감을 산 가게에서 물고기를 직접 썰어 집에서 바로 먹을 수 있도록 할 때 ':회·를 지데·에 ·서 장만·해·온·다'라는 표현을 한다.

저자 소개

박 숙 희

　충남대학교 국어국문학과 졸업
　같은 학교 대학원에서 석사 및 박사 학위 받음
　현재 충남대, 충북대 출강

경북 동해안 방언의 성조 연구

　인　쇄　2008년　4월　11일
　발　행　2008년　4월　21일

　저　자　박 숙 희
　발행인　이 대 현
　편　집　권 분 옥

　발행처　도서출판 역락
　　　　　서울 서초구 반포4동 577-25 문창빌딩 2층
　　　　　전화 • 3409-2058, 3409-2060 / FAX • 3409-2059
　　　　　등록 • 1999년 4월 19일 제303-2002-000014호

　정　가　35,000원
　I S B N　978-89-5556-605-5 93710

■ 잘못된 책은 교환해 드립니다.